Wertzuwachssteuerrecht

nach der Preußischen Mustersteuerordnung und der Berliner Steuerordnung

Kommentar

von

Dr. Ernst Hagelberg
Rechtsanwalt und Notar in Berlin

und

Dr. Ludwig Krämer
Rechtsanwalt in Berlin

Berlin und Leipzig 1930

Walter de Gruyter & Co.

vormals G. J. Göschen'sche Verlagshandlung – J. Guttentag, Verlagsbuchhandlung
Georg Reimer – Karl J. Trübner – Veit & Comp.

Druck von Walter de Gruyter & Co., Berlin W 10

Vorwort.

Seit vielen Jahren sind Kommentare über die WZuwSt. nicht erschienen, da das praktische Außerkrafttreten des RZuwStG. und die verschiedenartige Neuordnung der WZuwSt. in den Ländern und innerhalb dieser in den verschiedenen Gemeinden der Herausgabe von Kommentaren entgegenstand. Jetzt hat sich der Erlaß einer neuen WZuwStO. für Berlin als Anregung zur Herausgabe von Erläuterungsbüchern erwiesen. Die Unterzeichneten haben geglaubt, die Kommentierung nicht auf die Berl.StO. beschränken, sondern auf diejenige der Pr.MStO. ausdehnen zu sollen, weil diese in zahlreichen preußischen Gemeinden die Grundlage der kommunalen StO. bildet und beim Erlaß neuer Steuerordnungen als Richtlinie gewählt wird. Auf diese Weise kann der Kommentar in allen Bezirken, deren StO. den Grundlagen der MStO. angepaßt ist, in der Praxis verwendet werden.

Bei der Kommentierung haben wir stets im Auge behalten, daß die Erläuterungen einen Leitfaden sowohl für die Steuerpflichtigen und ihre Rechtsberater, als auch für die mit der Verwaltung der WZuwSt. befaßten Behörden bilden sollen. Es ist davon Abstand genommen worden, Erörterungen über die Zweckmäßigkeit der einzelnen Bestimmungen und ihre steuerpolitische Bedeutung anzustellen; vielmehr ist der Hauptwert darauf gelegt, die rechtliche und wirtschaftliche Bedeutung der Bestimmungen klar zu stellen. Wir haben danach gestrebt, die Rechtsprechung des Pr.OVG. erschöpfend zu berücksichtigen, wobei allerdings zu beachten war, daß zahlreiche auf der Grundlage des RZuwStG. ergangene Entscheidungen nicht ohne weiteres auf die anders aufgebaute MStO. anzuwenden sind. Eine Auseinandersetzung mit der Literatur des Wertzuwachssteuerrechts mußte im wesentlichen unterbleiben, um den Umfang des Buches nicht zu stark anschwellen zu lassen. Soweit die Bestimmungen der MStO. mit gleichartigen Vorschriften des GrErwStG. übereinstimmen, ist die Kommentierung derart erfolgt, daß der Leser des vorliegenden Buches das Notwendige in ihm findet; nur bezüglich der Kasuistik ist auf den Kommentar der Unterzeichneten zum GrErwStG. (2. Aufl. 1928) verwiesen worden.

Besonders eingehend mußte eine Anzahl von Fragen erörtert werden, die durch die Entwicklung des Wirtschafts- und Rechtslebens brennend geworden sind. Hierzu gehört insbesondere die Einwirkung der Aufwertung und des Schwarzkaufwesens auf das Wertzuwachssteuerrecht, ferner die besonders schwierige und auf Grund der Rechtsprechung des OVG. zu Unbilligkeiten führende Besteuerung des Übergangs von Geschäftsanteilen an Grundstückgesellschaften, die Besteuerung von Treuhandgeschäften, die Haftung der Vermittler für die WZuwSt. (§ 16 Abs. 2) und die Veräußerung von Grundstücken zum Zwecke der Bebauung. Auch das Rechtsmittelverfahren hat eingehende Berücksichtigung gefunden.

Wir hoffen, daß das Buch sich als zuverlässiger Ratgeber auf diesem für den Grundstücksverkehr so bedeutungsvollen Gebiet erweisen wird.

Berlin-Charlottenburg, im November 1929.

Dr. Ernst Hagelberg. Dr. Ludwig Krämer.

Inhalt.

Verzeichnis der Abkürzungen.

aaO. = am angegebenen Orte.
AB. = Ausführungsbestimmungen.
AG. = Aktiengesellschaft.
AG. = Ausführungsgesetz.
AmtlMitt. = Amtliche Mitteilungen über die Wertzuwachssteuer, herausgegeben im Reichsschatzamt.
AnfG. = Anfechtungsgesetz.
AO. = RAO. = Reichsabgabenordnung.
Art. = Artikel.
Asch-Oppenheimer, Das geltende Wertzuwachssteuerrecht, 1929.
AusfAnw. = Ausführungsanweisung.
AwG. = Aufwertungsgesetz.
BadVGH. = Badischer Verwaltungsgerichtshof.
BGB. = Bürgerliches Gesetzbuch.
Brodmann, Kommentar zum G. m. b. H.-Gesetz.
DJZ. = Deutsche Juristenzeitung.
DNotV. = Zeitschrift des Deutschen Notarvereins.
DStBl. = Deutsches Steuerblatt.
DStZ. = Deutsche Steuerzeitung.
DVR. = Deutsche Verkehrssteuer-Rundschau.
Domke, Die Berliner Wertzuwachssteuerordnung, 1929.
EG. = Einführungsgesetz.
EinkSt. = Einkommensteuer.
EinkStG. = Einkommensteuergesetz.
EnteigG. = Enteignungsgesetz.
ErbStG. = Erbschaftssteuergesetz.
FinAusglG. = Finanzausgleichsgesetz.
FluchtlinG. = Preußisches Baufluchtliniengesetz.
FM. = Finanzminister.
GenG. = GenossG. = Genossenschaftsgesetz.
GrErwStG. = Grunderwerbsteuergesetz.
GrErwStG., Anm. oder S. = Hagelberg-Krämer, Kommentar zum Grunderwerbsteuergesetz, II. Auflage, Anmerkung oder Seite.
GS. = Preußische Gesetzessammlung.
Hagelberg-Krämer, Kommentar zum Grunderwerbsteuergesetz, II. Auflage 1928, Verlag Walter de Gruyter & Co.
HGB. = Handelsgesetzbuch.
Hue de Grais, Handbuch des Verfassungs- und Verwaltungsrechts.
Jaeckel-Güthe, Kommentar zum Zwangsversteigerungsgesetz.
Jaeger, Kommentar zur Konkursordnung.
Jahrb. = Jahrbuch des Steuerrechts, herausgegeben von Koppe, Band, Seite.
JMBl. = Justizministerialblatt.
JurRdsch. = Juristische Rundschau.

JW. = Juristische Wochenschrift.
KAG. = Kommunalabgabengesetz.
KörpSt. = Körperschaftssteuer.
KörpStG. = Körperschaftssteuergesetz.
Komm. = Hagelberg-Krämer, Kommentar zum Grunderwerbsteuergesetz.
KomGesaA. = Kommanditgesellschaft auf Aktien.
Komm. d. RGR. = Kommentar zum BGB. von Reichsgerichtsräten, VI. Auflage.
Koppe Jahrb. = Jahrbuch des Steuerrechts, herausgegeben von Dr. Fritz Koppe.
KrAG. = Kreis- und Provinzialabgabengesetz.
Lion, Das Reichszuwachssteuergesetz vom 14. Februar 1911.
LVG. = Landesverwaltungsgesetz.
Markull, Das Reichs- und Landesrecht der Zuwachssteuer, 1928.
MBliV. = Ministerialblatt für die innere Verwaltung.
MdJ. = Minister des Innern.
Mrozek = Mrozek, Kartei für Steuerrechtsprechung, Rechtsspruch.
MStO. = Mustersteuerordnung.
Nöll-Freund, Das Kommunalabgabengesetz vom 14. Juli 1893.
Ott, Kommentar zum Grunderwerbsteuergesetz, III. Auflage 1927.
OVG. = Entscheidungen des Pr. Oberverwaltungsgerichts.
Pape, Jahrb. = Pape, im Jahrbuch des Steuerrechts, herausgegeben von Koppe.
pr. = preußisch.
PrAGZVG. = Preußisches Ausführungsgesetz zum Zwangsversteigerungsgesetz.
PrVBl. = Preußisches Verwaltungsblatt; seit 1928 Reichsverwaltungsblatt und Preußisches Verwaltungsblatt.
RAO. = Reichsabgabenordnung.
RdErl. = Runderlaß.
Recht = Das Recht, juristisches Zentralblatt.
REinkStG. = Reichseinkommensteuergesetz.
RFH. = Entscheidungen des Reichsfinanzhofs.
RFM. = Reichsfinanzminister.
RG. = Entscheidungen des Reichsgerichts in Zivilsachen.
RGBl. = Reichsgesetzblatt.
RGRKomm. = Kommentar zum BGB. von Reichsgerichtsräten, VI. Auflage 1928.
RSiedlG. = Reichssiedlungsgesetz.
Rspr. = Rechtsprechung.
RStBl. = Reichssteuerblatt.
RStGB. = Reichsstrafgesetzbuch.
RWG. = Reichswirtschaftsgericht.
RZuwStG. = Reichszuwachssteuergesetz von 1911.
S. = Seite.
SSH. = Steuersonderheft.
Staub, Kommentar zum HGB. XIII. Auflage.
StGB. = Strafgesetzbuch.
StMildG. = Steuermilderungsgesetz.
StO. = Steuerordnung.
StW. = Steuer und Wirtschaft.
UStG. = Umsatzsteuergesetz.
Warn. = Warneyers Jahrbuch der Entscheidungen.
Wernick, Die allgemeine kommunale Wertzuwachssteuer 1928.
WZuwSt. = Wertzuwachssteuer.
Ziegesar, Die Rechtsprechung über das Zuwachssteuergesetz vom 14. Februar 1911.
ZVG. = Zwangsversteigerungsgesetz.

Einleitung.

Die Wertzuwachssteuer (WZuwSt.) beruht auf alten Forderungen der Bodenreformbewegung. Ihren ersten gesetzlichen Niederschlag hat sie in der Landordnung von Kiautschou vom 2. September 1898 gefunden. Erst zu Beginn unseres Jahrhunderts ist die WZuwSt. dann in den Gemeinden Deutschlands als Kommunalsteuer eingeführt worden; unter den Großstädten hat Frankfurt/Main die erste diesbezügliche Steuerordnung im Jahre 1904 herausgebracht. Bereits nach kurzer Zeit wurde den Gemeinden dieses Steuerobjekt vom Reich entrissen, das mit dem Reichszuwachssteuergesetz vom 14. Febr. 1911 (RGBl. 33) die Besteuerung der unverdienten Wertsteigerung von Grundstücken für das Reich mit Beschlag belegte und den Gemeinden nur einen Anteil überließ. Die Neuregelung fand jedoch keinen Anklang. Bereits durch das Gesetz vom 3. Juli 1913 über Änderungen im Finanzwesen (RGBl. 521) wurde in § 1 Abs. 3—5 bestimmt, daß für alle nach dem 30. Juni 1913 eintretenden Steuerfälle die Erhebung des Reichsanteils fortfallen, die Steuer also lediglich den Ländern und Gemeinden überlassen werden sollte. Zugleich wurde den Ländern und nach Maßgabe der Landesgesetzgebung den Gemeinden eine anderweite Regelung der Besteuerung des Wertzuwachses freigestellt. In Preußen kam es in der Folge nicht zum Erlaß kommunaler Steuerordnungen, da der Staat sich die Regelung der Besteuerung des Wertzuwachses durch Landesgesetz vorbehielt.

Die Besteuerung erfolgte daher in Preußen lediglich auf Grund des RZuwStG. zu Gunsten der Gemeinden. Erst im Jahre 1921 wurde lt. Ministerialerlaß vom 24. 3. 1921 (MBliV. 98) den Gemeinden die Regelung der Besteuerung durch kommunale Steuerordnungen freigestellt. Eine gesetzliche Regelung der kommunalen Steuerbefugnis erfolgte dann durch § 32 AGFinAusglG. v. 30. Okt. 1923 (GS. 487). Hiernach wird das Besteuerungsrecht den kreisfreien Städten und den Landkreisen vorbehalten.

Durch § 1 Abs. 5 Ges. vom 3. Juli 1913 war die Autonomie der Gemeinden hinsichtlich der Besteuerung des Wertzuwachses in den Grenzen der Landesgesetzgebung hergestellt worden. Das PrAGFinAusglG. vom 30. Okt. 1923 hatte für die betr. preußischen Gemeinden die Bahn zur Ausübung ihrer Autonomie freigemacht. Es entstanden nunmehr in einer Anzahl von Gemeinden Steuerordnungen, durch welche dieses Gebiet selbstständig geregelt wurde. Ein reichsgesetzlicher Eingriff in die Besteuerungsfreiheit der Gemeinden erfolgte bereits im Jahre 1923. Durch die Inflation war nämlich der rechtliche und steuerpolitische Gehalt der WZuwSt. vollkommen verzerrt worden. Die Rechtsprechung konnte sich bis in die Zeit der Hochinflation hinein von dem

Grundsatz Mark = Mark nicht loslösen und errechnete den Wertzuwachs durch schematischen Vergleich der Nennbeträge des Erwerbs- und Veräußerungspreises. War ein Grundstück vor dem Kriege für 100.000 Mark erworben und im Jahre 1923 beim Dollarstand von 50.000 Pmk. = 1 Dollar zum Preise von 20 Millionen Mk. verkauft worden, so wurde, obgleich die 20 Millionen nur einen Gegenwert von 1.680 Gmk. darstellten, dennoch ein WZuw. von 19.900.000 errechnet, von dem die Steuer, und zwar vielfach in Höhe von 50% des Wertzuwachses erhoben wurde. Diese Entartung der WZuwSt. fand die Billigung der höchsten Gerichtshöfe nicht nur in Preußen, sondern auch in den anderen Ländern.

Gegenüber dieser offensichtlich ungerechten und sinnlosen Besteuerung griffen die beteiligten Kreise zur Selbsthilfe, indem sie schon seit dem Jahre 1922 in mehr und mehr steigendem Maße die wahren Kaufpreise verheimlichten und durch sogenannte Schwarzverkäufe nur einen Teil des Kaufpreises beurkunden ließen, während der andere Teil entweder durch Nebenabreden aller Art verschleiert oder ohne den Versuch einer Bemäntelung „unter dem Tisch" bezahlt wurde. Diese Verwilderung des steuerlichen Rechtsgefühls, dessen moralische Verurteilung allerdings durch den anzuerkennenden Notstand gemildert wird, hat bekanntlich seit dem Jahre 1924 zu zahllosen Schwarzkaufprozessen geführt, mit denen die Inflationsverkäufer — größtenteils mit Erfolg — versucht haben, die mit schwerstem Verlust abgestoßenen Grundstücke zurückzuerlangen.

Der rohen Besteuerungsweise nach dem Grundsatz Mark = Mark machte der Reichsgesetzgeber ein Ende, indem er in § 16 FinAusglG. in der Fassung vom 23. 6. 1923 (RGBl. I, 494) die folgende Bestimmung aufnahm:

> „Werden von den Ländern und Gemeinden (Gemeindeverbänden) Steuern vom Wertzuwachs beim Übergang des Eigentums an Grundstücken erhoben, so bildet zur Feststellung des steuerbaren Wertzuwachses bei dem Erwerbs- und Verkaufspreis die innere Kaufkraft der Mark an den beiden Zeitpunkten die Grundlage der Wertbemessung."

Diese Vorschrift führte zur Aufhebung zahlreicher kommunaler Steuerordnungen, die noch auf dem Grundsatz Mark = Mark beruhten. Mehrere Gemeinden, darunter Berlin, nahmen zunächst überhaupt Abstand davon, eine neue Zuwachssteuerordnung zu erlassen, und erhoben statt dessen gemäß § 36 FinAusglG. den erhöhten Zuschlag von 4% zur GrErwSt.

Die Errechnung des Wertzuwachses unter Berücksichtigung der inneren Kaufkraft der Mark verursachte bei der Veranlagung erhebliche Schwierigkeiten, weil der Begriff der inneren Kaufkraft schwer festzulegen war. Infolgedessen wurde durch § 39 Nr. 1 der III. Steuernotverordnung vom 14. Febr. 1924 (RGBl. I, 74) das Wort „innere" in § 16 FinAusglG. gestrichen. Nunmehr war die Bahn für die schematische Errechnung des Wertzuwachses frei, wonach unter Billigung des OVG. der Erwerbs- und Veräußerungspreis nach dem Dollarmaßstab in Goldmark umgerechnet wurde. Diese Berechnungsweise konnte in den zahlreichen Fällen, in denen Ausländer ihren während der Inflation erworbenen Grundbesitz nach Befestigung der deutschen Währung abstießen, als gerecht erscheinen, denn die Ausländer hatten auch bei wirtschaftlicher Betrachtung nur den nach der Dollartabelle zu errechnenden Goldwert für die Grundstücke aufgewendet. Dagegen erwies sich der Dollarmaßstab als durchaus unbillig, soweit Inländer als Steuerpflichtige in Frage kamen. Häufig hatten solche Veräußerer das während der Inflationszeit erworbene Grundstück mit Geldern bezahlt, die sie durch Veräußerung von Kriegsanleihe oder sonstigen Goldwerten flüssig gemacht hatten. Ganz allgemein hatte bei den Inländern die Inflationsmark einen weit höheren Wert dargestellt, als er sich aus der Dollartabelle ergab. Manche Gemeinden trugen diesem Umstand dadurch Rechnung, daß sie dem steuerpflichtigen Inländer gestatteten, den nach dem Dollarmaßstab umgerechneten Erwerbspreis in bescheidenem Maße, meist um 100%, zu erhöhen.

Der § 16 FinAusglG. in der Fassung des § 39 Abs. 1 III. StNotVO. ist seither geltendes Recht geblieben. Maßgebend ist zur Zeit der § 16 FinAusglG. in der Fassung des Gesetzes über Änderungen des Finanzausgleichs vom 10. Aug. 1925 (RGBl. I, 254). Diese Vorschrift, die in der Neufassung als § 18 erscheint, hat folgenden Wortlaut:

„1. Die Länder oder nach Maßgabe des Landesrechts die Gemeinden (Gemeindeverbände) erheben Steuern vom Wertzuwachse bei der Veräußerung von Grundstücken, deren Veräußerer das Eigentum an den Grundstücken in der Zeit vom 1. Januar 1919 bis zum 31. Dezember 1924 erworben haben.

2. Werden Steuern vom Wertzuwachse gemäß Abs. 1 erhoben, so ist bei der Vergleichung des Erwerbs- und des Verkaufspreises zur Feststellung des steuerbaren Wertzuwachses die Kaufkraft der Mark an den beiden Zeitpunkten zugrunde zu legen.

3. Die Vorschrift des § 1 Abs. 5 des Gesetzes über Änderungen des Finanzwesens vom 3. Juli 1913 (RGBl. 521) bleibt unberührt."

Hiernach ist den Ländern bzw. Gemeinden reichsgesetzlich vorgeschrieben, eine WZuwSt. bei Veräußerung der während der Inflation erworbenen Grundstücke zu erheben. Die Inflationszeit ist hierbei bis zum 31. Dez. 1924 ausgedehnt worden, obgleich mindestens in der zweiten Hälfte des Jahres 1924 die typischen Inflationszustände nicht mehr geherrscht haben. Bezüglich der Feststellung des steuerbaren Wertzuwachses ist die Vorschrift aufrecht erhalten worden, wonach die Kaufkraft der Mark zur Zeit des Erwerbes und der Veräußerung zugrunde zu legen ist.

Nach dem Wortlaut dieser Vorschrift bezieht sie sich nur auf die gemäß Abs. 1 erhobenen Steuern, also auf die Besteuerung des Wertzuwachses bei Inflationserwerb. Hieraus folgt, daß bei einem Erwerb nach dem 31. Dez. 1924 nicht mehr die Kaufkraft der neuen Reichsmark zugrunde zu legen ist, sondern daß nunmehr wieder der Grundsatz Reichsmark = Reichsmark gilt. Auch bei Inflationserwerb ist nach der zutreffenden Rechtsprechung (vgl. PrVBl. 49, 932) der in Reichsmark vereinbarte Veräußerungspreis nach seinem Nennwert, nicht nach seiner Kaufkraft zugrunde zu legen. Auch die Goldmark der Vorinflationszeit ist hiernach nicht nach ihrer Kaufkraft, sondern ihrem Nennwert zu berücksichtigen. Nach § 18 Abs. 3 ist der § 1 Abs. 5 Ges. v. 3. Juli 1913 aufrechterhalten worden. Hiernach kann durch Landesgesetz oder in Gemäßheit des Landesrechts durch Ortsstatut eine andere Regelung der Besteuerung des Wertzuwachses, als sie im RZuwStG. enthalten ist, getroffen werden. Die Autonomie der Gemeinden hinsichtlich der Besteuerung des Wertzuwachses ist also mit den zwei Einschränkungen, daß sie bei Inflationserwerb ZuwSt. erheben, und daß sie den Erwerbspreis der Inflationszeit nach Maßgabe der Kaufkraft der Mark am Erwerbstage zugrunde legen müssen, aufrechterhalten geblieben.

Das OVG. hat auf dieser Rechtsgrundlage den Gemeinden praktisch eine fast unbeschränkte Freiheit in der Fassung ihrer Steuerordnungen eingeräumt. Mit Recht hat Markull (S. 5ff, bes. S. 8, 14) hiergegen Einwendungen erhoben. Er weist darauf hin, daß die Autonomie der Gemeinden eine unübersteigliche Schranke in § 2 Abs. 1 FinAusglG. findet, wonach die Inanspruchnahme von Steuern für das Reich die Erhebung gleichartiger Steuern durch die Länder und Gemeinden (Gemeindeverbände) ausschließt, wenn nicht reichsgesetzlich ein anderes vorgeschrieben ist. Nun ist in einem Reichsgesetz, nämlich in § 1 Abs. 5 Ges. vom 3. Juli 1913, den Gemeinden die freie Regelung der Besteuerung des Wertzuwachses eingeräumt worden. Die reichsrechtliche Grenze dieser Besteuerungsfreiheit liegt daher nur in dem Begriff des Wertzuwachses. Dieser Begriff steht nach Maßgabe des RZuwStG. und der Steuerwissenschaft objektiv fest. Markull (S. 14) nimmt an, daß er durch die §§ 8—13, 17—20, 23, 24, 64 einerseits und durch die §§ 14—16, 21, 22, 25, 27, 65 RZuwStG. andererseits begrenzt sei. Hierfür bezieht er sich auf die amtliche Erläuterung zum RZuwStG. (Amtl. Mitt. I, 98). Hierbei dürfte Markull in den Einzelheiten zu weit gehen. Es ist nicht anzunehmen, daß der steuerrechtliche Begriff des Wertzuwachses durch die erwähnten Bestimmungen des Reichszuwachssteuergesetzes maßgebend begrenzt wird. Mehrere der genannten Bestimmungen enthalten nur die Regelung von Einzelfragen, die ebensowohl in anderer Weise geregelt werden könnten, ohne daß der Begriff des Wertzuwachses dadurch beeinträchtigt würde. Es wird überhaupt nicht angenommen werden können, daß der steuerrechtliche Begriff des Wertzuwachses mit der im RZuwStG. getroffenen Regelung notwendig übereinstimmt. So würde z. B. ein Wertzuwachs im Sinne des Steuerrechts gegeben sein, wenn eine Steuerordnung bestimmte, daß er nicht in dem Unterschied des Erwerbs- und Veräußerungspreises, sondern statt dessen in dem Unterschied des gemeinen Wertes am Erwerbs- und Veräußerungstage besteht. Durch diese Regelung würde sogar der Begriff des objektiven Wertzuwachses schärfer und reiner dargestellt werden, als es bei der Zugrundelegung des Erwerbs- und Veräußerungspreises der Fall ist, weil der Preis vielfach durch subjektive Momente mitbestimmt wird. Dagegen ist daran festzuhalten, daß eine kommunale Steuerordnung nicht schon dadurch unanfechtbar wird, daß sie mit der Überschrift „Wertzuwachssteuerordnung" versehen wird. Ergeben die Bestimmungen einer solchen StO., daß in Wahrheit nicht der objektive Wertzuwachs, sondern der subjektive Gewinn des Veräußerers erfaßt wird, so stellt die StO. einen Übergriff über das der Gemeinde überlassene Steuergebiet in die Vorbehalte des Reichs dar. Auf diesem Standpunkt steht auch der Reichsfinanzhof. In der Entscheidung Band 18 S. 105 ff. hat der große Senat des RFH. ausgesprochen, daß die Grundwertzuwachssteuer mit der RVermögenszuwachsSt. und mit der REinkSt. gleichartig ist, und daß die Länder durch § 1 Abs. 5 Ges. vom 3. Juli 1913 und § 16 Abs. 3 FinAusglG. wohl ermächtigt sind,

Grundwertzuwachs-Steuern zu erheben, nicht aber bei Berechnung des steuerbaren Wertzuwachses den Erwerbs- und Veräußerungspreis des **Zubehörs** dem Erwerbs- und Veräußerungspreise des Grundstücks hinzuzurechnen. In der Begründung führt der RFH. aus, daß die ursprüngliche Steuerhoheit der Länder und Gemeinden seit der Inanspruchnahme des Vermögens, des Grunderwerbs und des Einkommens für die Zwecke des Reiches nicht mehr bestehe, sondern daß das Reichsrecht das Landesrecht breche und den Ländern einen Einbruch in deren Bereich verbiete, soweit nicht ein Reichsgesetz das Verbot ausdrücklich einschränkt. Eine Einschränkung dieser Art bestehe allein im Rahmen des unverdienten Grundwertzuwachses im Sinne des Gesetzes von 1911. Die Ausnahmevorschrift erstreckt sich allein auf den Grundwertzuwachs, mit Ausschluß der durch das Zutun des Eigentümers geschaffenen Wertsteigerung, also namentlich mit Ausschluß der Wertsteigerung des Zubehörs.

Hiernach bildet die Grenze für die Autonomie der Gemeinden, daß

a) ein Wertzuwachs an Grundstücken (Grundwertzuwachs),

b) ein unverdienter Wertzuwachs vorliegt.

Demnach überschreitet eine Steuerordnung die Autonomie der Gemeinde, wenn sie einen Warengewinn oder Gewinn, der sonst an beweglichen Sachen, insbesondere Zubehör, erzielt ist, besteuert. Ferner aber ist eine Steuerordnung rechtsungültig, insoweit sie sich nicht auf die Besteuerung des **unverdienten** Wertzuwachses beschränkt, sondern Gewinne erfaßt, die durch Spekulationen, sonstige Handelsgeschäfte oder durch die Schaffung von Werten mittels künstlerischer oder gewerblicher Arbeit erzielt worden sind. Nach der ständigen Rechtsprechung der Verwaltungsgerichte haben die Worte in § 1 RZuwStG. „ohne Zutun des Eigentümers" nur programmatische Bedeutung, bilden aber keinen für den Einzelfall nachzuweisenden Bestandteil des Wertzuwachsbegriffes. Aber gerade die programmatische Bedeutung dieser Worte ist für die Begrenzung der Steuerhoheit der Gemeinden ausschlaggebend. Für das Finanzprogramm des Reiches besteht die Besteuerung des Wertzuwachses in der Besteuerung derjenigen Wertsteigerung des Grundbesitzes, die ohne Zutun des Eigentümers entstanden ist. Wenn daher das Reich die Besteuerung des Wertzuwachses den Gemeinden überlassen hat, so ist dies nur in den Grenzen jenes Finanzprogramms geschehen. Die Gemeinden dürfen daher nicht unter dem Titel der WZuwSt. irgendwelchen durch Zutun des Steuerpflichtigen, insbesondere durch seine werteschaffende Tätigkeit erzielten Gewinn erfassen. Diese Begrenzung der Steuerhoheit der Gemeinden ist besonders von Wichtigkeit für die Besteuerung des Übergangs von Anteilen an Grundstücksgesellschaften (§ 1 Abs. 3 MStO.), ferner für die Mitbesteuerung der stehenden Ernte und für die Befugnis des Veräußerers, den Wert der eigenen Arbeit bei Ausführung von Bauten und Verbesserungen dem Erwerbspreise hinzuzurechnen (§ 18 Nr. 2 MStO.).

Die Notwendigkeit, die Besteuerung auf den unverdienten, objektiven Wertzuwachs an Grundstücken zu beschränken, ist auch von Bedeutung für die Umrechnung des Inflationserwerbspreises in Goldmark. Diese schließt es aus, den Erwerbspreis willkürlich, nicht nach Maßgabe der wirklichen Zahlungspflicht des Erwerbers, zu berechnen, denn jede willkürliche Berechnung des

Erwerbs- oder Veräußerungspreises verfälscht das Rechnungsergebnis und läßt es nicht mehr als objektive Wertsteigerung des Grundstücks erscheinen.

In Preußen ist, wie schon erwähnt, den Gemeinden und Kreisen die Besteuerung des Grundwertzuwachses freigegeben worden. Die Landesregierung hat eine Mustersteuerordnung entworfen, die wiederholt geändert worden ist. Die letzte Formulierung ist durch Runderlaß des Ministers des Innern vom 20. 3. 1928 — IV. St. 350 — im MBliV. 1928 S. 302 bekannt gegeben worden. Nachträglich ist in § 17 ein neuer Absatz 3 durch Runderlaß vom 30. 3. 1929 (MBliV. 1929, 239) hinzugefügt worden.

Auf der Grundlage dieser MStO. sind die Steuerordnungen zahlreicher Gemeinden aufgebaut, so insbesondere von preußischen Großstädten wie Berlin, Buer, Cassel, Crefeld, Dortmund, Düsseldorf, Elberfeld, Essen, Frankfurt a. M., Gelsenkirchen, Halle, Hannover, Oberhausen, Stettin, Wandsbek; von außerpreußischen Großstädten sind die Steuerordnungen z. B. in Hamburg, Stuttgart, Braunschweig auf ähnlicher Grundlage geschaffen. Andere Gemeinden haben sich an den Aufbau des RZuwStG. angeschlossen, wonach die Steuer grundsätzlich bei Übergang des Eigentums und nur in solchen Fällen auf Grund des verpflichtenden Veräußerungsvertrages erhoben wird, in denen der Eigentumswechsel nach Ablauf einer bestimmten Zeit seit Abschluß des Veräußerungsvertrages noch nicht erfolgt ist. Diese Gestaltung weisen in Preußen die Steuerordnungen z. B. in Altona, Breslau, Köln, Königsberg i. Pr. auf; ähnlich in zahlreichen außerpreußischen Großstädten, z. B. München, Dresden, Leipzig, Chemnitz, Darmstadt, Karlsruhe. Lediglich an den Eigentumsübergang ist die Steuerpflicht geknüpft nach den Steuerordnungen von Duisburg und Magdeburg. Änderungen in den kommunalen Steuerordnungen sind naturgemäß häufig erfolgt, so daß die vorstehende Zusammenstellung nur ein Augenblicksbild ergibt.

Preußische Mustersteuerordnung.

abgedruckt im Ministerialblatt für die Preußische Innere Verwaltung 1928 S. 302 ff.

Mustersteuerordnung für die Erhebung einer Wertzuwachssteuer.

Wertzuwachssteuerordnung der Stadt ....
des Landkreises ....

(Gemäß RdErl. des MdJ. und des FM. v. 3. 6. 1927 — IV St. 689 II u. II A 5948, MBliV. S. 629.)

Auf Grund der §§ 13, 18, 63, 69, 70, 79, 82 u. 90 des Kommunalabgabengesetzes v. 14. 7. 1893 (GS. S. 152) [bzw. der §§ 6, 16, 17, 19 u. 20 des Kreis- und Provinzialabgabengesetzes v. 23. 4. 1906 (GS. S. 159)] in der jetzt geltenden Fassung des Gesetzes über Änderungen im Finanzwesen v. 3. 7. 1913 (RGBl. S. 521), des § 38 des Preußischen Ausführungsgesetzes zum Finanzausgleichsgesetze (GS. 1927 S. 63) und des Beschlusses ..... vom ..... wird für .... folgende Steuerordnung erlassen:

§ 1.

1. Bei Rechtsvorgängen, die den Übergang des Eigentums an Grundstücken und Grundstücksteilen in der Stadt (in dem Landkreise) ...... betreffen, wird eine Wertzuwachssteuer erhoben.

2. Den Grundstücken stehen Berechtigungen gleich, auf welche die Vorschriften des bürgerlichen Rechts über Grundstücke Anwendung finden; ausgenommen sind unbewegliche Bergwerksanteile.

3. Dem Übergange des Eigentums an Grundstücken steht gleich der Übergang von Rechten an dem Vermögen von Personenvereinigungen (einer Gesellschaft mit beschränkter Haftung, einer Kommanditgesellschaft, Aktiengesellschaft, Kommanditgesellschaft auf Aktien, Gewerkschaft, eingetragenen Genossenschaft, eines eingetragenen Vereins oder einer offenen Handelsgesellschaft usw.), soweit das Vermögen der Vereinigung aus in .... belegenen Grundstücken besteht, wenn entweder zum Gegenstande des Unternehmens die Verwertung von Grundstücken gehört, oder wenn die Vereinigung geschaffen ist, um die Zuwachssteuer zu ersparen.

§ 2.

Die Steuerpflicht tritt ein:

a) bei den zur Übertragung des Eigentums verpflichtenden Veräußerungsgeschäften mit dem Abschluß des Geschäfts; als Veräußerungsgeschäft gelten auch die im § 5 Abs. 4 des Grunderwerbsteuergesetzes in der Fassung der Bek. v. 11. 3. 1927 (RGBl. I. S. 72) aufgeführten Geschäfte;

b) in allen übrigen Fällen, in denen es eines Veräußerungsgeschäftes zum Übergang des Eigentums nicht bedarf (Zwangsversteigerung, Enteignung, Ausschluß, Konsolidation), mit Vollendung des Rechtsvorganges, der die Rechtsänderung bewirkt.

§ 3.

Steuerpflichtig ist auch ein Rechtsvorgang, der nicht unmittelbar den Übergang des Eigentums betrifft, aber ein Rechtsgeschäft zum Gegenstande hat, durch welches einem andern ermöglicht werden soll, über das Grundstück wie ein Eigentümer zu verfügen.

§ 4.

Die Besteuerung wird nicht dadurch ausgeschlossen, daß ein nach der Steuerordnung steuerpflichtiger Rechtsvorgang durch einen andern verdeckt wird.

§ 5.

(1) Die Zuwachssteuer wird nicht erhoben:

1. beim Erwerbe von Todes wegen im Sinne des § 2 des Erbschaftssteuergesetzes in der Fassung vom 22. 8. 1925 (RGBl. I S. 320), sowie beim Erwerb auf Grund einer Schenkung unter Lebenden im Sinne des § 3 des Erbschaftssteuergesetzes, sofern nicht die Form der Schenkung lediglich gewählt ist, um die Zuwachssteuer zu ersparen;

2. bei der Begründung, Änderung, Fortsetzung und Aufhebung der ehelichen Gütergemeinschaft;

3. beim Erwerb auf Grund von Verträgen, die zwischen Miterben oder Teilnehmern an einer ehelichen oder fortgesetzten Gütergemeinschaft zum Zwecke der Teilung der zum Nachlaß oder zum Gesamtgut gehörenden Gegenstände abgeschlossen werden, sowie beim Erwerb auf Grund eines Zuschlages, der in den vorgenannten Fällen bei Teilung im Wege der Versteigerung einem Miterben oder Teilnehmer erteilt wird;

4. beim Erwerbe der Abkömmlinge von Eltern, Großeltern und entfernteren Voreltern, sowie beim Erwerb der Eltern von den Kindern; den Eltern stehen gleich die Stief- und Schwiegereltern, ebenso

die Adoptiveltern, wenn kein Verdacht besteht, daß die Annahme an Kindes Statt zum Zwecke der Steuerhinterziehung vorgenommen ist.

5. beim Erwerbe durch verdrängte Grenzlands-, Auslands- und Kolonialdeutsche, die durch ihre Verdrängung ihre wirtschaftliche Lebensgrundlage ganz oder zum überwiegenden Teil verloren haben, sofern der Erwerb zum Zwecke der erstmaligen Wiederansetzung erfolgt und der Veräußerer nachweist, daß er den Veräußerungspreis im Hinblick auf die Nichterhebung der Wertzuwachssteuer entsprechend gesenkt hat.

6. beim Einbringen in eine ausschließlich aus dem Veräußerer und dessen Abkömmlingen oder aus diesen allein bestehende Vereinigung. Die Steuerpflicht tritt ein, wenn nachträglich ein Gesellschafter aufgenommen wird, der nicht zu den Abkömmlingen des Veräußerers gehört.

7. beim Einbringen von Nachlaßgegenständen in eine ausschließlich von Miterben gebildete Vereinigung. Die Vorschrift von Ziff. 6 Satz 2 findet entsprechende Anwendung.

8. beim Austausch im Inland belegener Grundstücke zum Zwecke der Zusammenlegung (Flurbereinigung), der Ermöglichung einer besseren landwirtschaftlichen Ausnützung von Grundstücken in Gemengelage, der Grenzregelung oder der besseren Gestaltung von Bauflächen (Umlegung), sowie bei Ablösung von Rechten an Forsten, wenn diese Maßnahmen auf der Anordnung einer Behörde beruhen oder von einer gesetzlich hierfür zuständigen Behörde als zweckdienlich anerkannt werden.

9. bei Grundstücksübertragungen, welche der Besiedelung des platten Landes oder der Schaffung gesunder Kleinwohnungen für Minderbemittelte zu dienen bestimmt sind, wenn als Veräußerer Körperschaften des öffentlichen Rechts oder solche Personenvereinigungen, die sich mit den genannten Zwecken befassen, beteiligt sind. Die Befreiung der Personenvereinigungen tritt nur für den erstmaligen Verkauf ein, wenn der Reingewinn satzungsgemäß auf eine Verzinsung von höchstens 5 v. H. der Kapitaleinlagen beschränkt, bei Auslosungen, Ausscheiden eines Mitgliedes und für den Fall der Auflösung der Vereinigung den Mitgliedern nicht mehr als der Nennwert ihrer Anteile zugesichert und bei der Auflösung der etwaige Rest des Vermögens für gemeinnützige Zwecke bestimmt ist.

10. wenn das Vermögen einer öffentlichen Körperschaft als Ganzes auf eine andere öffentliche Körperschaft übertragen wird.

11. vom Reich, dem Lande oder den Gemeinden (Gemeindeverbänden), in deren Bereich sich das Grundstück befindet.

(2) Zu den Miterben im Sinne der Ziff. 3 und 7 wird der überlebende Ehegatte gerechnet, der mit den Erben des verstorbenen Gatten gütergemeinschaftliches Vermögen zu teilen hat. Die Steuerbefreiungen nach Ziff. 3 und 4 kommen auch Ehegatten von Miterben oder Teil-

nehmern an einer fortgesetzten Gütergemeinschaft, sowie Ehegatten von Abkömmlingen zu, wenn sie auf Grund des bestehenden Güterstandes ohne rechtsgeschäftliche Übertragung Eigentümer werden.

§ 6.

(1) Als steuerpflichtiger Wertzuwachs gilt der Unterschied zwischen dem Erwerbspreise und dem Veräußerungspreise. Beruht der Erwerb auf einem gemäß § 5 Nr. I Ziff. 1 bis 10 steuerfreien Rechtsvorgange, so ist für die Ermittelung des Wertzuwachses von dem Preise zur Zeit des letzten steuerpflichtigen Rechtsvorganges auszugehen. Ob im Sinne dieser Vorschrift Rechtsvorgänge steuerfrei oder steuerpflichtig sind, ist auch für die Zeit vor dem Inkrafttreten dieser Ordnung nach ihr zu bestimmen.

(2) Der Preis bestimmt sich nach dem Gesamtbetrage der Gegenleistungen einschließlich der vom Erwerber übernommenen oder ihm sonst infolge der Veräußerung obliegenden Leistungen und der vorbehaltenen oder auf dem Grundstück lastenden Nutzungen; bei Verträgen über Leistungen an Erfüllungs Statt nach dem Werte, zu dem die Gegenstände an Erfüllungs statt angenommen werden.

(3) Die auf einem nicht privatrechtlichen Titel beruhenden Abgaben und Leistungen, die auf dem Grundstücke kraft Gesetzes lasten (gemeine Lasten) werden nicht mitgerechnet. Der Wert wiederkehrender Leistungen und Nutzungen bestimmt sich nach den Vorschriften der Reichsabgabenordnung.

(4) Ist einem der Vertragschließenden ein Wahlrecht oder die Befugnis eingeräumt, innerhalb gewisser Grenzen den Umfang der Gegenleistung zu bestimmen, so ist der höchstmögliche Betrag der Gegenleistung maßgebend.

(5) Beim Übergang im Wege der Zwangsversteigerung gilt als Preis der Betrag des Meistgebots, zu dem der Zuschlag erteilt ist, unter Hinzurechnung der vom Ersteher übernommenen gerichtlich festgestellten Leistungen. Im Falle der Abtretung der Rechte aus dem Meistgebot oder der Erklärung des Meistbietenden, daß er für einen anderen geboten habe, tritt an die Stelle des Meistgebots der Wert der Gegenleistung, wenn sie höher ist als das Meistgebot.

(6) Ist ein Preis nicht vereinbart oder nicht zu ermitteln, so tritt an dessen Stelle der gemeine Wert des Grundstücks.

(7) Das gleiche gilt, wenn auf dem Grundstück eine der im § 1 bezeichneten Berechtigungen oder ein Nießbrauchrecht lastet, zu deren Beseitigung der Veräußerer nicht verpflichtet ist, und der gemeine Wert des Grundstücks unter Berücksichtigung seiner Belastung den Wert der Gegenleistung übersteigt.

(8) Wenn die Beteiligten einen Teil des Entgelts in die Form einer

Vermittlungsgebühr, einer den üblichen Zinssatz erheblich übersteigenden Verzinsung des gestundeten Preises oder einer sonstigen Nebenleistung kleiden, so ist der als Teil des Entgelts anzusetzende Betrag durch Schätzung zu ermitteln.

§ 7.

(1) Soweit der Erwerbspreis nicht in Gold-, Renten- oder Reichsmark berechnet ist, wird er gemäß den Bestimmungen des § 2 des Aufwertungsgesetzes vom 16. 7. 1925 (RGBl. I S. 117) nach seinem Goldmarkwert berechnet. Maßgebend für die Berechnung ist, falls ein Veräußerungsgeschäft abgeschlossen war, das zur Übertragung des Eigentums verpflichtete, der Tag des Abschlusses des Rechtsgeschäftes, in allen übrigen Fällen der Tag der Vollendung des Rechtsvorganges, der die Rechtsänderung bewirkt hat.

(2) Hat der Veräußerer beim Erwerbe des Grundstücks in Anrechnung auf den Erwerbspreis Schuldverpflichtungen, Hypotheken usw. übernommen, so gilt abweichend von der Bestimmung des vorhergehenden Absatzes für die Berechnung des Goldmarkwertes der übernommenen Schuldverpflichtungen folgendes:

1. Bestehen die Schuldverpflichtungen bei der neuen Veräußerung des Grundstücks noch und werden diese von dem neuen Erwerber übernommen, so ist für die Berechnung ihres Goldmarkwertes der Umrechnungstag des übrigen Erwerbspreises (Abs. 1) maßgebend; jedoch ist ihr Wert für die Berechnung des Erwerbspreises mindestens mit dem gleichen Betrage einzustellen, wie er bei der Berechnung des neuen Veräußerungspreises in Ansatz gebracht worden ist.

2. Sind die Schuldverpflichtungen bis zur neuen Veräußerung des Grundstücks getilgt, ist ihr Goldmarkwert nach dem Werte der Leistungen zu berechnen, die der Veräußerer für die Tilgung am Tilgungstage aufgewandt hat, soweit nicht ihr Goldmarkwert am Tage des Erwerbs des Grundstücks höher ist.

§ 8.

(1) Dem Erwerbspreis sind hinzuzurechnen:

1. Die nachweislich aufgewandten Erwerbskosten einschließlich einer etwa bezahlten Vermittlungsgebühr in ortsüblicher Höhe. An Stelle der nachweislich aufgewandten Erwerbskosten wird auf Antrag des Veräußerers ein Betrag von 6 v. H. des Erwerbspreises als Erwerbskosten angenommen.

2. Die Aufwendungen für Bauten, Umbauten und sonstige dauernde Verbesserungen, auch solcher land- und forstwirtschaftlicher Art, die innerhalb des für die Steuerberechnung maßgebenden Zeitraums gemacht sind und nicht der laufenden Unterhaltung von Baulichkeiten oder der

laufenden Bewirtschaftung von Grundstücken dienen, soweit die Bauten und Verbesserungen noch vorhanden sind.

3. Falls der Erwerb im Wege der Zwangsversteigerung erfolgt ist und der Veräußerer zur Zeit der Einleitung der Zwangsversteigerung Hypotheken- oder Grundschuldgläubiger war, der nachweisliche Betrag seiner infolge der Zwangsversteigerung ausgefallenen Forderungen bis zu dem gemeinen Werte, den das Grundstück zur Zeit der Zwangsversteigerung hatte. Die Forderungen kommen, wenn sie durch entgeltliches Rechtsgeschäft erworben sind, nur in Höhe des geleisteten Entgelts in Anrechnung. Beruht ihr Erwerb auf einer Schenkung oder ist ihre Eintragung innerhalb kürzerer Zeit als sechs Monate vor der Einleitung der Zwangsversteigerung erfolgt, so werden die Forderungen nur berücksichtigt, wenn nach den Umständen Schenkung oder Eintragung keine Steuerersparung bezweckten.

(2) Die Berechnung des Goldmarkbetrages hat gemäß § 7 Abs. 1 Satz 1 zu erfolgen; maßgebend ist:

a) hinsichtlich der Erwerbskosten (Ziff. 1) der im § 7 Abs. 1 bestimmte Stichtag,
b) hinsichtlich der Aufwendungen (Ziff. 2) der Tag der Leistung,
c) hinsichtlich der Hypothek oder Grundschuld (Ziff. 3) der Zeitpunkt ihrer Erwerbung (§§ 3, 5 Aufwertungsgesetz vom 16. 7. 1925, RGBl. I S. 117),
d) hinsichtlich des für den Erwerb der Forderungen geleisteten Entgelts (Ziff. 3) der Tag der Leistung.

§ 9.

Dem Veräußerungspreis ist ein nach den Vorschriften dieser Ordnung zu berechnender Steuerbetrag hinzuzurechnen, wenn der Erwerber des Grundstücks die Zahlung der Zuwachssteuer übernommen hat.

§ 10.

Von dem Veräußerungspreise sind in Abzug zu bringen die dem Veräußerer nachweislich zur Last fallenden Kosten der Veräußerung und Übertragung einschließlich der von ihm für die Vermittlung gezahlter ortsüblichen Gebühr, sofern nicht an Stelle des Veräußerungspreises der gemeine Wert maßgebend ist.

§ 11.

Beim Tausch von Grundstücken ist die Steuer für jedes Grundstück gesondert zu berechnen.

§ 12.

(1) Bei einem aus Anlaß einer Flurbereinigung, Grenzregulierung oder Umlegung empfangenen Grundstück ist als Erwerbspreis das Ent-

gelt anzusehen, das bei dem letzten steuerpflichtigen Rechtsvorgange für das in die Flurbereinigung usw. gegebene Grundstück gezahlt worden ist.

(2) Ausgleichszahlungen sind dem Erwerbspreise hinzu- oder abzurechnen. Für die Steuerberechnung kommt der auf diesem Wege berichtigte Erwerbspreis und die Größe des aus der Bereinigung empfangenen Grundstücks in Frage. Als Besitzdauer gilt die Zeit von dem Erwerb des in die Flurbereinigung, Grenzregulierung oder Umlegung gegebenen Grundstücks an.

§ 13.

(1) Beschränkt sich der steuerpflichtige Rechtsvorgang auf einen Teil eines Grundstücks, so wird der Erwerbspreis dieses Teiles nach dem Verhältnis seiner Größe zur Größe des Gesamtgrundstücks berechnet. Das zu Straßen und Plätzen unentgeltlich abgetretene Land wird hierbei von der Gesamtgröße vorab in Abzug gebracht. Sind in dem Erwerbspreis Bauten oder sonstige Leistungen eingeschlossen, so ist deren Wert aus dem Erwerbspreis vorher auszusondern.

(2) Werden mehrere Teile des Grundstücks durch verschiedene Rechtsvorgänge von demselben Veräußerer oder seinen Erben innerhalb drei Jahren veräußert, so ist der Steuerpflichtige berechtigt, den bei einem Geschäft erlittenen, nach den Vorschriften dieser Ordnung zu berechnenden Verlust bei dem Veräußerungspreis des jeweilig letzten Geschäfts innerhalb dieses Zeitpunktes in Abzug zu bringen. Die während des Zeitraums stattgefundenen Veranlagungen sind erforderlichenfalls zu berichtigen; ein diesbezüglicher Antrag ist innerhalb drei Monaten nach Ablauf der dreijährigen Frist zu stellen. Für Erwerbsvorgänge, die vor dem Inkrafttreten dieser Ordnung stattgefunden haben, beginnt der Lauf der Frist mit dem Tage, an dem die Ordnung Geltung erlangt.

(3) Aufwendungen kommen nur insoweit in Anrechnung, als sie den veräußerten Teil betreffen. Handelt es sich um eine das Gesamtgrundstück oder mehrere Teile desselben betreffende Anlage, so sind die zu berücksichtigenden Kosten nach dem Flächenverhältnis zu verteilen.

§ 14.

(1) Bei der steuerpflichtigen Überlassung eines gemeinschaftlichen Grundstücks an einen Mitberechtigten bleibt die Steuerpflicht auf den veräußerten Anteil beschränkt. Bei dem nächsten Steuerfall ist der Wertzuwachs für den eigenen und für den hinzuerworbenen Anteil gesondert zu berechnen und zu versteuern.

(2) Eine gleiche gesonderte Steuerberechnung hat auch in anderen Fällen dann stattzufinden, wenn der Veräußerer Anteile des Grundstücks zu verschiedenen Zeiten erworben hatte.

§ 15.

(1) Die Steuer beträgt:

10 v. H. des Wertzuwachses bei einer Wertsteigerung bis ausschließlich 20 v. H. des Erwerbspreises zuzüglich der Anrechnungen,

11	v. H.	bei	einer	Wertsteigerung	von	20	bis	ausschließlich	30	v. H.
12	„	„	„	„	„	30	„	„	50	„
13	„	„	„	„	„	50	„	„	70	„
14	„	„	„	„	„	70	„	„	90	„
15	„	„	„	„	„	90	„	„	110	„
16	„	„	„	„	„	110	„	„	130	„
17	„	„	„	„	„	130	„	„	150	„
18	„	„	„	„	„	150	„	„	170	„
19	„	„	„	„	„	170	„	„	190	„
20	„	„	„	„	„	190	„	„	200	„
21	„	„	„	„	„	200	„	„	210	„
22	„	„	„	„	„	210	„	„	220	„
23	„	„	„	„	„	220	„	„	230	„
24	„	„	„	„	„	230	„	„	240	„
25	„	„	„	„	„	240	„	„	250	„
26	„	„	„	„	„	250	„	„	260	„
27	„	„	„	„	„	260	„	„	270	„
28	„	„	„	„	„	270	„	„	280	„
29	„	„	„	„	„	280	„	„	300	„
30	„	„	„	„	„	300 v. H. und mehr.				

(2) Die nach Abs. 1 sich ergebende Steuer erhöht sich bei einem für die Steuerberechnung maßgebenden Zeitraum,

bis	zu	1	Jahr	um	100	v. H.
„	„	2	Jahren	„	80	„
„	„	3	„	„	60	„
„	„	4	„	„	40	„
„	„	5	„	„	20	„

mit der Maßgabe, daß die Steuer 30 v. H. des Wertzuwachses nicht übersteigen darf.

(3) Der Steuersatz (Abs. 1) ermäßigt sich für das siebente und jedes vollendete weitere Jahr um je 1 v. H.; § 6 Abs. 1 Satz 2 und 3 finden auf den für die Steuerberechnung maßgebenden Zeitraum entsprechende Anwendung. Die Ermäßigung tritt nicht ein, wenn der für die Ermittelung des Wertzuwachses maßgebende Erwerb des Grundstücks in der Zeit vom 1. Januar 1919 bis 31. Dezember 1924 stattgefunden hat.

(4) Handelt es sich um den Verkauf eines Wohnhauses oder einer Ansiedlungsstätte an Kriegsbeschädigte oder an Hinterbliebene von Kriegsteilnehmern, die auf Grund des Kapitalabfindungsgesetzes Grund-

stücke erwerben, so kann auf Antrag eine außerordentliche Ermäßigung der Steuer bis zu 50 v. H. gewährt werden, wenn der Veräußerungspreis mit Rücksicht auf die Person des Erwerbers wesentlich niedriger als sonst üblich festgesetzt ist. Die Entscheidung trifft der...........

(5) Steuerbeträge, die im ganzen unter 20 RMk. bleiben, werden nicht erhoben.

§ 16.

(1) Zur Entrichtung der Steuer ist der Veräußerer verpflichtet; mehrere Steuerpflichtige haften als Gesamtschuldner. Kann die Steuer von dem Veräußerer nicht beigetrieben werden, so haftet der Erwerber bis zum Höchstbetrage von 15 v. H. des Veräußerungspreises. Auf Erwerbungen im Wege der Zwangsversteigerung findet diese Bestimmung keine Anwendung. Die Haftung des Erwerbers erlischt ein Jahr nach der Eintragung der Eigentumsänderung im Grundbuch.

(2) Ist die Vornahme des steuerpflichtigen Rechtsvorganges unter Mitwirkung eines Bevollmächtigten oder durch die Tätigkeit eines Vermittlers mit der Maßgabe erfolgt, daß diesem der einen gewissen Betrag übersteigende Teil des Preises verbleibt, so haftet für den auf den Mehrerlös entfallenden Teil der Steuer neben dem Veräußerer als Gesamtschuldner derjenige, dem der Mehrerlös zukommt.

§ 17.

(1) Bei Veräußerungen von unbebauten Grundstücken zum Zwecke der Bebauung mit Wohnhäusern wird die Steuer bis auf den Betrag von 2 v. H. des Veräußerungspreises zunächst gestundet und dann bis auf diesen Betrag ermäßigt, wenn innerhalb von zwei Jahren nach Eintritt der Steuerpflicht die Gebäude errichtet sind und ihre Gebrauchsabnahme erfolgt ist.

(2) Die gleiche Ermäßigung tritt ein bei der erstmaligen Veräußerung von Grundstücken, die zum Zwecke der Bebauung mit Wohnhäusern erworben sind und innerhalb von zwei Jahren nach erfolgter Bebauung weiter veräußert werden.

(3) Werden im Falle der Bebauung mit Wohnhäusern in diese gewerbliche Räume eingebaut, so tritt die Stundung und Ermäßigung nur für den Teil der Steuer ein, der dem Wertverhältnis entspricht, in dem die zu Wohnzwecken bestimmten Teile zu den gewerblich genutzten Räumen stehen; dabei ist insbesondere auf die aus den einzelnen Teilen erzielbare Jahresrohmiete abzustellen.

§ 18.

(1) Die Steuer wird auf Antrag erlassen, erstattet oder ermäßigt:

1. bei Nichtigkeit des Rechtsgeschäftes oder des den Eigentumserwerb begründenden Rechtsvorganges,

2. bei Aufhebung des Rechtsgeschäftes durch Parteivereinbarung oder infolge Ausübung eines vorbehaltenen Rücktrittsrechts,

3. bei Rückgängigmachung infolge Nichterfüllung der Vertragsbedingungen,

4. bei Preisminderung nach §§ 459 u. 460 des BGB., soweit sie eine Ermäßigung der Steuer zur Folge hat,

5. bei Wahl eines geringeren als des höchstmöglichen Betrages der Gegenleistung (§ 6 Abs. 4), soweit sich danach die Steuer als zu hoch festgesetzt ergibt.

(2) Der Antrag muß innerhalb eines Jahres nach Eintritt des Ereignisses gestellt werden, auf welches der Erstattungsanspruch sich gründet.

(3) Wird die Steuer erlassen, so gilt die Veräußerung und der Rückerwerb im Sinne dieser Ordnung als nicht erfolgt.

§ 19.

(1) Die zur Entrichtung der Steuer Verpflichteten und die zur Mithaft Verpflichteten haben innerhalb zweier Wochen nach dem Eintritt des die Steuerpflicht begründenden Ereignisses der Steuerbehörde hiervon, sowie von allen sonstigen für die Festsetzung der Steuer in Betracht kommenden Verhältnissen schriftliche Mitteilung zu machen, auch die die Steuerpflicht betreffenden Urkunden vorzulegen.

(2) Auf Verlangen der Steuerbehörde sind die Steuerpflichtigen verbunden, über bestimmte, für die Veranlagung der Steuer erhebliche Tatsachen innerhalb einer ihnen zu bestimmenden Frist schriftlich oder zu Protokoll Auskunft zu erteilen, andernfalls die Ermittlung und Veranlagung durch die Steuerbehörde selbständig vorgenommen werden.

(3) In den Fällen des § 1 sind auch die Gesellschaft oder der Verein zur Anzeige und zur Auskunfterteilung verpflichtet.

§ 20.

Die Steuerbehörde ist bei der Veranlagung der Steuer an die Angaben der Steuerpflichtigen nicht gebunden. Wird die erteilte Auskunft beanstandet, so sind dem Steuerpflichtigen vor der Veranlagung die Gründe der Beanstandung mit dem Anheimstellen mitzuteilen, hierüber binnen einer angemessenen Frist eine weitere Erklärung abzugeben. Findet eine Einigung mit dem Steuerpflichtigen nicht statt, so kann die Steuerbehörde die zu entrichtende Steuer nötigenfalls nach dem Gutachten Sachverständiger festsetzen.

§ 21.

(1) Dem Steuerpflichtigen ist über die Veranlagung der Steuer ein schriftlicher Bescheid zuzustellen. Im Falle der Heranziehung der

nach § 16 Abs. 1 Satz 2 und Abs. 2 Haftenden ist diesen eine besondere Veranlagung zuzustellen.

(2) Die Steuer ist innerhalb 8 Tagen nach Zustellung an die in dem Bescheide bezeichnete Kasse zu entrichten.

§ 22.

Dem Steuerpflichtigen stehen gegen die Veranlagung die im Kommunalabgabengesetz (bzw. im Kreis- und Provinzialabgabengesetz) gegebenen Rechtsmittel offen.

§ 23.

Zuwiderhandlungen gegen die Bestimmungen dieser Steuerordnung werden mit einer Geldstrafe bis zu dem nach dem KAG. (bzw. Kreis- und Provinzialabgabengesetz) zulässigen Höchstmaß bestraft, sofern nicht nach den sonstigen Gesetzen eine höhere Geldstrafe oder eine Freiheitsstrafe verwirkt ist.

§ 24.

Die Steuerbehörde wird ermächtigt, aus Billigkeitsgründen eine Herabsetzung der Steuer im Einzelfall vorzunehmen. Ebenso können bereits veranlagte Steuern auf Antrag durch die Steuerbehörde aus Billigkeitsgründen ganz oder teilweise erlassen oder niedergeschlagen werden.

§ 25.

(1) Diese Steuerordnung tritt mit dem .... in Kraft. Mit dem gleichen Tage tritt die Wertzuwachssteuerordnung vom ..... außer Kraft.

(2) Rechtsvorgänge, die vor dem Inkrafttreten dieser Steuerordnung steuerpflichtig geworden sind, unterliegen der Besteuerung nach der bisherigen Steuerordnung.

Preußische Mustersteuerordnung

abgedruckt im Ministerialblatt für die Preußische Innere Verwaltung 1928 S. 302 ff.

Mustersteuerordnung für die Erhebung einer Wertzuwachssteuer.

Wertzuwachssteuerordnung der Stadt . . . .

des Landkreises . . . .

(Gemäß RdErl. des MdJ. und des FM. v. 3. 6. 1927—IV St. 689 II u. II A 5948, MBliV. S. 629.)

Auf Grund der §§ 13, 18, 63, 69, 70, 79, 82 u. 90 des Kommunalabgabengesetzes v. 14. 7. 1893 (GS. S. 152) [bzw. der §§ 6, 16, 17, 19 u. 20 des Kreis- und Provinzialabgabengesetzes v. 23. 4. 1906 (GS. S. 159)] in der jetzt geltenden Fassung des Gesetzes über Änderungen im Finanzwesen v. 3. 7. 1913 (RGBl. S. 521), des § 38 des Preußischen Ausführungsgesetzes zum Finanzausgleichsgesetze (GS. 1927 S. 63) und des Beschlusses . . . . . vom . . . . wird für . . . . folgende Steuerordnung erlassen:

§ 1.

1. Bei Rechtsvorgängen, die den Übergang des Eigentums an Grundstücken und Grundstücksteilen in der Stadt (in dem Landkreise) . . . . . betreffen, wird eine Wertzuwachssteuer erhoben.

2. Den Grundstücken stehen Berechtigungen gleich, auf welche die Vorschriften des bürgerlichen Rechts über Grundstücke Anwendung finden; ausgenommen sind unbewegliche Bergwerksanteile.

3. Dem Übergange des Eigentums an Grundstücken steht gleich der Übergang von Rechten an dem Vermögen von Personenvereinigungen (einer Gesellschaft mit beschränkter Haftung, einer Kommanditgesellschaft, Aktiengesellschaft, Kommanditgesellschaft auf Aktien, Gewerkschaft, eingetragenen Genossenschaft, eines eingetragenen Vereins oder einer offenen Handelsgesellschaft usw.), soweit das Vermögen der Vereinigung aus in . . . . . belegenen Grundstücken besteht, wenn entweder zum Gegenstande des Unternehmens die Verwertung von Grundstücken gehört, oder wenn die Vereinigung geschaffen ist, um die Zuwachssteuer zu ersparen.

1. **Der steuerpflichtige Rechtsvorgang** besteht im Gegensatz zum GrErwStG. grundsätzlich nicht in dem Übergang des Eigentums; vielmehr tritt die Steuerpflicht nach § 2 lit. a mit dem Abschluß des Verpflichtungsgeschäfts ein und nur in solchen Fällen, in denen es eines Veräußerungsgeschäfts zum Übergang des Eigentums nicht bedarf, nach § 2 lit. b mit der Eigentumsänderung selbst. Diese Regelung verstößt nicht gegen Reichsrecht, insbesondere nicht gegen § 16 FinAusglG. i. d. Fassung v. 23. 6. 23; so OVG. VII C 55. 26 bei Pape Jahrb. 1926, 392; VII C 22. 26 a. a. O. 396. Rechtsvorgänge, die den Übergang des Eigentums betreffen, sind alle in § 2 angeführten Rechtsgeschäfte. Sie stehen im Gegensatz zu den im § 3 aufgeführten Rechtsvorgängen, die nicht unmittelbar den Übergang des Eigentums betreffen, sondern den Übergang des wirtschaftlichen Eigentums zum Gegenstande haben. In § 1 ist also unter Eigentum das juristische Eigentum zu verstehen. Rechtsvorgänge im Sinne des § 1 sind nicht identisch mit Rechtsgeschäften. Die im § 2 lit. b erwähnten Vorgänge „Zwangsversteigerung, Enteignung, Ausschluß" sind gleichfalls zu den Rechtsvorgängen zu rechnen, obgleich sie keine Rechtsgeschäfte der am Eigentumswechsel beteiligten Parteien, nämlich des früheren und des neuen Eigentümers, darstellen.

Altbesitzer sind nach der MStO. nicht von der WZuwSt. befreit, wie es nach vielen kommunalen StO. (so noch Berlin in der bis 1. April 1929 in Kraft gewesenen Fassung) der Fall ist. Enthält eine StO. die Bestimmung, daß die WZuwSt. erhoben wird „bei allen den Übergang des Eigentums an Grundstücken betreffenden Rechtsvorgängen, wenn die Veräußerer oder ihre Rechtsvorgänger das Eigentum an dem Grundstück erst nach einem best. Zeitpunkt (meist 31. Dez. 1918) erworben haben", so kommt es auf den Erwerb des juristischen Eigentums an, auch wenn eine Bestimmung, wie § 3, in der StO. enthalten ist und wenn die Verzögerung der Umschreibung des Eigentums nur auf Verschulden des Erwerbers beruht: OVG. PrVBl. 49, 447.

2. **Grundstücke** sind abgegrenzte Teile der Erdoberfläche; auch Gewässer, z. B. Teiche und Seen (Amtl. Mitt. 1913, 113). Sie sind horizontal beliebig teilbar. Jeder Teil bildet, wenn er zum Gegenstand eines Veräußerungsgeschäfts gemacht wird, ein selbständiges Grundstück im Sinne der StO. Andererseits kann auch eine Mehrheit selbständiger Grundstücke zum Gegenstand eines einheitlichen Veräußerungsgeschäfts gemacht werden; vgl. Amtl. Mitt. 1913, 280. Ein selbständiges Grundstück ist bei rechtlicher Betrachtung dasjenige, das ein eigenes Grundbuchblatt besitzt oder innerhalb eines solchen eine besondere Nummer hat, bei wirtschaftlicher Betrachtung eine Mehrheit von Grundstücken, die eine wirtschaftliche Einheit bilden. Diese Zusammenfassung kann rechtlich erheblich werden, wenn es auf den gemeinen Wert ankommt (§ 6 Abs. 6) und die Mehrheit der Grundstücke infolge ihrer Zusammenfassung einen höheren gemeinen Wert hat, als die Summe der einzelnen Grundstücke haben würde. Für die Besteuerung ist die Zusammenfassung zur wirtschaftlichen Einheit nur dann maßgebend, wenn die mehreren Grundstücke als wirtschaftliche Einheit veräußert worden sind.

Für den Begriff der wirtschaftlichen Einheit gelten die Anschauungen des Verkehrs (§ 137 Abs. 2 AO.). Sie liegt ohne Rücksicht auf die Eintragung im Grundsteuerkataster, Lagerbuch oder in einem oder mehreren Grundbuchblättern dann vor, wenn die Grundstücke nach dem objektiven Befund als ein einheitliches Grundstück zu betrachten sind (vgl. über die Voraussetzungen OVG. 71, 72), ein in sich zusammenhängendes einziges Bewirtschaftungsobjekt bilden (OVG. VII C 13. 24 bei Pape Jahrb. 5, 328). Sie brauchen räumlich nicht zusammenzuhängen und nicht einmal in derselben Gemeinde zu liegen; vgl. OVG. 46, 36; PrVerwBl. 25, 724 und OVG. VII C 13. 24 bei Pape Jahrb. 5 328. Sie werden durch den Willen des Eigentümers zur Einheit zusammengefaßt (OVG. 59, 12; 76, 173); Voraussetzung also ist ein einheitlicher Eigentümer (OVG. 64, 81), mag ein Teil auch nur in seinem Miteigentum stehen (OVG. 74, 1). Andererseits reicht zusammenfassendes Eigentum oder gleichzeitiger Erwerb (OVG. 62, 18; 71, 72) nicht aus; es muß Verwendung zu einheitlichem Zweck hinzukommen (OVG. 62, 43), und zwar in der Hand des Veräußerers, nicht des Erwerbers (OVG. 71, 72; 72, 1; 76, 173); so z. B. einheitliche Bewirtschaftung mehrerer Äcker und Wiesen oder Verwendung mehrerer Gebäude zu demselben Gewerbebetrieb (Amtl. Mitt. 1913, 67). Mehrere Hausgrundstücke desselben Eigentümers bilden nur dann eine wirtschaftliche Einheit, wenn sie zu einem einheitlichen Zweck, nicht nur zur Vermietung, verwendet werden: OVG. 62, 43. Ein Wohnhaus gehört zum Landwirtschaftsbetrieb, wenn es hauptsächlich dazu dient, die Nutzung der Ländereien zu ermöglichen, was bei geringem Umfang der letzteren in der Regel zu verneinen ist; vgl. OVG. VII D 99. 25 bei Pape Jahrb. 6, 520. Vorübergehende Zwischennutzung durch Verpachtung von Trennstücken schließt die wirtschaftliche Einheit nicht aus; vgl. OVG. 64, 84; 71, 31. Desgl. nicht der Umstand, daß einzelne Flächen eines Landguts nicht mehr bestellt, sondern als Bauland liegengelassen werden; OVG. 77, 19. Auch dadurch, daß der Veräußerer das Kaufgrundstück in Erwartung der Übereignung dem Erwerber übergibt, wird die wirtschaftliche Einheit nicht aufgehoben: OVG. Amtl. Mitt. 1916, 125; ebenso bei Übergabe im Verlauf eines Enteignungsverfahrens: OVG. 72, 1.

Verwertung durch einheitliche Verpachtung mehrerer Grundstücke reicht aber für sich allein nicht aus, um eine wirtschaftliche Einheit anzunehmen, wenn kein räumlicher und wirtschaftlicher Zusammenhang besteht; Amtl. Mitt. 1912, 152.

3. **Grundstücke und Anteile** an Grundstücken können den Gegenstand des Rechtsvorganges bilden. In der Fassung der PrMStO. ist von Grundstücken und Grundstücksteilen die Rede; es handelt sich aber nicht um reale Teile, sondern um ideelle Anteile. Wird ein realer Teil eines Grundstücks, z. B. ein Teil von 100 Quadratruten, des gesamten, doppelt so großen Grundstücks zum Gegenstand einer Veräußerung gemacht, so bildet dieser reale Teil ein Grundstück im Sinne der StO. Anteile an Grundstücken sind dagegen Miteigentumsanteile; vgl. §§ 1008—1011 BGB. Hierbei ist nicht das Grundstück geteilt, sondern das Eigentumsrecht (Quoteneigentum). Für die Besteuerung ist die Veräußerung eines Miteigentumsanteils ebenso zu behandeln wie die Veräußerung eines Grundstücks. Umwandlung von Miteigentum in Flächeneigentum ist für die GrErwSt. als Tausch behandelt worden; vgl. Mrozek R. 2 zu § 1 GrErwStG. sowie Anm. 5 i zu § 1 GrErwStG.; sie ist danach steuerpflichtig. Dasselbe gilt auch für die WZuwSt.

4. **Bestandteile und Zubehör.** Die MStO. besagt nichts darüber, ob und inwieweit Bestandteile und Zubehör steuerpflichtig sind. Es muß daher nach allgemeinen Gesichtspunkten beurteilt werden, ob Bestandteile und Zubehör der Besteuerung unterworfen sind oder nicht.

Bestandteile, mögen sie wesentlich oder nichtwesentlich sein (vgl. §§ 93—96 BGB.), unterliegen, wenn sie den Gegenstand der Veräußerung bilden, auch der Besteuerung nach der MStO. Zweifel bestehen nur für solche Grundstücksbestandteile, die zugleich Bestandteile einer Betriebsanlage sind, so insbesondere bei Maschinen in einem Fabrikgebäude. Nach der Rechtsprechung des RG. sind sie Grundstücksbestandteile, wenn sie nach allgemeiner Verkehrsanschauung als körperlich unselbständige Gebäudeteile gelten; vgl. RG. 67, 32; 69, 121 sowie Komm. d. RGR. Anm. 2 zu § 93 BGB. Nach § 154 Abs. 2 AO. wird der Wert derartiger Maschinen nicht berücksichtigt, selbst wenn es sich um wesentliche Bestandteile handelt. Auch ohne daß diese Vorschrift hier in Bezug genommen ist, wird man für die WZuwSt. zum gleichen Ergebnis gelangen müssen. Die WZuwSt. ist, wie § 1 ergibt und wie auch aus der historischen Entwicklung der Besteuerung des Wertzuwachses folgt, eine ausgesprochene Besteuerung des Grundstücksverkehrs. Der Wertzuwachs bei der Veräußerung von

Fabriken und anderen Handelsgeschäften fällt nicht unter diese StO., sondern unter die dem Reich vorbehaltenen Einkommen-, Körperschafts- und Vermögenszuwachssteuer; vgl. RFH. 18, 105; Markull S. 17ff. Es wäre eine unzulässige Doppelbesteuerung, wenn dieser Wertzuwachs in denjenigen Fällen, in denen das Gewerbe auf einem eigenen Grundstück betrieben und mit diesem zugleich veräußert worden ist, auch der WZuwSt. unterworfen würde, während er, sofern die Veräußerung ohne das Grundstück erfolgt, nur der Eink.- bzw. KörpSt. unterliegt. Auch nach § 10 RZuwStG. waren die Maschinen von der Besteuerung ausgeschlossen.

Im übrigen aber gehören die Bestandteile zum Grundstück. Soweit es wesentliche Bestandteile sind, können sie nach § 93 nicht Gegenstand besonderer Rechte sein, so daß sie bei Veräußerung des Grundstücks, falls sie nicht körperlich abgetrennt werden, notwendig mitveräußert werden müssen. Zu diesen wesentlichen Bestandteilen gehören vor allem die mit dem Grund und Boden fest verbundenen Sachen, insbesondere Gebäude mit allen zu ihrer Herstellung eingefügten Sachen, ferner nach § 94 Abs. 1 BGB. die Erzeugnisse des Grundstücks, solange sie mit dem Boden zusammenhängen. Die Aufwendungen für Bauten, Umbauten und Verbesserungen können nach § 8 Abs. 1 Nr. 2 dem Erwerbspreis hinzugerechnet werden; dagegen nicht die Aufwendungen für die laufende Bewirtschaftung von Grundstücken, also z. B. für die Bestellung des Bodens. Wird also ein Grundstück mit stehender Ernte verkauft, so gehört hiernach auch derjenige Teil des Kaufpreises, der auf die stehende Ernte entfällt, zum steuerpflichtigen Veräußerungspreise, selbst wenn der Veräußerer das Grundstück seinerzeit kurz nach der Ernte und vor der neuen Bestellung erworben hatte. Anders § 10 ZuwStG., wonach stehende Erzeugnisse von dem Veräußerungspreise in Abzug zu bringen sind. Diese Regelung entspricht allein dem Wesen der WZuwSt.; die abweichende Regelung der PrMStO. verletzt das Reichsrecht und ist daher rechtsungültig. Die Ernte ist das Produkt wirtschaftlicher Betätigung, nicht Wertzuwachs des Bodens im steuerrechtlichen Sinn. Der Erlös der Ernte unterliegt daher der Einkommen-, nicht der WZuwSt. Wenn § 8 Abs. 1 Nr. 2 die Berücksichtigung der Kosten der laufenden Bewirtschaftung des Grundstücks ausschließt, so kann folgerichtig auch das Ergebnis der Bewirtschaftung, die Ernte, nicht als Wertzuwachs behandelt und besteuert werden. Im Ergebnis ebenso Markull S. 20f. Dagegen erklärt OVG. PrVBl. 50, 126 die Autonomie der Gemeinden auch insofern für maßgebend, als sie die Abrechnung des auf die stehende Ernte entfallenden Preisteils versagen; es handle sich dabei nur um Billigkeitsfragen.

Zu den Bestandteilen gehören ferner die Bodenbestandteile (Kohlen, Erze, Gestein); vgl. OVG. 66, 5; dagegen nach § 95 BGB. nicht Gebäude oder Pflanzen, die nur zu einem vorübergehenden Zwecke oder in Ausübung eines dinglichen Rechts mit dem Grund und Boden verbunden worden sind, z. B. Schaubuden, Ausstellungshallen, Baumschulen u. dgl. sowie Baulichkeiten, die ein Mieter oder Pächter für die Dauer seines Rechts errichtet hat (OVG. 57, 128). Betätigt der Veräußerer den Entschluß, derartige Baulichkeiten dauernd zu erhalten, so werden sie hierdurch wesentliche Bestandteile; vgl. hierzu Anm. 3e zu § 1 GrErwStG.

Rechte, die mit dem Eigentum am Grundstück verbunden sind, gehören nach § 96 BGB. zu den Bestandteilen und sind daher bei der Bewertung nach § 6 Abs. 6 zu berücksichtigen; soweit der Erwerbs- oder Veräußerungspreis sich auf solche Rechte bezieht, ist er gemäß § 6 mitzuberücksichtigen. Hierher gehören Grunddienstbarkeiten, Überbau- und Notwegrenten sowie, falls sie mit dem Grundstück verbunden sind, Reallasten, Vorkaufsrechte sowie das Guthaben an einem landschaftlichen Tilgungsfonds in Gemäßheit satzungsmäßiger Bestimmungen (OVG. 75, 20), ferner die in Anm. 3f zu § 1 GrErwStG. aufgeführten weiteren Rechte, insbesondere auch Realgewerbeberechtigungen, z. B. Apotheken-Privilegien, vgl. OVG. PrVBl. 36, 118. Im einzelnen wird auf die Darlegungen in

Anm. 3 f Bezug genommen. Für die WZuwSt. wird es im besonderen Maße auf den Unterschied zwischen den in Preußen vor dem Gewerbeedikt vom 2. 11. 1810 verliehenen und den später verliehenen, nur persönlichen Konzessionen ankommen. Die persönlichen Konzessionen sind keine mit dem Grundstückseigentum verbundenen Rechte, also keine Bestandteile des Grundstücks. Der für persönliche Konzessionen gezahlte Kaufpreis kommt daher nicht in Betracht; vgl. OVG. Amtl. Mitt. 1913, 293; PrVBl 36, 118.

Wird das Grundstück zugleich mit dem darauf betriebenen Geschäft veräußert, so unterliegt grundsätzlich der Wertzuwachssteuer nur der auf das Grundstück, nicht der auf das Geschäft entfallende Teil des Kaufpreises; vgl. OVG. 77, 1. Wegen der Trennung des Kaufpreises vgl. § 20. Die Eignung des Grundstücks zu einem bestimmten Geschäft kann als werterhöhende Eigenschaft des Grundstücks in Frage kommen; auch wenn für die Einstellung eines auf dem Grundstück betriebenen Geschäfts eine besondere Entschädigung vereinbart wird, kann diese als Gegenleistung für das Grundstück erachtet werden; vgl. RFH. Mrozek R. 19 zu § 12 Abs. 2 Satz 1 GrErwStG. sowie für den Fall des Mitverkaufs des Geschäfts OVG. PrVBl. 50, 179. Dagegen hat Hamburg VG. JW. 1928, 1012 Nr. 11 bei Veräußerung im Wege der Zwangsversteigerung einen Abzug vom Meistgebot mit Rücksicht auf den Wert des auf dem Grundstück betriebenen Geschäfts abgelehnt. Im einzelnen wird auf Anm. 4 h zu § 6 Bezug genommen.

Das Zubehör ist nach § 97 BGB. eine selbständige bewegliche Sache, die dem wirtschaftlichen Zweck der Hauptsache auf die Dauer zu dienen bestimmt ist und zu ihr in einem dementsprechenden räumlichen Verhältnis steht, sofern sie im Verkehr als Zubehör angesehen wird; vgl. ferner § 98 BGB. Nach § 314 BGB. erstreckt sich der verpflichtende Veräußerungsvertrag und nach § 926 Abs. 1 Satz 2 BGB. auch der dingliche Übereignungsvertrag im Zweifel auf das Zubehör. Da eine dem § 154 Abs. 2 RAO. entsprechende Vorschrift hier fehlt, so fragt es sich, ob der auf das Zubehör entfallende Teil des Grundstücks der Wertzuwachssteuer unterliegt. Dem Wesen der Wertzuwachssteuer als einer Grundstückssteuer entspricht es, diese Frage zu verneinen; so auch OVG. 77, 1; vgl. Amtl. Mitt. 1911, 110 u. 146.

Überdies ist die Besteuerung als Eingriff in reichsrechtlichen Vorbehalt unzulässig: RFH. 18, 105 (GrSen.); Markull S. 18f. Die Frage ist von geringer Bedeutung, da die vorhandenen Zubehörstücke selten im Werte steigen dürften und bei Vermehrung oder Verbesserung des Zubehörs im maßgebenden Zeitraum die Vergünstigung des § 8 Abs. 1 Nr. 2 gegeben sein wird. Nur im Falle der Verringerung des Zubehörs wird die Trennung von Bedeutung für die Steuerberechnung.

Dagegen hat OVG. in ständiger Rspr. die kommunalen StO., durch welche der auf das Zubehör entfallende Teil des Preises bei Grundstücksveräußerungen einer besonderen **Zubehörsteuer** unterworfen wird, für gültig erklärt; vgl. OVG. 80, 34; 81, 79; PrVBl. 47, 58; 48, 140; 49, 92; 171; 449; 461; 462; Pape Jahrb. 1927, 468ff.; 1926, 393; jedoch nur insoweit, als im Einzelfall das Zubehör nicht der UmsSt. unterliegt: OVG. VII C 69. 25 bei Pape Jahrb. 1926, 394. Wegen der Verteilung vgl. § 20.

5. Das Grundstück muß in der **Steuergemeinde belegen** sein. Dies folgt aus dem Wesen der Steuer als einer Kommunalsteuer. Da die Veräußerung des Grundstücks den Anlaß zu der Besteuerung bietet, richtet sich die Unterwerfung unter das Besteuerungsrecht der fraglichen Gemeinde nach der Belegenheit des Grundstücks, nicht nach dem Wohnsitz oder dem Aufenthalt des Veräußerers. Auch bei der Steuer aus § 1 Abs. 3 kommt es auf die Belegenheit des Grundstücks, nicht auf den Sitz der Personenvereinigung an; vgl. OVG. 80, 84. Erstreckt sich das Grundstück über den Bereich der betr. Gemeinde hinaus, so ist nur derjenige Teil des Veräußerungspreises steuerpflichtig, der sich auf den in ihrem Gebiet befindlichen Teil des Grund-

stücks erstreckt. Die übrigen Teile des Grundstücks sind steuerfreie Gegenstände im Sinne der StO.

Zeitlich maßgebend ist, ob das Grundstück in dem sich aus § 2 ergebenden Zeitpunkt, in welchem die Steuerpflicht eintritt, im Gebiete der Steuergemeinde gelegen war; auf die Zeit des Erwerbs kommt es nicht an.

6. **Grundstücksgleiche Berechtigungen** stehen nach Abs. 2 Grundstücken gleich. Diese Bestimmung entspricht dem § 2 GrErwStG. In Preußen kommen selbständige Gerechtigkeiten, die nicht im Grundbuch eingetragen sind, nicht in Betracht; vgl. RG. 106, 224; OVG. Amtl. Mitt. 1913, 294; RFH. StW. V 165. Hierher gehören z. B. hannoversche Realgemeinden; vgl. OVG. PrVBl. 50, 127. Im übrigen kann auf die Anmerkungen zu § 2 GrErwStG. Bezug genommen werden. Auch hier kommen nur Rechtsgeschäfte in Frage, die den Übergang einer grundstücksgleichen Berechtigung zum Gegenstand haben, nicht dagegen die Neubegründung einer solchen Gerechtigkeit; vgl. OVG. 64, 135. Andererseits kann das Erlöschen der Gerechtsame auch nicht als Übergang auf den Eigentümer angesehen werden: OVG. PrVBl. 50, 127. Praktische Bedeutung hat die Bestimmung hauptsächlich für das Erbbaurecht gemäß der VO. v. 15. 1. 1919 (RGBl. 72) sowie für das Bergwerkseigentum (Amtl. Mitt. 1917, 119) und die Apotheken-Privilegien aus der Zeit vor dem 2. 11. 1810. Vgl. hierzu oben Anm. 4 sowie OVG. Amtl. Mitt. 1916, 191. Unbewegliche Bergwerksanteile dagegen sind ausdrücklich ausgenommen.

7. **Der Rechtsvorgang betrifft den Übergang des Eigentums** oder der grundstücksgleichen Gerechtigkeit.

a) Jede einzelne Grundstücksveräußerung, auch bei Parzellierung oder im Rentengutsbildungsverfahren (OVG. 77, 26), bildet einen selbständigen Steuerfall: OVG. 68, 12. Überträgt der Erwerber, ohne sich erst als Eigentümer eintragen zu lassen, das Grundstück auf einen Dritten, so liegen zwei selbständige Veräußerungen vor; dies war vom OVG. 77, 52 schon für das RZuwStG., das die Steuerpflicht an den Eigentumswechsel knüpfte, anerkannt, versteht sich aber für die MStO. von selbst. Im Gegensatz zum RZuwStG. und GrErwStG. ist hier nämlich in der Regel nicht Eigentumsübergang selbst maßgebend, sondern gemäß § 2 lit. a das verpflichtende Veräußerungsgeschäft; nur in den Ausnahmefällen des § 2 lit. b kommt es auf den Übergang des Eigentums an. Im einzelnen vgl. hierzu § 2.

b) Wertzuwachssteuerpflichtig sind die Rechtsvorgänge nur, soweit sie sich aus § 2 ergeben; andere Rechtsvorgänge, auch wenn sie den Übergang des Eigentums betreffen, kommen hier nicht in Betracht. An sich ist auch die Offerte ein Rechtsvorgang, der den Übergang des Eigentums betrifft; diese Kennzeichnung des steuerpflichtigen Geschäfts in § 1 ist jedoch durch den § 2 erläutert und eingeschränkt. Nur in dieser Begrenzung sind die Rechtsvorgänge steuerpflichtig. Demnach z. B. keine Steuerpflicht für eine Wette zwischen A und B, daß X sein Grundstück an Y veräußern wird; auch dieser Rechtsvorgang betrifft den Übergang des Eigentums, fällt aber nicht unter § 2. Ebenso beim Maklervertrag, beim Auftrag an den Notar zur Beurkundung der Auflassung u. ä.

c) In Fällen, in denen nur Grundbuchberichtigung in Frage kommt, liegt ein Übergang des Eigentums nicht vor, so daß die Steuer nicht fällig wird. Vgl. hierzu Anm. 5a zu § 1 GrErwStG. Dies gilt insbesondere bei Wiedereintragung des Veräußerers als Eigentümers bei Schwarzkäufen auf Grund Urteils oder Vergleichs; vgl. OVG. 50, 107.

d) Unter dem Übergang des Eigentums i. S. des § 1 Abs. 1 ist das bürgerlich-rechtliche Eigentum zu verstehen und nicht das wirtschaftliche Eigentum, das in § 1 Abs. 3 und § 3 besonders geregelt ist. Vgl. die Entsch. des RFH. in Anm. 5 b zu § 1 GrErwStG., die auch für die Wertzuwachssteuer zutreffen, da in den fraglichen Bestimmungen beide Steuergesetze übereinstimmen.

e) Dem Eigentum steht das Miteigentum gleich. Jede Übertragung eines Miteigentumsanteils bildet einen selbständigen Steuerfall; vgl. OVG. 62, 32; PrVBl. 36, 580; 50, 179. Umwandlung von Gesamthandseigentum bei Gesellschaften oder Gütergemeinschaft in Sondereigentum oder Miteigentum stellt Eigentumsübergang dar; vgl. OVG. 68, 49; RFH. Mrozek R. 46 zu § 1 GrErwStG. Ebenso Umwandlung von Bruchteilseigentum in Flächeneigentum: OVG. 62, 32 u. 34.

f) Übergang zu treuen Händen ist vom RFH. für die GrErwSt. für steuerpflichtig erachtet worden; auch für die WZuwSt. steht OVG. in ständiger Rspr. auf dem gleichen Standpunkt; vgl. OVG. 60, 139; 64, 8; 66, 22; 80, 80; PrVBl. 37, 90; 47, 361. Soweit bei Treuhandgeschäften ein Preis nicht vereinbart wird, ist die Steuer nach § 6 Abs. 6 auf Grund des gemeinen Werts des Grundstücks zu berechnen. Eine Schenkung bildet das Treuhandgeschäft nicht; vgl. OVG. 66, 22. Die Besteuerung des Treuhandgeschäftes widerspricht an sich dem Wesen der Wertzuwachssteuer. Diese beruht darauf, daß der Steuerpflichtige durch Veräußerung des Grundstücks den ohne sein Zutun seit dem Erwerb entstandenen Wertzuwachs realisiert und daher einen Teil des Gewinnes an die Gemeinde abgeben kann und muß; vgl. die amtliche Darstellung in Amtl. Mitt. I 137. Bei der Übereignung an den Treuhändler und beim Rückerwerb von ihm kommt jedoch die Realisierung eines Wertzuwachses gar nicht in Frage. Die unbillige Besteuerung wird jedoch in vielen Fällen dadurch ausgeschaltet, daß ein Wertzuwachs bei richtiger Berechnung nicht in Frage kommt (vgl. Anm. 4 d zu § 6) oder daß Steuerlaß gem. § 18 I 2 stattfindet.

g) Der Begriff des Eigentumsübergangs setzt nicht voraus, daß ein abgeleiteter Eigentumsübergang stattfindet; auch originärer Eigentumserwerb reicht aus, wie sich aus § 6 Abs. 5 ergibt. Dagegen entsteht bei der Aneignung herrenloser Grundstücke keine Wertzuwachssteuer im Gegensatz zu § 1 Satz 2 GrErwStG. Hier fehlt es an einem Übergang des Eigentums, weil bei Erwerb durch den Aneignenden ein Eigentümer nicht vorhanden ist, von einem Übergang also nicht gesprochen werden kann. Demgemäß entsteht bei Verzicht gemäß § 928 BGB. keine Wertzuwachssteuer, auch nicht etwa gemäß § 6 Abs. 6 nach Maßgabe des gemeinen Werts zur Zeit des Verzichts; vgl. OVG. 50, 127 (128), wonach unter Übergang eines Rechts ein Wechsel des Berechtigten zu verstehen ist, der bei Erlöschen des Rechts ausgeschlossen ist. Wohl aber ist steuerpflichtig der Eigentumsübergang bei Zuwachsung, Zwangsversteigerung, Gesamtrechtsnachfolge, z. B. Erwerb sämtlicher Nachlaßanteile, Anfall des Vereinsvermögens an den Fiskus gemäß § 45 BGB., Übernahme eines Handelsgeschäfts nebst Firma gemäß § 142 HGB. Vgl. im einzelnen Anm. 5 e zu § 1 GrErwStG. Auch die Fusion von Aktiengesellschaften (§§ 305, 306 HGB.) gehört an sich hierher, ist aber in den Grenzen des StMildG. steuerfrei.

h) Der Eigentumsübergang muß rechtswirksam sein. Hat der Grundbuchrichter irrtümlich eine Grundbuchberichtigung durch Eintragung eines anderen Eigentümers vorgenommen, obgleich Auflassung und Umschreibung erforderlich gewesen wäre, so fehlt es an einem steuerpflichtigen Rechtsvorgang; vgl. RFH. StW. IV 245.

i) Fehlt es an einem Eigentumswechsel, so kommt eine Steuerpflicht nicht in Frage, weil von einem Übergang des Eigentums nicht die Rede sein kann. Daher keine Steuerpflicht bei Zuschlag in der Zwangsversteigerung an den Schuldner und bisherigen Eigentümer, ferner wenn ein fideikommissarisch gebundenes Grundstück in der Hand des letzten Besitzers freies Vermögen wird, ferner bei Namens- und Firmenänderung der Eigentümerin, bei Umschreibung des Eigentums von den Mitgliedern einer fortgesetzten Gütergemeinschaft auf eine aus denselben Personen bestehende offene Handelsgesellschaft oder von einer offenen Handelsgesellschaft auf eine aus denselben Mitgliedern bestehende andere offene Handelsgesellschaft, ferner bei Umwandlung einer offenen Handelsgesellschaft in eine Kommanditgesellschaft (OVG. 74, 6) oder in eine Gesellschaft des bürgerlichen Rechts oder von einer Aktiengesellschaft auf eine Kommanditgesellschaft a. A. und umgekehrt. Vgl. im einzelnen Anm. 5f zu § 1 GrErwStG. und die dort angegebene Rechtsprechung.

k) Keine Steuerpflicht ferner bei Änderung in der Verfügungsbefugnis des Eigentümers, z. B. durch Eröffnung des Konkurses, durch Eintritt eines Vormunds oder eines Nachlaßpflegers sowie durch Wechsel in der Person desselben.

8. **Gesellschaftsverhältnisse.**

a) Zu unterscheiden sind Gesellschaften mit juristischer Persönlichkeit, wie A.-G., Kom.-Ges. a. G., G. m. b. H., Gewerkschaften, eingetr. Genossenschaften sowie Personal-Gesellschaften, insbesondere die Gesellschaften des bürgerlichen Rechts, die offene Handelsgesellschaft, die Kommanditgesellschaft. Bei den Gesellschaften mit juristischer Persönlichkeit gehört das Vermögen der Gesellschaft als solcher. Hier ist der Wechsel der Mitglieder für das Eigentum ohne jede Bedeutung; die Gesellschaft tritt im Rechtsverkehr auf wie eine natürliche Person. Sie kann selbst Gesellschaftsverhältnisse eingehen (z. B. die G. m. b. H. u. Co.). Für Gesellschaften mit juristischer Persönlichkeit ist hier nichts Besonderes zu bemerken; vgl. jedoch § 1 Abs. 3.

Andere Gesellschaften dagegen bilden Vereinigungen zur gesamten Hand. Die Gesellschafter sind in ihrer Verbundenheit Träger der Rechte, insbesondere des Eigentums der etwaigen Grundstücke. Sie sind nicht Miteigentümer zu getrennten Anteilen, wie sie im § 1 Abs. 1 erwähnt sind. Vgl. im einzelnen Anm. 6a zu § 1 GrErwStG.

b) Einbringen von Grundstücken in eine Gesellschaft begründet einen Übergang des Eigentums und ist daher steuerpflichtig; vgl. OVG. VII C 32. 26 bei Pape Jahrb. 1927, 474 sowie PrVBl. 30, 176; Amtl. Mitt. 1913, 143; 263; RG. 56, 96; JW. 1925; 1750 Nr. 6. Dieser Fall liegt vor, wenn der Alleineigentümer des Grundstücks ein oder mehrere Gesellschafter aufnimmt und bei dieser Gründung der Gesellschaft sein Grundstück einbringt oder wenn jemand in ein bestehendes Geschäft (Einzelfirma oder Gesellschaft) eintritt und gleichzeitig ein Grundstück einbringt. Kein Einbringen, wenn die Gesellschafter das Grundstück sich selbst zu Bruchteilen auflassen: OVG. 72, 28. Vgl. im einzelnen Anm. 6c und d zu § 1 GrErwStG.

c) Auflösung einer Gesellschaft bewirkt die Liquidation und ändert zunächst an dem Eigentumsverhältnis nichts, bis das Grundstück in der Liquidation veräußert wird. Wird es in der Liquidation einem der Gesellschafter zugewiesen, so findet § 14 Anwendung. Enthält eine StO. eine dem § 14 entsprechende Bestimmung nicht, so entsteht die Steuerpflicht bez. des ganzen Grundstücks: OVG. PrVBl. 49, 897. Scheidet aus einer Gesellschaft, die aus 2 Gesellschaftern besteht, der eine aus und übernimmt der andere das Geschäft mit allen Aktiven und Passiven einschl. der Grundstücke, so tritt Eigentumswechsel ein, indem aus Gesamthandseigentum Alleineigentum wird; vgl. OVG. 54, 111; 65, 227; 68, 410. Auch dieser Fall ist steuerpflichtig unter Anwendung des § 14. Vgl. im einzelnen Anm. 6e zu § 1 GrErwStG.

d) Ein Wechsel von Mitgliedern bei Personenvereinigungen ohne juristische Persönlichkeit ist nach anfänglichem Schwanken vom RFH. für die GrErwSt. steuerfrei erklärt worden. Ebenso in ständiger Rspr. das OVG.; vgl. OVG. 76, 205. Voraussetzung ist, daß eine Gesellschaft vor und nach dem Eintritt bzw. Austritt eines Gesellschafters besteht. Wird durch den Eintritt erst eine Gesellschaft gegründet oder wird durch den Austritt die Gesellschaft in eine Einzelfirma verwandelt, so liegt steuerpflichtige Eigentumsänderung vor. Scheidet dagegen von 3 Gesellschaftern einer aus oder tritt ein neuer Gesellschafter in eine bereits bestehende Gesellschaft ein, so ist dieser Fall für die GrErwSt. nach der Entscheidung des großen Senats (RFH. 12, 76) steuerfrei. Zur Begründung hat der RFH. auf die Vorschriften in §§ 3, 10 Abs. 1 Nr. 2 und 15 Abs. 2 GrErwStG. Bezug genommen.

Diese Begründung ist für die WZuwSt. ohne weiteres nicht zu verwerten. Auch für die WertZuwSt. besteht allerdings eine dem § 3 GrErwStG. ähnliche, jedoch mit ihm nicht übereinstimmende Vorschrift in § 1 Abs. 3. Dagegen fehlt es an einer dem § 10 Abs. 1 Nr. 2 GrErwStG. und dem § 15 Abs. 2 GrErwStG. entsprechenden Vorschrift. Man wird aber dennoch zum gleichen Ergebnis kommen müssen. Wäre nämlich der Wechsel der Mitglieder einer Gesellschaft ohne juristische Persönlichkeit an sich steuerpflichtig aus dem Gesichtspunkt des Eigentumswechsels, so wäre die Aufzählung der Komm.-Gesellschaft und der offenen Handelsgesellschaften in § 1 Abs. 3 überflüssig: der Wechsel der Mitglieder würde dann ohnedies steuerpflichtig sein, und zwar nicht nur bei Grundstücksgesellschaften, sondern bei jeder Gesamthandsgemeinschaft. Auch der vom RFH. 12, 83 geltend gemachte Grund, daß die Besteuerung bei Wechsel der Mitglieder, insbesondere bei nichtrechtsfähigen Vereinen, unerträglich und praktisch undurchführbar wäre, gilt in gleicher Weise für die Wertzuwachssteuer. Schließlich ist, was RFH. dahingestellt gelassen hat, entscheidend, daß der Wechsel der Mitglieder einer Gesamthandsgemeinschaft nach richtiger Auffassung keinen Eigentumswechsel begründet. Dasselbe gilt für die fortgesetzte Gütergemeinschaft.

e) Umwandlungen. Die Umwandlung einer offenen Handelsgesellschaft in eine Kommanditgesellschaft oder umgekehrt oder in eine Gesellschaft des bürgerlichen Rechts ist steuerfrei wegen Identität der Gesellschafter; vgl. OVG. 74, 6; Amtl. Mitt. 1918, 93. Desgleichen Umwandlung der Aktiengesellschaft in eine Kommanditgesellschaft a. A. und umgekehrt oder einer Genossenschaft mit unbeschränkter Haftpflicht in eine solche mit beschränkter Haftpflicht. Dagegen liegt steuerpflichtiger Eigentumswechsel vor bei Umwandlung einer Aktiengesellschaft in eine G. m. b. H. oder umgekehrt, einer Genossenschaft in eine Aktiengesellschaft, einer Kommanditgesellschaft in eine G. m. b. H. (OVG. 74, 112), einer Gewerkschaft älteren Rechts in eine solche neueren Rechts (OVG. 70, 172); vgl. Anm. 6h zu § 1 GrErwStG. und die dort angeführte Rechtsprechung.

f) Bei Fusion zweier Aktiengesellschaften ohne Liquidation (§ 306 HGB.) liegt Eigentumswechsel hinsichtlich der Grundstücke der übernommenen Gesellschaft vor; OVG. 52, 125; 59, 29. Für die Wertzuwachssteuer gilt aber Steuerfreiheit in den Grenzen des StMildG.

9. **Rechtsgültigkeit** des steuerpflichtigen Rechtsvorganges ist Voraussetzung für die Besteuerung. In den Fällen des § 2a muß das fragliche Veräußerungsgeschäft rechtsgültig sein. In den Fällen des § 2b muß das Eigentum rechtsgültig übergegangen sein. Vgl. OVG. 78, 1 u. 15; PrVBl. 46, 462. Trotz der Vorschrift des § 18 Abs. 1 Nr. 1 tritt nicht nur Erlaß der Steuer bei rechtzeitig gestelltem Antrag ein; vielmehr ist überhaupt keine Steuerpflicht gegeben, wenn es an der Rechtsgültigkeit fehlt. § 18 Abs. 1 Nr. 1 hat hauptsächlich die Bedeutung, daß auch nach rechtskräftiger Veranlagung der Erlaß- bzw. Erstattungsanspruch noch gestellt werden kann, während nach Ablauf der Antragsfrist des § 18 Abs. 2, sofern die Veranlagung rechtskräftig ist, der Hinweis auf die Nichtigkeit des Geschäfts nicht mehr durchgreift. Vgl. im einzelnen Anm. 7 zu § 1 GrErwStG.

10. **Die Besteuerung des Übergangs von Gesellschaftsanteilen** ist in § 1 Abs. 3 abweichend vom § 3 GrErwStG. geregelt. Während die GrErwSt. nur dann fällig wird, wenn alle Anteile der Personenvereinigung sich in einer Hand vereinigen oder in ihrer Gesamtheit übertragen werden, genügt es für die Wertzuwachssteuer, daß überhaupt nur ein Anteil an einer solchen Gesellschaft auf einen anderen übergeht. Andererseits aber ist für die GrErwSt. gleichgültig, was den Gegenstand des Unternehmens der Gesellschaft bildet; für die Wertzuwachssteuer hingegen kommen nur solche Gesellschaften in Frage, die entweder die Verwertung von Grundstücken zum Gegenstand des Unternehmens haben oder die geschaffen worden sind, um die Zuwachssteuer zu ersparen.

Wie die Steuerpflicht in § 3 GrErwStG. einen Fall der Besteuerung der Übertragung des wirtschaftlichen Eigentums darstellt, ist dies auch hier anzunehmen. Richtig allerdings OVG. PrVBl. 49, 444 u. bei Pape Jahrb. 1927, 479, wonach es nicht Voraussetzung ist, daß der Steuerpflichtige mindestens die Mehrheit der Geschäftsanteile erwirbt und dadurch wirtschaftlich die gleiche Stellung wie der Grundstückseigentümer erlangt. Die MStO. stellt vielmehr jeden Geschäftsanteil dem Miteigentum gleich, dem er auch in seiner rechtlichen Auswirkung materiell gleichsteht. Die Vorschrift des § 1 Abs. 3 ist ihrer Entstehung und ihrem Wesen nach eine Umgehungsvorschrift; vgl. OVG. 80, 88. Sie behandelt einen Sonderfall der in § 5 nunmehr grundsätzlich geregelten Umgehung der Steuer durch Mißbrauch von Gestaltungsmöglichkeiten des bürgerlichen Rechts. Der § 1 Abs. 3 entspricht fast wörtlich dem § 3 des ZuwStG. vom 14. 2. 1911. Diese Vorschrift bildete den ersten Ansatz der Besteuerung von Umgehungsgeschäften. Im System des geltenden Rechts stellt der § 1 Abs. 3 jedoch einen selbständigen Steuerfall dar. Wegen der Zulässigkeit der Besteuerung der Veräußerung von Gesellschaftsanteilen vgl. OVG. 80, 84; 82, 120. Im einzelnen ist folgendes zu bemerken:

a) Personenvereinigung. Der Begriff ist hier ebenso zu verstehen wie in § 3 GrErwStG. Die in Klammern aufgeführten Typen stellen nur Beispiele dar. In Betracht kommen außerdem hauptsächlich auch der Verleihungsverein (§ 23 BGB.), der nicht eingetragene Verein (§ 54 BGB.), die Gesellschaft des bürgerlichen Rechts, Versicherungsvereine auf Gegenseitigkeit und andere. Im Gegensatz zu § 3 RZuwStG. sind auch die AktGes. und die KommGes. a. Akt. einbezogen; wegen der Rechtsgültigkeit dieser Einbeziehung vgl. OVG. PrVBl. 49, 45; OVG. 82, 120. — Bei der Veräußerung von mobilen und immobilen Kuxen kommt es also auch darauf an, ob die Gewerkschaft die Verwertung von Grundstücken bzw. Berechtigungen betreibt oder gegründet ist, um die ZuwSt. zu ersparen; vgl. OVG. 77, 61. Ob die Personenvereinigung die Rechte der juristischen Person hat oder nicht, ist gleichgültig. Anstalten und Stiftungen (§ 80 BGB.) bilden keine Personenvereinigung; ebensowenig die stille Gesellschaft (§ 335ff. HGB.). Öffentlich-rechtliche Verbände sind an sich auch Personenvereinigungen, kommen aber praktisch nicht in Frage. Wo die Personenvereinigung ihren Sitz hat, ist gleichgültig; es kommt nur darauf an, daß sie in der Steuergemeinnde Grundbesitz hat: OVG. 80, 84; 82, 120.

b) Das Vermögen der Vereinigung muß mindestens teilweise aus in der Steuergemeinde belegenen Grundstücken bestehen. Maßgebend hierfür ist der Zeitpunkt des steuerpflichtigen Rechtsvorganges. Der Wortlaut weicht zwar etwas von dem des § 3 GrErwStG. ab, wonach Grundstücke zum Vermögen der Personenvereinigung gehören müssen; der sachliche Inhalt beider Vorschriften ist aber in dieser Hinsicht der gleiche. Es kann daher auf Anm. 3 zu § 3 GrErwStG. verwiesen werden. Während jedoch nach § 3 GrErwStG. das Grundstück nur im Inland belegen sein muß, muß es nach § 1 Abs. 3 in der Steuergemeinde belegen sein. Vgl. hierzu oben Anm. 5. Der Sitz der Personenvereinigung und der Ort des Vertragsschlusses dagegen braucht sich nicht in der Gemeinde, von der die StO. erlassen ist, zu befinden; vgl. OVG. 80, 84; 82, 120.

Hatte die Gesellschaft das Grundstück veräußert, später aber wegen Nichtigkeit des Kaufvertrags und der Auflassung die Berichtigung des Grundbuchs erwirkt, so gilt sie auch für die Zwischenzeit als Grundstücksgesellschaft: RFH. StW. VII 378.

Auch hier wird es genügen, daß die Personenvereinigung wirtschaftliches Eigentum an dem Grundstück hat. Vgl. Anm. 3b zu § 3 GrErwStG.

Es genügt, daß die Personenvereinigung zu den Grundstücken in einem Verhältnis steht, vermöge dessen sie in der Lage ist, wie ein Eigentümer über das Grundstück zu verfügen. Nach Amtl. Mitt. 1913, 114 genügt es schon, daß die Gesellschaft einen Anspruch auf Erwerb eines Grundstücks hat. Demgemäß fällt auch die sog. Finanzierungsgesellschaft, der nicht ein Grundstück, sondern alle Geschäftsanteile einer Grundstücksgesellschaft gehören, unter § 1 Abs. 3; vgl. OVG. PrVBl. 50, 177. Dagegen will OVG. 70, 1 die Besteuerung auf § 3 gründen.

c) Zum Gegenstand des Unternehmens der Personenvereinigung muß die Verwertung von Grundstücken oder (OVG. 77, 61) grundstücksgleichen Gerechtigkeiten, z. B. Bergwerksberechtigungen, gehören. Die Grundstücksverwertung braucht hiernach nicht alleiniger Gegenstand des Unternehmens zu sein. Bei den meisten Grundstücksgesellschaften heißt es, daß die Verwaltung und Verwertung von Grundstücken den Gegenstand des Unternehmens bildet. Es wird aber überhaupt nicht erforderlich sein, daß die Verwertung von Grundstücken nach dem Gesellschaftsvertrag zum Gegenstand des Unternehmens gehört; vielmehr genügt es, wenn die Verwertung rein tatsächlich zum Gegenstand des Unternehmens gehört; vgl. OVG. 72, 27. Dies muß aber aus der tatsächlichen Geschäftsführung der Gesellschaft hervorgehen und zu beweisen sein. Unter „Verwertung" ist nicht die laufende Nutzung, sondern die Nutzbarmachung der Wertsteigerung zu verstehen; auch eine bloß gelegentliche Veräußerung reicht dazu nicht aus; vgl. OVG. 77, 61; 72, 27; Amtl. Mitt. 1917, 55. Die Tatsache allein, daß die Gesellschaft ein Grundstück besitzt, rechtfertigt also nicht die Folgerung, daß die Verwertung dieses Grundstücks zum Gegenstand des Unternehmens gehört, weil das Grundstück letzten Endes einmal bei der Liquidation veräußert werden muß. Im übrigen wird es von den Umständen des Falles abhängen, ob die Verwertung von Grundstücken zum Gegenstand der Gesellschaft gehört. Handelt es sich um eine Gesellschaft, die einen Fabrikbetrieb oder den Betrieb eines sonstigen Handelsgeschäfts zum Gegenstand hat, und hat die Gesellschaft für diesen Betrieb Grundstücke erworben, so wird in der Regel anzunehmen sein, daß die Verwertung dieser Grundstücke nicht zum Gegenstand des Unternehmens gehört, sondern daß im Gegenteil die dauernde Erhaltung des Grundstücks beabsichtigt ist. Hat dagegen eine solche Fabrikations- oder Handelsgesellschaft ein Mietgrundstück oder Baustellen erworben, so wird das Gegenteil anzunehmen sein, es sei denn, daß Tatsachen dafür sprechen, daß der Erwerb des Grundstücks erfolgt ist, um später einmal dieses Grundstück dem Fabrikations- bzw. Handelsgeschäft dienstbar zu machen. Auch mittelbare Verwertung von Grundstücken reicht aus, so besonders bei einer sog. Finanzierungsgesellschaft (Dachgesellschaft), der sämtliche Anteile einer Grundstücksgesellschaft gehören: OVG. PrVBl. 50, 177 und oben zu b) a. E.

d) Wenn die Vereinigung geschaffen ist, um die **Zuwachssteuer zu ersparen**, so besteht die Steuerpflicht auch dann, falls die Verwertung von Grundstücken nicht zum Gegenstand des Unternehmens gehört. Fälle dieser Art liegen besonders dann vor, wenn die Gesellschaft nicht die Verwertung, sondern nur die Verwaltung eines Grundstücks zum Gegenstand hat und ihr Gründungszweck gerade darauf gerichtet war, daß die Gesellschaft das Grundstück dauernd behalte, damit die Veräußerung des Grundstücks ständig durch Abtretung der Geschäftsanteile ersetzt werden könne. Möglich ist auch, daß eine Gesellschaft zur Verwertung von Grundstücken geschaffen worden ist, daß sie aber später ihren Zweck geändert hat und nicht mehr die Verwertung von Grundstücken betreibt. In solchem Falle kann aber eine Wertzuwachssteuer nur in Frage kommen, wenn die Absicht, die Zuwachssteuer zu ersparen, bei Eintritt der Steuerpflicht fortbesteht.

e) Liegen die Voraussetzungen zu c und d nicht vor, so ist der Übergang von Rechten am Vermögen der Personenvereinigung steuerfrei, gleichviel, ob einzelne Anteile oder ob die Gesamtheit der Geschäftsanteile übertragen wird. Dies gilt insbesondere bei Unternehmungen, deren Gegenstand in anderweitiger Geschäftstätigkeit liegt (Fabriken, Warengeschäfte, Hotels, Gastwirtschaften, landwirtschaftliche Betriebe usw.). Der Umstand, daß eine solche Gesellschaft einmal ein Grundstück veräußert und dafür ein anderes Grundstück zum Betriebe ihrer Fabrik usw. erworben hat, reicht nicht aus, um die Verwertung von Grundstücken zum Gegenstand des Unternehmens zu rechnen. Bei großen Gesellschaften, z. B. Großbanken und großen industriellen Gesellschaften, wird es häufiger vorkommen, daß hier und da ein Grundstück abgestoßen und dafür ein anderes Grundstück erworben wird. Deshalb gehört noch nicht die Verwertung von Grundstücken zum Unternehmen der Großbank, zu einer großen Maschinenfabrik, einem Warenhauskonzern u. dgl.

f) Übergang von Rechten am Vermögen der Personenvereinigung. Nach OVG. 80, 87 sind unter den „Rechten am Vermögen" grundsätzlich die Beteiligungsrechte des Gesellschafters an der Gesellschaft zu verstehen. Es handelt sich demnach um die Mitgliedschaftsrechte an der Grundstücksgesellschaft. Bei der AktGes. ist es das in der Aktie verkörperte Recht, bei der G. m. b. H. der Geschäftsanteil (§§ 14ff. GmbHGes.; vgl. RG. 82, 169), bei der Gewerkschaft der Kux, bei der Genossenschaft das Geschäftsguthaben, das gem. § 76 GenossG. auf einen anderen übertragen werden kann, sofern dieser an seiner Stelle Genosse wird. Nebenrechte kommen hier nicht in Betracht, auch wenn es sich dem Wortlaut nach um Rechte am Vermögen der Gesellschaft handelt, so z. B. der Dividendenschein, die Bonusberechtigung, das Bezugsrecht, Vergütungsanspruch aus § 216 HGB., der Gehaltsanspruch des Gesellschaftergeschäftsführers der G. m. b. H., der Anspruch auf Rückzahlung von Nachschüssen gem. § 30 Abs. 2 GmbHGes. u. dgl.

Zweifel entstehen bei den Gesellschaften ohne juristische Persönlichkeit. Bei der Gesellschaft des bürgerlichen Rechts ist das nach § 717 BGB. nicht übertragbare Beteiligungsrecht von dem Anspruch auf das Auseinandersetzungsguthaben zu unterscheiden; hierzu gehört der Anspruch auf Rückerstattung der Einlage (§ 733 Abs. 2 BGB.). Für § 1 Abs. 3 kommt nur das erstgenannte Recht in Betracht; die Auseinandersetzungsansprüche scheiden hier aus, weil sie sich auf ein Stadium beziehen, in dem die Gesellschaft nicht mehr als Verwertungsgesellschaft besteht. Die Abtretung des Anspruchs auf Rückerstattung der Einlage kann aber, wenn die Einlage in dem Grundstück besteht, nach § 2 in Vbdg. mit § 5 Abs. 4 Nr. 1 GrErwStG. steuerpflichtig sein.

Bei der off. Handelsgesellschaft besteht der Kapitalanteil (§ 120 Abs. 2 HGB.) und der Anspruch auf das Liquidationsguthaben, der sich gem. § 155 HGB. nach dem Verhältnis der Kapitalanteile bemißt. Beide stellen aber nicht das Beteiligungsrecht des Gesellschafters dar. Der Kapitalanteil ist nur eine rechnerische Größe; der Anspruch auf das Liquidationsguthaben scheidet hier ebenso wie bei der Gesellschaft des bürg. Rechts aus.

Bei der Kommanditgesellschaft steht es entsprechend.

Bei allen diesen Gesellschaften ist nur das Mitgliedschaftsrecht, die Gesamtheit der Rechte auf Grund des Gesellschaftsverhältnisses als Recht am Vermögen i. S. des Abs. 3 zu erachten. Dieses ist aber gem. § 717 BGB. nicht übertragbar, so daß die Vorschrift des § 1 Abs. 3 für Gesellschaften ohne Rechtspersönlichkeit gegenstandslos ist. Diese Auffassung entspricht auch einer gesunden steuerrechtlichen Handhabung. Es liegt nicht im Sinne des Gesetzes, jedesmal wenn sich der Kapitalanteil der off. Gesellschafter verschiebt, eine WZuwSt. zu erheben. Diese Verschiebungen stellen auch keine Veränderung des wirtschaftlichen Eigentums dar. Zu prüfen bleibt noch, ob das Ausscheiden eines Gesellschafters bei gleichzeitigem Eintritt eines neuen Gesellschafters an seiner Stelle und mit seiner Beteiligungsquote als Übergang des Beteiligungsrechts i. S. des § 1 Abs. 3 zu betrachten ist. Das ist jedoch zu verneinen, da keine Rechtsnachfolge eintritt und das von dem Eintretenden erworbene gesellschaftliche Recht nicht identisch mit dem des Ausgeschiedenen, sondern völlig selbständig ist.

Der Übergang der Rechte steht dem Eigentumswechsel steuerlich gleich. Daher knüpft sich auch hier die Steuerpflicht grundsätzlich an das Verpflichtungsgeschäft gem. § 2 lit. a und nur in den Sonderfällen des § 2b an den vollendeten

Übergang des Geschäftsanteils, der Aktie usw. an den Erwerber. In der Regel wird das verpflichtende Veräußerungsgeschäft mit der Übertragung des Geschäftsanteils zusammenfallen; es kommen aber auch andere Fälle vor. Hierbei sei bemerkt, daß ein Vertrag, durch den sich jemand verpflichtet, einen Geschäftsanteil einer G. m. b. H. zu übertragen, nach § 15 Abs. 4 GmbHGes. der notariellen Beurkundung unterliegt und ohne diese formungültig ist; erst durch die Abtretung des Geschäftsanteils selbst wird der Vertrag gültig. Ein Übergang von Rechten am Vermögen einer GmbH., AG., off. HandGes. u. dgl. liegt dann vor, wenn ein bestehender Stammanteil von dem Inhaber auf einen Erwerber übertragen wird. Dagegen gehört die Mitgründung einer neuen GmbH., AG., off. HandGes. u. dgl. nicht hierher. Bringt jemand sein Grundstück bei der Gründung einer neuen Gesellschaft in diese ein, so ist er steuerpflichtig aus § 1 Abs. 1, nicht aber aus § 1 Abs. 3, weil hier kein Übergang von Rechten am Vermögen der Personenvereinigung, sondern ein Neuerwerb vorliegt. Dasselbe gilt von dem Einbringen eines Grundstücks bei Gelegenheit einer Kapitalserhöhung. Auch wenn die Gesellschaft bereits vor der Kapitalserhöhung Grundstücke besaß, entsteht durch den Eintritt des neuen Gesellschafters und durch seine Übernahme eines Teils des erhöhten Stammkapitals keine Wertzuwachssteuer, weil es auch hier am Übergang von Rechten am Vermögen der Personenvereinigung fehlt. Die Rechte der bisherigen Gesellschafter werden allerdings durch den Neueintretenden eingeschränkt; hat das bisherige Aktienkapital 100000 Mk. betragen und wird es auf 150000 Mk. erhöht, so gehören den alten Aktionären nur noch $^2/_3$ des Gesamtvermögens, während der Neueintretende wirtschaftlich $^1/_3$ an dem Vermögen, demgemäß auch $^1/_3$ an dem vorhandenen Grundbesitzvermögen erlangt. Bei einer off. HandGes. werden die neueintretenden Gesellschafter auch juristisch Gesamthandeigentümer der vorhandenen Grundstücke. Trotzdem fehlt es an einem Übergang der Gesellschaftsrechte seitens der früheren Gesellschafter an die neuen. Auch durch das Ausscheiden eines Gesellschafters aus einer Gesellschaft des bürg. Rechts oder einer off. HandGes. wird ein Übergang seiner gesellschaftlichen Rechte auf die Verbleibenden nicht bewirkt, wenngleich sich deren Beteiligung erweitert. Das liegt in der Natur der gesamten Hand, die keine getrennten, selbständigen Anteilsrechte kennt; vgl. RG. 68, 410; Warn. 1919 Nr. 138.

g) Dem **Übergang des Eigentums an Grundstücken steht gleich** der Übergang von Gesellschaftsanteilen einer Grundstücksgesellschaft. Nach OVG. 64, 57; 80, 88 handelt es sich nicht um eine Fiktion eines Eigentumsüberganges, sondern die Rechte des Gesellschafters am Vermögen der Gesellschaft werden für das Gebiet der WZuwSt. ihres Mobiliarcharakters entkleidet und wie die grundstücksgleichen Berechtigungen (§ 1 Abs. 2) dem Grundstückseigentum gleichgeordnet; vgl. auch PrVBl. 34, 409. Steuerpflichtiger Rechtsvorgang ist der Übergang des Gesellschaftsrechts als solcher, der also einen selbständigen Steuerfall neben der Übereignung des Grundstücks bildet; vgl. OVG. 64, 57; 68, 1; 71, 1. Diese Auffassung führt zu sinnwidrigen Folgen und muß abgelehnt werden. Sie ist die Grundlage für eine Doppelbesteuerung desselben Wertzuwachses geworden, so z. B. in dem Falle, daß zunächst die Geschäftsanteile wechseln und sodann die Gesellschaft das Grundstück veräußert. Auch in anderer Hinsicht führt diese Theorie zu unbilligen und sachwidrigen Ergebnissen. Eine sachgemäße Lösung hingegen ergibt sich, wenn man den Abs. 3 dahin versteht, daß der Steuerfall auch hier in der Übereignung des Grundstücks liegt, aber nicht in einer wirklichen oder fingierten juristischen Übereignung, sondern in dem Übergang des wirtschaftlichen Eigentums bzw. Miteigentums am Grundstück. Der Übergang von Geschäftsanteilen an Grundstücksgesellschaften wird durch gesetzliche Bestimmung als Sonderfall der wirtschaftlichen Übereignung festgesetzt und unter diesem Gesichtspunkt besteuert. Der Abs. 3 will also nicht sagen, daß das Recht am

Vermögen einer Grundstücksgesellschaft ein Steuerobjekt sei neben dem Grundstück selbst, was in Wirklichkeit darauf hinausliefe, die Existenz zweier Grundstücke zu fingieren, nämlich des wirklichen und daneben des durch die Gesellschaft verkörperten gedachten Grundstücks. Vielmehr besagt Abs. 3, daß es steuerlich gleichbedeutend ist, ob das juristische Eigentum am Grundstück oder das in dem Geschäftsanteil begründete wirtschaftliche Eigentum übergeht. Dies bedeutet die Wendung „steht gleich". Es hat ja auch niemals Zweifel daran bestanden, daß die wirtschaftliche Übereignung gem. § 3 und die Zwischenverwertung gem. § 5 Abs. 4 GrErwStG. nicht neben den juristischen Übereignungen des Grundstücks auf selbständiger Linie verlaufen, sondern promiscue mit ihnen. Das wirtschaftliche Eigentum ist nicht ein neben dem juristischen bestehendes zweites Eigentum, das ein selbständiges Steuerobjekt abgeben könnte; beides sind vielmehr nur zwei Erscheinungsformen desselben Rechts; beide stehen steuerlich gleich; Steuerobjekt ist immer das Grundstück, mag nun das juristische oder das wirtschaftliche Eigentum i. S. des § 3 übertragen werden oder die Gesamtheit der Anteile der Grundstücksgesellschaft oder mag der Anspruch aus einem das Grundstück betreffenden Kaufvertrag abgetreten werden. Nur in dieser Auffassung rechtfertigt sich auch zwanglos die Besteuerung der Abtretung von Geschäftsanteilen durch eine Gemeinde, in der sich nicht der Sitz der Gesellschaft befindet, aber das Grundstück belegen ist. Schließlich ist auch nur eine in dieser Weise begründete Besteuerung mit der Steuerhoheit des Reichs vereinbar, indem sie in den den Gemeinden gesteckten Grenzen einer Besteuerung des Grundstücks-Wertzuwachses bleibt; vgl. RFH. 18, 105. Die Rspr. des OVG. in diesem Punkte (vgl. PrVBl. 49, 444) enthält einen Zirkelschluß, wenn dort der Eingriff in das REinkStG. damit gerechtfertigt wird, daß § 1 Abs. 5 Ges. v. 3. 7. 13 den Gemeinden Autonomie in der Besteuerung des WZuw. eingeräumt habe. Die Frage ist ja gerade, ob die als WZuwSt. bezeichnete Steuer nicht in Wahrheit eine den Gemeinden nicht freigegebene EinkSt. ist. Die praktischen Folgen der hier vertretenen Auffassung werden sich unten ergeben.

Die wichtigste Folge ist, daß bei mehreren aufeinanderfolgenden Veräußerungen des Grundstücks die verschiedenen Rechtsformen gleichbedeutend sind, also bei juristischer Veräußerung des Grundstücks durch die G. m. b. H. der Wertzuwachs derart festzustellen ist, daß als Erwerbspreis der des letztvorhergegangenen Geschäfts einzusetzen ist. War dies die Übertragung der Geschäftsanteile, so kommt deren Preis in Betracht. Sind die Geschäftsanteile einzeln zu verschiedenen Zeiten veräußert worden, so ist der Fall ebenso zu behandeln, wie wenn mehrere Miteigentümer, die ihre Anteile zu verschiedenen Zeiten erworben haben, gleichzeitig das Grundstück veräußern.

Der Übergang der Rechte am Vermögen einer Grundstücksgesellschaft steht dem Übergang des Eigentums überall gleich; vgl. OVG. 80, 89. Sämtliche Vorschriften der StO. sind in gleicher Weise anwendbar, als ob es sich um den Übergang des Eigentums handelt; es gilt sowohl die persönliche Steuerfreiheit nach § 5 Nr. 11 als auch die sachliche Steuerfreiheit in den Fällen des § 5. Werden also Gesellschaftsanteile verschenkt, unter Miterben verteilt usw., so besteht Steuerfreiheit. Für die Berechnung des Wertzuwachses kommt es nach § 6 auf den Erwerbs- und Veräußerungspreis des Geschäftsanteils an, während der Erwerbspreis, den die Personenvereinigung für das Grundstück aufgewendet hat, außer Betracht bleibt; vgl. OVG. PrVBl. 36, 395. Hat der Erwerb durch Beteiligung an der Gründung stattgefunden, so gilt als Erwerbspreis der volle Betrag der übernommenen Stammeinlage, auch wenn bisher nur ein Teil, etwa 25%, eingezahlt ist; der Rest stellt eine übernommene Leistung im Sinne des § 6 Abs. 2 dar; so in Abweichung von der früheren Rspr. (Amtl. Mitt. 1914, 311) OVG. 74, 11.

War die Personenvereinigung z. Z. des Erwerbs des Geschäftsanteils noch keine Grundstücksgesellschaft i. S. des § 1 Abs. 3, so ist nach der Rspr. des OVG. nicht von dem Preise auszugehen, der für den Anteil gezahlt worden ist, sondern von dem gem. Wert des Geschäftsanteils z. Z. des ersten Grundstückserwerbs der Gesellschaft; vgl. OVG. 68, 3; 71, 1. Grundlage für diese Bewertung ist der Wert des Gesellschaftsvermögens z. Z. des ersten Grundstückserwerbs; vgl. OVG. PrVBl. 50, 334; JW. 1929, 1428 Nr. 1. Diese Rspr. ist grundsätzlich zu billigen; sie bedarf aber der folgerichtigen Durchführung. Wie oben ausgeführt, handelt es sich bei § 1 Abs. 3 nicht um Besteuerung des Handels mit Gesellschaftsanteilen, sondern um die zur Verhütung von Umgehungen eingeführte steuerliche Erfassung der Wertsteigerung des Grundbesitzes in den Fällen seiner Mobilisierung durch Einbringung in Gesellschaften. Bei Durchführung des Gedankens, daß nach § 1 Abs. 3 nur die Übertragung des Grundstücks (bzw. Grundstücks-Anteils) in der Rechtsform der Übertragung des Gesellschaftsanteils besteuert wird, muß aber stets auf diejenigen Grundstücke — und nur auf sie — abgestellt werden, die der Gesellschaft z. Z. des Übergangs des Geschäftsanteils gehören. Sonst kommt man zu unannehmbaren und gesetzwidrigen Ergebnissen. Man setze den Fall, daß eine Gesellschaft i. J. 1925 ein Grundstück für 100000 Mk. erworben, es im Jahre 1926 ohne Gewinn veräußert, mit dem Erlös sodann Börsengewinne von 50000 Mk. erzielt und nunmehr wieder für die gesamten 150000 Mk. ein Grundstück gekauft hat. Nach der Rspr. des OVG. müssen die Gesellschafter, die ihre Geschäftsanteile nach dem Grundstückserwerb im Jahre 1925 erworben haben, bei Veräußerung ihrer Geschäftsanteile einen Wertzuwachs von 50000 Mk. versteuern, obgleich er vollständig auf Börsengewinne zurückzuführen ist und ein Grundstücks-Wertzuwachs überhaupt nicht vorliegt. Das Ergebnis widerspricht dem Sinn und Zweck des § 1 Abs. 3 und stellt außerdem einen Eingriff in die dem Reich vorbehaltene Steuer auf Vermögenszuwachs, Einkommen und Verkehr mit Gesellschaftsanteilen dar. Hätte der Gesellschafter seinen Geschäftsanteil veräußert, kurz bevor die Gesellschaft ein neues Grundstück erwarb, so wäre er steuerfrei geblieben; veräußert er kurz nachher, so soll er WZuwSt. zahlen — ein ungereimtes Ergebnis! — Hat die Gesellschaft Grundstückshandel betrieben, indem sie fortgesetzt Grundstücke gekauft und weiterverkauft hat, so stellt die Besteuerung des Wertzuwachses zwischen Erwerbs- und Veräußerungspreis des Geschäftsanteils eine Doppelbesteuerung dar, denn die Gesellschaft hatte ja den an jedem Grundstück erzielten Wertzuwachs bei der jedesmaligen Grundstücksveräußerung bereits versteuert. Zweck und Ziel des § 1 Abs. 3 ist aber nur zu verhüten, daß der Gemeinde die WZuwSt. für Veräußerung des Grundstücks entgehe, wenn diese Veräußerung in der Rechtsform der Anteilsübertragung vorgenommen wird, nicht hingegen, ihr die Steuer für ein und denselben WZuw. an ein und demselben Grundstück zweimal zuzuführen. — Besaß die Gesellschaft, als der Gesellschafter den Geschäftsanteil erwarb, ein Grundstück und andere Vermögenswerte (vielleicht ein Grundstück in einer anderen Gemeinde!), veräußert sie dann die letzteren und löst sie mit dem Entgelt eine Hypothek auf dem erstgenannten Grundstück ab, so muß der Gesellschafter, wenn er jetzt den Geschäftsanteil verkauft, den an den übrigen Werten (an dem auswärtigen Grundstück!) erzielten WZuw. hier versteuern, obgleich an dem hiesigen Grundstück vielleicht überhaupt kein WZuw. eingetreten ist. Dabei ist der WZuw. an dem auswärtigen Grundstück bei Gelegenheit seiner Veräußerung in der Belegenheitsgemeinde schon versteuert worden! Hätte dagegen in obigem Beispiel die Gesellschaft bei Erwerb des Geschäftsanteils nur ein auswärtiges Grundstück besessen, dieses dann mit Gewinn veräußert und für den Erlös ein „hiesiges" Grundstück erworben, so greift OVG. 68, 3; 71, 1 ein, und es tritt an die Stelle des für den Geschäftsanteil gezahlten Erwerbspreises der gem. Wert des Geschäftsanteils z. Z. des Erwerbs des hiesigen Grundstücks.

Alle diese Unebenheiten werden vermieden, wenn man den Abs. 3 dahin versteht, daß er die **wirtschaftliche Übereignung** des Grundstücks besteuert. Es darf dann immer nur auf diejenigen Grundstücke abgestellt werden, die der Gesellschaft z. Z. des Übergangs des Geschäftsanteils gehören, denn nur diese Grundstücke werden durch Übertragung des Geschäftsanteils wirtschaftlich veräußert. Als Erwerbspreis des Geschäftsanteils ist also stets, wenn der Gesellschafter vor Erwerb **desjenigen** Grundstücks, das der Gesellschaft z. Z. des Steuerfalls gehört, den Geschäftsanteil erworben hat, dessen gemeiner Wert z. Z. der Anschaffung dieses Grundstücks anzunehmen. Ferner ist der Nebensatz „soweit das Vermögen usw." abhängig von „dem Übergang des Eigentums an Grundstücken steht gleich". Daher muß, wenn die Gesellschaft z. Z. des Erwerbs des Geschäftsanteils auch anderes Vermögen als hiesige Grundstücke gehabt hat, der Erwerbspreis des Geschäftsanteils entsprechend zerlegt werden. Nur so wird die Steuer wirklich auf die objektive Wertsteigerung der Grundstücke, die durch Abtretung des Geschäftsanteils wirtschaftlich veräußert werden, beschränkt. Die heute übliche Besteuerung ist nichts anderes als eine **Gewinnsteuer**, obgleich das OVG. ständig betont, daß Wertzuwachs nichts mit dem Gewinn oder Verlust des jeweiligen Eigentümers zu tun hat.

Als **Veräußerungspreis** gilt in der Regel der für den Geschäftsanteil zu zahlende Preis. Wenn das Vermögen der Gesellschaft aber z. Z. der Veräußerung auch aus anderen Werten als hiesigen Grundstücken besteht, hat die entsprechende Teilung des Preises stattzufinden; vgl. unten zu h).

§ 6 Abs. 5 wird keine Anwendung finden, da er nur für die Versteigerung des Grundstücks gilt. In den Fällen des § 6 Abs. 6 kommt es auf den gemeinen Wert des Geschäftsanteils an, nicht auf den des Grundstücks. Die Hinzurechnungen des § 8 Nr. 1 gelten auch beim Erwerb von Geschäftsanteilen einer Grundstücksgesellschaft; sie sind auch hier gerechtfertigt, obgleich nicht jeder Erwerb von Anteilen grunderwerbsteuerpflichtig ist, so daß die Erwerbskosten häufig geringer sein werden als bei Grundstücken; vgl. OVG. PrVBl. 36, 393; 49, 895.

Fraglich ist, ob und inwieweit § 8 Abs. 1 Nr. 2 anwendbar ist. In dieser Hinsicht ist zu unterscheiden zwischen Verbesserungen des **Geschäftsanteils** und solchen des **Grundstücks**. Aufwendungen für erstere, z. B. Nachschüsse, sowie solche Einzahlungen auf die Stammeinlage, die erst nach erhaltener Abtretung des Anteils geleistet werden mußten, können hinzugerechnet werden; vgl. OVG. 64, 59; PrVBl. 36, 394. Hierher wird auch eine Entschädigung zu rechnen sein, die der Veräußerer der Gesamtheit der Geschäftsanteile auf Grund vertraglicher oder gesetzlicher Garantie (RG. 120, 283; JW. 1929, 1374) für Hypothekenfreiheit zu leisten hat. Durch diese Garantie für Nichtbestehen der auf dem Grundstück lastenden, rückwirkend aufgewerteten Hypotheken verbessert er den Rechtsinhalt der Geschäftsanteile.

Aufwendungen für Bauten und sonstige **Verbesserungen des Grundstücks** hingegen, die in der Zeit zwischen Erwerb und Veräußerung des Geschäftsanteils von der Personenvereinigung gemacht worden sind, können auch nicht dem Anteil des Veräußerers am Gesamtvermögen entsprechend hinzugerechnet werden. Erwerbs- und Veräußerungspreis des Geschäftsanteils richten sich nach dem **Nettovermögen** der Gesellschaft. Daher können die Aufwendungen der Gesellschaft nicht nochmals dem Erwerbspreis für die Geschäftsanteile hinzugerechnet werden. Hat diese z. B. ein Grundstück für 100000 Mk. erworben, darauf mit 50000 Mk. belastet und diesen Betrag zu Umbauten verwendet, ist sodann der Grundstückswert nicht nur um den Wert dieser Verbesserungen, also um 50000 Mk., sondern infolge der Konjunktur um weitere 50000 Mk. gestiegen, so beträgt das **Reinvermögen** der Gesellschaft nunmehr 150000 Mk. Werden die Geschäftsanteile jetzt für diesen Betrag veräußert, so realisieren die Gesellschafter den Wertzuwachs von 50000 Mk. Dürften sie die Aufwendungen dem Erwerbspreis hinzurechnen, so wäre ein Wertzuwachs nicht vorhanden; dieses Ergebnis wäre aber falsch, und zwar deshalb, weil die Aufwendungen zweimal in Rechnung gestellt wären. Ebenso im Ergebnis OVG. in ständ. Rspr.; vgl. OVG. 68, 5; 74, 11; PrVBl. 49, 895; DJZ. 1929, 581.

§ 13 ist nicht anwendbar, da er sich nur auf Veräußerung realer Teile eines Grundstücks bezieht.

Gemäß § 10 sind die Kosten der Veräußerung und Übertragung vom Veräußerungspreis zu kürzen. Hierher gehören z. B. die Notariatskosten für die Abtretung des Geschäftsanteils einer G.m.b.H. sowie die Börsenumsatzsteuer. § 9 ist entsprechend anwendbar. Auch § 14 kann zur Anwendung kommen, wenn der Geschäftsanteil mehreren zur gesamten Hand gehört bzw. von einem Gesamthänder an die Gemeinschaft zur gesamten Hand veräußert worden ist. § 11 ist entsprechend anwendbar, wenn der Geschäftsanteil einer Grundstücksgesellschaft gegen den Grundstücksanteil an einer anderen Grundstücksgesellschaft oder gegen ein Grundstück getauscht wird. Bei Anwendung des § 15 kommt es auf den Zeitpunkt an, in dem der Veräußerer seinen Geschäftsanteil erworben hat; vgl. zu § 15.

§ 16 ist entsprechend anwendbar. Zweifelhaft ist es, ob § 17 auf die Abtretung von Anteilen einer Grundstücksgesellschaft angewendet werden kann. In Frage kann hier nur der Fall kommen, daß die Gesamtheit der Anteile an einen oder mehrere Erwerber übertragen wird, und daß der bzw. die Erwerber das Grundstück bebauen wollen. Man wird in diesem Falle den § 17 entsprechend anwenden müssen. Wird die Übertragung der Geschäftsanteile der Übertragung des Grundstückseigentums gleichgeachtet, soweit es sich um die Verpflichtung zur Tragung der Steuer handelt, so ist es nur folgerichtig, auch die bei Übertragung des Grundstückseigentums gewährten Vergünstigungen in gleicher Weise zu gewähren. Anwendbar ist ferner der § 18.

Anwendbar sind ferner die Verfahrensbestimmungen der §§ 19—22 und die Strafvorschrift des § 23. Auch der Billigkeitserlaß aus § 24 ist gegeben.

Erwirbt jemand zunächst sämtliche Anteile der Personenvereinigung, der das Grundstück gehört, und später von der Personenvereinigung das Grundstück selbst, so ist dieser Erwerb nach § 7 Nr. 10 der Berliner StO. steuerfrei. In der MStO. fehlt eine solche Bestimmung. Geht man davon aus, daß in § 1 Abs. 3 der Übergang des wirtschaftlichen Eigentums am Grundstück besteuert wird und daß diese Form der Veräußerung steuerlich der juristischen Übereignung gleichsteht, so ist die gebotene Folge, daß der Übergang des juristischen Eigentums keinen neuen Steuerfall darstellt, da es an einem Eigentumswechsel im steuerrechtlichen Sinn fehlt; vgl. die Rspr. des RFH. zu § 3 GrdErwStG., insbesondere RFH. 7, 145; 15, 223; StW. VI 618. Veräußert später der Erwerber das Grundstück weiter, so ist von dem Erwerbspreis auszugehen, den er für die Geschäftsanteile gezahlt hat.

h) **Nur soweit das Vermögen der Vereinigung aus Grundstücken besteht**, wird der Übergang von Rechten am Vermögen der Personenvereinigung dem Übergang des Grundstückseigentums gleichgestellt. Hiermit wird zum Ausdruck gebracht, daß die Gegenleistung für den Gesellschaftsanteil nicht in voller Höhe der Wertzuwachssteuer unterworfen ist, sondern nur in demjenigen Verhältnis, in dem das Grundvermögen der Gesellschaft zu ihrem Gesamtvermögen steht. Beides wird beeinflußt durch Belastungen des Grundstücks. Wenn z. B. zum Vermögen einer Grundstücksgesellschaft ein Grundstück im Werte von 100000 Mk. und außerdem Effekten im Werte von 20000 Mk. gehören, das Grundstück aber mit 80000 Mk. Hypotheken belastet ist, so bildet das reine Grundvermögen die Hälfte des vorhandenen reinen Vermögens; läßt man dagegen die Schulden außer Betracht, so bildet das Grundvermögen $^5/_6$ der gesamten Aktiva. Gehören dem Steuerpflichtigen 50% des Stammkapitals und hat er diese für 14000 Mk. erworben, aber für 20000 Mk. weiterveräußert, so würde der Wertzuwachs von 6000 Mk. bei der ersten Berechnung in Höhe von 3000 Mk. steuerpflichtig sein, bei der zweiten Berechnung in Höhe von 5000 Mk.

Die zweite Berechnung ist zutreffend. Es läßt sich bei Schulden nicht einwandfrei feststellen, ob sie in einer besonderen Beziehung zum Grundbesitz stehen oder ob sie das gesamte Vermögen belasten. Nur bei Grundschulden würde die erstere Feststellung, zwar nicht wirtschaftlich, aber juristisch mit Sicherheit getroffen werden können. Hypothekenschulden belasten dagegen bei rechtlicher Betrachtung das gesamte Vermögen; bei wirtschaftlicher Betrachtung werden sie sich mitunter als Realkredit, häufig aber auch als Belastung des gesamten Vermögens darstellen. Eine präzise Unterscheidung ist hier nicht möglich. Da § 1 Abs. 3 aber ganz allgemein darauf abstellt, inwieweit das Vermögen aus Grundstücken besteht, so muß der gesamte Grundstückswert in Rechnung gestellt werden. Unter Vermögen kann demgemäß nur das Aktivvermögen verstanden werden, nicht das Reinvermögen nach Abzug der Schulden. Ebenso OVG. 68, 3; 71, 1. Umgehungen können in dieser Beziehung allerdings vorkommen. Wenn z. B. eine Grundstücksgesellschaft kurz vor der Abtretung der Anteile Effekten in hohen Beträgen gegen Kredit, z. B. hypothekarische Belastung des Grundstücks, erwirbt, so kann auf diese Weise der Anteil des Grundvermögens der Gesellschaft am Gesamtvermögen herabgedrückt werden. Läßt sich jedoch feststellen, daß der Effektenerwerb zum Zwecke der Ersparung der Wertzuwachssteuer erfolgt ist, so kann die Annahme einer Steuerumgehung in Frage kommen. Wegen der Berechnung der Steuer vgl. unten zu g.

Wenn oben von Grundvermögen die Rede war, so sei dies dahin klargestellt, daß es sich um Grundstücke handeln muß. Besitzt die Gesellschaft außerdem Hypothekenforderungen, Grundschulden auf fremden Grundstücken u. dgl., so gehören diese Werte zum übrigen Vermögen und verringern die zuwachssteuerpflichtige Quote. Erbbaurechte und andere grundstücksgleiche Gerechtigkeiten stehen dagegen den Grundstücken gleich. Eine Eigentümergrundschuld, die der Gesellschaft gehört, bleibt außer Betracht, da ja das belastete Grundstück ohne Abzug der Lasten zum Grundvermögen gehört, der in dem Grundstück steckende Bruttowert aber nicht ganz oder teilweise noch einmal zum Vermögen der Gesellschaft gerechnet werden kann.

§ 2.

Die Steuerpflicht tritt ein:

a) bei den zur Übertragung des Eigentums verpflichtenden Veräußerungsgeschäften mit dem Abschluß des Geschäfts; als Veräußerungsgeschäft gelten auch die im § 5 Abs. 4 des Grunderwerbsteuergesetzes in der Fassung der Bek. vom 11. 3. 1927 (RGBl. I S. 72) aufgeführten Geschäfte;

b) in allen übrigen Fällen, in denen es eines Veräußerungsgeschäfts zum Übergang des Eigentums nicht bedarf (Zwangsversteigerung, Enteignung, Ausschluß, Konsolidation), mit Vollendung des Rechtsvorganges, der die Rechtsänderung bewirkt.

1. **Allgemeines.** § 2 entspricht dem § 4 ZuwStG. und dem § 4 Grd.-ErwStG. Er regelt den Anlaß und Zeitpunkt, in welchem die Steuerpflicht entsteht. Im Gegensatz zu der Regelung im ZuwStG. und GrdErwStG. wird die Steuer grundsätzlich nicht an den Eigentumswechsel geknüpft, sondern an den Abschluß des verpflichtenden Veräußerungsgeschäfts und nur in Ausnahmefällen an den Eigentumswechsel. Wegen der Rechtsgültigkeit dieser Regelung vgl. OVG. PrVBl. 48, 408; 49, 973. Wie schon in Anm. 7b zu § 1 ausgeführt worden ist, regelt § 2 erschöpfend die steuerpflichtigen Fälle und erläutert demgemäß den in § 1 Abs. 1 erwähnten Begriff der Rechtsvorgänge, die den Übergang des Grundeigentums be-

treffen. Die Vorschrift des § 2 ist auf die Fälle des § 3 entsprechend anwendbar. Vgl. Anm. 1, 2 zu § 3.

2. **Eintritt der Steuerpflicht** bedeutet die Entstehung des Steueranspruchs. Die Fälligkeit ist in § 21 Abs. 2 geregelt.

Der Eintritt der Steuerpflicht ist der maßgebende Zeitpunkt, nach welchem sich das Vorhandensein der Voraussetzungen der Steuerpflicht richtet. In diesem Zeitpunkt muß die kommunale StO., die sich rückwirkende Kraft nicht beilegen darf (OVG. 82, 113; PrVBl. 48, 128), in Kraft gewesen sein. Liegt das Inkrafttreten nach dem schuldrechtlichen Vertrag, aber vor dem Eigentumswechsel, so ist die StO. nicht anwendbar, falls sie der MStO. entspricht, z. B. in Berlin; vgl. OVG. 82, 131; PrVBl. 48, 335; 49, 171; JW. 1927, 1962 Nr. 2. Ist dagegen der Eigentumswechsel nach der StO. für den Eintritt der Steuerpflicht maßgebend, so findet die StO. Anwendung; so OVG. PrVBl. 49, 531; JW. 1928, 541. Dies gilt auch dann, wenn die StO. eine weitere Vorschrift enthält, wonach die Steuerpflicht, falls die Übereignung dem Schuldvertrag binnen Jahresfrist nicht gefolgt ist, nach Ablauf des Jahres eintritt — entsprechend § 5 GrdErwStG. Auch dann kann aber nur der nach Inkrafttreten der StO. erfolgte Eigentumsübergang besteuert werden, nicht der vorher abgeschlossene Schuldvertrag, selbst wenn bei Ablauf des Jahres seit Vertragschluß die StO. schon in Kraft getreten war; vgl. OVG. 82, 113 u. PrVBl. 49, 171. In dem in § 2 geregelten Zeitpunkt muß das Grundstück in der Steuergemeinde belegen sein und muß das Vermögen der Vereinigung (§ 1 Abs. 3) aus Grundstücken bestehen, muß zum Gegenstand des Unternehmens dieser Vereinigung die Verwertung von Grundstücken gehören, muß das Verwandtenverhältnis gemäß § 5 Nr. 4 bestehen, muß die Vereinigung die in § 5 Nr. 6 und 7 vorgesehenen Mitglieder haben. In diesem Zeitpunkt muß das Nießbrauchsrecht (§ 6 Abs. 7) auf dem Grundstück lasten. Ferner ist der in § 2 vorgesehene Zeitpunkt in § 7 Abs. 1 in Bezug genommen. Er ist ferner maßgebend als Schlußtag für die in § 8 Nr. 2 vorgesehene Frist, innerhalb deren die Aufwendungen vorgenommen sein müssen. Auch für die Dreijahrfrist des § 13 Abs. 2 ist der in § 2 vorgesehene Zeitpunkt maßgebend. Der für die Steuerberechnung maßgebende Zeitraum verläuft zwischen dem Erwerb und der Veräußerung des Grundstücks, wobei beide Male das in § 2 bezeichnete Rechtsgeschäft maßgebend ist. Dasselbe gilt für die in § 15 bezeichnete Besitzfrist. Von dem in § 2 bezeichneten Zeitpunkt ab läuft die Anzeigefrist gemäß § 19.

3. **Verpflichtungsgeschäft und Rechtsübergang.** Grundsätzlich tritt die Steuerpflicht mit dem Abschluß des verpflichtenden Veräußerungsgeschäfts ein. Hierin liegt ein Gegensatz sowohl zu §§ 4, 5 ZuwStG. als auch zu § 4 GrdErwStG. Nach beiden Gesetzen wird die Steuerpflicht begründet durch die Eintragung der Rechtsänderung in das Grundbuch und nur wenn es einer solchen zum Eigentumsübergang nicht bedarf, durch den Vorgang, der die Rechtsänderung bewirkt. Nach beiden Gesetzen wird der verpflichtende Veräußerungsvertrag nur versteuert, wenn innerhalb eines Jahres nach seinem Abschluß der Eigentumsübergang noch nicht erfolgt ist. Die MStO. läßt dagegen die Steuerpflicht schon eintreten mit dem Abschluß des verpflichtenden Veräußerungsgeschäfts und macht die Entstehung des Anspruchs insoweit unabhängig von dem Eigentumswechsel. Allerdings bleibt zu berücksichtigen, daß nach § 18 Abs. 1 Nr. 1 die Steuer auf Antrag erlassen oder erstattet wird bei Nichtigkeit des den Eigentumserwerb begründenden Rechtsvorganges. Folgt dem Verpflichtungsgeschäft später ein Eigentumsübergang, so ist ersteres nur dann ein steuerpflichtiges Rechtsgeschäft, wenn es die rechtliche Grundlage für den Eigentumswechsel gebildet hat; der Gegenstand beider Rechtsvorgänge muß identisch sein: OVG. PrVBl. 49, 973.

Der Eigentumsübergang ist nur in denjenigen Fällen für die Entstehung der Steuerpflicht maßgebend, in denen es eines Veräußerungsgeschäftes zum Übergang eines Eigentums nicht bedarf. Es bleibt unklar, ob unter einem Veräußerungsgeschäft in lit. b das verpflichtende Veräußerungsgeschäft, das unter a erwähnt wurde, gemeint ist, oder aber das dingliche Veräußerungsgeschäft. Anzunehmen ist das letztere. Hierfür sprechen einmal die Beispiele, bei denen der Eigentumsübergang nicht durch ein Rechtsgeschäft des Veräußerers und Erwerbers, sondern durch eine behördliche Verfügung erfolgt. Überdies bedarf es niemals eines verpflichtenden Veräußerungsgeschäfts zum Übergang des Eigentums, da der Eigentumsübergang in seiner Gültigkeit regelmäßig von dem Vorliegen und der Rechtsbeständigkeit des Verpflichtungsgeschäfts unabhängig ist. Das dingliche Veräußerungsgeschäft besteht in der Regel in der Auflassung (§ 925 BGB.). Versteht man in lit. b unter Veräußerungsgeschäft das dingliche Geschäft, so ergeben sich jedoch Lücken. Es gibt Fälle, in denen ein verpflichtendes Veräußerungsgeschäft abgeschlossen wird, es aber zum Eigentumsübergang keines dinglichen Veräußerungsgeschäfts bedarf, und andererseits Fälle, in denen ein verpflichtendes Veräußerungsgeschäft fehlt, es aber zum Eigentumsübergang des dinglichen Veräußerungsgeschäfts bedarf. Schließlich gibt es Fälle, in denen weder ein verpflichtendes, noch ein dingliches Veräußerungsgeschäft vorliegt; so die Aneignung (§§ 927, 928 BGB.), die ein Rechtsgeschäft, aber kein Veräußerungsgeschäft darstellt; infolgedessen gehört dieser Fall unter § 2 lit b, soweit eine Wertzuwachssteuer überhaupt in Frage kommt; vgl. Anm. 9. Bei der Fusion ohne Liquidation gemäß § 306 HGB. (die während der Geltung des StMilbG. steuerfrei ist) bedarf es keiner Auflassung. Der Eigentumsübergang erfolgt mit der Eintragung des Beschlusses über die Fusion und Kapitalserhöhung in das Handelsregister der übernehmenden Gesellschaft; vgl. Staub Anm. 13 zu § 306 HGB. Hier geht aber stets ein verpflichtendes Veräußerungsrecht voraus. Ähnlich bei der Übernahme des Vermögens einer AG. durch das Reich, einen Bundesstaat oder einen inländischen Kommunalverband unter Ausschluß der Liquidation gemäß § 304 HGB. Nach § 142 HGB. kann die Übernahme des Vermögens einer off. HandGes. durch einen Gesellschafter ohne Liquidation, auf Grund Urteils im Wege der Gesamtrechtsnachfolge erfolgen; auch hier bedarf es keiner Auflassung; vgl. RG. 65, 237; 68, 414; allerdings auch keines verpflichtenden Veräußerungsgeschäfts. Dagegen liegt letzteres vor, wenn ein off. Handelsgesellschafter auf Grund Vereinbarung das ganze Geschäft mit Aktiven und Passiven übernimmt, was nach RG. 68, 414 ohne Auflassung vollzogen wird. In solchen Fällen geht lit. a der lit. b vor; die Steuerpflicht tritt also mit dem verpflichtenden Veräußerungsgeschäft ein.

Fälle, in denen weder die Voraussetzung der lit. a, noch der b gegeben ist, in denen es also zum Übergang des Eigentums eines Veräußerungsgeschäfts, insbesondere der Auflassung, bedarf, und ein verpflichtendes Veräußerungsgeschäft nicht abgeschlossen ist, liegen z. B. vor bei Übereignung eines Grundstücks, das einer A.-G. oder G. m. b. H. gehört, an einen Gesellschafter nach beendigter Liquidation, wenn die Verteilung des Vermögens (§ 300 HGB., § 72 GmbHGes.) in natura erfolgt; vgl. RG. 62, 56; ferner wenn die Auflassung auf Grund eines n i c h t i g e n V e r p f l i c h t u n g s g e s c h ä f t s erfolgt, z. B. bei unsittlichen Verpflichtungsgeschäften (Bordellkauf, wucherisches Geschäft u. dgl.), ferner bei Dissens (§ 155 BGB.), in den Fällen einer begründeten Anfechtung des Verpflichtungsgeschäfts wegen Irrtums, Betruges, Zwangs; ferner bei Nichtigkeit des Kaufvertrages wegen Geisteskrankheit des Vertreters, der ihn abgeschlossen hat, sofern die Auflassung durch einen anderen Vertreter gültig erfolgt ist; vgl. OVG. 73, 1 sowie Anm. 6 c zu § 18. Dagegen würden nicht hierher gehören die Fälle, in denen die Auflassung nicht ohne rechtlichen Grund, sondern auf Grund eines mündlichen oder auch nur stillschweigend abgeschlossenen Verpflichtungsgeschäfts erfolgt. In solchen Fällen wird gemäß § 313 Satz 2 BGB. das formlose Verpflichtungsgeschäft durch Auflassung und Eintragung gültig. Diese Fälle sind also an sich unter § 2 lit. a einzureihen, die Steuerpflicht tritt faktisch bei ihnen aber auch erst mit dem Eigentumswechsel ein. Dagegen gehören auch theoretisch hierher diejenigen Fälle, in denen die Auflassung auf Grund einer gesetzlichen Verpflichtung erfolgt, z. B. bei Auflösung eine Vereins, wenn das Vermögen auf Grund der Satzung an andere Personen als den Fiskus fällt (§§ 45, 47 BGB.), ferner bei Erlöschen einer Stiftung (§ 88 BGB.), im Falle des § 179 Abs. 1 BGB., bei Auflassung auf Grund einer Schadensersatzpflicht gemäß § 249 BGB., bei Rücktritt vom Vertrag (§ 346 BGB.), bei Auflassung auf Grund einer Herausgabepflicht gemäß §§ 812, 816, 817 BGB. oder gemäß § 684 BGB. Solche Geschäfte fallen weder unter lit. a noch unter lit. b, obgleich sie Rechtsvorgänge darstellen, die den Übergang des Eigentums an Grundstücken betreffen (§ 1 Abs. 1). Bei manchen besteht Steuerfreiheit oder Steuererlaß gemäß § 18, der jedoch von der Wahrung der Antragsfrist abhängt. Kommt es zur Erhebung der Steuer, so gilt die Steuerpflicht als gemäß § 2 lit b entstanden, da die Eingangsworte „in allen übrigen Fällen" darauf hindeuten, daß immer, wenn lit. a nicht zutrifft, lit. b maßgebend sein soll. Es liegt ein Redaktionsfehler vor, indem hinter den obigen Eingangsworten das Wort „insbesondere" ausgelassen ist.

Fälle, in denen lit. b auch dem Wortlaut nach zutrifft, sind außer den in der Klammer des Gesetzestextes aufgeführten Beispielen der Eintritt der Gütergemeinschaft und der Erbfall, beide jedoch steuerfrei auf Grund § 5 Nr. 1, 2; ferner der Anfall des Vereins oder Stiftungsvermögens an den Fiskus (§§ 45, 46, 88 BGB.), der Ausschluß eines Gesellschafters (§ 142 HGB.; vgl. oben), die Anwachsung nach Wasserrecht (neues Flußbett, Entstehung von Inseln, §§ 9, 14—18 des Pr. Wassergesetzes v. 7. 4. 13; vgl. RG. JW. 1929, 1980).

4. Verpflichtende Veräußerungsgeschäfte.

a) Dieser Begriff entspricht wörtlich dem in § 5 Abs. 1 GrdErwStG. gebrauchten Begriff und ist auch in demselben Sinne zu verstehen. Es kann daher auf die Ausführungen in Anm. 2 zu § 5 GrdErwStG. verwiesen werden. Eine Beschränkung auf bestimmte Arten von Rechtsgeschäften ist nicht gegeben; vgl. OVG. 77, 7. Es muß ein Rechtsgeschäft vorliegen; der Planfeststellungsbeschluß im Enteignungsverfahren ist kein solches: OVG. 65, 36. Dagegen gehören auch Verpflichtungsverträge, die auf Übertragung von Gesellschaftsanteilen im Sinne des § 1 Abs. 3 gerichtet sind, hierher; ebenso Verpflichtungsverträge zwischen Treuhänder u. Treugeber; vgl. RFH. StW. 1926 S. 354.

b) Durch den Vertrag muß die **Verpflichtung begründet**, nicht nur anerkannt werden. Daher gehört nicht hierher das Schuldanerkenntnis; vgl. Anm. 2b zu § 5 GrdErwStG. Ein Vergleich ist zu den Veräußerungsgeschäften im Sinne der lit. a zu rechnen, wenn die Verpflichtung zur Übereignung als solche streitig war und durch den Vergleich von neuem bestätigt oder wesentlich verschärft wurde, oder wenn sie durch den Vergleich als Gegenleistung neu begründet worden ist, dagegen nicht, wenn der Vergleich nur Modalitäten oder nur die Regelung der schuldrechtlichen Beziehungen betrifft, z. B. bei Schwarzkäufen, die als solche unstreitig sind; vgl. RG. 94, 152; 109, 27; JW. 1925, 1750 Nr. 6; 2128 Nr. 17; Warn. 1911, 226; JurRdsch. 1926, 669 sowie OVG. PrVBl. 50, 107; DJZ. 1929, 1215. War dagegen die Auflassung schon erfolgt, und betrifft der Vergleich nur die Verpflichtung des Schwarzverkäufers, im Genehmigungsverfahren mitzuwirken, so begründet er nicht die Verpflichtung zur Übereignung des Grundstücks, sondern eine mindere Pflicht; er unterliegt daher nicht dem § 313 BGB. (RG. JW. 1928, 2515 Nr. 1) und ist kein verpflichtendes Veräußerungsgeschäft; vgl. Anm. 5ß.

c) Die Verpflichtung muß sich auf die **Übertragung des Eigentums** an einem Grundstück beziehen, das in der Steuergemeinde liegt. Gemäß § 313 BGB. ist gerichtliche oder notarielle Beurkundung erforderlich. Ist der Vertrag im Ausland geschlossen, dann genügt die Beobachtung der am Ort des Abschlusses geltenden Formvorschriften; vgl. Art. 11 Abs. 1 Satz 2 EG. BGB.; vgl. hierzu Frankenstein I 526ff. Ob der Vertrag noch andere Bestimmungen enthält, ist gleichgültig.

d) Jede Veräußerung bildet für sich einen selbständigen Steuerfall; vgl. OVG. 68, 12; so auch im Rentengutsbildungsverfahren: OVG. 77, 26.

e) Nicht nur Verträge, sondern auch **einseitige Rechtsgeschäfte** kommen in Betracht, z. B. ein Stiftungsgeschäft oder eine Auslobung. Ein bloßer Vertragsantrag genügt aber nicht; vgl. OVG. 77, 29. Auch einseitige Verträge, wie das selbständige Schuldversprechen gehören hierher. Vgl. im einzelnen Anm. 2d zu § 5 GrdErwStG. Wegen des Treuhandvertrags vgl. Anm. 7f zu § 1; wegen des Grundstücksbeschaffungsauftrags auch Anm. 4d zu § 6. Nach OVG. 53, 128; 54, 113 begründet die Übertragung des beschafften Grundstücks an den Auftraggeber die Steuerpflicht.

f) Unter den **gegenseitigen Verträgen** bilden den Hauptfall die Kaufverträge. Bei Wiederkaufsrechten (§§ 497ff. BGB.) und Vorkauf (§§ 504ff. BGB.) kommt das Geschäft erst mit der Ausübung des Rechts zustande. Vgl. im einzelnen Anm. 2e zu § 5 GrdErwStG. Ferner gehört der Tausch hierher, ebenso der Erbschaftskauf (§§ 2371ff. BGB.), dagegen nicht der Verkauf eines Erbteils gemäß § 2033 BGB., wohl aber der Verkauf eines Vermögens oder Sondervermögens, sowie die freiwillige Versteigerung. Vgl. im einzelnen Anm. 22 zu § 5 GrdErwStG.

Auch Gesellschafts- und Auseinandersetzungsverträge fallen unter § 2a (formbedürftig nach § 313 BGB.; vgl. OVG. 76, 202; RG. 56, 96; 57, 434; JW. 1925, 1750 Nr. 6). Ebenso der Gründungsvertrag einer AG. oder einer G. m. b. H., wenn er die Verpflichtung zur Einbringung von Grundstücken enthält; dagegen nicht der Vertrag, bei dem ein off. Handelsgesellschafter das Geschäft mit Aktiven und übrigen vgl. Anm. 2f zu § 5 GrdErwStG. und oben Anm. 3.

g) Auch der **Auftrag** zum Erwerb von Grundstücken ist ein zur Übertragung des Eigentums verpflichtendes Veräußerungsgeschäft; vgl. OVG. 53, 128; 54, 113; Anm. 4d zu § 6. Dagegen gehört der Maklervertrag nicht hierher, ebensowenig ein Erb- oder Vermächtnisvertrag (§§ 2274ff., 2278 BGB.). Vgl. Anm. 2g zu § 5 GrdErwStG.

h) Bloße **Hilfsgeschäfte** gehören nicht hierher, so z. B. die Vollmacht, es sei denn, daß diese nur das äußere Gewand für die Verpflichtung zur Eigentumsübertragung ist, wie dies besonders bei der unwiderruflichen Vollmacht und bei der Vollmacht unter Befreiung vom Verbot des Selbstkontrahierens (§ 181 BGB.) häufig der Fall ist. Vgl. Anm. 21 zu § 5 GrdErwStG. sowie RG. JW. 1928, 2516 Nr. 2.

Die Auflassung ist kein verpflichtendes Veräußerungsgeschäft sondern im Gegensatz hierzu das dingliche Übereignungsgeschäft. Letzteres ist in § 2b besonders erwähnt und im Gegensatz zu dem Verpflichtungsgeschäft des § 2a gebracht. Die Auflassung fällt daher nicht unter § 2a. Vgl. im einzelnen Anm. 2k zu § 5 GrdErwStG.

Ein Rücktritts- oder Wandelungsvertrag ist — jedenfalls vor erfolgter Erfüllung — kein verpflichtendes Veräußerungsgeschäft, im übrigen nach § 18 Abs. 1 Nr. 2, 3 auf Antrag steuerfrei. Vgl. im einzelnen Anm. 21 zu § 5 GrdErwStG.

Auch die Schuldübernahme im Sinne des § 414 BGB. ist als verpflichtendes Veräußerungsgeschäft zu betrachten, wenn Gegenstand der übernommenen Schuld die Übereignung eines Grundstücks ist. Sie ist zwar für sich kein Veräußerungsgeschäft, sondern nur Ergänzung eines solchen, bildet aber mit letzterem zusammen das den Übernehmer verpflichtende Veräußerungsgeschäft. Es hat z. B. der Schwarzkäufer das Grundstück an X verkauft; auf Vindikation muß er es jedoch vor Erfüllung des Kaufvertrags an den Schwarzverkäufer herausgeben; dieser übernimmt nunmehr die Schuld des Schwarzkäufers gegenüber dem X. — Der Enteignungsbeschluß fällt nicht unter § 2a, sondern unter 2b.

i) Das Veräußerungsgeschäft muß formell und materiell **rechtsgültig** und klagbar sein. Vgl. Anm. 20 zu § 5 GrdErwStG., sowie OVG. PrVBl. 44, 357; 46, 462; OVG. 74, 34; 78, 1 u. 15; 79, 46. Wird ein formungültiges Geschäft gemäß § 313 Satz 2 BGB. geheilt, so wird es damit steuerpflichtig; vgl. PrVBl. 32, 517. Heilung erfolgt auch dadurch, daß die Auflassung zwecks Erfüllung des formungültigen Veräußerungsgeschäfts von dem Veräußerer unmittelbar an den Zessionar des Erwerbers oder an ein weiteres Glied der Kette erfolgt und dieses letzte Glied als Eigentümer eingetragen wird. Hierdurch werden alle Kettengeschäfte steuerpflichtig: RFH. 7, 235. Die Rechtswirksamkeit muß im Zeitpunkt der Heranziehung vorliegen; OVG. VII C 85, 26 bei Pape, Jahrb. 8, 483. Der beurkundete Vertrag hat die Vermutung der Richtigkeit und Vollständigkeit für sich; der Steuerpflichtige ist aber zum Beweise zuzulassen, daß daneben eine mündliche Abrede gelten sollte: OVG. 65, 1.

k) Bei **aufschiebend bedingten Geschäften** tritt die Steuerpflicht mit dem Eintritt der Bedingung ein, weil vorher keine Verpflichtung zur Übertragung des Eigentums bestand; vgl. OVG. 69, 7. Ebenso bei eigentlicher Befristung im Sinne des § 163 BGB., die aber im Verkehr kaum vorkommt. Ist dagegen, wie üblich, nur die Fälligkeit hinausgeschoben, so tritt die Steuerpflicht mit dem Abschluß des Verpflichtungsgeschäfts ein. Vgl. im einzelnen Anm. 2p zu § 5 GrdErwStG.

l) Ist die **Zustimmung eines Dritten** zur Wirksamkeit erforderlich (§§ 108, 177, 182 BGB.), so liegt ein verpflichtendes Veräußerungsgeschäft erst bei erteilter Zustimmung vor. Vgl. Anm. 2q zu § 5 GrdErwStG., insbesondere auch hinsichtlich der **behördlichen Genehmigung** gemäß der Verordnung über den Verkehr mit landwirtschaftlichen Grundstücken vom 15. 3. 18 (RGBl. 123) und auf Grund des Preußischen Gesetzes über den Verkehr mit Grundstücken vom 10. 2. 23 (GS. 25). Nach dem Preußischen Gesetz vom 20. 7. 1925 (GS. 93) ist die Genehmigung für Rechtsgeschäfte, welche vor dem 4. 8. 25 abgeschlossen sind, noch jetzt erforderlich, es sei denn, daß entweder der Eigentumswechsel vor dem 16. 2. 23 in das Grundbuch eingetragen war oder das verpflichtende Veräußerungsgeschäft vor dem 1. 1. '23 rechtswirksam abgeschlossen worden war. Das gilt nach RG. 117, 362 auch für Auflassungen, die zwar nach dem 4. 8. 25, aber zur Erfüllung älterer Verpflichtungsgeschäfte vorgenommen sind. Vgl. im einzelnen Anm. 2q zu § 5 GrdErwStG. sowie OVG. 79, 46; JW. 1925, 2067 Nr. 1, DJZ. 1929, 1215 sowie unten Anm. 5.

m) Ein nichtiger Veräußerungsvertrag wird grundsätzlich auch dann nicht steuerpflichtig sein, wenn die Nichtigkeit noch nicht durch Klage geltend gemacht ist; anders wenn die Parteien das Geschäft in Kenntnis der Nichtigkeit als wirksam behandeln und erfüllen. Vgl. auch Anm. 6b zu § 18.

5. **Schwarzkäufe und ihre Abwickelung.** Diese bedürfen einer zusammenfassenden Sondererörterung, da sie noch auf geraume Zeit für die Steuerpraxis von erheblicher Bedeutung sind.

a) Begriff des Schwarzkaufs. Nach § 313 BGB. bedürfen alle Verträge, durch die der eine Teil sich verpflichtet, das Eigentum an einem Grundstück zu übertragen, der gerichtlichen oder notariellen Beurkundung. Nach der Rspr. des RG. unterliegt der gesamte Inhalt des Vertrags der Formvorschrift, nicht nur die Verpflichtung zur Grundstücksübereignung; vgl. RG. 52, 4; 64, 40; 65, 392; 80, 402; 91, 231; 95, 7. Nur Nebenpunkte, die die Parteien als unwesentlich angesehen haben, beeinträchtigen nicht die Gültigkeit des Hauptvertrags (§ 139 BGB.); vgl. RG. 65, 393.

Ist aber der Preis oder eine sonstige wesentliche Vereinbarung unrichtig beurkundet oder wird neben dem beurkundeten Preis eine Sonderzahlung geleistet, so ist der ganze Vertrag nichtig; vgl. RG. 103, 297; 112, 68 (Übernahme der WZuwSt. durch den Käufer); 114, 233.

Der Formvorschrift unterliegen nicht nur Kaufverträge, sondern auch andere Verträge, die die Übertragung von Grundeigentum zum Gegenstand haben, z. B. Gesellschaftsverträge mit Einbringung eines Grundstücks, unwiderrufliche Vollmachten, die nur das äußere Gewand für ein verpflichtendes Veräußerungsgeschäft bilden; vgl. RG. 104, 236; 108, 125; 110, 319; JW. 1928, 2516 Nr. 2.

b) Die Rechtswirkung der unrichtigen Beurkundung ist nach § 125 BGB. Nichtigkeit des Vertrags. Nach § 313 Satz 2 BGB. wird aber der Vertrag seinen ganzen Inhalt nach gültig, wenn die Auflassung und die Eintragung der Eigentumsänderung in das Grundbuch erfolgen. Diese Heilung tritt aber nur ein, wenn Auflassung und Eintragung rechtlich voll wirksam sind; vgl. RG. 111, 239.

Die Heilung hat keine rückwirkende Kraft; der Kaufvertrag erlangt also erst von der Eintragung ab, ex nunc, Gültigkeit; vgl. RG. 75, 115.

c) Rechtsfolgen für die WZuwSt. Da nach der MStO. die Steuerpflicht grundsätzlich an das Verpflichtungsgeschäft geknüpft ist, hat dessen Nichtigkeit nach § 18 I 1 Erlaß bzw. Erstattung der Steuer zur Folge; eine Veranlagung ist unzulässig: OVG. PrVBl. 44, 357; JW. 1923, 799 Nr. 6. Wegen der Möglichkeit der Heilung kann der Erlaßantrag nicht zurückgewiesen werden, es sei denn, daß die Parteien das nichtige Geschäft als gültig behandeln und wirtschaftlich aufrechterhalten; vgl. Anm. 6b zu § 18.

d) Heilung bei genehmigungsfreien Geschäften tritt lediglich durch gültige Auflassung und Eigentumsumschreibung ein. Hiermit wird der Kausalvertrag (Kauf usw.) rechtsgültig und steuerpflichtig. Da keine Rückwirkung stattfindet, kommt die z. Zt. der Heilung bestehende StO. zur Anwendung. Auch für die Feststellung des „maßgebenden Zeitraums" (§§ 8 Abs. 1 Nr. 2; 15 Abs. 2, 3; 17) kommt es auf den Tag der Eintragung an.

e) Heilung bei genehmigungspflichtigen Geschäften. Über die öffentlich-rechtliche Genehmigung vgl. Anm. 41. War, wie häufig geschehen, der Schwarzkauf im Jahre 1922 abgeschlossen und die Auflassung gleichzeitig erfolgt, so unterlag diese der Genehmigungspflicht. Diese bestand auch für rechtsgültige Kaufverträge aus der Zeit zwischen dem 1. Januar und 16. Februar 1923, sofern die Eintragung im Grundbuch erst nach dem 15. Februar 1923 erfolgt ist; vgl. RG. 108, 356. Schließlich kommen in Betracht Kaufverträge aus der Zeit nach dem 15. Februar 1923 bis 4. August 1925, die zwar behördlich genehmigt sind, aber auf Grund einer unrichtigen Beurkundung; hier ist die erfolgte Genehmigung gegenstandslos und unwirksam; vgl. RG. 111, 245.

Heilung tritt in allen Fällen, in denen übrigens meist die Umschreibung des Eigentums im Grundbuch bereits erfolgt war, erst ein, wenn die nachträgliche Genehmigung des richtigen Preises bzw. der formlos vereinbarten Nebenabreden durch die zuständige Behörde erfolgt. Diese nachträgliche Genehmigung hat nach der Rspr. des RG. rückwirkende Kraft; vgl. RG. 108, 94; 123, 327; DNotV. 1929, 288 Nr. 1.

Damit wird der Kaufvertrag rückwirkend gültig und wirksam, aber erst vom Zeitpunkt der Eigentumsumschreibung ab, da die Formungültigkeit erst von diesem Zeitpunkt ab, ohne rückwirkende Kraft, geheilt wird; vgl. oben sub b.

Die nachträgliche Genehmigung der Verwaltungsbehörde wird entweder auf Grund gemeinsamen Antrags beider Vertragsparteien, in der Regel auf Grund eines Vergleichs, oder neuerdings auch auf einseitigen Antrag einer Partei erteilt; vgl. RG. 14. 2. 28, Recht 1928 Nr. 799; Mendel JW. 1928, 2425; Hagelberg das. u. JW. 1929, 713; Weigert das. 712; Wolffsohn DStZ. 1928, 852; Cohn das. 1042. Für die Steuerpflicht ist dieser Unterschied bedeutsam.

War die Auflassung noch nicht erfolgt (seltener Fall) oder ist sie durch rechtskräftiges Urteil (vgl. RG. 111, 101; JurRdsch. 1925, 872 u. 1005) gemäß § 812 BGB. zurückgefordert (kondiziert) worden, so ist eine nachträgliche Genehmigung gegenstandslos und unmöglich, es sei denn, daß ein formgültiger Kaufvertrag aus der Zeit vom 1. Januar bis 15. Februar 1923 vorliegt. In den anderen Fällen besteht endgültige Nichtigkeit des Kaufvertrags, sofern nicht die Parteien — auf Grund eines Vergleichs — jetzt eine neue Auflassung vornehmen und die Genehmigung der zuständigen Behörde erwirken.

Wird die behördliche Genehmigung rechtskräftig versagt, so ist gleichfalls der Kaufvertrag endgültig nichtig.

f) Steuerrechtliche Folgen. Bei endgültiger Nichtigkeit des Kaufvertrags (oben zu e, letzte 2 Absätze) greift § 18 I 1 durch. Wird hingegen die nachträgliche Genehmigung erteilt, so kommt es darauf an, ob dies auf Grund einseitiger Antragstellung oder auf Grund eines Vergleichs geschehen ist.

α) Bei einseitigem Genehmigungsantrag ist die Rechtslage einfach. Der alte Kaufvertrag wird mit Wirkung vom Tage der Umschreibung des Eigentums an wirksam; es gelten die Darlegungen zu d. In der Regel kommt eine Nachbesteuerung daher nicht in Frage. Stammt aber der Kaufvertrag etwa aus 1923 und ist die Umschreibung im Grundbuch 1925 erfolgt, so kann eine solche u. U. eintreten; vgl. zu i.

β) Liegt ein Vergleich der nachträglichen Genehmigung zugrunde, so fragt es sich zunächst, ob der Vergleich als solcher ein steuerpflichtiges verpflichtendes Veräußerungsgeschäft darstellt, und ferner, welche steuerrechtliche Bedeutung der Vergleichssumme, der Gegenleistung des Erwerbers für die vergleichsweise erfolgende Belassung des Grundstücks, zukommt.

Bez. der Rechtsnatur des Vergleichs vgl. Anm. 4b zu § 2. In Fällen der vorliegenden Art ist der Vergleich danach kein verpflichtendes Veräußerungsgeschäft, da er nur die Mitwirkung im Genehmigungsverfahren, nicht die Pflicht zur Übereignung, d. h. zur Auflassung, zum Gegenstand hat.

Danach bildet der ursprüngliche Kaufvertrag nach wie vor den steuerpflichtigen Rechtsvorgang. Es fragt sich weiter, ob die Vergleichssumme als Erhöhung des Kaufpreises zu gelten hat oder als selbständige Gegenleistung für den Verzicht auf den Eigentums- und Konditionsanspruch und für die Mitwirkung im Genehmigungsverfahren. Dies ist an sich Auslegungsfrage; in der Regel aber wird die erstere Auslegung zutreffen. Bei wirtschaftlicher Betrachtung, wie sie für die steuerliche Behandlung geboten ist, bildet die Vergleichssumme die Gegenleistung für die Belassung und rechtliche Sicherung des Grundstücksbesitzes, also Preisteil. Regelmäßig wird die behördliche Genehmigung auch zu dem ursprünglichen Kaufvertrag und zu dem Vergleich erteilt. Mitunter enthält der Vergleich auch Bestimmungen über Aufwertung des Kaufpreises und Änderungen des alten Kaufvertrags.

Nun sind nach der Rspr. des OVG. nachträgliche Änderungen des Kaufpreises steuerlich ohne Belang; vgl. Anm. 4 l zu § 6. Hier besteht die Gefahr des Zirkelschlusses. Die behördliche Genehmigung hat rückwirkende Kraft (oben zu e); bei formaler Betrachtung ist daher die Vergleichssumme erst nachträglich vereinbart und steuerlich unbeachtlich. Aber andererseits bildet der Vergleich gerade die Voraussetzung und Grundlage der Genehmigung, die den Kaufvertrag zur Wirksamkeit gebracht hat. Die Genehmigung erstreckt sich auch, wie schon gesagt, oft zugleich auf Kaufvertrag und Vergleich. Diese Erstreckung entspricht der Sachlage, da die Behörde das Geschäft nur im Hinblick auf den Vergleich, also als Einheit mit diesem genehmigt. Wirksam wird der Kaufvertrag auch nur in der durch den Vergleich modifizierten Gestalt. Daher kann die Vergleichssumme nicht als steuerlich unbeachtliche, nachträglich vereinbarte Leistung betrachtet werden. Sie bildet einen steuerpflichtigen Preisteil. Der Kaufvertrag ist erst durch den Vergleichsschluß perfekt geworden; der

Steuerfall ist daher erst hiermit eingetreten, so daß die z. Z. des Vergleichs in Kraft befindliche StO. anzuwenden ist.

g) Vergleich auf Rückgewähr des Grundstücks. Wird durch den Vergleich das fortbestehende Eigentum des Schwarzverkäufers anerkannt und das Grundstück ihm zurückgewährt, während der Schwarzkäufer eine Vergleichssumme, d. h. irgendeine Abfindung erhält, so liegt grundsätzlich kein verpflichtendes Veräußerungsgeschäft, sondern der Fall des § 18 I 1 vor; vgl. OVG. PrVBl. 50, 107. In der Regel besteht kein Anlaß zu der Nachprüfung, ob die Rückgewähr des Grundstücks auch der wirklichen Rechtslage entspricht. Die Steuerbehörde ist nicht berufen und nicht in der Lage, den Rechtsstreit, den die Parteien — und vielleicht auch das Gericht — für zweifelhaft und daher zum Vergleich geeignet betrachtet haben, zu entscheiden. Nur wenn die Vergleichssumme den Grundstückswert fast erreicht, kann Anlaß zu der Prüfung gegeben sein, ob nicht der Vergleich nur eine Verdeckung der in Wirklichkeit gewollten und vorliegenden Rückveräußerung des Grundstücks darstellt (§ 4); vgl. RFH. Mrozek R. 4 zu § 23 Abs. 1a Nr. 2 GrdErwStG. sowie Mackensen PrVBl. 47, 161ff.

h) Vergleich mit Veräußerung an Dritte. Mitunter vergleichen sich die Schwarzkaufparteien dahin, daß das Grundstück an einen Dritten veräußert werden soll. Entweder wird der Erlös dann unter ihnen geteilt oder aber ein Vertragsteil tritt allein als Verkäufer auf und zahlt dem andern eine Abfindung. Im ersten Fall kann die Veräußerung derart vollzogen werden, daß der als Eigentümer eingetragene Schwarzkäufer die Auflassung an den Dritten bewirkt — der Sicherheit halber mit Zustimmung des Schwarzverkäufers (§ 185 BGB.) — oder daß zunächst die Wiedereintragung des Schwarzverkäufers bewirkt wird und dieser sodann das Grundstück an den Dritten veräußert. Tritt hiernach der Schwarzkäufer als Veräußerer auf, so wird er seinen Erwerbspreis bei der Steuerberechnung zugrunde legen müssen. Die an den Schwarzverkäufer zu zahlende Vergleichssumme wird dem Erwerbspreis schwerlich zuzurechnen sein, weil sie weder zum Erwerbspreis gehört, noch zu den Erwerbskosten im Sinne des § 8 Nr. 1, noch zu den Kosten der Veräußerung gem. § 10. Als rechtliche Verbesserung im Sinne des § 8 Nr. 2 (vgl. Anm. 3e zu § 8) könnte die Beseitigung eines für den Schwarzverkäufer eingetragenen Widerspruchs in Frage kommen; vgl. OVG. PrVBl. 49, 446 Nr. 8; dies ist aber zweifelhaft. Wird hingegen die Weiterveräußerung durch den wiedereingetragenen Schwarzverkäufer bewirkt, so gelten die Grundsätze zu g. Bei der Berechnung des WZuw. kommt es dann auf den Erwerbspreis an, den der Schwarzverkäufer beim ersten Erwerb des Grundstücks vereinbart hatte. Der Steuersatz ermäßigt sich gem. § 15 Abs. 3. Die nichtige und rückgängige Schwarzveräußerung bleibt außer Betracht; Kosten des Schwarzverkaufs und des Vergleichs sind nicht anzurechnen. Die von dem dritten Erwerber an den Schwarzkäufer geleistete Entschädigung bzw. Abfindung gehört zum Veräußerungspreis als übernommene Leistung; vgl. Anm. 4c, 5 zu § 6 sowie OVG. PrVBl. 49, 446.

i) Zeitliche Grenzen der Nachbesteuerung. Nach § 87 Abs. 1 Nr. 2 KommAbG. ist die Nachforderung indirekter Steuern, also auch der WZuwSt., auf die Frist von 3 Jahren seit dem Ablauf desjenigen Jahres, in welchem die Steuerforderung entstanden ist, beschränkt, ohne Unterschied, ob die Abgabe gar nicht oder mit einem zu geringen Betrage erhoben worden ist. Andere Schranken sind der Nachforderung nicht gezogen; insbesondere gibt es keine „Rechtskraft" der Veranlagung mit Wirkung gegen den Steuergläubiger, die ihn an einer Nachprüfung der Veranlagung hindern könnte: OVG. 62, 81; 66, 1; Amtl. Mitt. 1913, 201.

Es kommt deshalb darauf an, wann die Steuerforderung für das Schwarzkaufgeschäft entstanden ist. Dies war aber jedenfalls z. Z. der früheren Veranlagung nicht der Fall, da infolge der Formungültigkeit des Schwarzkaufs und der Unwirksamkeit der Auflassung und Eintragung weder das Verpflichtungsgeschäft, noch der Eigentumsübergang wirksam und steuerpflichtig war. Es ist mithin gleichgültig, ob nach der z. Z. des Schwarzkaufs in Kraft befindlichen StO. die Steuerpflicht an das Verpflichtungsgeschäft oder an den Eigentumsübergang geknüpft war. Die Frage ist nur, ob infolge der rückwirkenden Kraft der behördlichen Genehmigung die Steuerforderung als mit der Eintragung entstanden gelten muß. Das ist jedoch zu verneinen. Eine Forderung kann nicht verjähren, solange sie noch gar nicht entstanden ist; sie kann nicht bereits verjährt zur Entstehung gelangen. (Für die GrdErwSt. ist die Rechtslage anders wegen der dort geltenden materiellen Rechtskraft der Veranlagung.) Daher ist die Veranlagung auf Grund der nachträglichen Genehmigung des Schwarzkaufsgeschäfts zulässig. Sie hat nach Maßgabe der z. Z. der Genehmigung in Kraft befindlichen StO. zu erfolgen.

Wird durch den Vergleich das Grundstück zurückgewährt, so bildet gegebenenfalls der Vergleich den Steuerfall; vgl. oben zu g.

6. **Weitere Veräußerungsgeschäfte** werden der Steuerpflicht unterworfen durch Bezugnahme des § 5 Abs. 4 GrdErwStG. Es kann daher im allgemeinen auf die Erläuterungen in Anm. 3—8 zu § 5 GrdErwStG. Bezug genommen werden. An dieser Stelle können die Erläuterungen im übrigen auf das Nötigste beschränkt werden. Es handelt sich in den 5 Gruppen von Geschäften, die auch als Veräußerungsgeschäfte anzusehen sind, durchweg um sogenannte Kettengeschäfte, durch welche eine Mehrheit von Umsätzen des Grundstücks erzielt wird, ohne daß bei dem Umsatzgeschäft eine Eigentumsänderung eintritt. Die Aufzählung ist erschöpfend, nicht nur beispielshalber erfolgt. Auch bei diesen besonderen Veräußerungsgeschäften gelten die sämtlichen Vorschriften der StO. Die persönliche Steuerbefreiung des § 5 Nr. 11 gilt auch für diese Veräußerungsgeschäfte. Erfolgt eine Abtretung schenkungshalber, so ist sie nach § 5 Abs. 1 steuerfrei, ebenso z. B. bei Einbringung von Rechten aus einer Verkaufsofferte in eine ausschließlich aus dem Empfänger der Offerte und dessen Abkömmlingen bestehende Vereinigung (§ 5 Abs. 1 Nr. 6). Auch für die Berechnung des Wertzuwachses bei den hier fraglichen Veräußerungsgeschäften gelten die Vorschriften der §§ 6—14 und die Staffel des § 15. Steuerschuldner im Sinne des § 16 sind jedesmal zwei Personen; in den Fällen Nr. 1 und 2 der Eigentümer und derjenige, der die Rechte überträgt; im Fall 3 der Eigentümer und derjenige, der die nachträgliche Erklärung abgibt; im Fall Nr. 4 der Subhastat und der Abtretende; im Fall Nr. 5 der Eigentümer und der Ermächtigte. Auch die Erstattungsvorschrift des § 18 findet Anwendung. Erfolgt der Eigentumsübergang unmittelbar von dem ersten Veräußerer an den letzten Erwerber der Kette, so bleibt dieser für die rechtliche Beurteilung der einzelnen Veräußerungsgeschäfte grundsätzlich ohne Belang, da ja für die Wertzuwachssteuer nur die Verpflichtungsgeschäfte, nicht der Eigentumswechsel als Steuergrund in Frage kommen. Die Vorschrift des § 27 RZuwStG. ist nicht übernommen.

7. **Übertragung der Rechte der Erwerber aus Veräußerungsgeschäften.** Der Begriff der Veräußerungsgeschäfte ist der gleiche wie in § 2a Satz 1. Werden die Rechte aus einem Schenkungsvertrage oder einem Vermächtnis gegen Entgelt auf einen Dritten übertragen, so ist diese Abtretung steuerpflichtig. Vgl. Anm. 4a zu § 5 GrdErwStG.

Jede Abtretung stellt einen selbständigen Steuerfall dar; bei jeder Abtretung ist der Abtretende Veräußerer, der Abtretungsempfänger Erwerber. Erfolgt eine Abtretung an das Deutsche Reich und von diesem wieder an eine Privatperson, so ist die erste Abtretung steuerpflichtig, die zweite nach § 5 Nr. 11 steuerfrei. Vgl. Anm. 4b zu § 5 GrdErwStG. Hat jemand im eigenen Namen gekauft und sich Benennung eines Dritten als Erwerber vorbehalten, so ist die Benennung des Dritten als Übertragung der Rechte aus dem Kaufvertrag zu betrachten und daher steuerpflichtig; anders, wenn der Käufer von vornherein im Namen des einstweilen unbekannten Dritten als dessen unmittelbarer Stellvertreter handelt. Vgl. Anm. 4 c zu § 5 GrdErwStG.

Die Übertragung ist in der Regel formfrei (RG. 108, 60). Sie kann durch Sonderrechtsnachfolge oder im Wege der Universalsukzession erfolgen. Wird die Übertragung dadurch ersetzt, daß der ursprüngliche Kaufvertrag aufgehoben wird und der erste Veräußerer mit dem von dem neuen Erwerber zugeführten Dritten einen neuen Kaufvertrag abschließt, so liegt an sich nicht der Fall der Übertragung der Rechte vor. Es kann aber Umgehung gegeben sein, besonders wenn eine Abfindung an den ersten Käufer gezahlt worden ist. Vgl. Anm. 2 zu § 4; ferner Anm. 4 d zu § 5 GrdErwStG.

8. **Übertragung von Rechten aus Offerten** und einseitig bindenden Vorverträgen. Hier wird auf Anm. 5 zu § 5 GrdErwStG. verwiesen. Freibleibende Anträge scheiden aus. Die Anträge selbst bilden kein Veräußerungsgeschäft; vgl. OVG. 77, 29; Amtl. Mitt. 1914, 259; nur die Abtretung der Rechte aus einem Antrag ist ein steuerpflichtiges Veräußerungsgeschäft, und zwar auch dann, wenn der erste Antragsempfänger wirtschaftlich die Stellung eines Maklers hat: OVG. VII C 76, 25 bei Pape Jahrb. 7, 407. Wird aber der Antrag von vornherein nur dem vom Antragsempfänger zu bezeichnenden Dritten, nicht auch dem Antragsempfänger selbst gemacht, so ist die Benennung des Dritten kein Veräußerungsgeschäft (RFH. 11, 153; StW. VII 87); wohl aber, wenn der Antrag dem Empfänger nicht als Vertreter, sondern als Treuhänder, also als mittelbarem Stellvertreter, gemacht wird.

Die Abtretung ist nur wirksam, wenn sie in der Offerte zugelassen ist oder mit nachträglicher Zustimmung des Antragenden erfolgt: RFH. Mrozek R. 11 zu § 5 Abs. 4 Nr. 2 GrdErwStG.

Wird der Antrag nicht angenommen, so ist die Grunderwerbsteuer nach § 23 b 4 GrdErwStG. zu erlassen bzw. zu erstatten. Eine gleichartige Bestimmung fehlt im § 18 MStO., wie sie auch schon in § 34 ZuwStG. gefehlt hat. Mit Aufhebung des Rechtsgeschäfts wird aber meist zu helfen sein; vgl. § 18 I 2. Wird der Antrag nur zwecks Steuerumgehung aufgehoben und sogleich erneut einem Dritten gemacht, den der erste Antragsempfänger bezeichnet hatte, so ist nach OVG. 67, 37 eine verdeckte Abtretung der Rechte aus dem Vertragsantrag anzunehmen.

Es muß eine vollendete Übertragung der Rechte aus dem Antrag vorliegen, nicht nur eine Offerte zur Abtretung.

Echte Vorverträge, durch die beide Teile zum Abschluß eines Veräußerungsgeschäfts verpflichtet werden, sind Veräußerungsgeschäfte im Sinne des § 2a Satz 1. Ein Vertrag, durch den nur der Veräußerer, nicht der Erwerber verpflichtet wird, das Veräußerungsgeschäft abzuschließen, ist zunächst steuerfrei, bis der Veräußerungsvertrag selbst abgeschlossen wird. Die Abtretung der Rechte aus solchen Verträgen ist aber ein steuerpflichtiges Veräußerungsgeschäft. Verträge, durch die nur der Erwerber verpflichtet wird, auf Verlangen des Veräußerers einen Kaufvertrag abzuschließen, sind steuerfrei, ebenso eine etwaige Abtretung der Rechte aus einem solchen Vertrage.

9. **Nachträgliche Erklärung des Erwerbers**, die Rechte **für einen Dritten** erworben zu haben oder die Pflichten für einen Dritten übernommen zu haben. Hier kann auf Anm. 6 zu § 5 GrdErwStG. verwiesen werden. Die nachträgliche Erklärung steht einem Veräußerungsgeschäft gleich, durch welches der Erwerber das Grundstück an den Dritten weiterveräußert. Eine Wertzuwachssteuer kommt nur dann in Frage, wenn der Dritte dem ursprünglichen Erwerber ein Aufgeld oder eine Abfindung zahlt. Andernfalls fehlt es an einem Wertzuwachs in der Person des ersten Erwerbers.

10. **Abtretung der Rechte aus dem Meistgebot.** Vgl. Anm. 7 zu § 5 GrdErwStG. Die für die Grunderwerbsteuer entstandene Streitfrage, ob das Meistgebot selbst ein Veräußerungsgeschäft ist (RFH. 8, 247; StW. VII 619), kommt hier

nicht in Betracht. Wird nämlich später der Zuschlag erteilt, so haftet der bisherige Eigentümer (der Subhastat) als Veräußerer gemäß § 16, wobei gemäß § 6 Abs. 5 der Betrag des Meistgebots als Veräußerungspreis maßgebend ist. Die Abtretung der Rechte aus dem Meistgebot ist ein besonderes Veräußerungsgeschäft. Hier ist nach § 6 Abs. 5 Satz 2 der Wert der Gegenleistung maßgebend, wenn sie höher ist als das Meistgebot.

11. Ermächtigung zur Veräußerung auf eigene Rechnung. Vgl. Anm. 8 zu § 5 GrdErwStG. Die Ermächtigung kann, muß aber nicht in Form einer Vollmacht erteilt werden; sie kann auch auf dem Wege des § 185 Abs. 1 BGB. durchgeführt werden. Ferner genügt die Übernahme einer Garantie durch den Veräußerer, daß er an den von einem anderen benannten Dritten auflassen werde. Die bloße Verkaufsofferte ist keine Ermächtigung im Sinne der Nummer 5, auch wenn der Abtretungsempfänger die Befugnis hat, einen Dritten zu benennen oder die Rechte an einen Dritten abzutreten; vgl. OVG. 62, 38; tritt aber Auflassungsvollmacht, Vormerkung und Nießbrauch hinzu, so trifft Nr. 5 zu: OVG. 77, 29. Voraussetzung für die Steuerpflichtigkeit ist aber, daß der Eigentümer sich dem Ermächtigten gegenüber rechtsgültig zum Abschluß eines Veräußerungsvertrages verpflichtet hat. Es muß daher die Form des § 313 BGB. gewahrt sein. Vgl. die ständige Rechtsprechung des RFH. in Anm. 8 zu § 5 GrdErwStG. sowie neuerdings RFH. StW. VII 278. Diese Grundsätze müssen auch für die Wertzuwachssteuer Geltung beanspruchen.

Wesentlich ist, daß der Ermächtigte für eigene Rechnung veräußern kann, also den Überpreis für sich behalten darf. Es genügt jedoch nicht, daß der Bevollmächtigte eine nach der Höhe des erzielten Preises schwankende Provision erhält. Er muß wenigstens hinsichtlich eines Teiles des Gewinns auf eigene Rechnung mit dem Grundstück Handel treiben können. Es kommt nicht auf den Umfang der Vollmacht, sondern auf das Innenverhältnis zwischen dem Eigentümer und dem Bevollmächtigten an.

Soll der Ermächtigte sich aus dem Erlös für eine ihm zurückzuzahlende Anzahlung oder für andere Forderungen befriedigen, so liegt keine Ermächtigung für eigene Rechnung des Ermächtigten vor: RFH. StW. VII 276; 381.

Der bloße Vermittler ist nicht nach Nummer 5 steuerpflichtig, auch wenn er die Vergütung in Gestalt eines Überpreises erhält, anders nur, wenn der Auftraggeber sich rechtsverbindlich verpflichtet hat, an den vom Vermittler Nachgewiesenen aufzulassen; vgl. RFH. StW. I 314 u. § 16 Abs. 2, wo das Gesetz selbst den Vermittler mit Überpreisvereinbarung behandelt und von dem nach § 16 Abs. 1 haftbaren Veräußerer unterscheidet.

Der Veräußerungsvertrag selbst, den der Ermächtigte mit dem Dritten schließt, bildet ein weiteres steuerpflichtiges Veräußerungsgeschäft. Kommt es nicht zur Ausübung der Ermächtigung, so bleibt die Ermächtigung steuerpflichtig, bis sie durch Vereinbarung aufgehoben und hierdurch der Erlaßantrag gemäß § 18 I 2 begründet wird.

12. Eintritt der Steuerpflicht bei Eigentumsänderung. Liegt keiner der Fälle des § 2a vor und bedarf es zum Übergang des Eigentums keines Veräußerungsgeschäftes (vgl. hierzu oben Anm. 3), so tritt die Steuerpflicht ein mit der Vollendung des Rechtsvorgangs, der die Rechtsänderung bewirkt, d. h. mit dem Eintritt des Eigentumswechsels.

a) Im Falle der Zwangsversteigerung geht nach § 90 ZVG. das Eigentum durch den Zuschlag auf den Ersteher über, sofern nicht im Beschwerdewege der Beschluß rechtskräftig aufgehoben wird. Wird der Zuschlagsbeschluß auf Grund der Beschwerde aufgehoben, so gelten seine Wirkungen als nicht eingetreten; vgl. Jäckel-Güthe Anm. 5 zu § 90 ZVG. Kommt es aber zur Aufhebung des Zuschlagsbeschlusses nicht, so tritt der Eigentumswechsel mit dem Zuschlag, der nach § 89 ZVG. im Termin zu verkünden ist, ein.

b) Im Falle der Enteignung tritt der Eigentumswechsel nach § 44 Pr.-EnteigGes. mit der Zustellung des Enteignungsbeschlusses ein. Nach dem Gesetz über das vereinfachte Enteignungsverfahren vom 26. Juli 1922 (GS. 211) geht bei Anwendung des Verfahrens das Eigentum auf den Unternehmer erst nach Zahlung oder Hinterlegung der Entschädigungssumme, also auch kraft Gesetzes, über. Vgl. ferner §§ 1, 2 ReichsrayonGes. v. 21. 12. 71, PrFluchtlinienGes. v. 2. 7. 75, ferner die Pr. Umlegungsordnung v. 21. 9. 20 (GS. 453) sowie Anm. 5 zu § 4 GrdErwStG.

c) Der Ausschluß erfolgt in Fällen der Ersitzung gemäß § 927 BGB., §§ 977 bis 981 ZPO. durch Urteil. Der Eigentumswechsel tritt erst nach Erlaß des Urteils dadurch ein, daß der Antragsteller sich als Eigentümer in das Grundbuch eintragen läßt. Zwischen dem Erlaß des Urteils und der Eintragung des neuen Eigentümers ist das Grundstück herrenlos (vgl. RG. 76, 359; JW. 1913, 204 Nr. 16). Es fragt sich in solchem Falle, ob die Wertzuwachssteuer schon mit dem Verluste des Eigentums durch den bisherigen Eigentümer oder erst mit der Erlangung des Eigentums durch den Eigenbesitzer (Antragsteller) eintritt. Nach § 1 ist Voraussetzung für die Besteuerung der Übergang des Eigentums. Daher kann unter der Rechtsänderung im Sinne des § 2b auch nur der Übergang des Eigentums verstanden werden, so daß eine Steuerpflicht erst mit der Aneignung durch den Eigenbesitzer eintreten kann.

d) Wenn der Eigentümer gemäß § 928 BGB. auf das Eigentum verzichtet, was durch Erklärung gegenüber dem Grundbuchamt und Eintragung des Verzichts in das Grundbuch erfolgt, liegt ein steuerpflichtiger Rechtsvorgang nicht vor, weil es an einem Übergang des Eigentums fehlt. Auch wenn der Fiskus oder — was häufig vorkommt — derjenige, dem das Aneignungsrecht abgetreten ist, von dem Aneignungsrecht gemäß § 928 Abs. 2 Gebrauch macht, ist ein Übergang des Eigentums nicht anzunehmen, sondern ein selbständiger Rechtsvorgang, der häufig zeitlich von dem Eigentumsverzicht weit entfernt ist und keineswegs eine Einheit mit ihm bildet. Auch die Abtretung des Aneignungsrechts ist nicht steuerpflichtig, weil sie nicht den Übergang des Eigentums betrifft, auch nicht unter § 5 Abs. 4 Nr. 1 oder 2 fällt. Im Falle des Ausschlusses ist die Sach- und Rechtslage eine andere, da der Ausschluß ja überhaupt nur auf Antrag desjenigen erfolgt, der dann nach Erwirkung des Ausschlußurteils sich als Eigentümer in das Grundbuch eintragen lassen kann. Ausschluß und Aneignung bilden hier einen von einheitlichem Willen beherrschten, im rechtlichen Zusammenhang stehenden Vorgang, was bei Verzicht und Aneignung nicht der Fall ist.

e) Wegen des Zeitpunktes, in dem in den übrigen hier in Betracht kommenden Fällen die Rechtsänderung eintritt, vgl. oben Anm. 3 sowie Anm. 5 zu § 4 GrdErwStG.

f) Im Falle der Tabularersitzung des § 900 BGB. tritt die Steuerpflicht ein, sobald der Ersitzende 30 Jahre lang als Eigentümer im Grundbuch eingetragen war.

§ 3.

Steuerpflichtig ist auch ein Rechtsvorgang, der nicht unmittelbar den Übergang des Eigentums betrifft, aber ein Rechtsgeschäft zum Gegenstande hat, durch welches einem andern ermöglicht werden soll, über das Grundstück wie ein Eigentümer zu verfügen. Der Eintritt der Steuerpflicht bestimmt sich sinngemäß nach § 2a.

1. **Allgemeines.** Die Vorschrift entspricht dem § 6 ZuwStG., ist aber im Wortlaut verändert, der sich an § 6 GrdErwStG. anschließt, ohne mit ihm übereinzu-

stimmen. Ebenso wie nämlich § 1 MStO. in Abweichung vom § 1 GrdErwStG. von Rechtsvorgängen spricht, die den Übergang des Eigentums betreffen, ist im § 3 für steuerpflichtig erklärt ein Rechtsvorgang, der nicht unmittelbar den Übergang des Eigentums betrifft, aber ein Rechtsgeschäft zum Gegenstand hat, durch welches es einem anderen ermöglicht werden soll, über das Grundstück wie ein Eigentümer zu verfügen.

Wie durch § 6 ZuwStG. wird auch hier das wirtschaftliche Eigentum dem juristischen Eigentum hinsichtlich der Steuerpflicht gleichgestellt; vgl. OVG. 72, 9; 11. Der Wortlaut der Bestimmung hat jedoch durch die abweichende Fassung an Klarheit nicht gewonnen. Steuerpflichtig ist hiernach ein „Rechtsvorgang, der ein Rechtsgeschäft zum Gegenstand hat". Was man sich hierunter vorstellen soll, ist reichlich unklar. Wenn ein Rechtsgeschäft zwischen den Parteien vorliegt, so wird nicht außerdem noch ein Rechtsvorgang festgestellt werden können, der dieses Rechtsgeschäft zum Gegenstand hätte. Die in § 2b angeführten Beispiele kommen hier nicht in Frage, da sie durchweg das juristische Eigentum zum Gegenstand haben. Durch die Fassung des § 3 sollte wohl zum Ausdruck gebracht werden, daß auch das Verpflichtungsgeschäft, welches auf den Abschluß eines Rechtsgeschäfts gerichtet ist, durch das die eigentumsartige Stellung (das wirtschaftliche Eigentum) begründet oder übertragen werden soll, der Steuerpflicht unterliegt. Dies wird durch § 3 Satz 2 in der jetzigen Fassung noch besonders ausgesprochen.

Unklar ist auch die negative Fassung, wonach der Rechtsvorgang „nicht unmittelbar den Übergang des Eigentums betrifft". Das Wort unmittelbar ist nicht am Platze, da ein mittelbarer Übergang des (juristischen) Eigentums in den Fällen des § 3 gar nicht in Frage steht. Das Wort „unmittelbar" ist anscheinend im Sinne von „eigentlich" gedacht.

Diese negative Voraussetzung ist für die praktische Anwendung der Bestimmung ohne Bedeutung. Der positive Inhalt der Bestimmung besteht darin, daß alle Rechtsvorgänge steuerpflichtig sind, durch welche es einem anderen ermöglicht werden soll, über das Grundstück wie ein Eigentümer zu verfügen. In diesen letzten Worten liegt bereits der Gegensatz zu den Rechtsvorgängen, die den Übergang des juristischen Eigentums selbst betreffen.

Der § 3 behandelt einen selbständigen steuerpflichtigen Rechtsvorgang: OVG. 74, 34.

Die Besteuerung aus § 3 ist insofern subsidiär, als sie nur erfolgt, wenn einer der Tatbestände des § 2 nicht vorliegt; vgl. OVG. 77, 29. Sie ist nur Ersatzbesteuerung; der Steuerpflichtige kann sich gegenüber der Veranlagung aus dem juristischen Rechtsübergang nicht darauf berufen, daß der wirtschaftliche Eigentumsübergang längst erfolgt und steuerpflichtig geworden sei: RFH. 18, 7.

2. **Der steuerpflichtige Rechtsvorgang** besteht hier im Gegensatz zu § 6 Grd.-ErwStG. nicht in dem Rechtsgeschäft selbst, durch welches die eigentumsähnliche Verfügungsmacht begründet oder übertragen wird, sondern umfaßt alle Vorgänge, die eine derartige Begründung bzw. Übertragung zum Gegenstand haben, insbesondere also das zugrunde liegende Verpflichtungsgeschäft. Im Verkehr kommen derartige Verpflichtungsgeschäfte kaum jemals vor. Es ist aber immerhin möglich, daß Parteien miteinander die Vereinbarung treffen, wonach A an seinem Grundstück dem B gewisse Rechte verschaffen soll, die in ihrem Zusammenwirken dem B eine eigentumsähnliche Stellung gewähren. In solchem Falle ist bereits das Verpflichtungsgeschäft als steuerpflichtiger Rechtsvorgang zu erachten.

Rechtliche Wirksamkeit des Vorgangs ist für die Steuerpflicht Voraussetzung. Es muß daher auch die im Einzelfalle gesetzlich erforderliche Form beobachtet und eine erforderliche vormundschaftsgerichtliche Genehmigung erteilt sein. Vgl.

Anm. 2b zu § 6 GrdErwStG. sowie OVG. 78, 1 u. 15 u. OVG. VII C 85, 26 bei Pape Jahrb. 8, 483; RFH. JW. 1928, 994.

Der Rechtsvorgang braucht nicht zwischen dem juristischen Eigentümer und dem anderen begründet zu sein, sofern er dem Erwerber die in § 3 gekennzeichnete Rechtsstellung verschaffen soll, insbesondere kann ein wirtschaftlicher Eigentümer seine Rechtsstellung auf einen anderen übertragen. Es muß jedenfalls ein endgültiger Rechtszustand von den Parteien beabsichtigt sein. Handelt es sich nur um die Vorwegnahme des wirtschaftlichen Tatbestandes einer juristischen Übereignung, z. B. um die Besitzübertragung auf Grund eines Kaufvertrages vor der Umschreibung des Eigentums, so liegt kein Fall des § 3 vor. Vgl. OVG. 71, 8; 72, 9; Amtl. Mitt. 1916, 106; Anm. 2b zu § 6 GrdErwStG. und die dort angeführten Entscheidungen des RFH. Für den hier vorliegenden § 3 ist diese Auslegung um so mehr geboten, als hier vorausgesetzt wird, daß durch das Rechtsgeschäft es einem anderen ermöglicht werden soll, über das Grundstück wie ein Eigentümer zu verfügen. Es genügt also keinesfalls der objektive Tatbestand, daß der Erwerber wie ein Eigentümer verfügen kann; vielmehr muß der Zweck des Rechtsgeschäfts in der Verschaffung des wirtschaftlichen Eigentums liegen. Anders wenn die erforderliche behördliche Genehmigung versagt ist, die Parteien aber trotzdem den bisherigen Zustand bestehen lassen: RFH. StW. VII 279. Eine Umgehung der Wertzuwachssteuer braucht von den Parteien jedoch nicht beabsichtigt zu sein; OVG. Amtl. Mitt. 1914, 181.

Wegen des Inhalts des wirtschaftlichen Eigentums kann hier auf 2d zu § 6 GrdErwStG. verwiesen werden. Erforderlich ist, daß der Erwerber alle wesentlichen Machtvollkommenheiten eines Eigentümers erlangt, insbesondere die Möglichkeit, sowohl die Nutzungen des Grundstücks zu ziehen als auch den in dem Grundstück steckenden Kapitalwert für eigene Rechnung zu verwerten; vgl. Amtl. Mitt. 1916, 106; 1917, 1. Bedarf er zur Veräußerung der Zustimmung des Eigentümers, so liegt der Fall des § 3 nicht vor; vgl. RFH. StW. VII 621. Der Mangel der Befugnis, das Grundstück mit Hypotheken zu belasten, steht aber nicht entgegen, wenn das Grundstück bereits über seinen Wert hinaus belastet ist: RFH. StW. VII 829. Auf welchem Wege er diese wirtschaftlichen Zwecke erreicht, ist für die Anwendung des § 3 belanglos. Es wird sich allerdings immer um die Erlangung irgendeiner Rechtsstellung handeln müssen, da es ohne eine solche dem Erwerber nicht ermöglicht werden kann, wie ein Eigentümer über das Grundstück zu verfügen. Es braucht sich aber nicht um ein dingliches Recht zu handeln, das der Erwerber erlangt; vielmehr wird es genügen, wenn er durch eine unwiderrufliche Vollmacht — diese allein reicht aber nicht aus, sofern nicht aus dem Innenverhältnis die Eigentümerstellung des Bevollmächtigten sich ergibt (OVG. 82, 117) — oder durch eine schuldrechtliche Verpflichtung des Eigentümers in die Lage versetzt wird, Nutzungen und Kapitalwert des Grundstücks für sich selbst auszubeuten; vgl. OVG. PrVBl. 49, 975; liegen aber keine rechtlich verbindlichen Erklärungen vor, wird vielmehr einem anderen rein tatsächlich die Möglichkeit gegeben, das Grundstück für sich zu verwalten und zu verwerten, so hat er nicht die Möglichkeit, wie ein Eigentümer zu verfügen. Die rechtlich unverbindliche Zusage, eine Verfügung über das Grundstück zu genehmigen, verschafft dem anderen noch nicht die Möglichkeit, wie ein Eigentümer zu verfügen.

Durch bloße Bestellung einer Grundschuld, auch wenn diese den Wert des Grundstücks deckt oder übersteigt, wird ein Rechtsverhältnis gemäß § 3 nicht begründet, weil es dem Erwerber nicht nur an den Nutzungen des Grundstücks fehlt, sondern auch an der Möglichkeit, über das Grundstück als solches zu verfügen; vgl. Amtl. Mitt. 1913, 259; 1915, 3.

Die Verfügungsbefugnis kann zeitlich begrenzt sein. Vgl. Anm. 2g zu

§ 6 GrdErwStG. Ein bloßer Kaufantrag oder -vertrag reicht jedoch für sich nicht aus; vgl. OVG. 67, 43; 68, 13; PrVBl. 38, 117; 49, 975; wohl aber Kaufofferte mit Auflassungsvormerkung und Übertragung von Besitz und Nutzung; vgl. RFH. StW. VII 620; OVG. PrVBl. 49, 975; Mietvertrag mit Ankaufsrecht reicht nicht aus: RFH. StW. VIII 544; wohl aber Erbbaurecht mit Ankaufsrecht zu bestimmtem Preise: RFH. Mrozek Kartei R. 20 zu § 6; ebenso Pachtvertrag mit Kaufangebot, Auflassungsvollmacht, Nießbrauch und Sicherungshypothek; vgl. RFH. JW. 1922, 1611 mit Anm. v. Hagelberg.

Die Vereinigung aller Anteile einer Grundstücksgesellschaft stellt keinen Fall des § 3 dar, sondern einen selbständigen Steuerfall; vgl. OVG. 68, 1. Es kann daher nicht, wenn der Erwerber auch den letzten Geschäftsanteil erwirbt, außerdem noch die Steuer aus § 3 erhoben werden; noch weniger kann der Erwerb der Mehrheit der Anteile einer Grundstücksgesellschaft Anlaß zur Erhebung der Steuer aus § 3 gewähren. Allerdings hat OVG. Amtl. Mitt. 1917, 145 bei Erwerb von mehr als drei Viertel aller Kuxe die Steuerpflicht bejaht. Übertragung aller Anteile sog. Finanzierungsgesellschaft, der alle Anteile einer Grundstücksgesellschaft gehören, fällt nach OVG. 72, 17 nicht unter § 3. Solche Gesellschaften fallen aber unmittelbar unter § 1 Abs. 3; vgl. OVG. PrVBl. 50, 177.

Die Erteilung einer Vollmacht kann den Tatbestand des § 3 begründen, wenn sie unwiderruflich ist und die gesamte Verwaltung und Verwertung des Grundstücks umfaßt, außerdem für eigene Rechnung des Bevollmächtigten erteilt ist; vgl. OVG. VII C. 114, 13 bei Ziegesar S. 18 Nr. 14. Sie muß aber dann auch in der Form des § 313 BGB. ausgestellt sein. Es kommt jedoch nicht nur auf den äußeren Umfang der Vollmacht an, sondern auch auf das der Vollmachtserteilung zugrunde liegende Kausalgeschäft; dieses muß dem Bevollmächtigten auch für das Innenverhältnis Eigentümerbefugnisse einräumen: OVG. 82, 117; PrVBl. 49, 532. Über einen typischen Fall dieser Art — Verkaufsangebot, Auflassungsvormerkung, Auflassungsvollmacht, Nießbrauch, Bürgschaft des Bevollmächtigten für den dritten Erwerber — vgl. OVG. 77, 29. Vgl. ferner Anm. 2 m zu § 6 GrdErwStG.

Die Übertragung der Stellung als Treugeber löst die Steuer aus § 3 nicht aus; vgl. RFH. Mrozek Kartei R. 31 zu 1.

3. **Steuerfreiheit** gemäß §§ 6 und 7 findet auch in den Fällen des § 3 statt.

4. **Die Höhe der Steuer** bemißt sich nach den Bestimmungen der §§ 6—15. Als Erwerbspreis kommen die Aufwendungen in Frage, die derjenige, der dem Erwerber die Möglichkeit verschafft, wie ein Eigentümer über das Grundstück zu verfügen, selbst für den Erwerb des Grundstücks gemacht hat. Ist es der Eigentümer, so kommt es auf die Aufwendungen für den Erwerb des Eigentums an; ist der Veräußerer selbst nur wirtschaftlicher Eigentümer im Sinne des § 3, so kommt es auf die Aufwendungen für die Erlangung dieses wirtschaftlichen Eigentums an. Fraglich ist es, ob der Fall des § 7 Abs. 2 vorliegen kann. Bei der Begründung oder Übertragung des wirtschaftlichen Eigentums wird eine Übernahme von Hypotheken im Rechtssinne selten erfolgen, z. B. nicht in denjenigen Fällen, in denen das wirtschaftliche Eigentum sich nur in der Erteilung einer unwiderruflichen Verwaltungs- und Verwertungsvollmacht ausdrückt, oder in der Erteilung einer Verwertungsvollmacht und der Eintragung eines Nießbrauchs. Es entscheidet aber auch in diesen Fällen die wirtschaftliche Beurteilung. Der § 7 Abs. 2 Nr. 1 muß daher Anwendung finden, wenn bei rein wirtschaftlicher Betrachtung der Erwerber des wirtschaftlichen Eigentums von dem Veräußerer die Beseitigung der Hypotheken nicht beanspruchen kann, sondern die Hypothekenbelastung in Anrechnung auf den Kaufpreis übernimmt.

Als „letzter steuerpflichtiger Rechtsvorgang" im Sinne des § 6 Abs. 1

Satz 2 kann auch gegebenenfalls die Übertragung des wirtschaftlichen Eigentums gemäß § 3 in Frage kommen; in dieser Hinsicht stehen die Fälle des § 1 Abs. 1 und des § 3 einander gleich; ebenso auch des § 1 Abs. 3; vgl. Anm. 10g zu § 1. Dasselbe gilt für die Bemessung des Besitzzeitraums im Sinne des § 15.

5. **Steuerpflichtige Person** gemäß § 16 ist derjenige, der dem anderen die Möglichkeit verschafft, wie ein Eigentümer zu verfügen; der andere, dem die Möglichkeit verschafft wird, haftet als Steuerbürge. Vgl. OVG. VII C 105. 27 bei Pape Jahrb. 8, 486 sowie Anm. 6 zu § 6 GrdErwStG.

6. **Steuerermäßigung** gemäß § 17 kommt auch in den Fällen des § 3 zur Anwendung, wird aber selten praktisch werden, da die Errichtung von Baulichkeiten in der Regel nur auf solchen Grundstücken stattfindet, die im juristischen Eigentum des Erbauers stehen oder an denen er ein Erbbaurecht hat. Bauten von vorübergehender Natur, wie sie z. B. ein Pächter häufig errichtet, begründen aber nicht die Steuerermäßigung.

7. **Steuererlaß** nach § 18 findet entsprechend statt.

Anzeigepflicht und Veranlagung erfolgt gemäß §§ 19—21; ebenso gelten auch die Rechtsmittel gemäß § 22.

8. **Nachfolgender Eigentumserwerb** seitens derjenigen Personen, die zunächst nur das wirtschaftliche Eigentum erlangt haben, begründet keinen neuen Steuerfall; vgl. OVG. PrVBl. 40, 123 sowie Anm. 9 zu § 6 GrdErwStG. Überträgt der wirtschaftliche Eigentümer das Eigentum später wieder auf den juristischen Eigentümer zurück, so kann § 18 Abs. 1 Nr. 2 zur Anwendung kommen.

§ 4.

Die Besteuerung wird nicht dadurch ausgeschlossen, daß ein nach der Steuerordnung steuerpflichtiger Rechtsvorgang durch einen anderen verdeckt wird.

1. **Allgemeines.** Die Vorschrift entspricht wörtlich dem § 7 GrdErwStG., so daß allgemein auf die Anmerkungen hierzu verwiesen werden kann. In § 6 ZuwStG. war die Vorschrift mit der des jetzigen § 3 zu einer Einheit verbunden. Durch die Trennung ist klargestellt, daß der § 4 keinen selbständigen Steuerfall behandelt, sondern nur ausspricht, daß ein steuerpflichtiger Rechtsvorgang auch dann steuerpflichtig bleibt, wenn er durch einen anderen verdeckt wird.

2. **Der Begriff des Verdeckens** fällt nicht vollständig mit dem Scheingeschäft im Sinne des § 117 BGB. zusammen. Ein Scheingeschäft liegt nicht vor, wenn die Parteien zwecks Kosten- oder Steuerersparung bewußtermaßen eine besondere Form oder Gestaltung des Geschäfts wählen; vgl. OVG. PrVBl. 35, 927; 36, 580; OVG. 65, 2. Hier läge ein Fall des hier nicht anwendbaren § 5 AO. vor; vgl. aber unten Anm. 3. Das Einverständnis mit der Gegenpartei ist nicht erforderlich; diese kann vielmehr auch getäuscht worden sein. Ferner umfaßt der Begriff des Verdeckens auch solche Vorgänge, bei denen das verdeckende Rechtsgeschäft als solches zwar ernstlich gewollt, aber praktisch gegenstandslos ist. Vgl. Anm. 3 zu § 7 GrdErwStG. Ein hierher gehöriger Fall liegt auch vor, wenn die Parteien ein Geschäft aufheben und sofort von neuem abschließen, um die Vorteile einer inzwischen erlassenen StO. zu genießen, während nach ihrem wirklichen Willen die Rechtswirkungen des ursprünglichen Vertrags unangetastet bleiben sollen: OVG. VII C. 57/26 bei Pape Jahrb. 7, 414. Ebenso bei Aufhebung des Kaufs und Abschluß mit einem Dritten an Stelle der Abtretung der Rechte aus dem ersten Kauf; OVG. 67, 37.

3. **Der Gegensatz zu § 5 AO.** liegt darin, daß in den Fällen des § 4 ein

Rechtsgeschäft vorliegt, das die Partei der Steuerbehörde geheimhält, ihr gegenüber „verdeckt“, um der Steuerpflicht zu entgehen; hingegen behandelt § 5 AO. Rechtsgeschäfte, die an sich ernstlich gemeint sind, aber vermöge ihrer besonderen Gestaltung die Steuer zu umgehen suchen, indem sie den wirtschaftlichen Zweck eines typischen, steuerpflichtigen Rechtsvorgangs durch Rechtsgeschäfte anderer Art erreichen. Die steuerrechtliche Unwirksamkeit solcher Umgehungen ist vom OVG. auch für das Rechtsgebiet solcher Steuerordnungen bejaht worden, die eine dem § 5 AO. entsprechende Vorschrift nicht enthielten; vgl. OVG. 78, 370 sowie OVG. VII C. 85. 26 bei Pape Jahrb. 8, 483.

4. **Vorsatz** ist zur Anwendung des § 4 stets erforderlich, und zwar mindestens auf einer Seite. Eine strafbare Handlung im Sinne des § 23 liegt aber in dem Verdecken nicht ohne weiteres. Sie wird nur dann vorliegen, wenn der verdeckte steuerpflichtige Rechtsvorgang nicht gemäß § 19 fristgemäß angezeigt worden ist. In den Fällen des Scheingeschäfts wird in der Regel die Unterlassung der Anmeldung hinsichtlich des dissimulierten Geschäfts vorliegen. Ist dagegen die Verdeckung durch ein ernstlich gewolltes, aber praktisch gegenstandsloses Geschäft erfolgt, so werden häufig beide Geschäfte angezeigt, so daß von einer Steuerhinterziehung oder einer sonstigen Zuwiderhandlung gegen die StO. nicht gesprochen werden kann.

5. **Die Höhe der Steuer** richtet sich allgemein nach dem verdeckten steuerpflichtigen Rechtsvorgang und nach den Bestimmungen der §§ 6—15. Liegt ein Fall des § 5 vor, so bleibt der Vorgang trotz der Verdeckung steuerfrei.

6. **Das verdeckende Rechtsgeschäft** kann auch als solches steuerpflichtig sein. In solchen Fällen muß aber eine Doppelbesteuerung vermieden werden, falls es sich nicht um Kettengeschäfte handelt. Vgl. Anm. 7 zu § 7 GrdErwStG. und für Berlin § 23 Abs. 1 Nr. 6 StO.

§ 5.

I. Die Zuwachssteuer wird nicht erhoben:

1. beim Erwerbe von Todes wegen im Sinne des § 2 des Erbschaftssteuergesetzes in der Fassung vom 22. 8. 1925 (RGBl. I S. 320), sowie beim Erwerb auf Grund einer Schenkung unter Lebenden im Sinne des § 3 des Erbschaftssteuergesetzes, sofern nicht die Form der Schenkung lediglich gewählt ist, um die Zuwachssteuer zu ersparen;

2. bei der Begründung, Änderung, Fortsetzung und Aufhebung der ehelichen Gütergemeinschaft;

3. beim Erwerb auf Grund von Verträgen, die zwischen Miterben oder Teilnehmern an einer ehelichen oder fortgesetzten Gütergemeinschaft zum Zwecke der Teilung der zum Nachlaß oder zum Gesamtgut gehörenden Gegenstände abgeschlossen werden, sowie beim Erwerb auf Grund eines Zuschlages, der in den vorgenannten Fällen bei Teilung im Wege der Versteigerung einem Miterben oder Teilnehmer erteilt wird;

4. beim Erwerbe der Abkömmlinge von Eltern, Großeltern und entfernteren Voreltern, sowie beim Erwerb der Eltern von den Kindern; den Eltern stehen gleich die Stief- und Schwiegereltern, ebenso die Adoptiveltern, wenn kein Verdacht besteht, daß die Annahme an Kindesstatt zum Zwecke der Steuerhinterziehung vorgenommen ist;

5. beim Erwerbe durch verdrängte Grenzlands-, Auslands- und Kolonialdeutsche, die durch ihre Verdrängung ihre wirtschaftliche Lebensgrundlage ganz oder zum überwiegenden Teil verloren haben, sofern der Erwerb zum Zwecke der erstmaligen Wiederansetzung erfolgt und der Veräußerer nachweist, daß er den Veräußerungspreis im Hinblick auf die Nichterhebung der Wertzuwachssteuer entsprechend gesenkt hat;

6. beim Einbringen in eine ausschließlich aus dem Veräußerer und dessen Abkömmlingen oder aus diesen allein bestehende Vereinigung. Die Steuerpflicht tritt ein, wenn nachträglich ein Gesellschafter aufgenommen wird, der nicht zu den Abkömmlingen des Veräußerers gehört;

7. beim Einbringen von Nachlaßgegenständen in eine ausschließlich von Miterben gebildete Vereinigung. Die Vorschrift von Ziffer 6 Satz 2 findet entsprechende Anwendung;

8. beim Austausch im Inland belegener Grundstücke zum Zwecke der Zusammenlegung (Flurbereinigung), der Ermöglichung einer besseren landwirtschaftlichen Ausnützung von Grundstücken in Gemengelage, der Grenzregelung oder der besseren Gestaltung von Bauflächen (Umlegung), sowie bei Ablösung von Rechten an Forsten, wenn diese Maßnahmen auf der Anordnung einer Behörde beruhen oder von einer gesetzlich hierfür zuständigen Behörde als zweckdienlich anerkannt werden;

9. bei Grundstücksübertragungen, welche der Besiedelung des platten Landes oder der Schaffung gesunder Kleinwohnungen für Minderbemittelte zu dienen bestimmt sind, wenn als Veräußerer Körperschaften des öffentlichen Rechts oder solche Personenvereinigungen, die sich mit den genannten Zwecken befassen, beteiligt sind. Die Befreiung der Personenvereinigungen tritt nur für den erstmaligen Verkauf ein, wenn der Reingewinn satzungsgemäß auf eine Verzinsung von höchstens 5 v. H. der Kapitaleinlagen beschränkt, bei Auslosungen, Ausscheiden eines Mitgliedes und für den Fall der Auflösung der Vereinigung den Mitgliedern nicht mehr als der Nennwert ihrer Anteile zugesichert und bei der Auflösung der etwaige Rest des Vermögens für gemeinnützige Zwecke bestimmt ist;

10. wenn das Vermögen einer öffentlichen Körperschaft als Ganzes auf eine andere öffentliche Körperschaft übertragen wird;

11. vom Reich, dem Lande oder den Gemeinden (Gemeindeverbänden), in deren Bereich sich das Grundstück befindet.

II. Zu den Miterben im Sinne der Ziffer 3 und 7 wird der überlebende Ehegatte gerechnet, der mit den Erben des verstorbenen Gatten gütergemeinschaftliches Vermögen zu teilen hat. Die Steuerbefreiungen nach Ziffer 3 und 4 kommen auch Ehegatten von Miterben oder Teilnehmern an einer fortgesetzten Gütergemeinschaft, sowie Ehegatten von Abkömmlingen zu, wenn sie auf Grund des bestehenden Güterstandes ohne rechtsgeschäftliche Übertragung Eigentümer werden.

1. **Allgemeines.** Die Vorschrift entspricht im wesentlichen dem § 7 ZuwStG. und den §§ 8, 9 GrdErwStG. Es handelt sich um Festsetzung von sachlichen Steuerbefreiungen; nur in Z. 11 wird ein Fall persönlicher Steuerfreiheit behandelt. Gegenüber § 8 GrdErwStG. fehlt die Nummer 10, welche Steuerfreiheit bei Schaffung und Erweiterung von Grünanlagen vorsieht. Nach OVG. 80, 76 sind die Gemeinden in der Festsetzung von Steuerbefreiungen nicht durch Reichsrecht beschränkt.

Die Voraussetzungen der Steuerfreiheit hat der Steuerpflichtige zu beweisen: vgl. OVG. 81, 123.

2. **Rechtliche Bedeutung der Steuerbefreiung.** Es ist schon erwähnt worden, daß und inwieweit es sich um eine sachliche Steuerbefreiung handelt. Bei dem Vorliegen der Voraussetzungen des § 5 Nr. 1—10 ist eine Steuer nicht zu entrichten, so daß auch die Anzeigepflicht aus § 19 entfällt. Die Steuerfreiheit erstreckt sich beim Vorliegen der Voraussetzungen des § 5 auf alle in dieser StO. angeordneten Steuern. Vgl. Anm. 2 zu § 8 GrdErwStG. Die Steuerfreiheit ist aber nur eine formelle. Ein wirklicher Verzicht auf die Steuer erfolgt nicht, bei wirtschaftlicher Betrachtung findet vielmehr nur eine Hinausschiebung der Steuerzahlung statt. Nach § 6 Abs. 1 Satz 2 ist nämlich bei der nächsten steuerpflichtigen Veräußerung auf den Erwerbspreis des letzten steuerpflichtigen Rechtsvorganges zurückzugehen. Verkauft also z. B. ein Vater an seinen Sohn ein Grundstück, so ist für diesen Verkauf gemäß § 5 Nr. 4 eine Wertzuwachssteuer nicht zu entrichten. Verkauft aber später der Sohn das Grundstück weiter, so muß er die Wertzuwachssteuer von dem Unterschiede des Erwerbspreises seines Vaters und des nunmehrigen Veräußerungspreises entrichten. Der Wertzuwachs, den der Vater bei der Veräußerung an den Sohn erzielt hat, wird also nunmehr bei der Veräußerung durch den Sohn zugleich mit dem etwaigen Wertzuwachs des Sohnes der Steuer unterworfen. Eine Schädigung des Steuergläubigers durch die Steuerbefreiung gemäß § 5 tritt nur dann ein, wenn bei der nächsten Veräußerung mit Verlust verkauft wird. Hat z. B. der Vater für 100000 Mk. erworben, für 120000 Mk. an den Sohn weiterveräußert und verkauft dieser dann das Grundstück für 110000 Mk., so ist die Steuer von einem Wertzuwachs von 10 000 Mk. zu entrichten, während, wenn die Steuerfreiheit aus § 5 nicht bestände, der Vater die Steuer von einem Wertzuwachs von 20000 Mk. hätte entrichten müssen, während der Sohn bei seinem Verlustgeschäft nichts zurückerhalten würde. Veräußert aber auch der Sohn ohne Verlust oder mit Gewinn, so erhält die Gemeinde die Wertzuwachssteuer in voller Höhe, wenn auch verspätet.

Die Steuerbefreiung aus § 5 kann mit Rücksicht auf § 6 Abs. 1 Satz 2 sogar schädlich wirken. Hat im obigen Beispiel der Vater das Grundstück in der Zeit vom 1. Januar 1919 bis 31. Dezember 1924 erworben und veräußert es später der Sohn, so muß er gemäß § 15 eine Steuer in Höhe von meist 30% des Wertzuwachses zahlen, auch wenn er selbst das Grundstück nach dem 31. Dezember 1924 erworben hatte. Besonders schwerwiegend kann dieser Nachteil sein, wenn der Wertzuwachs zugunsten des Vaters sehr gering war, während der zugunsten des Sohnes sehr hoch ist. In diesem Falle muß dieser hohe Wertzuwachs mit 30% versteuert werden.

Andererseits bringt § 5 in Verbindung mit § 6 Abs. 1 Satz 2 insofern eine Vergünstigung mit sich, als die Besitzzeit vor und nach dem steuerfreien Erwerb zusammengerechnet wird, so daß gem. § 15 Abs. 3 gegebenenfalls eine Ermäßigung des Steuersatzes eintritt.

3. Erwerb von Todes wegen ist steuerfrei, soweit er unter §§ 1, 2 des ErbStG. vom 10./22. 8. 1925 (RGBl. 320) fällt. Vgl. Anm. 3 zu § 8 GrdErwStG. Zum Erwerb durch Erbanfall gehört auch die Nacherbfolge sowie der Fall des § 1514 BGB. Dieser unterscheidet zwischen Vermächtnis eines Kaufrechts und eines durch die Zahlung bedingten Vermächtnisses des Grundstücks. Vgl. a. a. O.

Zum Erwerb von Todes wegen gehört hauptsächlich Erbanfall, Vermächtnis, Erwerb zur Abfindung eines Pflichtteilsanspruchs (anders auf Grund der früheren Fassung OVG. 71, 10), ferner Nacherbfolge, Schenkung auf den Todesfall, Übergang auf eine vom Erwerber angeordnete Stiftung, Erwerb infolge Vollziehung einer Auflage oder vom Erwerber gemachten Bedingung.

4. Schenkungen unter Lebenden im Sinne des § 3 ErbschStG. Hierher gehört die Schenkung im Sinne des § 516 BGB., d. h. eine Zuwendung, durch die jemand aus seinem Vermögen einen anderen bereichert, wenn beide Teile darüber einig sind, daß die Zuwendung unentgeltlich erfolgt. Gemäß § 3 Abs. 1 Nr. 2 ErbschStG. genügt aber jede freigebige Zuwendung unter Lebenden, sobald der Bedachte auf Kosten des Zuwendenden bereichert wird. Es genügt also der Wille der freigebigen Zuwendung auf seiten des Schenkers. Vgl. Anm. 4 zu § 8 Grd.-ErwStG. Eine behördlich angeordnete Leistung ist keine Schenkung; vgl. OVG. 75, 1; 72, 20; desgleichen nicht eine Übereignung zu treuen Händen: OVG. 66, 22.

Steuerfrei ist nach § 3 ErbschStG. ferner der Erwerb auf Grund einer vom Schenkenden angeordneten Auflage oder gemachten Bedingung; der Erwerb bei Genehmigung einer Schenkung, sofern hierdurch Leistungen an dritte Personen angeordnet werden, die Abfindung für einen Erbverzicht, Übergang von Vermögen auf Grund eines Stiftungsgeschäfts unter Lebenden, freigebige Zuwendungen bei Auflösung eines Fideikommisses, Erwerb bei Aufhebung einer Stiftung. Hierzu sei auf § 3 ErbschStG. verwiesen. Auch die belohnende Schenkung gehört hierher. Sie unterscheidet sich von der nachträglichen Vergütung dadurch, daß Freiwilligkeit und Freigebigkeit vorliegen müssen. Vgl. Anm. 4c zu § 8 GrdErwStG.

Eine gemischte Schenkung liegt vor, wenn der Wert des Gegenstandes das Entgelt übersteigt und mindestens diejenige Partei, die den wertvolleren Gegenstand hingibt, sich der Freigebigkeit bewußt ist; vgl. OVG. 75, 1; Pape, Jahrb. 1, 214 u. 234; 5, 331; 6, 529; 8, 490. In solchen Fällen ist nur dieser Wertüberschuß als Schenkung zu betrachten. Vgl. Anm. 4d zu § 8 GrdErwStG. Für die Bemessung des Wertzuwachses ist von dem Preise z. B. des letzten steuerpflichtigen Rechtsvorganges auszugehen; vgl. PrVBl. 49, 586. Bei Altenteilsverträgen hat RFH. 16, 22 gemischte Schenkung angenommen im Gegensatz zu OVG. Amtl. Mitt. 1915, 59.

Die Übereignung des Grundstücks für den Hypothekenstand kann Schenkung sein, wenn der Wert des Grundstücks den Hypothekenstand übersteigt und dies dem Veräußerer bewußt ist. Soweit der Hypothekenstand reicht, liegt entgeltliches Geschäft vor, sofern der Erwerber die Hypothekenschuld übernimmt oder sich doch bewußt ist, daß der haftbar bleibende Schenker zur Tilgung der Hypothekenschuld bei Fälligkeit nicht in der Lage sein wird: RFH. StW. VII 280; JW. 1928, 2489. Im Zweifel ist anzunehmen, daß der Schenker von der persönlichen Schuld befreit sein soll, besonders bei Schenkung unter Ehegatten: RFH. StW. VII 623; JW. 1928, 3071.

Schenkungen mit einer Auflage sind in § 8 Nr. 1 Satz 2 GrErwStG. besonders geregelt, und zwar dahin, daß die Steuerbefreiung sich hier auf den Teil des gemeinen Werts erstreckt, der den Wert der Auflage überschreitet. Für die WZuwSt. fehlt eine solche Bestimmung. Der Fall wird ebenso zu behandeln sein wie der der gemischten Schenkung. Soweit die Auflage reicht, liegt entgeltliches Geschäft vor; insoweit besteht keine Steuerfreiheit.

Bei gemischten Schenkungen und bei solchen mit Auflage ist daher eine WZuwSt. zu entrichten, wenn und soweit in dem entgeltlichen Teil des Geschäfts bereits ein WZuw. verwirklicht wird. Hat der Schenkende z. B. das Grundstück für 50000 Mk. erworben und verschenkt dieser es zum Hypothekenstand von 70000 Mk., obgleich der Jetztwert 90000 Mk. beträgt, so hat er einen Wertzuwachs von 20000 Mk. zu versteuern, während die überschießenden 20000 Mk. des Wertes gemäß § 5 Nr. 1 steuerfrei sind.

5. **Gütergemeinschaften.** Grundstücksveräußerungen unter Ehegatten sind grundsätzlich steuerpflichtig. Befreiung tritt nur in den Fällen einer ehelichen Gütergemeinschaft ein. Eine solche besteht kraft Gesetzes nur bei Ehen, die vor dem 1. Januar 1900 abgeschlossen sind, sofern das zuständige Gesetz eine Gütergemeinschaft vorsieht. Bei Ehen, die seit 1. Januar 1900 geschlossen sind, besteht eine Gütergemeinschaft nur, wenn diese durch Ehevertrag (§ 1432 BGB.) vereinbart worden ist. Ohne Ehevertrag gilt bei diesen Ehen der Güterstand der Verwaltung und Nutznießung, bei dem jeder Ehegatte sein eigenes Vermögen behält und nur Verwaltung und Nutznießung des Frauenguts dem Ehemann zusteht.

Im BGB. sind vier Formen von Gütergemeinschaften aufgeführt, nämlich die allgemeine Gütergemeinschaft (§§ 1437 ff. BGB.), die fortgesetzte Gütergemeinschaft (§§ 1483 ff. BGB.), die Errungenschaftsgemeinschaft (§§ 1519 ff. BGB). und die Fahrnisgemeinschaft (§§ 1549 ff. BGB.); ferner können besondere Gütergemeinschaften kraft Vertrags gemäß §§ 1432, 1433 Abs. 2 BGB. begründet werden. Auch auf Gütergemeinschaften von Ausländern nach ihrem Heimatrecht findet § 5 Nr. 2 Anwendung.

Steuerfreiheit besteht für Grundstücksveräußerungen bei Begründung, Änderung, Fortsetzung und Aufhebung der ehelichen Gütergemeinschaft, jedoch nur für den sich kraft Gesetzes bei diesen Rechtsvorgängen vollziehenden Eigentumsübergang; vgl. OVG. 66, 12. Für das ErbErwStG. ist es streitig geworden, ob diese Vorschrift nicht ausschließlich bei der Begründung der allgemeinen Gütergemeinschaft praktisch werden kann. Vgl. hierüber Anm. 5 b zu § 8 ErbErwStG. Durch die Aufhebung der GG. tritt kein Eigentumsübergang ein; es bedarf vielmehr erst der Auseinandersetzung, so daß Nr. 3 Anwendung findet: OVG. 68, 49.

6. **Teilungsverträge zwischen Miterben** oder Teilnehmern an einer ehelichen oder fortgesetzten Gütergemeinschaft (Ziff. 3). Steuerfrei sind alle Geschäfte, die zum Zwecke der Teilung abgeschlossen werden, mag diese auch im Wege einer Teilungsversteigerung (nicht nur unter den Miterben, sondern auch öffentlich: OVG. PrVBl. 47, 393) erfolgen, nicht aber bei Zwangsversteigerungen auf Antrag eines Nachlaßgläubigers. Steuerfrei auch Teilungsgeschäfte, die von dem Konkursverwalter, dem Testamentsvollstrecker oder Nachlaßpfleger betrieben werden. Ein Teilungsantrag zwischen einem Miterben und dem Erben eines anderen Miterben steht gleich; vgl. OVG. PrVBl. 36, 232. Gleichgültig ist, ob das Grundstück zu gleichen oder verschiedenen Teilen geteilt oder einem der Miterben ganz überwiesen wird; vgl. OVG. 67, 10; PrVBl. 39, 478; RFH. 8, 297. Das Grundstück muß zur Zeit der Teilung dem Veräußerer und dem Erwerber gemeinsam gehört haben; es genügt nicht, daß der Veräußerer, der das Grundstück bei Lebzeiten des Erblassers von diesem unter Vorwegnahme der Beerbung unter Lebenden erworben hat, es nunmehr an einen Miterben veräußert; vgl. OVG. PrVBl. 37, 326. Dagegen gehört ein Grundstück, das vom Erblasser einem Miterben zu treuen Händen übertragen war, zum Nachlaß. Der Vertrag muß die Teilung der zum Nachlaß gehörigen einzelnen Gegenstände betreffen; ein Vertrag, durch den einige Miterben ihren Nachlaßanteil einem anderen Miterben verkaufen (§ 2033 BGB.), ist nicht steuerfrei: OVG. 72, 28.

Ein Teilungsvertrag zwischen Mitvermächtnisnehmern gehört nicht hierher, auch wenn es sich um ein Vorausvermächtnis an Miterben handelt: OVG. PrVBl. 38, 448; Amtl. Mitt. 1916, 89. War das Nachlaßgrundstück bereits zu Bruchteilen auf die Erben umgeschrieben, so fällt eine spätere Zwangsversteigerung zwecks Auseinandersetzung der Miteigentümer nicht mehr unter § 5 Nr. 3; ebensowenig eine spätere Flächenteilung. Dasselbe gilt, wenn die Miterben das Grundstück in eine aus ihnen bestehende G.m.b.H. steuerfrei eingebracht haben und nunmehr einzelne Gesellschafter ihre Anteile an die anderen oder an die G. m. b. H. abtreten: OVG. 72, 24. Zwischen Vorerben und Nacherben besteht keine Erbengemeinschaft.

Auch eine Teilerbauseinandersetzung reicht aus, und zwar sowohl eine Auseinandersetzung über einen Teil des Nachlasses, z. B. nur über das Nachlaßgrundstück, als auch eine Auseinandersetzung unter einem Teil der Miterben, z. B. bei Abfindung einzelner Miterben. Vgl. Anm. 6c zu § 8 GrdErwStG.

Der Teilungsvertrag muß Rechtsgrund des Erwerbs sein. Bei Kettengeschäften ist dasjenige Geschäft der Kette frei, das unter § 5 Nr. 3 fällt, auch wenn die Parteien der Übereignung nicht Miterben sind. Vgl. Anm. 6d zu § 8 GrdErwStG.

Nach § 5 Abs. 2 gehört zu den Miterben auch der überlebende Ehegatte, der mit den Erben des verstorbenen Gatten gütergemeinschaftliches Vermögen zu teilen hat. Die Steuerbefreiung kommt auch Ehegatten von Miterben oder Teilnehmern an einer fortgesetzten Gütergemeinschaft sowie Ehegatten von Abkömmlingen zu, wenn diese auf Grund des bestehenden Güterstandes kraft Gesetzes Eigentümer werden. Vgl. Anm. 6e zu § 8 GrdErwStG.

7. **Erwerb der Abkömmlinge von den Eltern** (Ziff. 4). Erwerb der Enkel von den Großeltern ist steuerfrei, nicht hingegen Erwerb der Großeltern von den Enkeln. Auch die Vorfahren der Stief- und Adoptiveltern sind nicht mitgenannt, so daß bei Veräußerung eines Grundstücks an den Stiefsohn des Sohnes keine Steuerfreiheit eintritt. Schwiegereltern stehen den Eltern gleich. Vgl. im einzelnen Anm. 7 zu § 8 GrdErwStG.

Beim Übergang eines Grundstücks, das mehreren zur gesamten Hand gehört, z. B. in Gütergemeinschaft lebenden Ehegatten, verlangt OVG. Amtl. Mitt. 1915, 59, daß alle Gesamthänder Vorfahren des Erwerbers sein müssen; dagegen Amtl. Mitt. 1916, 49, wonach Steuerfreiheit hinsichtlich desjenigen ideellen Anteils besteht, der dem Anteil des beteiligten Vorfahren entspricht.

Adoptiveltern sind gleichgestellt, wenn kein Verdacht besteht, daß die Adoption zum Zwecke der Steuerhinterziehung vorgenommen worden ist. Es muß nach Meinung der Steuerbehörde die Steuerersparnis der alleinbestimmende Grund für die Annahme an Kindes Statt gewesen sein. Vgl. RFH. StW. V, 170. Legitimation eines unehelichen Kindes (§§ 1719 ff. BGB.) begründet Steuerfreiheit; ohne diese ist das uneheliche Kind nur gegenüber der Mutter Abkömmling im Sinne dieser Bestimmung.

Steuerfreiheit auch dann, wenn nicht der Angehörige selbst, sondern sein Konkursverwalter das Grundstück veräußert. Im Falle des Vermächtnisses kommt es nur darauf an, ob zwischen Erblasser und Vermächtnisnehmer das Verwandtschaftsverhältnis besteht, mag auch der Erbe, der das Grundstück überträgt, ein Fremder sein. Vgl. Anm. 7c zu § 8 GrdErwStG.

Der rechtliche und wirtschaftliche Grund der Veräußerung ist belanglos. Es braucht sich nicht um Ausstattung, Abfindung oder sonstige Familiengeschäfte zu handeln. Auch bei rein geschäftlichen Transaktionen tritt die Steuerfreiheit ein. Die Übereignung muß aber auf Grund eines zwischen Vorfahr und Abkömmling bestehenden Schuldrechtsverhältnis erfolgen, nicht zur Erfüllung eines mit einem Fremden abgeschlossenen Zwischengeschäfts: OVG. 72, 33. Auch der Erwerb im Wege der Zwangsversteigerung ist steuerfrei, wenn zwischen Subhastat und Ersteher das Verwandtschaftsverhältnis gemäß Nr. 4 besteht; anders für WZuwStG.: OVG. 77, 13.

Übereignung seitens des Vaters an eine aus Abkömmlingen bestehende offene Handelsgesellschaft ist nicht steuerfrei; ebensowenig umgekehrt. Vgl. Anm. 7 f zu § 8 ErbErwStG.

Nach Absatz 2 kommt die Steuerbefreiung auch den Ehegatten von Abkömmlingen zu, wenn sie auf Grund des bestehenden Güterstandes ohne rechtsgeschäftliche Übertragung Miteigentümer werden.

8. **Erwerb durch Verdrängte** (Nr. 5). Über den Begriff der verdrängten Grenzlandsdeutschen verhält sich § 3 der Gewaltschäden-Verordnung vom 28. 10. 23 (RGBl. 1018). Hiernach gelten als aus einem abgetretenen Reichsgebiet verdrängt diejenigen, welche infolge Ausweisungsbefehls der fremden Macht das Gebiet verlassen mußten, ferner diejenigen, denen der Aufenthalt in dem abgetretenen Gebiet durch sonstige Maßnahmen der neuen Behörde oder durch andere gleichzwingende Gründe unmöglich gemacht worden ist, und schließlich diejenigen, welche bei Ausbruch oder während des Krieges in einem abgetretenen Gebiet gewohnt, es alsdann verlassen haben und infolge von Maßnahmen der neuen Behörde nicht dorthin zurückkehren konnten. Die bloße Tatsache des Betriebes einer gewerblichen Niederlassung im abgetretenen Gebiet begründet keinen Aufenthalt im Sinne dieser Bestimmungen: RWG. Groß. Sen. JW. 1927, 2338 Nr. 1. Unmöglich gemacht ist einem Handwerker der Aufenthalt im Grenzgebiet, wenn er Gefahr läuft, wegen seiner Eigenschaft als Deutscher beruflos zu werden und keine andere Stellung zu finden: RWG. JW. 1924, 728 Nr. 4. Für einen Rechtsanwalt liegt ein zwingender Grund im Sinne des Gesetzes darin, daß er infolge mangelnder Beherrschung der polnischen Sprache an der weiteren Ausübung seines Berufes gehindert gewesen wäre: RWG. JW. 1924, 728 Nr. 5.

Der Begriff der verdrängten Auslands- und Kolonialdeutschen wird unter entsprechender Anwendung des § 3 der Gewaltschäden-Verordnung zu umgrenzen sein.

Voraussetzung der Steuerfreiheit ist, daß der Erwerber durch die Verdrängung die Lebensgrundlage ganz oder zum überwiegenden Teil verloren hat. Hat er sich im abgetretenen Gebiet vielleicht noch ein Grundstück erhalten, das aber als Grundlage seines Lebensberufs nicht in Frage kommt, so kann ihm dieser Umstand die Steuerfreiheit nicht nehmen. Hat der Erwerber im abgetretenen Gebiet eine wirtschaftliche Lebensgrundlage gar nicht gehabt, weil er die wirtschaftliche Selbständigkeit noch nicht erlangt hatte, hat aber sein Vater durch Verdrängung die wirtschaftliche Lebensgrundlage verloren, so kommt dem Sohne die Steuerfreiheit an sich nicht zu; sie wird ihm aber in solchen Fällen, in denen er ohne die Verdrängung das Geschäft des Vaters voraussichtlich hätte übernehmen können, aus Billigkeitsgründen zuzubilligen sein. Hatte der Erwerber nach der Verdrängung bereits eine neue Lebensstellung in Deutschland erlangt, jedoch nicht auf eigenem Grundbesitz, so ist ihm die Steuerbefreiung zuzubilligen, wenn er nunmehr zum erstenmal ein Grundstück zur Seßhaftmachung erwirbt. Grunderwerb als bloße Kapitalsanlage, etwa der Erwerb eines Rentenhauses, kann als „Wiederansetzung" nicht betrachtet werden, vielmehr muß es sich um einen Grunderwerb handeln, der die Grundlage der wirtschaftlichen Existenz bilden kann und soll, vornehmlich also Erwerb von landwirtschaftlichem oder gärtnerischem Grundbesitz sowie Erwerb von Fabrik- oder anderen Geschäftsgrundstücken. Aber auch der Erwerb eines Eigenhauses, das im wesentlichen nur Wohnzwecken des Verdrängten dient, fällt unter die Befreiungsvorschrift.

Voraussetzung der Steuerfreiheit ist der vom Veräußerer nachzuweisende Umstand, daß er den Veräußerungspreis im Hinblick auf die Steuerfreiheit entsprechend gesenkt hat. Dieser Nachweis kann insbesondere durch den Hinweis auf die Preisforderungen, die der Veräußerer gegenüber anderen Interessenten gestellt hatte, geführt werden, ferner auch durch einen Vergleich zwischen dem vereinbarten Preise und den am Ort für gleichartige Grundstücke, bei denen Steuerfreiheit nicht in Frage kommt, gezahlten Preisen. Ein zahlenmäßig genauer Nachweis der Preissenkung wird untunlich und daher nicht zu fordern sein.

9. **Einbringung in Familiengesellschaften** (Ziff. 6). Diese Vorschrift ist gegenüber § 7 Ziff. 5 ZuwStG. erweitert, indem es jetzt auf die Rechtsform der Vereinigung nicht mehr ankommt. Wegen des Begriffs der Abkömmlinge vgl. oben Anm. 7. Stief- und Schwiegereltern oder Adoptiveltern sind in Ziff. 6 nicht erwähnt. RFH. 18, 254 hat für GrErwSt. dennoch auf Grund des Sinnes der Vorschrift Steuerfreiheit zugebilligt. Dies wird auch für die ZuwSt. anzunehmen sein. Anders allerdings Amtl. Mitt. 1912, 194 auf Grund des RZuwStG., das auch in Ziff. 4 noch nicht die Gleichstellung der Stief- und Schwiegereltern enthielt.

Stehen auf der Veräußererseite mehrere Personen, so müssen diese sämtlich Vorfahren der übrigen Gesellschafter sein; vgl. RFH. 8, 115; 17, 40. Bringen Eheleute das Grundstück ein, obgleich nur einer von ihnen bisher Eigentümer war, so ist nach RFH. 10, 22 dennoch Steuerfreiheit gegeben. Besteht dagegen die Vereinigung nur aus denselben Personen, die das Grundstück einbringen, so ist die Vorschrift nicht anwendbar; vgl. RFH. 8, 115. Gehört zu der Vereinigung auch ein Fremder, so findet Steuerfreiheit nicht statt: RFH. 17, 40.

Die Vereinigung braucht nicht schon bei der Gründung nur aus dem Veräußerer und seinen Abkömmlingen bestanden zu haben, wenn dies nur zur Zeit des Einbringens der Fall ist. Die Zuziehung von „Strohmännern", d. h. Treuhändern zum Gründungsakt, um die gesetzliche Mindestzahl von fünf Gründern einer A.-G. zu erfüllen, schadet nach ständiger Rechtsprechung des RFH. nicht; vgl. insbesondere RFH. 16, 80; dagegen entfällt die Steuerfreiheit, wenn die fremden Personen nicht sofort nach der Gründung ihre Aktien an die Familie abtreten (RFH. StW. VII 628) oder wenn sie, sei es auch als Treuhänder, aus wirtschaftlichen Gründen zugezogen waren; vgl. RFH. StW. V 374.

Auf die Rechtsform und den Zweck der Vereinigung kommt es nicht an.

Einbringen ist an sich ein Vorgang des Gesellschaftsrechts, bei dem die Gegenleistung in der Gewährung von Gesellschaftsrechten besteht; vgl. RFH. 1, 94; Amtl. Mitt. 1919, 290; JW. 1919, 848. Nach RFH. 5, 189 kann ein Einbringen i. S. dieser Vorschrift auch dann vorliegen, wenn der Veräußerer kein Gesellschafter ist oder wird. Die Steuerfreiheit tritt schon deshalb ein, weil das Grundstück Abkömmlingen übertragen wird, gleichviel ob an sie persönlich (Ziff. 4) oder an eine aus ihnen bestehende Vereinigung (Ziff. 6).

Auch auf die Auflösung einer Vereinigung von Abkömmlingen hat RFH. 19, 253 und StW. V, 629 aus obigen gesetzgeberischen Gründen die Befreiungsvorschrift für GrErwSt. angewendet. Es ist zu hoffen, daß diese liberale Rechtsprechung auch für die WZuwSt. Platz greifen wird. Nach RFH. 24, 29 ist jedoch Voraussetzung der Steuerfreiheit in solchem Falle, daß das Grundstück von Eltern an Abkömmlinge oder umgekehrt gelangt; also keine Steuerfreiheit, wenn es an Geschwister gelangt, so z. B., wenn Mitglied der Personenvereinigung eine Mutter nebst mehreren Kindern war und das Grundstück an eines der letzteren gelangt.

Tritt nachträglich ein Fremder in die Vereinigung ein, so wird die Steuer fällig. Als Fremder in diesem Sinne gilt auch ein Vorfahr des Veräußerers, nicht dagegen ein weiterer Abkömmling des Veräußerers. Beitritt als stiller Gesellschafter (§ 335 ff. HGB.) schadet nicht. Streitig ist, ob die Steuerpflicht, die der Beitritt des Fremden auslöst, sich auf das Einbringen des Grundstücks in die Vereinigung bezieht oder nur auf den Anteil des Fremden; richtig ist die erstere Auffassung; vgl. hierzu Anm. 8 f zu §§ 8, 9 GrdErwStG.

10. **Vereinigung von Miterben** (Ziff. 7). Zu den Miterben gehört nach Absatz 2 auch der überlebende Ehegatte bei aufgelöster Gütergemeinschaft (§ 1482 BGB.). Auch die Einbringung in das Gesamtgut einer fortgesetzten Gütergemeinschaft ist hiernach steuerfrei; vgl. Lion zu § 7 Ziff. 6 ZuwStG. Anteilserwerber (§ 2033 BGB.) gehören nicht zu den Miterben. Nicht steuerfrei ferner ist die Einbringung eines Grundstücks, das einer von Miterben gebildeten offenen Handelsgesellschaft gehört, in eine Erben-G.m.b.H. (OVG. 68, 183) oder eines Grundstücks, das einer aus dem Erblasser und einem Miterben bestehenden off. HandGes. gehört hat, in eine aus allen Miterben gebildete A.-G. Nicht erforderlich ist, daß zu der Vereinigung *sämtliche* Miterben gehören. Der Wortlaut der Ziff. 7, wonach die Vereinigung ausschließlich von Miterben „gebildet" sein muß, rechtfertigt nicht die Auslegung, daß schon bei der Begründung der Vereinigung nur Miterben beteiligt gewesen sein dürfen; vgl. Anm. 9b zu §§ 8, 9 GrdErwStG.; ebenso jetzt RFH. StW. VIII 546.

Gegenstand der Vereinigung braucht nicht die Verwertung und Verwaltung der Nachlaßgegenstände zu sein; auf den Zweck der Vereinigung kommt es vielmehr überhaupt nicht an; dagegen muß noch ungeteilte Erbengemeinschaft bestehen, da nach erfolgter vollständiger Teilung des Nachlasses nicht mehr von Miterben gesprochen werden kann.

Über späteren Eintritt eines Fremden vgl. oben Anm. 9. Weitere Miterben gelten nicht als Fremde.

11. **Austausch von Grundstücken** (Ziff. 8). Hierher gehört in Preußen die Zusammenlegung von Grundstücken gemäß der Gemeinschaftsteilungsordnung vom 7. 6. 1821. Teilung von Gemeinschaften (Allmenden usw.) sowie Landabfindung für Reallasten sind nicht steuerfrei; vgl. Lion zu § 7 Ziff. 7 ZuwStG.; wohl aber Landabfindung für Waldservituten. Ferner gehört hierher die Pr. Umlegungsordnung vom 21. 9. 1920 (GS. 453). Planüberweisungen im pr. Auseinandersetzungsverfahren begründen Eigentumswechsel, sofern nicht einem Grundeigentümer sein bisheriger Besitz überwiesen wird; so RFH. 14, 8. Auch wenn der Empfänger eines Planstücks kein Grundstück eingeworfen hat, sondern ihm eine Gerechtigkeit abgelöst worden ist, tritt die Steuerfreiheit nach Ziff. 7 ein. Unmittelbare Verbindung des eingetauschten Grundstücks mit dem sonstigen Grundbesitz des Erwerbers nicht vorausgesetzt: RFH. DStZ. 1927 Nr. 293; PrVBl. 49, 1052.

Austausch zum Zweck der *Grenzregelung* muß auf Anordnung einer Behörde beruhen oder mindestens von einer solchen auf Grund gesetzlicher Vorschriften als zweckdienlich anerkannt sein. Letzteres in Preußen gegenstandslos: PrVBl. 35, 670.

Austausch zur besseren Gestaltung von *Bauflächen* gemäß dem Gesetz vom 28. 7. 1902 und § 14 a (nicht aber § 13 a) PrFluchtlinG. in der Fassung des Art. 1 des Pr. Wohnungsgesetzes vom 28. 3. 1918 (GS. 13). Voraussetzung der Steuerfreiheit ist, daß die Umlegung einer besonderen landesgesetzlichen Regelung unterworfen ist: Amtl. Mitt. 1913, 276. Nach RFH. 13, 171 ist die Möglichkeit der *Erzwingung* in der vorliegenden Vorschrift nicht vorausgesetzt; anders OVG. 64, 90; Amtl. Mitt. 1913, 181, wonach die Behörde Zwangsbefugnis haben muß.

Ist eine zuständige Behörde gesetzlich nicht bestimmt, so kann der Beweis der Zweckdienlichkeit auch auf andere Weise geführt werden; die Entscheidung steht dann den Steuerbehörden zu. Keinesfalls kann die Anerkennung der Zweckdienlichkeit von der Gemeindebehörde ausgehen, die an der Umlegung beteiligt ist: Amtl. Mitt. 1913, 276. Die Anerkennung der Zweckdienlichkeit seitens der zuständigen Behörde ist für den Steuerrichter bindend; dagegen hat er nachzuprüfen, ob die Tauschenden auch subjektiv den bezeichneten Zweck verfolgen und ob eine Gemengelage i. S. der Vorschrift vorliegt: RFH. PrVBl. 49, 1052; StW. VII 629.

12. **Besiedlungs-Privileg** (Ziff. 9). Diese Bestimmung dient der Förderung der Besiedlung und des Wohnungsbaues; sie hat eine subjektive und eine objektive Voraussetzung.

a) Als Veräußerer müssen entweder Körperschaften des öffentlichen Rechts oder Siedlungsvereinigungen beteiligt sein. Auf die Person des Erwerbers kommt es hier im Gegensatz zu § 8 Nr. 9 GrErwStG. nicht an. Steuerfreiheit gilt also nicht für den Erwerb durch den Siedlungs- oder Bauverein, sondern nur für seine Weiterveräußerung.

Körperschaften des öffentlichen Rechts sind insbesondere Provinzen, Kreise, Gemeinden, Kirchen und mit Korporationsrechten zugelassene Religionsgesellschaften, Landwirtschaftskammern, Handwerkskammern, Innungen, die Träger der Reichsversicherung u. dgl., auch die Reichsbank (RFH. StW. VI 629). Auch wenn sie im Einzelfalle nicht in Ausübung von Hoheitsrechten handeln, kommt ihnen die Steuerfreiheit zugute. Private Personenvereinigungen jeglicher Art (A.-G., G. m. b. H., eingetr. Verein, Genossenschaft usw.) kommen nur dann in Betracht, wenn sie sich mit der Besiedlung des platten Landes oder mit der Schaffung gesunder Kleinwohnungen für Minderbemittelte befassen. Dieser Zweck muß nicht statutenmäßig feststehen, aber tatsächlich vorliegen, zwar nicht als einziger, aber als ein Hauptzweck; vgl. RFH. StW. VII 632; 830. Die Vereinigung darf sich nicht nur gelegentlich, sondern muß sich planmäßig mit der Besiedlung bzw. dem Wohnungsbau befassen; RFH. 8, 247. Eigene Bautätigkeit ist nicht erforderlich, es genügt Vergebung der Bauten an andere Unternehmungen. Ein Verein zur Förderung der Wohlfahrt der Jugend gehört nicht hierher; vgl. RFH. StW. V 632.

Erwerbsgesellschaften kommen nicht in Betracht. Auch wenn die gemeinnützige Personenvereinigung in Wirklichkeit nur gegründet ist, um den Erwerbszwecken einer dahinterstehenden Baufirma zu dienen, greift die Befreiungsvorschrift nicht Platz: RFH. 24, 35; StW. VII 384. Daß aber die Genossen hauptsächlich Bauhandwerker sind, genügt allein nicht zum Ausschluß der Steuerfreiheit: RFH. StW. VII 831. Wegen der Uneigennützigkeit vgl. OVG. 67, 56; diese muß aus der Satzung hervorgehen. Die bloße Tatsache, daß Reingewinn bisher nicht erzielt und auch nicht zu erwarten ist, reicht nicht aus; vgl. RFH. Mrozek R. 7 zu § 8 GrdErwStG. Arbeiter-Gewerkschaften sind als gemeinnützige Vereinigungen nicht anerkannt; vgl. RFH. 18, 159. Eine Stiftung (§§ 80 ff. BGB.) ist keine Personenvereinigung und hat daher das Steuerprivileg nicht (vgl. RFH. 17, 198), ebensowenig Einzelpersonen. Erwerbsgesellschaften genießen die Steuerfreiheit auch dann nicht, wenn sie im Einzelfall Kleinwohnungen für Minderbemittelte, insbesondere Arbeiterwohnungen für die eigene Arbeiterschaft, errichten. Die Schaffung gesunder Kleinwohnungen muß vielmehr Selbstzweck der Vereinigung sein.

b) Die objektive Voraussetzung der Steuerfreiheit liegt in dem Zweck der Grundstücksübertragung. Nur die erstmalige Übertragung ist steuerfrei: RFH. StW. VII 833. Besiedlung bzw. Wohnungsbau muß unmittelbar bezweckt sein. Die Errichtung eines Verwaltungsgebäudes einer Siedlungsgesellschaft genießt keine Steuerfreiheit (RFH. 7, 133), ebensowenig ein Grundstückskauf zu dem Zweck, das auf dem

Grundstück gewonnene Holz oder den aus dem Grundstück zu gewinnenden Ton zum Bau von Kleinwohnungen auf anderen Grundstücken zu verwenden; vgl. RFH. JW. 1922, 1614 Nr. 12; StW. VI, 632. Ebenso fehlt es an dem unmittelbaren Siedlungszweck, wenn eine Siedlungsgesellschaft sich durch den Grundstücksverkauf nur die Mittel zur Erfüllung ihrer Aufgaben beschaffen will: RFH. StW. II 583, III 565; OVG. 81, 121; PrVBl. 48, 576. Daher ist auch der Verkauf eines Restgutes, der zu Siedlungen nicht gebraucht wird, nicht steuerfrei, weil er nicht unmittelbar zum Besiedlungsverfahren gehört. Vgl. im einzelnen Anm. 12b u. e zu §§ 8, 9 GrdErwStG.

Der Besiedlungs- bzw. Wohnbauzweck braucht nicht im Übertragungsvertrage vereinbart zu sein; vgl. RFH. StW. VI, 109; Mrozek R. 53 zu § 8 Nr. 9. Die Verwendungsabsicht muß aber ernstlich gemeint sein und schon z. Z. der Übereignung bestehen; vgl. RFH. StW. VI 633 sowie OVG. 81, 124, wonach bloße Baubeschränkungen im Veräußerungsvertrage nicht ausreichen. Soll das Grundstück zunächst zu anderen Zwecken und erst später zu Siedlungszwecken verwendet werden, so kommt es darauf an, ob der Siedlungszweck den tragenden Beweggrund zum Erwerb gebildet hat; vgl. RFH. 7, 133.

Wird der Zweck des Erwerbs später nicht erreicht, so bleibt es trotzdem bei der Steuerfreiheit. Diese ist nach dem Gesetz nur von dem Zweck der Grundstücksübertragung abhängig, nicht aber von der späteren Durchführung dieses Zweckes. Eine Vorschrift wie in Ziff. 6 Satz 2 fehlt in Ziff. 9; vgl. zur GrdErwSt. RFH. StW. VI 109 und Mrozek R. 43 zu § 8 Nr. 9 GrdErwStG.

Besiedelung des platten Landes liegt nur vor, wenn es sich um die Schaffung neuer Wirtschaften handelt. Bei konformer Auslegung der Ziff. 9 wird es sich auch bei der Besiedelung des platten Landes nur um kleine Siedlerstellen für Minderbemittelte handeln dürfen.

Der Begriff Kleinwohnung ist im Einzelfall unter Rücksichtnahme auf die Verkehrsauffassung festzustellen; vgl. RFH. 16, 316. Für GrdErwSt. hat RFM. RStBl. 1921, 152 bestimmt, daß die Wohnungen regelmäßig nicht über 90 qm, bei Eckwohnungen 100 qm für Wohn-, Schlafraum und Küche enthalten dürfen und daß die Ausstattung den ortsüblichen Bedürfnissen in einfachster Form entsprechen muß. Die Anordnung ist auch hinsichtlich der GrdErwSt. für den Steuerrichter nicht bindend; sie wird aber auch für WZuwSt. einen Anhaltspunkt bilden können. Der übliche Hofraum und Hausgarten ist gleichfalls steuerfrei; vgl. RFH. 8, 13. Sammelheizung und Stabfußboden schließen den Charakter als Kleinwohnung nicht aus; vgl. RFH. StW. VI 631. Auch Wohnlauben können u. U. zu den Kleinwohnungen gehören: RFH. StW. VII 383. Die Ausstattung von Beamten-Dienstwohnungen mit Garten- und Ackerland zwecks Erleichterung der Lebenshaltung überschreitet die Grenze des Steuerprivilegs; vgl. RFH. 4, 330.

Es genügt, wenn es sich im wesentlichen um Kleinwohnungen handelt; vgl. RFH. 8, 118. Enthält das Gebäude teils Wohn- teils gewerbliche Räume, die zusammen den Flächeninhalt einer Kleinwohnung überschreiten, so entfällt die Steuerfreiheit: RFH. StW. VII 95. Soll ein Grundstück nur teilweise zur Schaffung von Kleinwohnungen verwendet werden, so ist dieser Teil, wenn er bestimmt bezeichnet werden kann, steuerfrei; vgl. RFH. 8, 13. Vgl. im übr. Anm. 12d zu §§ 8, 9 GrdErwStG.

Die Schaffung von Kleinwohnungen muß das Ziel der Grundstücksübertragung sein; sind sie schon vorhanden, so ist die Veräußerung nicht mehr steuerfrei; vgl. RFH. 13, 144; StW. VII 631. Es genügt nicht, daß die schon erfolgte Bereitstellung gesunder Kleinwohnungen nur für die Zukunft sichergestellt werden soll; vgl. RFH. Mrozek R. 17 zu § 8 Nr. 9 GrdErwStG. Dagegen Steuerfreiheit, wenn die Wohnungen zwar vorhanden sind, aber erst zu gesunden Kleinwohnungen umgestaltet werden sollen; vgl. RFH. 8, 13. Bloße Renovierung vorhandener Kleinwohnungen genügt aber nicht; vgl. RFH. 16, 182.

Hat der Veräußerer im Einverständnis mit dem Erwerber und nach seinen Wünschen die Kleinwohnungen errichtet und überträgt er dann das bebaute Grundstück an den Erwerber, so ist Steuerfreiheit zu gewähren; vgl. RFH. 13, 144 und 16, 182. Nach RFH. 19, 278 ist die erstmalige Grundstücksübertragung seitens einer Personengesellschaft an ihre Mitglieder steuerfrei, sofern sie satzungsgemäß den Zweck der Bereitstellung neuer Kleinwohnungen verwirklicht, selbst wenn das einzelne Grundstück mehrere Kleinwohnungen enthält. Bei der Fassung der Ziff. 9 der MStO., wonach Steuerfreiheit nur eintritt, wenn die Wohnbauvereinigung als Veräußerer beteiligt ist, müssen diese Grundsätze hier ohne weiteres Anwendung finden, da die Steuerfreiheit sonst kaum jemals praktisch werden würde. Es soll ja gerade der Satzungszweck der veräußernden Personenvereinigung in der Schaffung gesunder Kleinwohnungen liegen. Die Veräußerung erfolgt aber bei diesen Personenvereinigungen in der Regel erst nach der Schaffung der Kleinwohnungen, nicht schon vorher.

Geht ein ganzes Siedlungsunternehmen von einem unter Ziff. 9 fallenden Rechtssubjekt auf eine andere gleichartige Personenvereinigung zwecks Fortführung über, so ist dieser Eigentumsübergang steuerfrei; vgl. RFH. 21, 144. Dasselbe ist angenommen bei Übergang eines gesonderten Siedlungsunternehmens von einer Vereinigung auf eine andere zur Fortführung: RFH. StW. VI, 630; PrVBl. 49, 1053.

Der Begriff der Minderbemittelten steht im sachlichen Zusammenhang mit der der Kleinwohnung. Wer nach seiner wirtschaftlichen Lage bei verständiger Lebensführung auf die Benutzung von Kleinwohnungen angewiesen ist, gehört zu den Minderbemittelten im Sinne der Vorschrift: RFH. 19, 72. Auch mittlere Beamte gehören hierher (OVG. 62, 254), so insbesondere auch Volksschullehrer (RFH. 16, 320). Haben solche Beamten aber wesentliche Nebeneinkünfte oder eigenes Vermögen in nicht geringem Umfang, so können sie hierdurch aus der Klasse der Minderbemittelten ausscheiden. Daß einzelne Wohnungen des Gebäudes von höheren Beamten bewohnt werden, schadet nicht, sofern die Voraussetzungen für Kleinwohnungen vorliegen: RFH. DVR. 28, 12.

13. **Universalsukzession** bei öffentlichen Körperschaften. Vgl. hierzu den Fall OVG. 75, 1, der zur Verneinung einer Schenkung und zur Besteuerung auf Grund des RZuwStG. geführt hatte, weil eine besondere Befreiungsvorschrift fehlte. Wegen des Begriffs der öffentlichen Körperschaften vgl. oben Anm. 12 sowie Anm. 5 zu § 21 GrdErwStG. Ein Übergang des Vermögens als Ganzen wird hauptsächlich bei Verschmelzungen und Eingemeindungen in Frage kommen; vgl. Anm. 5, 6 a. a. O. Nicht erforderlich ist, daß der Rechtsübergang sich kraft Gesetzes vollzieht; es kann auch besondere Auflassung erforderlich sein; vgl. RFH. StW. V 250. Nach OVG. VII C 32/26 bei Pape Jahrb. 7, 424 ist jedoch erforderlich, daß das Vermögen in toto ohne eine Auseinandersetzung und unter gleichzeitigem Untergang der übertragenden Körperschaft übergeht. Bloße Grenzveränderung von Körperschaften wie nach § 21 Abs. 2 GrdErwStG. reicht hier nicht aus. Auf den Rechtsgrund des Vermögensüberganges kommt es nicht an.

14. a) **Ziff. 11. Die persönliche Steuerfreiheit des Deutschen Reichs, des Pr. Staates und der Steuergemeinde.** § 30 ZuwStG. geht weiter, indem dort dem Reich, dem Landesfürsten und der Landesfürstin, den Bundesstaaten und der Gemeinde, in deren Bereich das Grundstück sich befindet, sowie einer Reihe gemeinnütziger Vereinigungen die Steuerfreiheit gewährt wird.

Ein gesetzlicher Zwang, das Reich von der WZuwSt. zu befreien, besteht für die Gemeinden nicht; vgl. OVG. VII C 39/26 bei Pape Jahrb. 8, 518; OVG. 80, 76.

Aus dem Wesen der persönlichen Steuerfreiheit folgt, daß Art und Zweck der Veräußerung belanglos sind. In jedem Falle, in dem das Deutsche Reich, der Preußische Staat sowie die Steuergemeinde ein Grundstück veräußern, können sie sich auf die Steuerfreiheit berufen. Gleichgültig ist auch, an wen die Veräußerung erfolgt und ob es sich um Grundstücke handelt, die Hoheitszwecken gedient haben, oder um rein fiskalische Geschäfte; Steuerfreiheit auch dann, wenn die betreffende Korporation ein gewerbliches oder Handelsunternehmen betreibt und diesem dienende Grundstücke veräußert.

Die Steuerfreiheit erstreckt sich auf sämtliche nach dieser StO. zu erhebenden Steuern, also auf die Vorschriften der §§ 1—4.

Befreit sind nur die drei in Abs. 1 erwähnten Korporationen selbst, nicht sonstige öffentlich-rechtliche Korporationen, die unter der Aufsicht des Reichs oder des Preußischen Staates stehen. Nicht befreit sind daher z. B. die Träger der öffentlich-rechtlichen Versicherung (Invaliditätsversicherungsanstalten, Berufsgenossenschaften, Krankenkassen), die Universitäten u. dgl. Befreit ist auch nicht die Reichsbahngesellschaft, ebensowenig Kirchen, milde Stiftungen, gemeinnützige Vereine. Staatliche oder städtische Schulgebäude können steuerfrei veräußert werden, wenn sie dem Staat bzw. der Steuergemeinde unmittelbar gehören, nicht aber, wenn sie einer besonderen selbständigen Stiftung oder Korporation gehören, mögen sie auch unter der Aufsicht des Staates oder der Gemeinde stehen. Ebenso erstreckt sich die Steuerfreiheit nicht auf Aktiengesellschaften und andere Erwerbsgesellschaften, deren gesamtes Stammkapital sich im Eigentum des Reichs, Staates oder der Gemeinde befindet; vgl. OVG. PrVBl. 48, 577; Pape Jahrb. 8, 516; StW. VII 16. Allerdings kann hinwiederum das Reich usw. auch nicht zur Steuer gem. § 3 herangezogen werden, weil es durch Vermittlung aller Aktien das wirtschaftliche Eigentum an dem Grundbesitz der Gesellschaft innehat. Ebenso ist es bei Veräußerung von Aktien von der Steuer nach § 1 Abs. 3 befreit.

b) **Die Haftung als Erwerber.** Tritt einer der drei steuerfreien Korporationen als Erwerber eines Grundstücks auf, so kommt die Haftung nach § 16 Abs. 1 Satz 2 in Frage, wonach der Erwerber subsidiär bis zum Höchstbetrage von 15 vom Hundert des vereinbarten Preises haftet. Von dieser subsidiären Haftung ist auch das Deutsche Reich, der Preußische Staat und die Steuergemeinde nicht befreit; vgl. OVG. 74, 36; Amtl. Mitt. 1917, 79.

c) **Haftung auf Grund vertraglicher Übernahme.** Übernimmt das Reich, der Preußische Staat oder die Steuergemeinde als Erwerber im Vertrage die Zahlung der Wertzuwachssteuer, so hat dies nur interne Wirkung im Verhältnis zwischen den Vertragsparteien. Der Veräußerer hat dann gegen die erwerbende Korporation einen Anspruch auf Befreiung von der Steuerverbindlichkeit, also auf Entrichtung der Steuer für Rechnung des Veräußerers. Die öffentlich-rechtliche Steuerpflicht als solche wird dadurch nicht berührt. Daher ist auf die Berechnung der Steuer die Vorschrift des § 9 anzuwenden, auch wenn das steuerfreie Reich als Erwerber die Steuer im Vertrag übernommen hat, denn es handelt sich um die Berechnung der Steuer des nicht befreiten Veräußerers. Ist die Gemeinde Erwerberin, so wird die Steuer gegen den Veräußerer doch veranlagt, obgleich die Gemeinde, also die Steuergläubigerin, sie im Vertrag übernommen hat. Die Steuer muß auch als vereinnahmt gebucht und andererseits auf dem Grundstückserwerbstitel als Ausgabe in Rechnung gestellt werden.

15. Weitere Fälle der Steuerfreiheit. a) Nach § 29 RSiedlG. vom 11. 8. 1919 (RGBl. 1429) in der Fassung vom 7. 6. 23 (RGBl. 1364) sind alle Geschäfte und Verhandlungen, die zur Durchführung von Siedlungsverfahren im Sinne des Gesetzes bleiben, soweit sie nicht im Wege des ordentlichen Rechtsstreites vorgenommen werden, von allen Steuern des Reichs und der Länder befreit. Die WZuwSt., soweit sie auf Grund einer kommunalen Steuerordnung erhoben wird, gehört weder zu den Reichssteuern noch zu den Landessteuern. Dasselbe gilt von der Beamten-Siedlungs-Verordnung vom 11. 2. 24 (RGBl. I 53).

b) Nach § 23 des Reichsgesetzes über die Sozialisierung der Elektrizitätswirtschaft vom 31. 12. 19 (RGBl. 1920, 19), sind alle infolge dieses Gesetzes vorgenommenen Rechtsakte frei von öffentlichen Abgaben. Hierzu gehört auch die WZuwSt. Befreit sind nur solche Grundstücksgeschäfte, bei denen die Grundstücke zum Zwecke der Sozialisierung übernommen werden, dagegen nicht Grundstückserwerbungen im laufenden Geschäftsverkehr; vgl. RFH. 10, 9.

Ein Rückgriff gem. § 6 Abs. 1 Satz 2 erscheint hier unzulässig.

c) Auf Grund einer Entschließung des Pr. Landtags, wonach das Staatsministerium ersucht wurde, dafür Sorge zu tragen, daß für Rechtsgeschäfte, welche den Rückkauf von Grundstücken, die in den Jahren 1922—24 aus Gründen persönlicher Not veräußert worden sind, zum Gegenstand haben, ganz oder teilweise Befreiung von allen Steuern, Verwaltungs- und sonstigen Gebühren gewährt wird, sofern der Erwerber der frühere Eigentümer, der Ehegatte oder dessen Kinder sind und die besonderen Umstände des Falles die Befreiung billig erscheinen lassen, haben die Min. d. Inn. u. d. Fin. durch Runderlaß v. 21. 8. 25 (MBliV. S. 896) ersucht, soweit die WZuwSt. in Frage kommt, entsprechend zu verfahren. Dieser Runderlaß ist für die folgenden Jahre wiederholt worden, zuletzt unter dem 7. 7. 1928 für die Zeit bis Ende 1928; vgl. Anm. 3b zu § 24.

d) Nach § 8 Abs. 2 StMildG. v. 31. März 1926 (RGBl. I 185) darf bei Verschmelzung von Kapitalgesellschaften WZuwSt. nicht erhoben werden. Die StO. muß daher eine entsprechende Bestimmung aufnehmen; andernfalls kann sich der Steuerpflichtige auf die reichsrechtlich vorgeschriebene Steuerfreiheit berufen.

Wegen der Einzelheiten vgl. Anm. 2 zu § 7 Berl. StO.

§ 6.

(1) Als steuerpflichtiger Wertzuwachs gilt der Unterschied zwischen dem Erwerbspreise und dem Veräußerungspreise. Beruht der Erwerb auf einem gemäß § 5 Nr. I Ziffer 1 bis 10 steuerfreien Rechtsvorgange, so ist für die Ermittelung des Wertzuwachses von dem Preise zur Zeit des letzten steuerpflichtigen Rechtsvorganges auszugehen. Ob im Sinne dieser Vorschrift Rechtsvorgänge steuerfrei oder steuerpflichtig sind, ist auch für die Zeit vor dem Inkrafttreten dieser Ordnung nach ihr zu bestimmen.

(2) Der Preis bestimmt sich nach dem Gesamtbetrage der Gegenleistungen einschließlich der vom Erwerber übernommenen oder ihm sonst infolge der Veräußerung obliegenden Leistungen und der vorbehaltenen oder auf dem Grundstück lastenden Nutzungen; bei Verträgen über Leistungen an Erfüllungs Statt nach dem Werte, zu dem die Gegenstände an Erfüllungs Statt angenommen werden.

(3) Die auf einem nicht privatrechtlichen Titel beruhenden Abgaben und Leistungen, die auf dem Grundstück kraft Gesetzes lasten

(gemeine Lasten), werden nicht mitgerechnet. Der Wert wiederkehrender Leistungen und Nutzungen bestimmt sich nach den Vorschriften der Reichsabgabenordnung.

(4) Ist einem der Vertragschließenden ein Wahlrecht oder die Befugnis eingeräumt, innerhalb gewisser Grenzen den Umfang der Gegenleistung zu bestimmen, so ist der höchstmögliche Betrag der Gegenleistung maßgebend.

(5) Beim Übergang im Wege der Zwangsversteigerung gilt als Preis der Betrag des Meistgebots, zu dem der Zuschlag erteilt ist, unter Hinzurechnung der vom Ersteher übernommenen gerichtlich festgestellten Leistungen. Im Falle der Abtretung der Rechte aus dem Meistgebot oder der Erklärung des Meistbietenden, daß er für einen anderen geboten habe, tritt an die Stelle des Meistgebots der Wert der Gegenleistung, wenn sie höher ist als das Meistgebot.

(6) Ist ein Preis nicht vereinbart oder nicht zu ermitteln, so tritt an dessen Stelle der gemeine Wert der Grundstücks.

(7) Das gleiche gilt, wenn auf dem Grundstück eine der im § 1 bezeichneten Berechtigungen oder ein Nießbrauchrecht lastet, zu deren Beseitigung der Veräußerer nicht verpflichtet ist, und der gemeine Wert des Grundstücks unter Berücksichtigung seiner Belastung den Wert der Gegenleistung übersteigt.

(8) Wenn die Beteiligten einen Teil des Entgelts in die Form einer Vermittlungsgebühr, einer den üblichen Zinssatz erheblich übersteigenden Verzinsung des gestundeten Preises oder einer sonstigen Nebenleistung kleiden, so ist der als Teil des Entgelts anzusetzende Betrag durch Schätzung zu ermitteln.

1. **Allgemeines.** Die Vorschrift regelt den Begriff des steuerpflichtigen Wertzuwachses und bestimmt den für seine Berechnung maßgebenden Erwerbs- und Veräußerungspreis. Soweit sich die Vorschriften des § 6 über den Preis verhalten, ist sowohl der Preis des Erwerbs- als des Veräußerungsgeschäftes gemeint. Der Inhalt des § 6 deckt sich im wesentlichen wörtlich mit den §§ 8, 9, 11 RZuwStG.; Abs. 1 Satz 2 deckt sich mit § 17 Abs. 1 und 2 RZuwStG. Auf den Vorschriften des § 6 beruhen andererseits die §§ 12, 13 GrdErwStG., die sich gleichfalls mit den Vorschriften der MStO. decken. Es kann deshalb hinsichtlich der Erläuterung auf die eingehenden Darlegungen zu §§ 12, 13 GrdErwStG. verwiesen werden. Nur die Bestimmungen des Abs. 1 Satz 2 und 3 sowie der Abs. 6, 7 des vorliegenden § 6 sind im GrdErwStG. nicht enthalten. Dies erklärt sich daraus, daß nach dem GrdErwStG. grundsätzlich nicht der Preis für die Bemessung der Steuer maßgebend ist, sondern Preis oder gemeiner Wert, je nachdem welcher von ihnen höher ist. Für die WZuwSt. hingegen ist grundsätzlich der Preis maßgebend; der gemeine Wert nur dann, wenn ein Preis nicht zu ermitteln ist.

2. **Begriff des steuerpflichtigen Wertzuwachses.** In § 1 RZuwStG. war von dem Wertzuwachs, der ohne Zutun des Eigentümers entstanden ist, die Rede. Dieser Zusatz ist in die MStO. nicht aufgenommen worden. Aber schon für das RZuwStG. war es feststehende Rechtsprechung, daß er keine selbständige

Bedeutung für die Feststellung des Begriffs des WZuw. hatte, sondern daß sich dieser ausschließlich aus den Einzelvorschriften des Gesetzes ergebe; vgl. OVG. 62, 8 u. 45; 64, 47; 65, 26; BayVG. JW. 1917, 823. Als Wertzuwachs gilt der Unterschied zwischen dem Erwerbspreise und dem Veräußerungspreise. Diese Bestimmung ist allerdings zu ergänzen aus den Vorschriften der §§ 7—10, welche besondere Bestimmungen über die Umrechnung eines nicht in Gold-, Renten- oder Reichsmark berechneten Erwerbspreises sowie gewisse Hinzurechnungen zum Erwerbs- und Veräußerungspreis und Kürzungen von dem letzteren vorschreiben. Im ganzen genommen fällt hiernach der steuerpflichtige Wertzuwachs nicht zusammen mit dem Unterschied zwischen Veräußerungs- und Erwerbspreis. Vielmehr sind zum Erwerbspreise gewisse Aufwendungen und Verluste hinzuzurechnen und vom Veräußerungspreise gewisse Kosten abzuziehen. Andererseits deckt sich aber der steuerpflichtige Wertzuwachs auch nicht mit dem Gewinn im buchtechnischen oder im allgemeinen wirtschaftlichen Sinne. Es ist wohl möglich, daß im Einzelfall kein Gewinn, vielmehr ein Verlust im buchtechnischen Sinne und daher auch im Sinne des EinkStG. vorliegt, daß aber dennoch ein steuerpflichtiger Wertzuwachs vorhanden ist; vgl. OVG. 65, 27; 75, 24 (26 a. E.); 78, 24. Dies liegt zum Teil an Verschärfungen der MStO. gegenüber dem RZuwStG. hinsichtlich der Zinsen. Nach § 16 RZuwStG. durften dem Erwerbspreise für jedes Jahr des maßgebenden Zeitraums $2^1/_2$ v. H. des Erwerbspreises bis zum Betrage von 100 Mk. für das Ar, von dem Mehrbetrage bei unbebauten Grundstücken 2 v. H., bei bebauten Grundstücken $1^1/_2$ v. H. hinzugerechnet werden. Nach § 22 Nr. 2 RZuw.-StG. konnte ferner vom Veräußerungspreise ein Betrag, um den der aus dem Grundstück erzielte Jahresertrag hinter 3 v. H. des Erwerbspreises zurückgeblieben war, für höchstens 15 Jahre abgezogen werden. Diese Bestimmungen sind in die MStO. nicht übernommen worden. Es fragt sich, ob diese Verschlechterung in der Berechnung des Wertzuwachses nicht einen Verstoß gegen das Reichsrecht darstellt. Markull S. 47—49 bejaht diese Frage und spricht dem Steuerpflichtigen das Recht zu, sich gegenüber dieser Verschlechterung auf das Reichsrecht zu berufen und die Zinsvergütungen durchzusetzen. Diese Auffassung wird gebilligt werden müssen. Geht man davon aus, daß die Gemeinden nur befugt sind, den wirklichen Wertzuwachs bei Veräußerung von Grundstücken zu besteuern, so kann man den Gemeinden nicht das Recht zusprechen, den Begriff des Wertzuwachses willkürlich zu bestimmen. Die Anrechnung entgangener Zinsen in irgendeinem Umfange erscheint aber begrifflich notwendig, wenn man den Wertzuwachs errechnen will. Es ist eine willkürliche Bemessung des Wertzuwachses, wenn man den Ertragsentgang überhaupt nicht berücksichtigt; dies gilt insbesondere für Grundstücke, die ihrem Wesen nach keinen Ertrag bringen, wie insbesondere Baustellen. Dagegen wird man die Gemeinden nicht auf einen bestimmten Prozentsatz hinsichtlich der Zinsen festlegen können. Es handelt sich nicht um eine Einkommensteuer, so daß die Frage, ob und in welcher Höhe der Steuerpflichtige einen Gewinn im buchtechnischen Sinne erzielt hat, nicht entscheidend ist. Daher kommt es insbesondere nicht darauf an, ob er sich das Kapital zum Erwerb des Grundstücks nur gegen außergewöhnlich hohe Zinsen beschaffen konnte und ob er infolgedessen während seiner Besitzzeit erhebliche Beträge zusetzen mußte, um das Grundstück durchzuhalten. Es kommt auch nicht darauf an, ob der Steuerpflichtige bei der Regulierung von Hypotheken durch hohe Damnozahlungen Kapitalverluste erlitten hat. Verluste werden nur im Falle der Veräußerung eines Grundstücks durch mehrere Teilgeschäfte im § 13 Abs. 2 im gewissen Umfang berücksichtigt. Auch bei den Investitionen wird nach § 8 Abs. 2 nur derjenige Aufwand berücksichtigt, dessen Gegenwert in den Bauten und Verbesserungen z. Z. der Veräußerung noch vorhanden ist. Ist die Verbesserung durch Abnutzung wieder in Fortfall gekommen oder durch technische Neuerungen überholt, so ist der für sie gemachte Aufwand nicht zu berücksichtigen. Auch hier kann sich also ein Wertzuwachs ergeben, ohne daß ein Gewinn vorhanden ist. Übrigens ist ein entgeltlicher, privatrechtlicher Erwerb, also auch ein Erwerbspreis, keine notwendige Voraussetzung für den WZuw. Wo es an jenem fehlt, tritt der gemeine Wert an seine Stelle; vgl. § 6 Abs. 6 und OVG. 67, 46. Wertzuwachs ist also die objektive Wertsteigerung des Grundstücks ohne Rücksicht auf den „subjektiven" Gewinn oder Verlust des gegenwärtigen Eigentümers; vgl. OVG. 64, 45; Amtl. Mitt. 1912, 94; 133; 200; 1915, 3. Verluste des Steuerpflichtigen können und sollten aber gemäß § 24 durch Billigkeitsnachlaß berücksichtigt werden.

3. **Erwerbspreis und Veräußerungspreis.** Als Erwerbspreis kommt grundsätzlich derjenige Preis in Betracht, den der Veräußerer beim Erwerb des Grundstücks aufgewendet hat. Beruht sein Erwerb aber auf einem nach § 5 Nr. I Ziff. 1—10 steuerfreien Rechtsvorgang, so kommt es auf den Erwerbspreis des letztvorangegangenen steuerpflichtigen Rechtsvorganges an. In solchen Fällen wird also nicht der Vergleich zwischen zwei Rechtsgeschäften derselben Person gezogen, sondern zwischen dem Erwerbspreis eines früheren Eigentümers und dem Veräußerungspreis des jetzigen Veräußerers. Hier ergibt sich wiederum, daß der steuerpflichtige Wertzuwachs nicht mit dem Gewinn zusammenfällt, sondern einen selbständigen steuerrechtlichen Charakter hat. Es handelt sich nicht um den Gewinn einer bestimmten Person, sondern um den objektiven Wertzuwachs eines Grundstückes. Auch im Falle des § 12 Abs. 1 tritt dies in Erscheinung. Wird nur ein Teil eines Grundstücks veräußert, so ist der Erwerbspreis nach § 13 Abs. 1 besonders zu berechnen. Für den Fall der Zwangsversteigerung tritt an die Stelle des Preises nach Abs. 5 der Betrag des Meistgebotes. Ist für den Erwerbsfall oder den Veräußerungsfall ein Preis nicht vereinbart oder nicht zu ermitteln, so tritt nach Abs. 6 an Stelle des Preises des gemeine Wert des Grundstückes.

4. **Preis** bedeutet die Gegenleistung für das Grundstück. Ist ein Preis für Grundstück und steuerfreie Gegenstände, insbesondere Zubehör (vgl. § 1 Anm. 4) und Sonderleistungen (vgl. unten zu h), vereinbart, so ist die Steuerbehörde bez. der Verteilung an die Angaben des Steuerpflichtigen gem. § 20 nicht gebunden; auch die Vertragsbestimmung, wonach ein bestimmter Betrag auf das Zubehör gerechnet werde, ist nicht bindend, weil sie nicht die vertragliche Vereinbarung eines bestimmten Preises für das Zubehör, sondern nur eine tatsächliche Angabe darstellt: Amtl. Mitt. 1915, 158; OVG. 75, 5; 77, 50.

a) Es muß sich nicht um ein Kaufgeschäft handeln, d. h. um den Umsatz des Grundstückes gegen Geld, sondern es kann auch ein gegenseitiger Vertrag anderer Art vorliegen. Im Falle des Tausches bildet das in Tausch gegebene Grundstück die Gegenleistung für das getauschte Grundstück. Hier ist der Wert des in Tausch erhaltenen Grundstücks als Preis des anderen Grundstücks zu betrachten; vgl. OVG. Pr.VBl. 37, 232. Hierbei ist aber die Abwälzung von Hypothekenschulden auf dem in Tausch gegebenen Grundstück als Teil der Gegenleistung zu behandeln. Beispiel: A gibt ein Grundstück in Tausch, das 100000 Mk. wert und mit 80000 Mk. Hypotheken belastet ist; er nimmt dafür in Tausch ein Grundstück im Werte von 40000 Mk., belastet mit 10000 Mk. Die Gegenleistung beträgt 40000 Mk., gekürzt um die Belastung von 10000 Mk., also 30000 Mk. zuzüglich der ihm abgenommenen Haftung für 80000 Mk. Hypotheken, zusammen also 110000 Mk.; vgl. OVG. 66, 25. Der von den Parteien im Tauschvertrage angegebene Tauschpreis ist für die Steuerbehörde nicht maßgebend; vielmehr hat diese zu prüfen, ob der gemeine Wert des Grundstücks dem angegebenen Tauschpreis entspricht; vgl. § 20 sowie OVG. PrVBl. 39, 206; Amtl. Mitt. 1913, 243. Im übrigen vgl. wegen des Tausches § 11.

b) Im Falle eines Gesellschaftsvertrages ist das dem einbringenden

Gesellschafter zugestandene Gesellschaftsrecht (Aktie, Gesellschaftsanteil usw.) als Preis des Grundstücks zu erachten; vgl. OVG. 64, 94; PrVBl. 35, 280; 37, 471; Amtl. Mitt. 1913, 219. Die Wertangabe in der Auflassungsverhandlung ist nicht maßgebend, ebensowenig die Buchungen und Bilanzen; der Preis ist vielmehr aus allen Begleitumständen des Vertrags zu ermitteln; ist dies erfolglos, so kommt gemäß Abs. 6 der gemeine Wert in Betracht; so OVG. PrVBl. 49, 576.

c) Bei allen gegenseitigen Verträgen besteht der Preis nicht schlechtweg in dem, was der Erwerber aufwendet, um das Grundstück zu erlangen, sondern in der Gesamtheit derjenigen Leistungen, die gemäß § 320 BGB. als Gegenleistung für den Erwerb des Grundstücks erscheinen; vgl. OVG. 65, 4; 80, 91; PrVBl. 37, 89. Nach OVG. 71, 21; 77, 50; PrVBl. 37, 90; 49, 445; 975; JW. 1928, 1007 ist unter Preis das vereinbarte Entgelt für die Überlassung des Eigentums am Grundstück zu verstehen, also die Gesamtheit derjenigen Vermögenswerte, die nach dem Willen der Beteiligten dazu bestimmt sind, die Vermögensminderung auszugleichen, die dem Veräußerer durch die Hingabe des Grundstücks erwächst. Nicht alles, was aus Anlaß der Veräußerung aufzuwenden ist, kommt als Preis in Betracht: OVG. 69, 16; PrVBl. 50, 106. Nebenleistungen, wie Vertragsstrafen und Schadensersatzsummen, gehören nicht zum Preis: OVG. 72, 80. Ob die Gegenleistung in die Hände des Veräußerers gelangt oder einem Dritten zugute kommt, ist gleichgültig; vgl. OVG. 62, 70; 65, 4; 77, 50; PrVBl. 37, 9. Maßgebend ist im Falle eines Kaufs der Kaufpreis schlechthin ohne Abzug von Zwischenzinsen bei zinsloser Stundung; vgl. OVG. 68, 169; PrVBl. 36, 545; 49, 444.

d) Bei anderen Rechtsgeschäften als gegenseitigen Verträgen pflegt man im allgemeinen von einem Preise nicht zu sprechen. Es fragt sich daher, ob im Sinne der ZuwStO. auch hier von einem Preise die Rede sein kann oder ob bei allen Veräußerungsgeschäften, die nicht als gegenseitige Verträge zu betrachten sind, der Fall des Abs. 6 vorliegt, daß ein Preis nicht vereinbart ist, so daß der gemeine Wert an dessen Stelle zu treten hätte. An einseitigen Verträgen kennt das BGB. einige, die für die WZuwSt. nicht in Frage kommen, so Schenkung, Leihe, Darlehen, Verwahrung. Von praktischer Bedeutung sind hauptsächlich der Auftrag, nämlich der Grundstücksbeschaffungsauftrag, sowie der Treuhandvertrag. Bei dem Grundstücksbeschaffungsauftrag ist der Beauftrage gemäß § 667 BGB. verpflichtet, dem Auftraggeber das in Ausführung des Auftrages angeschaffte Grundstück herauszugeben, also zu übereignen. Der Auftraggeber ist nach §§ 669, 670 BGB. verpflichtet, die zur Ausführung des Auftrags erforderlichen Aufwendungen vorzuschießen bzw. zu erstatten. Die Frage, ob diese gemäß §§ 669, 670 BGB. geleisteten Zahlungen als Preis für das Grundstück zu behandeln sind, hängt mit der weiteren Frage zusammen, ob der Auftrag ein zur Uebertragung des Eigentums verpflichtendes Veräußerungsgeschäft im Sinne des § 2 lit. a darstellt, obgleich die Verpflichtung zur Überlassung des Grundstücks nicht Gegenstand des Rechtsgeschäfts, sondern seine gesetzliche Folge ist; vgl. RG. 54, 75; 68, 260; 82, 302; abweichend RG. 77, 130; ferner Gut JW. 1929, 710ff. Da die steuerrechtlichen Begriffe unter besonderer Berücksichtigung der wirtschaftlichen Verhältnisse zu fassen sind, wird man beide Fragen bejahen müssen. Es liegt kein Grund vor, den Begriff des Preises auf gegenseitige Verträge zu beschränken. Nach OVG. 75, 1 kann auch eine behördlich auf Grund von Vorschriften des öff. Rechts auferlegte Gegenleistung als Preis i. S. des § 6 in Frage kommen. Der Fall des § 5 Abs. 4 Nr. 3 GrdErwStG., der nach ausdrücklicher Bestimmung der MStO. ein Veräußerungsgeschäft darstellt, ist auch nur eine andere Erscheinungsform des Grundstücksbeschaffungsauftrages. Ein Wertzuwachs wird in diesen Fällen aber nicht vorliegen. Er errechnet sich aus dem Vergleich zwischen den tatsächlichen Aufwendungen, die für den Erwerb des Grundstücks gemacht worden sind, mit den Beträgen, die bei der Überlassung an den Auftraggeber von diesem zu zahlen sind. Da beide in der Regel gleich sind, fehlt es an einem Wertzuwachs. Die ältere Rsp. des OVG. beruht noch auf dem RZuwStG., das die Steuerpflicht an den Eigentumswechsel knüpft;. sie ist hier daher nicht anwendbar. Das übersehen Asch-Oppenheimer S. 30. Erhält der Beauftragte für die Beschaffung des Grundstücks eine persönliche Vergütung, so liegt im Rechtssinne nicht Auftrag, sondern Werkvertrag vor. Dieser ist ein gegenseitiger Vertrag, bei dem unzweifelhaft von einem Preise gesprochen werden kann. Hier besteht der Wertzuwachs in der Provision. Auch OVG. 66, 22 behandelt den Auftrag bzw. Dienstvertrag als Kausalgeschäft bez. der Übereignung auf Grund eines Beschaffungs- bzw. Treuhandvertrags.

Beim echten Treuhandvertrag kann dagegen von einem Preise nicht gesprochen werden. Wird z. B. ein Grundstück an einen nicht rechtsfähigen Verein derart veräußert, daß es auf den Namen eines Treuhänders umgeschrieben wird, so läßt sich vielleicht ein Erwerbspreis für das Grundstück feststellen, nämlich der Preis, den der Verein für den Erwerb des Grundstücks zahlt. Dagegen gibt es keinen Veräußerungspreis bei der späteren Übereignung des Grundstücks vom Treuhänder an den inzwischen rechtsfähig gewordenen Verein. Ähnlich bei einer Treuhandübereignung zu Sicherheitszwecken, wenn nach Befriedigung der Gläubiger das Grundstück an den Treugeber zurückübereignet wird — ein seltener Fall — oder bei einer Treuhandschaft während eines Prätendentenstreits. Auch in diesen Fällen wird ein Wertzuwachs praktisch oft nicht in Frage kommen, da die Steuerpflicht sich an das Verpflichtungsgeschäft knüpft, also der Zeitpunkt des Abschlusses des Treuhandvertrags sowohl für den Erwerb als für die Veräußerung des Grundstücks maßgebend ist. Im Falle des Erwerbes für einen Verein entsteht daher durch die Treuhandschaft keine besondere WZuwSt. Erwirbt dagegen der Treuhänder das Grundstück von dem Treugeber und gibt er es später an diesen oder seine Order zurück, so muß jedenfalls der Treugeber bei der ersten Übereignung WZuwSt. nach dem gemeinen Wert des Grundstücks abzüglich seines Erwerbspreises zahlen. Behält er sich aber im Treuhandvertrag den Rücktritt für einen zu bestimmenden Fall vor, so kann er bei Rückgewähr des Grundstücks Erstattung der Steuer gem. § 18 I 2 beantragen.

Auch in Fällen des § 2 lit. b, in denen ein Veräußerungsgeschäft nicht vorliegt, kann ein Preis in Frage kommen; so im Falle der Zwangsversteigerung gemäß § 6 Abs. 5 das Meistgebot, im Falle der Enteignung die gewährte Entschädigung; vgl. OVG. Amtl. Mitt. 1915, 6 u. 252; 1917, 57; PrVBl. 37, 299; 38, 687; OVG. 71, 33; 74, 16; 77, 13.

e) Der Preis beruht auf der ernstlichen und wirksamen Vereinbarung der Parteien. Es muß ein rechtsgültiges Geschäft vorliegen; vgl. OVG. 73, 1. Entspricht der beurkundete Preis nicht den wirklichen Vereinbarungen (Schwarzkauf), so ist nicht der geschriebene, sondern der wirklich vereinbarte Preis maßgebend; vgl. Amtl. Mitt. 1913, 167; 1914, 120; 1916, 127. Der Steuerpflichtige kann sich auch seinerseits auf mündliche Nebenabreden berufen; vgl. OVG. 65, 1; 74, 14. Nach §§ 313, 125 BGB. ist nun aber ein Grundstücksveräußerungsvertrag nichtig, wenn wesentliche Bestimmungen, insbesondere die Höhe des Kaufpreises, nicht richtig beurkundet sind; vgl. RG. 103, 297; 112, 68; 114, 233. Da nur der wirksam vereinbarte Preis zugrunde gelegt werden kann, ist die Geltendmachung mündlicher Nebenabreden beschränkt. Soweit es sich um den Erwerbspreis handelt, wird in der Regel Heilung des Formmangels gemäß § 313 Satz 2 BGB. eingetreten sein; vgl. OVG. 74, 14. Ergibt sich, daß im Veräußerungsgeschäft ein unrichtiger Preis beurkundet worden ist, so kann eine WZuwSt. gemäß § 2 lit. a zunächst nicht erhoben werden, solange der Formmangel im Kaufvertrag nicht durch Auflassung und Eintragung geheilt ist; auch ein Fall des § 3 ist nicht gegeben, wenn die Parteien die juristische Erfüllung des Vertrages in Aussicht genommen, aber noch nicht bewirkt haben. Gegen eine trotzdem veranlagte Steuer ist daher der Einwand des Schwarzkaufs, also der Ungültigkeit des Veräußerungsvertrages, gegeben.

f) Soweit der Veräußerungspreis nicht in Geld besteht, sondern in Wertpapieren, ausländischen Geldsorten, Hypotheken, Wertsachen u. dgl., liegt bei strenger juristischer Betrachtung ein Tausch vor. Die nicht in Geld bestehenden Gegenleistungen sind nach ihrem gemeinen Wert zu schätzen. Wertangaben der Parteien binden die Steuerbehörde nicht; vgl. § 20 sowie OVG. 67, 4; PrVBl. 49, 974. Nach OVG. 77, 60 (vgl. OVG. 71, 16) soll aber, wenn nach dem Vertrage ein Preisteil durch Hingabe anderer Werte, z. B. Effekten, belegt wird, der Betrag maßgebend sein, für den die Effekten angenommen werden. Dem kann nicht beigetreten werden; sonst hätten die Parteien es in der Hand, den Preis künstlich dadurch zu drücken, daß sie zur Belegung von z. B. 100000 Mk. die Hergabe von Aktien im Werte von 150000 Mk. vereinbaren. Im einzelnen vgl. Anm. 2e zu § 12 GrdErwStG. Die Bestimmungen der RAbgO. über den gemeinen Wert sind für die WZuwSt. nicht unmittelbar maßgebend, werden aber als praktische Regelung der fraglichen Materie doch entsprechend anzuwenden sein. Soweit eine Schätzung nicht möglich ist, wie z. B. bei verabredeter Teilung des künftigen Veräußerungsgewinnes, muß die Leistung als unschätzbar außer Betracht bleiben; vgl. OVG. 62, 39 u. 73; 63, 72; JW. 1920, 163 Nr. 2; Amtl. Mitt. 1913, 29.

g) Leistungen an einen Dritten (§§ 328 ff. BGB.) gelten im Zweifel gleichfalls als Gegenleistung; vgl. OVG. Amtl. Mitt. 1914, 279. Voraussetzung ist jedoch, daß die Leistung zugunsten des Veräußerers bewirkt wird. Zahlt der Erwerber an einen Mieter des Grundstücks einen Betrag zur Ablösung seines Mietsrechts, so kommt es darauf an, ob damit eine dem Verkäufer obliegende Leistung abgegolten werden sollte; vgl. Amtl. Mitt. 1913, 212. In diesem Falle gehört die Zahlung zum Kaufpreis. War aber der Veräußerer nicht verpflichtet, den Mietraum für den Käufer frei zu machen, so ist die Abfindungszahlung kein Teil des Kaufpreises; sie kann daher bei der späteren Weiterveräußerung nicht auf den Erwerbspreis aufgeschlagen werden; vgl. OVG. 69, 16; 74, 21. Zahlt der Erwerber eine Abfindung an einen Dritten, damit dieser vom Kauf abstehe, so ist dies kein Teil des Kaufpreises. Zahlungen des Käufers an den Makler gehören zum Kaufpreis und stellen eine übernommene Leistung im Sinne des § 6 Abs. 2 dar, wenn der Makler vor dem Kaufabschluß sich von dem Verkäufer eine Provision ausbedungen hatte und der Käufer diese Provisionszahlung übernimmt. Hatte dagegen der Makler vor dem Kaufabschluß die Vergütung mit dem Käufer vereinbart, so hat diese Vergütung mit dem Kaufpreis nichts zu tun. Vgl. aber Anm. 5b.

h) Sonderleistungen des Veräußerers neben der Übereignung und Übernahme des Grundstücks sind häufig. Hier kommt es darauf an, ob die besonderen Leistungen des Veräußerers Bestandteile der Hauptverpflichtung bilden oder selbständig sind. Wird eine besondere Vergütung dafür gezahlt, daß das aufgelaufene Guthaben an einem landschaftlichen Tilgungsfonds, der in Gemäßheit der satzungsmäßigen Bestimmungen als Bestandteil des Grundstücks gilt, auf den Erwerber übergeht, so gehört die Vergütung zum Kaufpreis für das Grundstück; aber Berücksichtigung der Vermehrung des Guthabens während der Besitzzeit gemäß § 8 Nr. 2: OVG. 75, 20. Die Räumung des Kaufgrundstücks oder der vom Veräußerer benutzten Teile des Grundstücks bildet einen Bestandteil der Verkäuferleistung im Sinne des § 433 Abs. 1 Satz 2 BGB., und zwar auch bei bestehender Zwangswirtschaft; vgl. RFH. 9, 268; OVG. 74, 16; VII C. 64/25 bei Pape Jahrb. 7, 413. Daher gehört eine Sondervergütung für die Überlassung der Räume des Veräußerers an den Erwerber oder als Ersatz für die Nachteile der Geschäftsverlegung zum Grundstückskaufpreis, gleichviel ob es sich um Geschäftsräume oder um Wohnräume handelt und ob ein Kaufvertrag oder eine Enteignungsentschädigung in Frage steht; vgl. Amtl. Mitt. 1913, 42 u. 212; 1915, 6. Jedoch kann, falls nicht der Tatbestand des § 6 Abs. 8 gegeben ist, ein ernstlich vereinbarter Ersatz für Verpflanzungs- oder Umzugskosten als gesondert vom Grundstückskaufpreis in Betracht kommen: Amtl. Mitt. 1914, 42; 1915, 60; OVG. 74, 16. Ähnlich bei Fortschaffung einer nicht mitverkauften Gleisanlage; die hierdurch entstehenden Kosten können nur dann vom Preise gekürzt werden, wenn in diesem sich eine besonders vereinbarte Vergütung der Fortschaffungskosten befindet; anderenfalls mögen sie für die Bemessung des Preises bestimmend gewesen sein, letzterer ist aber in ganzer Höhe Grundstückspreis; vgl. OVG. 64, 55; 73, 22; Amtl. Mitt. 1913, 43; 1914, 43 u. 226.

Die einem Mieter gewährte Abfindung hat mit dem Grundstückspreis nichts zu tun, gleichviel ob sie vom Veräußerer oder Erwerber geleistet wird und ob eine hierauf bezügliche Vereinbarung zwischen beiden getroffen wird. OVG. 59, 21; 66, 155; 69, 16; 74, 21; VII C. 68/25 bei Pape Jahrb. 7, 412; PrVBl. 49, 974. Zahlt der Erwerber an den Veräußerer einen Betrag, damit dieser damit einen Mieter abfinde, und ist der Betrag im Falle des Mißlingens zurückzuzahlen, so gehört der Betrag nicht zum Grundstückskaufpreis; anders dann, wenn der Veräußerer die Übereignung eines mieterfreien Grundstücks zugesichert hat: OVG. 77, 1 u. 50; 80, 91; PrVBl. 49, 316, 895, 896; 47, 540. Eine Entschädigung für die Aufgabe des vom Veräußerer betriebenen, vom Erwerber nicht übernommenen Geschäfts gehört zum Grundstückspreis; OVG. PrVBl. 35, 280; Amtl. Mitt. 1913, 42; 1914, 43; OVG. 64, 55; 73, 22; 74, 16. Dagegen ist die Vergütung für die Übernahme des Geschäfts der WZuwSt. nicht unterworfen und daher vom Preis zu kürzen; vgl. OVG. 77, 1; PrVBl. 40, 627. Eine Vergütung für die Entwertung des dem Veräußerer eines Teilgrundstücks verbleibenden Restgrundstücks gehört zum Kaufpreis; vgl. Amtl. Mitt. 1915, 31 u. 60 sowie OVG. 64, 55; ebenso RFH. 12, 32. Die dem Veräußerer verbleibende öffentlich-rechtliche Last, ein nicht mitverkauftes Grundstück im Bedarfsfalle der Gemeinde zur Straßenanlegung aufzulassen, rechtfertigt nicht die Absetzung eines Preisteils, wohl aber die Hinzurechnung des Wertes des Straßenlandes zum Erwerbspreis gemäß § 8 Nr. 2; so OVG. 76, 1 u. 4. Die Gegenleistung für den Verzicht auf eine Apothekenkonzession oder eine Wirtschaftserlaubnis gehört nicht zum Grundstückskaufpreis; vgl. Amtl. Mitt. 1912, 188; 1914, 43, 125, 189; 1917, 43; 1918, 39; PrVBl. 21, 230; 43, 152; 45, 83; 49, 445; JW. 1928, 1007; RG. 49, 321; OVG. 76, 5. Entgegengesetzt die Rechtsprechung des RFH. zur GrErwSt. sowie auch bezüglich Mitübernahme einer Bierbezugsverpflichtung; vgl. Anm. 2c zu § 12 GrErwStG. Die Abfindung eines anderen Käufers und die Ablösung der für diesen eingetragenen Vormerkung ist Preisteil: OVG. PrVBl. 49, 446.

Verneint wurde der innere Zusammenhang zwischen Grundstückskauf und Sondervereinbarung bei einer Vergütung für eine mit der Übertragung des Eigentums nur wirtschaftlich zusammenhängende Leistung, wonach das Entgelt rückzahlbar war, falls die Sonderleistung ausfiele, während der Kaufvertrag im übrigen aufrechterhalten bleiben sollte: OVG. StW. V 468; vgl. auch OVG. 69, 16. Dagegen innerer Zusammenhang bejaht hinsichtlich Erstattung der Kosten für die Verpflanzung der nicht mitveräußerten Bäume auf ein anderes Grundstück: OVG.

Amtl. Mitt. 1915, 60; bez. der Verpflichtung des Veräußerers zum Abbruch und zur Fortschaffung nicht mitverkaufter Baulichkeiten und Maschinen: OVG. 75, 15; ferner bei Vergütung für den Verzicht auf Ersatz des Bergschadens bei Verkauf des beschädigten Grundstücks an die Bergwerksgesellschaft: RFH. Mrozek R. 4 zu § 12, Abs. 1 GrdErwStG., bei Erstattung des Kursverlustes, der bei Aufnahme einer vom Käufer übernommenen Hypothek entstanden war: OVG. PrVBl. 49, 975. Nach § 10 RZuwStG. kommt von dem Preise in Abzug der Wert der vom Veräußerer übernommenen Lasten, z. B. einer Dienstbarkeit des Restgrundstücks zugunsten des veräußerten Teilgrundstücks; vgl. OVG. 77, 3. Der MStO. fehlt eine dem § 10 entsprechende Vorschrift. Das Ergebnis wird aber das gleiche sein; die Last gilt als eine Sonderleistung des Veräußerers neben der Grundstücksübereignung, so daß ein entsprechender Teil des Gesamtpreises auf die Last zu verrechnen ist.

i) Übernimmt der Veräußerer die Herstellung eines Neubaues auf dem Kaufgrundstück, so sollte es nach OVG. Amtl. Mitt. 1911, 120; 1915, 181; OVG. 75, 13 darauf ankommen, ob und inwieweit die Erbauung noch vor der Auflassung erfolgt ist; in solchen Fällen sollte der Preis für den Neubau, soweit er bis zur Übereignung hergestellt war, zum Grundstückskaufpreis gehören und der Veräußerer berechtigt sein, die für den Neubau gemachten Aufwendungen seinem Erwerbspreis zuzurechnen. Andererseits sollte dem Veräußerer, wenn er vor Erlangung des Eigentums bereits ein Gebäude errichtet hatte, nach OVG. 75, 7; Amtl. Mitt. 1919, 197 entgegengekommen werden, indem an Stelle des Erwerbspreises, der sich nur auf das unbebaute Grundstück bezog, der gemeine Wert des bebauten Grundstücks zur Zeit seines dinglichen Erwerbs zugrunde gelegt würde. Diese Rechtsprechung ist jetzt gegenstandslos geworden, da nach § 2 lit. a der MStO. der Abschluß des verpflichtenden Veräußerungsgeschäfts, nicht mehr der Erwerb und die Veräußerung des dinglichen Eigentums maßgebend ist. Verpflichtet sich daher der Veräußerer, dem Erwerber einen Neubau auf dem veräußerten Grundstück zu errichten, so sind die Baukosten niemals dem Grundstückspreis zuzurechnen, weil sie einen erst nach dem Abschluß des verpflichtenden Veräußerungsvertrages, also nach dem Steuerstichtag, zu schaffenden Gegenstand betreffen. Andererseits kann der Veräußerer, wenn er nach erfolgtem Kaufvertrag, aber vor erfolgtem Eigentumserwerb einen Neubau auf seinem Grundstück errichtet hatte, die Aufwendungen gemäß § 8 Abs. 2 MStO. seinem Erwerbspreise hinzurechnen, da auch insofern nicht mehr sein Eigentumserwerb, sondern der Abschluß des verpflichtenden Vertrages maßgebend ist.

k) Ob der ernstlich vereinbarte Preis dem Wert des Grundstücks entspricht, ist gleichgültig (OVG. 64, 56; 74, 16; PrVBl. 49, 576), ebenso ob einem ziffermäßig vereinbarten Preis ein entsprechender Wert beizumessen ist (OVG. 62, 70).

l) Wird der Preis nachträglich geändert, so ist dies für die Steuer grundsätzlich ohne Belang, da mit dem Abschluß des verpflichtenden Veräußerungsgeschäfts die Steuerpflicht endgültig eintritt; vgl. OVG. VII C. 218. 13 bei Ziegesar S. 23; Amtl. Mitt. 1914, 12; PrVBl. 50, 178. Preisveränderungen sind nur in den Fällen der §§ 459, 460 BGB. gemäß § 18 I 4 sowie im Falle der Wahlverbindlichkeit gemäß § 18 I 5 von Erheblichkeit. Ob der vereinbarte Kaufpreis wirklich bezahlt wird, ist für die Steuer ohne Belang;. vgl. Amtl. Mitt. 1912, 174. Auch nachträgliche Änderungen des Erwerbspreises erklärt das OVG. für unbeachtlich; vgl. PrVBl. 47, 361; 48, 324; 50, 141.

m) Auflösend bedingte Leistungen werden voll gerechnet; bei betagten Leistungen wird kein Zwischenzins abgezogen. Zinslose Stundung ändert nichts an der Versteuerung des vollen Kaufpreises; vgl. Amtl. Mitt. 1913, 125. Aufschiebend bedingte Leistungen und Vertragsstrafen werden nicht in Ansatz gebracht (OVG. 72, 80), ebensowenig ein Reugeld (OVG. 64, 21).

5. Die vom Erwerber **übernommenen Leistungen** sind in den Erwerbs- bzw. Veräußerungspreis einzurechnen.

a) Es sind dies alle Leistungen, die der Erwerber außer der Hauptleistung, beim Kauf also außer dem eigentlichen Kaufpreis, übernommen hat. Sie müssen wirksam und formgültig übernommen sein (vgl. OVG. 74, 14) und sich auf den Preis für die Grundstücksüberlassung beziehen, nicht auf andere Rechtsverhältnisse, z. B. eine Abfindung an Mieter (OVG. 59, 21; 66, 155; 69, 16; 80, 91; PrVBl. 49, 316). Auch der vereinbarte, sich aber schon aus §§ 571 ff., 581 BGB. ergebende Eintritt des Erwerbers in laufende Miet- und Pachtverträge gehört nicht hierher und ist auf die Preisfeststellung ohne Einfluß: OVG. PrVBl. 50, 126. Sind sie nicht zwischen dem Veräußerer und Erwerber ausbedungen, sondern direkt mit einem Dritten, so kommen sie nicht in Betracht; vgl. OVG. 59, 21; 65, 4; 66, 155; 69, 16; PrVBl. 37, 9. Es werden in der Regel Leistungen sein, die eigentlich der Veräußerer zu tragen hätte; vgl. Amtl. Mitt. 1913, 108; 1914, 5; OVG. 69, 13; JW. 1915, 764. Sie brauchen aber nicht schon vor Vertragsschluß zu Lasten des Veräußerers bestanden zu haben: OVG. 75, 1. Nicht erforderlich ist die Übernahme auch im Außenverhältnis gegenüber dem Gläubiger. Praktisch häufige Fälle sind die Zahlung einer Abfindung an einen Dritten wegen einer mit diesem vorher getroffenen Kaufabrede; vgl. OVG. 65, 4; PrVBl. 36, 821; die Übernahme der WZuwSt. durch den Käufer; vgl. OVG. 78, 103; PrVBl. 49, 445; JW. 1928, 1007; die Übernahme eines für den Verkäufer vorbehaltenen Wiederkaufrechts; vgl. OVG. 71, 19; ferner die Übernahme einer bestehenden Bierbezugsverpflichtung beim Kauf eines Gastwirtschaftsgrundstücks; vgl. RFH. Mrozek R. 1 zu § 12 Abs. 2 Satz 1 GrdErwStG. Die Verpflichtung, das Kaufgrundstück zu umfrieden und den Waldbestand zu schonen, stellt keine übernommene Leistung dar; vgl. OVG. VII C. 305. 16 bei Ziegesar S. 29. Die Übernahme der Verpflichtung, die Straßenanliegerkosten sowie die Unterhaltungskosten für die Straße zu tragen, stellt dann eine übernommene Leistung dar, wenn diese Verpflichtungen in der Person des Veräußerers bereits entstanden waren, wenn also die Straße schon ausgebaut und ein Gebäude an der Straße errichtet war; vgl. OVG. 53, 133; 62, 39. Beim Erwerb eines G. m. b. H.-Anteils — sei es bei der Gründung oder später — ist der Betrag der Stammeinlage, soweit sie noch nicht eingezahlt ist, übernommene Leistung: OVG. 74, 11.

b) Bezüglich der **Maklerkosten** steht OVG. auf dem Standpunkt, daß, da die Kosten nach §§ 8 Nr. 1, 10 auf alle Fälle von dem steuerpflichtigen Preis zu kürzen sind, es nicht darauf ankommt, welche Partei sie übernommen hat; diese Vergütung gehört nicht zu den übernommenen Leistungen; vgl. OVG. 70, 10; PrVBl. 50, 73. Dies kann aber nur gelten, soweit die Maklerkosten ortsüblich sind (§§ 8 Nr. 1, 10). Für die Kosten der Auflassungs-Materialien und der Vermessung gilt dasselbe.

c) Die **GrdErwSt.** gehört nach §§ 8, 10 zu den Erwerbs- bzw. Veräußerungskosten, die auf den Erwerbspreis aufgeschlagen und vom Veräußerungspreis in Abzug gebracht werden können, sie erhöht also nicht den steuerpflichtigen Wertzuwachs, gleichviel welche Partei die Steuer trägt; OVG. 62, 59; 78, 12; Jahrb. 7, 410; 8, 493; PrVBl. 50, 72; 73. Wegen der **WZuwSt.** vgl. § 9, wonach die Steuer zum Veräußerungspreis hinzuzurechnen ist, wenn der Erwerber sie übernommen hat, sowie oben unter a. Auch die Übernahme der kommunalen Zubehörsteuer erhöht nicht den Preis: OVG. PrVBl. 50, 72.

d) Zu den übernommenen Leistungen gehören ferner die auf dem Grundstück ruhenden Lasten, die nach §§ 434, 439 Abs. 2 BGB. der Veräußerer zu beseitigen hat, sofern der Erwerber sie nicht in Anrechnung auf den Kaufpreis übernimmt; vgl.

OVG. 69, 13. Soweit der Verkäufer nach § 439 Abs. 1 BGB. wegen Kenntnis des Erwerbers die Lasten nicht zu beseitigen braucht, gehören sie nicht zu den übernommenen Leistungen, sondern zu den dem Erwerber infolge der Veräußerung obliegenden Leistungen, sind also gleichfalls dem Kaufpreis hinzuzurechnen. Wegen der Hypotheken gilt die Sonderregelung des § 7. Hypotheken, die in Gold-, Renten- oder Reichsmark berechnet sind, gehören gegebenenfalls zu den übernommenen Leistungen im Sinne des § 6. Der Nießbrauch unterliegt der Sonderregelung des Abs. 7 und gehört deshalb nicht hierher: OVG. 69, 10.

e) Die dem Erwerber sonst infolge der Veräußerung obliegenden Leistungen sind nur solche, die als Leistungen an den Veräußerer erscheinen. Soweit sie den Veräußerer nichts angehen, erhöhen sie nicht den Veräußerungspreis; vgl. RFH. StW. VI 641. Daher bleibt unbeachtet die Vergütung des Erwerbers an seinen eigenen Makler (OVG. 70, 10) sowie die vom Käufer gemäß § 449 BGB. zu tragenden Kosten der Auflassung und Eintragung. Andererseits sind sie nicht vom Veräußerungspreis abzuziehen, wenn diejenige Partei, der sie nach dem Gesetz nicht zur Last fallen, sie übernimmt; vgl. OVG. 64, 160; PrVBl. 35, 280. Ferner gehören zu den dem Erwerber obliegenden Leistungen die Rentenbankrenten, ein Erbpachtkanon (Amtl. Mitt. 1915, 89), die auf dem Grundstück ruhenden Lasten, sofern der Veräußerer sie nach § 439 Abs. 1 BGB. nicht zu beseitigen hat (OVG. 69, 13). So auch eingetragene Dienstbarkeiten (§§ 1090 ff. BGB.), insbesondere Leibgedinge, Altenteil oder Auszug, sowie Reallasten. Die Verpflichtungen aus bestehenden Miet- und Pachtverträgen liegen zwar mit dem Eigentumswechsel dem Erwerber ob (§ 571 ff. BGB.), sind aber keine Leistungen an den Veräußerer und erhöhen daher den Kaufpreis nicht; vgl. OVG. 69, 16; PrVBl. 50, 126.

Der Wert wiederkehrender Leistungen richtet sich nach §§ 144 ff. AO.

6. **Gemeine Lasten** gehören nicht zu den übernommenen Leistungen und werden nach Abs. 3 nicht mitgerechnet. Es sind dies die nach Gesetz oder Verfassung dinglich auf dem Grundstück ruhenden Abgaben und Leistungen, welche auf öffentlich-rechtlichen Titeln beruhen; vgl. Art. 1 Abs. 1 Nr. 2 und Art. 2 Nr. 2 PrAG. ZVG. sowie OVG. 54, 21. Der Verkäufer braucht sie nach § 436 BGB. nicht zu beseitigen. Auch wenn sie im Vertrage ausdrücklich übernommen werden, sind sie dem Preise nicht zuzurechnen; vgl. RFH. 11, 314. Auch für Rückstände aus der Zeit vor der Grundstücksveräußerung gilt keine Ausnahme. Vgl. Anm. 6 zu § 12 GrdErwStG.

Zu den gemeinen Lasten gehören die Kanalisations- und Anschlußgebühren, Grund- und Gebäudesteuern, Patronatslasten, Schulabgaben, Deichlast, Beiträge für Wegeunterhaltung, Flußräumung usw., Straßenbaukosten gemäß § 15 PrFluchtlG. (OVG. 74, 115). Rentenbankrenten sind keine gemeinen Lasten (OVG. 75, 18); auch öffentliche Abgaben, die nicht kraft Gesetzes auf dem Grundstück haften, bilden keine gemeinen Lasten. So die Hamburgische Bahnabgabe (RFH. JW. 1922, 1615 Nr. 13), die WZuwSt., die GrdErwSt. (streitig die Steuer aus § 10 GrdErwStG.), die EinkSt.

7. **Leistungen an Erfüllungs Statt**; vgl. §§ 364, 365 BGB. Es muß sich um Abmachungen handeln, die nach dem Veräußerungsvertrag getroffen sind, nicht um Teile des Veräußerungsvertrages. Ist schon nach dem Veräußerungsvertrage in Anrechnung eines Teils des Kaufpreises eine anderweite Leistung (z. B. Effekten, Hypotheken, Wertgegenstände) zu bewirken, so liegt von vornherein ein teilweiser Tausch vor; nach OVG. 77, 60 ist allerdings auch in diesem Falle der Betrag maßgebend, zu dem die Leistung vom Veräußerer angenommen worden ist. Damit wird Steuerverkürzungen Tür und Tor geöffnet; vgl. hierzu Anm. 5 zu § 12 GrdErwStG.

8. Bei **Wahlrechten** ist nach Abs. 4 der höchstmögliche Betrag der Gegenleistung maßgebend; vgl. §§ 262—264, 315, 316 BGB. In Betracht kommen nur Wahlrechte für Leistungen des Erwerbers. Besteht ein Wahlrecht für mehrere Leistungen des Veräußerers, so muß zunächst die Ausübung des Wahlrechts abgewartet werden, da die

Entstehung der WZuwSt. immer die Veräußerung eines bestimmten Grundstücks voraussetzt. Ist vor rechtskräftiger Festsetzung der Steuer das Wahlrecht ausgeübt, so ist die gewählte Leistung maßgebend. Wird das Wahlrecht erst nach rechtskräftiger Veranlagung ausgeübt, so findet nach § 18 I 5 eine Ermäßigung der Steuer statt, sofern der Antrag rechtzeitig gestellt wird.

9. Vorbehaltene oder auf dem Grundstück lastende **Nutzungen** werden nach Abs. 2 dem Veräußerungspreise hinzugerechnet. Über den Begriff der Nutzungen vgl. §§ 99, 100 BGB. Hierher gehören Nießbrauch, Wohnungsrecht, Wegerechte u. dgl., aber nicht bloße Verbotsrechte. Der **Nießbrauch** scheidet nach OVG. 69, 10 hier jedoch aus, weil er in Abs. 7 besonders geregelt ist. Es muß sich immer um Nutzungen zugunsten des Veräußerers handeln, andernfalls liegt eine dem Erwerber infolge der Veräußerung obliegende Leistung vor. Bestellt der Erwerber zugunsten des dem Veräußerer verbleibenden Restgrundstücks ein Wegerecht, so stellt dieses eine vorbehaltene Nutzung dar, auch wenn der Veräußerer beabsichtigt, den Restbesitz alsbald an Dritte zu veräußern: OVG. 75, 18; Amtl. Mitt. 1919, 1. Die gemäß § 446 BGB. dem Veräußerer bis zur Übergabe noch zustehenden Nutzungen erhöhen den Kaufpreis nicht. Behält sich der Eigentümer vor, das Holz auf dem Kaufgrundstück für eigene Rechnung abzuholzen, so liegt keine vorbehaltene Nutzung vor; das Holz ist also dem Kaufpreis nicht hinzuzurechnen; vielmehr ist das Grundstück in dem Zustande zu bewerten, in dem es zum Gegenstand des Kaufvertrages gemacht worden ist, also als abgeholztes Grundstück.

Der Wert wiederkehrender Nutzungen bestimmt sich nach §§ 144 ff. AO.

10. **Umgehungsmaßnahmen**, welche den Veräußerungspreis verschleiern, indem sie ihn in eine andere Rechtsform kleiden, werden durch Abs. 7, 8 besonders erfaßt. Abs. 7 betrifft eine früher öfter geübte Umgehung. Vor Abschluß des Veräußerungsvertrages begründet der Veräußerer für den künftigen Erwerber zunächst einen Nießbrauch gegen Zahlung einer entsprechenden Vergütung. Sodann veräußert er später das mit dem Nießbrauch belastete und dadurch entsprechend entwertete Grundstück zu einem geringen Preise an den Nießbraucher, ohne die Verpflichtung zur Beseitigung des Nießbrauchs zu übernehmen. Der Nießbrauch gehörte dann weder zu den vorbehaltenen Nutzungen noch zu den dem Erwerber infolge der Veräußerung obliegenden Leistungen. Nach der Sonderbestimmung des § 6 Abs. 7 soll in solchen Fällen an Stelle des vereinbarten Preises der gemeine Wert des Grundstücks maßgebend sein; vgl. OVG. 64, 141. Das gleiche gilt, wenn auf dem Grundstück eine grundstücksgleiche Berechtigung im Sinne des § 1 Abs. 2 haftet, zu deren Beseitigung der Veräußerer nicht verpflichtet ist. Voraussetzung ist immer, daß der gemeine Wert des Grundstücks unter Berücksichtigung der Belastung den Wert der Gegenleistung übersteigt.

Die übrigen Umgehungsmaßnahmen betreffen die Vereinbarung irgendwelcher Nebenleistungen, insbesondere einer Vermittlungsgebühr oder einer übermäßigen Verzinsung. Unter den „Beteiligten" sind die Vertragsparteien zu verstehen: OVG. 67, 37. Voraussetzung ist also, daß die Nebenleistung in Wirklichkeit einen Teil des Entgelts darstellt. Die Vermittlungsgebühr muß also direkt oder indirekt dem Veräußerer zugute kommen. Es wird genügen, wenn sie einem nahen Angehörigen des Veräußerers zugesagt ist. Auf alle Fälle muß eine Abrede des Veräußerers und Erwerbers zugrunde liegen (OVG. 67, 37), sowie eine Umgehungsabsicht der Parteien.

Ungewöhnliche Höhe der Vermittlungsgebühr kann an sich ein Indiz für die Absicht der Steuerersparung sein; vgl. OVG. bei Boethke PrVBl. 40, 402.

Wird der Zinssatz besonders hoch bemessen, weil die Kreditwürdigkeit des Erwerbers zweifelhaft ist, so stellen die Zinsen weder ganz noch teilweise einen Teil des Entgelts für das Grundstück dar, sondern nur ein Entgelt für das Stundungsrisiko. In solchen Fällen unterbleibt also die Erhöhung des Kaufpreises. Andererseits führt zinsfreie Stundung nicht zur Herabsetzung des steuerpflichtigen Veräußerungspreises; vgl. Amtl. Mitt. 1913, 125.

Auch sonstige Nebenleistungen führen zur Erhöhung des Preises, wenn die Parteien zum Zweck der Umgehung die Nebenleistung als Teil des Entgelts für das Grundstück vereinbart haben. Hierher gehört die Vereinbarung einer besonderen Vergütung für die Räumung des Grundstücks oder für die Aufgabe eines gewerblichen Unternehmens und die Wegschaffung der Betriebsgeräte vom Grundstück. Ferner für die Allodifizierung eines Lehngutes (RG. Recht 1913 Nr. 20), für die Aufgabe der Gartenkultur (PrVBl. 35, 280 Nr. 65), für Wertminderung bei dem nicht mitverkauften Restgrundstück (OVG. 67, 160).

Inwieweit die Nebenleistung als Teil des Kaufpreises zu behandeln ist, hat das Steueramt durch Schätzung zu ermitteln. Dies wird besonders bei der übermäßigen Verzinsung praktisch, wo die vereinbarten Zinsen in die üblichen und übermäßigen zu zerlegen sind und das Übermaß sodann durch Summierung unter Berücksichtigung der ratenweisen Zahlung in eine Kapitalschuld umzurechnen ist.

11. **Zwangsversteigerung** (Abs. 5).

a) Die Vorschrift entspricht dem § 9 RZuwStG. und dem § 13 GrdErwStG. Sowohl bei Berechnung des Erwerbspreises als des Veräußerungspreises ist gegebenenfalls die Bestimmung anwendbar; vgl. OVG. 64, 38. Ist das Grundstück im Wege der Zwangsversteigerung erworben worden, so sind in Gemäßheit des § 8 Abs. 1 Nr. 3 die ausgefallenen Hypothekenforderungen des Erwerbers hinzuzurechnen. Im Falle der Veräußerung durch Zwangsversteigerung ist der Subhastat Steuerschuldner. Die subsidiäre Haftung des Erwerbers kommt hier gemäß § 16 Abs. 1 Satz 3 in Wegfall. Neuere Kommunalsteuerordnungen begründen jedoch eine Haftung beim Vorliegen einer beabsichtigten Steuerumgehung; so § 24 Abs. 2 der neuen StO. für Berlin.

b) Übergang im Wege der Zwangsversteigerung bedeutet den Eigentumsübergang. Nach § 2 lit. b tritt die Steuerpflicht hier erst mit dem Eigentumswechsel ein, also mit dem Zuschlag. Wird dem bisherigen Eigentümer selbst der Zuschlag erteilt, so fehlt es an einem Eigentumswechsel und daher an einem Steuerfall. Unter Zwangsversteigerung ist nur die Versteigerung von Grundstücken oder grundstücksgleichen Gerechtigkeiten zu verstehen, nicht die öffentliche Versteigerung von Anteilen an einer Grundstücksgesellschaft. Andererseits gehören alle Versteigerungen auf Grund des ZVG. hierher, auch die Versteigerung zum Zweck der Aufhebung einer Gemeinschaft. Die freiwillige Versteigerung ist dagegen nur eine besondere Form des Kaufes.

c) Der Betrag des Meistgebots, zu dem der Zuschlag erteilt wird, gilt als Preis im Sinne des Abs. 1. Zu dem Meistgebot treten die vom Ersteher übernommenen Leistungen, aber nur soweit sie im Zwangsversteigerungsverfahren als Gegenleistung für den Zuschlag übernommen sind: OVG. 62, 12; 65, 7 u. 25. Im einzelnen vgl. hierzu Anm. 3 b zu § 13 GrdErwStG. Die Zinsen des Bargebots bis zur Kaufgelderbelegung sind nicht hinzuzurechnen, ebenso nicht ein etwaiger Überschuß aus der Zwangsverwaltung.

d) Eine Gesamthypothek ist bei Berechnung des Meistgebots mit dem vollen Betrage anzusetzen (RFH. 3, 28); eine Höchstbetragshypothek mit dem ganzen Höchstbetrag (KG. Joh. 29 B. 49; RG. 55, 217; 61, 37).

e) Zu den übernommenen Leistungen gehören nur solche, die dem Gericht gegenüber als Gegenleistung für den Zuschlag übernommen sind; vgl. OVG. 62, 12; 64, 42; 77, 16; PrVBl. 35, 459. In § 9 der neuen StO. für Berlin ist dies durch die Fassung besonders zum Ausdruck gebracht. Die Kosten des Zuschlagsbeschlusses, die gemäß § 58 ZVG. dem Ersteher zur Last fallen, gehören nicht zu den übernommenen Leistungen. Auch Vereinbarungen zwischen dem Ersteher und einem Hypothekengläubiger, um ihn vom Mitbieten abzuhalten, gehören nicht hierher; vgl. OVG. 62, 12; 64, 42; JW. 1915, 766; PrVBl. 35, 459; vgl. hierzu Anm. 3 d zu § 13 GrdErwStG.

f) Der Wert des beweglichen Zubehörs, der Maschinen und Betriebsvorrichtungen ist von dem Meistgebot in Abzug zu bringen. Das Meistgebot soll an die Stelle des Preises treten, muß also ebenso behandelt werden wie ein für das Grundstück nebst Zubehör vereinbarter Preis; vgl. Stillschweig, JW. 1920, 90.

g) Vorbehaltene Nutzungen sind nicht besonders erwähnt, werden aber nach den Versteigerungsbedingungen in der Regel zum Meistgebot gehören.

h) Die Abtretung der Rechte aus dem Meistgebot und die Vertretungserklärung liegen außerhalb des Zwangsversteigerungsverfahrens, ebenso auch die dabei vereinbarte Gegenleistung. Diese ist für die Besteuerung maßgebend, wenn sie höher ist als das Meistgebot. Ist sie geringer, so entscheidet das Meistgebot: vgl. OVG. 65, 6.

12. Ist ein **Preis nicht vereinbart oder nicht zu ermitteln,** so tritt nach Abs. 6 an seine Stelle der gemeine Wert des Grundstücks. Fälle, in denen ein Preis nicht vereinbart ist, können verschiedene rechtliche Bedeutung haben. Es kann sich um Rechtsvorgänge handeln, bei denen ein Preis zwar zu zahlen, aber nicht vereinbart ist, und solche, bei denen ein Preis überhaupt nicht zu zahlen ist. Zur ersten Gruppe gehören manche in § 2 unter lit. b aufgeführten Fälle, so die Zwangsversteigerung, die Enteignung. Der Fall der Zwangsversteigerung ist aber in § 6 Abs. 5 besonders geregelt, fällt daher nicht unter Abs. 6. Aber auch der Fall der Enteignung fällt nicht unter Abs. 6; vielmehr ist hier die Enteignungsentschädigung als Preis im Sinne des § 6 Abs. 1 zu erachten; vgl. oben Anm. 4d. Die Fälle des § 315 BGB. fallen gleichfalls nicht unter Abs. 6; vielmehr wird dort vorausgesetzt, daß die Leistung durch einen der Vertragschließenden bestimmt werden soll; es ist also mindestens stillschweigend die Art der Preisbestimmung und damit der Preis vereinbart. Das OVG. hat die Vorschrift des Abs. 6 auf Fälle angewendet, in denen ein Preis zwar vereinbart war, aber nicht für das Grundstück in der vorliegenden Beschaffenheit, weil nämlich zwischen Preisvereinbarung und Steuerstichtag, der in den entschiedenen Fällen der Tag des Eigentumswechsels war, ein Neubau errichtet worden war; vgl. OVG. 75, 7 sowie VII C. 72/26 bei Pape Jahrb. 7, 415. Ferner ist ein Preis nicht vereinbart, also der gem. Wert maßgebend, wenn das Erwerbsgeschäft, z. B. wegen Geschäftsunfähigkeit einer Vertragspartei, nichtig war; vgl. OVG. 73, 1. Ist ein Preis nicht zu zahlen, so kann Schenkung vorliegen, die nach § 5 Abs. 1 Nr. 1 steuerfrei ist; in Betracht kommt ferner das Treuhandgeschäft. Von den Treuhandgeschäften scheidet der Grundstücksbeschaffungsvertrag wieder aus, da der Auftraggeber hier einen Preis zu zahlen hat; vgl. oben Anm. 4d. Dagegen fällt der echte Treuhandvertrag unter Abs. 6. Hat z. B. jemand als Treuhänder für einen nicht eingetragenen Verein ein Grundstück erworben und überträgt er das Eigentum, nachdem der Verein die Rechtsfähigkeit erlangt hat, an diesen, so ist bei dieser Übertragung ein Preis weder vereinbart noch überhaupt zu zahlen; es liegt aber auch keine Schenkung vor (OVG. 66, 24; RFH. 6, 62; RFH. StW. VII 90). Hier tritt u. U. der gemeine Wert an die Stelle des Preises; vgl. oben Anm. 4 d. Weitere Fälle, in denen ein Preis weder vereinbart noch zu zahlen ist, sind die Übereignung auf Grund einer Schadensersatzpflicht (§ 249 BGB.) oder auf Grund einer Kondiktion (§§ 812 ff. BGB.). Von den Fällen der Universalsukzession kommt nicht in Betracht die Erbschaft nach § 5 Abs. 1 Nr. 1; ebenso übrigens Vermächtnis. Bei Fusion von Aktiengesellschaften ist ein Gesamtpreis in der Regel vereinbart und meist auch durch Schätzung gemäß § 20 zu ermitteln. Wohl aber gehören hierher der Anfall eines Vereinsvermögens an den Fiskus gemäß § 45 BGB. sowie der Fall des Ausschlusses bei Ersitzung; ferner die Überlassung eines Gesellschaftsgrundstücks an

einen Gesellschafter bei Verteilung des Vermögens nach Liquidation; vgl. Oldenb. OVG. JW. 1918, 837.

Nicht zu ermitteln ist der Preis, wenn die Parteien den vereinbarten Preis nicht angeben und er anderweit nicht festzustellen ist oder wenn die Vereinbarungen derart verworren und unklar sind, daß sie eine Berechnung nicht ermöglichen oder sich ihrer Natur nach der rechnerischen Bestimmbarkeit entziehen. Vgl. OVG. 75, 1; ferner, wenn das Entgelt von z. B. ungewissen Umständen abhängt; vgl. OVG. 63, 72; PrVBl. 50, 128. Wird die Angabe der Parteien als unglaubhaft beanstandet, so liegt ein Fall des § 20 vor, wonach eine Schätzung durch die Steuerbehörde stattfindet, die sich dann aber auf den gemeinen Wert gemäß § 6 Abs. 6 zu richten hat. Bloße Schwierigkeiten der Preisermittlung reichen aber nicht aus, um den gemeinen Wert an Stelle des Preises treten zu lassen, soweit die Schwierigkeiten zu überwinden sind. Insbesondere liegt ein Fall des Abs. 6 nicht vor, wenn lediglich die Aufwertung von Vorkriegs- und Inflationszahlungen in Frage steht: OVG. VII C. 5/26 bei Pape Jahrb. 7, 410.

Wegen des Begriffs des gemeinen Wertes vgl. die Darlegungen zu § 11 GrdErwStG. Die Begriffsbestimmung in § 138 AO. ist zwar nicht unmittelbar maßgebend, praktisch aber doch zugrunde zu legen, da sie dem in der Steuerrechtswissenschaft herausgebildeten Begriff des gemeinen Wertes entspricht. Als gemeiner Wert gilt hiernach der Preis, der im gewöhnlichen Geschäftsverkehr nach der Beschaffenheit des Gegenstandes unter Berücksichtigung aller den Preis beeinflussenden Umstände bei einer Veräußerung zu erzielen wäre, wobei ungewöhnliche oder lediglich persönliche Verhältnisse nicht zu berücksichtigen sind. Ähnlich war schon die Begriffsbestimmung OVG. in Staatssteuersachen 5, 326; vgl. auch OVG. 75, 178; PrVBl. 32, 235. Ein Vergleich mit Steuerwerten anderer Grundstücke ist ungeeignet und kein zulässiger Weg zur Wertermittlung: OVG. StW. VIII 550. Dagegen sind Vergleichspreise, die für gleichartige Grundstücke gezahlt sind, für die Feststellung des gemeinen Wertes von besonderer Bedeutung: OVG. VII C. 793. 13. Für die Inflationszeit scheiden die vereinbarten Preise als Bewertungsfaktor aber aus: RFH. 14, 329; auch dann, wenn sie in Goldmark oder in ausländischer Währung vereinbart waren: RFH. StW. VII 437. Das Grundstück ist in demjenigen Zustand zu bewerten, in dem die Beteiligten es zum Gegenstand des schuldrechtlichen Vertrages gemacht haben; vgl. RFH. 9, 61; 13, 293. Hat sich der Veräußerer also den Abbruch vorhandener Gebäude vorbehalten, so ist das unbebaute Grundstück zu bewerten. Dasselbe gilt aber auch, wenn der Veräußerer die Errichtung eines Neubaues für den Erwerber übernommen hat, denn zur maßgebenden Zeit des Kaufabschlusses war das Grundstück noch unbebaut. Dieser Zeitpunkt ist aber für Steuerbemessung maßgebend; vgl. OVG. 70, 14. Maschinen, Betriebsvorrichtungen und Zubehör sind nicht mit zu bewerten. Der gemeine Wert des Grundstücks ist auch bei Abtretung der Rechte aus einer Offerte, falls ein Preis nicht vereinbart ist, maßgebend; vgl. RFH. StW. VII 88; ebenso bei den anderen Zwischengeschäften des § 5 Abs. 4 GrErwStG.

13. Der steuerliche Rückgriff.

a) Nach Absatz 1 Satz 2 ist bei Feststellung des Erwerbspreises von dem letzten steuerpflichtigen Rechtsvorgange auszugehen, so daß die nach § 5 I Nr. 1 bis 10 steuerfreien Rechtsvorgänge außer Betracht bleiben. Es ist hierbei belanglos, wieviel steuerfreie Rechtsvorgänge vorliegen; sie werden sämtlich nach rückwärts übersprungen. Unter dem letzten steuerpflichtigen Rechtsvorgang ist der in thesi steuerpflichtige Rechtsvorgang zu verstehen. Es kommt also nicht darauf an, ob eine Steuer wirklich entrichtet worden ist oder ob sich kein steuerbarer Wertzuwachs ergeben hat. Die persönliche Steuerfreiheit nach § 5 I 11 steht der sachlichen nicht gleich. Hat also der jetzige Veräußerer das Grundstück vom Reich erworben, so ist sein Erwerbspreis maßgebend.

b) Die steuerfreien Rechtsvorgänge bleiben bei der Feststellung des Erwerbspreises außer Betracht. Es kommt insbesondere nicht darauf an, ob die Veräußerung für den Veräußerer ein Gewinn- oder Verlustgeschäft darstellt. Hat z. B. der Vater das Grundstück in der Inflationszeit für 3000 GM. erworben und es im Jahre 1927 an seinen Sohn für 100000 GM. veräußert und veräußert der Sohn es jetzt weiter für 80000 GM., so ist ein Wertzuwachs von 77000 GM. zu versteuern, obgleich der letzte Veräußerer mit einem Verlust von 20000 Mk. verkauft. Das Gesetz bestimmt nur, daß für die Ermittlung des Wertzuwachses von dem Preise des letzten steuerpflichtigen Rechtsvorganges auszugehen ist. Dagegen ist nicht bestimmt, daß die steuerfreien Zwischengeschäfte überhaupt nicht, insbesondere nicht gemäß § 8, zu berücksichtigen wären. Vielmehr sind gemäß § 8 dem Erwerbspreise hinzuzurechnen nicht nur die Erwerbskosten für das steuerpflichtige Erwerbsgeschäft, von dem nach § 6 Abs. 1 Satz 2 auszugehen ist, sondern auch die Erwerbskosten für den steuerfreien Rechtsvorgang. Daß Aufwendungen für Bauten usw. hinzuzurechnen sind, soweit diese in der Zeit zwischen dem letzten steuerpflichtigen Rechtsvorgang und der steuerpflichtigen Veräußerung errichtet worden sind, ergibt sich ohne weiteres aus dem Gesetz. Dagegen kommt eine Hinzurechnung des Hypothekenausfalls gemäß § 8 Nr. 3 für einen steuerfreien Erwerb in der Zwangsversteigerung nicht in Betracht, weil von dem Erwerbspreis des letzten steuerpflichtigen Geschäfts auszugehen ist.

c) Die Steuerfreiheit der fraglichen Rechtsvorgänge ist nach der in Kraft befindlichen Steuerordnung auch für solche Rechtsvorgänge zu beurteilen, die vor ihrem Inkrafttreten abgeschlossen waren. Diese Vorschrift ist überaus bedenklich, weil durch sie eine Doppelbesteuerung entstehen kann. So war z. B. in der Berliner Steuerordnung bis zum 1. 4. 1929 keine Steuerfreiheit für den Fall des § 5 Nr. 5 begründet. Hat ein verdrängter Grenzlandsdeutscher vor dem 1. 4. 1929 ein Grundstück in Berlin zur ersten Wiederansetzung erworben, so mußte für diesen Erwerbsvorgang WZuwSt. gezahlt werden. Veräußert er nunmehr das Grundstück weiter, so ist nach der jetzt geltenden Steuerordnung sein Erwerbsfall als steuerfrei zu behandeln, so daß bei Bemessung des WZuw. wiederum von dem Erwerbspreis seines Rechtsvorgängers auszugehen, dessen Wertzuwachs also nochmals zu versteuern ist. Die Rechtsgültigkeit dieser Vorschrift ist daher durchaus zu bezweifeln; mindestens müßte in derartigen Fällen entsprechende Steuerermäßigung aus Billigkeitsgründen gemäß § 24 bewilligt werden. So auch Asch-Oppenheimer Anm. 3 zu § 14. Im übrigen vgl. Anm. 2 zu § 5.

d) Steuerschuldner ist der letzte Veräußerer, und zwar in Höhe des gesamten zu errechnenden Wertzuwachses, also auch insoweit, als der WZuw. sich aus dem Vergleich seines eigenen Erwerbspreises mit dem Erwerbspreis seines Rechtsvorgängers ergibt. Er versteuert also auch den von seinem Rechtsvorgänger realisierten Wertzuwachs. Bei der Veranlagung können sich hier Schwierigkeiten ergeben, da der Veräußerer nicht ohne weiteres in der Lage sein wird, den Erwerbspreis seines Rechtsvorgängers und die von diesem gemachten Aufwendungen an Erwerbskosten, Baukosten usw. anzugeben und nachzuweisen; besonders wenn der Erwerbsvorgang seines Rechtsvorgängers, wie in der Inflationszeit häufig, ein Schwarzkauf gewesen ist, wird es oft schwierig sein, den vom Rechtsvorgänger wirklich gezahlten Erwerbspreis festzustellen, da der Rechtsvorgänger in der Regel nicht geneigt sein wird, die Tatsache eines Schwarzkaufs zuzugeben und den wirklich bezahlten Erwerbspreis zu nennen. In solchen Fällen wird es sich mitunter rechtfertigen, gemäß § 6 Abs. 6 an Stelle des nicht zu ermittelnden

Erwerbspreises den gemeinen Wert des Grundstücks zugrunde zu legen, was für den Steuerpflichtigen in Fällen der genannten Art oft günstig sein kann.

e) Ein Rückgriff des Veräußerers gegen seinen Vormann wird ohne besondere Vereinbarung nicht gegeben sein. Die Vorschriften des BGB. über den Kauf ergeben keine Handhabe für einen Rückgriffsanspruch. Auch ein Fall der ungerechtfertigten Bereicherung liegt nicht vor, da der Vormann nur bei wirtschaftlicher, nicht aber bei rechtlicher Betrachtung auf Kosten des jetzigen Veräußerers bereichert ist. Eine Bereicherung im Rechtssinne liegt nicht vor, weil der Vormann eine WZuwSt. überhaupt nicht zu zahlen hatte, also durch die Zahlung des jetzigen Veräußerers nicht von einer eigenen Verbindlichkeit befreit worden ist. Es ist daher für den Erwerber bei steuerfreien Veräußerungsgeschäften, so z. B. bei Erbauseinandersetzungen, empfehlenswert, auf eine Regelung dieser Frage hinzuwirken, jedenfalls aber bei der Preisbemessung im Auge zu behalten, daß er für den Fall der Weiterveräußerung die Verbindlichkeit für die zur Zeit ersparte WZuwSt. übernimmt.

§ 7.

(1) Soweit der Erwerbspreis nicht in Gold-, Renten- oder Reichsmark berechnet ist, wird er gemäß den Bestimmungen des § 2 des Aufwertungsgesetzes vom 16. 7. 1925 (RGBl. I S. 117) nach seinem Goldmarkbetrage berechnet. Maßgebend für die Berechnung ist, falls ein Veräußerungsgeschäft abgeschlossen war, das zur Übertragung des Eigentums verpflichtete, der Tag des Abschlusses des Rechtsgeschäftes, in allen übrigen Fällen der Tag der Vollendung des Rechtsvorganges, der die Rechtsänderung bewirkt hat.

(2) Hat der Veräußerer beim Erwerbe des Grundstücks in Anrechnung auf den Erwerbspreis Schuldverpflichtungen, Hypotheken usw. übernommen, so gilt abweichend von der Bestimmung des vorhergehenden Absatzes für die Berechnung des Goldmarkbetrages der übernommenen Schuldverpflichtungen folgendes:

1 Bestehen die Schuldverpflichtungen bei der neuen Veräußerung des Grundstücks noch und werden diese von dem neuen Erwerber übernommen, so ist für die Berechnung ihres Goldmarkbetrages der Umrechnungstag des übrigen Erwerbspreises (Abs. 1) maßgebend; jedoch ist ihr Wert für die Berechnung des Erwerbspreises mindestens mit dem gleichen Betrage einzustellen, wie er bei der Berechnung des neuen Veräußerungspreises in Ansatz gebracht worden ist.

2 Sind die Schuldverpflichtungen bis zur neuen Veräußerung des Grundstücks getilgt, so ist ihr Goldmarkbetrag nach dem Werte der Leistungen zu berechnen, die der Veräußerer für die Tilgung am Tilgungstage aufgewandt hat, soweit nicht ihr Goldmarkbetrag am Tage des Erwerbs des Grundstücks höher ist.

1. **Allgemeines.** Die Aufwertung der Papiermarkpreise hat Anlaß zu mehrfachen Streitfragen gegeben. § 16 FinAusglG. v. 23. 6. 23 schrieb vor, daß die innere Kaufkraft der Mark zugrunde zu legen sei. In § 18 Abs. 2 des jetzt

geltenden FinAusglG. ist das Wort „innere" weggelassen, weil es der Praxis Schwierigkeiten verursacht hatte.

In der Rsp. des OVG. ist der Dollarmaßstab für ausreichend erklärt worden; vgl. OVG. 79, 43; 80, 76; PrVBl. 46, 462; 47, 360; 48, 408; 49, 123.

Die MStO. hat die Umwertungsfrage in § 7 geregelt und dabei an die Stelle des Dollarmaßstabes die Tabelle des AufwG. gesetzt (vgl. Anhang). Auch dies ist vom OVG. für rechtsgültig erklärt worden. Redder, PrVBl. 47, 124 ff. führt aus, daß die Bestimmung im FinAusglG. nur eine Anweisung an die Gemeinden, kein unmittelbar geltendes Steuerrecht enthalte und sich nur auf die in Abs. 1 vorgeschriebene Inflations-WZuwSt. beziehe. Die Gemeinden seien hinsichtlich der Art, die Kaufkraft festzustellen, und hinsichtlich des Umrechnungsfaktors frei. Dem kann nicht beigetreten werden. Der § 16, jetzt § 18 FinAusglG. ist vielmehr die Rechtsgrundlage für die Befugnis der Gemeinden zur Erhebung einer WZuwSt., die ohne diese Ermächtigung in die Steuerhoheit des Reichs eingreifen würde; vgl. RFH. (Gr. Sen.) PrVBl. 47, 218; RFH. 18, 105; ferner SächsOVG. JW. 1927, 2872 Nr. 1, wonach § 16 — jetzt 18 — FinAusglG. auf die StO. ohne weiteres ergänzend und berichtigend einwirkt.

Der in heutiger Reichsmark vereinbarte Veräußerungspreis ist nicht entsprechend der Kaufkraft der RM. umzurechnen; vgl. SächsOVG. PrVBl. 49, 932.

2. Erwerbspreise in Papiermark sind nach den Bestimmungen des § 2 des AufwG. in Goldmark umzurechnen. Diese Vorschrift lautet:

> Als Goldmarkbetrag gilt bei Ansprüchen, die vor dem 1. 1. 1918 erworben sind, der Nennbetrag. Ist der Anspruch später erworben, so wird der Goldmarkbetrag dadurch festgestellt, daß der Nennbetrag, im Falle des entgeltlichen Erwerbs der Erwerbspreis, nach Maßgabe des Wertverhältnisses umgerechnet wird, das in der Anlage zu diesem Gesetz für den Tag des Erwerbs bestimmt ist. Ist ein Umrechnungsverhältnis für diesen Tag nicht bestimmt, so ist das letzte vorhergehende Umrechnungsverhältnis maßgebend. An Stelle des Erwerbspreises ist der Nennbetrag der Berechnung zugrunde zu legen, wenn er, nach dem Zeitpunkt der Begründung des Anspruchs in Goldmark umgerechnet, niedriger ist. Ein Erwerb, der nach dem 13. 2. 24 stattgefunden hat, bleibt für die Berechnung des Goldmarkbetrages außer Betracht.

Umzurechnen sind Erwerbspreise, wenn sie nicht in Gold-, Renten- oder Reichsmark berechnet sind. Unter Goldmark ist sowohl die Feingoldmark als die Dollargoldmark zu verstehen, unter Reichsmark die auf dem Münzgesetz vom 30. August 1924 beruhende, z. Z. geltende Währung. Die Goldmark, und zwar sowohl die Feingoldmark als auch die Dollargoldmark, ist der Rentenmark und der heutigen Reichsmark ohne weiteres gleichzusetzen. Ist der Erwerbspreis in einer ausländischen Währung berechnet worden, so wird er nach den für den Vertragsort maßgebenden amtlichen Kursen in Dollargoldmark umzurechnen sein. Dieser Fall ist nach Anm. 4 f zu § 6 zu behandeln.

War der Erwerbspreis in dem gemäß § 6 Abs. 1 Satz 2 maßgebenden letzten steuerpflichtigen Rechtsvorgang in Papiermark berechnet, so erfolgt seine Umrechnung gemäß § 2 des AufwG. Der für die Umrechnung maßgebende Stichtag fällt mit dem Tage zusammen, an welchem nach § 2 die Steuerpflicht eintritt. Im Falle der Enteignung ist daher der Tag des Eigentumswechsels für die Umrechnung der in Papiermark festgesetzten Enteignungsentschädigung maßgebend, obgleich Festsetzung und Zahlung der Entschädigung vielleicht an einem ganz anderen Tage erfolgt sind. Die gesetzliche Regelung ist daher in diesem Falle nicht sachentsprechend. Sie wird aber auch in vielen anderen Fällen mit den tatsächlichen Verhältnissen nicht übereinstimmen. Der § 2 AufwG. hat unmittelbare Geltung nur für die gebundene Aufwertung nach dem AufwG., nicht für die freie Aufwertung, die sowohl für Verbindlichkeiten gilt, die an sich dem AufwG. unterfallen (§ 10 AufwG.), als auch allgemein für die nicht von ihm betroffenen Ansprüche; vgl. §§ 62, 63 Abs. 2, 3 AufwG. Der Grundstückskaufpreis unterliegt aber stets der freien Aufwertung, mag er durch Hypothek gesichert sein oder nicht; vgl. §§ 10 Abs. 1 Nr. 5, 63 Abs. 3 AufwG. Er ist nach der ständigen Praxis der Gerichte aufzuwerten, wenn er nicht am Tage des Vertragsabschlusses bar gezahlt, sondern infolge Stundung oder Verzugs erst später entrichtet worden ist, aber auch dann, wenn der Kaufpreis pünktlich am Tage des Vertragsschlusses entrichtet worden ist, wenn aber der Vertrag durch Annahme einer Offerte zustande gekommen ist und zwischen Offerte und Annahme ein längerer Zeitraum verstrichen war; vgl. RG. 115, 13; AufwKart. Grundstückskaufpreis Nr. 8 a, 12, 13 a; ferner Nr. 36 a zu § 10. Die Aufwertung des Kaufpreises erfolgt also in Wirklichkeit keineswegs nur nach Maßgabe des Goldwertes am Tage des Vertragsschlusses bzw. der Offerte, auch nicht nach Maßgabe des Goldwertes auf Grund der Tabelle zum AufwG., vielmehr ist bei der Aufwertung des Kaufpreises die Kaufkraft des Geldes im maßgebenden Zeitpunkt zu berücksichtigen, wobei auch die Kaufkraft auf dem Grundstücksmarkte in Betracht kommt und daher auf den gegenwärtigen Wert des Grundstücks Rücksicht zu nehmen ist. Daneben sind alle Umstände des Falles, insbesondere auch die Vermögensverhältnisse beider Vertragsparteien, in Rücksicht zu ziehen; vgl. Mügel S. 264ff.; RG. JW. 1925, 2241; 1928, 1383 Nr. 47; 1819 Nr. 41; 2847 Nr. 32; AufwKart. Grundstückskaufpreis Nr. 1, 2, 10, 12, 13a; KG. JW. 1925, 2253. Aber selbst im Gebiet der gebundenen Aufwertung wird der § 2 AufwG. durch § 3 ergänzt und modifiziert, der den Rückgriff auf den Erwerbstag des Rechtsvorgängers gestattet, so bei Treuhandgeschäften, Vermögensübernahmen. Es wird sich daher oft ergeben, daß der vom jetzigen Veräußerer wirklich gezahlte, aufgewertete Erwerbspreis sich keineswegs mit dem Betrage deckt, der nach § 7 MStO. auf Grund des § 2 AufwG. zu errechnen ist. Hier ergibt sich die Unrichtigkeit der Rechtsprechung des OVG., wonach die durch § 18 Abs. 2 FinAusglG. vom 10. 8. 1925 vorgeschriebene Zugrundelegung der Kaufkraft der Mark dadurch erfüllt wird, daß die Papiermark nach der Tabelle zum AufwG. in Goldmark umgerechnet wird; vgl. OVG. PrVBl. 50, 141; 49, 757. Auch die durch rechtskräftiges Urteil im Zivilprozeß festgestellte Aufwertungspflicht bezüglich des Erwerbspreises kommt nach dieser Rsp. nicht in Betracht; PrVBl. 49, 707. Diese schematische Umrechnung wird den tatsächlichen Verhältnissen nur in den Fällen der Barzahlung beim Abschluß des uno actu zustande gekommenen Vertrags gerecht, führt aber in zahlreichen anders gelagerten Fällen zur Konstruktion eines rein fiktiven Wertzuwachses. Es erscheint aber als unbedingtes Erfordernis einer Wertzuwachsberechnung, daß von dem wirklichen Erwerbspreis ausgegangen wird. Dieser bestimmt sich bei Bemessung in Papiermark nach der Kaufkraft des Geldes, die auch nach § 18 FinAusglG. maßgebend ist; das Reichsgericht und auch das AufwG. verstehen aber unter der Kaufkraft der Mark etwas ganz anderes als die Umrechnung nach der Aufwertungstabelle. In ständiger Rechtsprechung hat das Reichsgericht es abgelehnt, für die freie Aufwertung diese Tabelle zugrunde zu legen; vgl. RG. JW. 1928, 1383[47]; 1819[41]; AufwKart. Grundstückskaufpreis Nr. 10. Hieran darf eine WZuwStO. nicht achtlos vorübergehen. Es erscheint auch nicht angängig, den Begriff der Kaufkraft der Mark im Sinne des § 18 FinAusglG. anders zu verstehen, als er von den Gerichten bei Bestimmung des Umfangs der Leistungspflicht von Grundstückserwerbern allgemein verstanden und ausgelegt wird. § 18 a. a. O. wollte ja gerade gewährleisten, daß der wirkliche Wertzuwachs ermittelt, daß der Papiermarkpreis auf seinen materiellen Gehalt zurückgeführt und nicht schematisch-formalistisch behandelt wird. Auch Pape, Jahrb. 5, 325 sagt: „Nichts widerspricht dem Begriff und System der WZuw.-Besteuerung so sehr wie die Fiktion der Preise oder Werte, noch dazu, wenn die Fiktionszahlen Zwangsziffern sein sollen.“ Daher kann die Bestimmung des § 7 Abs. 1 insoweit nicht als rechtsgültig erachtet werden, als sie die Tabelle auch für solche Erwerbsfälle anwendet, in denen eine freie Aufwertung stattgefunden hat. Die Gemeinden sind nicht befugt, eine Steuer zu erheben, die lediglich den Namen Wertzuwachssteuer führt, sich bei Bemessung des Wertzuwachses aber willkürlich über den wirklich vereinbarten und nach der Rechtsprechung geschuldeten und entrichteten Erwerbs- oder Veräußerungspreis hinwegzusetzen. Das OVG. spricht (VII C. 62/27; vgl. PrVBl. 47, 361; 48, 324; 50, 141, 142) von einer „nachträglichen Aufwertung“ des Erwerbspreises bzw. der Kaufgeldhypothek, durch die der Goldmarkwert des Erwerbspreises nicht beeinflußt werden könne. Darin liegt eine Verkennung des Wesens der Aufwertung, die kein nachträgliches Ereignis darstellt, sondern auf Grund des der Schuld von Anbeginn innewohnenden Prinzips von Treu und Glauben erfolgen muß. Die Aufwertung hat nur deklatorische Bedeutung; sie stellt fest, welchen Goldwert der vereinbarte Preis ursprünglich gehabt hat und welcher Betrag daher — bei Anrechnung des geleisteten Papiermarkbetrages nach seinem Goldwert — nachzuzahlen bleibt. So auch HessVGH. JW. 1928, 2412 Nr. 9; vgl. Mügel S. 155ff.; 160f.; RG. 114, 403. Die tatsächlichen Verschiedenheiten können im Einzelfall außerordentlich hoch sein. Hat der jetzige Veräußerer das Grundstück z. B. auf Grund einer Offerte vom 1. 10. 1921 und ihrer Annahme am 30. 12. 1922 zu einem Preise von einer Mill. Mark erworben, so ist nach der Fassung des § 7 der Erwerbspreis auf 634 Goldmark umzurechnen. Nach der Rechtsprechung der Gerichte wird der Erwerber aber leicht zu einer Aufwertung in Höhe von 50000 GM. und mehr herangezogen werden können, da schon die Umrechnung nach der Tabelle für den 1. Oktober 1921 einen Betrag von 38800 GM. ergibt.

Die Steuer nach Maßgabe der MStO. ist in solchen Fällen keine WZuwSt., sondern eine verschleierte GrErwSt., die gegen § 33 Abs. 2 (früher § 37) GrErwStG. verstößt. Der Fall liegt grundsätzlich nicht anders, als wenn eine StO. bestimmte: „WZuw. ist der Veräußerungspreis, vermindert um den Erwerbspreis; als letzterer gilt bei Inflationskäufen $^{1}/_{10}$ des Veräußerungspreises.“ In Wirklichkeit ist der WZuw. ein objektiv bestimmbarer Begriff. Er kann mit dem Unterschied des gemeinen Wertes am Erwerbs- und Veräußerungstage oder mit dem Preisunterschied an beiden Tagen zusammenfallen, niemals aber durch eine willkirliche Tabelle bestimmt werden. A. M. die ständige Rsp. des OVG.; vgl. PrVBl. 47, 361; 48, 324; 50, 142. Unzulässig ist es nach OVG. PrVBl. 47, 361; 50, 178 dagegen, den Zeitpunkt des dinglichen Eigentumswechsels für die Umrechnung in der StO. für maßgebend zu erklären.

Ist der Kaufpreis durch Hingabe anderer Werte belegt worden (Effekten, Hypotheken, Wertsachen u. dgl., vgl. Anm. 4 f zu § 6), so kommt insoweit die Umrechnung in Goldmark nicht in Betracht; vielmehr ist der gemeine Wert der nach dem Vertrage zu leistenden Gegenstände zu berechnen. Soweit der Kaufpreis durch Übernahme von Hypotheken und Schuldverpflichtungen belegt worden ist, ist die Umrechnung durch Abs. 2 besonders geregelt.

3. **Hypothekenübernahme.** Soweit der Veräußerer beim Erwerb des Grundstücks in Anrechnung auf den Erwerbspreis Schuldverpflichtungen, Hypotheken usw. übernommen hat, sollte nach OVG. 80, 80; PrVBl. 47, 361; 48, 269, 284, 408; 49, 317, 973; 50, 142 hierin nur eine Zahlungsmodalität liegen,

die an der Preishöhe nichts ändere, so daß als Erwerbspreis der nach dem Dollarmaßstab umgewertete Gesamtpreis — ohne Berücksichtigung der Aufwertung der übernommenen Hypotheken — in Frage kam. Dieser Standpunkt, der auf den Irrglauben Mark = Mark zurückführt und nur auf dieser Grundlage gerechtfertigt werden kann, ist — jedenfalls für Inflationskäufe — weder zivilrechtlich noch steuerrechtlich zutreffend. Eine Erörterung ist hier erforderlich, da die bekämpfte Konstruktion auch Folgen für die Auslegung der MStO. hat. Die Übernahme einer Hypothek in einem während der Inflation abgeschlossenen Grundstückskaufvertrag schließt nach der Rsp. des RG. die Übernahme der persönlichen Aufwertungsschuld in sich; vgl. RG. JW. 1927, 1412 Nr. 7. Die Aufwertungsverpflichtung ist aber zivilrechtlich durch die Tabelle zum AufwG. nicht begrenzt und nicht auf den Goldwert am Tage der Hypothekenübernahme beschränkt; vielmehr bemißt sich die Aufwertung der Hypothek auf 25 Prozent des Goldwerts vom Tage des Rechtserwerbs des Gläubigers, die Aufwertung der persönlichen Schuld mindestens ebenso hoch, bei Restkaufgeldhypotheken aber bis 75 v. H. des Nennbetrages in Gold. Hiernach ist die Hypothekenübernahme zivilrechtlich keineswegs als Zahlungsmodalität eines Papiermarkpreises, dessen Goldwert nach dem Tage des Kaufvertrags zu bestimmen wäre, zu kennzeichnen; sie stellt vielmehr eine selbständige Leistung von eigenartigem, rechtlichem Inhalt dar.

Aber auch steuerrechtlich ist die Auffassung des OVG. unhaltbar. Die Übernahme der Hypothek stellt sich gemäß § 6 Abs. 2 MStO. als übernommene Leistung dar, die zu dem „Gesamtbetrag der Gegenleistungen" gehört. Hiernach ist die übernommene Leistung ein vollwertiger und mit der bar zu zahlenden Summe gleichwertiger Bestandteil des Kaufpreises. Es ist nicht so, daß die übernommene Leistung als solche steuerrechtlich nicht zu berücksichtigen wäre, weil sie nur eine Zahlungsmodalität, kein selbständiger Bestandteil des Kaufpreises sei, daß also nur der Kaufpreis in seiner zahlenmäßig festgesetzten Größe den Kaufpreis bildete. Vielmehr ergibt der Begriff „Gesamtbetrag der Gegenleistungen" in Abs. 2, daß mehrere selbständige Gegenleistungen in Frage stehen, von denen die „übernommene Leistung" eine ist. Diese ist also nach ihrem Wert zu bemessen und zu dem Wert des bar zu zahlenden Teils des Kaufpreises hinzuzurechnen (Gesamtbetrag!).

Nun könnte man vielleicht einwenden: Der objektive Wertzuwachs ergibt sich nur aus dem Vergleich der Gesamtpreise bei Ankauf und Weiterveräußerung. Ob ein Grundstück mit Hypotheken belastet ist und seit wann diese Hypotheken bestehen und dem gegenwärtigen Gläubiger gehören, ist eine subjektive Zufälligkeit. Ein Grundstück hat — und hatte in der Inflationszeit — nicht deshalb einen höheren oder geringeren Preis, weil es mit Hypotheken belastet ist bzw. war oder nicht. Daher müssen die Umstände, welche die Aufwertung von Hypotheken berühren, für die Feststellung des Erwerbspreises außer Betracht bleiben. Diese Argumentation ist aber nicht schlüssig. Allerdings ist „Wertzuwachs" nicht identisch mit Gewinn, sondern objektiv zu verstehen. Aber durch die grundsätzliche Anknüpfung an den Preis statt an den gemeinen Wert hat der Begriff des Wertzuwachses nun einmal eine subjektive Färbung erhalten. Auch der durch subjektiven Bedarf hochgetriebene und der durch dringende Geldnot gedrückte Preis wird ja der Wertzuwachsberechnung zugrunde gelegt; daher auch die Preise der Inflationszeit, die für die objektive Bewertung der Grundstücke gewiß keinen zutreffenden Maßstab abgeben; vgl. RFH. 14, 329; StW. VII 437. Von einer „objektiven Wertsteigerung der Grundstücke" kann doch wahrlich nicht die Rede sein, wenn man den nach der Aufw.-Tabelle umgerechneten Preis vom 1. 12. 1922 mit dem Preis vom 1. 10. 1929 vergleicht. Hierzu kommt, daß die Veräußerung hypothekenfreier Grundstücke gegen volle Barzahlung immer, auch in der Inflationszeit, die Ausnahme gebildet hat und daß in der Inflationszeit hypothekenfreie Grundstücke in der Tat höher bewertet worden sind als belastete. Will man also die objektive Wertsteigerung feststellen, so darf man nicht die Ausnahmefälle zugrunde legen und die Regelfälle des Verkaufs mit Hypothekenübernahme künstlich umdeuten. Vielmehr ist es nur folgerichtig, daß, wenn man die Wertzuwachsberechnung an die Preise anknüpft, man auch von den wirklichen Preisen ausgeht und die durch die Inflation verwirrte Preisgestaltung in Kauf nimmt. Es läßt sich eben für die Inflation kein objektiv zutreffender Regelpreis feststellen. Auch ohne Rücksicht auf hypothekarische Belastung waren die Preise gleichwertiger Grundstücke sehr verschieden, sogar an ein und demselben Tage. Der Reichsfinanzhof hat diese Frage in dem hier vertretenen Sinne entschieden: StW. VII 14, 97, 99, 292; Mrozek R. 21 zu § 12 Abs. 2 Satz 1 GrErwStG.

Die MStO. hat diese Frage im Sinne der Billigkeit, aber nicht erschöpfend geregelt. Wo in einer StO. nur von Hypotheken die Rede ist, muß darunter auch die zugrunde liegende persönliche Forderung, auch soweit ihr Aufwertungsbetrag den des dinglichen Rechts übersteigt, verstanden werden: OVG. PrVBl. 50, 73.

Die Fassung („usw.") ist nicht sehr glücklich, da sie offen läßt, um welche weitere Objekte es sich handeln soll. In Betracht kommen wohl Grundschulden, Rentenschulden, Reallasten und Dienstbarkeiten sowie andere auf dem Grundstück ruhende Lasten. Fraglich ist weiter, ob für die Übernahme von Schuldverpflichtungen nur die Vorschriften des Abs. 2 oder ergänzend auch die Vorschriften des Abs. 1 gelten. Der Abs. 2 ist nämlich lückenhaft: er behandelt nur den Fall, daß die Schuldverpflichtungen bei der neuen Veräußerung noch bestehen und vom Erwerber übernommen werden, sowie den weiteren Fall, daß sie nicht mehr bestehen, sondern vor der neuen Veräußerung getilgt sind. Es kommen aber noch weitere Fälle in Betracht. So ist es möglich, daß die Hypothek oder Schuldverpflichtung noch besteht, also nicht getilgt ist, aber vom neuen Erwerber nicht übernommen wird. In solchem Falle ist der Veräußerer an sich verpflichtet, die Schuldverpflichtung bzw. Hypothek zu tilgen. Er kann aber nach Lage des Einzelfalles Ausgleichsansprüche gegen den Erwerber nach der bekannten Rechtsprechung des RG. haben, so z. B., wenn erst jetzt eine schon 1924 gemachte Offerte angenommen wird. Es ist ferner möglich, daß der jetzige Veräußerer bei seinem Erwerb die Schuldverpflichtung bzw. Hypothek nicht übernommen hat, so daß die formelle Voraussetzung des Abs. 2 nicht vorliegt, daß er aber tatsächlich die Hypothek tilgen mußte, weil sein Veräußerer zur Tilgung nicht in der Lage oder wegen eines bestehenden Ausgleichsanspruchs nicht verpflichtet war. Für einen derartigen Fall hat OVG. PrVBl. 48, 324 die Berücksichtigung abgelehnt; ähnlich PrVBl. 49, 578.

Es fragt sich, ob in diesen Fällen die Entscheidung aus Abs. 2 oder aus Abs. 1 zu gewinnen ist. Das OVG. hat sich auf den rein formalen Standpunkt der Wortauslegung gestellt und in einem Falle, in dem der neue Erwerber nur den dinglichen Betrag einer auf dem Grundstück ruhenden Restkaufgeld-Aufwertungshypothek, nicht aber die über 25% hinausgehende persönliche Schuld von weiteren 50% übernommen hatte, dem Veräußerer die Anrechnung dieser 50% auf den Erwerbspreis versagt; vgl. JW. 1929, 1821 Nr. 7 mit Anm. von Hagelberg. Das OVG. hat also in diesem Falle einen fiktiven Wertzuwachs konstruiert, und zwar lediglich auf Grund des Wortlauts der mit § 7 übereinstimmenden StO. Ferner hat OVG. PrVBl. 50, 105 die Anrechnung in einem Falle versagt, in dem die Veräußerung im Wege der Zwangsversteigerung erfolgte und die aufgewertete Hypothek ausfiel, während die persönliche Schuld des Subhastaten bestehen blieb. Dem Standpunkt des OVG. kann unmöglich beigetreten werden; er wird nicht einmal durch den Wortlaut des § 7, aber ganz gewiß nicht durch den Sinn dieser Vorschrift gedeckt. Nach dem Wortlaut liegt eine Lücke vor, da der Abs. 2 nur 2 Fälle regelt, während er die anderen in Frage kommenden Fälle übergeht. Es fragt sich, ob diese Lücke durch entsprechende Anwendung der Bestimmungen des Abs. 2 oder durch Abs. 1 auszufüllen ist. Sach- und sinngemäß ist nur ersteres. Schon der Wortlaut des Abs. 2 besagt, daß die Fälle der Übernahme von Hypotheken usw. abweichend von Abs. 1 zu behandeln sind. Mit keinem Wort ist angedeutet, daß nur 2 Fälle der Hypothekenübernahme abweichend vom Abs. 1, alle anderen Fälle auf Grund des Abs. 1 zu behandeln seien. Es entspricht auch nicht einer sinngemäßen Auslegung, die hier erörterten Fälle der Hypothekenübernahme, die in Abs. 2 nicht ausdrücklich geregelt sind, nach Abs. 1 zu behandeln. Insbesondere aber widerspricht diese Behandlung dem Grundgesetz der Wertzuwachsbesteuerung, wonach nur der wirkliche Wertzuwachs besteuert werden darf. Dies ist der eigentliche Sinn und Inhalt des § 18 Abs. 2 FinAusglGes. Es wäre nicht nötig gewesen, die Gemeinden darauf hinzuweisen, daß sie bei Feststellung des steuerbaren Wertzuwachses die Kaufkraft der Mark an beiden Zeitpunkten zugrunde legen müssen, wenn die Gemeinden das Recht haben sollten, den vom Veräußerer wirklich geschuldeten Erwerbspreis ganz unbeachtet zu lassen und einen nur fiktiven Preis auf Grund einer Tabelle, die für seine Zahlungspflicht gar nicht maßgebend ist, zu errechnen. Die oben erwähnten Fälle müssen daher in entsprechender Anwendung der Bestimmung des Abs. 2 behandelt werden.

Einer Übernahme der Schuldverpflichtung oder Hypothek muß es daher gleichstehen, wenn der jetzige Veräußerer auf Grund einer Ausgleichspflicht seinem Vormann gegenüber verpflichtet war, die Schuldverpflichtung oder Hypothek zu tragen bzw. zu übernehmen. Ferner steht einer Übernahme der Fall gleich, daß die Hypothek, die nach dem Vertrage vom Vormann zu beseitigen war und vielleicht in der Inflationszeit auch zur Löschung gebracht worden ist, infolge rückwirkender Aufwertung auf Grund des AufwGes. wieder eingetragen ist, weil die Voraussetzungen des öffentlichen Glaubens des Grundbuches gemäß § 20 AufwGes., § 14 AufwNov. vom 9. 7. 27 nicht vorlagen. Selbst wenn ein Ausgleichsanspruch des Vormannes gegen den jetzigen Veräußerer nicht besteht, der Vormann aber wegen Zahlungsunfähigkeit oder wegen Unbekanntheit seines Wohnsitzes zur Beseitigung der Last nicht herangezogen werden kann, wird die rein tatsächliche Übernahme der Hypothek durch den jetzigen Veräußerer in entsprechender Anwendung des Abs. 2 Nr. 1 zu berücksichtigen sein.

Werden mehrere Hypotheken übernommen, so soll nach OVG. PrVBl. 50, 334 nur einheitliche Umrechnung stattfinden; nur wenn die Gesamtsumme niedriger ist, als der Gesamtwert am Veräußerungstage, entscheidet dieser.

4. Zu den in Abs. 2 geregelten Fällen ist folgendes zu bemerken:

Fall a: Übernahme der Schuldverpflichtungen durch den neuen Erwerber. Es handelt sich um den Fall, daß der Erwerber des steuerpflichtigen Rechtsvorganges in Anrechnung auf den Erwerbspreis bestehende Schuldverpflichtungen oder Hypotheken, Grundschulden usw. übernimmt. In diesem Falle ist die Schuldverbindlichkeit, Hypothek usw. zunächst nach demjenigen Stichtag umzurechnen, der für den Erwerbsvorgang des jetzigen Veräußerers maßgebend ist. Bei dieser Umrechnung würde sich häufig ein unrichtiger Wert ergeben. Hat z. B. der jetzige Veräußerer das Grundstück am 1. 10. 1922 erworben und dabei eine Vorkriegshypothek von 100000 M. übernommen, so würde diese bei Umrechnung nach dem Stichtag vom 1. 10. 1922 einen Goldwert von 213 GM. ergeben. Diese Unbilligkeit wird durch die weitere Bestimmung ausgeschaltet, daß die Hypothek usw. mindestens mit dem gleichen Betrage einzustellen ist, wie er bei der Berechnung des neuen Veräußerungspreises, d. h. des Preises für den jetzt steuerpflichtigen Rechtsvorgang in Ansatz gebracht worden ist. Ist die Hypothek daher auf 25000 GM. aufgewertet, so wird sie auch mit diesem Betrage auf den jetzigen Veräußerungspreis in Anrechnung gebracht werden. Mit demselben Betrage ist sie dann auch auf den Erwerbspreis des jetzigen Veräußerers in Anrechnung zu bringen.

Fall b: Die Schuldverpflichtung usw. ist bis zur neuen Veräußerung, d. h. bis zu dem steuerpflichtigen Rechtsvorgang getilgt. Unter Tilgung wird jede Art der Beseitigung der Schuldverpflichtung zu verstehen sein; in erster Linie natürlich Erfüllung und deren Ersatztatbestände, Hinterlegung und Aufrechnung; auch der Erlaß stellt aber eine Form der Tilgung dar. Eine Hypothek konnte ferner dadurch getilgt werden, daß die formalen Voraussetzungen des öffentlichen Glaubens vorlagen. Hatte freilich der jetzige Veräußerer beim Erwerb des Grundstücks die Hypothek übernommen, was Abs. 2 voraussetzt, so wird er sich auf den öffentlichen Glauben nach § 14 der AufwNov. v. 9. 7. 27 kaum noch berufen können. Es ist aber der Fall denkbar, daß er das Grundstück nach Erlaß des AufwGes., aber vor der Novelle vom 9. 7. 27 durch ein nach § 5 steuerfreies Rechtsgeschäft an einen gutgläubigen Erwerber weiterveräußert hat. In diesem Falle ist nach RG. 120, 352; 123, 87; AufwKart. Nr. 11 zu § 14 AufwNov. die Wiedereintragung der Hypothek infolge des guten Glaubens des Erwerbers nicht angängig. Analog zu behandeln ist der Fall, daß die Schuldverpflichtung bis zur neuen Veräußerung zwar noch nicht getilgt ist, aber vom jetzigen Veräußerer noch getilgt werden muß, weil der Erwerber die Schuldverpflichtung nicht übernommen hat. Es kann keinen Unterschied in der rechtlichen Behandlung begründen, ob der Veräußerer die Schuldverpflichtung, Hypothek usw. kurz vor oder nach dem Veräußerungsvertrag zur Tilgung bringt. In der Regel wird er die Tilgung vor dem Veräußerungsvertrag noch nicht bewirkt haben, weil die gesetzliche Fälligkeit erst am 1. 1. 1932 eintritt. Er wird auch meist erst durch den Kaufvertrag die Geldmittel zur Tilgung der vom Erwerber nicht übernommenen Hypothek usw. erlangen und die Tilgung in der Regel daher erst nach der Veräußerung vornehmen. Es wäre ein unsinniges Ergebnis der Auslegung, wenn dem Veräußerer in diesem Falle die Anrechnung der Schuldverpflichtung, Hypothek auf den Erwerbspreis versagt würde, während sie ihm gewährt wird, wenn er die Tilgung unmittelbar vor dem Kaufabschluß bewirkt hat. Eine derart dem Wesen der Sache widersprechende Auslegung, wie sie aber vom OVG. gebilligt worden ist, muß praktisch dahin führen, daß die Veräußerung in Offerte und Annahme zerlegt wird und daß der Veräußerer schon im Zeitpunkt der Offerte eine Anzahlung erhält, die es ihm ermöglicht, die Hypothek usw. sofort zu tilgen.

Nach der Wortfassung des Abs. 2 Nr. 2 wird vorausgesetzt, daß die Schuldverpflichtungen getilgt sind; es muß aber genügen, daß sie teilweise getilgt sind. Die vorgeschriebene Berechnung erfolgt dann, insoweit die Tilgung vorliegt.

Die Berechnung der Schuldverpflichtungen usw. erfolgt grundsätzlich nach dem Betrage, den der Veräußerer für die Tilgung am Tilgungstage aufgewendet hat. Soweit die Tilgung in Papiermark erfolgt ist, wird sie nach dem Tilgungstage auf Grund der Aufwertungstabelle in Goldmark umzurechnen sein. War aber der Goldmarkbetrag am Tage des Grundstückserwerbs höher, was bei Erwerb vor 1918 sowie immer dann zutrifft, wenn die Tilgung ohne Geldaufwand durch Erlaß oder auf Grund öffentl. Glaubens des GB. erfolgt ist, so ist jener maßgebend. Unter Tag des Grundstückserwerbs ist auch hier der in § 7 Abs. 1 Satz 2 bezeichnete Stichtag zu verstehen. Hatte also der jetzige Veräußerer das Grundstück vor dem 1. 1. 1918 erworben, so ist er berechtigt, den vollen Nennbetrag der Schuldverpflichtung auf den Erwerbspreis anzurechnen. Im Gegensatz hierzu wollte die Stadt Berlin in eine frühere, jedoch nicht genehmigte Fassung ihrer Steuerordnung die Bestimmung aufnehmen, daß Hypotheken nur mit dem zur Tilgung wirklich aufgewendeten Betrage berücksichtigt werden dürfen. Eine solche Bestimmung würde zur Ermittlung des Gewinnes führen, den der Veräußerer an dem Grundstück erzielt hat, nicht aber zur

Ermittlung des objektiven WZuw. am Grundstück. Die Bestimmung müßte daher als rechtsungültig betrachtet werden. Nach der Fassung des Abs. 2 Nr. 2 kann daher der sog. Altbesitzer den vollen vereinbarten Erwerbspreis bei der Berechnung des Wertzuwachses zugrunde legen, gleichviel ob dieser Preis bezahlt oder durch Hypothekenübernahme belegt worden ist.

Schweizer Goldhypotheken unterliegen nach dem Vertrage zwischen dem Deutschen Reiche und der Schweiz einer besonderen Regelung; vgl. Gesetz vom 23. 6. 1923 RGBl. II 284. Hiernach ist die Grundschuld zum Kurse von 100 Franken = 81 Papiermark umzurechnen. Nach der Rechtsprechung des RFH. zur GrdErwSt. muß diese Art der Umrechnung zur Berechnung des Veräußerungspreises im Sinne § 12 GrdErwStG. auch jetzt noch vorgenommen werden; vgl. RFH. Mrozek R. 20 und 44 zu § 12 Abs. 2 Satz 1 GrdErwStG. Für die Berechnung der WZuwSt. gelten hier dieselben Bestimmungen wie für andere Hypotheken, also die Vorschriften des Abs. 2 Nr. 1 u. 2.

§ 8.

(1.) Dem Erwerbspreise sind hinzuzurechnen:

1 Die nachweislich aufgewandten Erwerbskosten einschließlich einer etwa bezahlten Vermittlungsgebühr in ortsüblicher Höhe. An Stelle der nachweislich aufgewandten Erwerbskosten wird auf Antrag des Veräußerers ein Betrag von 6 v. H. des Erwerbspreises als Erwerbskosten angenommen.

2 Die Aufwendungen für Bauten, Umbauten und sonstige dauernde Verbesserungen, auch solcher land- und forstwirtschaftlicher Art, die innerhalb des für die Steuerberechnung maßgebenden Zeitraums gemacht sind und nicht der laufenden Unterhaltung von Baulichkeiten oder der laufenden Bewirtschaftung von Grundstücken dienen, soweit die Bauten und Verbesserungen noch vorhanden sind.

3 Falls der Erwerb im Wege der Zwangsversteigerung erfolgt ist und der Veräußerer zur Zeit der Einleitung der Zwangsversteigerung Hypotheken- oder Grundschuldgläubiger war, der nachweisliche Betrag seiner infolge der Zwangsversteigerung ausgefallenen Forderungen bis zu dem gemeinen Werte, den das Grundstück zur Zeit der Zwangsversteigerung hatte. Die Forderungen kommen, wenn sie durch entgeltliches Rechtsgeschäft erworben sind, nur in Höhe des geleisteten Entgelts in Anrechnung. Beruht ihr Erwerb auf einer Schenkung oder ist ihre Eintragung innerhalb kürzerer Zeit als sechs Monate vor der Einleitung der Zwangsversteigerung erfolgt, so werden die Forderungen nur berücksichtigt, wenn nach den Umständen Schenkung oder Eintragung keine Steuerersparung bezweckten.

(2.) Die Berechnung des Goldmarkbetrages hat gemäß § 7 Abs. 1 Satz 1 zu erfolgen; maßgebend ist:

a) hinsichtlich der Erwerbskosten (Ziff. 1) der im § 7 Abs. 1 bestimmte Stichtag,

b) hinsichtlich der Aufwendungen (Ziff. 2) der Tag der Leistung,

c) hinsichtlich der Hypothek oder Grundschuld (Ziff. 3) der Zeitpunkt ihrer Erwerbung (§§ 3, 5 Aufwertungsges. v. 16. 7. 1925, RGBl. I S. 117),

d) hinsichtlich des für den Erwerb der Forderungen geleisteten Entgelts (Ziff. 3) der Tag der Leistung.

1. **Allgemeines:** Die Vorschrift beruht auf § 14 RWZuwStG. und stimmt mit dessen Wortlaut weitgehend, aber nicht vollständig überein. Insbesondere fehlt dem § 8 die Ziff. 4 des § 14 a. a. O., wonach Aufwendungen und Beiträge für Straßenbauten u. dgl. dem Erwerbspreise hinzugerechnet werden dürfen. Hinsichtlich der Ziff. 2 fehlt in der MStO. das Privileg für Bauhandwerker.

Die Bestimmungen des § 8 dienen dazu, den Begriff des Wertzuwachses zu verfeinern. Die rohe Spannung zwischen Erwerbs- und Veräußerungspreis kennzeichnet nicht den Wertzuwachs, den das Grundstück in der Zwischenzeit erfahren hat; sie enthält auch den Gegenwert für Aufwendungen, die mit dem Eigentumswechsel an Grundstücken notwendig verbunden sind. Ferner müssen Aufwendungen für Verbesserungen des Grundstücks berücksichtigt werden, weil ein durch Verbesserung des Grundstücks begründeter Wertzuwachs nicht ohne Zutun des Eigentümers entstanden ist und daher keinen objektiven Wertzuwachs des Grundstücks darstellt, sondern das Produkt wertschaffender Betätigung von Personen. Der durch eine solche erzielte Gewinn unterliegt aber der REinkSt. und der KörpSt. Der Ausfall von Hypotheken in der Zwangsversteigerung schließlich wird dem Erwerbspreis hinzugerechnet, weil er ein Vermögensopfer darstellt, das der Erwerber im Zusammenhang mit dem Erwerb des Grundstücks gebracht hat und dessen Gegenwert in dem erworbenen Eigentum besteht. Die Hinzurechnungen gemäß § 8 sind notwendig, um den wirklichen Wertzuwachs zu ermitteln. Eine StO., welche eine dieser Hinzurechnungen nicht gewähren würde, wäre insoweit rechtsungültig, weil sie einen fiktiven Wertzuwachs der Besteuerung unterwerfen würde. Das OVG. hat dies allerdings nicht allgemein anerkannt: Wenn eine StO. die Erwerbskosten nur in Form eines Pauschbetrags berücksichtigt, ist dies rechtsgültig: OVG. PrVBl. 49, 895. Der Berl. ZuwStO. in der bis zum 1. April 1929 gültig gewesenen Fassung hat eine Vorschrift gefehlt, wonach der Ausfall in der Zwangsversteigerung dem Erwerbspreise hinzugerechnet werden kann. Das OVG. hat hieraus keinen Anlaß entnommen, die StO. für ungültig zu erklären. Auch die Aufwendungen und Beiträge für Straßenbauten, andere Verkehrsanlagen einschließlich der Kanalisierung, und sonstige öffentliche Einrichtungen, die gemäß § 14 Nr. 4 RZuwStG. hinzugerechnet werden dürfen, stellen Aufwendungen zur Verbesserung des Grundstücks dar. Die meisten Steuerordnungen, so auch § 13 Nr. 4 der neuen Berl. WZuwStO., lassen die Anrechnung dieser Aufwendungen zu. Wenn die MStO. eine entsprechende Vorschrift vermissen läßt, so ist diese Unterlassung im Interesse der steuerlichen Gerechtigkeit zu bedauern. Rechtsungültig würde eine StO. durch diese Auslassung aber nicht werden, da die Werterhöhung, die infolge einer Straßen-, Kanalisations- und ähnlichen Anlage für das einzelne Grundstück eintritt, nicht durch wertschaffende Tätigkeit des Eigentümers hervorgebracht, sondern durch Maßnahmen Dritter verursacht, auch nach Grund und Höhe nicht von dem geleisteten Beitrag abhängig ist. Es kann daher nicht gesagt werden, daß nur bei Hinzurechnung dieses Beitrags sich der objektive Wertzuwachs ergibt.

Nach der MStO. werden die Aufwendungen, wie nach § 14 RZuwStG., dem Erwerbspreis hinzugerechnet; nach OVG. 78, 102 ist aber auch eine StO., die die Aufwendungen vom Veräußerungspreise abziehen läßt, rechtsgültig.

Wenn an Stelle des Erwerbspreises gemäß § 6 Abs. 6 der gemeine Wert tritt, kommen die Hinzurechnungen aus § 8 Nr. 1 nicht in Frage; vgl. OVG. Amtl. Mitt. 1911, 111; 1912, 16. Im Falle des Erwerbs im Wege der Zwangsversteigerung ist nicht der gemeine Wert, sondern das Meistgebot maßgebend. Aufwendungen für Bauten und Verbesserungen, die nach dem Erwerb gemacht worden sind, können und müssen auch dem an Stelle des Erwerbspreises tretenden gemeinen Wert im Zeitpunkt des Erwerbs hinzugerechnet werden.

2. **Erwerbskosten.**

a) Die Erwerbskosten können entweder unter Nachweis der wirklich gemachten Aufwendungen in voller Höhe hinzugerechnet werden oder aber in Form eines Pauschalbetrages. Die Wahl steht dem Steuerpflichtigen zu. Nach der Fassung des § 8 Nr. 1 MStO. sind grundsätzlich die nachweislich aufgewandten Erwerbskosten hinzuzurechnen, das Pauschale nur auf besonderen Antrag. Nach der Fassung des § 14 Nr. 1 RZuwStG. bedarf es keines ausdrücklichen Antrags; vielmehr ist grundsätzlich der Pauschalbetrag dem Erwerbspreis hinzuzurechnen, falls der Veräußerer höhere Aufwendungen nachweist, dieser höhere Betrag. Antragsberechtigt nach der MStO. ist der Veräußerer. Stellt er den Antrag nicht, so ist auch der gemäß § 16 Abs. 1 Satz 2 subsidiär haftpflichtige Erwerber auf die Anrechnung der nachweislich aufgewendeten Erwerbskosten beschränkt. Die Regelung im RZuwStG. ist vorzuziehen. Der Antrag unterliegt keiner besonderen Form; er kann gestellt werden, so lange im Veranlagungsverfahren neue Tatsachen vorgebracht werden können, d. h. bis zur Entscheidung des Bezirksausschusses.

b) Das Pauschale beträgt nach MStO. 6 v. H. des Erwerbspreises. Nach § 14 Nr. 1 RZuwStG. waren es nur 4 v. H. Der Prozentsatz ist von dem Erwerbspreis zu rechnen, der gemäß §§ 6, 7 festzustellen ist. Nach OVG. Amtl. Mitt. 1913, 92 und 105; OVG. 64, 1 u. 32 ist der Prozentsatz nur von demjenigen Teil des Erwerbspreises zu berechnen, der auf das Grundstück selbst entfällt, also nach Kürzung des auf steuerfreie Gegenstände entfallenden Teils. Die MStO. regelt nicht die Verteilung des Erwerbspreises auf steuerpflichtige und steuerfreie Gegenstände; diese ergibt sich aber aus der Natur der WZuwSt. Der Prozentsatz ist daher auch auf der Grundlage der MStO. nur von dem auf das Grundstück selbst entfallenden Teil des Erwerbspreises zu berechnen. Im Falle der Zwangsversteigerung ist der Prozentsatz gemäß § 6 Abs. 5 von dem Meistgebot unter Hinzurechnung der übernommenen gerichtlich festgestellten Leistungen und im Falle der Abtretung der Rechte aus dem Meistgebot von der etwaigen Höhe der Gegenleistung zu berechnen: OVG. 65, 8. Die in § 8 zugestandenen Hinzurechnungen kommen für die Berechnung des Pauschale nicht in Betracht. Dies ergibt sich für Nr. 1 und Nr. 2 aus der Natur der Sache; für den Ausfall in der Zwangsversteigerung ergibt es sich aus der Gestaltung im Gesetz; wirtschaftlich wäre es vielleicht angebracht, den Pauschalbetrag vom Meistgebot unter Hinzurechnung der ausgefallenen Hypotheken zu berechnen, weil die tatsächlichen Erwerbskosten sich nicht nach der Höhe des Meistgebots richten; so insbesondere wird die GrdErwSt. in der Regel nicht nach dem Meistangebot, sondern nach dem gemeinen Wert des Grundstücks berechnet, der die ausgefallenen Hypotheken zu umfassen pflegt. Hier greift aber das Wahlrecht des Veräußerers ein, der an Stelle des Pauschalbetrages die nachgewiesenen Erwerbskosten hinzurechnen darf.

Ist der Erwerbspreis in PM. bestimmt, so ist er für die Berechnung des Pauschale gemäß § 7 Abs. 1 in Goldmark umzurechnen (§ 8 Abs. 2 zu a). Übernommene Hypotheken werden hier nicht abweichend berechnet; vgl. OVG. PrVBl. 50, 105.

Der Pauschalbetrag kann auch dann hinzugerechnet werden, wenn dem Steuerpflichtigen überhaupt keine Erwerbskosten entstanden sind; vgl. OVG. 69, 18; Amtl. Mitt. 1915, 118.

c) Die wirklichen Erwerbskosten müssen vom Veräußerer nach Entstehung und Höhe nachgewiesen werden. Es muß sich um Kosten handeln, die durch den Erwerb als solchen verursacht worden sind; vgl. OVG. 62, 59. Zu den Kosten gehören nicht Kapitalaufwendungen, die sich als Gegenleistung für die Erlangung des Grundstücks darstellen; diese bilden vielmehr den Preis i. S. des § 6. Auf die Notwendigkeit der Aufwendungen kommt es aber nicht an: OVG. VII C 203, 13 bei Strutz JW. 1915, 1169. Hat der Erwerber jedoch auf der Reise zum Erwerb des Grundstücks Luxusaufwendungen gemacht, so kann er den das übliche Maß überschreitenden Betrag nicht in Anrechnung bringen. Nur die unmittelbaren Erwerbskosten sind ferner anrechnungsfähig, nicht auch Reklame-, Propaganda- und allgemeine Geschäftskosten; vgl. Amtl. Mitt. 1912, 94; auch nicht Kosten für die Vermittlung einer Hypothekenabtretung (Amtl. Mitt. 1913, 229), Geldbeschaffungskosten, Hypothekenzinsen und Grundsteuern (OVG. 65, 26; Amtl. Mitt. 1916, 91), ferner nicht ein Damnum bei Aufnahme einer Hypothek (OVG. PrVBl. 50, 106), Aufwendungen für Schürfungsarbeiten, die dem Erwerb eines bergbaulichen Grundstücks vorauszugehen pflegen (Amtl. Mitt. 1914, 126); ferner nicht die Abfindung für ein Vorkauf- oder Mietrecht; vgl. OVG. PrVBl. 49, 316.

Zu den Erwerbskosten gehören insbesondere die Notariatsgebühren für den Kaufvertrag, Gerichtskosten für Umschreibung des Eigentums, für den Zuschlag in der Zwangsversteigerung, aber auch für Eintragung einer Vormerkung sowie für Eintragung der Restkaufgeldhypothek, ferner die aufgewendeten Grunderwerbsteuern; vgl. OVG. 78, 12; PrVBl. 49, 757. Hat der jetzige Veräußerer die bei seinem Erwerb entstandene WZuwSt. übernommen, oder als subsidiär Haftpflichtiger gemäß § 16 Abs. 1 Satz 2 gezahlt, so gehört diese Aufwendung nicht zu den Erwerbskosten (OVG. 67, 8), sie ist aber als übernommene Leistung gemäß § 6 Abs. 2 dem Preise hinzuzurechnen; vgl. Anm. 5a zu § 6. Ferner gehört hierzu die etwaige Maklergebühr, die der Veräußerer beim Erwerb des Grundstücks gezahlt hat, jedoch nur in den Grenzen der Ortsüblichkeit (vgl. hierzu Anm. 3 zu § 10), sowie Kosten für Sachverständige, durch die er zum Zweck des Erwerbs das Grundstück hat besichtigen und begutachten lassen, Reisekosten zur eigenen Besichtigung des Grundstücks und zum Kaufabschluß, natürlich nur in den Grenzen des standesmäßig Angemessenen, eine Vergütung für einen Vertreter beim Abschluß des Kaufes und der Auflassung sowie Notariats- und Stempelkosten für die Vollmacht, Gebühren für juristische Beratung durch einen Rechtsanwalt. Auch Umsatzsteuern oder GrdErwSt., die der jetzige Veräußerer beim Erwerb des Grundstücks für ein im Wege des Tausches hingegebenes Grundstück aufgewendet hat, sind anrechnungsfähig; vgl. Amtl. Mitt. 1916, 90.

Voraussetzung der Anrechnung ist die tatsächliche Aufwendung der erwähnten Kosten. Daher kann ein Rechtsanwalt nicht ersparte Gebühren eines Rechtsberaters ansetzen. Ferner können noch unbezahlte Kosten nicht angerechnet werden.

Fraglich ist es, ob und inwieweit Prozeßkosten anrechnungsfähig sind. Hier ist insbesondere an die zahlreichen Schwarzkaufprozesse zu denken. Der Fall kann so liegen, daß der Streit schon vor dem Eigentumserwerb des jetzigen Veräußerers entstanden war und daß er das Eigentum nur auf Grund eines gegen seinen Vormann geführten Rechtsstreit auf Erteilung der Auflassung erlangen konnte, ohne die Prozeßkosten vom Gegner beitreiben zu können; oder aber der Schwarzkaufprozeß wurde erst eingeleitet, nachdem er bereits als Eigentümer eingetragen war und den Besitz des Grundstücks erlangt hatte. In den Fällen der ersten Art sind die Aufwendungen unmittelbar zum Erwerb des Eigentums und des Besitzes gemacht, in den Fällen der letzteren nur zur Verteidigung des Besitzes und der Rechtsstellung. In den ersteren Fällen wird man daher von Erwerbskosten sprechen müssen; ebenso OVG. VII C 203, 13 bei Strutz JW. 1915, 1170. Ergibt sich in Fällen der zweiten Art, daß ein Schwarzkauf vorlag und das Eigentum daher noch nicht übergegangen war, und kommt es zur Regelung der Sache im Wege des Vergleichs, so müssen die für die Erreichung und Durchführung des Vergleichs aufgewendeten Kosten gleichfalls als Erwerbskosten angesehen werden. Hierher gehört die Gesamtheit der Prozeßkosten, Verwaltungsgebühren, Gerichtskosten, Stempel, Steuern, die infolge der Erzielung und Durchführung des Vergleichs entstanden sind. Das OVG. scheint diese Auffassung nicht zu teilen; vgl. PrVBl. 50, 178. Die Vergleichssumme selbst gehört zum Preis; vgl. Anm. 5 f β zu § 2.

Auch die Kosten der tatsächlichen Übergabe des Grundstücks an den jetzigen Veräußerer gehören zu den Erwerbskosten, jedoch auch nur, soweit sie unmittelbar den Erwerb betreffen. Eine Abfindung, die der jetzige Veräußerer beim Erwerb des Grundstücks an einen Mieter oder Pächter gezahlt hat, um dessen Räume für sich selbst zu gewinnen, ist nicht anrechnungsfähig; vgl. OVG. 74, 21.

Hinzuzurechnen sind auch die Erwerbskosten für steuerfreie Rechtsvorgänge, die gemäß § 6 Abs. 1 Satz 2 übersprungen werden. Dies ist zwar im Gesetz nicht ausdrücklich ausgesprochen, ergibt sich aber aus der Natur der Sache und aus dem Begriff der Erwerbskosten, der sich auf alle Erwerbsfälle beziehen muß, die den Eigentumsübergang von dem letzten steuerpflichtigen Rechtsvorgang bis zu dem jetzt steuerpflichtigen Veräußerungsgeschäft vermitteln. Die Berücksichtigung sämtlicher Erwerbsvorgänge ergibt sich auch daraus, daß die in § 5 zugestandene Steuerfreiheit nicht zu einer Verschlechterung der Lage des Steuerpflichtigen führen kann und soll.

8. Bauten und Verbesserungen.

a) Grundsätzliches: Der Zweck dieser Vorschrift ist die Ausschließung desjenigen von der Besteuerung, was für die objektive Verbesserung des Grundstücks und damit für die Erhöhung des Wertes des letzteren aufgewendet, was, wie es im täglichen Leben heißt, in das Grundstück hineingesteckt (investiert) ist und wovon man daher annehmen kann, daß es bei der späteren Veräußerung den Preis zu beeinflussen geeignet ist. Daher sind nur solche Aufwendungen anrechnungsfähig, die einerseits dem Veräußerer mit dem Eigentumswechsel rechtlich und wirtschaftlich verlorengehen (OVG. 77, 57) und andererseits an sich geeignet sind, den Wert des Grundstücks zu heben, die also dem Grundstück selbst, sei es unmittelbar oder auch mittelbar (OVG. 76, 1), zugute kommen. Das Grundstück selbst muß in seiner objektiven Beschaffenheit durch die Aufwendung verbessert worden sein; so OVG. 67, 1; 70, 26; 73, 16; 76, 10; 77, 20. Daher scheiden Aufwendungen aus, die zur Verbesserung steuerfreier Gegenstände gemacht worden sind, insbesondere Aufwendungen zur Verbesserung des Zubehörs; vgl. Amtl. Mitt. 1913, 203 und 297. Die Verbesserung muß vom neuen Erwerber mitübernommen werden; vgl. OVG. 73, 22. Aufwendungen, die nur in den persönlichen Verhältnissen des Steuerpflichtigen begründet sind, scheiden aus, so Aufwendungen für Provisionen, Wechselstempel und entgangene Zinsen während seiner Besitzzeit; vgl. Amtl. Mitt. 1913, 157; 1914, 127 und 228. Dagegen können gezahlte Bauzinsen angerechnet werden; vgl. OVG. 67, 1; Amtl. Mitt. 1914, 130, 228. Nach OVG. 77, 20 ist daher auch eine Abfindung an den Inhaber einer gewerblichen Konzession, die zu dem Zweck gemacht ist, um selbst die Konzession zu erlangen, nicht anrechnungsfähig. Aufwendungen, die nur die Geschäftslage des Eigentümers, nicht aber das Grundstück verbessern, kommen daher nicht in Betracht, ebenso Vermessungs- und

Parzellierungskosten, die gleichfalls nicht das Grundstück verbessern, sondern nur die Verkäuflichkeit begünstigen; vgl. unten zu g. Dagegen genügt eine Werterhöhung der Bestandteile des Grundstücks, also auch eines Rechts, das einen Bestandteil bildet, so z. B. eine Erhöhung des Tilgungsfonds einer landschaftlichen oder ritterschaftlichen Hypothek; vgl. OVG. 75, 20.

Beweispflichtig für die Aufwendungen ist der Steuerpflichtige; die Beweislast kann sich aber umkehren, wenn z. B. der Steuerpflichtige durch unrichtige Auskunft eines Beamten über das Nichtbestehen einer StO. veranlaßt worden ist, die Belege zu vernichten; vgl. OVG. PrVBl. 49, 443. Der Beweis kann nicht nur durch Belege, sondern auch durch Gutachter geführt werden: OVG. 64, 30.

b) Maßgeblicher Zeitraum der Aufwendungen. Diese müssen innerhalb des für die Steuerberechnung maßgebenden Zeitraumes gemacht worden sein. Der Endpunkt des Zeitraumes ist aus § 2 zu entnehmen; es ist grundsätzlich der Tag, an dem das verpflichtende Veräußerungsgeschäft abgeschlossen wird, und in dem Ausnahmefall des § 2 lit. b der Tag des Eigentumswechsels. Der Beginn des Zeitraumes ergibt sich aus § 6 Abs. 1; es ist der Erwerb des Grundstücks, und zwar auch hier wieder grundsätzlich der Tag des Abschlusses des verpflichtenden Veräußerungsgeschäfts; vgl. OVG. VII C 72/26 bei Pape Jahrb. 7, 415. Steuerfreie Rechtsvorgänge im Sinne des § 5 I Nr. 1—10 bleiben unberücksichtigt; vgl. Amtl. Mitt. 1916, 109. Hat daher der jetzige Veräußerer das Grundstück von seinem Vater erworben, so können Aufwendungen aus seiner eigenen und der Besitzzeit des Vaters dem Erwerbspreis hinzugerechnet werden. Dagegen ist jedes Zwischengeschäft im Sinne des § 2 lit. a Satz 2 MStO., § 5 Abs. 4 GrdErwStG. als selbständiger steuerpflichtiger Rechtsvorgang zu erachten. Hat also A. das Grundstück dem B. verkauft und B. die Rechte aus dem Kaufvertrag an C. abgetreten, so ist der Wertzuwachs des A. und der des B. ein jeder selbständig zu besteuern, so daß auch für jeden nur etwaige Aufwendungen aus dem für ihn maßgebenden Zeitraum in Betracht kommen. Maßgebend ist sowohl für den Anfangs- als für den Endpunkt des Zeitraumes der Vertragsschluß, nicht etwa der Vertragsantrag. Ein eigenartiges Ergebnis tritt im Falle der Abtretung der Rechte aus Vertragsanträgen ein. Offeriert A. den Verkauf an B., B. tritt die Rechte aus der Offerte an C. ab und C. nimmt die Offerte an, so liegen zwei selbständige Steuerfälle vor, nämlich die Abtretung B.—C. und der Kaufvertrag A.—C. Sind nach der Offerte, aber vor der Abtretung Aufwendungen gemacht worden, so sind sie dem B. auf den Erwerbspreis zuzurechnen. Dieselben Aufwendungen fallen aber auch in den für A. bei Versteuerung des Kaufvertrages maßgebenden Zeitraum; ähnlich bei Abtretung der Rechte aus dem Meistgebot, wenn auch hier nur selten der Fall bei Aufwendung zwischen Meistgebot und Abtretung praktisch werden dürfte. Dagegen werden Aufwendungen in der Zeit zwischen Ermächtigung für eigene Rechnung (§ 5 Abs. 4 Nr. 5 GrErwStG.) und Verkauf auf Grund dieser Ermächtigung öfter vorkommen. Diese Aufwendungen liegen scheinbar im maßgebenden Zeitraum sowohl für den Ermächtigten als für den Eigentümer (den Vollmachtgeber), in Wahrheit aber nur für den ersteren, da die Ermächtigung als Veräußerungsgeschäft gilt und die Steuerpflicht des Eigentümers begründet.

Aber auch in den Fällen der Abtretung der Rechte aus der Offerte bzw. aus dem Meistgebot darf die Aufwendung nur einmal, und zwar zugunsten des Aufwendenden zugerechnet werden. Meist wird der Fall so liegen, daß der Offertenempfänger das Grundstück auf Grund eines Offertvertrages in Besitz und Verwaltung genommen und gleichzeitig die Macht erlangt hat, wie ein Eigentümer über das Grundstück zu verfügen (§ 3); dann bildet dieser Zeitpunkt den

Beginn des für ihn maßgebenden Zeitraumes, während für den Offerenten die Steuerpflicht mit dem Offertvertrag endgültig eintritt.

Hat, abgesehen von diesen Fällen, der Eigentümer einen Bau ausgeführt, bevor der Kaufvertrag abgeschlossen war bzw. bevor er in den Fällen des § 2 lit. b das Eigentum erlangt hatte, so ist diese Aufwendung nicht seinem Erwerbspreis hinzuzurechnen, sondern dem Erwerbspreis seines Vormannes; vgl. OVG. 64, 30.

In solchen Fällen kommt aber zugunsten des Nachmannes die Anwendung des § 6 Abs. 6 in Betracht, weil für das bebaute Grundstück ein Preis nicht vereinbart war; vgl. OVG. 75, 7 sowie VII C 72/26 bei Pape Jahrb. 7, 415. Umgekehrt kann der Veräußerer noch diejenigen Aufwendungen seinem Erwerbspreis zurechnen, die er nach der Verkaufsofferte oder vor deren Annahme gemacht hat: OVG. 82, 123. Die Aufwendung gilt als gemacht mit der Fertigstellung der Verbesserung, nicht erst, nachdem die Zahlung für sie geleistet ist. Es genügt also, daß die Verbesserung in den maßgebenden Zeitraum fällt; vgl. OVG. 64, 26; 76, 11; 82, 125; Amtl. Mitt. 1913, 95; 1914, 95.

c) Die Aufwendung ist nur insoweit zuzurechnen, als die Bauten und Verbesserungen am Ende des maßgebenden Zeitraumes, also bei Abschluß des verpflichtenden Veräußerungsvertrages, noch vorhanden sind; vgl. Amtl. Mitt. 1914, 8 und 44. Nicht notwendig ist es, daß noch der Neuwert der Bauten und Verbesserungen vorhanden ist; nur die Bauten bzw. Verbesserungen selbst müssen materiell noch vorhanden sein. Eine Abnutzung bleibt also unberücksichtigt; vgl. OVG. 65, 14; Amtl. Mitt. 1914, 8. Sind dagegen die Bauten vor der Weiterveräußerung beseitigt, so kommt die Anrechnung der aufgewendeten Baukosten nicht in Frage; vgl. Amtl. Mitt. 1914, 190; entsprechend bei teilweiser Beseitigung. Auch dann, wenn die Verbesserung (Karpfenteich) im Zeitpunkt der Weiterveräußerung des Grundstücks so verwahrlost ist, daß sie zu ihrem bestimmungsgemäßen Zweck überhaupt nicht mehr benutzbar ist, ist eine Hinzurechnung zum Erwerbspreis nicht angängig; vgl. Amtl. Mitt. 1913, 239. Gleichgültig ist es hingegen, ob die betreffenden Bauten von dem Erwerber abgerissen werden sollen, sofern sie nur bei Abschluß des Veräußerungsvertrages noch vorhanden sind.

d) Bauten und Umbauten. Der Begriff ergibt sich aus dem Sprachgebrauch; er ist in weitestem Sinne zu fassen. Bauten sind alle Bauwerke, d. h. alle auf oder unter der Erde unter Verwendung irgendwelcher Baumaterialien, wie Steine, Eisen, Holz, errichteten Gefüge. Es ist nicht erforderlich, daß sie zum Schutz von Menschen oder Gegenständen gegen die Einflüsse der Witterung bestimmt sind. Es kann sich um Türme und Brücken, Hebewerke u. dgl. handeln. Umbauten sind alle unter Eingriff in die Substanz vorgenommenen Änderungen an Bauwerken. Der Unterschied zwischen Umbau und Ausbau kommt hier nicht in Betracht, zumal da Grenzfälle mindestens unter den Begriff der dauernden Verbesserungen fallen werden. Daß die Bauten und Umbauten sich als dauernde Verbesserungen des Grundstücks darstellen, könnte aus dem Wort „sonstige" vor Verbesserungen entnommen werden. Das wäre aber unrichtig. Das Gesetz geht vielmehr davon aus, daß Bauten und Umbauten ohne weiteres als Verbesserungen des Grundstücks zu betrachten sind. Die Kosten eines Überbaues im Sinne des § 912 BGB. oder anteilige Kosten des ganzen Baues auf dem Nachbargrundstück stellen bei der Veräußerung des überbauten Grundstücks keine anrechnungsfähigen Aufwendungen dar; vgl. Amtl. Mitt. 1915, 91.

e) Dauernde Verbesserungen: Nach § 14 Nr. 3 RZuwStG. muß es sich um dauernde besondere Verbesserungen handeln, das Wort „besondere" fehlt in der Fassung der MStO. Es genügt, daß eine dauernde Verbesserung, auch solche land- und forstwirtschaftlicher Art, vorgenommen worden ist. Wie aus dem unter a dargelegten Grundsatz hervorgeht, muß es sich um Verbesserungen des Grundstücks selbst handeln, nicht um Aufwendungen, die nur indirekt dem Grundstück zugute kommen. Daher hat OVG. 77, 20 eine Abfindung, die der Veräußerer einem Dritten für den Verzicht auf die Konzession gezahlt hatte, damit er selbst die Konzession erhalten konnte, nicht für anrechnungsfähig erklärt, weil es sich um eine persönliche Konzession handelte und weil das Grundstück selbst durch die Erteilung dieser Konzession weder eine Veränderung noch eine Verbesserung erfahren hat. Andererseits genügt es aber, daß die Verbesserung den Wert des Grundstücks nur mittelbar hebt, so z. B. durch Anlegung von Straßen; vgl. OVG. 76, 1 und 4. Aus welchem Beweggrund die Verbesserung gemacht worden ist, ist belanglos. Es kommt nur darauf an, welche Wirkung sie auf das Grundstück auszuüben geeignet ist; daher liegt eine dauernde Verbesserung nicht deshalb vor, weil ihre Ausführung behördlich angeordnet worden war; vgl. OVG. 69, 21; Amtl. Mitt. 1914, 322. Daß die Verbesserung nicht nur die Ertragsfähigkeit des Grundstücks erhöht, sondern daneben auch einem gewerblichen Unternehmen zugute kommt, schließt ihre Anrechnungsfähigkeit nicht aus; vgl. Amtl. Mitt. 1915, 7. Die Aufwendungen müssen eine Verbesserung des veräußerten Grundstücks selbst betreffen, nicht ein anderes Grundstück; vgl. Amtl. Mitt. 1913, 37. Kosten, die nachweislich für die Instandsetzung eines im vernachlässigten Zustand erworbenen Grundstücks aufgewendet worden sind, sind in voller Höhe anrechnungsfähig, auch wenn sie zum Teil der dauernden Unterhaltung gedient haben; vgl. Amtl. Mitt. 1914, 295, 1916, 128; PrVBl. 36, 104; 50, 126. Soweit es sich aber nur um die Wiederherstellung eines vom Steuerpflichtigen selbst während seiner Besitzzeit vernachlässigten Grundstücks handelt, liegt eine dauernde Verbesserung nicht vor; vgl. OVG. 73, 24; Amtl. Mitt. 1914, 295; 1916, 128; 1917, 167.

Als Verbesserungen kommen nicht nur tatsächliche, sondern auch rechtliche in Betracht; vgl. Amtl. Mitt. 1911, 151; OVG. 69, 21; 82, 124; so z. B. die Belastung eines Nachbargrundstücks mit einer Hofgemeinschaft zugunsten des veräußerten Grundstücks; vgl. Amtl. Mitt. 1913, 100. Ferner Erhöhung des Tilgungsfonds einer landschaftlichen Hypothek: OVG. 75, 20; Beseitigung von Nutzungsrechten (Raumfreimachung); vgl. OVG. 80, 91; 82, 125. Als rechtliche Verbesserung sind aber nur Verbesserungen des Rechtszustandes zu verstehen (Amtl. Mitt. 1911, 151; OVG. 69, 21; 80, 91), also die Begründung oder Erweiterung von Rechten, die mit dem Eigentum verbunden sind, hingegen nicht die Sicherstellung des Eigentums selbst. Aufwendungen in einem Schwarzkauf oder sonstigem Eigentumsprozeß sind daher nicht unter dem Gesichtspunkt der dauernden Verbesserung anrechnungsfähig, sondern höchstens als Erwerbskosten; vgl. oben Anm. 2 c.

Es muß sich um dauernde Verbesserungen handeln, d. h. um Verbesserungen, die ihrer Natur nach längere Zeit fortbestehen. Hierin liegt zugleich die Ausscheidung der Aufwendungen für laufende Unterhaltungskosten. Nicht erforderlich ist, daß die Verbesserung eine ebenso lange Lebensdauer hat wie das Grundstück oder die darauf befindlichen Gebäude; auch Einrichtungen aus weniger dauerhaftem Material, z. B. aus Holz, können dauernde Verbesserungen des Grundstücks darstellen, wie ja auch Holzbaracken als Bauten zu betrachten sind. Dies ergibt sich insbesondere auch aus der gesetzlichen Gleichstellung von Verbesserungen land- und forstwirtschaftlicher Art. Solche Verbesserungen werden niemals die gleiche Dauer haben wie der Bestand des Grundstücks selbst.

f) Laufende Unterhaltung und Bewirtschaftung stellt den Gegensatz zu Verbesserungen des Grundstücks dar. Die Abgrenzung darf nicht schematisch nach dem Verhältnis der Aufwendungen zum Mietsertrage, sondern muß nach der Art der Aufwendungen beurteilt werden: OVG. PrVBl. 50, 106. Ausgaben, die an sich der laufenden Unterhaltung dienen, aber mit dem Verbesserungsaufwand unlösbar zusammenhängen, z. B. Erneuerung des ganzen Anstrichs, wenn der Umbau nur Teile der betr. Wände ergreift, werden von den Aufwendungen zur Verbesserung umfaßt: OVG. PrVBl. 47, 393. Es fallen darunter alle Arbeiten, die nach den Regeln einer ordnungsmäßigen Wirtschaft zur Erhaltung des Grundstücks und der Baulichkeiten, zur Wiederausgleichung der durch den natürlichen Gebrauch hervorgerufenen Abnutzung auszuführen sind. Nicht alle Arbeiten, die der Unterhaltung von Baulichkeiten dienen, sind unter den Begriff der laufenden Unterhaltung zu bringen. Die Beseitigung von Mängeln stellt an sich immer einen Akt der Unterhaltung des Gebäudes dar. Zur laufenden Unterhaltung gehören hingegen nur solche Arbeiten, die nach den Regeln der Wirtschaft in kürzeren Abständen wiederzukehren pflegen. Die Neueindeckung des Daches wird daher zur Unterhaltung gehören, aber nicht zur laufenden Unterhaltung; vgl. Amtl. Mitt. 1915, 35. Ebenso wird die neue Verputzung eines Gebäudes oder auch nur der Anstrich der Gebäudefassaden nicht zur laufenden Unterhaltung zu rechnen sein, wenngleich der letztere zwar nicht in regelmäßigen Abständen, aber immerhin je nach der Verwitterung von Zeit zu Zeit erforderlich wird. Aufwendungen für die laufende Unterhaltung von Baulichkeiten oder die laufende Bewirtschaftung von Grundstücken können dem Erwerbspreise nicht hinzugerechnet werden; sie gelten vielmehr als durch den laufenden Ertrag des Grundstücks abgegolten. Aber auch wenn ein Grundstück tatsächlich keinen Ertrag bringt, können laufende Unterhaltungskosten nicht dem Erwerbspreise zugeschlagen werden.

g) **Beispiele** für Verbesserungen und laufende Unterhaltung. Als Verbesserungen sind anerkannt: Die Urbarmachung unkultivierten Landes: OVG. VII C 497 12 bei Strutz JW. 1915, 1173; die Umgestaltung eines Wiesengrundstücks behufs Benutzung als Eisteich in Frostzeiten: OVG. 69, 24; die Instandsetzung ganzer Teile eines Gebäudes sowie die vollständige Neueindeckung des Daches: Amtl. Mitt. 1915, 35; die Beseitigung einer Verwahrlosung von Gebäuden, die bereits bei Erwerb des Grundstücks vorhanden war, durch den neuen Erwerber: OVG. 75, 27; Abbruch eines noch in gutem Zustande befindlichen Gebäudes, sofern dadurch eine dauernde besondere Verbesserung des Grundstücks eintritt: OVG. 70, 15; Amtl. Mitt. 1916, 4; Straßenanlagen, die privaten Verkehrszwecken dienen, wenn das Grundstück durch sie eine besondere dauernde Verbesserung erfahren hat: Amtl. Mitt. 1914, 46; OVG. 76, 1 u. 4; die Erschließung eines Steinbruchs und die Anlegung eines Abfuhrweges, wenn die Kosten vom Pächter des Grundstücks bestritten worden sind, dieser aber um deswillen einen besonders niedrigen Pachtzins zu zahlen hatte: Amtl. Mitt. 1915, 33; der Wert einer Rentenschuld, gegen deren Eintragung ein Dritter die Zahlung von Anliegerbeiträgen übernommen hatte: Amtl. Mitt. 1913, 162.

Dagegen ist als Verbesserung des Grundstücks nicht anerkannt die Vermessung und Parzellierung sowie die Aufstellung von Parzellierungs- und Bebauungsplänen, weil die hierdurch verursachten Kosten vielmehr allgemeine Verwaltungs- und Generalunkosten sind, die nicht das Grundstück, sondern nur die Aussicht eines günstigen Verkaufs verbessern; vgl. OVG. 64, 67, 68; 67, 2; 75, 24; Amtl. Mitt. 1913, 174; 1914, 130 u. 139. Nur wenn ausnahmsweise dargelegt wird, daß und inwiefern im Zusammenhang mit der Parzellierung getroffene Sondermaßnahmen dem Veräußerungsgegenstand einen dauernden Vorteil bringen, kann eine dauernde Verbesserung des Grundstücks in Frage kommen: OVG. 75, 24.

Zu den laufenden Unterhaltungskosten gehören die üblichen Reparaturen, die ohne besonderen Anlaß regelmäßig wiederzukehren pflegen. Auch ein gelegentlicher Rohrbruch, Scheibenbruch u. dgl. wird hierher gehören. Die Beseitigung eines größeren Brandschadens kann dagegen nicht unter den Begriff der laufenden Unterhaltung gebracht werden. Seilerneuerung eines Fahrstuhls sowie gelegentliche Erneuerung eines Heizkessels im Betriebe einer Sammelheizung dürfte zur laufenden Unterhaltung gehören. Werden dagegen neue Sicherungsmaßnahmen bei einem Aufzug von der Polizei vorgeschrieben, so stellt die Ausführung eine Verbesserung, nicht laufende Unterhaltung dar; ebenso natürlich die Anlegung neuer, noch nicht vorhandener Einrichtungen und Bequemlichkeiten.

h) Anrechnungsfähige Aufwendungen. Von wem, mit wessen Mitteln sie gemacht sind, ist nicht ohne weiteres entscheidend: Amtl. Mitt. 1913, 141, 238; PrVBl. 37, 777; 38, 687; OVG. 64, 30; 73, 20. Voraussetzung ist allerdings, daß sie, wenn auch indirekt, den Veräußerer des Grundstücks belastet haben; vgl. Amtl. Mitt. 1915, 33. Die Aufwendungen können entweder in bar oder durch Verrechnung oder Gegenleistungen irgendwelcher Art gemacht worden sein. Der Lohn für eigene Arbeit stellt keine Aufwendung dar und ist daher nicht anzurechnen; vgl. OVG. 67, 17. Die Fassung des § 14 Nr. 3 RZuwStG. war in dieser Hinsicht günstiger, weil der Veräußerer zu den gemachten Aufwendungen einen Zuschlag von 5 v. H. oder, wenn er Baugewerbetreibender war, einen solchen von 15 v. H. machen durfte. Auch in den meisten Steuerordnungen, so auch im § 13 Nr. 3 der neuen StO. für Berlin, ist die Hinzurechnung des Wertes eigener Arbeit wenigstens in den Grenzen des ortsüblichen Lohnes zugelassen. Dies entspricht dem Wesen der WZuwSt., die nur den ohne Zutun des Eigentümers entstandenen WZuw. erfaßt, nicht aber das Ergebnis produktiver gewerblicher Tätigkeit. Haben Angehörige des Veräußerers mitgearbeitet, so ist die Anrechnung zulässig, wenn sie im Lohnverhältnis stehen; vgl. OVG. 67, 17. Die Ehefrau ist gemäß § 1356 Abs. 2 BGB. verpflichtet, ohne Entgelt im Geschäft des Ehemannes zu arbeiten, soweit dies nach den Verhältnissen der Ehegatten üblich ist. Für solche Tätigkeit kann daher ein Aufschlag nicht gemacht werden. Auch unter dem Gesichtspunkt des Unternehmerlohnes kann ein Aufschlag für eigene Tätigkeit nicht gemacht werden. Dies kann auch nicht auf dem Umwege geschehen, daß der Veräußerer eine Baugesellschaft gründet, die im wesentlichen aus seiner Person besteht, und daß er die Bauarbeiten durch Vermittlung dieser Gesellschaft in Auftrag gibt und der Gesellschaft einen Zwischengewinn verschafft; vgl. OVG. 73, 16; Amtl. Mitt. 1917, 133. Anrechnungsfähig sind auch Bauzinsen, die der Veräußerer zahlen mußte, dagegen nicht die ihm entgehenden Zinsen eigener zur Bebauung verwendeter Gelder, ebenso nicht die während der Bauzeit dem Eigentümer entgehenden Nutzungen und gezahlten Hypothekenzinsen; vgl. OVG. 74, 21. Auch die Kosten der Geldbeschaffung für Zwecke der Bauten und Verbesserungen sind nicht anrechnungsfähig; vgl. OVG. 67, 1; 65, 26; Amtl. Mitt. 1914, 130 u. 190; anders Sächs. OVG. Amtl. Mitt. 1914, 131.

i) Baugewerbetreibende hatten, wie erwähnt, nach § 14 Nr. 3 RZuwStG. ein Sonderrecht auf einen Zuschlag von 15 v. H. zu den tatsächlichen Aufwendungen. Die MStO. kennt eine Bevorzugung der Baugewerbetreibenden nicht. Die Rechtsprechung in dieser Hinsicht bedarf hier keiner Erörterung.

k) Zuschüsse Dritter sind nach vielen Steuerordnungen von den anrechnungsfähigen Aufwendungen zu kürzen, so auch nach § 13 Nr. 3 der Berliner Steuerordnung; § 14 Nr. 3 RZuwStG. enthält die Bestimmung, daß als Aufwendungen solche Beträge nicht gelten, die aus Versicherungen gedeckt sind, wenn sie zur Wiederherstellung von Baulichkeiten verwendet sind, die vor dem für die Steuerberechnung maßgebenden Zeitraum errichtet waren. Die Absetzung solcher Zuschüsse dritter

Personen versteht sich aber auch ohne Hervorhebung im Gesetz von selbst, so daß sie auch bei einer der MStO. entsprechenden Fassung geboten erscheint. Auch nach dieser Fassung sind dem Erwerbspreise nur hinzuzurechnen die Aufwendungen für Bauten usw. Dieser Begriff muß wirtschaftlich verstanden werden. Soweit die Kosten durch dritte Personen, insbesondere durch eine Feuerversicherung oder durch eine schadenersatzpflichtige Person, erstattet worden sind, kann von Aufwendungen für die fraglichen Bauten und Verbesserungen nicht gesprochen werden. Vgl. auch OVG. 73, 16, wonach die Aufwendungen endgültige sein müssen.

l) Bei Teilveräußerungen sind Aufwendungen nur insoweit aufzurechnen, als sie auf den veräußerten Grundstücksteil entfallen und z. Z. der Veräußerung auf ihn noch eine werterhöhende Wirkung ausüben; vgl. OVG. 62, 63; 69, 45; 70, 27; 72, 57; PrVBl. 36, 266.

4. Ausgefallene Hypotheken. Hat der Veräußerer s. Z. das Grundstück im Wege der Zwangsversteigerung erworben, so entscheidet als Erwerbspreis an sich nach § 6 Abs. 5 der Betrag des Meistgebots, zu dem der Zuschlag erteilt ist. Dabei kommt es häufig vor, daß ein Hypothekengläubiger, der zur Rettung seiner Hypothek mitbietet, in seine Hypothek nur „hineinbietet", ohne den vollen Betrag auszubieten. Findet sich dann niemand, der sein Gebot überbietet, so erhält er den Zuschlag zu seinem Meistgebot, durch welches seine Hypothek gar nicht oder nur z. T. gedeckt ist. Im übrigen fällt seine Hypothek nach den Bedingungen des Versteigerungsrechtes aus. Er behält nur die sog. Ausfallforderung, d. h. die Forderung gegen den persönlichen Schuldner, während das Hypothekenrecht durch den Zuschlag erlischt. Dafür tauscht der Gläubiger das Eigentum ein, das er also nicht nur mit dem Meistgebot, sondern auch mit der ausgefallenen Hypothek bezahlt. Wäre dann bei der Weiterveräußerung des Grundstücks gemäß § 6 Abs. 5 nur das Meistgebot als Erwerbspreis zugrunde zu legen, so würde das bei wirtschaftlicher Betrachtung sowie vom Standpunkt der Billigkeit nicht die gerechte Grundlage für die Besteuerung darstellen, aber auch vom steuerrechtlichen Standpunkt aus den objektiven Wertzuwachs des Grundstücks nicht ergeben. Daher hat schon das RZuwStG. in § 14 Nr. 2 die Hinzurechnung des Hypothekenausfalls zu dem Erwerbspreis gestattet.

§ 8 Nr. 3 nimmt die Bestimmung des § 14 Nr. 2 fast wörtlich auf. In manchen Steuerordnungen, so in der bis 1. 4. 1929 in Berlin gültig gewesenen StO., fehlte eine derartige Vorschrift; in der neuen Fassung ist sie unter § 13 Nr. 2 enthalten. Die Berücksichtigung des Hypothekenausfalls erscheint notwendig, wenn der wirkliche Wertzuwachs, nicht ein fiktiver, erfaßt werden soll.

Im einzelnen ist folgendes zu bemerken:

I. Voraussetzungen der Anrechnung.

a) Grundstückserwerb in der Zwangsversteigerung. Nach § 6 Abs. 1 Satz 2 ist von dem letzten steuerpflichtigen Rechtsvorgang auszugehen. Wenn also zwar nicht der jetzige Veräußerer das Grundstück in der Zwangsversteigerung erworben hat, sondern sein Vormann und die späteren Veräußerungen steuerfrei gewesen sind, ist die Anrechnung zulässig.

Eine freihändige Versteigerung steht der Zwangsversteigerung nicht gleich; vgl. Amtl. Mitt. 1913, 107 u. 125. Dagegen genügt Zwangsversteigerung zum Zweck der Teilung einer Gemeinschaft. Die Anrechnung ist auch nicht zulässig, wenn die Zwangsversteigerung durch Befriedigung eines Hypothekengläubigers vermieden worden ist; vgl. Amtl. Mitt. 1913, 125. Der jetzige Veräußerer muß das Grundstück selbst s. Z. in der Zwangsversteigerung erworben haben; ein fiduziarischer Erwerb wirkt nur im Innenverhältnis, nicht aber nach außen hin; vgl. OVG. 64, 5. Daher kann die Vergünstigung von dem fiduziarischen Eigentümer nicht in Anspruch genommen werden, wenn die Voraussetzungen nur in der Person des Treugebers gegeben sind; vgl. Amtl. Mitt. 1912, 167.

b) Der Veräußerer muß beim Erwerb Hypothekengläubiger gewesen sein, und zwar z. Zt. der Einleitung der Zwangsversteigerung. Der Hypothek steht die Grundschuld gleich. Die Rentenschuld (§§ 1199 ff. BGB.) ist in § 8 Nr. 3 nicht aufgeführt, obgleich sie eine Unterform der Grundschuld darstellt. Auch die anderen dinglichen Rechte wie Dienstbarkeiten, Reallasten, Vorkaufsrecht sind nicht aufgeführt. Die Berliner StO. vom 28. 3. 1928 spricht von Hypotheken- und Grundstücksgläubigern, gewährt also allen Realberechtigten das Privileg, was auch nur folgerichtig ist.

Die Hypothek oder Grundschuld muß dem jetzigen Veräußerer selbst beim Erwerb zugestanden haben; vgl. OVG. 65, 25; Amtl. Mitt. 1912, 167; 1913, 221. Im Grundbuch brauchte er hierzu nicht verzeichnet zu sein, sofern er die Hypothek gem. § 1154 BGB. durch schriftliche Abtretung und Übergabe des Briefs oder sofern er sie kraft Gesetzes, z. B. gem. §§ 1163, 1164, 1168, 1173 BGB., erworben hatte; vgl. OVG. 64, 92, sowie VII C. 864. 13 bei Strutz JW. 1915, 1171. Nach OVG. PrVBl. 39, 20 (vgl. auch OVG. 74, 109) genügt nicht wirtschaftliches Eigentum an der Hypothek; daher kann eine offene Handelsgesellschaft, die das Grundstück erstanden hat, nicht eine ausgefallene Hypothek anrechnen, die einem ihrer Gesellschafter persönlich zustand, wenngleich die Hypothek aus Mitteln der Gesellschaft angeschafft und in den Büchern der Gesellschaft als ihr Vermögensstück gebucht war. Die Entscheidung muß als reichlich formalistisch bezeichnet werden; das OVG. hat den Standpunkt aber folgerichtig weiter entwickelt. Wenn ein Ersteher zwar im Auftrag und für Rechnung des Hypothekengläubigers sowie zur Rettung der Hypothek, aber im eigenen Namen geboten und erstanden hat, wird ihm die Anrechnung versagt; vgl. Amtl. Mitt. 1912, 70. Der fiduziarische Eigentümer kann die Vergünstigung nicht in Anspruch nehmen, wenn sein Hintermann, der Treugeber, Hypothekengläubiger war; vgl. Amtl. Mitt. 1912, 167; OVG. 64, 5. Hatte aber der persönliche Schuldner den Gläubiger vor Einleitung der Zwangsversteigerung befriedigt und dadurch gemäß § 1164 BGB. die Hypothek erworben, so war er hierdurch wirklicher Hypothekengläubiger geworden und erwarb bei einer späteren Zwangsversteigerung als Ersteher die Vergünstigung der Anrechnung; vgl. Amtl. Mitt. 1913, 26. Ferner genügt es, wenn Hypothekengläubigerin eine off. Handelsgesellschaft und Ersteher deren beide einzige Gesellschafter waren; vgl. OVG. 77, 45.

Wer sich für eine Hypothekenschuld verbürgt hat, steht dem Hypothekengläubiger nicht gleich: OVG. PrVBl. 38, 118. Hat der Bürge jedoch vor Einleitung der Zwangsversteigerung den Gläubiger befriedigt, so ist hierdurch gemäß § 774 BGB. das Hypothekenrecht auf ihn übergegangen, so daß ihm die Vergünstigung nunmehr zusteht; vgl. Amtl. Mitt. 1912, 165.

Die Anrechnung des Ausfalls ist nur zulässig, wenn der Ersteher schon bei Einleitung der Zwangsversteigerung Gläubiger der später ausgefallenen Hypothek war; vgl. Amtl. Mitt. 1913, 221. Es genügt nicht, daß er in diesem Zeitpunkt Gläubiger einer anderen, später nicht ausgefallenen Hypothek gewesen ist. Wegen Einleitung der Zwangsversteigerung vgl. §§ 15—20 ZVG. Ist neben der Zwangsversteigerung eine Zwangsverwaltung einhergegangen, so ist es nicht erforderlich, daß der spätere Ersteher schon bei Einleitung der Zwangsverwaltung Hypothekengläubiger gewesen ist. Eine Resubhastation (§ 133 ZVG.) gilt als neue Zwangsversteigerung; der Ersteher braucht also bei Einleitung der vorangegangenen Zwangsversteigerung noch nicht Hypothekengläubiger gewesen zu sein.

Ist ein Grundstück in der Zwangsversteigerung von 2 Personen zu getrennten Anteilen erworben worden, und war nur eine von ihnen im maßgebenden Zeitpunkt Hypothekengläubiger, so kommt die Vergünstigung nur diesem für seinen Anteil zugute; vgl. Amtl. Mitt. 1912, 187.

c) Ausfall der Forderung in der Zwangsversteigerung ist weitere Voraussetzung für die Vergünstigung. Hierunter ist Ausfall der Hypothek zu verstehen, da ja die Forderung gegen den persönlichen Schuldner durch den Zuschlag nicht berührt wird. Hat aber der persönliche Schuldner seine Schuld ganz oder teilweise bereits getilgt, so liegt insoweit ein Ausfall der Forderung nicht mehr vor. Beweispflichtig für mangelnde Tilgung ist im Streitfall der Steuerschuldner; vgl. OVG. 77, 45; PrVBl. 44, 44. Die Forderung ist nicht ausgefallen, wenn die Hypothek in das geringste Gebot gefallen ist. Im übrigen ergibt sich die Höhe des Ausfalls aus dem Verteilungsplan bei der Kaufgelderbelegung; vgl. §§ 105 ff. ZVG.

II Höhe der Anrechnung.

a) Der nachweisliche Betrag der ausgefallenen Forderung ist grundsätzlich dem Erwerbspreise hinzuzurechnen. Der Nachweis wird durch das Protokoll des Kaufgelderbelegungstermins geführt. Die etwa bestehen gebliebene persönliche Forderung gegen den persönlichen Schuldner oder gegen Bürgen kommt nicht in Betracht, soweit sie nicht inzwischen getilgt ist. Lautete die ausgefallene Hypothek nicht auf Gold-, Renten- oder Reichsmark, sondern nur auf Papiermark, so ist für ihre Aufwertung nach § 8 Abs. 2c der Zeitpunkt ihrer Erwerbung gemäß §§ 3, 5 AufwG. maßgebend. Anzurechnen ist nur der Betrag, der dem jetzigen Veräußerer früher zustehenden ausgefallenen Forderungen, deren Gläubiger er z. Zt. der Einleitung des Verfahrens gewesen ist; vgl. Amtl. Mitt. 1913, 158, 216, 222, 271. Der ausgefallene Betrag ist in voller Höhe dem Erwerbspreise hinzuzurechnen ohne Kürzung um einen Teil, der auf steuerfreie Gegenstände entfällt; vgl. Amtl. Mitt. 1914, 7. Anzurechnen ist nicht nur der ausgefallene Kapitalbetrag, sondern auch die ausgefallenen rückständigen Hypothekenzinsen und die Kosten der Rechtsverfolgung; vgl. OVG. 64, 35; Amtl. Mitt. 1913, 129. Wenn der Gläubiger einer Gesamthypothek bei der Versteigerung sämtlicher Pfandgrundstücke mit seiner Forderung ausfällt, so kann er entweder den Ausfallbetrag auf die einzelnen Grundstücke verteilen oder ihn bei der Veräußerung des ersten Grundstücks in voller Höhe in Anrechnung bringen; vgl. Amtl. Mitt. 1912, 67; entsprechend, wenn er nur einzelne von den Grundstücken, auf denen die Gesamthypothek ruhte, ersteigert hat; nur darf er hier nur den auf die einzelnen Grundstücke nach ihrem Wert entfallenden Teilbetrag anrechnen, und zwar entweder unter Verteilung oder in voller Höhe auf das erst veräußerte Grundstück; vgl. Amtl. Mitt. 1913, 270.

b) Gemeiner Grundstückswert als Grenze. Es entspricht der wirtschaftlichen Auffassung im Steuerrecht, daß der Hypothekenausfall insoweit nicht berücksichtigt werden kann, als die Hypothek usw. bei Berücksichtigung ihres Ranges durch den Wert des Grundstücks nicht mehr gedeckt wurde, also an sich wertlos war; vgl. OVG. 64, 85. Maßgebend ist der Zeitpunkt der Zwangsversteigerung, d. h. der Erteilung des Zuschlags (§§ 81, 90 ZVG.). War das belastete Grundstück in der Zeit zwischen der Beleihung mit der fraglichen Hypothek und der Zwangsversteigerung im Werte gesunken, so ist dies ein Schaden, der den Hypothekengläubiger ganz unabhängig von der Versteigerung und seiner Beteiligung als Bieter trifft; eine Anrechnung kommt insoweit also nicht in Frage. Wegen Berechnung des gemeinen Wertes vgl. Anm. 12 zu § 6; vgl. hierzu ferner OVG. 64, 85. Das Meistgebot kann nicht schlechthin dem gemeinen Wert gleichgestellt werden: OVG. 77, 45.

c) Eigener Aufwand als Grenze. War die Hypothek oder Grundschuld von dem letzten Gläubiger durch entgeltliches Rechtsgeschäft erworben, so bildet die Höhe des geleisteten Entgelts die Grenze der Anrechnung. Betrug also z. B. der Nennwert der Grundschuld 50000 Mk., hatte der Gläubiger sie aber für 30000 Mk. erworben und waren durch das Meistgebot 20000 Mk. gedeckt, so kann er nur einen Ausfall von 10000 Mk. dem Erwerbspreis hinzurechnen.

Entgeltliche Rechtsgeschäfte sind alle diejenigen, bei denen der Gläubiger irgendeine Gegenleistung für die Gewährung der Hypothek oder Grundschuld bewirkt hatte, gleichviel ob die Gegenleistung in Geld oder anderen Werten bestanden hat. Solche anderen Werte sind auf Grund ihres gemeinen Wertes z. Z. der Hingabe in Geld umzurechnen.

Hat die Gegenleistung in Papiermark bestanden, so ist sie nach den Vorschriften des § 7 Abs. 1 Satz 1 in Goldmark umzurechnen, und zwar gemäß § 8 Abs. 2d nach dem Tage der Leistung. Hat die Gegenleistung in Sachwerten bestanden und sind sie in der Vorkriegs- oder Inflationszeit geleistet worden, so ist ihr gemeiner Wert ohne weiteres nach Goldmark zu berechnen. Bei Wertpapieren wird allerdings der — in Papier festgestellte — Kurswert zu ermitteln und gemäß § 7 Abs. 1 in Goldmark umzurechnen sein.

Hat der Gläubiger die Hypothek oder Grundschuld durch eine gemischte Schenkung erworben, also gegen Gewährung einer in freigebiger Absicht unzureichend bemessenen Gegenleistung, so liegt ein teilweise entgeltliches Rechtsgeschäft vor. In solchen Fällen kann das geleistete Entgelt nicht die Grenze der Anrechnung bilden; vielmehr ist hier nur Ziff. 3 Satz 3, nicht auch Satz 2 anwendbar. Unentgeltliche Rechtsgeschäfte decken sich nicht mit Schenkungen. In Betracht kommt auch Erbschaft, Vermächtnis, Gütergemeinschaft, Treuhandvertrag u. a. Bei derartigen Geschäften ist weder Satz 2 noch Satz 3 anwendbar, vielmehr ist der volle Ausfall, soweit er durch den gemeinen Wert des Grundstücks gedeckt war, anrechnungsfähig. Die Schenkung auf den Todesfall steht ihrem Wesen nach dem Vermächtnis näher als der Schenkung und wird daher wie das erstere zu behandeln sein.

III. Sicherung gegen Umgehungsversuche.

a) Geschenkte Hypotheken. Hier kommt nur Schenkung, nicht sonstiger unentgeltlicher Erwerb in Frage. Über den Begriff der Schenkung vgl. §§ 516—518 BGB. sowie Anm. 4 zu § 5. Auch die gemischte Schenkung ist als Schenkung zu behandeln; vgl. oben unter II c. Hat nicht der letzte Hypothekengläubiger, sondern sein Erblasser die Hypothek durch Schenkung erworben, so ist die Vorschrift nicht anwendbar. Ob eine Schenkung bzw. gemischte Schenkung vorliegt, ist vom Steuerrichter selbständig festzustellen und von der Bezeichnung, die die Parteien in dem Vertrage gewählt haben, unabhängig; vgl. § 20.

b) Erwerb kurz vor der Zwangsversteigerung. Nach dem Wortlaut der MStO. kommt es darauf an, wann die erstmalige Eintragung der Hypothek oder Grundschuld erfolgt ist, ohne Rücksicht darauf, ob der Gläubiger die Forderung erst später im Wege der Abtretung erworben hat; vgl. OVG. 72, 41; Amtl. Mitt. 1917, 58. Dieser Wortlaut stimmt mit § 14 Abs. 2 RZuwStG. überein, dagegen stellen viele StO., so auch die StO. für Berlin, auf den Zeitpunkt des Erwerbs der Hypothek oder Grundschuld ab, was folgerichtig ist. Nach der Fassung der MStO. soll nur einem Zusammenwirken von Eigentümer und Gläubiger zur Verringerung der WZuwSt. durch Eintragung von Hypotheken vorgebeugt werden.

Es kommt darauf an, ob die Eintragung der Hypothek oder Grundschuld im Grundbuche innerhalb kürzerer Zeit als 6 Monate vor der Einleitung der Zwangsversteigerung, also vor dem Erlaß des Beschlusses, durch den die Zwangsversteigerung angeordnet wird (§ 15 ZVG.), erfolgt ist.

c) In den Fällen zu a und b ist die Anrechnung des Ausfalles nur dann zulässig, wenn nach den Umständen die Schenkung oder Eintragung der Hypothek keine Steuerersparung bezweckt haben. Es wird hierbei auf die Absichten des Erwerbers der Hypothek ankommen. Unter Steuerersparung wird nur die Ersparung der WZuwSt. zu verstehen sein, während es sinngemäß nicht darauf ankommen kann, ob etwa durch die Schenkung eine Ersparung des Schenkers an Vermögenssteuern oder eine Ersparung an Erbschaftssteuern beabsichtigt war. Auch die Absicht, Grd.-ErwSt. zu ersparen, kann hier nicht von Erheblichkeit sein. Hätte der Gesetzgeber derartiges beabsichtigt, so wäre eine Hervorhebung erforderlich gewesen. In der StO. für Berlin hat diese Auffassung klaren Ausdruck gefunden.

Ob der Erwerb der Hypothek außer der künftigen Ersparung von WZuwSt. noch andere Zwecke gehabt hat, ist belanglos. Liegt aber ein anderweitiger, privatwirtschaftlicher Zweck zutage, so wird die Steuerbehörde nicht ohne haltbare Unterlagen feststellen können, daß auch der Steuerersparungszweck vorgelegen hat.

§ 9.

Dem Veräußerungspreis ist ein nach den Vorschriften dieser Ordnung zu berechnender Steuerbetrag hinzuzurechnen, wenn der Erwerber des Grundstücks die Zahlung der Zuwachssteuer übernommen hat.

1. **Allgemeines.** Die Vorschrift entspricht dem § 24 RZuwStG. und ist unzweifelhaft rechtsgültig; vgl. OVG. 78, 103 sowie VII C. 106/26 bei Pape Jahrb. 8, 500. Sie soll der Möglichkeit vorbeugen, daß der Betrag der Steuer dadurch herabgemindert wird, daß infolge vertraglicher Abwälzung der Steuer auf den Erwerber der maßgebende Erwerbspreis entsprechend niedriger bestimmt werde; vgl. OVG. 67, 9; 76, 12.

2. **Voraussetzung der Hinzurechnung** ist, daß der Erwerber des Grundstücks die Zahlung der ZuwSt. übernommen hat. Erwerber ist derjenige, der durch das steuerpflichtige Rechtsgeschäft das Grundstück erwirbt. Handelt es sich um die Übertragung von Anteilen an einer Grundstücksgesellschaft (§ 1 Abs. 3), so steht der Erwerber des Gesellschaftsanteils dem Grundstückserwerber gleich. In den Fällen des § 5 Abs. 4 Nr. 3 ist Erwerber der ursprüngliche Erwerber und der „Dritte", im Person, die die Rechte aus dem Kaufvertrage erwirbt, als Erwerber zu betrachten: bei Abtretung der Rechte aus einer Offerte ist für beide steuerpflichtigen Rechtsvorgänge (Abtretung und Kaufvertrag) dieselbe Person, nämlich der Abtretungsempfänger, der dann durch Annahme der Offerte zum Käufer wird, „Erwerber"; im Falle des § 5 Abs. 4 Nr. 1 GrdErwStG. (vgl. zu § 2a) ist sowohl der Käufer, als diejenige, Falle der Nr. 4 ist es für beide Rechtsvorgänge derjenige, dem die Rechte aus dem Meistgebot abgetreten werden, im Falle der Nr. 5 ist es der Ermächtigte und derjenige, an den dieser veräußert. In dem Falle des § 3 ist Erwerber derjenige, der die Möglichkeit erlangt, über das Grundstück wie ein Eigentümer zu verfügen.

Vorausgesetzt wird, daß der Erwerber die Zahlung der ZuwSt. übernommen hat. Nach der Fassung des RZuwStG. muß er die Steuer „nach dem Vertrage" übernommen haben. OVG. 62, 102 hat dies dahin ausgelegt, daß auch die Vereinbarung in einem Nebenvertrage oder eine mündliche Vereinbarung genügt, wonach der Erwerber die WZuwSt. trägt. Dies gilt um so mehr bei der Fassung der MStO. Es reicht daher aus, wenn der Erwerber, sei es auch nur auf Grund stillschweigender Vereinbarung, die ZuwSt. bezahlt. Dagegen liegt der Fall des § 9 nicht vor, wenn der Erwerber gemäß § 16 Abs. 1 Satz 2 als Zweitschuldner zur Zahlung der Steuer herangezogen wird oder wenn er die Steuer freiwillig für Rechnung des Veräußerers zahlt, diesem also den gezahlten Betrag etwa vom Kaufpreise kürzt oder sonst irgendwie in Rechnung stellt.

Voraussetzung ist aber, daß die Übernahme der Steuer durch den Erwerber ein vertragliches Entgelt für die Überlassung des Grundstücks darstellt; vgl. OVG. 64, 102. Zahlt der Erwerber die Steuer außerhalb der Gesamtheit der aus Anlaß der Veräußerung geschlossenen vertraglichen Vereinbarungen, so ist § 9 nicht anwendbar; vgl. Amtl. Mitt. 1913, 226. Ferner trifft § 9 nicht zu, wenn der Erwerber die WZuwSt. nur auf Grund einer Schadensersatzpflicht zu erstatten hat, weil er die Abwicklung des Veräußerungsgeschäfts schuldhaft verzögert hat und dadurch eine inzwischen erlassene WZuwStO. anwendbar geworden ist: OVG. PrVBl. 48, 457. Dagegen reicht es zum Ausschluß des § 9 nicht schon aus, daß über die Tragung der ZuwSt. ein getrenntes Abkommen getroffen worden ist; vgl. Amtl. Mitt. 1913, 200; OVG. 64, 102. Hat der Erwerber „alle Steuern, welcher Art sie auch sein mögen", übernommen, so ist damit auch die WZuwSt. umfaßt: RG. JW. 1928, 656 Nr. 15.

Hat der Erwerber nur die Zahlung eines Teils der WZuwSt., z. B. die Hälfte übernommen, so ist § 9 entsprechend anwendbar; in diesem Falle wird eben der halbe Betrag der ZuwSt. dem Veräußerungspreis hinzugerechnet.

Ob der Erwerber die übernommene WZuwSt. auch wirklich zahlt, ist belanglos. Die Steuer wird schon auf Grund der Tatsache, daß der Erwerber die Zahlung übernommen hat, gemäß § 9 berechnet.

Ob der Erwerber die GrErwSt. übernommen hat, ist für die Bemessung des Veräußerungspreises gleichgültig; vgl. OVG. 78, 12.

Wenn ein Dritter die Zahlung der WZuwSt. übernommen hat, ist § 9 nicht anwendbar. Hat der Dritte jedoch die Steuer für Rechnung des Erwerbers übernommen, so liegt eine Umgehung des § 9 vor; die Sache ist dann so zu beurteilen, als ob der Erwerber selbst die Zahlung übernommen hätte; es kann keinen Unterschied machen, ob der Erwerber die Zahlung der WZuwSt. unmittelbar oder durch Vermittlung eines Dritten, mit dem er abrechnet, vornimmt; nur wenn der Dritte entweder schenkungsweise oder infolge eines eigenen Interesses am Zustandekommen des Geschäftes, die Steuer übernimmt, ist § 9 nicht anwendbar. So z. B. wenn der Makler, um das Geschäft zustande zu bringen und den Maklerlohn zu verdienen, die Bezahlung der WZuwSt. übernimmt.

3. **Erhöhung des Veräußerungspreises.** Liegen die oben dargestellten Voraussetzungen vor, so ist dem Veräußerungspreis ein Steuerbetrag hinzuzurechnen, der nach den Vorschriften der maßgebenden StO. zu berechnen ist. Damit ist aber nicht gesagt, daß auch der § 9 selbst dabei zu berücksichtigen wäre, so daß die sog. Hoffmannsche Methode, wie bei der ErbErwSt. (RFH. 6, 171; 10, 160), anzuwenden wäre; vielmehr ist der Steuerbetrag nach den sonstigen Vorschriften der StO., also außer § 9, zu errechnen und dem Veräußerungspreis hinzuzurechnen: OVG. 67, 8 sowie PrVBl. 49, 443. Der durch diese Hinzurechnung erhöhte Preis gilt dann als Veräußerungspreis. Von ihm ist nunmehr die zu zahlende WZuwSt. zu berechnen. Auf diese Weise kann bei der zweimaligen Berechnung der Steuer ein verschiedener Prozentsatz anzuwenden sein. Beträgt z. B. der vereinbarte Kaufpreis 100000 Mk., der maßgebende Erwerbspreis 60000 Mk., so liegt eine Wertsteigerung von 50 bis 70 v. H. vor. Die Steuer beträgt daher 13 v. H. des WZuw., also 5200 Mk. Wird dieser Betrag dem Veräußerungspreis von 100000 Mk. hinzugerechnet, so ergibt sich ein Wertzuwachs von 45200 Mk., dieser beträgt aber mehr als 70 v. H. des Erwerbspreises. Die zu entrichtende Steuer beträgt daher 14 v. H. des WZuw. von 45200 Mk., also 6328 Mk.

4. **Rechtswirkung der Hinzurechnung.** An der Steuerpflicht des Veräußerers wird durch die Übernahme der Steuer seitens des Erwerbers nichts geändert. Steuerschuldner bleibt der Veräußerer, und zwar in voller Höhe der nach § 9 erhöhten Steuer; andererseits bleibt der Erwerber gemäß § 16 Abs. 1 Satz 2 als Zweitschuldner haftpflichtig; vgl. OVG. 62, 18; 81, 101; Amtl. Mitt. 1912, 19; 1914, 192; PrVBl. 49, 937. Dagegen ist es nach der Rechtsprechung des OVG. zweifelhaft, ob die WZuwSt. im Falle des § 9 als Teil des Veräußerungspreises zu behandeln ist. In OVG. 62, 25, Amtl. Mitt. 1912, 85 ist dies verneint. Demgemäß ist vom OVG. Amtl. Mitt. 1913, 115; 1914, 120 ausgesprochen worden, daß die beim Erwerb eines Grundstücks übernommene ZuwSt. bei der Weiterveräußerung nicht als Teil des Erwerbspreises angesehen werden kann; anders hin-

gegen Amtl. Mitt. 1914, 87; OVG. 67, 8; 78, 103; PrVBl. 49, 445 = JW. 1928, 1007. Hiernach stellt die Übernahme der dem Veräußerer obliegenden ZuwSt. durch den Erwerber eine Gegenleistung für die Grundstücksübereignung dar und ist somit ein Teil des Veräußerungspreises. Letzterer Auffassung ist beizutreten. Es handelt sich um einen Fall der übernommenen Leistung im Sinne des § 6 Abs. 2.

Aus dem Grundsatz des § 9 ergibt sich ferner ohne weiteres, daß die ZuwSt. nicht vom Veräußerungspreis abzuziehen ist, wenn der Verkäufer sie trägt; vgl. OVG. 62, 18.

§ 10.

Von dem Veräußerungspreise sind in Abzug zu bringen die dem Veräußerer nachweislich zur Last fallenden Kosten der Veräußerung und Übertragung einschließlich der von ihm für die Vermittlung gezahlten ortsüblichen Gebühr, sofern nicht an Stelle des Veräußerungspreises der gemeine Wert maßgebend ist.

1. **Allgemeines.** Die Vorschrift stimmt wörtlich mit § 22 Nr. 1 RZuwStG. überein. Sie entspricht dem § 8 Nr. 1 und soll dazu dienen, die reine Wertsteigerung zu ermitteln, indem die mit dem Erwerb und der Veräußerung verbundenen Kosten von dem Wertzuwachs ausgeschieden werden.

2. **Kosten der Veräußerung und Übertragung.** Als Veräußerungskosten sind alle mit dem Kaufvertrag und der Übertragung des Eigentums verbundenen Kosten zu verstehen; unter Übertragungskosten die durch die Übertragung des Besitzes und durch die Übergabe entstehenden Kosten. Mit Veräußerung und Übertragung sind also die in § 433 BGB. aufgeführten Verkäuferleistungen gemeint. Hinzu kommen aber auch alle weiteren Verkäuferleistungen, z. B. gemäß §§ 434, 435, 439 BGB. In Betracht kommen nur diejenigen Kosten, die unmittelbar zur Veräußerung und Übertragung erforderlich sind; vgl. OVG. 64, 54; 78, 6; Amtl. Mitt. 1913, 8; 1914, 150; 1916, 92. Daher scheiden die Kosten aus, die nur in einem mittelbaren ursächlichen Verhältnis zur Veräußerung und Übertragung stehen. Nur Kosten, nicht Kapitalaufwendungen kommen in Betracht. Es gehören demnach nicht hierher Kosten der Vorbereitung eines Verkaufs (OVG. 62, 59); ein Gewinnanteil, den der Veräußerer einem Dritten versprochen hat, um sich eine günstige Verkaufsgelegenheit zu verschaffen; Amtl. Mitt. 1912, 174; Reklame- und Inseratkosten zur Vorbereitung einer Veräußerung; vgl. OVG. VII C 373. 14 bei Ziegesar Nr. 22 zu § 22 Nr. 1; ebenso eine Vergütung für die bei Verwaltung und Aufteilung des Grundstücks bewiesene Umsicht; vgl. Amtl. Mitt. 1913, 8 u. 105; ferner nicht Aufwendungen, die zu den allgemeinen Geschäftsunkosten des Veräußerers zu rechnen sind: OVG. 67, 22. Ein zur Ermöglichung eines Tauschgeschäftes aufgenommenes Darlehen oder die Aufnahme einer Hypothek hängt nur mittelbar mit der Grundstücksveräußerung zusammen; daher kommt die für die Beschaffung des Darlehens gezahlte Provision nicht in Betracht; vgl. OVG. 64, 52; Amtl. Mitt. 1913, 169; PrVBl. 37, 90; ebensowenig ein dabei bewilligtes Damnum: OVG. PrVBl. 50, 106. Die Umsatzsteuer nach dem RUStG. vom 24. 12. 1919 gehört gleichfalls nicht zu den unmittelbar mit der Veräußerung zusammenhängenden Ausgaben; sie wird nicht allein auf Grund der Veräußerung des Grundstücks fällig, vielmehr muß hinzukommen, daß der Veräußerer das Grundstück innerhalb einer gewerblichen Tätigkeit veräußert; daher kann die Umsatzsteuer vom Veräußerungspreise nicht abgezogen werden; vgl. OVG. 78, 6; PrVBl. 44, 393; 50, 106.

Zu den Kosten der Veräußerung gehören hingegen Reisekosten des Veräußerers zum Ort des Vertragsschlusses, die Kosten eines beim Vertragsschluß zugezogenen Rechtsbeistandes, — dagegen nicht die Kosten eines zum Abschluß bevollmächtigten Vertreters, die nach Lage der Umstände (entfernter Wohnsitz des Veräußerers) zu den allgemeinen Geschäftsunkosten zu rechnen sind: OVG. PrVBl. 49, 834 — wohl aber Kosten zur Beschaffung des Katastermaterials (OVG. 64, 68; Amtl. Mitt. 1913, 174). Dagegen gehören die Kosten der Vermessung und der Aufstellung eines Parzellierungsplanes, soweit sie nur eine Veräußerung vorbereiten sollen, nicht hierher. Zu den Veräußerungskosten gehören dagegen die Kosten für die notarielle Beurkundung des Kaufvertrages und für die Umschreibung im Grundbuche, ebenso auch die Kosten für die Löschung einer Hypothek, die der Erwerber nicht übernommen hat und die der Veräußerer daher gemäß § 439 BGB. beseitigen muß; vgl. Amtl. Mitt. 1913, 282, aber auch 1915, 282. Dagegen gehört die Ablösungssumme solcher Hypotheken nicht zu den Veräußerungskosten; bei Veräußerung des Grundstücks greift hier § 7 ein, bei Abtretung der Gesamtheit der Geschäftsanteile einer Grundstücksgesellschaft evtl. § 8 Nr. 2, vgl. hierüber Anm. 10g zu § 1 und die Entscheidung des OVG. bei Domke Anm. 8 zu § 18 Berl. StO. Erfolgt die Veräußerung im Wege der Zwangsversteigerung zur Aufhebung der Gemeinschaft, so gehören auch die Gerichtskosten sowie die infolge Zuziehung von Anwälten entstandenen Kosten hierher; vgl. Amtl. Mitt. 1914, 15. Dagegen sind Prozeßkosten in einem Rechtsstreit wegen der Höhe der Enteignungsentschädigung, die dem abgewiesenen Kläger zur Last fallen, nicht anrechnungsfähig; vgl. OVG. 71, 33; Amtl. Mitt. 1914, 55; 1916, 92. Soweit der Veräußerer die GrErwSt. zu zahlen hat, gehört sie zu den Kosten der Veräußerung, und zwar in voller Höhe, ohne Abzug des auf wertzuwachssteuerfreie Gegenstände entfallenden Betrags; vgl. OVG. 78, 12; Amtl. Mitt. 1917, 4. Dagegen gehört die ZuwSt. nicht zu den abzugsfähigen Kosten; vgl. OVG. 66, 37 u. 155; 62, 18.

Kosten der Besitzübertragung bestehen hauptsächlich in den Räumungskosten, d. h. in den durch die Freimachung des Grundstücks erwachsenden Kosten. Hierzu können aber nicht die Kosten des Transports der herauszuschaffenden Sachen nach einem anderen Ort gerechnet werden.

Bei einem Tauschvertrage ist der Abzug ebenfalls begründet; vgl. OVG. 64, 53; Amtl. Mitt. 1913, 169. Hier gehören zu den Kosten der Veräußerung auch diejenigen Kosten, die der Veräußerer für das in Tausch genommene Grundstück aufzuwenden hat, z. B. die GrdErwSt. für das eingetauschte Grundstück, sowie die durch grundbuchliche Eintragung entstehenden Kosten.

Anrechnungsfähig sind nur solche Kosten, die dem Veräußerer nachweislich zur Last fallen. Er muß sie also nicht nur bezahlt haben, sondern zur Zahlung auch entweder auf Grund des Veräußerungsvertrags oder im Außenverhältnis, z. B. als Gesamtschuldner (Notariatskosten, GrdErwSt.) oder Zweitschuldner verpflichtet gewesen sein.

3. Vermittlungskosten. Unter Vermittlung ist der Nachweis der Gelegenheit zum Abschluß des Veräußerungsgeschäfts sowie die vermittelnde Tätigkeit zu verstehen, die durch Einwirkung auf beide Vertragsparteien zwecks Ausgleichung ihrer gegenseitigen Forderungen und Interessen und Erzielung eines Übereinkommens entfaltet wird; vgl. § 652 BGB. (Die Vermittlung von Hypothekengeschäften gehört nicht hierher: OVG. PrVBl. 37, 90). Der Vermittler muß also neben dem Veräußerer und Erwerber eine dritte Person sein; wird einem Vertragschließenden eine Vergütung zugesichert, so liegt darin keine Vermittlungsgebühr; vgl. PrVBl. 31,

513; OVG. 67, 22. Schließt der mit der Vermittlung beauftragte Makler im eigenen Namen oder als gesetzlicher Vertreter eines Dritten mit seinem Auftraggeber den Vertrag ab, so ist eine ihm gewährte Gebühr nicht zu berücksichtigen; vgl. Amtl. Mitt. 1912, 174; 1914, 192. Ebenso wenn der Vermittler zugleich Generalbevollmächtigter des Erwerbers war und als solcher den Kaufvertrag mit dem Veräußerer abgeschlossen hat; vgl. OVG. 78, 11. Wird dem Vorstandsmitglied einer Terraingesellschaft aus Anlaß der Grundstücksveräußerung eine Entschädigung gezahlt, so ist dies keine Vermittlungsgebühr, sondern ein Teil der Verwaltungskosten und daher nicht zu kürzen; vgl. OVG. 62, 61; 67, 22. Ebensowenig kann die Tantieme, die der Prokurist des Veräußerers aus Anlaß der Grundstücksveräußerung erhält, als Vermittlungsgebühr behandelt werden; vgl. OVG. VII C 487. 13 bei Ziegesar Nr. 18 zu § 22, Ziff. 1. Ein Entgelt für Taxierung des Grundstücks u. dgl. ist gleichfalls keine Vermittlungsgebühr, sondern nur Entlohnung einer vorbereitenden Tätigkeit; vgl. Amtl. Mitt. 1913, 8.

Nach der Fassung des § 10 ist nur die gezahlte ortsübliche Gebühr vom Veräußerungspreise zu kürzen. Es genügt also nicht, daß die Vermittlergebühr nur versprochen, aber noch nicht gezahlt ist. Aufrechnung steht aber natürlich der Zahlung gleich, nicht hingegen Stundung. Die Gebühr muß ferner der Höhe nach ortsüblich sein. Von diesem Erfordernis hat die StO. für Berlin in der neuen Fassung abgesehen. Ist die Vermittlungsgebühr übermäßig hoch, so kann sie gemäß § 6 Abs. 8 als Teil des Veräußerungsentgelts betrachtet werden; vgl. Anm. 10 zu § 6. Nach OVG. 64, 32; PrVBl. 37, 9; Amtl. Mitt. 1913, 105; 1917, 5 kann die Vermittlungsgebühr (im Gegensatz zur GrErwSt.) nur insoweit abgezogen werden, als sie auf den eigentlichen Grundstückspreis, nicht auf Maschinen und Zubehör entfällt. Diese Einschränkung wäre nach der Fassung der MStO. nicht gerechtfertigt.

§ 11.

Beim Tausch von Grundstücken ist die Steuer für jedes Grundstück gesondert zu berechnen.

1. **Allgemeines.** Die Vorschrift entspricht dem § 26 RZuwStG. sowie § 16 GrdErwStG. Auf die Bemerkungen zu der letzteren Vorschrift kann daher hier verwiesen werden.

Steuerpflichtig ist gemäß § 2a der Abschluß des verpflichtenden Tauschvertrages ohne Rücksicht auf die Umschreibung des Eigentums der beiden Tauschgrundstücke. Die Vertauschung eines Grundstücks gegen Anteile einer Grundstücksgesellschaft oder von Anteilen zweier Grundstücksgesellschaften gegeneinander gehört ebenfalls hierher. Auch ein Rechtsvorgang im Sinne des § 3 steht steuerlich der Übereignung gleich, kann also auf einer oder auf beiden Seiten des Tauschvertrages vorliegen. Umwandlung von Miteigentum in Flächeneigentum gilt als Tausch; vgl. RFH. 5, 19; 8, 166. Bei dem Tausch eines Grundstücks gegen bewegliche Werte kommt § 16 nicht in Betracht.

Ist eines der miteinander vertauschten Grundstücke nicht in der Steuergemeinde belegen, so kommt die StO. für dieses Grundstück nicht in Betracht; in solchem Falle ist nur die Veräußerung des in der Gemeinde belegenen Grundstücks von der zuständigen Steuerbehörde zu veranlagen. Hier wird also ohnehin die Steuer für jedes Grundstück selbständig berechnet.

2. **Die Steuerberechnung** hat derart zu geschehen, daß für das eingetauschte Grundstück die Steuer je selbständig berechnet wird. Obgleich nur ein verpflichtender

Veräußerungsvertrag vorliegt, sind zwei Steuerfälle gegeben. Bezüglich jedes Grundstücks findet daher auch eine selbständige Anfechtung der Veranlagung statt.

Veräußerungspreis und Erwerbspreis sind für jedes Grundstück selbständig festzustellen. Veräußerungspreis ist der gemeine Wert des in Tausch genommenen Grundstücks; vgl. OVG. PrVBl. 37, 232; 50, 73. Die Abwälzung der Hypothekenschuld auf den Erwerber bildet einen Teil der Gegenleistung für das Grundstück; vgl. OVG. 66, 25. Wird zur Ausgleichung des Wertunterschieds beider Grundstücke neben dem minderwertigen Grundstück eine Ausgleichsleistung in bar oder anderen Werten gemacht, so ist diese zu berücksichtigen; vgl. OVG. 64, 53; 69, 36. Die Berechnung hat derart stattzufinden, daß der gemeine Wert des wertvolleren Grundstücks im Verhältnis der gemeinen Werte des minderwertigen Grundstücks und der Ausgleichsleistung geteilt wird. Bezeichnet man mit x den Tauschpreis des minderwertigen Grundstücks und mit m dessen gemeinen Wert, mit h den Wert des höherwertigen Grundstücks und mit b die Barleistung (Ausgleichsleistung), so ist der Tauschpreis des minderwertigen Grundstücks (x) =

$$\frac{h \times m}{m + b}$$

vgl. OVG. PrVBl. 50, 73; JW. 1929, 811 Nr. 4.

Die Tauschwertangabe im Vertrage der Parteien ist nicht maßgebend, vielmehr ist der gemeine Wert beider Grundstücke zu schätzen; vgl. § 20 sowie PrVBl. 37, 232; 39, 206; OVG. 64, 53 u. 66; Amtl. Mitt. 1913, 243.

Die Selbständigkeit der Steuerberechnung für zwei Grundstücke kommt darin zum Ausdruck, daß bei einem Tausch zwischen Großvater und Enkel gemäß § 5 I 4 nur das vom Großvater in Tausch gegebene Grundstück steuerfrei ist, das in Tausch genommene Grundstück dagegen nicht. Wird das in Tausch gegebene Grundstück von einer Siedlungsgesellschaft zur Schaffung gesunder Kleinwohnungen veräußert, so ist für dieses Grundstück keine WZuwSt. zu zahlen, wohl aber für das in Tausch genommene Grundstück; vgl. § 5 I 9. Auch bei Berechnung der Höhe der Steuer ist gemäß § 15 Abs. 2, 3 die Eigentumsdauer für jedes Grundstück selbständig zu berücksichtigen; ebenso ist für jedes Grundstück der Erwerbspreis festzustellen sowie das Verhältnis des Wertzuwachses zu ihm.

§ 12.

(1) Bei einem aus Anlaß einer Flurbereinigung, Grenzregulierung oder Umlegung empfangenen Grundstück ist als Erwerbspreis das Entgelt anzusehen, das bei dem letzten steuerpflichtigen Rechtsvorgange für das in die Flurbereinigung usw. gegebene Grundstück gezahlt worden ist.

(2) Ausgleichszahlungen sind dem Erwerbspreise hinzu- oder abzurechnen. Für die Steuerberechnung kommt der auf diesem Wege berichtigte Erwerbspreis und die Größe des aus der Bereinigung empfangenen Grundstücks in Frage. Als Besitzdauer gilt die Zeit von dem Erwerb des in die Flurbereinigung, Grenzregulierung oder Umlegung gegebenen Grundstücks an.

1. **Allgemeines.** Die Vorschrift entspricht im wesentlichen dem § 19 RWZuw.-StG. Sie behandelt die Berechnung des Erwerbspreises bei einem aus Anlaß einer Flurbereinigung, Grenzregulierung oder Umlegung empfangenen Grundstück. Diese drei Rechtsvorgänge sind gemäß § 5 I Nr. 8 an sich steuerfrei, so daß nach § 6 Abs. 1 Satz 2 von dem Erwerbspreise des letzten vorhergegangenen steuerpflichtigen Rechtsvorganges auszugehen ist. An sich müßte von

dem letzten steuerpflichtigen Erwerbsfall hinsichtlich des in der Flurbereinigung empfangenen, nunmehr weiterveräußerten Grundstücks ausgegangen werden. Die Besonderheit des § 12 liegt darin, daß statt dessen von dem letzten steuerpflichtigen Rechtsvorgang für das in die Flurbereinigung usw. hingegebene Grundstück auszugehen ist. Diese Vertauschung des maßgebenden Grundstücks entspricht praktischen Bedürfnissen. Der Veräußerer wäre nur schwer in der Lage, den Erwerbspreis für das in der Flurbereinigung empfangene Grundstück anzugeben und nachzuweisen. Ferner entspricht es der steuerlichen Gerechtigkeit, daß hinsichtlich der für die Höhe der Steuer gemäß § 15 Abs. 2, 3 maßgebenden Eigentumsdauer nicht diejenige des Rechtsvorgängers, sondern die eigene Eigentumsdauer des Steuerpflichtigen hinsichtlich des bei der Flurbereinigung hingegebenen Grundstücks zugrunde gelegt wird. Der Austausch von Grundstücken bei der Flurbereinigung usw. erfolgt im gemeinwirtschaftlichen Interesse. Es erscheint daher angemessen, die Sache steuerrechtlich so zu behandeln, als ob der Veräußerer noch Eigentümer des ausgetauschten Grundstücks wäre.

2. **Berechnung des Erwerbspreises.** Auszugehen ist von dem Erwerbspreis des Grundstücks. Dieser Preis ist aber nicht ohne weiteres maßgebend, da ja das hingegebene und das empfangene Grundstück an Größe und Wert vielfach nicht übereinstimmen; infolgedessen muß die Ausgleichszahlung berücksichtigt werden. War das hingegebene Grundstück wertvoller als das empfangene, so hat der Veräußerer eine Ausgleichszahlung erhalten; diese ist vom Erwerbspreis des hingegebenen Grundstücks zu kürzen. War umgekehrt das empfangene Grundstück wertvoller als das hingegebene, so hat der jetzige Veräußerer eine Ausgleichszahlung geleistet; diese ist dem Erwerbspreise für das hingegebene Grundstück zuzuschlagen. Der Erwerbspreis des nunmehr veräußerten, also des empfangenen Grundstücks, besteht dann in dem Erwerbspreis für das hingegebene abzüglich bzw. zuzüglich der Ausgleichszahlung. Läßt sich auf diese Weise ein Entgelt nicht ermitteln, so ist nach § 6 Abs. 6 der gemeine Wert des empfangenen Grundstücks z. Z. des Empfangs zugrunde zu legen.

Sind im Umlegungsverfahren mehrere Grundstücke hingegeben und empfangen worden und wird später nur eines der empfangenen Grundstücke veräußert, so sind alle hingegebenen Grundstücke als Einheit zu behandeln, also ihre Erwerbspreise zusammenzurechnen und der auf das veräußerte Grundstück entfallende Anteil nach dem Wertverhältnis dieses zur Gesamtheit der empfangenen Grundstücke im Zeitpunkt der Umlegung zu errechnen: OVG. 66, 17.

3. **Berechnung des Veräußerungspreises.** Besteht das veräußerte Grundstück nicht nur aus dem bei der Flurbereinigung empfangenen Grundstück, sondern bildet dieses nur einen Teil des veräußerten Grundstücks, so ist der für das Gesamtgrundstück vereinbarte Veräußerungspreis nach der Größe der Abschnitte, aus denen das veräußerte Grundstück sich zusammensetzt, zu zerlegen. Beträgt z. B. die Größe des veräußerten Gesamtgrundstücks 50 Morgen, zu denen das bei der Flurbereinigung empfangene Grundstück von 5 Morgen gehört, so entfällt von dem vereinbarten Veräußerungspreise $^1/_{10}$ auf das in der Flurbereinigung empfangene Grundstück. Eine Teilung des Veräußerungspreises nach dem Wert der Grundstücksbestandteile hat nicht stattzufinden; anders nach § 19 Abs. 2 RZuwStG.

4. **Die Berechnung der ZuwSt.** muß für die Bestandteile des veräußerten Grundstücks, nämlich für das aus der Flurbereinigung empfangene Grundstück und für die weiteren mitveräußerten Grundstücke gesondert erfolgen. Nach § 15 hängt die Höhe der Steuer einmal von dem Maß der Wertsteigerung ab und ferner von der Länge des für die Steuerberechnung maßgebenden Zeitraums, der Eigentumsdauer. Nach beiden Richtungen muß das in der Flurbereinigung empfangene Grundstück gesondert behandelt werden. Das Maß der Wertsteigerung ergibt sich aus dem Vergleich des gemäß Anm. 2 zu berechnenden Erwerbspreises und des gemäß Anm. 3 zu berechnen-

den Veräußerungspreises. Aufwendungen, die der Veräußerer auf das in die Flurbereinigung usw. gegebene Grundstück gemacht hat, sind dem Erwerbspreis in den Grenzen des § 8 hinzuzurechnen; vgl. OVG. PrVBl. 37, 765. Das Verhältnis der Wertsteigerung zum Erwerbspreis wird hiernach berechnet. Die Eigentumsdauer ist gleichfalls für das in der Flurbereinigung usw. empfangene Grundstück gesondert festzustellen. Maßgebend ist die Zeit von dem Erwerb des in die Flurbereinigung gegebenen Grundstücks an, und zwar wird es sich hier um den letzten steuerpflichtigen Erwerbsfall vor der Flurbereinigung handeln müssen. Hat also der jetzige Veräußerer bei der Flurbereinigung ein Grundstück hingegeben, das er im Jahre 1918 von seinem Vater gekauft und das der Vater im Jahre 1902 von dem Großvater geerbt hatte, so kommt als Erwerbsdauer das entgeltliche Erwerbsgeschäft des Großvaters in Betracht. Hat dieser das Grundstück im Jahre 1890 gekauft, so ist bei einer Veräußerung des in der Flurbereinigung empfangenen Grundstücks im Jahre 1929 mit einer Eigentumsdauer von 39 Jahren zu rechnen, so daß nach § 15 Abs. 3 eine Ermäßigung des Steuersatzes um 33% stattfinden, d. h. Steuerfreiheit eintreten würde.

§ 13.

(1) Beschränkt sich der steuerpflichtige Rechtsvorgang auf einen Teil eines Grundstücks, so wird der Erwerbspreis dieses Teiles nach dem Verhältnis seiner Größe zur Größe des Gesamtgrundstücks berechnet. Das zu Straßen und Plätzen unentgeltlich abgetretene Land wird hierbei von der Gesamtgröße vorab in Abzug gebracht. Sind in dem Erwerbspreise Bauten oder sonstige Leistungen eingeschlossen, so ist deren Wert aus dem Erwerbspreise vorher auszusondern.

(2) Werden mehrere Teile des Grundstücks durch verschiedene Rechtsvorgänge von demselben Veräußerer oder seinen Erben innerhalb drei Jahren veräußert, so ist der Steuerpflichtige berechtigt, den bei einem Geschäft erlittenen, nach den Vorschriften dieser Ordnung zu berechnenden Verlust bei dem Veräußerungspreise des jeweilig letzten Geschäfts innerhalb dieses Zeitpunktes in Abzug zu bringen. Die während des Zeitraums stattgefundenen Veranlagungen sind erforderlichenfalls zu berichtigen; ein diesbezüglicher Antrag ist innerhalb drei Monaten nach Ablauf der dreijährigen Frist zu stellen. Für Erwerbsvorgänge, die vor dem Inkrafttreten dieser Ordnung stattgefunden haben, beginnt der Lauf der Frist mit dem Tage, an dem die Ordnung Geltung erlangt.

(3) Aufwendungen kommen nur insoweit in Anrechnung, als sie den veräußerten Teil betreffen. Handelt es sich um eine das Gesamtgrundstück oder mehrere Teile desselben betreffende Anlage, so sind die zu berücksichtigenden Kosten nach dem Flächenverhältnis zu verteilen.

1. **Allgemeines.** Die Vorschrift entspricht in Abs. 1 u. 2 dem § 20 RZuwStG. und in Abs. 3 dem § 21 RZuwStG. Die Fassung weicht jedoch von der des RZuwStG. in mehreren Punkten ab. So ist in Abs. 1 das Verhältnis der Größen an Stelle des Verhältnisses der Werte gesetzt. Nach OVG. PrVBl. 50, 55 ist der Grundsatz des § 20 Abs. 1 RZuwStG. auch dann anzuwenden, wenn

eine StO. keine entsprechende Vorschrift enthält, ebenso der Grundsatz des § 21 RZuwStG., der dem Abs. 3 entspricht. Abs. 1 Satz 2 regelt in kürzerer Fassung, aber sachlich ziemlich übereinstimmend die Berücksichtigung abgetretenen Straßenlandes. Der Verlustausgleich in Abs. 2 ist etwas abweichend von § 20 Abs. 3 RZuwStG. geregelt. Die Fassung der MStO. muß jedoch als verunglückt bezeichnet werden. Abs. 3 entspricht im wesentlichen dem § 21 RZuwStG., nur daß auch hier an Stelle des Wertverhältnisses das Flächenverhältnis gesetzt ist.

Der umgekehrte Fall, daß ein veräußertes Grundstück durch verschiedene selbständige Rechtsvorgänge in Teilen erworben worden ist, hat in der MStO. keine ausdrückliche Regelung gefunden; vgl. hierüber Anm. 6 zu § 14 Abs. 2.

2. Teilveräußerung. Gegenstand der Regelung des § 13 ist die Berechnung des Erwerbspreises für den Fall, daß nur ein Teil eines Grundstücks veräußert wird. Unter dem „Grundstück", dessen Teil veräußert wird, ist nicht ein Grundstück im Rechtssinn, sondern eine wirtschaftliche Einheit zu verstehen. Diese setzt aber nicht nur wirtschaftlichen Zusammenhang der einzelnen Grundstücke, sondern auch Eigentumseinheit voraus: OVG. 64, 81; 74, 28. Die Veräußerung muß einen realen Teil des Grundstücks betreffen, nicht etwa einen ideellen Teil, also eine Miteigentumsquote. Auch der Fall, daß ein Gesellschafter einer Grundstücksgesellschaft von seinem Gesellschaftsanteil einen Teil überträgt (§ 1 Abs. 3) gehört nicht hierher. Die Übertragung eines Miteigentumsanteils oder eines Gesellschaftsanteils ist vielmehr wie die Veräußerung eines Grundstücks zu behandeln; vgl. OVG. PrVBl. 50, 179. Hat der Veräußerer z. B. für das ganze Grundstück 100000 Mk. bezahlt und veräußert er jetzt einen Miteigentumsanteil von $^1/_4$, so ist als Erwerbspreis ohne weiteres ein Betrag von 25000 Mk. zu betrachten. Eine Anrechnung von Aufwendungen erfolgt mit der entsprechenden Quote.

Die wirtschaftliche Einheit muß bereits beim Erwerb des Grundstücks bestanden haben; vgl. OVG. 62, 19 u. 281; Amtl. Mitt. 1911, 122 u. 161; 1915, 92. Ist das veräußerte Teilgrundstück z. Z. des Erwerbs nicht Bestandteil einer wirtschaftlichen Einheit, sondern ein rechtlich und wirtschaftlich selbständiges Grundstück gewesen, so kommt bei der Weiterveräußerung § 13 nicht in Anwendung. Ist es z. Z. des Erwerbs Teil einer anderen wirtschaftlichen Einheit gewesen, als es die jetzt vorhandene wirtschaftliche Einheit ist, so kommt § 13 an sich zur Anwendung. Unter dem im § 13 erwähnten Gesamtgrundstück ist dann aber diejenige wirtschaftliche Einheit zu verstehen, zu der das Teilgrundstück im Zeitpunkt des Erwerbs gehörte. Hat das veräußerte Teilgrundstück beim Erwerb aus mehreren selbständigen Teilen, die entweder je ein selbständiges Grundstück bildeten oder zu verschiedenen wirtschaftlichen Einheiten gehörten, bestanden, so ist der Erwerbspreis für jede Teilfläche gemäß §§ 13, 14 Abs. 2 gesondert zu errechnen. Entsprechende Anwendung findet § 13, wenn eine Mehrzahl von Grundstücken zu einem Gesamtpreise erworben wird und eins von ihnen jetzt veräußert wird; vgl. Amtl. Mitt. 1913, 281. Die Vorschrift ist auch anwendbar für die Ermittlung des Erwerbspreises eines Teilstücks eines durch Tausch erworbenen Gesamtbesitzes; vgl. OVG. 69, 36; Amtl. Mitt. 1915, 39. Auch bei der Veräußerung des Restgrundstücks einer wirtschaftlichen Einheit ist § 13 entsprechend anwendbar; vgl. OVG. 71, 28.

Wegen des Begriffs der wirtschaftlichen Einheit vgl. Anm. 2 zu § 1.

3. Ermittlung des Erwerbspreises. Auszugehen ist von dem Erwerbspreis des Gesamtgrundstücks bzw. der wirtschaftlichen Einheit, zu der das nunmehr veräußerte Teilgrundstück z. Z. des Erwerbs gehört hat. Die Berechnung des auf das Teilgrundstück entfallenden Teils des Erwerbspreises erfolgt nach dem Verhältnis seiner Größe zur Größe des Gesamtgrundstücks. Nach § 20 Abs. 1 RZuwStG. ist das Verhältnis des Wertes zum Wert des Gesamtgrundstückes maßgebend. Die Fassung der MStO. ist steuerlich gröber, dafür aber in der Handhabung einfacher. Eine Verfeinerung tritt nach der MStO. nur insofern ein, als Bauten und sonstige Leistungen, die in dem Erwerbspreis eingeschlossen sind, aus diesem vorher ausgesondert werden müssen. Betrug der Erwerbspreis für das Gesamtgrundstück z. B. 100000 Mk., so ist zunächst festzustellen, ob in diesem Preise die Vergütung für Bauten und sonstige Leistungen eingeschlossen war. Unter sonstigen Leistungen ist alles zu verstehen, was außer dem nackten Grund und Boden den Gegenstand der Veräußerung gebildet hat. Hierher gehören also z. B. Maschinen, Kunstbrunnen, Beleuchtungsanlagen und sonstige Einrichtungen, bewegliches Zubehör (OVG. 65, 23) und Sonderleistungen anderer Art, die der Verkäufer zu bewirken hatte. Der Wert der Bauten und sonstigen Leistungen ist von der Steuerbehörde frei zu ermitteln, ohne daß die Angaben des Steuerpflichtigen maßgebend wären (§ 20). Sind im Kaufvertrage, der die Grundlage des Erwerbs gebildet hat, getrennte Preise für den Grund und Boden einerseits und für Bauten und sonstige Leistungen andererseits angegeben, so kommt es darauf an, ob diese Trennung die Bedeutung einer zivilrechtlich bindenden Vereinbarung hatte oder ob es sich nur um eine Zerlegung des Kaufpreises im steuerlichen Interesse gehandelt hat. Im ersteren Falle ist die Steuerbehörde an die Vereinbarung gebunden, im Falle der bloßen Wertangabe jedoch nicht; vgl. OVG. 75, 5; Amtl. Mitt. 1915, 158. Der auf Bauten und sonstige Leistungen entfallende Teil des Gesamterwerbspreises ist zunächst auszusondern (vgl. OVG. 65, 23) und der Rest des Erwerbspreises ist dann nach der Größe auf das jetzt weiterveräußerte Teilgrundstück und den Rest des Gesamtgrundstücks zu verteilen. Insoweit Bauten und sonstige Leistungen auf das jetzt veräußerte Teilgrundstück entfallen, ist ihr vorher ausgeschiedener Wert dem Erwerbspreis für das Teilgrundstück wieder hinzuzuschlagen. Bei dieser Preiszerlegung ist auf das schuldrechtliche Veräußerungsgeschäft, durch das das Gesamtgrundstück erworben wurde, zurückzugehen; vgl. OVG. 64, 118.

Tritt an Stelle des Erwerbspreises der gemeine Wert gemäß § 6 Abs. 6, so kommt § 13 nicht zur Anwendung; vielmehr ist dann einfach der gemeine Wert des veräußerten Teilgrundstücks für den Zeitpunkt des Erwerbs festzustellen; vgl. Amtl. Mitt. 1915, 11.

4. Berücksichtigung abgetretenen Straßenlandes.

a) Hat der Veräußerer während seiner Eigentumszeit, d. h. in der Zeit vom Abschluß des verpflichtenden Erwerbsgeschäfts bis zum Abschluß des verpflichtenden Veräußerungsvertrages, einen Teil des Gesamtgrundstücks zu Straßen und Plätzen unentgeltlich abgetreten, so wird diese Abtretung dergestalt berücksichtigt, daß das abgetretene Land von der Größe des Gesamtgrundstücks vorab in Abzug gebracht wird. Der gesamte Erwerbspreis wird sodann als Preis für das verbleibende Land betrachtet und nunmehr der auf das veräußerte Teilgrundstück entfallende Teil des Erwerbspreises nach dem Größenverhältnis berechnet. Es hat z. B. das Gesamtgrundstück z. Z. des Erwerbs eine Größe von 4 Hektar gehabt und der Preis für dieses Grundstück 7000 Mk. betragen; zu Straßenland ist ein Teil von 50 a abgetreten worden; dann ist der Preis von 7000 Mk. auf die verbleibenden 3 ha 50 a zu verrechnen. Beträgt die Größe des jetzt veräußerten Teilgrundstücks 1 ha, so entfällt auf das Teilgrundstück $\frac{1 \times 7000}{3{,}5} = 2000$ Mk.

b) Unter „Abtretung" ist nicht nur Übereignung zu verstehen. In § 20 Abs. 2 RZuwStG. wird von unentgeltlicher dauernder Überlassung von Grundstücken für Verkehrszwecke gesprochen und diese Überlassung im Nachsatz als Abtretung bezeichnet. Auch im Sinne des § 13 Abs. 1 wird als Abtretung die dauernde Überlassung des Grundstücks zu Straßen und Plätzen zu verstehen sein, ohne daß eine Eigentumsübertragung erforderlich wäre. Die Überlassung kann auch zu Erbbaurecht oder Nießbrauch erfolgt sein; Voraussetzung ist aber eine dauernde, also zeitlich unbegrenzte Überlassung; diese wird aber durch einen — nach Lage der Dinge mehr formalen — Kündigungsvorbehalt nicht unbedingt ausgeschlossen (OVG. 70, 28). Der Begriff der Überlassung, ebenso wie der der Abtretung, setzt aber voraus, daß das Grundstück einer dritten Person überlassen wird, und zwar an den die Zwecke der Allgemeinheit Verfolgenden (Fiskus, Gemeinde); Verwendung im eigenen Betriebe des bisherigen Eigentümers reicht nicht aus; vgl. OVG. 70, 27; 28; Amtl. Mitt. 1916, 8. Eine Abtretung liegt erst dann vor, wenn das Grundstück entweder aufgelassen oder doch endgültig dem öffentlichen Verkehr gewidmet ist; vgl. OVG. VII C 590, 13 bei Ziegesar Nr. 2 zu § 20 Abs. 2. Provisorisches Vorgartenland ist, solange es nicht an die Gemeinde abgetreten ist, kein Straßenland; vgl. OVG. VII C 201, 12 a. a. O. Nr. 3. Die unentgeltliche Abtretung muß bei Eintritt der Steuerpflicht für das veräußerte Teilgrundstück bereits erfolgt sein; vgl. Amtl. Mitt. 1913, 37; OVG. 76, 1. Sie muß nach dem letzten steuerpflichtigen Rechtsvorgang, der für die Ermittelung des Gesamterwerbspreises maßgebend ist, erfolgt sein: OVG. 67, 20. Dies ist erst dann der Fall, wenn der Verzicht der Gemeinde gegenüber formgerecht erklärt ist und das Land dem öffentlichen Verkehr tatsächlich gewidmet ist; vgl. OVG. VII C 590, 13. Ist die Landabtretung hiernach als unentgeltliche behandelt worden und erhält der Abtretende später eine Vergütung, so ist der Betrag bei der etwa hinzuzurechnenden Aufwendung für Straßenbaubeiträge zu kürzen: OVG. Amtl. Mitt. 1918, 47.

5. **Unentgeltlich ist die Abtretung** nur, wenn sie ohne entsprechende Gegenleistung erfolgt; vgl. Amtl. Mitt. 1912, 31; 1915, 183 u. 1916, 131. Erfolgt die Abtretung gegen Befreiung von der Pflicht zur Leistung von Anliegerbeiträgen, so ist sie nicht unentgeltlich; vgl. Amtl. Mitt. 1912, 31; 1913, 44 u. 167; 1914, 190.

6. **Aufwendungen** kommen nach **Abs.** 3 nur insoweit in Anrechnung, als sie den veräußerten Teil betreffen. Wegen des Begriffs der Aufwendungen vgl. § 8. Nach der Fassung der MStO. handelt es sich allgemein um Aufwendungen, während § 21 RZuwStG. nur die Aufwendungen gemäß § 14 Nr. 3, 4 regelt, d. h. Aufwendungen für Bauten und Verbesserungen sowie für Straßenbauten und Verkehrsanlagen. § 21 schließt also durch seine Fassung die Anrechnung der Erwerbskosten sowie des Ausfalls in der Zwangsversteigerung (§ 14 Nr. 1 u. 2) aus. § 13 Abs. 3 MStO. enthält eine solche Beschränkung nicht. Sie ergibt sich auch nicht aus Abs. 3 Satz 2, wo nur der Fall einer Anlage, die das Gesamtgrundstück betrifft, geregelt ist, während die Erwerbskosten und der Ausfall in der Zwangsversteigerung ausgelassen werden. Diese Aufwendungen betreffen anteilig auch den veräußerten Teil und müssen „insoweit" nach dem Wortlaut des Abs. 3 in Anrechnung gebracht werden. Die Anrechnung entspricht auch der Billigkeit und dem Wesen der Sache. Bezüglich der Aufwendungen für Bauten und Verbesserungen (§ 8 Nr. 2) ist zu unterscheiden, ob sie nur den veräußerten Teil betreffen oder ob sie eine Anlage darstellen, die das Gesamtgrundstück oder mehrere Teile desselben betrifft. Eine Aufwendung betrifft das Teilgrundstück bzw. das Gesamtgrundstück, wenn es für die Preisbildung maßgebend und außerdem geeignet ist, das betr. Grundstück dauernd zu verbessern; vgl. OVG. 62, 63; 69, 45; 73, 24; Amtl. Mitt. 1917, 105. In Betracht kommen nur diejenigen Teilgrundstücke, die dem Veräußerer z. Z. der Vornahme der Aufwendungen gehört haben, nicht solche, die er schon vorher abveräußert hatte: OVG. 74, 28; Amtl. Mitt. 1918, 67. Bauten, die auf der Restfläche stehen, können im einzelnen Falle zu einer höheren Bemessung des für das Trennstück sonst zu erreichenden Kaufpreises führen und sind dann, aber auch nur dann, zu berücksichtigen; vgl. PrVBl. 36, 266; 49, 896. Als Anlage kann auch eine Straße in Frage kommen, insbesondere eine vom Veräußerer errichtete Privatstraße; eine solche Straße kann auch das nicht unmittelbar an ihr gelegene Hinterland im Werte

erhöhen; OVG. 72, 55. Ob die Straße auch fremden Besitzern zugute kommt, ist gleichgültig; vgl. Amtl. Mitt. 1918, 81; OVG. 74, 26. Die Werterhöhung muß z. Z. der Veräußerung des Teilgrundstücks noch bestehen; vgl. OVG. Amtl. Mitt. 1915, 163; JW. 1915, 1340.

Betrifft die Aufwendung nur das veräußerte Teilgrundstück, so ist sie in voller Höhe dem nach den Bestimmungen des § 13 Abs. 1 errechneten Erwerbspreis für das Teilgrundstück hinzuzurechnen; vgl. Amtl. Mitt. 1914, 98; betrifft die Aufwendung das Gesamtgrundstück oder doch mehrere Teile von ihm, zu denen das nunmehr veräußerte Teilgrundstück gehört, so sind die Aufwendungen nach dem Flächenverhältnis zu verteilen, nicht nach dem Wertverhältnis. Diese Art der Berechnung kann allerdings im Einzelfall ungerecht wirken. Handelt es sich z. B. um eine Straße, die das Teilgrundstück nicht unmittelbar berührt, so kann trotzdem diese Straße den Wert des Teilgrundstücks erhöhen, jedoch nicht in dem gleichen Maße, in dem sie den Wert derjenigen Teile des Gesamtgrundstücks, die unmittelbar an der Straße liegen, steigert.

7. **Die Steuerberechnung** erfolgt durch Vergleich des für das Teilgrundstück vereinbarten Veräußerungspreises mit dem nach obigem berechneten, auf das Teilgrundstück entfallenden Erwerbspreis. Wegen der Höhe der Steuer ist auch hier § 15 maßgebend.

8. **Verlustausgleich.** Wird ein Grundstück durch verschiedene Rechtsvorgänge in Teilen weiterveräußert, so kann es vorkommen, daß der eine Teil mit Gewinn, der andere mit Verlust veräußert wird. In solchen Fällen wäre es unbillig, nur diejenigen Veräußerungen zu berücksichtigen, bei denen ein Wertzuwachs zu verzeichnen ist, und von diesen die Steuer zu erheben, während die mit Verlust veräußerten Grundstücksteile unberücksichtigt bleiben. Abs. 2 eröffnet hier die Möglichkeit eines Ausgleichs zwischen Gewinn- und Verlustgeschäften.

a) Voraussetzung ist, daß mehrere Teile der wirtschaftlichen Einheit durch verschiedene Rechtsvorgänge von demselben Veräußerer oder seinem Erben innerhalb dreier Jahre veräußert werden. Die Veräußerungen können auch am gleichen Tage abgeschlossen sein; sie können auch ganz oder teilweise an denselben Erwerber erfolgt sein. Erforderlich ist nur, daß es sich um mehrere verschiedene Rechtsvorgänge handelt. Nach der entsprechenden Bestimmung des § 20 Abs. 3 RZuwStG. muß es sich um Teile eines örtlich und wirtschaftlich zusammenhängenden Grundbesitzes handeln. Der Ausdruck Grundstück im § 13 Abs. 2 wird im wesentlichen ebenso zu verstehen sein, nur daß über den Begriff der wirtschaftlichen Einheit hinaus weitere Anforderungen, insbesondere an einen örtlichen Zusammenhang, nicht gestellt werden können. Dagegen ist Voraussetzung, daß an den mehreren veräußerten Grundstücksteilen die gleichen Eigentumsverhältnisse bestehen; vgl. Amtl. Mitt. 1913, 198; 1914, 47. Wegen des Begriffs der wirtschaftlichen Einheit vgl. Anm. 2 zu § 1.

Die verschiedenen Teilveräußerungen müssen innerhalb 3 Jahren erfolgt sein. Die Frist läuft nicht vom Erwerb des Gesamtgrundstücks, sondern von der ersten Teilveräußerung an. Wird das Gesamtgrundstück im Laufe von 6 oder 9 Jahren in mehreren Teilen veräußert, so muß es nach Wortlaut und Sinn der Vorschrift zulässig sein, den Verlustausgleich jeweils nach Ablauf von 3 Jahren für die letzten abgelaufenen 3 Jahre erneut vorzunehmen; so auch OVG. 73, 34. Die Teilveräußerungen müssen von demselben Veräußerer oder seinem Erben vorgenommen sein. Nach dem Wortlaut würde bei einer Mehrzahl von Erben der Verlustausgleich nicht zulässig sein, ebensowenig bei einer Veräußerung durch Erben der Erben. Eine derartige Wortauslegung erscheint aber mit Sinn und Bedeutung der Vorschrift nicht vereinbar. Solange ungeteilte Erbengemeinschaft besteht, bilden die Miterben eine Gesamthand, die wie ein einzelner Erbe zu behandeln ist. Stirbt einer der Miterben, so treten seine Erben an seiner Stelle in die Gesamthand ein; hierdurch kann sich an der Berechtigung zum Verlustausgleich unmöglich etwas ändern. Es wäre aber sinnwidrig, eine andere Behandlung eintreten zu lassen, falls nur ein einzelner Erbe vorhanden ist, dieser im Verlaufe der 3 Jahre stirbt und von einem oder mehreren Erben beerbt wird. Eine Erbauseinandersetzung ändert hieran nichts, da sie für die Steuerberechnung nach §§ 5 Nr. 3, 6 Abs. 1 Satz 2 ausscheidet.

b) Wertzuwachs und Verlust bei Teilveräußerungen ist nach den Vorschriften der StO. zu berechnen. Maßgebend für die Berechnung sind also die Vorschriften der §§ 6—12; vgl. Amtl. Mitt. 1916, 179. Ein Verlust liegt demnach schon dann vor, wenn der Veräußerungspreis abzüglich der Veräußerungskosten und Vermittlergebühren (§ 10) geringer ist als der Erwerbspreis zuzüglich der Aufwendungen gemäß § 8. Dagegen hat die Berechnung bei Wernick keine Grundlage im Gesetz. Er nimmt einen Verlust schon dann an, wenn alle Grundstücksteile an sich mit Gewinn veräußert worden sind, wenn aber bei einzelnen Teilgrundstücken das Verhältnis des Wertzuwachses zum Erwerbspreis größer ist als bei anderen und sich infolgedessen eine höhere Wertzuwachssteuer ergibt, als sich bei Summierung des Wertzuwachses der Teilverkäufe und bei Vergleich dieser Summe des Wertzuwachses mit dem gesamten Erwerbspreis ergeben würde. Diese Rechnungsweise widerspricht dem Wortlaut der StO., wonach der Verlust von dem Veräußerungspreise in Abzug zu bringen ist. Es muß sich also um einen Kapitalverlust, nicht um einen Verlust bei der Steuerberechnung handeln.

c) Abzug des Verlustes vom Veräußerungspreise. Nach § 20 Abs. 3 RZuwStG. ist der Verlust der einen Teilveräußerung von dem Wertzuwachs der anderen abzuziehen. Die MStO. spricht davon, daß der Verlust „bei dem Veräußerungspreise des jeweilig letzten Geschäfts innerhalb dieses Zeitpunktes in Abzug zu bringen sei". Diese Fassung ist völlig verunglückt. Schon rein grammatisch muß an die Stelle des Wortes „bei" die Präposition „von" gesetzt werden und an die Stelle von „Zeitpunkt" „Zeitraum"; welches das „jeweilig letzte Geschäft" ist, bleibt auch unklar. Wäre die Bestimmung dahin zu verstehen, daß der Verlust nur von dem Veräußerungspreise des letzten Geschäfts innerhalb des dreijährigen Zeitraums abzuziehen ist, so würde die Bestimmung in allen Fällen gegenstandslos sein, in denen gerade das letzte Geschäft ein Verlustgeschäft ist. In diesem Sinne kann die Bestimmung aber nicht verstanden werden, da es sinnlos wäre, den Verlust vom Veräußerungspreise eines Verlustgeschäfts abzuziehen und da die Hinzufügung des Wortes „jeweilig" dazu nötigt, nicht schlechthin das letzte Geschäft des dreijährigen Zeitraums für maßgebend zu erachten. Man wird die Bestimmung dahin auslegen können, daß es sich um das jeweilig letzte Geschäft, welches einen Wertzuwachs aufweist, handeln muß. Als „jeweilig letztes Geschäft" kommt dann für jeden Verlust dasjenige Geschäft in Betracht, welches innerhalb des dreijährigen Zeitraumes das letzte, noch nicht zum Ausgleich benutzte Geschäft mit Wertzuwachs ist. Beispiel: Geschäft 1: WZuw. 5000 Mk., Geschäft 2: WZuw. 3000 Mk., Geschäft 3: Verlust 2000 Mk., Geschäft 4: Verlust 1000 Mk., Geschäft 5: WZuw. 2000 Mk. Der Verlust bei Geschäft 4 wird vom Preis des Geschäfts 5 abgezogen, der des Geschäfts 3 zur Hälfte bei Geschäft 5, dessen WZuw. damit verbraucht ist, Rest bei Geschäft 2. Die klarste und gerechteste Lösung wäre, daß alle Verluste, die bei einzelnen Teilveräußerungen vorgekommen sind, von der Summe des Wertzuwachses bei anderen Teilveräußerungen gekürzt werden können, so daß als Ergebnis der Berechnung der bei Summierung der Erlöse aller Teilgrundstücke erzielte Wertzuwachs versteuert wird. Diese Auslegung aber hat das OVG. verworfen; vgl. VII C 84/26 bei Pape Jahrb. 8, 499.

d) Verfahren des Verlustausgleichs. Bei jeder Teilveräußerung findet die Veranlagung der WZuwSt. zunächst selbständig statt; insoweit eine WZuwSt. für die Teilveräußerung veranlagt wird, ist sie auch zunächst zu entrichten, ohne daß die Ausgleichsrechnung abgewartet werden dürfte. Erst nach Ablauf der dreijährigen Frist findet das Ausgleichsverfahren statt; vgl. OVG. 73, 30; 77, 9; Amtl. Mitt. 1917, 103. Ist das Grundstück bereits vor Ablauf der dreijährigen Frist in mehreren Teilen weiterveräußert, so kann nach der Veräußerung des Restgrundstücks die Berechnung schon stattfinden; vgl. OVG. 68, 21; 73, 30; Amtl. Mitt. 1917, 103; PrVBl. 38, 518. Die MStO. verlangt einen besonderen Antrag auf Ausgleich der Verluste. Dieser Antrag muß innerhalb drei Monaten nach Ablauf der dreijährigen Frist gestellt werden. Wird die Antragsfrist versäumt, so ist auch der Anspruch auf den Verlustausgleich hinfällig. Insoweit Erwerbsvorgänge vor dem Inkrafttreten der kommunalen Steuerordnung stattgefunden haben, beginnt der Lauf der dreijährigen Frist mit dem Inkrafttreten der Steuerordnung. Die diesbezügliche Bestimmung in Abs. 2 Satz 3 ist nicht klar. Sie könnte darauf hindeuten, daß die Frist von drei Jahren vom Erwerb des Gesamtgrundstücks an läuft; das ist aber nicht bestimmt. Es ist auch nicht klar, ob die in Satz 3 erwähnte Frist die Dreijahresfrist oder die dreimonatige Antragsfrist sein soll. Es ist zu wünschen, daß die Gemeinden diese Unklarheiten beseitigen.

§ 14.

(1) Bei der steuerpflichtigen Überlassung eines gemeinschaftlichen Grundstücks an einen Mitberechtigten bleibt die Steuerpflicht auf den veräußerten Anteil beschränkt. Bei dem nächsten Steuerfall ist der Wertzuwachs für den eigenen und für den hinzuerworbenen Anteil gesondert zu berechnen und zu versteuern.

(2) Eine gleiche gesonderte Steuerberechnung hat auch in anderen Fällen dann stattzufinden, wenn der Veräußerer Anteile des Grundstücks zu verschiedenen Zeiten erworben hatte.

1. **Allgemeines.** Die Vorschrift entspricht im wesentlichen dem § 25 RZuwStG. und enthält ihm gegenüber nur die Erweiterung des Abs. 2. Sie beruht darauf, daß der Übergang eines im Gesamthandseigentum stehenden Grundstücks auf einen Gesamthänder bei juristischer Betrachtung einen Eigentumswechsel darstellt, so daß an sich die Steuer von dem auf das ganze Grundstück entfallenden Veräußerungspreis zu zahlen wäre. Diese rein formalistische Regelung würde aber der Billigkeit nicht entsprechen, weil der Erwerber, wenn auch nicht juristisch, so doch wirtschaftlich bereits Miteigentümer nach dem Verhältnis seiner Beteiligung an der gesamten Hand gewesen ist, durch den Erwerb des Grundstücks daher nur in Höhe der den anderen Gesamthändern zustehenden Anteile eine Rechtserweiterung erfahren hat. Ist aber in der maßgeblichen StO. eine dem § 14 entsprechende Bestimmung nicht enthalten, so kommt nur die formale Beurteilung in Frage, so daß die WZuwSt. von dem Veräußerungspreis bzw. gemeinen Wert des gesamten Grundstücks zu entrichten ist; so OVG. PrVBl. 48, 138; 49, 897.

Die Regelung im § 15 GrdErwStG. beruht auf demselben Grundsatz, ist aber eingehender. Sie unterscheidet sich vom § 14 MStO. ferner dadurch, daß in § 15 Abs. 3 die sinngemäße Anwendung der Vorschrift für den umgekehrten Fall, daß eine Gemeinschaft zur gesamten Hand ein Grundstück von einem Mitberechtigten erwirbt, angeordnet ist. Nach der MStO. ist in diesem Falle die Steuer vom vollen Veräußerungspreis zu entrichten.

2. **Überlassung eines gemeinschaftlichen Grundstücks** an einen Mitberechtigten. Ein gemeinschaftliches Grundstück im Sinne des § 14 liegt nur vor, wenn das Grundstück mehreren Personen zur gesamten Hand gehört; vgl. Amtl. Mitt. 1916,

51; PrVBl. 49, 897. Sind die mehreren Miteigentümer zu ideellen Anteilen (Bruchteilen, Quoten) gemäß §§ 741 ff. BGB. beteiligt, so bedarf es nicht der Vorschrift des § 25; vielmehr stellt die Übertragung von Bruchteilseigentum auf einen Miteigentümer einen Fall des Eigentumsübergangs gemäß § 1 Abs. 1 dar; vgl. Anm. 3 u. 7e zu § 1. In solchen Fällen wird nicht das Grundstück, sondern lediglich der dem einen Miteigentümer zustehende Eigentumsanteil an den anderen Miteigentümer übertragen. Hier versteht es sich von selbst, daß die Steuerpflicht auf den veräußerten Anteil, der ja allein den Gegenstand des Geschäfts bildet, beschränkt bleibt.

Bei Eigentum zur gesamten Hand hingegen tritt an sich eine Veränderung des Eigentums am ganzen Grundstück ein. Die Gesamthänder haben im Gegensatz zum Bruchteilseigentum keine getrennten Anteile an dem Eigentum bzw. dem Grundstück; sie sind vielmehr in ihrer Gesamtheit Eigentümer des ganzen Grundstücks. Erwirbt einer von ihnen das Grundstück, so wird das Eigentum am ganzen Grundstück von der Gesamthand auf den einzelnen übertragen. Der Eigentumswechsel betrifft also juristisch das ganze Grundstück; vgl. Anm. 1.

Gesamthandseigentum kommt nur bei denjenigen Rechtsverhältnissen vor, für welche das Gesetz es ausdrücklich bestimmt hat. Die Parteien können Gesamthandseigentum nur dadurch begründen, daß sie ein derartiges Rechtsverhältnis vereinbaren; dagegen können sie nicht schlechthin vereinbaren, daß ein Grundstück ihnen zur gesamten Hand gehören soll; vgl. OVG. 62, 265. Rechtsverhältnisse, für die das Gesetz Eigentum zur gesamten Hand vorschreibt, sind vor allem die Gesellschaft des bürgerlichen Rechts gemäß § 718, 719 BGB., die offene Handelsgesellschaft gemäß § 105 Abs. 2 HGB., die Kommandit-Gesellschaft gemäß § 161 Abs. 2 HGB., die Reederei gemäß § 489 ff. HGB., die Gewerkschaft alten Rechts gemäß §§ 264 ff. ALR. II 16, der nicht rechtsfähige Verein gemäß § 54 BGB., ferner die Erbengemeinschaft gemäß §§ 2032, 2033 Abs. 2 BGB., die eheliche Gütergemeinschaft gemäß §§ 1438, 1519, 1549 BGB.

Bei Vereinigungen, die eine juristische Person darstellen, so insbesondere der eingetragene Verein, die A.-G., die Kommandit-Gesellschaft auf Aktien, die G. m. b. H., die Gewerkschaft des neueren Rechts, der Versicherungsverein a. G. u. a., besteht kein Gesamthandseigentum. Bei juristischen Personen kommt daher § 14 nicht zur Anwendung. Überträgt eine A.-G. ein ihr gehöriges Grundstück auf einen Aktionär, so ist die WZuwSt. vom ganzen Preis bzw. gemeinen Wert zu entrichten.

Nicht hierher gehört ferner die Übertragung von Gesellschaftsrechten seitens eines Gesellschafters auf einen anderen. Vielmehr muß es sich um die Überlassung des Grundstücks selbst handeln. Die Übertragung von Gesellschaftsrechten ist nach § 1 Abs. 3 steuerpflichtig und begründet die Steuer nur von demjenigen WZuw., der hinsichtlich des Gesellschaftsanteils eingetreten ist; vgl. Anm. 10 zu § 1.

Dagegen umfaßt § 14 auch die Fälle, in denen infolge Ausscheidens aller Gesamthänder bis auf einen sich das Gesamthandseigentum in Sondereigentum verwandelt, denn hier wird das bisher der gesamten Hand gehörige Grundstück einem Gesamthänder übertragen; vgl. Amtl. Mitt. 1913, 245. Es kommt nicht darauf an, ob zu der Übertragung Auflassung erforderlich ist oder z. B. gemäß § 142 HGB. ein Gesellschafter vom Gericht für berechtigt erklärt war, das Geschäft ohne Liquidation mit Aktiven und Passiven zu übernehmen, wobei die Vermögensbestandteile kraft Gesetzes, also ohne Auflassung, auf ihn übergehen; ähnlich bei vertragsmäßiger Übernahme; vgl. RG. 65, 237; 68, 414. Ebenso stellt die Umwandlung von Gesamthandseigentum in Eigentum nach Bruchteilen eine Überlassung eines gemeinschaftlichen Grundstücks an Gesamthänder dar, weil das Bruchteilseigentum dem Alleineigentum dem Wesen nach gleichsteht; vgl. Amtl. Mitt. 1912, 64; 1913, 183.

Auch im Falle der realen Teilung eines Grundstücks im Verhältnis der früheren ideellen Bruchteile ist nach OVG. 62, 32 sowie OVG. VII C 261/13, bei Ziegesar Nr. 3 zu § 25 der § 14 zu berücksichtigen.

Falls die Gesellschaft erst den schuldrechtlichen Anspruch auf Auflassung des Grundstücks besitzt, soll § 25 RZuwStG. nach Amtl. Mitt. 1913, 289 nicht anwendbar sein. Für das Recht der MStO. wird man zum entgegengesetzten Ergebnis gelangen müssen, weil die Steuerpflicht hier schon beim Abschluß des schuldrechtlichen Vertrages entsteht und es daher für die Frage, ob das Grundstück gemeinschaftlich ist, auch nur auf den schuldrechtlichen Vertrag ankommen kann. Wird z. B. das Recht auf Auflassung aus einem Grundstückskaufvertrag von der Käuferin, einer offenen Handelsgesellschaft, an einen Gesellschafter abgetreten, so ist diese Abtretung nach § 2a als verpflichtendes Veräußerungsgeschäft zu behandeln. Der Anspruch auf Auflassung des Grundstücks wird also dem bestehenden Eigentum gleich geachtet. Infolgedessen muß auch, wenn dieser Anspruch den Gesellschaftern zur gesamten Hand zusteht, § 14 Anwendung finden.

3. **Steuerpflichtige Überlassung** liegt vor, wenn das gemeinschaftliche Grundstück zum Gegenstand eines Rechtsvorganges gemacht wird, der nach der MStO. die Steuerpflicht begründet. Hierher gehören alle Rechtsvorgänge, die den Übergang des Eigentums am Grundstück begründen; vgl. Anm. 7 zu § 1. Dem Grundstück stehen gemäß § 1 Abs. 2 auch hier die grundstücksgleichen Berechtigungen gleich. Übertragung der Möglichkeit, über das Grundstück wie ein Eigentümer zu verfügen, ist gemäß § 3 eine steuerpflichtige Überlassung. Der Übergang von Rechten am Vermögen einer Grundstücksgesellschaft steht in Gemäßheit des § 1 Abs. 3 der steuerpflichtigen Überlassung des Grundstücks im Sinne des § 14 gleich. Hier muß man sich aber vor Verwechslungen hüten. Gehört einer offenen Handelsgesellschaft ein Anteil an einer Grundstücksgesellschaft im Sinne des § 1 Abs. 3, so ist bei Abtretung dieses Anteils von der offenen Handelsgesellschaft an einen Gesellschafter der § 14 anwendbar. Dagegen ist er nicht anwendbar, wenn bei einer offenen Handelsgesellschaft, die Eigentümerin eines Grundstücks ist, ein Gesellschaftsanteil von einem Gesellschafter an den anderen ubertragen wird.

Das Grundstück muß in der fraglichen Gemeinde, für die die Steuerordnung gilt, belegen sein.

Liegt ein Fall der Steuerfreiheit des § 5 I Nr. 1—10 vor, so fehlt es an einer steuerpflichtigen Überlassung; § 14 ist also nicht anwendbar. So z. B. bei der Übertragung eines zum Nachlaß gehörigen Grundstücks auf einen Miterben oder eines zum Gesamtgut einer Gütergemeinschaft gehörigen Grundstücks auf einen Ehegatten bei Gelegenheit der Auseinandersetzung, bei der Auflösung einer Familiengesellschaft im Sinne des § 5 Nr. 6.

§ 14 spricht nur von der steuerpflichtigen Überlassung an einen Mitberechtigten. Die Bestimmung muß aber auch angewendet werden, wenn das Grundstück mehreren Mitberechtigten überlassen wird; vgl. Amtl. Mitt. 1914, 101. Diese ausdehnende Auslegung ergibt sich aus Sinn und Zweck der Vorschrift. Erwerben mehrere Mitberechtigte das Grundstück zu getrennten Anteilen (ideelle Bruchteile), so ist jeder Bruchteilserwerb als selbständiger Eigentumserwerb zu behandeln; vgl. Anm. 3 u. 7e zu § 1. Hieraus folgt ohne weiteres die Anwendung des § 14 auf jeden Bruchteilserwerb. Aber auch wenn mehrere Gesamthänder wiederum zur gesamten Hand das ganze Grundstück erwerben, ist § 14 anwendbar. Es veräußert z. B. eine aus A., B. und C. bestehende Erbengemeinschaft das Grundstück an eine aus A. und B. bestehende offene Handelsgesellschaft; auch hier muß § 14 angewendet werden.

4. **Die Steuerberechnung** erfolgt unter den Voraussetzungen des § 14 derart, daß die Steuerpflicht „auf den veräußerten Anteil beschränkt" wird. Die Fassung dieser Bestimmung ist wenig präzis. § 15 GrdErwStG. hat denselben Rechtsgedanken in eine genauere Fassung gebracht. Dort heißt es: „Die Steuer wird so berechnet, als ob die Beteiligten nach Bruchteilen berechtigt wären; der Bruchteil der Erwerber bleibt unberücksichtigt. Die Höhe der Bruchteile ist nach den Anteilen zu bestimmen, zu denen die Beteiligten an dem Vermögen zur gesamten Hand berechtigt sind, oder nach Verhältnis dessen, was ihnen bei Auflösung der Gemeinschaft zufallen würde." Ungefähr in diesem Sinne muß auch § 14 verstanden werden. An sich kann nämlich von einem „veräußerten Anteil" gar nicht gesprochen werden, da bei der Überlassung eines gemeinschaftlichen Grundstücks an einen Mitberechtigten ein Anteil nicht veräußert wird, ja bei Gesamthandsgemeinschaften überhaupt nicht besteht. Das Wesen der gesamten Hand liegt ja gerade darin, daß die einzelnen Gesamthänder (Gesellschafter usw.) keine besonderen Anteile an den Vermögensgegenständen der Gesellschaft, also insbesondere an einem Gesellschaftsgrundstück, haben. Sie haben vielmehr nur einen Anteil am Gesamtvermögen der Gesellschaft usw. Wenn nach § 14 die Steuerpflicht auf den veräußerten Anteil beschränkt bleiben soll, so kann dies nur bedeuten, daß sie auf einen Anteil am Grundstück beschränkt wird, der den Anteilen derjenigen Gesamthänder, die das Grundstück nicht erwerben, entspricht. Das ist aber inhaltlich dieselbe Regelung, wie sie im § 15 GrdErwStG. getroffen worden ist. Es kann daher im einzelnen auf Anm. 5, 6 zu § 15 GrdErwStG. verwiesen werden. Festzustellen ist demnach in erster Linie der Anteil des Erwerbers sowie der übrigen Gesamthänder an dem Vermögen zur gesamten Hand; wenn aber solche Anteile nicht bestehen, wie z. B. bei der ehelichen Gütergemeinschaft, oder wenn die Veräußerung im Falle der Auflösung der Gesellschaft oder des Ausscheidens eines Gesellschafters stattfindet, so kommt es darauf an, was dem Grundstückserwerber und was den übrigen Gesamthändern bei Auflösung der Gemeinschaft zufallen würde; vgl. RFH. 20, 125; StW. VII 838. Bei den meisten Gesamthandsgemeinschaften ist der Anteil jedes Teilhabers am Vermögen der Gemeinschaft bestimmt; so bei der Gesellschaft des bürgerlichen Rechts gemäß §§ 722, 734 BGB., bei der Erbengemeinschaft gemäß dem Erbanteil laut Testament oder Gesetz (§§ 1922ff. BGB.). Bei der Gesellschaft kann der Verteilungsmaßstab für die Auseinandersetzung anders festgesetzt sein als für die Zeit des Bestehens; bezüglich der Steuer wird der für die Zeit des Bestehens geltende Maßstab anzuwenden sein; vgl. Anm. 6c zu § 15 GrdErwStG. und RFH. 20, 125. Es ist möglich, daß ein Gesellschafter nach dem Vertrage überhaupt keinen Anteil am Gesellschaftsvermögen hat oder daß sein Anteil durch zu große Entnahmen oder mit Rücksicht auf seinen Anteil am Verlust auf Null herabgesunken ist oder sich sogar in eine Verpflichtung zur Herauszahlung verwandelt hat. Erwirbt ein solcher Gesellschafter ein Gesellschaftsgrundstück, so ist die WZuwSt. von dem vollen Wert des Grundstücks zu entrichten; vgl. Anm. 6d zu § 15 GrdErwStG.

Wird das gemeinschaftliche Grundstück nur an einen Mitberechtigten veräußert, so ist hiernach die Berechnung verhältnismäßig einfach. Beläuft sich der Anteil des Erwerbers am Gesellschaftsvermögen z. B. auf 17 Prozent, so hat die Gesellschaft die WZuwSt. von 83 Prozent des Veräußerungspreises bzw. im Falle § 6 Abs. 6 des gemeinen Wertes zu entrichten. Wird aber das Grundstück an mehrere Mitberechtigte veräußert, so ist die Rechtslage zweifelhaft. Nach § 15 GrdErwStG. hat die Berechnung so stattzufinden, als ob die Beteiligten an dem Grundstück nach Bruchteilen berechtigt wären. Hieraus hat der RFH.

unter Änderung seiner früheren Rechtsprechung gefolgert, daß z. B. bei Veräußerung eines Grundstücks, welches einer aus A., B. und C. bestehenden Gesellschaft gehört, an A. und B. die Steuer so zu berechnen wäre, als ob A. das ihm zustehende Drittel zur Hälfte an sich, zur Hälfte an B. veräußert, ebenso B. $^1/_6$ an A., $^1/_6$ an sich und C. je $^1/_6$ an A. und B. Steuerfrei bliebe hiernach die Veräußerung von je $^1/_6$ A. an A. bzw. B. an B. Die GrdErwSt. ist daher von $^2/_3$ des gemeinen Wertes des Grundstücks zu entrichten. Im § 14 fehlt nun die ausdrückliche Bestimmung, wonach die Steuer so zu berechnen ist, als ob die Beteiligten nach Bruchteilen berechtigt wären. Statt dessen ist bestimmt, daß die Steuerpflicht auf den veräußerten Anteil beschränkt bleibt. Hieraus könnte im obigen Beispielsfalle gefolgert werden, daß nur der Anteil des C. als veräußerter Anteil zu betrachten ist, so daß die WZuwSt. nur von $^1/_3$, nicht von $^2/_3$ des Grundstückspreises erhoben werden darf. Diese an sich näherliegende Auslegung, die der RFH. auch für das GrdErwStG. früher angewendet hat, wird bei der Fassung der MStO. für zutreffend erachtet werden müssen.

5. **Steuerlicher Rückgriff.** Insoweit gemäß § 14 die WZuwSt. nicht erhoben wird, also hinsichtlich eines dem Anteil des Erwerbers am Gesamthandsvermögen zustehenden Anteils, wird ähnlich wie in Fällen des § 5 die Steuer nicht erlassen, sondern ihre Erhebung nur hinausgeschoben. Der Rechtsvorgang wird steuerlich so behandelt, wie wenn hinsichtlich des Erwerberanteils ein Eigentumswechsel nicht vorläge. Infolgedessen muß folgerichtig bei späterer Weiterveräußerung des Grundstücks durch den Erwerber die Steuer hinsichtlich desjenigen Anteils, mit dem der Erwerber schon bei der Gesamthandsgemeinschaft beteiligt war, so berechnet werden, als ob er den Grundstücksanteil schon in dem Zeitpunkt erworben hätte, in dem die Gesellschaft das Grundstück erwarb. Es muß also das Eigentum am Grundstück in verschiedene Anteile zerlegt werden, entsprechend wie es beim Erwerb durch den Mitberechtigten für die Steuerberechnung geteilt worden ist. Hat also z. B. bei der Veräußerung des Grundstücks seitens der Gesellschaft an einen Gesellschafter die Besteuerung nur hinsichtlich eines Teils von 75 Prozent stattgefunden, weil der Erwerber am Vermögen der Gesellschaft mit 25 Prozent beteiligt war, so muß bei der Weiterveräußerung des Grundstücks durch den Erwerber wiederum eine Teilung des Erwerbs- und des Veräußerungspreises in zwei Teile von 25 Prozent und 75 Prozent stattfinden. Der Erwerbspreis für die 75 Prozent errechnet sich ohne weiteres nach dem Veräußerungspreis, den der Erwerber an die Gesellschaft gezahlt hat. Hat er das Grundstück für 100 000 Mk. von der Gesellschaft erworben, so entfallen 75 000 Mk. auf denjenigen Anteil, der ihm (wirtschaftlich) an dem Grundstück noch nicht gehört hatte. Veräußert er jetzt das ganze Grundstück nach Abzug der Veräußerungskosten (§ 10) für 140 000 Mk., so ergibt sich für den „hinzuerworbenen" Anteil ein Wertzuwachs in Höhe von 75 Prozent von 40 000 Mk. = 30 000 Mk. Bezüglich des restlichen Anteils von 25 Prozent ist auf den Erwerbspreis der Gesellschaft zurückzugehen. Hat diese das Grundstück für 60 000 Mk. erworben, so beträgt der WZuw. für das ganze Grundstück 80 000 Mk., für 25 Prozent also 20 000 Mk. Diese sind gemäß § 15 zu versteuern, wobei sowohl für das Verhältnis des WZuw. zum Erwerbspreis (§ 15 Abs. 1) als der Eigentumsdauer (§ 15 Abs. 2, 3) lediglich der Erwerbsvorgang der Gesellschaft maßgebend ist ohne Rücksicht darauf, wann und für welchen Preis der jetzige Veräußerer den Gesellschaftsanteil erworben hatte. In obigem Beispiel beträgt der WZuw. $133^1/_3$ Prozent des Erwerbspreises, die Steuer also 17 Prozent = 3400 Mk. Hatte die Gesellschaft das Grundstück 20 Jahre vor der jetzigen Veräußerung erworben, so ermäßigt sich die Steuer um 14 Prozent auf 2924 Mk. — Bei dieser Berechnung kann es allerdings zu einer Doppelbesteuerung kommen, die hier aber nicht zu vermeiden ist.

6. Die Vorschrift des Abs. 2 betrifft alle Fälle, in denen ein Veräußerer Anteile des Grundstücks zu verschiedenen Zeiten erworben hat. Unter „Anteile des Grundstücks" sind Eigentumsbruchteile im Sinne des § 741 BGB. zu verstehen. Hat ein Eigentümer mehrere reale Grundstücksteile zu verschiedenen Zeiten erworben, so ist die Vorschrift entsprechend anzuwenden. Vgl. OVG. 64, 126; 67, 14; 72, 1. Jeder Flächenerwerb ist als selbständiges Grundstücksgeschäft zu behandeln. Werden mehrere zu verschiedenen Zeiten erworbene Grundstücke später als wirtschaftliche Einheit weiterveräußert, so muß nach § 6 der Erwerbspreis für jeden Teil der wirtschaftlichen Einheit gesondert festgestellt werden. Ebenso muß die Eigentumsdauer gemäß § 15 Abs. 2, 3 für jede Teilfläche gesondert berechnet und berücksichtigt werden. Für die Verteilung des Veräußerungspreises auf die verschiedenen Teilflächen fehlt es jedoch an einer gesetzlichen Bestimmung. Hierfür wird der Grundsatz des § 13 entsprechend anzuwenden sein. Danach muß der auf Bauten und sonstige Leistungen entfallende Teil des Veräußerungspreises vorab gekürzt und der verbleibende Teil des Veräußerungspreises nach der Flächengröße auf die einzelnen Flächen verteilt werden. Nach OVG. PrVBl. 50, 73 sind die Teile nach ihrem Wertverhältnis zur Zeit der Veräußerung auf den Veräußerungspreis zu verteilen.

Handelt es sich um den Erwerb verschiedener Eigentumsbruchteile zu verschiedenen Zeiten, so ist die Berechnung einfacher. Hier ist der Veräußerungspreis in entsprechende Bruchteile zu zerlegen. Jeder Bruchteil des Veräußerungspreises ist dann mit dem für den entsprechenden Miteigentumsanteil angelegten Erwerbspreis zu vergleichen, wobei jedesmal die für den fraglichen Miteigentumsanteil festzustellende Eigentumsdauer zu berücksichtigen ist. Hat also z. B. der Veräußerer einen Eigentumsbruchteil von 20 Prozent am 1. 4. 1905 für 30 000 Mk., weitere 40 Prozent am 1. 10. 1912 für 70 000 Mk. und die restlichen 40 Prozent am 1. 10. 1922 für einen auf 1000 Goldmark umzurechnenden Papiermarkbetrag erworben und veräußert er das ganze Grundstück am 1. 10. 1929 für 100 000 RM., so findet folgende Berechnung statt: Bei den Anteilen von 20 Prozent und 40 Prozent liegt ein Wertzuwachs nicht vor; bei dem letzten Anteil von 40 Prozent liegt ein Wertzuwachs von 40 000 GM.

— 1 000 GM.

= 39 000 GM.

vor. Die Steuer beträgt hierfür 30 Prozent, da die Wertsteigerung 300 Prozent bei weitem übersteigt; eine Ermäßigung findet nach § 15 Abs. 3 Satz 2 nicht statt.

Veräußert eine offene Handelsgesellschaft ein ihr gehöriges Grundstück, so liegt der Fall des § 14 Abs. 2 nicht vor.

§ 15.

(1) Die Steuer beträgt:

10 v. H. des Wertzuwachses bei einer Wertsteigerung bis ausschließlich 20 v. H. des Erwerbspreises zuzüglich der Anrechnungen,

11	v. H.	bei	einer	Wertsteigerung	von	20	bis	ausschl.	30	v. H.
12	"	"	"	"	"	30	"	"	50	"
13	"	"	"	"	"	50	"	"	70	"
14	"	"	"	"	"	70	"	"	90	"
15	"	"	"	"	"	90	"	"	110	"
16	"	"	"	"	"	110	"	"	130	"
17	"	"	"	"	"	130	"	"	150	"

18	v. H.	bei	einer	Wertsteigerung	von	150	bis	ausschl.	170	v. H.
19	"	"	"	"	"	170	"	"	190	"
20	"	"	"	"	"	190	"	"	200	"
21	"	"	"	"	"	200	"	"	210	"
22	"	"	"	"	"	210	"	"	220	"
23	"	"	"	"	"	220	"	"	230	"
24	"	"	"	"	"	230	"	"	240	"
25	"	"	"	"	"	240	"	"	250	"
26	"	"	"	"	"	250	"	"	260	"
27	"	"	"	"	"	260	"	"	270	"
28	"	"	"	"	"	270	"	"	280	"
29	"	"	"	"	"	280	"	"	300	"
30	"	"	"	"	"	300 v. H. und mehr.				

(2) Die nach Abs. 1 sich ergebende Steuer erhöht sich bei einem für die Steuerberechnung maßgebenden Zeitraum

bis zu	1 Jahr	um	100	v. H.
" "	2 Jahren	"	80	"
" "	3 "	"	60	"
" "	4 "	"	40	"
" "	5 "	"	20	"

mit der Maßgabe, daß die Steuer 30 v. H. des Wertzuwachses nicht übersteigen darf.

(3) Der Steuersatz (Abs. 1) ermäßigt sich für das siebente und jedes vollendete weitere Jahr um je 1 v. H.; § 6 Abs. 1 Satz 2 und 3 finden auf den für die Steuerberechnung maßgebenden Zeitraum entsprechende Anwendung. Die Ermäßigung tritt nicht ein, wenn der für die Ermittlung des Wertzuwachses maßgebende Erwerb des Grundstücks in der Zeit vom 1. Januar 1919 bis 31. Dezember 1924 stattgefunden hat.

(4) Handelt es sich um den Verkauf eines Wohnhauses oder einer Ansiedlungsstätte an Kriegsbeschädigte oder an Hinterbliebene von Kriegsteilnehmern, die auf Grund des Kapitalabfindungsgesetzes Grundstücke erwerben, so kann auf Antrag eine außerordentliche Ermäßigung der Steuer bis zu 50 v. H. gewährt werden, wenn der Veräußerungspreis mit Rücksicht auf die Person des Erwerbers wesentlich niedriger als sonst üblich festgesetzt ist. Die Entscheidung trifft der . . . .

(5) Steuerbeträge, die im ganzen unter 20 RM. bleiben, werden nicht erhoben.

1. **Allgemeines.** Die Vorschrift enthält den Steuertarif und entspricht dem § 28 RZuwStG. Auch sachlich schließt sie sich dessen Regelung an, nur mit der Abweichung, daß sich die sich zunächst ergebende Steuer nicht durchweg für jedes Jahr des maßgebenden Zeitraums ermäßigt, sondern bei kurzer Eigentumsdauer statt dessen erhöht. Die Staffel selbst ist gegenüber der des RZuwStG. günstiger; der Höchstbetrag ist in beiden Gesetzen 30 v. H. Eine Überschreitung durch eine kommunale StO. ist

aber reichsrechtlich nicht beschränkt: OVG. 78, 94; 79, 43. Dagegen soll sie nur in Ausnahmefällen von der Aufsichtsbehörde genehmigt werden und nur mit Zustimmung der MdJ. u. d. FM.; vgl. RdErl. v. 3. 6. 27 — IV St. 689 II u. II A 5948.

Der Steuertarif des § 15 gilt für alle Steuerfälle der MStO.; also nicht nur bei der Veräußerung von Grundstücken und Grundstücksteilen, sondern auch bei der Veräußerung von grundstücksgleichen Berechtigungen (§ 1 Abs. 2), bei der Übertragung von Gesellschaftsanteilen an Grundstücksgesellschaften (§ 1 Abs. 3) sowie bei den Zwischengeschäften gemäß § 5 Abs. 4 GrdErwStG.; ferner auch bei Übertragung des wirtschaftlichen Eigentums (§ 3).

Eine Freigrenze, wie sie in § 1 Abs. 2 RZuwStG. zugelassen war, wonach der Eigentumsübergang von der Steuer frei blieb, wenn der Veräußerungspreis nicht mehr als Mk. 20000, bei unbebauten Grundstücken nicht mehr als Mk. 5000 betrug, ist in der MStO. nicht enthalten. Auch für das RZuwStG. war diese Freigrenze gegenstandslos geworden, weil sie nicht durch einen gesetzgeberischen Akt auf Reichsmark umgestellt worden war und eine Umrechnung im Wege der Gesetzesauslegung von der Rsp. abgelehnt worden ist; vgl. OVG., PrVBl. 49, 448 und JW. 1928, 1086 Nr. 5. Wo in einer örtlichen StO. eine Freigrenze nicht ausdrücklich angeordnet ist, besteht für den Steuerpflichtigen kein Recht auf sie; so OVG. VII C 17, 26 bei Pape Jahrb. 8, 478.

2. **Der normale Steuertarif** gilt als solcher nur bei einer Eigentumsdauer von mehr als fünf Jahren bis zu weniger als vollen sieben Jahren. Beträgt die Eigentumsdauer weniger als fünf Jahre, so tritt eine Erhöhung der Steuer gemäß Abs. 2 ein; beträgt sie mindestens volle sieben Jahre, so tritt für das 7. und jedes vollendete weitere Jahr eine Ermäßigung des Steuersatzes gemäß Abs. 3 ein. Zu beachten ist, daß die Erhöhung nach Abs. 2 sich auf die dort angegebenen Prozentsätze der Steuer, also des nach Abs. 1 berechneten Steuerbetrages, bezieht, während sich nach Abs. 3 der Steuersatz, nicht der Steuerbetrag ermäßigt. Bei einer 20jährigen Eigentumsdauer beträgt also der Steuersatz, wenn er nach Abs. 1 sich auf höchstens 14 v. H. errechnet, Null; wenn er nach Abs. 1 30 v. H. betragen würde, nur 16 v. H.

Der Tarif beginnt mit einer Steuer von mindestens 10 v. H. des WZuw. bei einer Wertsteigerung bis ausschl. 20 v. H. des Erwerbspreises zuzüglich der Anrechnungen. Der Höchstsatz ist 30 v. H. bei einer Wertsteigerung von mindestens 300 v. H. und mehr. Bei der Errechnung der Wertsteigerung ist zunächst der Veräußerungspreis gemäß §§ 9, 10 zu erhöhen bzw. zu kürzen. Von dem sich so ergebenden reinen Veräußerungspreis ist der um die Zurechnungen gemäß § 8 erhöhte Erwerbspreis abzuziehen; der Erwerbspreis ist gegebenenfalls gemäß § 7 in Goldmark umzurechnen. Bei einheitlicher Veräußerung eines von mehreren Miteigentümern in Teilen erworbenen Grundstücks ist die Steuerberechnung nach Amtl. Mitt. 1914, 134 einheitlich vorzunehmen, aber gemäß § 14 Abs. 2 gesondert für jeden Teil. Gemäß § 6 Abs. 1 Satz 2 ist von dem letzten entgeltlichen, sachlich steuerpflichtigen Rechtsvorgange auszugehen. Steuerfreie Rechtsvorgänge werden rückwärts hin übersprungen; vgl. Anm. 13 zu § 6. Bei der Übertragung von Anteilen an Grundstücksgesellschaften (§ 1 Abs. 3) ist der Erwerbspreis des Gesellschaftsanteils von dessen Veräußerungspreis zu kürzen. Auf den von der Gesellschaft für das Grundstück bezahlten Erwerbspreis kommt es in der Regel nicht an. Nur wenn die Gesellschaft zu der Zeit, wo der jetzige Veräußerer den Gesellschaftsanteil erwarb, noch keine Grundstücksgesellschaft war, tritt an die Stelle des Erwerbspreises für den Geschäftsanteil der anteilige Wert am Gesellschaftsvermögen zu der Zeit, wo die Gesellschaft das Grundstück erworben hat. Vgl. OVG. 68, 3; 71, 1; JW. 1929, 1428[1]. In dem Falle des

§ 5 Abs. 4 GrdErwStG. kommen je 2 Veräußerungsgeschäfte in Betracht: Bei der Übertragung der Rechte aus Veräußerungsgeschäften dieses Veräußerungsgeschäft und das Abtretungsgeschäft; für ersteres ist Erwerbspreis der vom Veräußerer (Eigentümer) s. Z. angelegte Preis; Veräußerungspreis ist der Vertragspreis. Für das Abtretungsgeschäft ist letzterer der Erwerbspreis, das Abtretungsentgelt der Veräußerungspreis. Bei der Übertragung von Rechten aus Vertragsanträgen ist der im Antrag bezeichnete Preis der Erwerbspreis des Abtretenden, die Abtretungsvaluta der Veräußerungspreis hinsichtlich des Abtretungsgeschäfts; wird die Offerte vom Zessionar angenommen, so ist für das Kaufgeschäft Erwerbs- und Veräußerungspreis in der gewöhnlichen Art und Weise zu ermitteln. Bei nachträglicher Erklärung des Erwerbers, die Rechte für einen Dritten erworben zu haben, ist Erwerbs- und Veräußerungspreis für den eigentlichen Veräußerungsvertrag in normaler Weise festzustellen; daneben kommt als zweites Veräußerungsgeschäft das Rechtsverhältnis zwischen dem ursprünglichen Erwerber und dem Dritten in Betracht. Hierfür ist Erwerbspreis der im Hauptgeschäft vereinbarte Veräußerungspreis; hingegen ist Veräußerungspreis der von dem Dritten etwa zu zahlende höhere Preis. Ähnlich bei der Abtretung der Rechte aus dem Meistgebot; das Meistgebot ist Veräußerungspreis für den Subhastaten, hingegen Erwerbspreis für den Meistbietenden, während der vom Abtretungsempfänger zu zahlende höhere Preis den Veräußerungspreis des Abtretungsgeschäfts darstellt. Bei der Ermächtigung für eigene Rechnung (§ 5 Abs. 4 Nr. 5 GrdErwStG.) ist für das erste Veräußerungsgeschäft, das zwischen dem Eigentümer und dem Ermächtigten als abgeschlossen gilt, der Erwerbspreis, den der Eigentümer für das Grundstück gezahlt hat, maßgebend, während der Limitpreis, der dem Ermächtigten vorgeschrieben wird, den Veräußerungspreis bildet. Macht der Ermächtigte von der Ermächtigung Gebrauch, so kommt ein Kaufvertrag zwischen dem Eigentümer und dem Dritten zustande. Für diesen ist der Limitpreis Erwerbspreis und der vom Dritten zu zahlende — in der Regel höhere — Preis Veräußerungspreis.

3. **Die Eigentumsdauer** als Erhöhungs- und Ermäßigungsgrund. Die nach Anm. 2 zu berechnende Steuer erhöht bzw. ermäßigt sich je nach der Länge des für die Steuerberechnung maßgebenden Zeitraums. Beträgt dieser Zeitraum höchstens fünf Jahre, so tritt eine Erhöhung der Steuer ein; beträgt der Zeitraum mindestens volle sieben Jahre, so tritt eine Ermäßigung ein.

Die Ermäßigung und Erhöhung nach Abs. 2, 3 ist einheitlich zu berechnen, ohne daß der Zeitpunkt von Aufwendungen, die gemäß § 8 den Erwerbspreis erhöhen, in Betracht käme; vgl. Amtl. Mitt. 1916, 53; OVG. 71, 50.

Der Begriff des maßgebenden Zeitraums ist in der MStO. nicht ausdrücklich bestimmt. Er ergibt sich grundsätzlich aus § 6, wonach als steuerpflichtiger WZuw. der Unterschied zwischen dem Erwerbspreise und dem Veräußerungspreise gilt. Maßgebender Zeitraum ist daher derjenige Zeitraum, der zwischen dem Rechtsvorgang, auf dem der Erwerbspreis beruht, und dem steuerpflichtigen Rechtsvorgang liegt. Der erstere Rechtsvorgang (Erwerbsvorgang) ist in der MStO. nicht besonders geregelt; er ergibt sich aber indirekt aus § 6 Abs. 1 Satz 2. Hiernach ist, wenn der Erwerb auf einem steuerfreien Rechtsvorgange beruht, von dem Preise „zur Zeit des letzten steuerpflichtigen Rechtsvorganges auszugehen". Aus dieser Regelung folgt, daß der Beginn des maßgebenden Zeitraums durch den letzten steuerpflichtigen Rechtsvorgang vor der Veräußerung gebildet wird; daher muß auch der Erwerbsvorgang gemäß § 2 MStO. bestimmt werden. Es ist also auch als Erwerbsvorgang nicht der dingliche Eigentumserwerb, sondern grundsätzlich der Abschluß des verpflichtenden Veräußerungsgeschäfts gemäß § 2a maßgebend. Nur in den Fällen, in denen es eines

Veräußerungsgeschäfts zum Übergang des Eigentums nicht bedarf (§ 2b), ist der Zeitpunkt des Eigentumswechsels bzw. der sonstige Rechtsvorgang, der die Rechtsänderung bewirkt (Übergang der grundstücksgleichen Berechtigung, des Gesellschaftsanteils) maßgebend. Nach dem RZuwStG., das die Steuerpflicht an den Eigentumswechsel knüpfte, war entsprechend der Zeitraum von Grundbucheintragung zu Grundbucheintragung maßgebend; vgl. OVG. 62, 8; 64, 99. Ebenso für Steuerordnungen, die dem System des RZuwStG. nachgebildet sind, wie Altona, Breslau, Köln, Königsberg i. Pr. Sachlich steuerfreie Rechtsvorgänge gemäß § 5 I Nr. 1 bis 10 werden rückwärts hin übersprungen. Hat also z. B. der jetzige Veräußerer das Grundstück von seinem Vater gekauft, hat der Vater es vom Großvater geerbt und hat der Großvater es bei Auseinandersetzung der ehelichen Gütergemeinschaft erworben, so werden alle diese Rechtsvorgänge übersprungen. Maßgebend ist der Erwerbsvorgang, durch den die Großmutter vor Begründung der Gütergemeinschaft das Grundstück gekauft hatte oder, falls sie es geerbt hatte, der Zeitpunkt, in welchem ihr Vater das Grundstück gekauft hatte. Dagegen macht die persönliche Steuerfreiheit nichts aus; hat der jetzige Veräußerer das Grundstück vom Reich erworben, so eröffnet dieser Erwerbsvorgang den maßgebenden Zeitraum. Dasselbe gilt für Erwerbsvorgänge, die zwar nicht zur Erhebung einer Steuer geführt haben, aber nur deshalb, weil entweder ein WZuw. nicht vorlag oder weil die Steuer gemäß § 15 Abs. 5 wegen Geringfügigkeit nicht erhoben wurde. Hat der Veräußerer das Grundstück aus Anlaß einer Flurbereinigung, Grenzregulierung oder Umlegung erworben, so ist nach § 12 Abs. 2 Satz 3 auf den Erwerbsvorgang zurückzugehen, durch den er das in die Flurbereinigung usw. hingegebene Grundstück erworben hatte. Bei der Veräußerung des Gesellschaftsanteils an einer Grundstücksgesellschaft ist der Erwerbsvorgang, durch den dieser Gesellschaftsanteil erworben wurde, maßgebend. Wenn die Gesellschaft erst in einem späteren Zeitpunkt zur Grundstücksgesellschaft geworden ist, ist dieser Zeitpunkt für die Berechnung des Erwerbspreises maßgebend (vgl. Anm. 10 g zu § 1), also auch für den Beginn des maßgebenden Zeitraums.

Ist das Grundstück in Teilen zu verschiedenen Zeiten erworben, so wird die Steuer für jeden Teil gesondert berechnet; vgl. Anm. 6 zu § 14. Nach Amtl. Mitt. 1912, 139 sollte der WZuw. und der Steuerrohbetrag gemäß Abs. 1 zunächst einheitlich ermittelt und alsdann der Rohbetrag zur Ermittlung der Ermäßigung (bzw. Erhöhung) je nach der Eigentumsdauer auf die einzelnen Teilstücke verteilt werden. Nach der MStO. wird aber gesonderte Berechnung für jeden Teil des Grundstücks zu erfolgen haben. Beispiel: Der Veräußerer hat 40 Morgen für 12 000 Mk. am 1. 4. 1906, 60 Morgen für 20 000 Mk. am 1. 10. 1912, 30 Morgen für 10 000 RM. am 1. 4. 1926 erworben und veräußert den ganzen Besitz am 2. 10. 1929 für 52000 RM., also für 400 RM. je ein Morgen. Dann berechnet sich die Steuer (wenn Hinzurechnungen und Kürzungen als schon berücksichtigt unterstellt werden) a) für die 40 Morgen: Veräußerungspreis 16 000 RM. abzüglich Erwerbspreis von 12 000 Mk., WZuw. 4000 RM. = $33^1/_3$ v. H. des Erwerbspreises, also 12 v. H. Steuer = 480 RM., ermäßigt um 17 v. H. gemäß Abs. 3, also 398,40 RM. Entsprechend bei den 60 Morgen. Bei den letzterworbenen 30 Morgen erhöht sich die Steuer von 220 RM. um 40 v. H. auf 308 RM.

Das Ende des maßgebenden Zeitraums bestimmt sich durch den steuerpflichtigen Rechtsvorgang, also unmittelbar gemäß § 2 MStO.

4. Inflationsgeschäfte sind von der Ermäßigung der Steuer ausgeschlossen. Hat der jetzige Veräußerer das Grundstück im April 1919 erworben und veräußert er es im Juni 1929, so müßte an sich eine Ermäßigung für vier Jahre also um 4 v. H. eintreten. Dies wird jedoch durch Abs. 3 Satz 2 ausgeschlossen. Der Grund liegt darin, daß ein Erwerb in der Inflationszeit in der Regel zu besonders geringem Preise erfolgt ist, so daß der Steuerpflichtige meist in der Lage ist, auch eine höhere Steuer zu tragen. Sollte diese Voraussetzung in Ausnahmefällen nicht zutreffen, so wird eine Ermäßigung aus Billigkeitsgründen gemäß § 24 in Frage kommen.

Inflationserwerb liegt vor, wenn der für die Ermittlung des WZuw. maßgebende Erwerb des Grundstücks in der Zeit vom 1. 1. 1919 bis 31. 12. 1924 stattgefunden hat. Domke, Anm. 4 zu § 23 nimmt an, daß der Eigentumserwerb maßgebend sei, wie dies im § 1 der alten Berliner StO. der Fall war; vgl. OVG. PrVBl. 49, 833. Dieser Auffassung kann jedoch nicht beigetreten werden. In der alten Berliner StO. war ausdrücklich als Voraussetzung bestimmt, daß die Veräußerer das Eigentum an dem Grundstück erst nach dem 31. 12. 1918 erworben hatten. In § 15 Abs. 3 und ähnlich im § 23 Abs. 3 der neuen Berliner StO. ist aber von dem für die Ermittlung (nach der Berl. StO.: Ermäßigung) des WZuw. maßgebenden Erwerb des Grundstücks die Rede. Wie in Anm. 3 ausgeführt, kommt es für die Ermittlung des WZuw. aber nicht auf den dinglichen Erwerb, sondern in den Fällen des § 2a auf das verpflichtende Veräußerungsgeschäft an. Es entspricht auch dem Sinn und Zweck der Vorschrift, auf das verpflichtende Veräußerungsgeschäft zurückzugehen. Ist dieses noch im Jahre 1918 oder vielleicht noch früher abgeschlossen worden, so liegt ein Inflationskauf gar nicht vor, da in den meisten Fällen der bar zu zahlende Teil des Kaufpreises schon bei Abschluß des Kaufvertrages geleistet wurde; zu erfordern ist aber ein perfektes, rechtsgültiges Veräußerungsgeschäft. Hing die Rechtswirksamkeit von der Genehmigung eines Dritten oder einer Behörde, z. B. des Vormundschaftsgerichts, ab, so lag ein für die Ermittlung des WZuw. maßgebender Erwerb erst vor, sobald die Genehmigung erteilt war. Wenn also z. B. der Kaufvertrag im Dezember 1918 abgeschlossen worden ist, die Genehmigung aber erst im Januar 1919 erteilt wurde, ist die Ermäßigung der Steuer ausgeschlossen. Entsprechendes gilt natürlich für Geschäfte, die gegen Ablauf der Inflationszeit abgeschlossen worden sind. War der Kauf im Dezember 1924 abgeschlossen, aber erst durch eine im Januar 1925 erteilte Genehmigung rechtswirksam geworden, so liegt ein Inflationsgeschäft nicht mehr vor. Dies kann für die sog. Schwarzkäufe, die in der Inflationszeit sehr häufig waren, von Bedeutung werden. War der Kaufpreis im notariellen Vertrage vom Jahre 1922 unrichtig beurkundet, so war der Kaufvertrag gemäß § 313 BGB. formungültig. Die Veräußerung unterlag auf Grund der Pr. Gesetze vom 10. 2. 23, 20. 7. 25 der Genehmigung der Verwaltungsbehörde; vgl. Anm. 5 zu § 2. Wurde diese Genehmigung erst im Jahre 1928 nach Richtigstellung des unrichtig beurkundeten Kaufpreises erteilt, so wurde hierdurch die Auflassung und die inzwischen bereits erfolgte Eintragung des Eigentumswechsels im Grundbuch rechtswirksam, und zwar mit rückwirkender Kraft; vgl. RG. 123, 327. Diese rückwirkende Kraft bezog sich aber nur auf den Eigentumswechsel und damit gemäß § 313 Satz 2 BGB. mittelbar auf das Kausalgeschäft. Die Formungültigkeit dieses letzteren wurde mit dem Zeitpunkt des Eigentumswechsels geheilt, ohne daß dieser Heilung eine weitere rückwirkende Kraft auf den Tag des Vertragsschlusses zukommt; vgl. RG. 75, 115. War also z. B. der Kaufvertrag (Schwarzkauf) am 15. 10. 1923 abgeschlossen, die Eintragung des Eigentumswechsels am 15. 2. 1925 erfolgt und wurde die nachträgliche Genehmigung der Verwaltungsbehörde am 10. 8. 1928 erteilt, so wurde der Schwarzkauf mit Wirkung vom 15. 2. 1925 geheilt und wirksam. In diesem Falle ist das Geschäft nicht mehr als Inflationskauf zu betrachten. Ist die nachträgliche Genehmigung auf Grund eines Vergleichs erteilt worden, so ist steuerrechtlich der Vertrag erst als durch den Vergleichsschluß perfekt geworden zu erachten; vgl. Anm. 5 f β zu § 2.

Bei Geschäftsanteilen von Grundstücksgesellschaften kommt es grundsätzlich darauf an, ob der Erwerb des Geschäftsanteils in die Inflationszeit fällt; hat die Gesellschaft jedoch ein Grundstück erst nach Ablauf der Inflationszeit erworben, so ist nach OVG. 68, 3; 71, 1; JW. 1929, 1428 Nr. 1 für die Steuerberechnung der Zeitpunkt maßgebend, in dem die Gesellschaft das Grundstück erworben hat. Infolgedessen ist die Ermäßigung begründet, falls der Grundstückserwerb erst nach dem 31. 12. 1924 stattgefunden hat, auch wenn der Gesellschafter seinen Geschäftsanteil bereits im Jahre 1920 erworben hatte und ihn im Jahre 1929 veräußert.

Daß das ganze Kalenderjahr 1924 noch in die Inflationszeit gerechnet wird, kann anfechtbar erscheinen. Für zahlreiche Arten von Grundstücken sind mindestens in der zweiten Hälfte des Jahres 1924 bereits ziemlich erhebliche Preise gezahlt worden.

5. Der sogen. **Altbesitz**, der nach vielen StO. steuerfrei war, wird nach der MStO. nur noch durch die Ermäßigung um 1 Prozent für jedes Jahr der Eigentumsdauer privilegiert. Bei städtischen Grundstücken wird aber ein WZuw. nur selten vorliegen, da infolge der Belastung mit der Hauszinssteuer und des hohen Zinsstandes die Preise für Mietgrundstücke noch weit unter den Vorinflationspreisen liegen. Auch bei hypothekarischer Belastung der Grundstücke wird nicht, wie Domke Anm. 2 zu § 23 meint, eine Besteuerung des Altbesitzes praktisch, da die Hypothek stets nach dem Goldwert z. B. des Grundstückskaufs auf den Erwerbspreis angerechnet werden kann, bei Altbesitzern also nach dem vollen Nennbetrag.

6. **Ermäßigung zugunsten von Kriegsbeschädigten.** Diese Bestimmung ist dem § 21 Abs. 1 GrdErwStG. nachgebildet. Es kann daher auf die Erläuterungen in Anm. 1 und 2 zu § 21 GrdErwStG. verwiesen werden. Ein Unterschied liegt darin, daß nach § 15 Abs. 4 MStO. nur der Verkauf eines Wohnhauses oder einer Ansiedlungsstätte privilegiert wird, während § 21 Abs. 1 GrdErwStG. allgemein den Erwerb von Grundstücken von der Steuer befreit. Die Einschränkung in § 15 Abs. 4 muß als engherzig bezeichnet werden. Es ist nicht einzusehen, weshalb der Kriegsbeschädigte, der ein Werkstattgebäude erwirbt, nicht gleichfalls begünstigt werden sollte. Die MStO. setzt keine Höchstgrenze für den Wert bzw. Preis des Grundstücks. Unter dem Wohnhaus ist nicht nur ein Einfamilienhaus zu verstehen, sondern auch ein Miethaus. Da aber die Steuerermäßigung nicht wie in § 21 GrdErwStG. gesetzlich festgelegt, sondern dem Ermessen der Steuerbehörde überlassen ist, so wird diese voraussichtlich die Ermäßigung versagen, wenn es sich um die Anschaffung eines Spekulationsobjekts handelt. Ein weiterer Unterschied zu § 21 a. a. O. liegt darin, daß die Ermäßigung der WZuwSt. nur in Frage kommt, wenn ein Kaufvertrag vorliegt und wenn der Kriegsbeschädigte bzw. die Hinterbliebenen allein als Erwerber auftreten, während nach § 21 GrdErwStG. die Steuerfreiheit bei jedem Erwerbsfall ohne Unterschied des Rechtsgrundes eintritt und auch in dem Falle, daß die Kriegsbeschädigten bzw. -hinterbliebenen beim Erwerb nur beteiligt sind. Trotz der engen Fassung des § 15 Abs. 4 wird man aber annehmen müssen, daß die Ermäßigung mindestens auch bei Einräumung und Übertragung grundstücksgleicher Berechtigungen (§ 1 Abs. 2), z. B. eines Erbbaurechts, zu gewähren ist. Auch der Übergang von Rechten am Vermögen einer Grundstücksgesellschaft im Sinne des § 1 Abs. 3 wird gleich zu behandeln sein, wenn alle Geschäftsanteile der Gesellschaft verkauft werden, da es für die Ermäßigung nicht auf die Rechtsform, sondern nur auf den Gegenstand des Geschäfts ankommen kann und

da der Verkauf von Geschäftsanteilen dem des Grundstücks nach der MStO. gleichstehen soll. Dagegen findet die Vorschrift wohl keine Anwendung bei Einbringung in Gesellschaften, bei Treuhandverträgen und anderen Rechtsvorgängen, die einem Verkauf nicht gleichstehen.

Der Erwerb muß auf Grund des Kapitalabfindungsgesetzes vom 12. 5. 1920 (RGBl. 989) in der Fassung vom 31. 7. 1925 (RGBl. I 165) erfolgen. Dies ist der Fall, wenn der Erwerb durch Vermittlung der im Gesetz genannten öffentlich-rechtlichen Körperschaften erfolgt oder wenn gemäß § 11 des Gesetzes eine Sicherstellung der bestimmungsgemäßen Verwendung des Abfindungskapitals stattgefunden hat. Ebenso wie nach § 3 der VO. des Reichsrats vom 29. 6. 1923 (RMBl. 644) muß auch hier genügen, daß der Kriegsbeschädigte zunächst das Grundstück erwirbt und dann die bewilligte Kapitalabfindung zur Bezahlung des Kaufpreises verwendet; vgl. RFH. PrVBl. 49, 1055.

Weitere Voraussetzung ist, daß der Veräußerungspreis mit Rücksicht auf die Person des Erwerbers wesentlich niedriger als sonst üblich festgesetzt ist. Es wird genügen müssen, daß der Veräußerungspreis um den Betrag der halben WZuwSt. gegenüber dem üblichen Preise herabgesetzt ist. Welches allerdings der sonst übliche Preis ist, werden die Parteien beim Vertragsschluß schwer beurteilen können. Der sog. gemeine Wert wird von den Steuerbehörden im allgemeinen recht hoch festgesetzt.

Die Bewilligung der Ermäßigung erfolgt von der Steuerbehörde und unterliegt ihrem Ermessen sowohl hinsichtlich der Frage des Ob als der Frage des Wieviel. Selbstverständlich darf die Steuerbehörde nicht willkürlich verfahren; andererseits aber besteht kein Rechtsanspruch auf Ermäßigung. Gegen die Entscheidung ist nur die gewöhnliche Verwaltungsbeschwerde, nicht Klage im Verwaltungsstreitverfahren gegeben.

7. **Steuerbeträge unter 20 Reichsmark** werden nicht erhoben. Das Geschäft wird hierdurch aber kein steuerfreies im Sinne des § 6 Abs. 1 Satz 2, § 15 Abs. 3.

Es kommt darauf an, ob die Steuer für den einzelnen Rechtsvorgang unter 20 RM. liegt, wofür wirtschaftliche Gesichtspunkte in Betracht zu ziehen sind; vgl. Amtl. Mitt. 1913, 13; 65; 145; OVG. 62, 68; 64, 17.

§ 16.

(1) Zur Entrichtung der Steuer ist der Veräußerer verpflichtet; mehrere Steuerpflichtige haften als Gesamtschuldner. Kann die Steuer von dem Veräußerer nicht beigetrieben werden, so haftet der Erwerber bis zum Höchstbetrage von 15 v. H. des Veräußerungspreises. Auf Erwerbungen im Wege der Zwangsversteigerung findet diese Bestimmung keine Anwendung. Die Haftung des Erwerbers erlischt ein Jahr nach der Eintragung der Eigentumsänderung im Grundbuch.

(2) Ist die Vornahme des steuerpflichtigen Rechtsvorganges unter Mitwirkung eines Bevollmächtigten oder durch die Tätigkeit eines Vermittlers mit der Maßgabe erfolgt, daß diesem der einen gewissen Betrag übersteigende Teil des Preises verbleibt, so haftet für den auf den Mehrerlös entfallenden Teil der Steuer neben dem Veräußerer als Gesamtschuldner derjenige, dem der Mehrerlös zukommt.

1. **Entstehungsgeschichte und Umfang der Steuerpflicht.** Die Bestimmung enthält die Abgrenzung der subjektiven Steuerpflicht. Sie ist angelehnt an die Vorschriften der §§ 12, 13 des PrStStG. und hat ihr Vorbild in

dem § 29 ZuwStG.; vgl. dazu § 24 Berl. StO. Die Vorschrift enthält nur die öffentlich-rechtliche Seite der Steuerhaftung, nicht den privatrechtlichen Ausgleich der Gesamtschuldner untereinander für den Fall, daß mehrere Steuerschuldner vorhanden sind; vgl. §§ 421 ff. BGB., besonders 426 BGB.; vgl. auch § 20 Abs. 1 GrdErwStG., wonach gesamtschuldnerische Haftung von Erwerber und Veräußerer kraft Gesetzes besteht, während für die WZuwSt. der Erwerber nur subsidiär haftet.

Über die Stellung des Veräußerers als öffentlich-rechtlichen Trägers der Steuerpflicht vgl. Anm. 4 u. Pape, Jahrb. 9, 534.

2. **Der Steuerschuldner.** a) Der Veräußerer des Grundstücks ist zur Entrichtung der Steuer verpflichtet. Veräußerer ist in den Fällen des § 2 lit. a derjenige, der sich zur Übertragung des Eigentums verpflichtet, in den Fällen des § 2 lit. b der letzte grundbuchlich eingetragene Eigentümer, auch dann, wenn er das Eigentum — z. B. wegen Nichtigkeit der früheren Auflassung — nicht erworben, aber zugunsten eines gutgläubigen Dritten rechtswirksam nach § 892 BGB. über das Eigentum verfügt hatte: OVG. 73, 1.

b) Im Fall des § 1 Abs. 3, der den Übergang von Mitgliedschaftsrechten an juristischen Personen dem Übergang des Eigentums an Grundstücken gleichstellt, ist Veräußerer derjenige, der die G. m. b. H.-Anteile, Aktien, Kuxe, Genossenschaftsanteile, Kommanditanteile an den Erwerber veräußert bzw. überträgt. Da die OHG. und die Kommanditgesellschaft im § 1 Abs. 3 den juristischen Personen gleichgestellt sind, ist Veräußerer bei den Personalgesellschaften des Handelsrechts der oder die Gesellschafter, die ihre Mitgliedschaftsrechte an der Gesellschaft übertragen; vgl. hierzu Anm. 10 f zu § 1.

c) In den Fällen des in § 2a MStO. in Bezug genommenen § 5 Abs. 4 GrdErwStG. gibt es jeweils zwei Veräußerer. Außer dem eingetragenen Eigentümer ist Veräußerer auch derjenige, der die ihm aus einem Veräußerungsgeschäft zustehenden Rechte weiter abtritt, ferner der Empfänger einer Offerte, der die Rechte aus dieser einem Dritten abtritt oder einen Dritten als Erwerber benennt; vgl. Anm. 8 zu § 2. Veräußerer ist auch derjenige, der nachträglich erklärt, daß er die Rechte für einen Dritten erworben oder die Pflichten für einen Dritten übernommen habe (§ 5 Abs. 4 Nr. 3 GrdErwStG.); bei Abtretung der Rechte aus dem Meistgebot in der Zwangsversteigerung ist es der Meistbietende, der vor dem Zuschlag die Rechte aus dem Meistgebot abtritt oder erklärt, für einen anderen geboten zu haben. Veräußerer ist schließlich auch, wer ermächtigt ist, das Grundstück ganz oder teilweise auf eigene Rechnung zu veräußern. Im einzelnen vgl. Anm. 4—8 zu § 5 GrdErwStG.

In den Fällen des § 3 MStO. ist Veräußerer derjenige, der einem anderen das wirtschaftliche Eigentum einräumt oder überträgt.

d) Beim Übergang im Wege der Zwangsversteigerung (§ 6 Abs. 5) ist Veräußerer der Subhastat, also der letzteingetragene Eigentümer, der z. Z. des Zuschlagsbeschlusses eingetragen ist, vgl. OVG. 58, 139; dagegen läßt OVG. 81, 118 es dahingestellt, ob der „Veräußerer" mit dem letzten Eigentümer identisch ist. Dies folgt aber daraus, daß nach § 2 lit. b im Falle der Zwangsversteigerung die Steuerpflicht mit dem Zuschlag eintritt, während nach § 16 Abs. 1 Satz 2 der Erwerber nicht haftet; es muß also einen haftenden Veräußerer geben; das kann nur der Subhastat sein. Hat dieser vor dem Zuschlag auf sein Eigentum verzichtet, so entfällt damit seine Steuerpflicht, da ein Veräußerer nicht mehr vorhanden ist. In diesem Falle haftet aber auch der Erwerber nicht, da Voraussetzung für die subsidiäre Haftung des Erwerbers die Nichtbeitreibbarkeit der Steuer vom Veräußerer ist. § 16 Abs. 1 Satz 2 verlangt aber zur Begründung der Erwerberhaftung, daß ein Veräußerer noch vorhanden, aber nicht zahlungsfähig ist. Fehlt es überhaupt an einem Veräußerer, so kann auch der Erwerber nicht in Anspruch genommen werden. § 16 Abs. 1 ist gegenüber § 2b lex specialis.

e) Im Falle des § 14 sind Veräußerer sämtliche Mitberechtigten, auch derjenige, an welchen das gemeinschaftliche Grundstück ganz oder teilweise übertragen wird.

f) Gesetzliche Vertreter oder Vermögensverwalter (Vormund, Korporationsvorstand, Geschäftsführer, Nachlaßverwalter, Testamentsvollstrecker, Konkursverwalter — vgl. OVG. 67, 29; 73, 144; PrVBl. 36, 442; 49, 832) sind nicht Veräußerer. Als solcher zur Entrichtung der Steuer verpflichtet ist vielmehr der Mündel, die juristische Person, die Nachlaß- bzw. Konkursmasse bzw. ihr Rechtsträger. Den Vertretern bzw. Verwaltern liegt nur die Verpflichtung ob, für die Entrichtung der Steuer aus dem ihrer Verwaltung unterliegenden Vermögen zu sorgen. Für den Fall des Konkurses vgl. unten Anm. 10. Die für Reichssteuern nach § 90 AO. vorgesehene persönliche Haftung der gesetzlichen Vertreter neben dem Steuerpflichtigen bei schuldhafter Schädigung des Steuerfiskus gilt hier nicht, da die AO. in der MStO. nicht in Bezug genommen ist; anders in der neuen Berliner StO. (§ 30). — Wegen der Haftung der Bevollmächtigten vgl. Anm. 11a.

g) Ist eine Ehefrau Veräußerer, so besteht die Duldungspflicht des Mannes zur Zwangsvollstreckung in das eingebrachte Gut wegen der Steuerforderung gem. § 1411 BGB., da keine der Ausnahmen zutrifft; vgl. Staudinger Anm. 3f, g; 7g zu § 1411 BGB.; § 3 VO. betr. d. VerwZwangsverf. v. 15. Nov. 1899. Über die Haftung der Erben vgl. Anm. 10h und OVG. vom 8. 10. 1912 — VII C. 4/12 — bei Ziegesar S. 80. Fälle, in welchen die Haftung des Veräußerers auf Dritte übergeht, sind z. B. Vermögensübernahme (§ 419 BGB.), durch die der Grundstückserwerber bis zum vollen Wert des Grundstücks haftbar werden kann, wenn dieses im wesentlichen das ganze Vermögen des Veräußerers dargestellt hat; ferner Erbschaftskauf (§ 2382 BGB.) oder der Kauf eines Handelsgeschäfts (§ 25 HGB.) sowie Eintritt in eine OHG. (§ 28 HGB.). Hat ein Dritter die den Veräußerer treffende Steuer übernommen, so tritt er damit nicht in die Haftung des Veräußerers gegenüber der Steuerbehörde ein. Das gleiche gilt im Falle des § 9, wenn der Erwerber dem Veräußerer gegenüber die Zahlung der Zuwachssteuer übernommen hat; OVG. Amtl. Mitt. 1912, 19; 1914, 192. Vgl. auch Anm. 4 sowie Anm. 4 zu § 9.

3. **Haftung mehrerer Steuerpflichtiger.** Sind mehrere Veräußerer vorhanden, so sind sie gemeinschaftlich „der Veräußerer". Das gilt jedoch nur für Gesamthandseigentum, nicht für Bruchteilseigentum. Bei letzterem bildet die Veräußerung jedes Bruchteils einen besonderen Steuerfall, so daß bei der Veräußerung des Grundstücks keine Gesamthaftung eintritt, vielmehr jeder nur für die aus der Veräußerung seines Anteils sich ergebende Steuer haftet: OVG. 62, 32; PrVBl. 49, 447, 974; ferner OVG. vom 24. 4. 1914 — VII C. 475/13 — bei Strutz JW. 1915, 1407. Anders Bad. VGH. vom 26. 10. 27 (PrVBl. 49, 703), der bei Teilungsversteigerung des Grundstücks gesamtschuldnerische Haftung der Miteigentümer annimmt. Die Gesamthänder haften der Steuerbehörde gegenüber als Gesamtschuldner für den ganzen Steuerbetrag (§§ 421—426 BGB.). Abmachungen unter den Mitberechtigten haben nur zivilrechtliche Wirkung im Innenverhältnis, nicht dem Steuergläubiger gegenüber. So haftet z. B., wenn eine Kommanditgesellschaft veräußert, auch der Kommanditist für den ganzen Steuerbetrag, nicht etwa gemäß § 171 HGB. nur bis zur Höhe seiner noch nicht bewirkten Einlage.

4. **Der Veräußerer** ist zur **Entrichtung** der Steuer verpflichtet. Grundsätzlich ist Barzahlung vorgeschrieben (vgl. § 21 Abs. 2). Er ist auch der öffentlich-rechtliche Träger der Steuerpflicht selbst dann, wenn die Zahlung der Steuer

vertraglich vom Erwerber übernommen ist. OVG., Amtl. Mitt. 1912, 19; 1914, 192; OVG. 81, 101; PrVBl. 49, 973; Pape, Jahrb. 9, 534.

5. **Die Haftung des Erwerbers.**

a) Der Erwerber haftet nur subsidiär, ähnlich wie ein Bürge, der nicht auf die Einrede der Vorausklage verzichtet hat (§§ 770—772 BGB.) OVG. 82, 127; Pape Jahrb. 1, 251; 6, 537; 7, 420; 9, 540; Lion ZuwStG. zu § 29 S. 217ff. Er muß durch besonderen, selbständig anfechtbaren Veranlagungsbescheid herangezogen werden; vgl. OVG. PrVBl. 49, 585; OVG. 64, 110; 66, 20. Die Haftung besteht unter folgenden Voraussetzungen:

α) Die Steuerschuld des Veräußerers muß wirksam bestehen. Ist der Veräußerer sachlich oder persönlich steuerfrei, so haftet auch der Erwerber nicht. Daher entfällt die Haftung des Erwerbers in allen Fällen, in denen sich der Veräußerer auf § 5 berufen kann, nicht aber dann, wenn nur der Erwerber, nicht der Veräußerer Steuerfreiheit genießt und die Erwerberhaftung aus § 16 in Frage kommt. OVG. Amtl. Mitt. 1917, 79; OVG. 72, 66; 74, 38.

β) Der Erwerber haftet nur dann, wenn die Steuer von dem Veräußerer nicht beigetrieben werden kann. (Abweichend § 20 GrdErwStG.). Es besteht somit zwischen Veräußerer und Erwerber kein Gesamtschuldverhältnis, sondern der Erwerber ist nur Steuerbürge. Voraussetzung für die Haftung des Erwerbers ist die erfolgte Zwangsvollstreckung im Wege des Beitreibungsverfahrens. — Über die Rechtsmittel des Erwerbers vgl. § 21 Anm. 3b.

b) Besteht auf seiten des Veräußerers Gesamtschuldnerschaft, z. B. das veräußerte Grundstück gehört mehreren zur gesamten Hand, so kann der Erwerber, bevor er in Anspruch genommen wird, verlangen, daß die Beitreibung zunächst bei sämtlichen Gesamtschuldnern vorgenommen wird.

c) Bei Kettengeschäften (§ 2a MStO., § 5 Abs. 4 GrdErwStG.) bedingt die Rechtsnatur dieser Geschäfte, daß jedes Glied der Kette Erwerber und zugleich wieder Veräußerer ist. Steuerlich ist jedes Kettengeschäft ein selbständiger Steuerfall. Hat z. B. A das Grundstück für 70 000 Mk. erworben und für 100 000 Mk. verkauft und B die Rechte aus dem Kaufvertrag für 120 000 Mk. an C abgetreten, so ist A Steuerschuldner für die Steuer von 30 000 Mk. WZuw.; B haftet für diese Steuer als Steuerbürge; daneben ist er Hauptschuldner für die Steuer von seinem Wertzuwachs von 20 000 Mk., für die wieder C als Steuerbürge haftet. Dagegen haftet C nicht als weiterer Bürge für die Steuer von den 30 000 Mk. WZuw. des A, sofern diese auch von B nicht beizutreiben ist.

d) Kann der Erwerber in Anspruch genommen werden, wenn die Steuer von dem Veräußerer zunächst nicht beigetrieben werden kann, diesem aber dann gestundet wird? Die Frage ist zu verneinen. Der Wortlaut des § 16 Abs. 1 Satz 2 läßt die Möglichkeit zu, nach erfolglosem Beitreibungsversuch beim Veräußerer sofort den Erwerber in Anspruch zu nehmen. Die dem Veräußerer bewilligte Stundung wirkt aber auch zugunsten des Erwerbers. OVG. vom 25. 1. 1929 — VII C 77/28 bei Pape, Jahrb. 9, 540. Das gleiche gilt, wenn mehrere Veräußerer, die ja der Steuerbehörde einheitlich gegenüberstehen, vorhanden sind und ihnen von dieser Stundung bewilligt wird.

e) Wie die Steuerbehörde beitreibt, bleibt ihr überlassen. Es muß nur die wirksame Vollstreckung versucht werden (a. M. OVG. 75, 28). Alle Zwangsmittel sind zu erschöpfen. Es ist nicht angängig, Nichtbeitreibbarkeit anzunehmen, wenn etwa früher schon bei dem Schuldner fruchtlos vollstreckt worden ist oder dieser den Offenbarungseid geleistet hat. Die bloße Erschwerung der Rechtsverfolgung gegen den Veräußerer durch Veränderung seines Wohnsitzes oder Aufenthalts ist nicht geeignet, die Bedingung der Nichtbeitreibbarkeit zu erfüllen: OVG. in DStBl. 1928, 60; PrVBl. 48, 128; 49, 586. Anders wenn er im Auslande wohnt und kein inländisches, pfändbares Vermögen besitzt OVG. vom 22. 2. 1929 — VII C 122/28 —

bei Pape Jahrb. 9, 542.. Bedenklich OVG. 74, 36, wonach es genügen soll, wenn ohnedies anzunehmen ist, daß die Steuer vom Veräußerer nicht beigetrieben werden kann, da die Vollstreckung eines früheren, niedrigeren Steuerbescheides erfolglos blieb. Der Erwerber kann auch verlangen, daß die Vollstreckung nicht nur in die bewegliche Habe des Schuldners, sondern auch in seine etwa noch vorhandenen Grundstückswerte vorgenommen wird. Die Beschränkung des § 49 ZuwStG. von 1911, wonach die Zwangsversteigerung eines Grundstücks ohne Zustimmung des Vollstreckungsschuldners nicht zulässig ist, gilt für den Bereich der MStO. nicht.

f) Beigetrieben ist die Steuer vom Veräußerer, wenn bei der Verwertung der Pfandstücke volle Befriedigung des Steuergläubigers erzielt wird.

g) Etwaigen Hinweisen des Erwerbers auf pfändbare Vermögenswerte des Veräußerers, insbesondere auf bestehende Forderungen, hat die Steuerbehörde nachzugehen. Sind mehrere gesamtschuldnerisch haftbare Veräußerer vorhanden, so kann sich keiner dieser Gesamtschuldner darauf berufen, daß die Vollstreckung gegen den anderen Gesamtschuldner lässig betrieben worden und daß dieser mittlerweile nicht mehr in der Lage ist, die Steuerschuld zu erstatten. Dagegen steht dem Erwerber als subsidiärem Steuerschuldner der Gegenbeweis offen, daß entweder bei rechtzeitiger Vornahme der Vollstreckungshandlung oder bei ordnungsmäßiger Durchführung der Steuergläubiger befriedigt worden wäre, oder daß die Beitreibung wegen eines bisher unbekannten oder erst nachträglich erworbenen, der Vollstreckung unterliegenden Vermögenszuwachses noch erfolgen könne; vgl. OVG. PrVBl. 49, 740. Konnte die Steuer so von dem Veräußerer erlangt werden, ist sie jedoch durch ursächliches schuldhaftes Verhalten der Steuerbehörde nicht beigetrieben worden, so wird der Erwerber frei: OVG. 82, 128; PrVBl. 50, 104; a. M. OVG. Amtl. Mitt. 1916, 27. Dagegen ist zum Nachweis der Unbeitreibbarkeit der Steuerschuld vom Veräußerer nicht allgemein erforderlich, daß gegen diesen der Antrag auf Leistung des Offenbarungseides gestellt worden ist. OVG. Amtl. Mitt. 1915, 92; PrVBl. 37, 399 Pape Jahrb. 9, 540.

6. Grenzen der Erwerberhaftung. Die Haftung des Erwerbers ist nach oben auf 15% des Veräußerungspreises begrenzt. Wegen des „Veräußerungspreises" vgl. oben § 6.

Unter „Veräußerungspreis" ist nur der reine im Vertrage angegebene Kaufpreis zu verstehen und nicht der für die Wertzuwachssteuer ermittelte Veräußerungspreis (§§ 6 Abs. 2; 9; 10 MStO.) zugrunde zu legen. So auch OVG. 82, 129; PrVBl. 49, 578, wonach bei der Feststellung des für die Erwerberhaftung in Frage kommenden Veräußerungspreises die Hinzu- und Abrechnungen unberücksichtigt bleiben sollen, die sonst für die Steuerberechnung maßgebend sind, ebenso die etwa von dem Erwerber übernommene WZuwSt. Vgl. Pape Jahrb. 8, 514; 9, 542.

Die von dem OVG. gegebene Begründung, daß nämlich die Vorschrift als eine steuerliche Vergünstigung gegenüber dem Erwerber gedacht und gewollt sei, daß aber eine bestimmte, von Anfang an übersehbare Begrenzung des Haftungsumfangs dann unmöglich sei, wenn der Veräußerungspreis erst ermittelt werden müsse, ist unbedingt zutreffend, wenn auch nicht verkannt werden darf, daß damit auch die Vergünstigungen (z. B. des § 10) in Fortfall kommen. Andererseits aber wird auch die vom Erwerber übernommene Steuer nicht hinzugerechnet. Für die vom OVG. vertretene Auffassung, die in der Mehrzahl der Fälle dem Erwerber günstig sein dürfte, spricht vor allem die Tatsache, daß der Erwerber von Anfang an die ihn möglicherweise treffende Haftung ziffernmäßig genau übersehen kann. Hieraus folgt weiter, daß der Erwerber nicht haftet, wenn an Stelle des Veräußerungspreises der gemeine Wert tritt (§ 6 Abs. 6, 7), da auch hier für den Erwerber eine Berechnung seines Haftungsbetrages ausgeschlossen ist. Besteht auch nur die Möglichkeit, daß der Erwerber in Anspruch genommen werden kann, so wird er zweckmäßigerweise bei der

Auszahlung des Kaufpreises bis zur Zahlung der Steuer einen entsprechenden Betrag zurückhalten.

7. **Keine Haftung aus Erwerb im Wege der Zwangsversteigerung.** Erfolgt der Erwerb in der Zwangsversteigerung, so fällt jegliche Haftung des Erwerbers fort. Es darf sich nicht um eine freiwillige Versteigerung handeln. Alle Arten der Zwangsversteigerung, insbesondere auch die Versteigerung zwecks Aufhebung der Gemeinschaft (§ 180 ZVG.) gehören hierher. Die Freiheit von der Steuerbürgschaft gilt nur für den Ersteher. Hat der Meistbietende für einen Dritten geboten oder seinen Anspruch auf Zuschlagserteilung abgetreten, so ist der Meistbietende nicht als Erwerber für den Wertzuwachs beim Subhastaten haftbar. Das ergibt sich auch aus § 6 Abs. 5. Vgl. OVG. Amtl. Mitt. 1912, 19.

8. **Erlöschen der Erwerberhaftung.** Ist der Erwerber bereits ein Jahr im Grundbuch eingetragen, ohne daß er bis zu diesem Zeitpunkt in Anspruch genommen ist, so erlischt seine Haftung. Die Bestimmung gibt dem Erwerber nicht nur ein Leistungsverweigerungsrecht (Einrede), sondern nach diesem Zeitpunkt erlischt der Anspruch der Steuerbehörde dem Erwerber gegenüber. Gleichgültig ist, aus welchem Grunde der Erwerber nicht in Anspruch genommen wurde. Auch wenn dies versehentlich unterblieben ist, haftet er nicht mehr. War dem Veräußerer Stundung gewährt, wurde dann die Stundung rückgängig gemacht und verlief die Beitreibung fruchtlos, so kann der Erwerber, wenn die Jahresfrist verstrichen ist, nicht mehr in Anspruch genommen werden. Um das Erlöschen der Erwerberhaftung zu verhindern, genügt es nicht, daß dem Erwerber gemäß § 21 Abs. 1 S. 2 zusammen mit dem Veräußerer oder unmittelbar darauf ein Veranlagungsbescheid zugestellt wird. Eine Hemmung oder Unterbrechung des Fristablaufs wird dadurch nicht begründet. Die Veranlagung gegenüber dem Erwerber kann erst dann erfolgen, wenn die gesetzlichen Voraussetzungen hierzu vorliegen, d. h. wenn die Steuer von dem Veräußerer nicht beigetrieben werden konnte. Dies muß innerhalb der Jahresfrist eintreten.

9. **Eine dingliche Last** des Grundstücks ist die WZuwSt. nicht: OVG. PrVBl. 35, 182; RG. JW. 1928, 656 Nr. 15. Sie hat daher gemäß § 10 Ziff. 3 ZVG. im Falle der Zwangsversteigerung nicht den Rang vor den auf dem Grundstück ruhenden dinglichen Rechten; vgl. Art. 1=3 PrAGZVG. sowie Jaeckel-Güthe Anm. 14 zu § 10 ZVG. Die Haftung des Grundstücks für die Steuer als eine Objektsteuer ergibt sich auch nicht aus der Gestaltung der Steuer in der StO. Wird das Grundstück von dem Erwerber weiterveräußert, bevor die Steuer für seine vorhergehende Veräußerung gezahlt ist, so haftet das Grundstück nicht mehr für die Steuer. Vgl. Wolff, PrVBl. 35, 182.

10. **Konkurs oder Tod des Steuerschuldners.**

a) Ist der steuerpflichtige Rechtsvorgang (§ 2) vor Konkurseröffnung eingetreten, so ist die Gemeinde Konkursgläubigeren, und zwar mit dem Vorrang gemäß § 61 Nr. 2 KO.; vgl. Jaeger Anm. 5a zu § 58 KO.; OVG. 81, 118.

b) Wird das Grundstück während des Konkurses, sei es freihändig, sei es im Wege der Zwangsversteigerung, veräußert, so gehört die Gemeinde wegen der WZuwSt. jedenfalls nicht zu den Konkursgläubigern; es kann sich vielmehr nur fragen, ob die Steuerforderung zu den Massekosten auf Grund des § 58 Nr. 2 KO. oder zu den Masseschulden gemäß § 59 Nr. 1 KO. gehört; OVG. PrVBl. 49, 832, 895.

c) Kommt das Grundstück erst während des Konkurses zur Masse, indem z. B. der Konkursverwalter es zur Rettung einer Massehypothek ersteht, so wird allerdings der Gemeinschuldner Eigentümer, denn er ist Träger der Rechte und Pflichten der Masse; vgl. Jäger Anm. 2 zu § 57 KO.; RG. 52, 332. Wird das Grundstück während des Konkurses freihändig oder im Wege der Zwangsversteigerung veräußert, so erscheint es als große Härte, daß der Gemeinschuldner mit seinem konkursfreien, insbesondere mit dem neu erworbenen Vermögen, für die WZuwSt. haften soll (vgl. Anm. 2d). Bley (in Konkurs- und Treuhandwesen 1927 S. 17) leugnet für diesen Fall seine Haftung, da der WZuw. ihm nicht persönlich, sondern der Masse unmittelbar zufließe. Dieser Grund schlägt aber nicht durch; das Vermögen des Gemeinschuldners wird durch den WZuw. vermehrt. Es ist gleich, ob er diesen unmittelbar oder durch entsprechende Tilgung seiner Schulden vereinnahmt. Die Steuerpflicht ist auch von der Erzielung eines Gewinns unabhängig. Daher kann für diesen Fall nichts Besonderes gelten. OVG. vom 27. 4. 1928 — VII C 89/29 — bei Pape Jahrb. 9, 535; a. M. Sächs. OVG. vom 27. 4. 1928 — 126 II 1928 — ebend. Unzutreffend ist auch die Auffassung Bleys a. a. O.; daß die WZuwSt. unter § 58 Nr. 2 falle, wenn ein Absonderungsberechtigter die Zwangsversteigerung betreibt. Unter Verwertung der Masse versteht § 58 KO. nur einen Akt des Konkursverwalters.

d) Gehört das Grundstück von Anfang an zur Masse, so haftet der Gemeinschuldner persönlich auch mit seinem konkursfreien Vermögen ohne Rücksicht darauf, ob die Zwangsversteigerung von einem Gläubiger betrieben wird oder ob der Verwalter über das Grundstück verfügt hat (vgl. OVG. 67, 29; Amtl. Mitt. 1912, 19; 1914, 192; vgl. ferner OVG. 58, 139; 81, 115; PrVBl. 36, 442; 50, 55 sowie bei Strutz, JW. 1915, 1407). Die Steuerschuld entsteht hier mit dem Zuschlag oder, sofern der Konkursverwalter freihändig veräußert, mit dem Verpflichtungsgeschäft. Es bleibt also die subjektive Steuerpflicht des Gemeinschuldners als des Grundstückseigentümers bestehen, nur die Veranlagung ist, wenn es sich um Massekosten handelt, gegen den Konkursverwalter zu richten (vgl. § 21 Anm. 3g und OVG. 81, 115). Die letztgenannte Entscheidung ist allerdings nur für den Fall ergangen, daß, wie nach § 29 RZuwStG., der letzte Eigentümer der Steuerpflichtige war; für den Fall, daß nach der StO. der Veräußerer haftet, ist die Lösung dahingestellt worden. Aber OVG. 58, 139 hat auch für diesen Fall den letzten Eigentümer für den Veräußerer erklärt. Dem ist beizutreten.

Sofern eine Masseschuld vorliegt (vgl. zu e), haftet nach allerdings strittiger Ansicht der Gemeinschuldner während des Verfahrens nur mit in der Masse liegenden Vermögen und nach Beendigung des Konkursverfahrens nur mit dem, was ihm von der Masse übriggeblieben ist; vgl. Jäger Anm. 4, 5 zu § 57.

e) Veräußert der Verwalter das Grundstück freihändig oder gemäß § 126 KO., so haftet die Masse unabhängig davon, ob ihr ein Mehrerlös zufließt oder nicht, und zwar auch dann, wenn der Verwalter einer bereits angeordneten, die Aufhebung der Gemeinschaft bezweckenden Zwangsversteigerung beigetreten ist. (Sächs. OVG. Amtl. Mitt. 1914, 117; OVG. PrVBl. 36, 442; 49, 895; a. M. Bley, a. a. O. S. 18). Unentschieden, ob § 58 Nr. 2 oder § 59 Nr. 1 KO. zutrifft; vgl. PrVBl. 36, 442; Amtl. Mitt. 1915, 42; OVG. 71, 57. Jäger, Anm. 5a zu § 58 KO., ist für § 58 Nr. 2.

f) Betreibt ein Absonderungsberechtigter die Versteigerung, so haftet der Gemeinschuldner mit seinem konkursfreien Vermögen auch dann, wenn ein Mehrerlös zur Masse kommt. Nicht dagegen haftet die Masse selbst dann, wenn ihr der Überschuß der Versteigerung zugeflossen ist, da die Zwangsversteigerung des Grundstücks sich nicht als Verwertung der Masse im Sinne des § 58 Ziff. 2 KO. darstellt, sondern die von dem Absonderungsberechtigten in dessen Interesse betriebene Verwertung außerhalb des Konkursverfahrens erfolgt (§§ 4, 120 KO.); vgl. OVG. 71, 54; ferner 58, 142; 67, 29; PrVBl. 49, 832; Sächs. OVG. in Amtl. Mitt. 1914, 102, 103; a. M. Bley a. a. O. Dadurch, daß der Konkursverwalter sich hinsichtlich der Hypothek der Vollstreckung unterworfen hat, verwertet er nicht das Grundstück; OVG. PrVBl. 49, 832.

g) Wird ein zu einer Nachlaßmasse gehöriges Grundstück veräußert, so bildet die zur Entstehung gelangende WZuwStSchuld eine persönliche, nicht auf den Nachlaß beschränkte Schuld des Erben: OVG. Amtl. Mitt. 1916, 55.

Steuerpflichtig ist nur der Erbe im Falle der Veräußerung durch den Erblasser, nicht der Vermächtnisnehmer (Bezirksausschuß Potsdam vom 4. 3. 1913 bei Ziegesar S. 79), auch nicht der Testamentsvollstrecker (OVG. vom 8. 10. 1912 — VII C. 4/12 — bei Ziegesar a. a. O.); vgl. oben Anm. 2f.

11. Die Haftung mitwirkender dritter Personen für die Steuer.

a) Auch Bevollmächtigte oder Vermittler haften unter bestimmten Voraussetzungen (Anm. 12) für die WZuwSt. Sie müssen bei der „Vornahme" des steuerpflichtigen Rechtsvorganges mitgewirkt haben. Es fallen also hierunter alle die Fälle, die von den §§ 1—3 MStO. umfaßt werden. Insbesondere kommen alle Veräußerungsgeschäfte im Sinne des § 5 Abs. 4 GrdErwStG. in Frage. Wird jemand ermächtigt, ein Grundstück auf eigene Rechnung zu veräußern (§ 5 Abs. 4 Nr. 5 GrdErwStG.), so gilt der Ermächtigte als Käufer und, sobald er von der Ermächtigung Gebrauch macht, als Veräußerer. Er haftet also nicht aus § 16 Abs. 2, sondern als unmittelbar Steuerpflichtiger aus §§ 2 lit. a, 16 Abs. 1. Wirkt aber bei der Ermächtigung oder bei der Veräußerung durch den Ermächtigten ein Bevollmächtigter oder Vermittler mit, so haftet dieser in Gemäßheit des § 16 Abs. 2.

Die Vornahme des steuerpflichtigen Rechtsvorganges kann auch nach § 2b bewirkt werden, der auch Fälle umfaßt, bei denen für die Mitwirkung eines Bevollmächtigten oder eines Vermittlers Raum ist; vgl. Anm. 3 zu § 2.

In Betracht kommen ferner die Fälle des § 3 MStO. Wenn das wirtschaftliche Eigentum durch eine Mehrzahl von Rechtsvorgängen in ihrer Gesamtheit begründet wird, z. B. Kaufantrag, Auflassungs- und Belastungsvollmacht, Nießbrauch, und der Bevollmächtigte oder Vermittler nur bei einem oder einigen von diesen Rechtsvorgängen mitgewirkt hat, so kommt es darauf an, ob schon durch diejenigen Rechtsvorgänge, bei denen er mitgewirkt hat, wirtschaftliches Eigentum begründet wird. Ist dies nicht der Fall, so entfällt seine Haftung.

Übertragung von Geschäftsanteilen an Grundstücksgesellschaften (§ 1 Abs. 3) kann gleichfalls unter Mitwirkung von Bevollmächtigten oder Vermittlern erfolgen. Besteht das Vermögen der Gesellschaft nur zum Teil aus Grundstücken, so kommt die Haftung aus § 16 Abs. 2 nur für den verhältnismäßigen Teil des Mehrerlöses in Betracht.

b) Wer Bevollmächtigter oder Vermittler ist, ergibt sich aus den Vorschriften des bürgerlichen Rechts. Vollmacht ist nach § 166 Abs. 2 BGB. die durch Rechtsgeschäft erteilte Vertretungsmacht; der gesetzliche Vertreter (Vater, Vormund, Vorstand einer Aktiengesellschaft, Geschäftsführer einer G. m. b. H.) fällt nicht unter § 16 Abs. 2, ebensowenig der Konkursverwalter, Testamentsvollstrecker, Ehemann als Verwalter des Frauenguts; wohl aber auch der Inhaber einer allgemeinen Vollmacht, z. B. der Prokurist, Generalbevollmächtigte. Die Erteilung der Vollmacht kann auch formlos erfolgen, und zwar durch Erklärung gegenüber dem zu Bevollmächtigenden oder dem Dritten, dem gegenüber die Vertretung stattfinden soll (§ 167 BGB.). Sie muß aber rechtswirksam erteilt sein. Fehlt es hieran und wird das vom Bevollmächtigten abgeschlossene Geschäft erst durch nachträgliche Genehmigung des Geschäftsherrn wirksam (§ 177 BGB.), so tritt gegebenenfalls die Steuerhaftung des Bevollmächtigten ein. Zu unterscheiden ist zwischen einem wirklichen Bevollmächtigten und einem bloßen Boten, der nur fremde Willenserklärungen, also die des Eigentümers als Erklärungswerkzeug, weitergibt. Der bloße Bote haftet nicht für die Steuer nach § 16 Abs. 2.

c) Der Bevollmächtigte muß bei dem steuerpflichtigen Rechtsvorgang mitgewirkt haben. Er muß auf Grund der Vollmacht Willenserklärungen abgegeben haben, die mindestens einen Teil des steuerpflichtigen Rechtsvorganges darstellen. So genügt es, wenn er nur die Offerte abgegeben hat, während die Annahme direkt gegenüber dem Eigentümer erfolgt ist — oder umgekehrt. Die Mitwirkung muß aber bei dem steuerpflichtigen Rechtsvorgang selbst erfolgt sein, nicht nur bei Neben- oder Hilfsgeschäften. So reicht es nicht aus, wenn der Bevollmächtigte nur die Auflassung erteilt, nachdem der Kaufvertrag von den Parteien selbst abgeschlossen worden ist, oder wenn er nur bei der Hypothekenregulierung mitwirkt. Der Vertreter, der die Genehmigung des Landrats gemäß der Bek. v. 15. 3. 1918 beantragt und in dem diesbezüglichen Verfahren die Rechte des Käufers wahrnimmt, wirkt nicht an dem steuerpflichtigen Rechtsvorgang mit, sondern an einem Verfahren, das diesen zum Gegenstand hat. Bloße Mitwirkung bei den Vertragsverhandlungen reicht nicht aus, wenn der Abschluß von den Parteien selbst vollzogen wird; in solchen Fällen kann der Bevollmächtigte aber als Vermittler betrachtet werden. Ist er nur als Empfänger einer Willenserklärung der Gegenpartei wirksam geworden (§ 164 Abs. 3 BGB.), so wird auch dies ausreichen; wenn ihm der Überpreis für seine Wirksamkeit gewährt wird, dürfte wohl stets eine wirtschaftlich erhebliche Mitwirkung vorliegen.

d) Die Tätigkeit eines **Vermittlers** ist der Mitwirkung des Bevollmächtigten gleichgestellt. Vermittler ist nicht nur derjenige, der **gewerbsmäßig** den An- und Verkauf von Grundstücken vermittelt oder Kauflustige nachweist, also der Makler im Sinne des § 652 BGB. (vgl. §§ 93—104 HGB.), sondern jede Person, die eine derartige Tätigkeit auch nur gelegentlich ausübt. Vermittler können nicht nur natürliche Personen, sondern auch juristische Personen sein, Grundstücksverwaltungsgesellschaften aller Art, auch OHG. und Kommanditgesellschaften.

Die Vornahme des steuerlichen Rechtsvorgangs muß „durch die Tätigkeit des Vermittlers erfolgt" sein. Dies bedeutet, daß der Abschluß ursächlich auf die Tätigkeit des Vermittlers zurückzuführen sein muß. Hier kann auf die Kommentare zu § 652 BGB. verwiesen werden, wo die reiche Rsp. des RG. über die Erfordernisse des ursächlichen Zusammenhangs gesammelt ist. Auch für § 16 Abs. 2 genügt Nachweis der Gelegenheit zum Geschäftsschluß, sofern der Nachweis nur ursächlich für das Zustandekommen des steuerpflichtigen Rechtsvorganges gewesen ist.

e) Auch der **Untervermittler** ist steuerpflichtig, wenn ihm ein Überpreis zukommt. Sind mehrere Vermittler tätig gewesen und ist durch sie gemeinsam der steuerliche Rechtsvorgang zum Abschluß gekommen, so haften sie alle nach § 16 Abs. 2, und zwar jeder für den Steueranteil, der auf seinen Anteil am Mehrerlös entfällt. Ist eine Off.HandGes. Vermittlerin, so haften die Gesellschafter als Gesamtschuldner.

12. Voraussetzungen der Haftung.

Die Bevollmächtigten oder Vermittler erhalten den **Überpreis**. Hier entsteht zunächst die Frage, welche rechtliche Bedeutung der Überpreis haben muß. Ist er nicht Bestandteil des Veräußerungspreises für das Grundstück, so bildet er auch keinen Faktor des WZuw., denn dieser besteht nach § 6 Abs. 1 aus dem Unterschied zwischen dem Erwerbs- und dem Veräußerungspreise. Nur in den Fällen des § 6 Abs. 8 bildet die Vermittlungsgebühr einen Teil des Entgelts; dies setzt aber voraus, daß die Parteien einen Teil des Entgelts in die **Form** einer Vermittlungsgebühr gebracht haben; sachlich muß also letztere Kaufpreisteil sein, d. h. dem Veräußerer direkt oder indirekt zufließen; vgl. Anm. 10 zu § 6. In derartigen Fällen wird es aber meist daran fehlen, daß der Mehrerlös dem Bevollmächtigten oder Vermittler „zukommt", was nach den letzten Worten des § 16 Abs. 2 erforderlich ist.

Diese Haftungsvorschrift wird praktisch selten anwendbar sein. Sie setzt voraus, daß der „Mehrerlös" einen Teil des zwischen den Kaufparteien vereinbarten Preises bildet und daß er nur im **Innenverhältnis** zwischen Veräußerer und Bevollmächtigten bzw. Vermittler diesem überlassen wird. So unpraktisch pflegen die beteiligten Kreise aber nicht vorzugehen. Wenn schon der

Bevollmächtigte (Vermittler) den Überpreis erhalten soll, so wird nur der Limitpreis des Veräußerers als Kaufpreis vereinbart, und der Käufer zahlt den Überpreis direkt an den Vermittler. Darin kann allerdings eine „übernommene Leistung" i. S. des § 6 Abs. 2 liegen; aber auch in diesem Falle erhöht sie nach der Rsp. des OVG. grundsätzlich nicht den Kaufpreis, weil Maklerkosten als solche den WZuw. verringern; vgl. Anm. 5 b zu § 6. Nur insoweit sie die ortsübliche Höhe übersteigen, wird der Charakter als übernommene Leistung erheblich (in Berlin auch insoweit nicht). Letztere setzt aber immer voraus, daß der Veräußerer zur Zahlung der Vergütung an den Vermittler verpflichtet ist und daß der Käufer ihm diese Verpflichtung abnimmt; vgl. Anm. 5a zu § 6. Legt jedoch der Veräußerer nur Wert auf die Erlangung eines bestimmten Nettopreises, so wird er dem Vermittler keine Vergütung zusagen, sondern ihm anheimstellen, sich bei dem Erwerber schadlos zu halten. In diesem Falle ist aber die vom Erwerber an den Vermittler gezahlte Vergütung weder übernommene Leistung noch sonst Preisteil. Sie bildet dann also auch keinen Faktor des Wertzuwachses. Die Haftungsbestimmung ist dann gegenstandslos. Allerdings gibt es auch Fälle, in denen der Erwerber nicht erfahren soll, daß und in welcher Höhe der Vermittler einen Überpreis verdient; dann muß letzterer in dem beurkundeten Kaufpreis eingeschlossen werden. Kommt es dann zu der Haftung, so ist es belanglos, ob der Mehrerlös dem Bevollmächtigten bzw. Vermittler wirklich zugeflossen ist oder ob der Schuldner etwa zahlungsunfähig geworden ist. Die Steuerhaftung wird schon durch die Tatsache begründet, daß ihm der Überpreis überlassen, für ihn ausbedungen ist. Die Rechtslage ist insofern die gleiche wie bei dem Veräußerer.

13. Umfang der Haftung.

Der Vermittler oder Bevollmächtigte, dem der Überpreis zukommt, haftet für den auf den Mehrerlös entfallenden Teil der Steuer neben dem Veräußerer als Gesamtschuldner. Beispiel: Der Veräußerer, der das Grundstück mit 80 000 RM. erworben hat, limitiert einen Kaufpreis von 100 000 RM. Der Vermittler hat aber einen Mehrerlös von 30 000 RM. erlangt, so daß der Käufer insgesamt 130 000 RM. zahlt. Hier fragt es sich, welcher Teil auf den Mehrerlös entfällt.

Bei einem Wertzuwachs von 50 000 RM. ist 6500 RM. Steuer zu zahlen, während bei der Berechnung des dem Eigentümer verbleibenden Wertzuwachses von 20 000 RM. nur 2200 RM. zu zahlen wären. „Entfällt" nun auf den Mehrerlös der ganze Unterschied von 4300 RM. oder ist die Steuer nach dem Verhältnis von 20 000 zu 30 000 zu teilen, so daß der Vermittler nur für drei Fünftel der Steuer, also für 3900 RM., zu haften hat? Letztere Annahme dürfte dem Sinn der Vorschrift entsprechen. Liegt der Wertzuwachs nur in dem Mehrerlös, so haftet der Bevollmächtigte bzw. der Vermittler für die volle Steuer.

Wegen des Ausgleichs zwischen Veräußerer und Bevollmächtigten (Vermittler) entscheidet gemäß § 426 BGB. in erster Linie das zwischen beiden bestehende Vertragsverhältnis, das — falls nichts Ausdrückliches vereinbart ist — nach Treu und Glauben auch im Innenverhältnis zu der gleichen Verteilung führen müßte.

14. Rechtscharakter der Vermittlerhaftung.

a) Der Vermittler oder Bevollmächtigte haftet nicht wie der Erwerber nach § 16 Abs. 1 Satz 2 akzessorisch, sondern er haftet neben dem Veräußerer für den auf den Mehrerlös entfallenden Steuerbetrag als Gesamtschuldner. Die Regelung mutet zunächst insofern unbillig an, als ja der Veräußerer an dem Überpreis keinen Anteil hat, also die Haftung für die auf den

Mehrerlös entfallende Steuer wirtschaftlich ungerecht scheint. Dem ist jedoch nicht so, wenn man berücksichtigt, daß es allein in der Hand des Veräußerers liegt, ein solches Abkommen mit dem Vermittler oder dem Bevollmächtigten zu verhindern oder, wenn dieses wirtschaftlich geboten sein sollte, doch für eine entsprechende Sicherstellung der Steuer zu sorgen. Zivilrechtlich besteht wiederum die Verpflichtung des Vermittlers gegenüber dem Veräußerer, diesen von der WZuwVerbindlichkeit, soweit sie sich auf den Mehrerlös erstreckt, zu befreien.

b) Veräußerer und Vermittler haften als Gesamtschuldner (§ 421 BGB.), d. h. die Steuerbehörde kann sich für die auf den Mehrerlös entfallende Steuer nach ihrer Wahl an Vermittler oder Veräußerer halten.

Wegen des Ausgleichs vgl. Anm. 13 a. E.

§ 17.

(1) Bei Veräußerungen von unbebauten Grundstücken zum Zwecke der Bebauung mit Wohnhäusern wird die Steuer bis auf den Betrag von 2 v. H. des Veräußerungspreises zunächst gestundet und dann bis auf diesen Betrag ermäßigt, wenn innerhalb von zwei Jahren nach Eintritt der Steuerpflicht die Gebäude errichtet sind und ihre Gebrauchsabnahme erfolgt ist.

(2) Die gleiche Ermäßigung tritt ein bei der erstmaligen Veräußerung von Grundstücken, die zum Zwecke der Bebauung mit Wohnhäusern erworben sind und innerhalb von zwei Jahren nach erfolgter Bebauung weiter veräußert werden.

(3) Werden im Falle der Bebauung mit Wohnhäusern in diese gewerbliche Räume eingebaut, so tritt die Stundung und Ermäßigung nur für den Teil der Steuer ein, der dem Wertverhältnis entspricht, in dem die zu Wohnzwecken bestimmten Teile zu den gewerblich genutzten Räumen stehen; dabei ist insbesondere auf die aus den einzelnen Teilen erzielbare Jahresrohmiete abzustellen.

Wenn eine Vorschrift der vorl. Art in einer StO. fehlt, kann sie nicht als rechtsnotwendig von dem Steuerpflichtigen in Anspruch genommen werden. OVG. PrVBl. 49, 586.

1. **Unbebaute Grundstücke.** Für die Klärung des Begriffs „unbebaute Grundstücke" kann auf § 1 ZuwStG. hingewiesen werden. Danach ergibt sich, daß als unbebaut folgende Grundstücke zu gelten haben:

a) Land- und forstwirtschaftlich genutzter Boden, auf dem sich keinerlei Baulichkeiten befinden, Brachland, Baustellen.

b) Grundstücke, auf denen sich Baulichkeiten geringfügiger Art befinden, die jedoch nur zu vorübergehendem Zwecke mit dem Grund und Boden verbunden sind, so daß sie keine Bestandteile des letzteren darstellen (§ 95 BGB.).

§ 1 Abs. 2 ZuwStG. erwähnt als unbebaut anzusehende Grundstücke solche, auf denen sich Gartenhäuser, Schuppen, Lagerstätten befinden. Hierher gehören ferner Baracken aller Art, transportable Wochenendhäuser, Gartenlauben, Garagen, sofern die Errichtung nur provisorischen Charakter trägt, usw. Auf die bauliche Ausführung kommt es dabei nicht an. Die Baulichkeiten können daher auch massiv sein, wenn nur die Zwecke, zu denen sie errichtet sind, nicht als dauernde, sondern als vorübergehende zu betrachten sind. Abrißgrundstücke sind nicht unbebaut; in der neuen Berliner StO. sind sie aber den unbebauten gleichgestellt.

c) Der Grundstücksbegriff ist hier derselbe wie in § 1; vgl. Anm. 2 zu § 1. Er ist nicht ohne weiteres identisch mit der wirtschaftlichen Einheit. Jedenfalls kann es nicht darauf ankommen, ob die Parzellen in der Hand des Veräußerers eine wirtschaftliche Einheit gebildet haben; maßgebend ist vielmehr die Zweckbestimmung bei der Veräußerung. Wenn z. B. mehrere Parzellen, die wirtschaftlich eine Einheit bilden, im Grundbuch jedoch auf verschiedenen Blättern eingetragen sind, getrennt veräußert werden, so kommt es für die Anwendung des Steuerprivilegs des § 17 darauf an, ob für jede einzelne Parzelle die Voraussetzungen der Steuererleichterung gegeben sind. So kann z. B. ein aus mehreren Parzellen bestehendes Landgut mit Baulichkeiten veräußert werden, wobei gewisse Teilflächen ausdrücklich zum Zweck der Bebauung mit Wohnhäusern, das Restgut mit den Baulichkeiten zum Betriebe der Landwirtschaft verkauft wird.

2. Die Veräußerung unbebauter Grundstücke.

a) Veräußerung ist der in § 1 Abs. 1 erwähnte steuerpflichtige Rechtsvorgang. Er muß in § 17 genau so weit gefaßt werden wie in § 1, da der Zweck des § 17 darin besteht, die Bautätigkeit steuerlich zu begünstigen und dadurch zu fördern. Es kommt daher in § 17 nur auf den Zweck, nicht auf die Rechtsform der Veräußerung an. In erster Linie besteht sie natürlich in dem Abschluß eines Veräußerungsgeschäftes im Sinne des § 2a oder in dem Eigentumsübergang gemäß § 2b. Es ist daher unter Veräußerung grundsätzlich das obligatorische Verpflichtungsgeschäft, das auf die Übertragung des Eigentums gerichtet ist, zu verstehen.

b) Auch bei Übertragung aller Geschäftsanteile einer Grundstücksgesellschaft (§ 1 Abs. 3) muß § 17 Anwendung finden, da sie dem Übergang des Grundstücks steuerrechtlich gleichsteht; a. M. Asch-Oppenheimer S. 119.

c) Die Zwischengeschäfte gemäß § 2 lit. a in Verbindung mit § 5 Abs. 4 GrdErwStG. sind ebenfalls „Veräußerungen" im steuerrechtlichen Sinne und genießen daher nicht nur die steuerrechtlichen Lasten, sondern auch die Privilegien.

d) Wirtschaftliche Übereignung gemäß § 3 wird bei Veräußerungen zwecks Bebauung selten vorkommen, gehört aber grundsätzlich auch hierher.

3. Bebauungszweck.

a) Voraussetzung für die Stundung bzw. Ermäßigung der Steuer ist die Veräußerung von unbebauten Grundstücken zum Zwecke der Bebauung mit Wohnhäusern. Der Bebauungszweck muß im Zeitpunkt des Vertragsschlusses bei beiden Parteien feststehen und gesichert sein; einseitige Absicht genügt nicht. Aus der Urkunde braucht er nicht hervorgehen, wenn er sonst zweifelsfrei feststeht. Der Bebauungszweck darf nicht nur anläßlich der Veräußerung ins Auge gefaßt werden, sondern er muß mit der Veräußerung des unbebauten Grundstücks in engster Verbindung stehen. Deshalb kann auch nachträglich Stundung und Steuerermäßigung nicht beansprucht werden, sofern das Grundstück zwangsweise veräußert wird, z. B. durch Zwangsversteigerung oder Enteignung, da in diesen Fällen die Veräußerung nicht zu einem beiderseits anerkannten Zweck erfolgt. Das ergibt sich auch daraus, daß steuerpflichtig der Veräußerer ist und daß daher die Bebauungsabsicht beim Veräußerer vorhanden sein, andererseits aber auch vom Erwerber geteilt werden muß, damit der Zweck objektiv gesichert ist.

b) Der Bebauungszweck muß nicht nur im Zeitpunkt des Vertragsschlusses bestehen, sondern er muß auch innerhalb der vorgeschriebenen Frist von zwei Jahren verwirklicht werden; vgl. hierüber Anm. 5, 6.

c) Wird nur teilweise Bebauung beabsichtigt, so kommt die Stundung und endgültige Steuerermäßigung nur anteilig in Frage. § 25 Abs. 4 Berl.

StO. setzt ein bestimmtes Größenverhältnis zwischen der bebauten Fläche und dem Nebenland (Hof, Garten u. dgl.) fest; dies fehlt in der MStO.. Hier liegt die Grenze in dem Begriff der „Bebauung". Von einer solchen kann nicht mehr die Rede sein, wenn auf einer Fläche von 20 Morgen ein kleines Einfamilienhaus errichtet wird. Es kommt dabei auch auf die Verwendung des Nebenlandes an; wird ein großes Grundstück zur Erbauung eines Schlosses oder einer Villa und Anlage eines großen Parks veräußert, so kann darin eine Veräußerung zum Zweck der Bebauung liegen. Anders wenn das Nebenland in keinem Verhältnis zu dem Wohnhaus steht, wenn es dessen wirtschaftlicher Benutzung nicht als Nebenland dient. Beispiel: A verkauft an B 20000 qm Bauland zum Zwecke der Bebauung mit Wohnhäusern. Es werden darauf fünf Wohnhäuser errichtet, deren jedes mit dem dazugehörigen Garten 3000 qm bedeckt. Die Steuer wird nur in Höhe von drei Vierteln des Veräußerungspreises gestundet bzw. ermäßigt.

d) Mehrmaliger Verkauf vor Bebauung steht der Steuerermäßigung nicht entgegen. Beispiel: A verkauft ein unbebautes Grundstück am 1. 10. 29 an B zum Zwecke der Bebauung. B baut nicht, sondern veräußert weiter an C. Dieser baut und stellt die Wohnhäuser bis 15. 9. 1931 fertig. A kann Steuerermäßigung beanspruchen, da es nicht darauf ankommt, ob der den Bau ausführende Erwerber unmittelbar von dem Veräußerer oder von einem Zwischeneigentümer erworben hat. Auch ein etwa bei B entstehender Wertzuwachs wird von dem Privileg umfaßt, sofern die Veräußerung zum Zwecke der Bebauung erfolgt ist. Aus der StO. geht nicht hervor, daß die Ermäßigung bzw. Befreiung für dasselbe Grundstück nur einmal gewährt werden kann; anders § 25 der neuen Berliner StO.

4. Nur Wohnhäuser sind privilegiert.

a) Unter Wohnhäusern wird man solche Gebäude zu verstehen haben, die ihrer baulichen Gestaltung und Bestimmung nach **überwiegend zur Befriedigung des** menschlichen Wohnbedürfnisses dienen. Der Charakter als Wohnhaus wird noch nicht dadurch verloren, daß z. B. in ortsüblichem Umfang Läden im Erdgeschoß eingebaut werden. Entscheidend ist das Überwiegen des Wohnzweckes;. so auch OVG. PrVBl. 49, 577. In der neuesten Fassung der MStO. ist dies durch Einfügung des Abs. 3 anerkannt worden; vgl. Anm. 9. Die Abgrenzung hat nach wirtschaftlichen, nicht etwa nach räumlichen Gesichtspunkten zu erfolgen. Es entscheidet nicht die Quadratmeterzahl der zu Wohnzwecken bebauten Fläche gegenüber der Quadratmeterzahl kommerziell oder industriell genutzter Fläche, sondern entscheidend ist der wirtschaftliche Gesamtcharakter. Gebäude, die im Erdgeschoß und vielleicht auch im 1. Stock Garagen enthalten, in den übrigen Stockwerken aber zu Wohnzwecken benutzt werden, sind Wohnhäuser im Sinne des Gesetzes.

b) Auch solche Gebäude sind Wohnhäuser, die nicht zu dauerndem Wohnen bestimmter Familien dienen, sondern deren Bewohnerkreis wechselt, wenn nur der Wohnzweck überwiegt. So sind Wohnhäuser z. B. auch Waisenhäuser, Altersheime, Pensionshäuser, Boardinghäuser, Schulinternate, Sanatorien. Dagegen nicht: Laboratorien, Nachtasyle, Kinderbewahranstalten, Wärmehallen, Vereinshäuser, Klubgebäude, Hotels.

c) Auf die Bauart kommt es nicht an. Die Wohnhäuser brauchen nicht aus bestimmtem Material (Steinen, Beton usw.) hergestellt zu sein. Auch Holzhäuser in dauerhafter Konstruktion fallen hierunter, sofern die Errichtung derart geschieht, daß man überhaupt von einer Bebauung sprechen kann.

Wochenendhäuser sind Wohnhäuser, da sie menschlichen Behausungszwecken dienen (anders § 25 Abs. 3 Berl. StO.), wenn sie in massiver Form nicht etwa transportabel, errichtet werden. Wenn auch die Benutzung keine ununterbrochene ist, so genügt doch die Eignung zu dauernder Bewohnung. Der gesundheitsfördernde Zweck der Wochenendhäuser und ihr Nutzen für die Volksgesundheit rechtfertigt die Gewährung der Steuerbegünstigung.

d) Wird das Gelände teilweise mit Wohn-, zum andern Teil mit gewerblichen Häusern bebaut, so muß eine entsprechende Preisteilung vorgenommen werden: OVG. PrVBl. 49, 577.

5. Stundung und Ermäßigung der Steuer.

a) Ergibt sich der Bebauungszweck aus dem Veräußerungsvertrag, so erfolgt nicht wie in den übrigen Fällen, die Festsetzung der Steuer nach Maßgabe des § 6, sondern es wird vorerst nur ein Steuerbetrag von 2 Prozent des Veräußerungspreises erhoben, der überschuß der Steuer jedoch gestundet.

Beispiel: A verkauft am 1. 10. 1929 ein Grundstück an B zum Zwecke der Bebauung mit Wohnhäusern für 50 000 RM., das er selbst vor 2 Jahren für 20 000 RM. erworben hatte. Unterstellen wir, daß er Aufwendungen für das Grundstück nicht gemacht hat, so ergibt sich folgende Berechnung:

Veräußerungspreis (§ 6)	50 000 RM.
davon ab 3 Proz. Vermittlungsgebühr sowie sonstige übertragungskosten (§ 10)	2 000 RM.
Sonach Gesamtveräußerungspreis	48 000 RM.
Erwerbspreis (§ 6)	20 000 RM.
Erwerbskosten (§ 8 Ziff. 1) 6 Proz. von seinem Erwerbspreis	1 200 RM.
Gesamterwerbspreis	21 200 RM.
Wertzuwachs	26 800 RM.

rund 126 Proz., so daß eine Steuer von 16 Proz. von 26800 RM. = 5288 RM. zu erheben wäre. Davon sind zunächst 2 Proz. des Veräußerungspreises = 960 RM. zu zahlen. Der Restbetrag von 4328 RM. wird gestundet und für den Fall, daß die Voraussetzungen des § 17 vorliegen, erlassen.

Zu dem Beispiel ist noch zu bemerken, daß der Veräußerungspreis im Sinne des § 17 nach Maßgabe der §§ 6, 10 MStO. berechnet wird und daß nicht etwa die Steuer von 2 Proz. nach dem rohen Verkaufspreis berechnet werden darf. (Vgl. die abweichende Regelung im Falle der § 16 Abs. 1 S. 2 und oben § 16 Anm. 6.

b) Der Steuerpflichtige hat einen Rechtsanspruch auf die Ermäßigung. Der Wortlaut der Steuerordnung „wird gestundet" deutet auf eine Mußvorschrift hin, es hätte ebensogut gesagt werden können: „ist zu stunden"; vgl. OVG. PrVBl. 49, 446.

c) Nach dem Wortlaut des § 17 Abs. 1 könnte angenommen werden, daß die endgültige Steuerermäßigung abhängig davon ist, daß vorher Stundung nachgesucht und bewilligt wurde. Diese Auslegung ist jedoch abzulehnen. Die Stundung ist eine besondere Vergünstigung neben der erst später angängigen endgültigen Ermäßigung. Macht der Steuerpflichtige von jener keinen Gebrauch, sondern zahlt zunächst die volle Steuer, so kann er trotzdem später noch Ermäßigung und Rückzahlung des zuviel Gezahlten verlangen. Daß dieser Fall in § 18 nicht erwähnt ist, steht nicht entgegen, da eben schon § 17 die Rückerstattung begründet.

d) Verfahren. Da der den Betrag von 2 v. H. übersteigende Teil der Steuer gestundet wird, so muß er auch von vornherein festgestellt werden. Daher ist die ganze Steuer wie in anderen Fällen zu veranlagen. Rechtsmittel wegen Grund und Höhe der Steuer müssen also fristgemäß eingelegt werden, damit die veranlagte Steuer nicht rechtskräftig und, falls die Bebauungsfrist nicht gewahrt, beigetrieben wird.

Von einer Sicherheitsleistung ist die Stundung nicht abhängig; anders in vielen StO., z. B. in § 25 der Berl. StO.

6. Errichtung der Gebäude innerhalb von zwei Jahren.

a) Die Gebäude müssen innerhalb von zwei Jahren nach Eintritt der Steuerpflicht errichtet sein. Über den Eintritt der Steuerpflicht vgl. §§ 2, 3, 4 MStO.

b) Wer die Gebäude errichtet, ist gleichgültig. Sie können von dem Erwerber selbst oder für seine Rechnung, und zwar in Pauschalvertrag mit einem Unternehmer oder durch Vergebung der einzelnen Arbeiten gebaut sein. Es muß aber auch genügen, wenn ein Pächter des Erwerbers das Wohnhaus für eigene Rechnung errichten läßt, ebenso ein Rechtsnachfolger des Erwerbers; vgl. zu d. Ebenso genügt es, wenn auf dem unbebauten Grundstück ein Erbbaurecht bestellt wird und der Erbbauberechtigte den Bau ausführt; vgl. § 1 Abs. 2.

c) „Innerhalb" von 2 Jahren nach Eintritt der Steuerpflicht müssen die Gebäude errichtet sein, d. h. bis spätestens 2 Jahre nach dem steuerpflichtigen Rechtsvorgang. Es handelt sich bei der Frist von 2 Jahren um eine Ausschlußfrist, die sich nicht durch eintretende Schwierigkeiten, wie Frost, Streik, verlängert. Vielmehr ist nach Ablauf der Frist der Anspruch auf Steuerermäßigung ausgeschlossen. Natürlich aber kann diese im Billigkeitswege gemäß § 24 gewährt werden, wenn die Fertigstellung aus Gründen höherer Gewalt, insbesondere auch bei Verhinderung der Abnahmebehörde an rechtzeitiger Abnahme, unvorhergesehenen Finanzierungsschwierigkeiten bei Behörden, die öffentliche Baugelder bewilligen (Wohnungsfürsorge), verzögert worden ist. Aber auch bei Gründen, die in der Person des Erwerbers liegen, wie Tod oder plötzlicher finanzieller Zusammenbruch, wird es oft ein Gebot der Billigkeit sein, dem Veräußerer die Steuerermäßigung zu gewähren, wenn er das Mögliche zur Sicherstellung der Bebauung getan hatte.

d) Wird das Grundstück während der Errichtung des Baues veräußert, so kommt dem ersten Veräußerer die Steuervergünnstigung zugute, wenn fristgemäße Fertigstellung erfolgt. Auch der Erwerber genießt, wenn er innerhalb der Frist das Grundstück weiterveräußert, die Steuerermäßigung, sofern bis zum Ablauf der Frist das Wohngebäude errichtet wird; vgl. Anm. 3 d. Veräußert er das Grundstück nach Fertigstellung des Baues, so gilt die Steuerermäßigung gemäß Abs. 2; vgl. Anm. 8.

e) Sind zwei Jahre seit dem ersten Steuerfall verstrichen, ohne daß die Gebäude errichtet worden sind, und veräußert dann der Erwerber das unbebaute Grundstück weiter, so kann zwar der erste Erwerber keine Steuervergünstigung verlangen, da die Voraussetzungen des § 17 Abs. 1 nicht vorliegen, dagegen sind diese nunmehr für den Erwerber, der jetzt zum Veräußerer wird, selbständig und von neuem zu prüfen. Beispiel: A veräußert ein unbebautes Grundstück am 5. 7. 29 zum Zwecke der Bebauung an B. Es wird ihm zunächst die Steuer bis auf 2% gestundet. Die Gebäude werden nicht errichtet. Darauf veräußert B. am 2. 8. 31 das unbebaute Grundstück zu dem gleichen Zweck an C. Dann muß A den vollen Wertzuwachs versteuern, B dagegen kann Stundung und später endgültigen Erlaß der Steuer beanspruchen, wenn die Gebäude bis 2. 8. 33 errichtet und abgenommen werden.

7. Gebrauchsabnahme muß erfolgt sein.

a) Unter Gebrauchsabnahme ist die baupolizeiliche Abnahme zu verstehen, von der die Zulässigkeit der Ingebrauchnahme abhängt; vgl. BauO. für Berlin vom 3. 11. 25, § 4 Abs. 2d; BaupolVO. f. d. platte Land (Reg.-Potsdam) § 6; OVG. 23, 321; PrVBl. 14, 281. Nur auf die behördliche Abnahme kommt es an, nicht auf die tatsächliche und rechtliche Abnahme des Bauherrn gegenüber dem Bauunternehmer (§ 640 BGB.) oder das Beziehen durch den Wohnberechtigten; vgl. OVG. PrVBl. 48, 270; 49, 446.

b) Ist eine behördliche Gebrauchsabnahme, wie bei kleineren Bauten, die trotzdem Wohnhäuser im Sinne des § 17 Abs. 1 sein können, nicht vorgeschrieben, so entscheidet nicht die Inbesitznahme durch die Wohnberechtigten, sondern die gebrauchsfertige (schlüsselfertige) Herstellung des Gebäudes.

c) Entscheidet über die Gebrauchsabnahme der Landrat als Baupolizeibehörde, so ist die StO. doch dann nicht ungültig, wenn der Landrat auch als Vorsitzender des Kreisausschusses für die Veranlagung der WZuwSt. zuständig ist; vgl. OVG. PrVBl. 50, 103.

8. **Weiterveräußerung nach Bebauung** (Abs. 2).

a) Nur die erstmalige Weiterveräußerung ursprünglich unbebauter Grundstücke, die zum Zwecke der Bebauung erworben worden sind, unterliegt der gleichen Steuerermäßigung wie die Veräußerung unbebauter Grundstücke. Wer also ein Grundstück als Baustelle zum Zweck des Weiterverkaufs oder als Gartenland erworben hat und sich später entschließt, ein Wohnhaus darauf zu errichten, genießt bei Veräußerung nach erfolgter Bebauung keine Steuerermäßigung. Privilegiert wird nur der planmäßige Erwerb zum Zweck der Bebauung und Weiterveräußerung, also das gewerbliche Bauunternehmertum.

Ob die Voraussetzungen des § 17 Abs. 1 erfüllt sind, ob also beim Erwerb des unbebauten Grundstücks die vom Veräußerer zu entrichtende WZuwSt. gestundet und auf Grund fristgerechter Bebauung ermäßigt ist bzw. wird, ist belanglos. Es kann sein, daß der Verkäufer der Baustelle keine Steuerermäßigung gem. Abs. 1 erlangt, weil die Frist von 2 Jahren zur Bebauung nicht eingehalten ist; demnach kann der Erwerber die Steuerermäßigung nach Abs. 2 in Anspruch nehmen.

b) Die erstmalige Veräußerung ist diejenige, die als erste nach erfolgter Bebauung erfolgt. Die Vergünstigung kommt insbesondere Bauunternehmern zugute, die unbebaute Grundstücke erwerben, diese mit Wohnhäusern bebauen und innerhalb 2 Jahren nach der Bebauung weiterveräußern.

c) Die Bebauung muß eine dem Grundstück entsprechende sein, nicht nur eine geringfügige; vgl. Anm. 3c. Ist die Bebauung nur zum Teil durchgeführt worden, so tritt auch die Steuerermäßigung dementsprechend, d. h. nur insoweit Bebauung erfolgt ist, ein. Die Bebauung muß eine solche mit Wohnhäusern sein: vgl. Anm. 4. Wer die Bebauung vornimmt und auf wessen Rechnung, ist gleichgültig.

d) Die Weiterveräußerung muß innerhalb von 2 Jahren nach erfolgter Bebauung erfolgen, d. h. der die Weiterveräußerung enthaltende Vertrag (§ 2 lit. a) bzw. der Eigentumswechsel in den Fällen des § 2 lit. b muß spätestens 2 Jahre nach erfolgter Bebauung perfekt sein. Auch diese Frist ist eine Ausschlußfrist; vgl. Anm. 6c.

e) Im Abs. 2 ist nur von erfolgter Bebauung, dagegen nicht von Gebrauchsabnahme die Rede. Die Bedeutung ist jedoch die gleiche; auch hier kommt es auf die Gebrauchsabnahme an; vgl. OVG. PrVBl. 49, 446 und oben Anm. 7a.

f) Liegen Steuerbefreiungsgründe des § 5 vor, so kommt auch die ermäßigte Steuer von 2% des Veräußerungspreises in Fortfall. § 17 ist nicht etwa gegenüber § 5 lex specialis, sondern § 5 ist die weitergehende Vorschrift. Die Steuerermäßigung setzt natürlich voraus, daß an sich eine Steuer überhaupt zu erheben ist.

9. **Einbau gewerblicher Räume in Wohnhäuser.** Während die MStO. in ihrer ursprünglichen Fassung nur die Bebauung mit Wohnhäusern begünstigte, ist Stundung und Ermäßigung bei Errichtung gemischter Gebäude durch Runderlaß des Ministers des Innern und des Finanzministers vom 30. 3. 1929 (MBliV. 1929 S. 239) in Gestalt des § 17 Abs. 3 eingeführt worden.

Wegen des Begriffs „Bebauung mit Wohnhäusern" vgl. Anm. 3, 4. Es muß sich um den Einbau gewerblicher Räume in Wohnhäuser, nicht um die Errichtung von Häusern, die in der Hauptsache oder gar ausschließlich gewerbliche Räume enthalten, handeln. „Gewerbliche Räume" vgl. § 25 Berl. StO. Anm. 3.

Die Bestimmung ist weniger weitgehend als § 25 Abs. 3 Berl. StO. insofern, als im § 25 Abs. 3 gewerbliche Gebäude massiven Wohnhäusern vollkommen gleichstehen, hier aber eine Relation der gewerblichen Räume zu dem eigentlichen Wohnraum geschaffen ist und die Steuerermäßigung auf denjenigen Teil beschränkt wird, der auf die Wohnräume entfällt. Zur Ermittlung dieser Relation können alle wirtschaftlich wesentlichen Umstände, auch die Quadratmeterzahl der beiden Raumgattungen herangezogen werden; vor allem aber ist auf die aus den einzelnen Teilen erzielbare Jahresrohmiete abzustellen. Danach kommt es nicht auf die wirklich gezahlten Mieten, sondern auf die Miete an, die unter Abzug aller Nebenabgaben und Umlagen nach der Marktlage erzielt werden kann. Der Mietsertrag allein, der häufig das wirkliche Verhältnis zwischen den beiden Raumgattungen nicht zum Ausdruck bringt, vor allem wenn die gewerblichen Räume zu Spezialzwecken ausgebaut sind und deshalb besonders hohe Mieten erbringen, ist aber nicht maßgebend, wie sich aus dem Wortlaut („insbesondere") ergibt.

Beispiel: In ein neuerrichtetes Wohnhaus, das 1800 qm Wohnraum enthält, werden drei Läden mit zusammen 300 qm eingebaut. Erbringen die Läden eine Jahresrohmiete von 4000 Mk. gegenüber 24000 Mk. für die Wohnungen, so würde sich Wohnraum zu den gewerblichen Räumen wie 1 : 6 verhalten, d. h. in Höhe von $^1/_7$ des Steuerbetrages würde Stundung und Ermäßigung nicht in Frage kommen. Ist die Ladenmiete aber aus Sondergründen 12000 Mk. gegenüber 24 000 Mk. Wohnungsmiete, das Verhältnis also zahlenmäßig 1:2, so wird man doch für die Steuerermäßigung auch den flächenmäßigen Unterschied hinsichtlich der zu Wohnzwecken benutzten Räume berücksichtigen müssen und nicht etwa für $^1/_3$ des Steuerbetrages die Ermäßigung ablehnen. Praktisch wird sich diese Relation meist zuungunsten des Steuerpflichtigen dadurch verschieben, daß der gewerbliche Raum eine verhältnismäßig höhere Jahresrohmiete hat als die Wohnräume, so daß dadurch der zu stundende bzw. zu ermäßigende Betrag ungünstig beeinflußt wird. Eine Korrektur dieses Ergebnisses etwa dadurch vorzunehmen, daß die Miete für den gewerblichen Raum zunächst künstlich gedrückt wird, ist deshalb unmöglich, weil auf die erzielbare Miete abgestellt ist, also ein objektiver, die Gesamtumstände (Lage, Beschaffenheit, Ausstattung usw.) berücksichtigender Maßstab angelegt werden muß.

§ 18.

(1) Die Steuer wird auf Antrag erlassen, erstattet oder ermäßigt:

1. bei Nichtigkeit des Rechtsgeschäftes oder des den Eigentumserwerb begründenden Rechtsvorganges,
2. bei Aufhebung des Rechtsgeschäftes durch Parteivereinbarung oder infolge Ausübung eines vorbehaltenen Rücktrittsrechts,
3. bei Rückgängigmachung infolge Nichterfüllung der Vertragsbedingungen,
4. bei Preisminderung nach §§ 459 und 460 des BGB., soweit sie eine Ermäßigung der Steuer zur Folge hat,
5. bei Wahl eines geringeren als des höchstmöglichen Betrages der Gegenleistung (§ 6 Abs. 4), soweit sich danach die Steuer als zu hoch festgesetzt ergibt.

(2) Der Antrag muß innerhalb eines Jahres nach Eintritt des Ereignisses gestellt werden, auf welches der Erstattungsanspruch sich gründet.

(3) Wird die Steuer erlassen, so gilt die Veräußerung und der Rückerwerb im Sinne dieser Ordnung als nicht erfolgt.

1. **Entstehungsgeschichte und Allgemeines.** Die Bestimmung findet ihre Grundlage in § 34 RZuwStG. und §§ 30, 31 ABZuwStG. Sie entspricht dem § 23 b GrdErwStG. und unterscheidet sich von diesem sowie von den §§ 34 ZuwStG., 30 ABZuwStG. dadurch, daß hier nicht nur Erlaß und Erstattung, sondern auch richtigerweise eine Ermäßigung vorgesehen ist. Zur Ergänzung ist der Erlaß aus Billigkeitsgründen des § 24 MStO. heranzuziehen.

2. **Erlaß, Erstattung oder Ermäßigung.**

a) Der Unterschied ergibt sich aus dem Wortlaut. Erlassen wird die noch nicht entrichtete Steuer, erstattet die bereits freiwillig gezahlte oder beigetriebene, ermäßigt kann sowohl die bereits gezahlte als auch die noch nicht gezahlte Steuer werden. Die Rechtswirkung ist in allen drei Fällen die gleiche. Sie unterscheiden sich von der Steuerfreiheit des § 5, die durch die Worte „die Zuwachssteuer wird nicht erhoben" gekennzeichnet wird, dadurch, daß die Befreiung des Steuerpflichtigen in dem Falle des § 18 nur auf Antrag nach Prüfung der Rechtslage, auf Grund eines besonderen Entschlusses der Steuerbehörde eintritt, während sie in den Fällen der §§ 5, 15 Abs. 5 kraft Gesetzes gegeben ist. In den Fällen des § 18 liegt also an sich der Steuerfall vor, so daß insbesondere auch die Anzeigepflicht des § 19 gegeben ist. Wird der Antrag auf Erlaß nicht fristgemäß gestellt, so bleibt es bei der Steuerpflicht. Auch nach rechtskräftiger Veranlagung kann Ermäßigung bzw. Erlaß erfolgen.

b) Die Veranlagung gem. § 21 muß vorgenommen werden, solange ein Antrag auf Erlaß der Steuer nicht vorliegt, ohne Rücksicht darauf, ob die Steuerbehörde von einem den Erlaß rechtfertigenden Ereignis im Sinne des § 18 Kenntnis hatte oder nicht. Ist ein Erlaßantrag gestellt, so wird an Stelle des Festsetzungsbescheides nach § 21 MStO. ein Freistellungsbescheid des Inhalts zu erfolgen haben, daß die Steuer erlassen wird. Gegebenenfalls kann der Erlaß, sofern die Steuerbehörde ihn verweigert, im Rechtsmittelverfahren (§ 22 MStO.) erzwungen werden; OVG. 68, 17, bes. 22. Im Gegensatz zu dem Erlaß bereits veranlagter Steuern aus Billigkeitsgründen (§ 24) hat der Steuerpflichtige hier einen Erstattungsanspruch. (Vgl. § 18 Abs. 2; OVG. 72, 76, ferner OVG. 68, 17 = Amtl. Mitt. 1914, 231; vgl. auch Strutz JW. 1915, 1410).

c) Ergibt sich später, daß die Steuerbehörde das Vorhandensein eines Ereignisses, auf welches der Erstattungsanspruch sich gründet, auf Grund einer Täuschung durch die Beteiligten zu Unrecht angenommen hatte, so kann der Erlaß nach allgemeinen Rechtsgrundsätzen angefochten werden; vgl. Hue de Grais, Hdb. d. Verf. u. Verw. S. 8, 9. Es fehlt dann an den Voraussetzungen des § 18, und es hat Veranlagung nach § 21 zu erfolgen, unbeschadet des Eintretens der Strafbestimmungen des § 23. Hat sich jedoch die Steuerbehörde in tatsächlicher oder rechtlicher Hinsicht geirrt, ohne zu dem Irrtum durch unlautere Machenschaften eines der Beteiligten bewogen worden zu sein, so wäre nach Hue de Grais a. a. O. gleichfalls der Widerruf zulässig; dieser allgemeine Verwaltungsgrundsatz dürfte aber bei der besonderen erschöpfenden Regelung der StO. nicht anwendbar sein; vgl. besonders auch die Rechtsfolge des Abs. 3. Einer Nachforderung gemäß § 87 KAG. steht der ausdrücklich erfolgte Erlaß entgegen.

3. **Den Gegenstand des Erlasses** bildet die Steuer, die sich aus §§ 1—4 MStO. ergibt. Es war also nicht, wie im § 23a GrdErwStG. die durchgehende Trennung zwischen der Steuerpflicht des Eigentumsüberganges und der des Verpflichtungsgeschäfts erforderlich; vielmehr beziehen sich alle Erstattungsgründe auf sämtliche steuerpflichtigen Rechtsvorgänge, also grundsätzlich

a) auf das die Steuerpflicht begründende Verpflichtungsgeschäft, sofern ein Fall des § 2a vorliegt. Im Falle des § 2b bei dem es eines Veräußerungsgeschäfts nicht bedarf und die Steuerpflicht an die kraft Gesetzes erfolgende Eigentumsübertragung gebunden ist, ist der Erlaß der Steuer von der Nichtigkeit usw. dieses Rechtsvorganges abhängig.

b) Die Steuer aus § 3 steht derjenigen aus § 1 nicht gleich, sondern beruht auf einem selbständigen Steuertatbestand. Man wird aber § 18 RStO. (in übereinstimmung mit RFH. 9, 278 für § 6 GrdErwStG.) auch in dem Falle des § 3 für anwendbar halten müssen, wenn das wirtschaftliche Eigentum zurückübertragen wird, nicht dagegen, wenn der frühere juristische Eigentümer nur wirtschaftliches Eigentum zurückerlangt oder wenn der wirtschaftliche Eigentümer ohne oder gegen den Willen des juristischen Eigentümers auf seine Rechtsstellung verzichtet; vgl. Anm. 3c zu § 6 GrdErwStG.

c) Auch in dem Fall des § 4 kommt der Erlaß nach § 18 in Frage, weil § 4 keinen besonderen Steuerfall, sondern nur eine negative Vorschrift enthält.

d) Beim Tausch von Grundstücken (§ 11) ist insoweit Erlaß zu gewähren, als die Voraussetzungen des § 18 für einen oder beide Teile zutreffen. Die Prüfung hat für jeden Vertragsteil selbständig zu erfolgen.

e) Im Gegensatz zu § 132 AO. besteht eine Verpflichtung der Steuerbehörde, im Falle der Erstattung Zinsen zu vergüten, nicht. Die Vorschriften des bürgerlichen Rechts über die Zinserstattungspflicht kommen hier nicht zur Anwendung. Entscheidend ist auch hier das KAG. und die in diesem gegebenen Rechtsmittel. Es könnte nur eine Erstattung von Zinsen auf Grund des § 23 aus Billigkeitsgründen in Frage kommen.

4. **Der Antrag als Voraussetzung für Erlaß, Erstattung oder Ermäßigung.**

a) Er ist bei der Steuerbehörde, in Berlin beim Bezirksamt, im übrigen Preußen beim Magistrat bzw. Kreisausschuß anzubringen und unterliegt keiner Form. Antragsberechtigt ist jeder Steuerpflichtige selbständig, also nach § 16 sowohl der Veräußerer wie der herangezogene Erwerber. Voraussetzung ist jedoch, daß der Antragsteller die Steuerschuld als seine eigene bezahlt hat ohne Rücksicht darauf, ob er veranlagt war oder nicht.

b) Stehen mehrere auf einer Vertragsseite, so ist jeder einzelne mit Wirkung zugunsten aller Berechtigten antragsberechtigt, nicht jedoch zu ihren Ungunsten nach dem Grundsatz des § 425 BGB., wonach das rechtskräftige Urteil, also auch der rechtskräftige Steuerbescheid, die übrigen Gesamtschuldner nicht bindet.

c) Der Antrag muß bei Vermeidung des Rechtsverlustes fristgemäß gestellt werden; vgl. Anm. 5. Er ist auch im Rechtsmittelverfahren noch zulässig und kann in dem Rechtsmittelantrag ausdrücklich gestellt, aber auch als stillschweigend gestellt erblickt werden. Macht z. B. der Steuerpflichtige im Veranlagungsverfahren einwandsweise geltend, daß der Rechtsvorgang nichtig oder aufgehoben sei, so muß darin die Wahrung der Antragspflicht erblickt werden.

d) Wird dem Antrag stattgegeben, so ist dem Steuerpflichtigen, ebenso wie über die Veranlagung, auch über den Erlaß oder die Erstattung ein Freistellungsbescheid zu erteilen (§ 21). Wird der Erlaßantrag abgelehnt, so muß ebenfalls ein Bescheid erteilt werden. Wegen der Anfechtung dieses Bescheides vgl. § 22 Anm. 1.

5. **Die Antragsfrist.** Der Antrag muß innerhalb eines Jahres nach Eintritt des den Erlaß, die Erstattung oder Ermäßigung der Steuer begründenden Ereignisses gestellt werden. Die Antragsfrist beginnt nicht, wie im § 23 GrdErwStG., mit der Entrichtung oder Beitreibung der Steuer. Maßgebend ist vielmehr der Eintritt des Ereignisses, welches den Erstattungsanspruch rechtfertigt, ohne daß es auf die Kenntnis des Steuerpflichtigen ankäme. Darin liegt eine große Härte, besonders in den Fällen der Nichtigkeit, die sich oft erst sehr spät herausstellt. Es fragt sich,

ob hier nicht das gerichtliche Urteil, das die Nichtigkeit feststellt oder mindestens die Geltendmachung der Nichtigkeit, als das „Ereignis“ zu betrachten ist, das den Erstattungsanspruch begründet. Bei Nichtigkeit infolge Anfechtung ist es sicher die Anfechtungserklärung. Vgl. auch Anm. 4c sowie unten Anm. 8 und OVG. 72, 72, 76. Für die Fristberechnung gelten §§ 186 ff. BGB.

Die Steuererstattung usw. wird selbst dann nicht von Amts wegen vorgenommen, wenn die Steuerbehörde von dem betreffenden Ereignis Kenntnis erlangt. Es ist vielmehr stets der Antrag des Steuerpflichtigen oder dessen erforderlich, der die Steuer gezahlt hat, bzw. dessen, dem die rückvergütete Steuer zugute kommt, z. B. der Erbe des Steuerpflichtigen.

6. Ziff. 1: Die Nichtigkeit des Rechtsgeschäftes.

a) Die Nichtigkeit des steuerpflichtigen Vorganges hat schon kraft Gesetzes die Wirkung, daß eine Steuerpflicht nicht zur Entstehung kommt.

Die besondere Bedeutung des § 18 Ziff. 1 in solchen Fällen besteht darin, daß die Nichtigkeit auch nach rechtskräftiger Veranlagung noch geltend gemacht werden kann, solange die Antragsfrist nicht verstrichen ist. Wenn der äußere Tatbestand eines verpflichtenden Veräußerungsgeschäfts im Sinne des § 2a oder eines die Rechtsänderung bewirkenden Rechtsvorganges im Sinne des § 2b vorliegt, so wird die Steuerbehörde die Veranlagung vornehmen. Macht nun der Steuerpflichtige im Veranlagungs- oder Rechtsmittelverfahren die Nichtigkeit des Geschäfts geltend, so ist hierin ein Erlaßantrag gemäß § 18 zu erblicken (vgl. § 23 GrdErwStG. RFH. 7, 207, 270 und GrdErwStG. § 23 Anm. 5a.

b) Der Befreiungsanspruch ist so lange nicht begründet, als die Parteien das Geschäft unter sich gelten lassen und keine Partei die Nichtigkeit geltend macht. Für die GrdErwSt. ist diese Auffassung von dem RFH. abgelehnt worden (vgl. RFH. Mrozek R. 6 zu § 16; StW. VI 101, a. M. RFH. 20, 155), da das GrdErwStG. in §§ 1, 4 die Steuer nicht an den Übergang der wirtschaftlichen Verfügungsmacht oder an das obligatorische Rechtsgeschäft, vielmehr an den bürgerlichrechtlichen Eigentumsübergang knüpft. Anders jedoch bei der WZuwSt., bei der grundsätzlich die Steuerpflicht durch den Abschluß des obligatorischen Veräußerungsgeschäfts ausgelöst wird. Hier begegnet es keinem Bedenken, dem Parteiwillen größere Bedeutung zuzumessen und den Befreiungsanspruch nicht eintreten zu lassen, wenn die Parteien das Geschäft unter sich gelten lassen wollen.

c) Die Nichtigkeit des Verpflichtungsgeschäfts (§ 2a) hat die Nichtigkeit der Auflassung nicht ohne weiteres zur Folge. Oft wird diese mit dem Verpflichtungsgeschäft von der Nichtigkeit erfaßt; z. B. im Falle des Wuchers oder in Fällen der Unsittlichkeit sowie bei Anfechtung wegen Betruges (vgl. OVG. PrVBl. 37, 203; RG. 70, 55). War dagegen das Verpflichtungsgeschäft wegen mangelnder Form nichtig, so wird diese Nichtigkeit nach § 313 Satz 2 BGB. durch eine rechtswirksame Übereignung geheilt. Für die WZuwSt. ist die Frage der Nichtigkeit dieses Geschäfts unabhängig von der Übereignung selbständig zu prüfen. Nur in Fällen des § 2b, in denen es eines Verpflichtungsgeschäfts zum Eigentumsübergang nicht bedarf, kommt es auf die Nichtigkeit des die Übereignung bewirkenden Rechtsvorganges unmittelbar an. Ist das Verpflichtungsgeschäft gültig, die Auflassung aber nicht, so kommt § 18 Ziff. 1 nicht zur Anwendung, und die Steuerpflicht bleibt bestehen. Der mit „oder“ beginnende Satzteil in § 18 I 1 bezieht sich nur auf die Fälle des § 2 lit. b. Ist umgekehrt das Verpflichtungsgeschäft nichtig, die Übereignung aber gültig, so würde nach dem Wortlaut die für das Verpflichtungsgeschäft gezahlte Steuer zu erstatten sein, und eine Steuer für die Übereignung nicht erhoben werden, denn ein Fall des § 2b liegt nicht vor, da es zum Übergang des Eigentums eines Veräußerungsgeschäftes bedurfte, dieses aber nur in den Fällen der Rechtsänderung kraft Gesetzes oder behördlicher Verfügung entbehrlich ist; vgl.

Anm. 3 zu § 2. Ein solches Ergebnis stände jedoch mit § 1 RStO. in Widerspruch, wonach bei Rechtsvorgängen, die den Übergang des Eigentums an Grundstücken betreffen, eine WZuwSt. erhoben wird. Richtiger wäre gewesen, diesen Fall in § 2 besonders zu erwähnen. Kommt es zur Rückübereignung gemäß § 812 BGB., so ist die ganze Steuer nach § 18 Ziff. 1 zu erstatten.

d) Ist ein Zwischengeschäft (§ 2a in Verbindung mit § 5 Abs. 4 GrdErwStG.) nichtig, so ist der Erlaß für dieses aus § 18 Ziff. 1 begründet. Der Antrag wird aber (vgl. oben zu b) erst Erfolg haben, wenn es infolge der Nichtigkeit zur Rückübereignung an den Veräußerer des fragl. Zwischengeschäfts oder den ersten Veräußerer der Kette gemäß § 812 BGB kommt.

Bei Vorliegen mehrerer Kettengeschäfte kann die Nichtigkeit des einzelnen Geschäfts auf Umständen beruhen, die nur dieses Geschäft angehen, z. B. Geisteskrankheit des Abtretenden oder Anfechtung der Abtretung, oder darauf, daß die Kette als solche hinfällig wird. Ergibt sich z. B. die Nichtigkeit eines Grundstückskaufvertrages, so entfällt damit die Steuerpflicht aller Zwischengeschäfte, z. B. der mehrfachen Abtretungen der Rechte aus dem Kaufvertrage oder dem Kaufantrag. In diesen Fällen kommt es nicht darauf an, ob diese Zwischengeschäfte auch wirtschaftlich durch Rückzahlung des Entgelts rückgängig gemacht worden sind.

e) Die Gründe der Nichtigkeit sind für die Frage des Steuererlasses gleichgültig. Es kann sich handeln um Nichtigkeit wegen Geschäftsunfähigkeit (§ 105 BGB.), wegen Formmangels (§ 125 BGB.), wegen Scheingeschäfts (§ 117 BGB.), wegen ursprünglicher Unmöglichkeit der Leistung (§ 306 BGB.), auf Grund Anfechtung (§§ 119, 123 BGB.), ferner um Nichtigkeit wegen Verstoßes gegen gesetzliche Verbote (§§ 134, 309 BGB.) Auch im Falle der Unsittlichkeit (§ 138 BGB.), des Wuchers und des Betruges — letzteren Falls bei erfolgter Anfechtung nach § 123 BGB. — wird der Steuererlaß gewährt und kommt auch demjenigen Teil zugute, der sich des Verstoßes schuldig gemacht hat.

f) Erfolgt Anfechtung durch den Konkursverwalter auf Grund der §§ 29 ff. KO. oder außerhalb des Konkurses durch einen Gläubiger gemäß § 3 AnfG., so bewirkt eine solche Anfechtung nicht die Nichtigkeit des Verpflichtunngsgeschäftes oder der Auflassung. Der Erwerber hat nach § 37 KO. auf Verlangen des Konkursverwalters das Grundstück zur Konkursmasse zurückzugewähren. Hier liegt keiner der Fälle des § 18 vor. Ebenso nicht bei der Anfechtung außerhalb des Konkurses, da nach § 7 AnfG. der Anfechtungsgegner nur die Zwangsvollstreckung in das in anfechtbarer Weise erlangte Grundstück zu dulden hat.

g) Wird der Zuschlagsbeschluß im Zwangsversteigerungsverfahren auf Beschwerde aufgehoben (§§ 96 ff. ZVG.), so liegt ein Fall des § 18 Ziff. 1 vor, da der den Eigentumserwerb begründende Vorgang (vgl. § 2 b) mit rückwirkender Kraft beseitigt wird.

h) Unwirksamkeit des Geschäfts (vgl. z. B. §§ 108, 177, 182, 1396 BGB.) steht der Nichtigkeit gleich, sobald sie eine endgültige geworden ist. Veräußert z. B. ein Minderjähriger ein Grundstück und versagt der gesetzliche Vertreter endgültig die Genehmigung, so ist der Veräußerungsvertrag als nichtig zu behandeln und die Steuer zu erlassen oder zu erstatten.

i) Hierher gehört das sog. Schwarzkaufwesen. Dieses ist in Anm. 5 zu § 2 im Zusammenhang dargestellt worden, wobei auch die den § 18 berührenden Fragen erörtert sind; vgl. auch Anm. 4d zu § 19 sowie Anm. 5h zu § 23 GrdErwStG.

k) Ob Nichtigkeit vorliegt, unterliegt selbständiger Prüfung durch die Steuerbehörde. Diese braucht etwa zwischen den Parteien ergangene gerichtliche

Urteile nicht als bindend anzusehen, ohne Rücksicht darauf, ob sie rechtskräftig sind oder nicht; vgl. OVG. 59, 139; anders RFH. DJZ. 28, 1197. Auch die Steuerpflichtigen haben einen Rechtsanspruch auf selbständige Prüfung und können diesen im Wege des § 22 auch im Rechtsmittelverfahren verfolgen. Haben die Parteien die Nichtigkeit durch Vergleich anerkannt, so ist grundsätzlich die Nichtigkeit als festgestellt zu erachten und nicht in dem Vergleich eine selbständige Rechtsgrundlage für die Rückübertragung zu sehen: OVG. PrVBl. 50, 107; ebenso RFH. DWR. 28, 29.

7. **Ziff. 2: Aufhebung des Rechtsgeschäfts durch Parteivereinbarung.**

a) Gleichgültig ist, aus welchen Gründen diese erfolgt; ebenso unbeachtlich die Art und Weise der Aufhebung, und zwar, ob vertragliche Aufhebung oder in Ausübung eines vorbehaltenen Rücktrittrechtes (§§ 346 ff. BGB.). Selbst wenn die Aufhebung durch Verschulden eines Teils verursacht worden ist oder ihren Grund darin findet, daß sich nachträglich Belastungen durch aufzubringende Steuern, insbesondere die Wertzuwachssteuer selbst, ergeben haben, deren Höhe die Parteien davon abhält, beim Geschäft stehenzubleiben, tritt Steuererstattung ein. Daß eine Entschädigung, Abfindung oder Vergleichszahlung von der einen Partei an die andere geleistet wird, steht der Steuerfreiheit nicht entgegen; vgl. RFH. Mrozek R. 1 zu § 23a 1 GrdErwStG. Hier kann aber ein verdeckter Rückkauf (§ 4) vorliegen, was sich aus der Höhe der Abfindung und der Gesamtheit der Vereinbarungen ergeben wird. Voraussetzung für die Anwendbarkeit des § 18 ist jedoch stets, daß der neue Vertrag sich in den Grenzen eines Aufhebungsgeschäfts hält, und nicht über den Rahmen der Rückgängigmachung hinausgeht. Es kommt hier nicht nur auf die zwischen den Verträgen liegende Zeit an, sondern insbesondere auf die dem früheren Käufer gezahlte Entschädigung. Geht diese über die Rückerstattung des ursprünglich bezahlten, in Goldmark umgerechneten Kaufpreises und die für das Grundstück gemachten Aufwendungen sehr erheblich hinaus, so handelt es sich nicht mehr um eine Rückgängigmachung des ursprünglichen Geschäfts, sondern um einen Rückkauf, der keine Steuerfreiheit genießt (vgl. OVG. vom 1. 2. 1929, VII C 114/28, bei Pape, Jahrb. 9, 544, sowie OVG. vom 10. 5. 1929, VII C 27/29). In der letzteren Entscheidung hat das OVG. die Annahme eines Aufhebungsgeschäfts abgelehnt, da der im Juli 1922 geschlossene Kaufvertrag bei einem Kaufpreis von 2522 Goldmark im April 1927 aufgehoben wurde, wobei dem Käufer für die Rückübertragung des Eigentums eine Entschädigung von 20 000 RM. gewährt wurde.

Ein fernerer Fall der Steuerumgehung ist die Aufhebung des Geschäfts bei alsbaldigem Abschluß eines neuen Verkaufs mit einem Dritten zur Verdeckung der eigentlich vorliegenden Abtretung der Rechte aus dem (aufgehobenen) Kaufvertrag; vgl. Anm. 2 zu § 4 sowie Anm. 4a zu § 5 AO. (GrdErwStG. S. 102). Die Aufhebung ist formfrei; vgl. RG. 65, 392; 66, 432; anders, wenn das Eigentum bereits übergegangen war und Rückauflassung erfolgen muß; RG. 60, 398. Eine Frist ist nicht vorgesehen.

b) Im Falle der Anfechtung wegen Irrtums, Zwanges oder Betruges tritt Nichtigkeit und damit Steuererlaß nach § 18 Ziff. 1 ein. Erfolgt der Rücktritt kraft gesetzlicher Bestimmung, so wird meist ein Fall des § 18 Ziff. 3 vorliegen. Ist der Veräußerungsvertrag unter einer aufschiebenden Bedingung geschlossen, diese Bedingung aber nicht eingetreten, so ist die Steuerpflicht aus § 2a nicht entstanden; vgl. Anm. 4k zu § 2. Ist eine auflösende Bedingung eingetreten, so ist § 18 Ziff. 3 anwendbar, falls die Bedingung in der Nichterfüllung einer Vertragspflicht bestanden hat, andernfalls liegt Ziff. 2 vor, da die Auflösung auf Vereinbarung beruht, nämlich auf einer schon dem ursprünglichen

Geschäft hinzugefügten Nebenvereinbarung. Vgl. § 23 Anm. 8; Lion, Anm. 16 zu § 34 ZuwStG.; der Fall des Rückkaufs ist unten Anm. 8 behandelt.

c) Ob die Übereignung bereits erfolgt war, ist gleichgültig, da der Steuererlaß wie die Steuer selbst von dem Bestand bzw. der Aufhebung des obligatorischen Geschäfts abhängig ist und nur in den Fällen des § 2 lit. b davon, daß der den Eigentumserwerb begründende Rechtsvorgang aufgehoben wird. Die Aufhebung des schon erfüllten Kaufvertrags zieht die Rückforderung des Grundstücks gemäß § 812 BGB. nach sich. Solange diese nicht erfolgt ist, wird dem Erstattungsantrag nicht stattzugeben sein; vgl. Anm. 6 b, die auch hier gilt.

d) Auch dann ist § 18 Ziff. 2 anwendbar, wenn ein unbebaut veräußertes Grundstück vor der fristgemäß vollzogenen Rückübertragung des Eigentums ganz oder teilweise bebaut worden ist: OVG. Amtl. Mitt. 1915, 93; vgl. auch Strutz JW. 1915, 1412.

e) Der Rückerwerb des Grundstücks durch den Veräußerer im Wege der Zwangsversteigerung fällt nicht unter § 18 Ziff. 2, auch nicht unter eine der anderen Bestimmungen des § 18. Für § 34 ZuwStG. hatte das OVG. den Standpunkt vertreten (Amtl. Mitt. 1915, 94; OVG. vom 8. 1. 1915 VII C. 664 und 844/13 bei Strutz JW. 1915, 1411 f.), daß der Wiedererwerb in der Zwangsversteigerung den Erlaß der Steuer bedinge, da die Rückübertragung des Eigentums im Sinne des § 34 ZuwStG. nicht nur die rechtsgeschäftliche Rückübertragung, sondern diese schlechthin umfasse. Unter § 18 MStO. ist dieser Fall leider nicht zu bringen, es sei denn unter § 18 Ziff. 3, sofern der Erwerber die Vertragsbedingungen nicht erfüllt — das Restkaufgeld nicht bezahlt — und der Veräußerer daraufhin das Grundstück zur Zwangsversteigerung bringt. (Vgl. für die Berl. StO. § 26 Anm. 2 d).

8. Ziff. 3: **Nichterfüllung der Vertragsbedingungen.**

a) Diese begründet den Antrag auf Erlaß der Steuer, wenn sie die Rückgängigmachung der Veräußerung zur Folge hat. Gleichgültig ist es, ob der Kaufpreis in voller Höhe oder nur teilweise zurückgezahlt wird; vgl. RFH. StW. VI 648.

b) Voraussetzung ist, daß der Rückerwerb des Eigentums auf einem gesetzlich oder vertraglich zustehenden Rechte beruht. Der Rückerwerb muß einseitig und gegen den Willen des Erwerbers erzwungen werden können. Das Vorliegen dieser Voraussetzungen ist von Amts wegen zu prüfen.

c) Unter den Vertragsbedingungen des Veräußerungsgeschäftes ist die Gesamtheit seiner Bestimmungen zu verstehen. Es macht keinen Unterschied, ob die Verpflichtungen der einen oder der anderen Partei die Rückgängigmachung verursacht haben. Der Erlaß ist also sowohl dann begründet, wenn der Verkäufer mit der Auflassung in Verzug gekommen ist und der Käufer daraufhin den Rücktritt erklärt hat, als auch, wenn der Verkäufer wegen Zahlungsverzugs des Käufers zurückgetreten ist.

Auch wenn der Rücktritt durch Verschulden einer Partei verursacht worden ist, besteht zugunsten beider Parteien der Erlaß- bzw. Erstattungsanspruch.

d) Der Rückerwerb bzw. die Rückgängigmachung können auf besonderen Vertragsbestimmungen oder auf dem Gesetz beruhen. Hat z. B. der Verkäufer ein Rücktrittsrecht, falls der Käufer nicht bis zu einem bestimmten Tage die Anzahlung geleistet hat, so trifft bei Ausübung dieses Rücktrittsrechts Ziff. 2 oder Ziff. 3 zu. Ein solches Rücktrittsrecht besteht nach § 454 BGB. jedoch nicht, wenn der Verkäufer den Vertrag erfüllt und den Kaufpreis gestundet hat. In solchen Fällen ist daher der Anspruch aus § 18 nicht gerechtfertigt, falls die Parteien den Kaufvertrag rückgängig machen; vgl. RFH. StW. V 173.

e) Hat dagegen die eine Partei ein unbedingtes vertragliches Rücktrittsrecht, so ist nur Ziff. 2 anwendbar, auch wenn die Nichterfüllung gewisser Verpflichtungen den Beweggrund für die Ausübung des Rücktrittsrechts abgibt. Wird ein Zwischengeschäft im Sinne des § 5 Abs. 4 GrdErwStG. rückgängig gemacht, so ist § 18 Ziff. 3 gleichfalls anzuwenden.

f) Erfolgt der Rückerwerb auf Grund eines Vergleiches, so ist nicht ohne weiteres anzunehmen, daß der Vergleich einen selbständigen Rechtsgrund zur Rückgängigmachung des Geschäfts, losgelöst von der Frage der Vertragsverletzung, schafft; vielmehr ist nicht ausgeschlossen, in dem Vergleich eine Anerkennung des Rechts zur Rückgängigmachung des Vertrages wegen Verletzung der Vertragsbedingungen zu erblicken. So für GrdErwStG. RFH. StW. IV 271. Wird der Kaufvertrag wegen arglistiger Täuschung angefochten, so liegt nicht Rückerwerb infolge Nichterfüllung der Vertragsbedingungen, sondern Nichtigkeit vor. Der Fall des § 18 Ziff. 3 setzt immer voraus, daß der Veräußerungsvertrag selbst gültig ist.

g) Ein gesetzliches Recht auf Rückerwerb bzw. Rückgängigmachung wegen Nichterfüllung der Vertragsbedingungen kommt hauptsächlich in folgenden Fällen in Betracht:

α) Eintritt einer auflösenden Bedingung (§ 158 Abs. 2 BGB.), z. B. der Verkauf gilt als aufgehoben, wenn eine Partei eine bestimmte Leistung bis zu einem Stichtage nicht bewirkt hat;

β) Ausübung des Rücktrittsrechtes gemäß §§ 326 oder 361 BGB.;

γ) Rücktritt in den Fällen der Unmöglichkeit der Erfüllung (§§ 324, 325 BGB.) sowie der Fall des § 323 Abs. 1 BGB.;

) Wandlung des Kaufs wegen Sachmängel (§ 462 BGB.);

ε) Rücktritt wegen Rechtsmangels gemäß § 440 BGB.;

ζ) Rückforderung der Schenkung wegen unterbliebener Vollziehung der Auflage (§ 527 BGB.).

h) Verlangt der eine Teil Schadensersatz wegen Nichterfüllung gemäß §§ 326, 463 BGB., so ist die Steuer zu erlassen, wenn es zum Rückerwerb des Grundstücks kommt; war das Grundstück noch nicht übereignet, so ist der Erlaß nach § 18 Ziff. 3 dann begründet, wenn eine Übertragung gemäß § 2a in Verbindung mit § 5 Abs. 4 GrdErwStG. durch Schadensersatz in Geld ersetzt wird. Aber auch bei Kaufverträgen wird „die Veräußerung des Grundstücks" rückgängig gemacht, wenn an ihrer Stelle Schadensersatz wegen Nichterfüllung verlangt wird; der Leistungsgegenstand wird ein anderer.

i) Über die Rückgängigmachung infolge Nichterfüllung der Vertragsbedingungen im Wege der Zwangsversteigerung des Grundstücks vgl. Anm. 7e.

9. Ziff. 4: Die Preisminderung.

a) Die Minderung des Preises wegen Sachmängel führt zu einer entsprechenden Herabsetzung der Steuer, soweit der Veräußerungspreis dadurch geringer wird, und zwar nicht nur in den Fällen des § 2a, sondern auch in den Steuerfällen der §§ 2b und 3, weil der Zweck der Vorschrift, die Steuerermäßigung in den Fällen der Preisminderung eintreten zu lassen, wenn der — eine der Grundlagen für die Bemessung des Wertzuwachses bildende — Veräußerungspreis wegen eines Fehlers des Grundstücks gemindert wird, in allen diesen Steuerfällen zutrifft. Vgl. für das ZuwStG. OVG. 72, 70ff. bes. S. 72; Lion, ZuwStG. § 34 Anm. 24.

b) Die Steuerbehörde hat selbständig zu prüfen, ob eine ernstgemeinte Minderung, und in welcher Höhe, stattgefunden hat. Das Prüfungsrecht erstreckt sich jedoch nicht darauf, ob die Preisminderung gerechtfertigt war. Selbst wenn sie vermeinen sollte, daß die bewilligte Preisminderung mit den wirklich vorhandenen Sachmängeln nicht im Einklang steht, tritt die Ermäßigung doch ein, wenn die Minderung in einem Sachmangel ihre Rechtsgrundlage findet, und wenn sie entweder durch — konstitutives — Urteil oder durch Vergleich wirklich stattgefunden hat. Dabei unterliegt es der Prüfung, ob die Minderung wegen eines Mangels des Grundstücks selbst oder des etwa mitveräußerten Zubehörs erfolgt. Im letzteren Falle kommt eine Steuerermäßigung nicht in Betracht. Ist die Preisminderung wegen eines Mangels des Grundstücks selbst erfolgt, so ist eine neue Steuerberechnung aufzustellen, welche an Stelle des ursprünglichen Veräußerungspreises den geminderten Veräußerungspreis einsetzt. Hierbei kann sich ergeben, daß die Steuer nicht nur, wie Nr. 4 vorsieht, zu ermäßigen, sondern zu erlassen ist, sofern bei Zugrundelegung des geminderten Veräußerungspreises kein Wertzuwachs mehr vorhanden ist.

c) Eine Preisminderung, die zur Steuerermäßigung nach § 18 Ziff. 4 führt, liegt auch dann vor, wenn der Käufer gemäß § 463 BGB. Schadenersatz wegen Nichterfüllung verlangt und das Grundstück behalten hat. Der Rechtsgrund ist hier der gleiche wie im Falle der Preisminderung, und nur die Berechnungsart ist verschieden.

d) Nicht zu berücksichtigen ist dagegen eine Preisminderung aus anderen Gründen, z. B. wegen eines Mangels im Recht gemäß §§ 440 Abs. 1, 325 Abs. 1 Satz 2 BGB. oder infolge einer Differenz über die freizumachenden Räume. Ebensowenig kommt eine nachträgliche Erhöhung des Preises in Betracht.

Auf eine Preisminderung oder -erhöhung des Erwerbspreises bezieht sich § 18 nicht. Solche bleiben außer Betracht; vgl. Anm. 4 l zu § 6.

10. Ziff. 5: Wahl geringerer Gegenleistung. Wenn der Veräußerungspreis nicht ziffernmäßig bestimmt ist, sondern Veräußerer oder Erwerber das Recht hat, unter gewissen Voraussetzungen den Umfang der Gegenleistung zu bestimmen, so ist nach § 6 Ziff. 4 für die Berechnung des steuerpflichtigen Wertzuwachses als Veräußerungspreis die nach den Umständen höchstmöglichste Gegenleistung als Veräußerungspreis in Ansatz zu bringen. Vgl. Anm. 8 zu § 6 sowie wegen der dem anderen Teil gegenüber abzugebenden Erklärung § 263 BGB. Ist nun von der Steuerbehörde als Veräußerungspreis die höchstmöglichste Gegenleistung in Ansatz gebracht und auf dieser Grundlage die Steuer festgesetzt worden, ergibt sich aber später nach Ausübung des Wahlrechts ein geringerer Veräußerungspreis, so erfolgt Ermäßigung bzw. entsprechende Erstattung der Steuer, insoweit der wirkliche Veräußerungspreis mit dem angenommenen differiert.

Beispiel: Kaufvertrag über ein Grundstück mit der Bestimmung, daß der Kaufpreis nach Wahl des Verkäufers in Aktien der Firma A oder der Firma B bestehen soll. Steuerbehörde kommt auf Grund des § 6 Abs. 4 zu einem Veräußerungspreis von 500000 Mk., indem sie die Aktien A so hoch bewertet. Verkäufer wählt später die Aktien B, deren Wert nur 450000 Mk. beträgt. Dann hat Veräußerer, nachdem die Wertzuwachssteuer ursprünglich von 500000 Mk. Veräußerungspreis ausging, das Recht, insoweit Erstattung der von ihm gezahlten Steuer zu verlangen, als sich aus der Differenz zwischen 450 000 Mk. und 500 000 Mk. Veräußerungspreis ergibt. Auch hierbei kann sich herausstellen, daß nach dem endgültigen Preis ein Wertzuwachs nicht mehr vorliegt, so daß die ganze Steuer zu erstatten ist.

11. Die Fiktion des Abs. 3, wonach bei Erlaß der Steuer Veräußerung und Rückerwerb als nicht erfolgt gilt, hat die Bedeutung, daß in den Fällen des § 18 ein steuerpflichtiger Rechtsvorgang als von Anfang an nicht vorhanden angesehen wird. Dies ist für eine spätere Veräußerung von Bedeutung. Als Erwerbspreis kommt dann derjenige Preis in Betracht, für den der Veräußerer das Grundstück ursprünglich erworben hat, während das nichtige oder aufgehobene Veräußerungsgeschäft, also sowohl Veräußerung als Rückerwerb, nicht berücksichtigt wird. Daher kann eine Vergleichssumme, die der Eigentümer für den Rückerwerb geopfert hat, seinem Erwerbspreise nicht zugeschlagen werden. Auch für § 8 bleibt das nichtige oder aufgehobene Geschäft außer Betracht. Seine Kosten gelten nicht als Erwerbskosten; andererseits können Aufwendungen für Bauten und Verbesserungen aus der gesamten Zeit seit dem ursprünglichen Erwerb, also vor und nach der aufgehobenen Veräußerung, angerechnet werden. Für den Steuersatz (§ 15) bleibt die gescheiterte Veräußerung gleichfalls unbeachtet; maßgebender Zeitraum ist die Zeit vom ursprünglichen Erwerb bis zur neuen Veräußerung. Die Frist zur Weiterveräußerung gem. § 17 Abs. 2 wird durch die gescheiterte Veräußerung nicht unterbrochen; demgemäß stellt die neue Veräußerung die „erstmalige" i. S. dieser Vorschrift dar.

Ist die Steuer auf Grund Ziff. 4 oder 5 erlassen worden, weil der geringere Preis keinen Wertzuwachs mehr begründete, so findet Abs. 3 keine Anwendung, denn hier liegen rechtsbeständige steuerpflichtige Rechtsvorgänge vor; ein Rückerwerb, wie ihn Abs. 3 voraussetzt, kommt nicht in Frage.

§ 19.

(1) Die zur Entrichtung der Steuer Verpflichteten und die zur Mithaft Verpflichteten haben innerhalb zweier Wochen nach dem Eintritt des die Steuerpflicht begründenden Ereignisses der Steuerbehörde hiervon sowie von allen sonstigen für die Festsetzung der Steuer in Betracht kommenden Verhältnissen schriftliche Mitteilung zu machen, auch die die Steuerpflicht betreffenden Urkunden vorzulegen.

(2) Auf Verlangen der Steuerbehörde sind die Steuerpflichtigen verbunden, über bestimmte, für die Veranlagung der Steuer erhebliche Tatsachen innerhalb einer ihnen zu bestimmenden Frist schriftlich oder zu Protokoll Auskunft zu erteilen, andernfalls die Ermittlung und Veranlagung durch die Steuerbehörde selbständig vorgenommen werden.

(3) In den Fällen des § 1 sind auch die Gesellschaft oder der Verein zur Anzeige und zur Auskunfterteilung verpflichtet.

1. **Entstehung der Vorschrift.** Die Auskunftspflicht findet ihre gesetzliche Grundlage im § 63 KAG.; vgl. §§ 37, 38 ZuwStG. und diesem entsprechend §§ 25, 26 GrdErwStG. Vgl. auch § 1 ABGrdErwStG., wonach die Beteiligten oder gesetzlichen Vertreter verpflichtet sind, von den steuerpflichtigen Rechtsvorgängen, soweit diese noch nicht zur Kenntnis der Behörde gelangt sind, Anzeige zu machen.

2. **Die anzeigepflichtigen Personen.** Zur Anzeige sind verpflichtet:

a) Die zur Entrichtung der Steuer Verpflichteten: in erster Linie der Veräußerer nach § 16. Sind mehrere Veräußerer vorhanden, so ist jeder von ihnen zur Anzeige verpflichtet. Einmalige Mitteilung an die Behörde genügt. Es kommt nicht auf die Erfüllung der Anzeigepflicht als solche, sondern darauf an, daß die Steuerbehörde Kenntnis von dem die Steuerpflicht begründenden Ereignis erhält.

b) Auch die zur Mithaft Verpflichteten unterliegen der Anzeigepflicht. Das ist in erster Linie der Erwerber, sofern die Steuer von dem Veräußerer nicht beigetrieben werden kann. Vgl. § 16 Anm. 5. Die Anzeigepflicht besteht aber schon vor dem Beitreibungsversuch gegen den Veräußerer; nachher wäre sie ja überflüssig und überholt. Ferner gehören hierher die Bevollmächtigten oder Vermittler, sofern diese für einen bestimmten Mehrerlös haften; vgl. § 16 Abs. 2 und Anm. 10 zu § 16.

c) Grundbuchämter und Notare sind nach der Allg. Verf. v. 19. 5. 1911 (JMBl. 201) und v. 6. 2. 1922 (JMBl. 39) verpflichtet, Übereignungsanzeigen auch an die Zuwachssteuerbehörden zu machen. Hierfür kann eine Durchschrift der für die GrdErwStBehörde gefertigten Veräußerungsanzeige verwendet werden, die aber um eine Spalte 9 betr. den Preis bei der letzten vorhergegangenen Eigentumsübertragung und den Zeitpunkt der letzteren zu erweitern ist; vgl. hierzu die Allg. Verf. v. 11. 5. 26 (JMBl. 187) u. Allg. Verf. v. 5. 11. 1923 (JMBl. 712). In der Allg. Verf. v. 15. 1. 1924 (JMBl. 24) ist die Mitteilungspflicht aufrechterhalten und darauf hingewiesen, daß die Verwaltung der GrdErwSt. den preußischen Stadt- und Landkreisen übertragen ist. Nach der Allg. Verf. v. 19. 8. 1926 (JMBl. 334) soll bei Übertragung von Geschäftsanteilen der Notar nicht gehalten sein, eine Veräußerungsanzeige einzureichen, wenn nach seiner amtlichen Überzeugung feststeht, daß zum Vermögen der Gesellschaft Grundstücke nicht gehören. Nach der Allg. Verf. v. 2. 3. 1927 (JMBl. 56) sollen die Gerichte und Notare von Schwarzkaufvergleichen mit Nachzahlung Abschriften übersenden.

3. **Zeitpunkt der Anzeigepflicht.** Die Mitteilung an die Steuerbehörde muß innerhalb zweier Wochen erfolgen, d. h. spätestens zwei Wochen nach dem die Steuerpflicht begründenden Ereignis (vgl. hierüber Anm. 4 b) bei der Steuerbehörde eingegangen sein. Wegen der Fristberechnung vgl. §§ 187, 188 BGB.

4. **Umfang der Anzeigepflicht.**

a) Voraussetzung ist, daß der Steuerpflichtige oder der zur Mithaft Verpflichtete schriftliche Mitteilung von dem steuerpflichtigen Vorgang macht. Es genügt also nicht mündliche oder telephonische Anzeige, wohl aber Anzeige zu Protokoll des zuständigen Beamten. An die Form selbst sind die geringsten Anforderungen zu stellen. So genügt es z. B., wenn nur die Urkunden übersandt werden, ohne daß in einem besonderen Begleitschreiben der steuerpflichtige Rechtsvorgang nochmals erwähnt wird. Es kommt auch hier nur auf den Erfolg an, d. h. darauf, daß die Veranlagungsbehörde die Möglichkeit hat, steuerpflichtige Rechtsvorgänge zu erkennen.

b) Die Mitteilung muß sich auf das die Steuerpflicht begründende Ereignis erstrecken. Hiernach ist in erster Linie Mitteilung zu machen von allen zur Übertragung des Eigentums verpflichtenden Veräußerungsgeschäften im Sinne des § 2 a sowie von all den Geschäften, die nach § 2 a MStO. in Verbindung mit § 5 Abs. 4 GrdErwStG. als Veräußerungsgeschäfte zu gelten haben. Hierunter fällt besonders die Abtretung der Rechte des Erwerbers aus Veräußerungsgeschäften, insbesondere bei Grundstückskaufverträgen, bei Tauschverträgen, Gesellschafts- oder Auseinandersetzungsverträgen, durch welche eine Pflicht zur Übereignung von Grundstücken begründet wird, aus Offerten, ferner Ermächtigungen für eigene Rechnung; vgl. § 2 Anm. 4—11 sowie GrdErwStG. § 5 Anm. 2 f. Weiter kommen in Betracht die „Ereignisse", auf denen der Übergang von Rechten am Vermögen von Grundstücksgesellschaften (§ 1 Abs. 3) beruht, durch die das wirtschaftliche Eigentum (§ 3) übertragen wird oder — in den Fällen des § 2 lit. b — der Eigentumsübergang und sein Rechtsgrund (Zuschlag, Enteignung usw.).

Das „Ereignis" ist identisch mit dem Rechtsgeschäft oder der behördlichen Verfügung, durch welche der steuerpflichtige Rechtsvorgang vollendet wird. Bei zeitlich getrennter Offerte und Annahme ist es erst letztere, bei aufschiebend bedingten Veräußerungsverträgen der Eintritt der Bedingung, bei Verträgen, die von der Genehmigung eines Dritten (Vormund, Behörde) abhängig sind, die Erteilung der Genehmigung; bei Ersitzung die Eintragung gem. § 927 Abs. 2 BGB.

Mitteilung der wesentlichen Bedingungen genügt; vgl. zu e.

c) Bei steuerfreien Rechtsvorgängen (§ 5) bedarf es keiner Anzeige, da § 19 ausdrücklich nur den Steuerpflichtigen die Anzeigepflicht auferlegt und nur über das die Steuerpflicht begründende Ereignis. Erbschaft, Schenkung usw. gehören zu diesen aber nicht. Es kommt jedoch nur darauf an, ob der Rechtsvorgang seiner Art nach die Steuerpflicht begründet; daß nach Ansicht der Parteien kein Wertzuwachs vorliegt, entbindet nicht von der Anzeigepflicht, ebensowenig die das Mindestmaß des § 15 Abs. 5 nicht erreichende Höhe der Steuer. Dagegen haben die Parteien selbst zu prüfen, ob ein steuerpflichtiger, also perfekter Rechtsvorgang vorliegt, ob das Geschäft unter § 3 fällt, ob also die Voraussetzungen der Steuerpflicht gegeben sind.

Zur Auskunftserteilung gem. Abs. 2 hingegen sind alle Personen verbunden, die als Steuerpflichtige in Anspruch genommen werden.

d) Bei Schwarzkaufgeschäften (vgl. Anm. 5 zu § 2) kommt die Anzeigepflicht zur Entstehung, sobald das Geschäft durch nachträgliche Genehmigung der Verwaltungsbehörde wirksam wird. Diese bildet das „Ereignis“ i. S. des § 19 Abs. 1. Der Vergleich, der die Pflicht zur Mitwirkung im Genehmigungsverfahren begründet, ist nicht anzeigepflichtig; vgl. Anm. 5 f β zu § 2. Ist nach dem Vergleich das Grundstück an den Schwarzverkäufer zurückzugewähren, so ist er nur dann anzeigepflichtig, wenn er einen verdeckten Rückverkauf darstellt; vgl. Anm. 5 g, h zu § 2. Wird die Schwarzkaufklage auf Grund der Arglisteinrede (vgl. RG. 96, 315; 107, 357; 115, 41), abgewiesen, so besteht keine Anzeigepflicht, da durch die Klageabweisung keine Heilung des Schwarzkaufs bewirkt wird.

e) Auch von allen sonstigen, für die Festsetzung der Steuer in Betracht kommenden Verhältnissen ist Mitteilung zu machen. Hierher gehören besonders der Erwerbspreis, die Voraussetzungen gemäß §§ 8, 9, die Trennung des Preises hinsichtlich Grundstück und Zubehör, Abtretungen zu Straßenland (§ 13 Abs. 1 Satz 2), die Erwerbszeit und der Rechtsgrund des Erwerbs, Bebauungszweck (§ 17), ferner, soweit ein Veräußerungspreis nicht vereinbart ist, Angaben über den Wert des Grundstücks (vgl. aber § 20 MStO.).

f) Die die Steuerpflicht betreffenden Urkunden sind vorzulegen. Die Vorlegungspflicht bezieht sich in erster Linie auf die Verträge, die den steuerpflichtigen Rechtsvorgang darstellen (Kauf-, Gesellschafts-, Abtretungsurkunden, Übertragungen von Geschäftsanteilen usw.), aber darüber hinaus auf alle Urkunden, welche für die etwaige Steuerfestsetzung wesentlich sind. Hierher gehören insbesondere auch solche Verträge, die mit dem Rechtsgeschäft in enger Verbindung stehen, sowie Nebenverträge oder Ergänzungsverträge, sofern diese sich auf solche Gegenstände beziehen, die für die Beurteilung des steuerpflichtigen Vorganges erheblich sind.

g) Die Vorlegung der Urkunden braucht nicht im Original, sondern kann in beglaubigter Abschrift erfolgen.

Für Preußen ist die besondere Mitteilung an die WZuwSt.Stelle praktisch überflüssig, da die Stadt- und Landkreise durch Erlaß des RFM. v. 26. 10. 23 (MBl. S. 1174) die Verwaltung der GrdErwSt. innehaben und diese daher nach § 25 GrdErwStG. in Verbindung mit § 1 ABGrdErwStG. durch die Notare. Grundbuchämter, Registerbehörden, städtischen Urkundspersonen oder nach § 26 GrdErwStG. durch die Beteiligten innerhalb einer Frist von 14 Tagen nach der Beurkundung oder Rechtsänderung Mitteilung von dieser erhalten. Die Veräußerungsanzeige im Grunderwerbsteuerinteresse entbindet jedoch die Steuerpflichtigen nicht von der Verpflichtung zu selbständiger Mitteilung.

h) Die Übertragung der Anzeigeverpflichtung auf einen anderen, insbesondere den beurkundenden Notar befreit den Steuerpflichtigen nicht, wenn die Anzeige unterblieben ist. Die MStO. kennt im Gegensatz zu der nur für Reichssteuern anwendbaren Vorschrift des § 88 AO. nicht die Befugnis, sich unter besonderen Voraussetzungen durch Bevollmächtigte vertreten zu lassen, auf die dann die strafrechtliche Verantwortlichkeit abgewälzt werden kann (vgl. aber § 381 AO.). Deshalb wird die unterlassene Anzeige ohne Rücksicht darauf, aus welchem Grunde sie unterblieben ist, immer als Zuwiderhandlung im Sinne des § 23 RStO. angesehen und demgemäß bestraft werden.

Den Notaren ist daher zu empfehlen, ihre Belehrungspflicht bei der Beurkundung des steuerpflichtigen Rechtsvorganges auch auf die Erfordernisse des § 19 zu erstrecken.

5. Auskunft über bestimmte Tatsachen.

a) Die Steuerbehörde ist berechtigt, von den Steuerpflichtigen Auskunft über alle Fragen tatsächlicher Natur zu fordern, die für die Festsetzung der Steuer wesentlich sind. Die Rechtsgrundlage des § 19 Abs. 2 bietet § 63 KAG. Nur bestimmt gestellte Fragen, die in der Aufforderung enthalten sein müssen, sind zu beantworten. Vorlegung von Urkunden oder Geschäftsbüchern usw. kann nicht verlangt werden; OVG. vom 27. 11. 1917 VIII C 229/16; Nöll-Freund, KAG. § 63 Anm. 5. Eine eidesstattliche Versicherung, die im Reichssteuerverfahren von dem Finanzamt erfordert werden kann (§§ 176, 209 Abs. 2 AO.), darf die Steuerbehörde nicht fordern. Die Auskunftserteilung kann auch nicht dazu benutzt werden, um dem Steuerpflichtigen weitergehende Verpflichtungen aufzuerlegen. So kann nicht verlangt werden, die Bestellung eines Vertreters oder eines Zustellungsbevollmächtigten für Steuerpflichtige, die im Ausland leben (OVG. 71, 180; 73, 162).

b) Nur von dem Steuerpflichtigen kann weitere Auskunft verlangt werden, nicht dagegen von den zur Mithaft Verpflichteten. Dies ergibt sich aus dem Wortlaut des § 19 Abs. 2 unter Gegenüberstellung mit § 19 Abs. 1. Bestände auch auf seiten der Mithaftenden eine Auskunftspflicht, so hätte dies besonders erwähnt werden müssen. Sobald aber der Mithaftende — nach erfolglosem Beitreibungsversuch gegen den Veräußerer — veranlagt wird (vgl. Anm. 3c zu § 21), wird er zum Steuerpflichtigen und muß auch die Auskünfte geben.

c) Die Steuerpflichtigen müssen bei Vermeidung der unten zu besprechenden Rechtsnachteile dem Ersuchen nachkommen. „Verbunden" heißt hier soviel wie verpflichtet mit der Maßgabe, daß die aus der Nichterfüllung sich ergebenden Rechtsnachteile doppelter Natur sein können. Die Unterlassung berechtigt die Steuerbehörde nicht nur zur selbständigen Vornahme der Ermittlungen und dementsprechenden Veranlagung, sondern die Nichterfüllung des Auskunftsersuchens stellt auch eine Zuwiderhandlung im Sinne des § 23 dar und kann daher auch steuerstrafrechtlich geahndet werden. Diese Folge ist nicht dadurch ausgeschlossen, daß in dem durch „anderenfalls" eingeleiteten Nebensatz von ihr nicht die Rede ist.

d) Die Tatsachen müssen für die Veranlagung erheblich sein. Welche Tatsachen dies sind, wird sich aus den Umständen des Falles ergeben, z. B. Angaben über den Erwerbstag, über die Kosten des Erwerbs und der Veräußerung, über gezahlte Provisionen usw. Besteht zwischen dem Steuerpflichtigen und der Steuerbehörde Streit über die Erheblichkeit, so kann der Steuerpflichtige die Beantwortung ablehnen. Er riskiert dann aber, daß die Steuerbehörde selbständig die Ermittlung durchführt oder auch mit Straffestsetzung vorgeht. Dringt er dann in der Rechtsmittelinstanz mit seiner Auffassung nicht durch, so wird die Strafe rechtskräftig. Auf den Irrtum über die Rechtserheblichkeit kann er sich nicht berufen; vgl. Anm. 6. Wiederholung der Bestrafung, falls der Steuerpflichtige auch bei wiederholter Fristsetzung die Auskunft nicht erteilt, dürfte aber nicht zulässig sein, da die Behörde ja das Recht der Veranlagung hat.

e) Die Auskunftserteilung hat innerhalb einer zu bestimmenden Frist zu erfolgen. Die Frist beginnt mit der Zustellung des Auskunftersuchens, wobei der Tag der Zustellung nicht mitgerechnet wird. Die Auskunft muß mit Ablauf der

Frist bei der Steuerbehörde eingegangen oder zu Protokoll erklärt sein. Wegen des Beginns und der Berechnung der Frist vgl. im übrigen § 222 ZPO., §§ 186 ff. BGB.

f) Die Form der Beantwortung der Anfrage ist dem Steuerpflichtigen überlassen. Er hat die Wahl zwischen schriftlicher Erklärung, die unterschriftlich vollzogen sein muß, oder Abgabe der Erklärung zu Protokoll der Steuerbehörde.

6. **Folgen der Zuwiderhandlung.**

a) Kommt der Steuerpflichtige der Anzeigepflicht nicht nach oder entspricht er dem Ersuchen um Auskunft nicht, so wird die Steuerbehörde zunächst die Ermittlungen ihrerseits vorzunehmen suchen und daraufhin die Veranlagung begründen.

b) Unabhängig davon stellt sich aber die Unterlassung des Steuerpflichtigen als eine Zuwiderhandlung gegen eine Bestimmung der Steuerordnung dar und kann somit nach § 23 bestraft werden, sofern sich nicht ergibt, daß die Weigerung des Steuerpflichtigen zu Recht erfolgt ist. Bevor die Steuerbehörde daher zur Bestrafung schreitet, wird sie prüfen müssen, aus welchem Grunde die Anzeige bzw. Beantwortung unterblieben ist. Es kommen drei verschiedene Delikte in Frage: die bloße Zuwiderhandlung, die mit Ordnungsstrafe gemäß § 23 bedroht wird, die Steuerhinterziehung und die Steuergefährdung. Unterlassung der Angabe oder Auskunft ist nur als Zuwiderhandlung strafbar.

c) Hat der Steuerpflichtige hingegen die Auskunft erteilt, aber unrichtig oder unvollständig, und ist das in der Absicht der Steuerhinterziehung, also wissentlich und zum Zwecke der Erlangung eines als unberechtigt erkannten Steuervorteils geschehen, so erfolgt Bestrafung nach § 79 Abs. 1 KAG., d. h. mit dem vier- bis zehnfachen Betrage der wirklich eingetretenen oder nur beabsichtigten Steuerverkürzung, mindestens aber mit einer Geldstrafe von 3.— RM. Ist wissentlich eine unrichtige oder unvollständige Auskunft erteilt worden, welche geeignet war, eine Verkürzung der Steuer herbeizuführen, ohne daß die Absicht der Steuerhinterziehung nachweisbar ist, so tritt eine Bestrafung von 3 bis 10 000 RM. ein (§ 27 RStGB.). Hier steht eine Angabe einer Auskunft gleich, so daß auch die nach § 19 Abs. 1 ohne Aufforderung gemachten Anzeigen, wenn sie wissentlich unrichtig oder unvollständig gehalten sind, die Bestrafung gemäß § 79 Abs. 2 KAG. nach sich ziehen. Voraussetzung ist die Rechtserheblichkeit der betr. Angabe hinsichtlich Grund oder Höhe der Steuerpflicht. Der Vorsatz braucht sich nur auf die tatsächliche Unrichtigkeit bzw. Unvollständigkeit der Angabe oder Auskunft, nicht auch auf die Rechtserheblichkeit zu beziehen. Vgl. Anm. 2b zu § 23 und 4d zu § 22.

d) Nach § 79 Abs. 3 KAG. bewirkt tätige Reue Straffreiheit. Voraussetzung ist, daß der Steuerpflichtige seine unrichtige oder unvollständige Angabe, bevor die Anzeige erfolgt oder eine Untersuchung eingeleitet ist, an zuständiger Stelle berichtigt oder ergänzt und die vorenthaltene Steuer in der ihm gesetzten Frist entrichtet.

7. **Auskunftspflicht juristischer Personen.**

a) Der Wortlaut der StO. ist ungenau. Die juristischen Personen können selbst nicht zur Auskunftserteilung verpflichtet sein, sondern nur ihre gesetzlichen Vertreter (vgl. den besseren Wortlaut in § 27 Abs. 3 Berl. StO.).

b) Da die Steuerpflichtigen in den Fällen des § 1 Abs. 3 mit den Auskunftsverpflichteten nicht identisch sind, bedurfte es der besonderen Bestimmung. Bei dem Übergang von Rechten am Vermögen von Grundstücksgesellschaften ergibt sich die Steuerpflicht aus § 1 Abs. 3. Gerade hier werden sehr oft, offen oder verdeckt, zuwachssteuerpflichtige Rechtsgeschäfte vorgenommen. Zur Festsetzung der Steuer sind in der Regel besondere Auskünfte der Verwaltung erforderlich, so z. B. über die Gründung der Gesellschaft, den Gegenstand ihres Unternehmens, den Erwerb des ersten Grundstücks und die Erwerbsbedingungen, die Zusammensetzung des Vermögens aus Grundstücken und anderen Werten; vgl. Anm. 10 ʼzu § 1.

c) Die Kenntnis der gesetzlichen Vertreter von dem steuerpflichtigen Rechtsvorgang ist Voraussetzung für die Anzeigepflicht. Der Nachweis dieser Kenntnis, der der Steuerbehörde obliegt, wird nicht immer leicht zu führen sein. Von Veräußerung der Aktien braucht der Vorstand der Akt.=Ges. überhaupt keine Kenntnis zu haben; anders bei Namensaktien; vgl. § 223 BGB. Bei Grundstücksgesellschaften erfolgt allerdings besonders häufig die einheitliche Veräußerung sämtlicher Aktien oder eines erheblichen Teils, womit Hand in Hand der Eintritt des neuen Aktionärs in die Verwaltung geht. Anders allerdings bei Terraingesellschaften. Bei der Veräußerung von G.m.b.H.=Anteilen gilt das gleiche; hier schreibt überdies oft die Satzung Zustimmung der Gesellschaft zu der Veräußerung vor. Bei Vereinen und Genossenschaften liegt die Auskunftspflicht dem Vorstand ob. Für die offenen Handelsgesellschaften ist § 1 Abs. 3 unpraktisch; vgl. Anm. 10 f zu § 1. Wohl aber kommt § 1 Abs. 1 in Frage, wenn ein Gesellschafter das Unternehmen mit Aktiven und Passiven übernimmt (Anm. 8 c zu § 1); dann sind alle Gesellschafter auskunftspflichtig. Inhalt und Fristen wie in Abs. 1, 2.

§ 20.

Die Steuerbehörde ist bei der Veranlagung der Steuer an die Angaben der Steuerpflichtigen nicht gebunden. Wird die erteilte Auskunft beanstandet, so sind dem Steuerpflichtigen vor der Veranlagung die Gründe der Beanstandung mit dem Anheimstellen mitzuteilen, hierüber binnen einer angemessenen Frist eine weitere Erklärung abzugeben. Findet eine Einigung mit dem Steuerpflichtigen nicht statt, so kann die Steuerbehörde die zu entrichtende Steuer nötigenfalls nach dem Gutachten Sachverständiger festsetzen.

1. Keine Bindung der Steuerbehörde an die gemachten Angaben.

a) Voraussetzung für die Anwendung des § 20 ist, daß die von dem Steuerpflichtigen verlangten Angaben gemacht und nicht (vgl. § 19 Abs. 2) unterlassen worden sind. Die „Angaben" im Sinne des § 20 können in der Anzeige von dem steuerpflichtigen Ereignis gemäß § 19 Abs. 1 oder als Auskunft auf bestimmte steuererhebliche Fragen nach § 19 Abs. 2 gemacht sein. Die Angaben können tatsächlicher Natur sein — Verwandtschaftsverhältnis (§ 5 Nr. 4), Erwerbskosten und Bauaufwendungen (§ 8), Erwerbsgut (§ 15 Abs. 2, 3) — oder sich auf Rechtsverhältnisse beziehen — Ermächtigung für fremde Rechnung (§ 2a ebd., § 5 Abs. 4 Nr. 5 GrdErwStG.), Schenkung (§ 5 Nr. 1), Erbteilungsvertrag (§ 5 Nr. 3), übernommene Leistung (§ 6 Abs. 2), ausgefallene Forderung (§ 8 Nr. 3), Trennung des Preises betr. Grundstück und Zubehör usw. Bei Rechtsverhältnissen ist die Steuerbehörde zwar an die Angabe, daß das Rechtsverhältnis bestehe und einen bestimmten Inhalt habe, nicht gebunden. Wird aber Bestand und Inhalt erwiesen, so ist die Behörde an das Rechtsverhältnis selbst gebunden. Dies gilt besonders für Angaben über Preistrennung auf Grundstück und Zubehör. Hier kommt es darauf an, ob die Trennung vertraglich vereinbart oder nur zu Steuerzwecken angegeben ist; vgl. Anm. 3 zu § 11 Berl. StO. — Die Steuerbehörde ist zwar an Angaben der Steuerpflichtigen nicht gebunden, wohl jedoch an die Einigung im Sinne des § 20 Satz 3.

b) Grundsätzlich besteht keine Rechtsverpflichtung der Steuerbehörde, die Angaben des Steuerpflichtigen als richtig zu unterstellen und bei Veranlagung von diesen auszugehen. Diese Regelung soll aber nicht etwa ein schrankenloses

Willkürrecht der Behörde statuieren. Sie kann also nicht über die Angaben des Steuerpflichtigen souverän hinweggehen, sondern sie soll die Beanstandung begründen und dem Steuerpflichtigen Gelegenheit zur Äußerung geben. Vgl. unten Anm. 2 a.

c) Im Gegensatz zu der Steuerbehörde ist der Steuerpflichtige an seine Angaben gebunden, sofern er sie nicht rechtzeitig vor der Veranlagung berichtigt oder widerruft; OVG. 64, 265; 73, 227. Solche Berichtigungen soll die Steuerbehörde würdigen und nicht einfach mit dem Hinweis auf die entgegenstehenden Angaben in der Steuererklärung übergehen: OVG. 64, 75, 79. Über die Anfechtbarkeit der Einigung durch den Steuerpflichtigen vgl. unten Anm. 3d.

d) Erkennt die Steuerbehörde die Auskunft an, und zwar entweder ausdrücklich mündlich durch den zuständigen Bearbeiter oder schriftlich, so ist sie entgegen dem Wortlaut des § 20 Satz 1 insofern doch an diese Angaben gebunden, als dementsprechende Festsetzung zu erfolgen hat. Abweichungen hiervon, die rein willkürlicher Natur sind oder aber von der Steuerbehörde für angebracht oder zulässig gehalten werden, sind dieser nicht gestattet; OVG. vom 6. 1. 1911 PrVBl. 1911 S. 683.

2. Beanstandung der Auskunft.

a) Ist die Steuerbehörde mit den Angaben des Steuerpflichtigen nicht einverstanden, so darf sie nicht ohne weiteres die Veranlagung vornehmen oder ein Gutachten Sachverständiger erfordern und daraufhin die Steuer festsetzen. Es muß vielmehr bei Beanstandung der Auskunft dem Steuerpflichtigen Kenntnis von der Beanstandung und ihren Gründen gegeben werden, damit der Steuerpflichtige Gelegenheit hat, seine früheren Angaben zu berichtigen oder zu ergänzen. OVG. Amtl. Mitt. 1913, 117; OVG. VII C. 602 und 918/13 sowie 5/14 bei Strutz JW. 1915, 1523. Wird diese Aufforderung unterlassen und stattdessen sofort die Veranlagung vorgenommen, so unterliegt der ergangene Bescheid ohne weitere Prüfung seiner Richtigkeit wegen dieser Unterlassung der Aufhebung: OVG. 64, 71, 76 und PrVBl. 50, 72.

b) Zur Abgabe der Erklärungen ist dem Steuerpflichtigen eine angemessene Frist zu setzen; er ist unter genauer Angabe der Bedenken der Steuerbehörde gegen die ursprüngliche Auskunft zur Gegenerklärung aufzufordern. Dabei empfiehlt es sich, den Steuerpflichtigen auf die Notwendigkeit hinzuweisen, seine Ergänzungsangaben unter Beweis zu stellen. Die Frist für die Abgabe der Erklärung muß eine angemessene sein. Diese Frist ist keine Ausschlußfrist. Die Steuerbehörde kann daher bereits festgesetzte Fristen verlängern; sie muß dies dann tun, wenn die Frist zur Beschaffung der erforderlichen Aufklärungen nicht ausreicht, also nach der Sachlage nicht angemessen ist. Gegen die Versagung der Fristverlängerung findet ein selbständiges Rechtsmittel nicht statt, sondern es bleibt dem Steuerpflichtigen nur der Einspruch nach § 69 KAG. gegen die auf Grund unzureichender Erklärungen erfolgte Veranlagung, und zwar mit der besonderen Begründung, daß die zur Aufklärung gesetzte Frist nicht angemessen gewesen ist. Tritt die Rechtsmittelbehörde dem bei, so ist die Veranlagung daraufhin aufzuheben.

Da die Frist keine Ausschlußfrist ist, so können die Angaben so lange nachgeholt werden, als die Veranlagung nicht erfolgt ist. Die Steuerbehörde wird daher auch nach Ablauf der Frist eingehende Auskünfte berücksichtigen müssen. Allerdings besteht eine formale Rechtspflicht der Behörde, den Austausch der Erklärungen weiter fortzusetzen, nicht. Sie wird aber pflichtgemäß für vollständige Aufklärung sorgen; vgl. hier § 40 Abs. 1 S. 2 ZuwStG.; OVG. 71. 59; 72, 80.

c) Gibt der Steuerpflichtige keine Erklärung ab, so kann die Steuerbehörde nunmehr ihrerseits die erforderlichen Nachforschungen und Ermittlungen anstellen. Sie kann dagegen nicht den Steuerpflichtigen nach § 23 RStO. in Verbindung mit §§ 63, 82 KAG. mit einer Strafe belegen, da die Abgabe weiterer Erklärung dem Steuerpflichtigen anheimgestellt, also seinem freien Belieben überlassen ist.

d) Es ist oben (§ 19 Anm. 5b) darauf hingewiesen, daß nach § 19 Abs. 2 nur die Steuerpflichtigen, nicht aber die zur Mithaft Verpflichteten zur Erteilung von Auskünften verpflichtet sind. Auch in § 20 Abs. 1 ist dem Wortlaut nach ein solcher Unterschied festzustellen. Während nach § 20 Satz 1 die Steuerbehörde bei der Veranlagung an die Angaben der Steuerpflichtigen (im Sinne des § 19 Abs. 2), nicht gebunden ist, ist bei Beanstandung der Auskunft dem Steuerpflichtigen Gelegenheit zur Gegenäußerung zu geben. Die Beanstandung muß daher dem Wortlaut nach dem unmittelbar Steuerpflichtigen im Sinne des § 16 Abs. 1 Satz 1 zugehen. Sobald der Mithaftende aber herangezogen wird und einen Veranlagungsbescheid erhalten soll, erlangt er die Stellung des Steuerpflichtigen i. S. des § 20.

Hat sich für den Steuerpflichtigen ein Bevollmächtigter, z. B. ein Rechtsanwalt, Notar oder Steuersachverständiger, durch schriftliche Vollmacht ausgewiesen, so kann die Steuerbehörde nach ihrer Wahl diesem gemäß § 63 Abs. 5 KAG. die entsprechenden Mitteilungen zugehen lassen. Das gleiche gilt für gesetzliche Vertreter. Durch die Zustellung an den gesetzlichen Vertreter oder Bevollmächtigten genügt die Steuerbehörde der ihr nach § 20 Satz 2 obliegenden Mitteilungspflicht.

3. **Der Steuervergleich.**

a) Voraussetzung für den Steuervergleich ist die Abgabe weiterer Erklärungen durch den Steuerpflichtigen. Diese können einmal bewirken, daß die Steuerbehörde durch die Erklärung befriedigt ist und von ihren Beanstandungen absieht. Die Erklärungen können aber auch die Wirkung haben, daß die Steuerbehörde nunmehr versucht, ihre eigene Auffassung mit der des Steuerpflichtigen in Einklang zu bringen, also eine Einigung zu erzielen.

b) Im allgemeinen setzt eine Einigung gleiche rechtliche Stellung voraus. Es ist deshalb etwas Besonderes, wenn sich die Steuerbehörde als eine Körperschaft des öffentlichen Rechts mit dem der staatlichen Hoheitsgewalt unterworfenen Steuerpflichtigen einigt. Eine solche Einigung fand sich erstmalig im § 19 des PrErbStG. vom 24. Mai 1891, und eine ähnliche Vorschrift ist im § 7 Abs. 3 des PrStempStG. enthalten. Über das ReichsErbStG. (§ 43) gelangte der Steuervergleich in das ZuwStG. (§ 40), dem die Vorschrift des § 20 RStO. entspricht. Für die GrdErwSt. sind Vergleiche ausgeschlossen: RFH. 18, 92.

Unter welchen Voraussetzungen die Steuerbehörde einen Vergleich schließen soll, ergab sich für das frühere Recht aus dem auch heute noch als Richtlinie wertvollen § 23 AVZuwStG., der, soweit er hier in Frage kommt, folgendermaßen lautet:

§ 23.

Erweisen sich einzelne der für die Steuerberechnung maßgebenden Unterlagen als nicht oder nicht ohne unverhältnismäßige Schwierigkeiten feststellbar, so ist das Zuwachssteueramt berechtigt, an ihrer Stelle eine im Vergleichsweg mit dem Steuerpflichtigen festzusetzende Summe der Berechnung zugrunde zu legen. Der Vergleich ist von dem Steuerpflichtigen zu unterzeichnen und von dem Vorsteher des Zuwachssteueramtes sowie, falls nicht die Landeszentralbehörde ein anderes bestimmt, von zwei Mitgliedern dieses Amtes zu genehmigen. In dem Vergleich ist zu bemerken, daß die Steuerbehörde zurücktreten kann, wenn die Tatsachen, auf denen er beruht, von dem Steuerpflichtigen absichtlich oder fahrlässig zu seinen Gunsten unrichtig angegeben sind.

Ist das veräußerte Grundstück Teil eines größeren Gesamtgrundstücks, welches demnächst ebenfalls in Teilstücken zur Veräußerung gelangen soll, so sind die Berechnungsgrundlagen durch Verhandlung mit dem Steuerpflichtigen nach Maßgabe des Abs. 1 tunlichst für alle Grundstücke festzulegen. Die Bestimmung des Abs. 1 Satz 3 findet entsprechende Anwendung.

c) Eine Einigung wird vor allem dann in Frage kommen, wenn die Berechnungsgrundlagen entweder unsicher oder überhaupt nicht feststellbar sind. Ist die Grundlage für die Berechnung zweifelsfrei, so ist ein Anlaß zum Steuervergleich nicht gegeben. Die Entscheidung darüber, ob im Einzelfall vergleichsweise Erledigung einem Steuerprozeß vorzuziehen ist, steht nur der Steuerbehörde zu.

Eine Form ist im Gegensatz zu § 23 AVBzuwStG. für den Vergleich nicht mehr vorgeschrieben. Er kann sowohl schriftlich wie auch durch bloße mündliche Übereinkunft geschlossen werden. Erstere Form ist jedoch zweckmäßig. Entscheidend ist allein die Steuerbehörde, also praktisch der Leiter der Steuerstelle, ohne daß es irgendeiner Genehmigung der Aufsichtsbehörde bedürfte.

d) Die Rechtsnatur des Steuervergleichs ist nicht einheitlich. Er entspricht dem Vergleich des bürgerlichen Rechts (§ 779 BGB.) nicht ohne weiteres, indem er nicht notwendig gegenseitiges Nachgeben bedingt. Eine Einigung i. S. des § 20 kann auch dergestalt erfolgen, daß eine der Parteien bei der Erörterung den Standpunkt der anderen anerkennt. Eine unmittelbare oder auch nur rechtsähnliche Anwendung des § 779 BGB. kommt daher nicht in Frage. Unabhängig von seiner rechtlichen Struktur hat der Steuervergleich mit dem bürgerlich-rechtlichen die Bindung beider Vertragsteile gemein. Ist er zustande gekommen, so kann sich weder die Steuerbehörde einseitig von ihm lossagen, noch etwa der Steuerpflichtige nach erfolgtem Abschluß Einspruch einlegen oder einen Erstattungsantrag nach § 18 stellen, es sei denn, daß die Grundlagen für letzteren erst nach der Einigung eingetreten oder bekannt geworden sind.

Eine Anfechtung des Vergleichs wegen Irrtums oder arglistiger Täuschung von seiten des Steuerpflichtigen kommt nicht in Betracht. Entfällt jedoch die Vergleichsgrundlage dadurch, daß sich nachträglich ergibt, daß der von beiden Vertragsteilen zugrunde gelegte Sachverhalt unrichtig ist, so ist der Vergleich unwirksam. Insoweit wird man den Rechtsgrundsatz des § 779 BGB. auch auf den Steuervergleich anwenden können. Hat der Steuerpflichtige wissentlich unrichtige Angaben gemacht, um die Steuerbehörde zu täuschen, so kann diese sich durch einseitige Erklärung, die man als Anfechtung bezeichnen kann, von dem Vergleich loslösen.

4. Festsetzung der Steuer.

a) Scheitert die Einigung mit dem Steuerpflichtigen, so kann die Steuerbehörde ohne weiteres zur Steuerfestsetzung schreiten. Die Behörde ist verpflichtet, von Amts wegen alle etwa erforderlichen Ermittelungen einzuleiten.

b) In erster Linie wird sich die Steuerbehörde an ein Gutachten Sachverständiger halten. Ob dieses zu erfordern ist, liegt nur im Ermessen der Steuerbehörde. „Nötigenfalls" heißt soviel wie: „Sofern die übrigen zur Wertermittlung geeigneten Hilfsmittel erschöpft sind."

Wen die Steuerbehörde als Sachverständigen heranziehen will, bleibt ihr überlassen. Beamte der Gemeinde bzw. des Kreises, also des Steuergläubigers, dürfen jedoch nicht herangezogen werden. Der Steuerpflichtige hat keinen Einfluß auf die Auswahl des Sachverständigen, insbesondere kein Ablehnungsrecht. Gründe gegen die Sachkenntnis oder Unparteilichkeit des Sachverständigen müssen im Einspruchsverfahren geltend gemacht werden, nachdem die Steuerfestsetzung erfolgt ist.

c) Der Inhalt des Gutachtens unterliegt keinen gesetzlichen Vorschriften.

Es genügt jedoch nicht, daß der Sachverständige allgemeine Bekundungen mit Rücksicht auf früher erworbene Kenntnisse oder Erfahrungstatsachen macht, vielmehr muß das Gutachten im einzelnen begründet sein. Der Sachverständige muß auch angeben, wie er zu den Ergebnissen kommt, insbesondere bei einem Gutachten über den gemeinen Wert des Grundstücks die herangezogenen Vergleichsobjekte unter genauer Darlegung etwaiger Vorzüge oder Nachteile gegenüber dem streitigen Grundstück bezeichnen, überhaupt die Schätzungsgrundlagen zweifelsfrei erkennen lassen: OVG. 59, 12.

Liegen mehrere Gutachten vor, so kann bei voneinander abweichenden Ergebnissen nicht etwa der Durchschnitt als gemeiner Wert zugrunde gelegt werden. Hier wird es erforderlich sein, ein weiteres Gutachten erstatten zu lassen; OVG. 66, 12.

d) Die Gutachten binden weder die Steuerbehörde noch etwa gar das Verwaltungsgericht. Sie unterliegen daher im Rechtsmittelverfahren der Nachprüfung durch den Richter; OVG. PrVBl. 26, 601. Dieser kann erneute Begutachtung anordnen oder seinerseits auch unter Abweichung von dem Gutachten entscheiden. Vgl. unten § 22 Anm. 5 l.

§ 21.

(1) Dem Steuerpflichtigen ist über die Veranlagung der Steuer ein schriftlicher Bescheid zuzustellen. Im Falle der Heranziehung der nach § 16 Abs. 1 Satz 2 und Abs. 2 Haftenden ist diesen eine besondere Veranlagung zuzustellen.

(2) Die Steuer ist innerhalb acht Tagen nach Zustellung an die in dem Bescheide bezeichnete Kasse zu entrichten.

1. Die Veranlagung der Steuer.

a) Im Gegensatz zu § 43 ZuwStG., der den notwendigen Inhalt des Steuerbescheides genau bezeichnet, ist im § 21 nur das Erfordernis der Zustellung eines schriftlichen Bescheides aufgestellt. Voranzugehen hat die Veranlagung, d. h. die Steuerberechnung nach Maßgabe der Ermittlungen gemäß §§ 19, 20 MStO.

b) Die Steuerbehörde hat ihre Zuständigkeit vor Abschluß der Veranlagung zu prüfen. Zuständig ist die Steuerstelle, in deren Bezirk das veräußerte Grundstück bei der Entstehung der Steuerschuld liegt. Eine nachträgliche Bezirksveränderung beeinflußt die einmal begründete Zuständigkeit nicht (OVG. 78, 3). Ist die Zuständigkeit des Kreisausschusses für die Veranlagung begründet, so kann der Zuwachssteuerbescheid von dem Kreisausschußvorsitzenden allein erlassen werden; OVG. 72, 80; Strutz JW. 1915, 1523; Pape Jahrb. 9, 547.

c) Veranlagung der Steuer ist nicht gleichbedeutend mit der Steuerfestsetzung. Diese ist nur ein Teil der Veranlagung. Die Veranlagung selbst umfaßt das gesamte Veranlagungsverfahren, beginnend mit der gemäß § 19 vorgeschriebenen Mitteilung bis zur Erteilung des Steuerbescheids; OVG. 78, 4 (vgl. §§ 18—25 ABZuwStG.).

2. Der Steuerbescheid. Er unterscheidet sich von dem Urteil des Zivilprozesses vor allem dadurch, daß er nicht von einem Dritten, überparteilichen, sondern von einer Partei des Steuerverfahrens selbst erlassen wird.

Er bindet auch nur den Steuerschuldner, nicht dagegen in gleichem Maße den Steuergläubiger. (Vgl. unten Anm. 4.) Dieser ist selbst dann nicht gebunden, wenn der Steuerbescheid rechtskräftig geworden ist, während der Steuerschuldner gegen den rechtskräftigen Bescheid nur das Wiederaufnahmeverfahren nach § 100 LVG. hat.

Für jeden selbständigen Steuerfall muß ein besonderer Steuerbescheid erteilt werden; Zuwiderhandlung führt zur Aufhebung: OVG. 68, 12.

3. **Über die Form und den Inhalt des Steuerbescheides** ist im § 21 nur gesagt, daß der Bescheid schriftlich sein muß. Vgl. die ausführlichere Vorschrift im § 43 ZuwStG.

a) Mündliche Erklärung der Steuerbehörde kann schon deshalb nicht genügen, weil die Zustellung nur bei einem Schriftstück erfolgen kann. Eine Unterschrift braucht der Bescheid nicht zu tragen. Er wird im allgemeinen (vgl. b—l) enthalten: die Person des Steuerpflichtigen, bei Erbengemeinschaften die Namen der einzelnen Erben (Bezirksausschuß Potsdam vom 28. 4. 1914 bei Ziegesar S. 88), den Betrag der zu entrichtenden Steuer, die Veranlassung der Besteuerung (Bezeichnung des Grundstücks), die Art und Berechnungsgrundlage der Steuer, Abweichungen von Angaben des Steuerpflichtigen (§ 20) sowohl in tatsächlicher wie in rechtlicher Beziehung (OVG. 69, 51), eine Rechtsmittelbelehrung, die Zahlungsaufforderung des § 21 Abs. 2 und einen Hinweis auf die Folgen bei Nichteinhaltung der Zahlungsfrist. Erkennbar muß auch sein, daß der Bescheid von der für die Veranlagung zuständigen Behörde ausgeht: OVG. 71, 160. Der Steuerbescheid einer unzuständigen Behörde wird selbst dadurch nicht wirksam, daß diese nachträglich als zuständig bestimmt wird: OVG. 73, 49.

Die einschlagenden gesetzlichen Vorschriften müssen im Bescheid nicht aufgeführt sein: OVG. Amtl. Mitt. 1912, 205. Es ist aber zweckmäßig und erwünscht, daß sie bezeichnet werden.

b) Die Person des Steuerschuldners muß sich aus dem Bescheid ergeben. Das ist zunächst der Veräußerer des Grundstücks gemäß § 16 Abs. 1 Satz 1. Sind mehrere Personen Veräußerer, so ergibt sich schon aus ihrer gesamtschuldnerischen Haftung, daß jedem von ihnen ein Steuerbescheid unter Angabe ihrer Haftungsverpflichtung zuzustellen ist. Die Zustellung eines Bescheides an einen von mehreren Gesamtschuldnern zugleich für die anderen reicht nicht aus: OVG. VII. 564/1908 bei Lion, ZuwStG. § 43 Anm. 7.

c) Dem Erwerber, der nach § 16 Abs. 1 Satz 2 nur subsidiär steuerpflichtig ist, muß der Bescheid zugestellt werden, bevor er in Anspruch genommen werden kann. Da seine Steuerpflicht aber von der vorher versuchten erfolglosen Beitreibung bei dem Veräußerer abhängig ist, so erfolgt die Zustellung erst, nachdem die Steuer vom Veräußerer nicht erlangt werden konnte. Wird ihm der Steuerbescheid zugestellt, so sind an diesen Bescheid die gleichen Erfordernisse zu stellen wie an den des unmittelbar Steuerpflichtigen. Soweit er beschwert ist, stehen ihm die Rechtsmittel des § 22 zu ohne Rücksicht darauf, ob der Steuerbescheid auch von dem Veräußerer angefochten war oder diesem gegenüber rechtskräftig geworden ist: OVG. 62, 21; 64, 112. Der Steuerbescheid an den Zweitschuldner muß auch erkennen lassen, daß die Beitreibung beim Veräußerer versucht ist, jedoch nicht zum Erfolg geführt hat. Anderenfalls kann der Erwerber den ihm zugegangenen Steuerbescheid mit der Begründung anfechten, daß die Vollstreckungsmaßnahmen gegen den Veräußerer überhaupt nicht oder nicht vollständig durchgeführt worden sind. Beweispflichtig ist die Steuerbehörde.

d) Die Haftung des Erwerbers ist durch § 16 Abs. 1 Satz 2 auf höchstens 15 % des Veräußerungspreises begrenzt. Der ihm zugestellte Steuerbescheid muß daher diese Grenze enthalten und, sofern der Höchstsatz von ihm verlangt wird, erkennen lassen, aus welchem Grunde die Höchstgrenze von ihm beansprucht wird.

e) Das zu c Ausgeführte gilt sinngemäß auch für die nach § 16 Abs. 2 haftenden Bevollmächtigten oder Vermittler. Ihre Steuerpflicht ist derart beschränkt, daß der Bevollmächtigte oder Vermittler nur für den Steuerbetrag haftet, der auf den Überpreis entfällt. Ihre Haftung unterscheidet sich von der des Erwerbers darin, daß die Inanspruchnahme von Bevollmächtigten oder Vermittlern nicht von der vorherigen Vollstreckung gegen den Erstschuldner (Veräußerer) abhängig ist.

Ebenso wie der Erwerber haben Bevollmächtigte und Vermittler, soweit sie in Anspruch genommen werden, das Recht selbständiger Rechtsmitteleinlegung. Da ihre Steuerschuld aber abweichend von der des Erwerbers eine unbedingte ist, so kann ihnen der Steuerbescheid zugleich mit dem Veräußerer zugestellt werden.

f) Bei Kettengeschäften, die nach § 2a MStO. in Verbindung mit § 5 Abs. 4 GrdErwStG. steuerpflichtig sind, muß jedem von den als Veräußerer Beteiligten ein Steuerbescheid zugestellt werden. Die Rechtsmittelfristen werden nur gegenüber demjenigen in Lauf gesetzt, dem ein Bescheid zugestellt ist. Vgl. auch § 16 Anm. 9.

g) Befindet sich der Steuerpflichtige im Konkurs und gelangt die WZuwSt. anläßlich der vom Konkursverwalter erwirkten Versteigerung eines zur Konkursmasse gehörigen Grundstücks zur Hebung, so ist die Steuerveranlagung gegen den Konkursverwalter zu richten, da die WZuwSt. zu den Massekosten oder Masseschulden (§§ 57—59 KO.) gehört; OVG. 81, 115. Auch in sonstigen Fällen, in denen die Konkursmasse in Anspruch genommen werden soll, ist dem Konkursverwalter der Steuerbescheid zuzustellen: Amtl. Mitt. 1915, 42.

h) Der Steuerbescheid muß ferner den Steuerbetrag enthalten. Dieser ist unter den oben erörterten Voraussetzungen verschieden hoch. In voller Höhe richtet er sich nur gegen den Veräußerer. Für den Erwerber und die nach § 16 Abs. 2 haftenden Personen ist er meist erheblich geringer. Der Steuerbetrag muß sich aus jedem Steuerbescheid zahlenmäßig ergeben; es genügt nicht die Angabe der Berechnungsgrundlage.

i) Weicht der Steuerbescheid von den Angaben des Steuerpflichtigen ab, so sollte er über den Grund dieser Abweichungen Auskunft geben und im einzelnen sich mit den Erklärungen des Steuerpflichtigen auseinandersetzen. Meist wird die Steuerbehörde schon vor der Veranlagung nach § 20 Satz 2 den Pflichtigen über die Beanstandung aufgeklärt haben. Nur dann, wenn die Einigung nicht erzielt wird, wird aus dem Steuerbescheid der Grund der Abweichung hervorzugehen haben. Eine ausdrückliche Vorschrift nach dieser Richtung enthält die StO. indes nicht.

k) Eine Rechtsmittelbelehrung ist zwar im Gegensatz zu § 43 ZuwStG. nicht vorgeschrieben. Vgl. OVG. 68, 23; PrVBl. 36, 138. Sie wird jedoch praktisch fast stets dem Steuerbescheide beigefügt. Ist sie im Bescheid enthalten, dann hat sie nicht nur die Frist zur Einlegung des Rechtsmittels, sondern auch die Behörde erkennen zu lassen, bei der dieses anzubringen ist. Allerdings braucht nur das zur unmittelbaren Anfechtung des Steuerbescheids dienende Rechtsmittel des Einspruchs angegeben zu werden: OVG. 68, 23.

l) Schließlich muß der Steuerbescheid die Aufforderung zur Zahlung der Steuer innerhalb 8 Tagen nach Zustellung an eine bestimmt zu bezeichnende Kasse enthalten. Fehlt die letztere Angabe, so wird damit der Steuerbescheid nicht ungiltig; der Steuerpflichtige muß sich nach der zuständigen Steuerkasse erkundigen. Auch das Fehlen der Zahlungsfrist ist kein Mangel, der die Aufhebung des Steuerbescheides rechtfertigt: OVG. 72, 81 und OVG. vom 13. April 1913 VII C. 673/12. In der Zahlungsaufforderung wird auch zweckmäßigerweise auf die Art der Zahlungsmöglichkeit hingewiesen. (Vgl. unten Anm. 6b.)

4. Die Zustellung des Steuerbescheides.

a) Nur ein schriftlicher Bescheid kann zugestellt werden. Über die Erfordernisse dieses Bescheides vgl. oben Anm. 3.

b) Für die Form der Zustellung sind maßgebend die Art. 45 Ziff. 2

und 43 Ziff. 1 Abs. 5 AusfAnw. z. KAG. und der auf Grund dieser Vorschrift erlassenen VO. vom 15. Nov. 1899 (GS. S. 545) nebst der AusfAnw. vom 28. Nov. 1899 (Mitt. Nr. 40 S. 35) (Art. 28) sowie § 17 des Regulativs für die Kreisausschüsse und die an Stelle der Kreisausschüsse tretenden Behörden (Stadtausschuß, Magistrat) vom 28. 2. 1884 (vgl. auch § 16 Nr. X S. 2 des Regulativs für den Geschäftsgang bei dem OVG. vom 22. 2. 1892 sowie OVG. PrVBl. 49, 959). Die Zustellung erfolgt entsprechend den Vorschriften der ZPO. gegen Zustellungsurkunde durch die Post oder durch einen öffentlichen Beamten, außerhalb Preußens in der Regel durch eingeschriebenen Brief gegen Rückschein. Bei der vereinfachten Zustellung durch Aufgabe zur Post muß der Briefumschlag des zuzustellenden Schriftstücks mit der gehörigen Geschäftsnummer versehen sein. Fehlt diese, so ist die Zustellung rechtlich unwirksam; OVG. 77, 40; PrVBl. 49, 442, 897, 959. Auch Ersatzzustellung genügt: OVG. 71, 66; PrVBl. 49, 442.

c) Die Wirkung der Zustellung ist eine doppelte: Sie setzt einmal die Rechtsmittelfrist in Lauf und bereitet die Rechtsgrundlage für die künftige Zwangsvollstreckung vor. Aus diesem Grunde ist auch der obenerwähnte Art. 82 der AusfAnw. vom 28. Nov. 1899, die das Verwaltungszwangsverfahren betrifft, anwendbar. Die Erfordernisse der Zustellung für beide Funktionen sind die gleichen.

d) Ist ein Bevollmächtigter bestellt oder bei der Einreichung der Urkunden der Wunsch ausgesprochen worden, dem beurkundenden Notar den Steuerbescheid zuzustellen (das dürfte als Vollmachtserteilung ausreichen), so ist die Steuerbehörde, anders als im § 176 ZPO., nicht verpflichtet, die Zustellung an den Bevollmächtigten zu bewirken. Wird nicht diesem, sondern der Partei selbst zugestellt, so beginnt der Lauf der Rechtsmittelfrist auch mit der Zustellung an die Partei: OVG. in PrVBl. 49, 379, 1003.

e) Zurücknahme oder Abänderung des Steuerbescheides kann seitens der Steuerbehörde jederzeit vorgenommen werden. Selbst wenn bereits ein Einspruchsbescheid erlassen ist, kann die Steuerbehörde noch die Veranlagung zur WZuw.-St. zurücknehmen: OVG. 62, 81; vgl. ferner OVG. 42, 110; 48, 51; PrVBl. 16, 523. Allerdings kann nach Lage des einzelnen Falles in der Zurücknahme ein Verzicht auf die Steuer erblickt werden: OVG. 62, 81; Amtl. Mitt. 1913, 62; Strutz JW. 1915, 1523.

5. Der Nachsteuerbescheid.

a) In der MStO. selbst ist über die Möglichkeit der Steuerbehörde, einen nachträglichen Steuerbescheid zu erlassen, nichts gesagt. Die rechtliche Zulässigkeit eines solchen ergibt sich aus § 87 KAG., in welchem die Berechtigung der Gemeinden zur Nachforderung indirekter Steuern auf drei Jahre begrenzt ist seit dem Ablaufe desjenigen Jahres, d. h. Rechnungsjahres, in welchem die Forderung entstanden ist. Ist also z. B. der steuerpflichtige Rechtsvorgang im Mai 1929 eingetreten, so würde die Berechtigung zum Erlaß eines Nachsteuerbescheides mit dem 31. März 1933 erlöschen (§§ 87, 95 KAG.; Art. 55 AusfA.). Ob diese Frist eine echte Verjährungs- oder eine Ausschlußfrist darstellt, ist zweifelhaft; für erstere Annahme OVG. 38, 131; 49, 80; 71, 151; zweifelnd OVG. JW. 1929, 810 Nr. 2.

b) Eine Steuernachforderung kann nicht nur entstehen durch irrtümliche Annahme der Berechnungsgrundlage seitens der Steuerbehörde, gleichviel ob der Irrtum verschuldet ist oder nicht, sondern jeder Fehler bei der Steuerberechnung oder Veranlagung kann durch einen Nachsteuerbescheid ausgeglichen werden. Es kann m. a. W. stets dann Nachforderung verlangt werden, wenn der im Steuerbescheid festgesetzte Betrag nach Auffassung der Steuerbehörde dem der Rechtslage entsprechenden Steuerbetrag nicht gleichkommt. Vgl. OVG. 37, 49; PrVBl. 50, 105.

Auch ein vermeintlicher Rechtsirrtum der Steuerbehörde steht der Nachveranlagung oder einer mit Zurückziehung des ursprünglichen Steuerbescheides verknüpften neuen Veranlagung (OVG. 62, 81) nicht entgegen, sofern nur der betreffende Rechtsgrund nicht bereits Gegenstand eines ihn anerkennenden Einspruchsbescheides oder einer sonstigen sachlichen Entscheidung gewesen ist: OVG. 66, 1; Amtl. Mitt. 1917, 23; OVG. 73, 8, 9. Bloße Veränderung der Rechtsauffassung hinsichtlich einer bestimmten Frage begründet keine Nachveranlagung; OVG. Amtl. Mitt. 1914, 262; 1915, 192.

Nicht Nachveranlagung, sondern Neuveranlagung ist dann trotz vorangegangener rechtskräftiger Freistellung zulässig, wenn die Freistellung erfolgt war, weil die örtliche Steuerordnung nicht mehr Gültigkeit hatte, die Steuerordnung später aber verbindlich mit rückwirkender Kraft wieder Gültigkeit erlangt hat: OVG. 71, 158.

Unter „Rechtskraft der Veranlagung" ist nur die Unanfechtbarkeit seitens des Steuerschuldners zu verstehen, die aber den Steuergläubiger nicht an einer Nachprüfung hindert: OVG. 66, 2. Allerdings ist diese durch § 87 KAG. zeitlich begrenzt. Vgl. oben zu a und Anm. 7. Nach Ablauf des dreijährigen Zeitraums kann man aber sehr wohl von der „Rechtskraft der Veranlagung" schlechthin sprechen, da diese tatsächlich zur endgültigen geworden ist. Über die Bedeutung dieser Frage für die sog. Schwarzkaufsvergleiche vgl. Anm. 5 i zu § 2.

Ein bloßer Schreibfehler bedingt keine Nachveranlagung, sondern nur eine Berichtigung.

c) Selbst ein mittlerweile eingetretener Besitzwechsel des Grundstücks schließt die Nachforderung ebensowenig aus wie die Tatsache, daß das Grundstück nicht mehr der ursprünglich zuständigen Steuerbehörde untersteht. OVG. VII. C. 98/09 bei Nöll-Freund KAG. § 87 Anm. 7 d.

d) Auch der Tod des Steuerpflichtigen hindert die Nachveranlagung nicht, da die Steuerschuld nicht erst mit der Heranziehung zur Besteuerung, sondern schon mit dem steuerpflichtigen Ereignis entsteht. Die Steuerschuld geht auch unabhängig davon, ob sie vor dem Erbfall schon geltend gemacht war, auf den Erben über: OVG. 55, 120 sowie vom 7. Nov. 1912 VII. C. 352/12.

e) Daß bei absichtlich falschen Angaben, also bei Steuerhinterziehung, eine Nachveranlagung erfolgt, versteht sich hiernach von selbst.

f) Der Nachsteuerbescheid ist im übrigen wie ein Steuerbescheid nach § 21 zu behandeln; es sind daher an ihn die gleichen Anforderungen zu stellen wie an den gewöhnlichen Steuerbescheid. Er bedarf ebenfalls der Zustellung und ist mit den gleichen Rechtsmitteln wie der Steuerbescheid anfechtbar.

g) In den der ursprünglichen Heranziehung nachfolgenden Maßnahmen der Steuerbehörde kann jedoch ein der Nachveranlagung entgegenstehender Verzicht auf die Steuer erblickt werden. Enthält der Einspruchsbescheid der Steuerbehörde eine Anerkennung der Einwendungen des Steuerschuldners, so kann die Behörde nicht später diese Anerkennung im Wege der Nachveranlagung in ihr Gegenteil verkehren, sondern sie kann diese nur auf andere Gesichtspunkte stützen, die das frühere Anerkenntnis nicht berühren: OVG. vom 17. 11. 1914 — VII C. 123/14 — bei Strutz JW. 1915, 1410.

6. Die Steuerzahlung.

a) Die Zahlung der Steuer hat innerhalb von 8 Tagen nach Zustellung des Steuerbescheides zu erfolgen. Die Frist beginnt mit dem der Zustellung des Steuerbescheides folgenden Tage (§ 94 KAG.). Für den Beginn und die Berechnung der Frist sind die §§ 186 ff. BGB., 222 ff. ZPO. maßgebend.

Die Zahlungsfrist endigt mit dem Ablauf des letzten Tages der Frist (§ 188 Abs. 1 BGB.), und, sofern dieser ein Sonntag oder Feiertag ist, mit dem darauffolgenden Werktag (§ 193 BGB.). Einspruch und Klage haben hinsichtlich der Zahlung keine aufschiebende Wirkung (§ 75 KAG.). Nur Stundung befreit von sofortiger Zahlung. Vgl. unten Anm. 7.

b) über die Art der Zahlung ist nichts bestimmt. Grundsätzlich hat Barzahlung zu erfolgen. Wird im Scheck gezahlt, so entscheidet über fristgemäße Zahlung erst der Eingang des Scheckbetrages. Das gleiche gilt für bargeldlose Postschecküberweisung oder für Banküberweisung auf das Konto der Steuerkasse. Erst mit der Gutschrift ist die Zahlung bewirkt. Eine Ausnahme hiervon wird nur zu machen sein bei Zahlung mittels bestätigten Reichsbankschecks, da dieser sofort gutgeschrieben wird.

c) Zwangsweise Einziehung der Steuer erfolgt nach vorangegangener einmaliger Mahnung auf Grund des § 90 KAG. nach der VO. vom 15. Nov. 1899 (GS. S. 545) in der Fassung der VO. vom 16. Mai 1923 (GS. S. 271), 28. Nov. 1924 (GS. S. 741) und 31. Okt. 1925 (GS. S. 153). Einer nochmaligen Mahnung durch die Vollstreckungsbehörde, d. h. die Beitreibungsstelle der Steuerkasse, bedarf es nicht.

d) In welcher Weise die Vollstreckung vorgenommen wird, bleibt der Steuerkasse überlassen. Es kommt also nicht nur in Frage die Mobiliarpfändung, sondern auch alle Arten von Forderungspfändungen, insbesondere die Pfändung von Mieten und Geschäftsanteilen. Ebenso kann Zwangsvollstreckung in das unbewegliche Vermögen des Schuldners erfolgen, und zwar durch Zwangsversteigerung und Zwangsverwaltung, die aber nur zulässig sind, sobald feststeht, daß durch Pfändung die Beitreibung nicht erfolgen kann, sowie durch Eintragung von Sicherungshypotheken gemäß §§ 51, 52 VO. v. 15. 11. 99, §§ 866, 867 ZPO. Eine solche Eintragung wird insbesondere für die Steuerschuld des Grundstückserwerbers in Frage kommen, bei dem Veräußerer dann, wenn dieser noch anderweiten Grundbesitz hat. — Wegen der Berücksichtigung der WZuwSt. im Konkurse des Steuerschuldners vgl. oben § 16 Anm. 9.

e) Der Antrag auf Ableistung des Offenbarungseides durch den Steuerschuldner, der durch das ordentliche Gericht zu erfolgen hat, ist nach Art. 35 AusfAnw. zur VO. über das Verwaltungszwangsverfahren nicht ohne weiteres nach fruchtloser Vollstreckung, sondern nur dann zu stellen, wenn begründeter Anlaß zur Annahme besteht, daß der Steuerschuldner Vermögensgegenstände in der Absicht verheimlicht, sie der Vollstreckung zu entziehen. — Der Antrag ist von der Steuerbehörde zu stellen, die auch über seine Voraussetzungen entscheidet.

7. **Die Verjährung des Zahlungs- und Steueranspruchs.** Die MStO. enthält eine Bestimmung hierüber nicht. Anders § 57 ZuwStG., wonach der Anspruch auf die Zuwachssteuer in zehn Jahren verjährte. Es entscheidet jetzt § 88 KAG. Danach verjähren rückständige, aber bereits veranlagte Steuern in vier Jahren von dem Ablaufe des Jahres an gerechnet, in welches der Zahlungstermin fällt. Auch befristete Steuern unterliegen in gleicher Weise der Verjährung. Der Steueranspruch selbst verjährt innerhalb einer Frist von drei Jahren nach Ablauf desjenigen Jahres, in welchem die Forderung entstanden ist (§ 87 KAG.); vgl. oben Anm. 5a.

Unter den vier bzw. drei Jahren sind Rechnungsjahre, die vom 1. April bis 31. März laufen, zu verstehen; vgl. Art. 55, 56 AusfAnw. z. KAG.

Die Verjährung wird unterbrochen:

a) durch Zahlungsaufforderung,
b) durch Anordnung zwangsweiser Beitreibung,
c) durch Stundung,
d) durch einen dem Steuerpflichtigen gegenüber erlassenen Einspruchsbescheid; OVG. 56, 134. Wegen des Begriffs „Unterbrechung der Verjährung" vgl. §§ 208 ff. BGB.

Hemmung der Verjährung ist nicht vorgesehen; eine entsprechende Anwendung des § 202 BGB. ist nicht zulässig; vgl. OVG. 62, 176; JW. 1929, 810 Nr. 2. Die Rechtswirkung der Verjährung besteht darin, daß der Steuerpflichtige durch Erhebung der Verjährungseinrede die Geltendmachung des Steueranspruchs verhindern kann. — Ob die Verjährung nur ein Leistungsverweigerungsrecht begründet oder ob sie von Amts wegen berücksichtigt werden muß, ist bestritten. Für letztere Annahme OVG. 38, 131; PrVBl. 12, 108; 29, 954; a. M. Schultzenstein VerwArch. 17, 1ff., Nöll-Freund Anm. 2 zu § 94 KAG. In der Revisionsinstanz kann die Verjährung nicht mehr neu berücksichtigt werden. Unterbrechungsgründe müssen von amtswegen geprüft und geltend gemacht werden.

Rechtsgeschäfte aus der Zeit vor Inkrafttreten der ersten kommunalen StO. unterliegen evtl. noch dem RZuwStG., das eine 10jährige Verjährung hatte; OVG. PrVBl. 48, 410.

8. **Stundung der Steuer.**

a) Ob Stundung erfolgen kann, wann und unter welchen Voraussetzungen diese zu bewilligen ist, ergibt sich weder aus der MStO. noch aus dem KAG. Im § 88 Abs. 2 KAG. ist die Möglichkeit der Stundung nur insofern offengelassen, als eine solche die Verjährung unterbricht. Die Bewilligung der Stundung steht im freien Ermessen der Steuerbehörde. Zuständig für diese ist, da es sich nicht um einen Akt der Veranlagung, sondern um einen Aufschub der Zahlung handelt, nicht die Steuerstelle, sondern die Steuerkasse. Diese entscheidet auch darüber, ob die Stundung von vorheriger Sicherheitsleistung abhängig gemacht werden soll. Praktisch wird Stundung wohl selten ohne eine solche erfolgen. Nur die Art der Sicherheitsleistung ist je nach den Umständen verschieden. Hinterlegung von Wertpapieren, Eintragung von Sicherungshypotheken, Sicherungsübereignung von Warenbeständen oder sonstigen Gegenständen sowie Bürgschaft Dritter kommen hier in Frage. Vgl. für Reichssteuern § 105 Abs. 2 AO. und im einzelnen hierüber Hagelberg-Krämer GrdErwStG. § 24 Anm. 6a sowie Ziff. 12 der PrAusfAnw. ZuwStG.

b) Die Stundung bedingt wohl ausnahmslos eine von der Steuerbehörde zu fordernde Verzinsung des gestundeten Steuerbetrages. Die Höhe der Verzinsung richtet sich nach der jeweiligen Bestimmung der Steuerbehörde, also des Magistrats.

c) Stundungsgesuche haben insofern keine aufschiebende Wirkung, als bis zur Bewilligung der Stundung die Steuerkasse unabhängig von dem vorliegenden Gesuch die zwangsweise Beitreibung vornehmen kann. Im allgemeinen wird jedoch die Vollstreckung, solange über das Stundungsgesuch noch nicht entschieden ist, nicht durchgeführt.

9. Bei **Zahlungsverzug** tritt nach dem Ges. vom 24. 11. 1926 (GS. 305) eine 10proz. Verzinsung ein, und zwar vom Fälligkeitstag ab.

§ 22.

Dem Steuerpflichtigen stehen gegen die Veranlagung die im Kommunalabgabengesetz (bzw. im Kreis- und Provinzialabgabengesetz) gegebenen Rechtsmittel offen.

1. **Die Rechtsmittel.** Das Verfahren ist im KAG. und KrAG. geregelt. Danach steht dem Steuerpflichtigen zunächst der Einspruch und gegen den Einspruchsbescheid die Klage im Verwaltungsstreitverfahren und schließlich die Revision beim OVG. zu.

2. **Zur Einlegung der Rechtsmittel berechtigt ist**

a) der Steuerpflichtige, also in erster Linie gemäß § 16 MStO. der

Veräußerer. Bei mehreren Veräußerern ist jeder selbständig zur Einlegung von Rechtsmitteln befugt. Bevollmächtigte und Vermittler haften gemäß § 16 Abs. 2 für einen Teil der Steuer als Gesamtschuldner; sie sind also ebenfalls Steuerpflichtige, sobald sie herangezogen, d. h. veranlagt sind.

b) Auch der Erwerber ist befugt, Rechtsmittel einzulegen. Voraussetzung für die Einlegung des Einspruchs nach § 22 ist die vorhergehende Veranlagung, d. h. die Zustellung des Steuerbescheids; nach § 21 Abs. 1 Satz 2 ist auch den zur Mithaft Verpflichteten, also insbesondere dem Erwerber, im Falle ihrer Heranziehung eine besondere Veranlagung zuzustellen. Hiermit wird der Erwerber zum Steuerpflichtigen, dem die Rechtsmittel gegen die Veranlagung zustehen. Vorher aber sind die Mithaftenden nicht berechtigt, schon gegen den dem Veräußerer zugestellten Steuerbescheid Einspruch zu erheben; vgl. OVG. Amtl. Mitt. 1913, 179: 1914, 229. A. M. Wernick § 22, I und wohl auch Domke, a. a. O. § 31 Anm. 3.

c) Auch die Steuerübernahme durch den Erwerber im Kaufvertrag berechtigt diesen im Falle der Veranlagung des Veräußerers nicht zur selbständigen Rechtsmitteleinlegung. Eine solche rein privatrechtliche Vereinbarung ist steuerrechtlich ohne Bedeutung und hat nur gemäß § 9 die Wirkung, daß dem Veräußerungspreis der Steuerbetrag hinzuzurechnen ist. Zur Entrichtung der Steuer bleibt unabhängig davon der Veräußerer verpflichtet; er ist auch zu veranlagen: OVG. 62, 18; 81, 101; PrVBl. 49, 973; Amtl. Mitt. 1914, 192. Die Steuerbehörden veranlagen daher auch stets unabhängig hiervon den Veräußerer und übersenden dem Erwerber nur eine Abschrift des Steuerbescheides. Der Erwerber kann hiergegen nicht im eigenen Namen Einspruch einlegen. Tut er dies im Namen des Veräußerers, so bedarf er hierzu einer Vollmacht, die aber auch bei verspäteter Vollmachtseinreichung noch mit rückwirkender Kraft den Einspruch wirksam macht; so (entgegen PrVBl. 33, 790) OVG. 17, 69; 41, 456; 47, 65; 66, 231; PrVBl. 34, 788. Es ist daher empfehlenswert, worauf auch Oppenheimer (Berl. Tagebl. vom 3. August 1927, Nr. 363) hinweist, daß sich der Erwerber schon in dem notariellen Kaufvertrag von dem Veräußerer bevollmächtigen läßt, in seinem Namen gegen die Veranlagung zur Wertzuwachssteuer Einspruch und gegen den Einspruchsbescheid die nach § 70 Abs. 2 KAG. im Verwaltungsstreitverfahren zulässigen Rechtsmittel einzulegen, auch Anträge aus §§ 18 oder 24 MStO. zu stellen.

3. **Voraussetzungen der Rechtsmitteleinlegung.**

a) Die Veranlagung muß erfolgt, also ein Steuerbescheid durch die zuständige Behörde (OVG. 73, 49) zugestellt sein. Es genügt noch nicht eine Mitteilung der Steuerbehörde etwa auf Grund des § 20 Satz 2, daß die Steuerbehörde beabsichtige, den Pflichtigen in Höhe eines bestimmten Betrages zur Steuer heranzuziehen.

b) Die Zustellung des Steuerbescheides muß ordnungsgemäß erfolgt sein. Vgl. § 21 Anm. 4 a, b. Eine Bescheinigung des Steuerpflichtigen, daß er den Steuerbescheid erhalten hat, ersetzt die formelle Zustellung nicht: OVG. vom 20. 4. 1915 — VII C. 976/13 — bei Ziegesar S. 101. Öffentliche Zustellung ist nach § 17 des Regulativs für die Bezirksausschüsse vom 28. 2. 1884 in Verbindung mit § 16 Abschnitt XII Satz 1 des Regulativs für das OVG. vom vom 22. 2. 1882 zulässig, wenn der Aufenthalt einer Partei unbekannt ist: OVG. PrVBl. 50, 189.

Nach OVG. PrVBl. 49, 52 kann aber auch bei ungültiger Zustellung des Bescheids das Rechtsmittel eingelegt werden, um den gegen den Veranlagten ergangenen Akt aus der Welt zu schaffen.

c) Auch der zu Unrecht Veranlagte (aus Rechtsirrtum der Steuerbehörde oder aus tatsächlichem Irrtum über die Person des Pflichtigen) muß die Steuer bezahlen und Einspruch einlegen. Er kann nicht etwa den Steuerbescheid zurückgeben. Einen Anspruch auf entgangenen Zinsgewinn für den ihm wiederzuerstattenden Betrag hat er nicht; OVG. vom 30. 4. 1908: PrVBl. 1909, S. 205.

4. Der Einspruch (§ 69 KAG., § 16 KrAG.).

a) Man versteht hierunter jede an die Veranlagungsbehörde gerichtete Eingabe, die erkennen läßt, daß sie sich gegen die Heranziehung zur Wertzuwachssteuer wendet und Beseitigung der steuerrechtlichen Folgen erstrebt. Auf die Bezeichnung als „Einspruch" kommt es dabei nicht an: OVG. 35, 136; OVG. vom 30. 1. 1913 — VII C. 565/ 12 — bei Ziegesar S. 102 Nr. 14; Nöll-Freund, a. a. O. § 69 Anm. 10. Nicht genügend aber ist die Ankündigung, daß der Betroffene Einspruch erheben werde: OVG. 26, 1. Auch wenn die Eingabe als Berufung, Beschwerde, Revision oder in sonstiger Weise bezeichnet wird, ist sie als Einspruch zu behandeln.

b) Der Einspruch muß zulässig sein. Es ist also zu prüfen, ob die Frist (vgl. unten Anm. 4 f) noch nicht verstrichen ist. Der Einspruch muß sich auch gegen die Veranlagung als solche richten, nicht etwa gegen eine auf Grund des Steuerbescheids erfolgte Vollstreckungsmaßnahme: OVG. PrVBl. 24, 436. Ein bedingter Einspruch ist unzulässig: OVG. PrVBl. 24, 467.

c) Notwendiger Inhalt des Einspruchs: Er muß erkennen lassen, ob er sich gegen die Veranlagung im ganzen richtet (OVG. 62, 317) oder ob Herabsetzung der Steuer und bis zu welchem Betrag verlangt wird (Amtl. Mitt. 1913, 173). Wird nicht die ganze Veranlagung angegriffen, so muß der Steuerschuldner ziffernmäßig bezeichnen, welchen Steuerbetrag er anerkennt. Insoweit wird die Veranlagung endgültig und nur der Rest bleibt streitig: OVG. PrVBl. 24, 806; 49, 834. Läßt sich aus dem Einspruch nicht ersehen, ob er sich gegen die Veranlagung überhaupt richtet oder nur teilweise Herabsetzung der Steuer verlangt, so ist der Einspruch als gegen die Veranlagung im ganzen gerichtet anzusehen: OVG. 62, 317; 64, 65; Pape, Jahrb. I, 259; III, 493; PrVBl. 49, 672; 834. Es genügt nicht die Beanstandung, daß „zu hoch veranlagt" sei: OVG. PrVBl. 22, 615; 39, 148; 45, 80. Läßt sich der Ermäßigungsantrag zahlenmäßig nicht genau bestimmen, so muß er wenigstens die Angaben enthalten, aus denen sich die beanspruchte Ermäßigung errechnen läßt: OVG. 62, 319; 81, 79; PrVBl. 49, 576.

Daß mit dem Einspruch nicht nur Steuerbefreiung oder -ermäßigung, sondern auch eine Erhöhung der Steuer verlangt werden kann, sei der Vollständigkeit halber erwähnt: OVG. 58, 156; 66, 140.

d) Eine Begründung des Einspruchs ist nicht erforderlich (OVG. vom 6. 2. 1914 — VII C. 238/12 — bei Ziegesar S. 103 Nr. 18). Erfolgt sie, so wird der Beschwerdeführer dadurch nicht gehindert, die Begründung zu ändern, und zwar sowohl im ganzen als auch hinsichtlich einzelner Punkte, andere Gründe geltend zu machen oder die Begründung zu ergänzen: OVG. 9, 82; 31, 47. Eine nachträgliche Änderung der Begründung bedeutet nicht die Zulässigkeit einer Erweiterung des einmal gestellten Antrages, es sei denn, daß die Rechtsmittelfrist noch nicht abgelaufen ist. Unrichtige oder unvollständige Angaben in einer Einspruchsschrift führen zur Bestrafung nach § 79 KAG., wenn die Absicht der Steuerhinterziehung nachzuweisen ist; vgl. Anm. 6 zu § 19.

e) Der Einspruch ist grundsätzlich formfrei. Vgl. oben Anm. 4a Auch durch mündliche Erklärung bei der Steuerbehörde kann rechtswirksam Einspruch eingelegt werden, und zwar entweder zu Protokoll oder bei Aufnahme eines entsprechenden Vermerks der Steuerbehörde in die Akten: OVG. 7, 147; 33, 109; 51, 156. Nimmt die Steuerbehörde die mündliche Erklärung der Einspruchseinlegung entgegen — verpflichtet ist sie hierzu allerdings nicht —, so ist der Einspruch wirksam. Der Einspruch gilt auch dann als formgerecht, wenn bei mündlicher Einspruchseinlegung ein sachlicher Einspruchsbescheid erteilt wird: OVG. 77, 12; PrVBl. 49, 908; 50, 54.

Der schriftlich erhobene Einspruch muß unterzeichnet sein, wenn sich nicht ergibt, daß der Einspruch von dem zur Besteuerung Herangezogenen eigenhändig geschrieben ist: OVG. PrVBl. 35, 280; 36, 285. Fehlt die Unterschrift, so wird der Mangel der Form durch einen später erteilten Einspruchsbescheid geheilt: OVG. 72, 13. Einlegung des Einspruchs durch Fernsprecher ist im allgemeinen nicht ausreichend: OVG. 77, 11.

Wird der Einspruch nur „vorsorglich", also offensichtlich zur Wahrung der Frist eingelegt, so ist ein solcher Einspruch kein bedingter, da die Bezeichnung als vorsorglicher Einspruch nur den Beweggrund andeutet; ein solches Rechtsmittel ist als gültig eingelegt anzusehen; vgl. RFH. II A, 454/28 vom 12. 10. 28.

f) Der Einspruch ist binnen einer Frist von vier Wochen (nicht einem Monat), die mit dem ersten Tage nach erfolgter Zustellung der Veranlagung beginnt, aber in Ermangelung ordnungsmäßiger Zustellung auch ohne diese zulässig ist (OVG. PrVBl. 49, 52), bei der Steuerbehörde einzulegen. Es genügt, daß der Einspruchsschriftsatz am letzten Tage der Frist, wenn auch nach Schluß der Dienststunden, bei der zuständigen Behörde eingegangen ist. Die Einspruchsschrift kann entweder einem zur Empfangnahme von Schriftstücken Berechtigten (Briefannahmestelle, Pförtner) ausgehändigt werden (OVG. 34, 446), oder sie kann in einen zur Empfangnahme derartiger Schriftstücke bestimmten Briefkasten eingeworfen werden (OVG. PrVBl. 19, 312; 50, 189; OVG. 33, 456; 38, 48). Maßgebend ist der Tag des Eingangs bei der Steuerbehörde. Läßt sich dieser nicht feststellen, so gilt die Einreichung als rechtzeitig: OVG. PrVBl. 17, 286; OVG. 41, 71. Vgl. auch OVG. JW. 1917, 778.

Die Einspruchsfrist ist eine „Notfrist" im Sinne der ZPO., die nicht verlängert werden kann. Die Innehaltung dieser Frist ist in jedem Stadium des Verfahrens, also auch dann noch zu beachten, wenn zunächst übersehen worden ist, daß sie nicht gewahrt war: OVG. 10, 53; 12, 59.

g) Bei Versäumung der Einspruchsfrist bleibt dem Steuerpflichtigen nur der Antrag auf Wiedereinsetzung in den vorigen Stand. Als Grundlage für den Antrag dient der § 52 Abs. 2 LVG. Sie kann sowohl ausdrücklich von der Steuerbehörde bewilligt werden und unterliegt dann nicht der Nachprüfung im Verwaltungsstreitverfahren (OVG. 60, 173) als auch stillschweigend, wenn sich aus den Umständen ergibt, daß sie als bewilligt angesehen werden sollte, der Steuerbehörde auch die Versäumung der Frist bewußt war: OVG. 49, 158; 54, 307.

Voraussetzung für die Wiedereinsetzung in den vorigen Stand ist unverschuldete Fristversäumnis durch unabwendbaren Zufall. Als solcher gilt ein Versehen des Steuerpflichtigen selbst oder seines Bevollmächtigten im allgemeinen nicht. Auch die Einlegung des Rechtsmittels bei einer unzuständigen Behörde und die durch nicht rechtzeitige Weitergabe bedingte Fristversäumnis begründet die Wiedereinsetzung nicht: OVG. PrVBl. 24, 235; 49, 313.

Auch später ergangene höchstrichterliche Entscheidungen, die geeignet gewesen wären, Steuerbefreiung oder Steuerermäßigung zu begründen, sind kein Anlaß zur Bewilligung der Wiedereinsetzung; Nöll-Freund, § 69 Anm. 20 b und die dort zitierte Entscheidung des OVG.

h) Die Zurücknahme des Einspruchs hat zur Folge, daß die Veranlagung in vollem Umfang rechtswirksam wird. Beruht die Zurücknahme auf einem Irrtum, so bedarf es nicht etwa der Anfechtung der Rücknahmeerklärung, sondern der Einspruch kann, sofern die Einspruchsfrist noch nicht abgelaufen ist, wiederholt werden: OVG. PrVBl. 30, 338. Ist die Frist abgelaufen, so kommt allerdings eine Wiedereinsetzung in den vorigen Stand nicht mehr in Frage, da hier eine unverschuldete Fristversäumnis nicht vorliegt.

i) Auf die Wirkungen des Einspruchs ist bereits oben hingewiesen. Der Einspruch bedingt nicht Zahlungsaufschub und gibt auch keinen Anspruch auf Bewilligung der Stundung (§ 75 KAG.). Es wird jedoch Stundung in den Fällen zu gewähren sein, in welchen der Einspruch ganz oder teilweise Aussicht auf Erfolg verspricht; vgl. § 27 Abs. 1 AVZuwStG.

k) Die Entscheidung über den Einspruch (Einspruchsbescheid) erfolgt nach § 70 KAG. in der Fassung des Art. 5 Nr. 7 des Ges. zur Vereinfachung der Verwaltung vom 13. Mai 1918 bzw. 3. Januar 1928 in Stadtgemeinden statt des Magistratskollegiums durch ein von diesem benanntes Mitglied (in Städten mit Bürgermeistereiverfassung durch den Bürgermeister selbst oder seinen gesetzlichen Vertreter, die die Ausführung aber nicht selbst zu besorgen brauchen; OVG. 71, 158), in Landkreisen durch das Kollegium des Kreisausschusses (§§ 14 Abs. 2, 11, 16 KAG., § 137 KrO.), nicht etwa des Steuerausschusses der Gemeinden oder den Landrat; OVG. PrVBl. 22, 335; 30, 508; OVG. 62, 110; 64, 69; 72, 83. Es genügt auch nicht ein Beschluß des Vorsitzenden des Kreisausschusses, da dieser nicht berechtigt ist, für den Kreisausschuß Beschlüsse über Einsprüche zu fassen (Pape Jahrb. 9, 548; OVG. PrVBl. 49, 740). In Landgemeinden, die der Landgemeindeordnung vom 3. 7. 1891 unterliegen, entscheidet über den Einspruch nur der Gemeindevorsteher: OVG. 73, 47.

l) Der Einspruchsbescheid ist wenigstens von einem dazu befugten Beamten zu unterzeichnen (OVG. 71, 158, 160; 74, 32) und dem Steuerpflichtigen gegen Zustellungsurkunde zuzustellen; OVG. PrVBl. 1915, S. 616. Die Ordnungsmäßigkeit der Zustellung ist nur für den Beginn der Klagefrist, nicht für die Zulässigkeit der Klage von Bedeutung. Auch wenn es an ordnungsgemäßer Zustellung des Einspruchsbescheids fehlt, kann die Klage erhoben werden: OVG. 77, 23.

Eine Rechtsmittelbelehrung braucht der Einspruchsbescheid nicht zu enthalten: OVG. 68, 23; Strutz JW. 1915, 1524. Ist eine solche erteilt, aber in unrichtiger Weise (z. B. Hinweis auf die Klageeinreichung bei der Steuerbehörde statt beim Bezirksausschuß) und die Klagefrist dadurch versäumt, so ist, da die Rechtsmittelbelehrung nicht zwingend vorgeschrieben ist, der Fall der Wiedereinsetzung in den vorigen Stand nicht gegeben. Vgl. Strutz, JW. 1915, 1525.

m) Ist ein Einspruchsbescheid bereits erteilt, so kann die Steuerbehörde, die an den Bescheid nicht gebunden ist, diesen zurücknehmen oder abändern. Eine Erhöhung kann sie insoweit vornehmen, als sie berechtigt ist, einen Nachsteuerbescheid zu erlassen. Vgl. oben § 21 Anm. 5 und OVG. 73, 8. Erläßt sie einen solchen Bescheid, so ist dieser wiederum im Rechtsmittelverfahren selbständig anfechtbar: OVG. 48, 31; PrVBl. 17, 74; 20, 472.

5. **Die Klage im Verwaltungsstreitverfahren** (§§ 61—114 LVG.).

a) Gegen den Beschluß, durch welchen über den Einspruch entschieden wird, steht dem Steuerpflichtigen binnen einer mit dem ersten Tage nach erfolgter Zustellung beginnenden Frist von zwei Wochen die Klage im Verwaltungsstreitverfahren offen (§ 70 Abs. 2 KAG.). Nicht mit Klage anfechtbar, sondern ungültig ist ein Beschluß des Steuerausschusses der Gemeinde oder die persönliche Äußerung eines Mitgliedes des Gemeindevorstandes: OVG. PrVBl. 22, 335, 550.

Beschluß im Sinne der §§ 69, 70 ist die abschließende Entscheidung der zur Veranlagung zuständigen Steuerbehörde über die von dem Steuerpflichtigen ganz oder zum Teil bestrittene Rechtmäßigkeit seiner Heranziehung zur Steuerleistung; vgl. OVG. 35, 136; 40, 1; 41, 76;. PrVBl. 17, 429. Kein Beschluß im Sinne des § 70 KAG. ist daher die Rückäußerung der Steuerbehörde gemäß § 20 MStO., ebensowenig ein Bescheid, der eine Abänderung der Entscheidung nach Erfüllung bestimmter Voraussetzungen in Aussicht stellt: OVG. 49, 36.

Der Beschluß muß schriftlich abgefaßt werden, vgl. Art. 45 Nr. 2 AusfAnw. KAG., und ist nach Art. 43 ebendort förmlich zuzustellen. Wegen der Form der Zustellung vgl. § 21 Anm. 4 b sowie OVG. PrVBl. 33, 666. Der Beschluß muß auch erkennen lassen, von wem er herrührt.

Fehlt es an einem Beschluß, so ist die Klage abzuweisen. Eine Zurückverweisung in die Vorinstanz z. B. dann, wenn das Einspruchsverfahren Mängel aufweist, kommt nicht in Frage. Die Steuerbehörde ist dann verpflichtet, von Amts wegen das Einspruchsverfahren ordnungsmäßig durchzuführen und durch den Einspruchsbescheid abzuschließen. Gegen diesen ist dann erneut die Klage im Verwaltungsstreitverfahren gegeben, ohne daß die wegen mangelnder Prozeßvoraussetzungen erfolgte vorangegangene Klageabweisung der erst jetzt richtig erhobenen Klage entgegenstände.

b) Formelle Zustellung des Bescheids ist erforderlich; vgl. oben a und § 21 Anm. 4 c. Auch ein Anerkenntnis des Steuerpflichtigen über den Empfang des Bescheides kann die förmliche Zustellung nicht ersetzen; OVG. PrVBl. 31, 242. Die Ordnungsmäßigkeit der Zustellung des Einspruchsbescheides hat aber nur Bedeutung für den Beginn der Klagefrist, nicht für die Zulässigkeit der Klage selbst: OVG. 77, 23 entgegen der älteren Rsp.

c) Die Frist zur Klageerhebung beträgt 14 Tage. Ist ein Steuerbescheid z. B. am 20. September zugestellt, so muß die Klage spätestens am 4. Oktober eingereicht sein. Die Frist ist eine Notfrist und unterliegt nicht der Verlängerung durch Vereinbarung; OVG. 27, 41. Eine unvollständige Klage reicht zur Wahrung der Klagefrist aus: OVG. 9, 84. Ist die Klage durch einen Rechtsanwalt eingereicht und fehlt dessen Vollmacht, so ist die Frist gewahrt. Die Vollmacht kann später — auch nach deren Ablauf — beigebracht werden: OVG. 41, 456. Die Einreichung der Klage bei einer unzuständigen Behörde reicht zur Fristwahrung nicht aus.

Die fristgemäße Einlegung des Rechtsmittels ist in jedem Stadium des Verfahrens vom Bezirksausschuß zu prüfen, ohne daß für das Verwaltungsgericht die tatsächlichen Feststellungen der Vorinstanz maßgebend sind: OVG. 5, 100; 6, 31; 7, 48; 9, 86; 10, 53; 12, 59; PrVBl. 23, 122. Die Fristen des Verwaltungsstreitverfahrens sind nach § 52 Abs. 1 LVG. zwar Ausschlußfristen; das bezieht sich jedoch nur auf diejenigen, welche das LVG. selbst vorschreibt, soweit sich aus dem Gesetz nichts anderes ergibt, wie z. B. bei Erklärungsfristen (§§ 65 Abs. 1, 86 Abs. 2 LVG.): OVG. 73, 442. Auf Beginn und Lauf der Ausschlußfristen sind die Gerichtsferien ohne Einfluß: OVG. 71, 445.

Gegen die Versäumung der Frist ist Wiedereinsetzung in den vorigen Stand nach § 112 LVG. zulässig. Diese kann derjenige beantragen, der durch Naturereignisse oder andere unabwendbare Zufälle an der Einhaltung der Frist verhindert worden ist. Als unabwendbarer Zufall ist es anzusehen, wenn der Steuerpflichtige von einer Zustellung ohne sein Verschulden keine Kenntnis erhalten hat. Dagegen liegt kein Grund zur Wiedereinsetzung vor, wenn ein an unzuständiger Stelle eingereichter Schriftsatz nicht rechtzeitig der zuständigen Behörde weitergeleitet worden ist: OVG. PrVBl. 16, 335; 24, 235; 49, 313. Zugleich mit dem Antrag auf Wiedereinsetzung ist die versäumte Prozeßhandlung unter Anführung der den Wiedereinsetzungsantrag begründenden Tatsachen sowie der Beweismittel nachzuholen. Dies hat innerhalb von 2 Wochen zu geschehen, beginnend mit dem Ablauf des Tages, mit welchem das Hindernis behoben ist. Ist seit Versäumung der Frist ein Jahr verstrichen, so findet eine Wiedereinsetzung nicht mehr statt.

d) Die Klage muß zulässig sein. Sie richtet sich gegen jeden sachlichen Bescheid, welcher dem Antrag des Steuerpflichtigen nicht oder nicht vollständig stattgibt: OVG. PrVBl. 22, 10. Gegen einen Einspruchsbescheid ist sie auch dann zulässig, wenn der Bescheid ohne Einspruch erlassen oder nicht ordnungsgemäß zugestellt ist: OVG. PrVBl. 22, 133, 547; OVG. 77, 22. Feststellungsklagen sind im allgemeinen nicht zulässig: OVG. PrVBl. 17, 390; Pape Jahrb. 9, 551, sie sind nur dann zuzulassen, wenn der Kläger zu wiederholten Einzelleistungen in Anspruch genommen wird (OVG. PrVBl. 49, 426), ein Fall, der für die WZuwSt. nicht in Frage kommt. Auch ein Klageantrag, der darauf gerichtet ist, eine WZuwStO. für ungültig zu erklären, ist nicht zulässig. Die Prüfung der Rechtsgültigkeit einer Steuerordnung hat von Amts wegen zu erfolgen und unterliegt nicht dem Antragsrecht des Pflichtigen: OVG. VII C 65/12; VII C 696/13 bei Nöll-Freund a. a. O. § 70 Anm. 10a. Über die Prüfungspflicht des Verwaltungsgerichts vgl. unten Anm. h.

e) Über die Form der Klage ergibt sich aus § 63 LVG., daß diese schriftlich einzureichen ist, daß ein bestimmter Antrag gestellt werden muß unter Bezeichnung der Person des Beklagten, des Gegenstands des Anspruchs sowie der den Antrag begründenden Tatsachen. Das Erfordernis des Antrags bedingt nicht, daß dieser in einer besonderen Formel hervorgehoben werden muß, wenn nur das mit der Klage erstrebte Ziel aus ihr zu entnehmen ist: OVG. bei Nöll-Freund § 70 Anm. 12. Die Klage muß erkennen lassen, inwiefern der Einspruchsbescheid angefochten wird. Auch Erstattung der bezahlten Steuer kann verlangt werden, nicht dagegen die durch die unterlassene Zahlung entstandenen Beitreibungskosten und Mahngebühr (§ 75 KAG., § 11 Abs. 5 KrAG.), OVG. 6, 134; 16, 241. Zinsen können nicht gefordert werden: OVG. 28, 115; PrVBl. 21, 517; 24, 549; 30, 205.

Das Erfordernis der Schriftlichkeit bedingt unterschriftliche Vollziehung der Klage sowie etwaiger späterer Schriftsätze: OVG. PrVBl. 25, 197; 30, 559. Daß die Unterschrift leserlich sein muß und erkennen läßt, von wem sie herrührt, ist zwar nicht vorgeschrieben, aber nach der neuesten Rechtsprechung des RG. (JW. 1929, 52 Nr. 20) dringend zu empfehlen.

Wird die Klage zurückgenommen, so ist sie als nicht anhängig gemacht anzusehen; der Widerruf der Zurücknahme, auch wenn diese irrtümlich erfolgt ist, hat keine Wirkung: OVG. 70, 461; PrVBl. 49, 197.

Verbindung zweier Klagen aus prozessualen Zweckmäßigkeitsgründen ist zulässig; nur die Veranlagung verschiedener Steuerfälle desselben Steuerschuldners darf nicht einheitlich erfolgen: OVG. 71, 50.

f) Gegenstand der Klage ist die im Einspruch verlangte Ermäßigung. Über diese darf mit der Klage und mit der Entscheidung nicht hinausgegangen werden: OVG. 20, 1; 52, 150; PrVBl. 21, 456. Nachträgliche Vervollständigung oder Berichtigung ist zulässig: OVG. 9, 82. Lassen Einspruch und Klage nicht erkennen, ob sie gegen die Heranziehung als solche oder nur gegen einen Teil gerichtet sind, so ist anzunehmen, daß die Klage sich gegen den Steueranspruch richtet: OVG. PrVBl. 22, 22; OVG. 62, 317.

g) Begründung der Klage ist durch § 63 LVG. vorgeschrieben. Im einzelnen kann auf die Ausführung unter 4 d verwiesen werden. Was zur Einspruchsbegründung nicht herangezogen werden kann, vermag auch zur Begründung der

Klage nicht zu dienen. So wird sich z. B., wenn von mehreren Veräußerern eines Grundstücks nur einer zur Steuer herangezogen wird, dieser nicht darauf berufen können, daß die Vorschrift des § 16 Abs. 1 Satz 1 verletzt und die Heranziehung der übrigen Gesamtschuldner unterblieben sei: Vgl. OVG. 31, 170.

h) Prüfungspflicht des Verwaltungsgerichts. In erster Linie sind die formelle Zulässigkeit der Klage und die Voraussetzungen zu prüfen, von deren Erfüllung die Klageerhebung abhängig ist. So hat das Verwaltungsgericht von Amts wegen eine Prüfung seiner Zuständigkeit vorzunehmen. Diese bestimmt sich nicht nach § 57 Ziff. 1 LVG., sondern, da Gegenstand der Besteuerung nicht das veräußerte Grundstück, vielmehr der Übergang des Eigentums am Grundstück, also ein Rechtsvorgang ist (vgl. OVG. 64, 7), nach § 57 Ziff. 2 LVG.; OVG. 78, 6. Auch der Mangel der Prozeßfähigkeit ist in allen Instanzen von Amts wegen zu prüfen: OVG. 76, 479 bes. 485.

Das Verwaltungsgericht hat die formelle und materielle Rechtsgültigkeit der die Grundlage der Besteuerung bildenden Steuerordnung von Amts wegen nachzuprüfen. Dagegen unterliegen Zweckmäßigkeitserwägungen der Steuerbehörde nicht seiner Nachprüfung: OVG. 55, 134. So ist z. B. nicht nachzuprüfen, aus welchem Grunde bei mehreren Steuerpflichtigen nur einer von diesen zur Besteuerung herangezogen worden ist.

Bei der Nachprüfung einer Steuerordnung auf ihre Gesetzmäßigkeit hin ist die ganze Steuerordnung nur dann für ungesetzlich zu erklären, wenn die einzelnen in ihr enthaltenen ungesetzlichen Bestimmungen wesentliche Bestandteile der Steuerordnung als Ganzes sind; sonst bleibt der übrige Inhalt der Steuerordnung gültig. Das OVG. stellt darauf ab, ob die Steuerordnung auch erlassen worden wäre, wenn die ungesetzlichen Bestimmungen von Anfang an fortgeblieben wären. Vgl. Nöll-Freund § 70 Anm. 17e und die dort angeführte Rechtsprechung.

Ist die Klage nur bedingt erhoben, so gilt das Gleiche was oben für den Einspruch ausgeführt ist. „Vorsorgliche Klageerhebung" steht der bedingten nicht gleich.

i) Die allgemeinen Verfahrensvorschriften ergeben sich aus den §§ 61 ff. bis 81 LVG. Im einzelnen ist dazu folgendes zu bemerken:

Tatsächliche Angaben sowie Urkunden dürfen nur dann gegen eine Partei verwandt werden, wenn ihr Gelegenheit zur Kenntnisnahme und Gegenäußerung gegeben war; das gleiche gilt von amtlichen Ermittlungen aller Art, insbesondere auch von der Vernehmung von Zeugen und Sachverständigen: OVG. PrVBl. 17, 296; 18, 29; OVG. 25, 101; 27, 315; PrVBl. 20, 364; 22, 143; OVG. 34, 213; PrVBl. 22, 57.

Eine spätere Änderung der Veranlagungsgrundlagen im Verwaltungsstreitverfahren ist unzulässig: OVG. 56, 131; 62, 389.

Die Vorlegung von Geschäftsbüchern kann nach § 71 LVG. verlangt werden, nicht aber die Einreichung zwecks Aushändigung an Sachverständige: OVG. 28, 40; PrVBl. 17, 167.

Wird Freistellung von der Steuer beantragt, so ist damit gleichzeitig der Antrag auf Herabsetzung enthalten ohne Rücksicht darauf, ob für eine solche ausreichende Gründe vorgebracht oder bei entsprechender Nachprüfung aus dem Vorbringen zu entnehmen sind: OVG. PrVBl. 17, 44.

Die unzutreffende Auslegung eines Gutachtens ist nur dann ein wesentlicher Verfahrensmangel, wenn die Entscheidung entweder auf dem Gutachten beruht oder doch durch dieses beeinflußt worden ist: OVG. PrVBl. 20, 190.

Zustellungen von Verfügungen oder Urteilen des Verwaltungsgerichts an einen Bevollmächtigten setzen Erklärungs- oder Rechtsmittelfristen in Lauf, solange die Vollmacht nicht durch Anzeige zu den Akten zurückgenommen ist: OVG.

41, 458. Unabhängig davon kann aber mit rechtlicher Wirkung stets der Partei selbst zugestellt werden.

Wird eine Entscheidung (Endurteil) in öffentlicher Sitzung verkündet (§ 81 LVG.), so kann das Urteil auch schon vor der Zustellung nach § 93 LVG. angefochten werden. Sind mehrere Streitgenossen vorhanden, so ist auch derjenige zur Einlegung der Revision befugt, dem das Urteil noch nicht zugestellt ist: OVG. PrVBl. 24, 467.

Von der Mitwirkung als Richter ist nach § 61 LVG. in Verbindung mit § 41 Ziff. 6 ZPO. derjenige ausgeschlossen, der bei dem Erlaß des angefochtenen Einspruchsbescheides mitgewirkt hat: OVG. PrVBl. 30, 489.

Eine Ehefrau ist im Verwaltungsstreitverfahren auch ohne Beistand des Ehemannes prozeßfähig (§ 52 Abs. 2 ZPO.) wegen der zu ihrem eingebrachten Gut gehörenden Rechte, die sie gemäß § 1400 Abs. 2 BGB. nur mit Zustimmung des Ehemannes geltend machen kann: OVG. 54, 91.

Auch ein nicht rechtsfähiger Verein, der nur passiv prozeßfähig ist (§ 50 Abs. 2 ZPO.), kann Klage im Verwaltungsstreitverfahren erheben, wenn er zur Wertzuwachssteuer herangezogen wird: OVG. VII C 241/11 bei Nöll-Freund a. a. O. § 70 Anm. 18 t.

Der Konkursverwalter kann nur klagen, wenn er veranlagt ist. Das kann er aber nur werden, wenn die Steuerforderung zu den Massekosten gehört oder auch nur als gewöhnliche Konkursforderung gemäß § 61 KO. geschuldet wird; vgl. oben § 16 Anm. 10.

k) Die Regelung der Beweislast.

Die Angabe der den Steueranspruch begründenden Tatsachen und Rechtsnormen ist Aufgabe der Steuergläubigerin. Der Steuerpflichtige dagegen muß die Tatsachen vorbringen und beweisen, die geeignet sind, seinen Ermäßigungs- bzw. Freistellungsanspruch zu begründen: OVG. 16, 217; PrVBl. 17, 167; 20, 192; 21, 301. Für Aufwendungen gemäß § 8 ist der Steuerpflichtige beweispflichtig; ist er aber durch unrichtige Auskunft eines Beamten veranlaßt worden, die Belege zu vernichten, so kann sich die Beweislast umkehren: OVG. PrVBl. 49, 443.

Die Beweiswürdigung erfolgt nach § 79 LVG. ebenso wie im Falle des § 286 ZPO. nach freier richterlicher Überzeugung. Werden Erklärungen der Gegenpartei nicht bestritten oder erscheint die Partei nicht, so können die von der Gegenpartei vorgebrachten Tatsachen als zugestanden angesehen werden.

l) Die Entscheidung.

Das Verwaltungsstreitverfahren muß mit einer Entscheidung, die in der Sache selbst befindet, abschließen. Zurückverweisung an die kommunale Steuerbehörde ist im allgemeinen ausgeschlossen und nur als außergewöhnliche Maßregel anzusehen: OVG. 49, 445; 69, 444. Das LVG. enthält keine Bestimmung hierüber. Eine Entscheidung über den Grund des Steueranspruchs kann abweichend von der Vorschrift des § 304 ZPO. nicht erfolgen. Auch eine bloße Feststellung der Veranlagungsgrundsätze ist unzulässig: OVG. PrVBl. 24, 214. Das Verwaltungsgericht muß die Steuer, auf die erkannt worden ist, so berechnen, daß der Pflichtige in der Lage ist, die Berechnung nachzuprüfen. Bloße Angabe der Steuersumme genügt nicht: OVG. 71, 50.

Die Entscheidung kann nach mündlicher Verhandlung oder, sofern beide Teile auf diese verzichtet haben, auch ohne solche erfolgen: § 80 LVG. Einen Tatbestand braucht das Urteil nicht zu enthalten; Vorschriften über den Umfang und Inhalt der Entscheidungsgründe bestehen nicht: OVG. 69, 439. Der Verwaltungsrichter ist an bereits erstattete Sachverständigengutachten nicht gebunden, hat vielmehr ein freies Nachprüfungsrecht; er kann auch andere Beweiserhebung anordnen oder von dem Gutachten abweichen, ohne gezwungen zu sein, eine erneute Begutachtung vornehmen zu lassen; vgl. OVG. PrVBl. 26, 601 und oben § 20 Anm. 4 d.

Erscheint der Anspruch ohne weiteres entweder als rechtlich unzulässig oder als unbegründet, so kann die Klage durch Bescheid, der mit Gründen versehen sein muß, zurückgewiesen werden. Ist der Anspruch rechtlich begründet, so kann dem beklagten Steuergläubiger aufgegeben werden, den Kläger freizustellen (§ 64 LVG.). Der Bescheid muß die Mitteilung enthalten, daß die Parteien befugt sind, innerhalb von zwei Wochen vom Tage der Zustellung ab, Anberaumung der mündlichen Verhandlung zu beantragen oder dasjenige Rechtsmittel einzulegen, welches zulässig wäre, wenn der Bescheid als Entscheidung des Kollegiums ergangen wäre.

Hat einer der Beteiligten gegenüber dem Vorbescheid mündliche Verhandlung beantragt, ein anderer jedoch das zulässige Rechtsmittel eingelegt, so wird nur dem Antrag auf mündliche Verhandlung stattgegeben (§ 64 Abs. 6 LVG..) Der Bescheid gilt als endgültiges Urteil, wenn weder mündliche Verhandlung beantragt, noch das Rechtsmittel eingelegt wird.

Ist vor Erlaß einer Entscheidung von einer Partei mündliche Verhandlung beantragt oder hält das Gericht eine solche zur Aufklärung des Sachverhalts für erforderlich, so sind die Parteien bzw. ihre bevollmächtigten Vertreter zur mündlichen Verhandlung zu laden und in der Verhandlung zu hören. Schriftsätzliche Vorbereitung ist zulässig, aber nicht notwendig. Das Gericht kann schon vor der mündlichen Verhandlung von Amts wegen die nach seinem Ermessen erforderlichen Untersuchungen vornehmen und Beweise erheben (§ 76 LVG.).

Erscheint eine der Parteien nicht, so ergeht nicht etwa Versäumnisurteil, sondern es ist nach Lage der Akten zu entscheiden (§ 68 Abs. 1 LVG.). Die von der Gegenpartei vorgebrachten Tatsachen können dann als zugestanden angesehen werden (§ 79 LVG.), jedoch kann sich das Zugeständnis nur auf die Richtigkeit oder Unrichtigkeit von Tatsachen, nicht von Rechtssätzen beziehen, die der Verwaltungsrichter von Amts wegen kennen oder ermitteln muß: OVG. 72, 448.

Die Verkündung der Entscheidung erfolgt im allgemeinen in öffentlicher Sitzung des Gerichts (§ 81 LVG.). Beiden Parteien ist eine mit Gründen (§§ 81, 95 LVG.) versehene Ausfertigung dieser Entscheidung zuzustellen. Die bloße Aufstellung einer ihrer Richtigkeit nach erst zu erweisenden Behauptung, z. B. die Unterstellung, daß der Veräußerungsvertrag auflösend, nicht aufschiebend bedingt sei, ist ein wesentlicher Mangel der Entscheidungsbegründung: OVG. 72, 61. Ist die Verkündung unterblieben, so sind die gesetzlichen Erfordernisse durch die Zustellung erfüllt. Über die Formerforderniſſe der Zustellung (Angabe des richtigen Aktenzeichens) vgl. OVG. 77, 40.

6. Die Revision.

a) Gegen Entscheidungen der Kreisausschüsse oder Bezirksausschüsse im Verwaltungsstreitverfahren kann, sofern der Beschwerdegegenstand 100 RM. übersteigt (Ges. vom 13. Mai 1918, 3. Jan. 1928, GS. 1918, 53; 1928, 1), die Revision gemäß § 94 LVG. eingelegt werden, wenn

1. die angefochtene Entscheidung auf der Nichtanwendung oder auf der unrichtigen Anwendung des bestehenden Rechts, insbesondere auch der von den Behörden innerhalb ihrer Zuständigkeit erlassenen Verordnungen beruht;
2. das Verfahren an wesentlichen Mängeln leidet.

b) Auf die Revision sind die bei der Berufung erörterten Vorschriften des LVG. nach Maßgabe des § 95 LVG. anwendbar.

So findet Anwendung der § 66 LVG. (Beifügung der als Beweismittel in Bezug genommenen Urkunden), der § 71 (mündliche Verhandlung), die §§ 72 bis 75 (Öffentlichkeit der Verhandlung, Sitzungspolizei, Bevollmächtigte, Bestellung von Kommissaren öffentlicher Behörden, Protokollführer in der mündlichen Verhandlung). Auch der § 80 (Entscheidung ohne vorgängige mündliche Verhandlung bei Verzicht beider Parteien) und § 81 (Verkündung der Entscheidung, Zustellung) sind anwendbar.

Außerdem sind durch ausdrückliche Bestimmung gemäß § 95 LVG. die für die Berufung gegebenen §§ 82 Abs. 2, 84—90 auch für die Frist zur Einlegung und Rechtfertigung der Revision sowie für das Verfahren in der Revisionsinstanz maßgebend.

c) Die Frist für die Einlegung der Revision beträgt zwei Wochen (§ 85). Auch der Vorsitzende des Bezirksausschusses kann gegen eine Entscheidung Revision einlegen; er muß, sofern er dies beabsichtigt, sofort eine entsprechende Erklärung abgeben. In diesem Falle ist die Entscheidung des Bezirksausschusses längstens drei Tage auszusetzen und die Entscheidung mit der Eröffnung zu verkünden (zwingend!), daß im öffentlichen Interesse Revision eingelegt worden sei (§ 82 Abs. 2 LVG.).

d) Die Revision ist innerhalb von zwei Wochen schriftlich bei dem Bezirksausschuß einzulegen und zu begründen (§ 86 Abs. 1). Dieser unterzieht zunächst die Formalien einer Prüfung und übersendet, sofern Beanstandungen nicht zu erheben sind, die Revisionsschrift nebst Anlagen der Gegenpartei zur Erklärung innerhalb einer zu bestimmenden Frist, die längstens vier Wochen beträgt. In nicht eiligen Sachen kann zur Revisionsbegründung sowie zur Gegenerklärung eine angemessene, im allgemeinen zwei Wochen nicht übersteigende Nachfrist gewährt werden. Nach Fristablauf sind die gesamten Verhandlungen unter Benachrichtigung der Parteien dem Revisionsgericht vorzulegen (§ 88). Bei Versäumung der Revisionsfrist ist die Revision durch einen mit Gründen zu versehenden Bescheid zurückzuweisen (§ 86). Wegen der Wiedereinsetzung in den vorigen Stand, die ausschließlich nach § 112 LVG. erfolgt, vgl. oben Anm. 5 c. Das OVG. ist bei der Nachprüfung einer in der Vorinstanz gewährten Wiedereinsetzung an tatsächliche Feststellungen nicht gebunden: OVG. 70, 459; PrVBl. 1904, 764. Wird der Wiedereinsetzungsantrag erst in der Revisionsinstanz gestellt, so entscheidet darüber das OVG. So OVG. 76, 490 sowie die dort auf S. 493 erwähnten Entscheidungen gegen OVG. vom 13. 2. 1912 VIII C 196/11 PrVBl. 33, 751.

Unabhängig von dem Ablauf der Revisionsfrist kann sich der Revisionsbeklagte der Revision anschließen.

e) In der Revisionsschrift ist es nicht genügend, allgemein unrichtige Anwendung des bestehenden Rechts oder Mängel des Verfahrens zu behaupten, sondern es ist im einzelnen anzugeben, welche gesetzlichen Bestimmungen materieller oder formeller Natur verletzt worden sind (§ 96).

f) Das OVG. hat in rechtlicher Beziehung völlige Prüfungsfreiheit, d. h. es ist an die Gründe, welche zur Rechtfertigung der Revision vorgebracht sind, nicht gebunden, sondern es muß prüfen, ob und inwieweit die Revision unter Berücksichtigung der gesamten einschlägigen Gesetzesvorschriften haltbar ist oder nicht. Die ordnungsmäßige Vollmachterteilung an die Prozeßbevollmächtigten — die mündlich erfolgen kann — ist von dem Revisionsgericht zu prüfen: OVG. 61, 454. In diesem Zusammenhang sei darauf hingewiesen, daß das OVG. die Anwendung des § 4 RAO. auf die Zuwachssteuer abgelehnt hat, weil die AO. nur für Steuern gilt, die ganz oder zum Teil zugunsten des Reichs erhoben werden (§ 1 Abs. 2), die Erhebung des Reichsanteils an der Zuwachssteuer aber seit Erlaß des Finanzgesetzes vom 3. 7. 1913 fortgefallen ist: OVG. 77, 14.

g) Im Gegensatz zu der Berufungsinstanz, die im allgemeinen nicht berechtigt ist, den Steuerrechtsstreit zur nochmaligen Prüfung ohne Erlaß einer Sachentscheidung an die kommunale Steuerbehörde zurückzuverweisen (vgl. oben Anm. 5 l), kann das OVG., sofern es die Sache nicht für spruchreif hält, diese zur anderweitigen Entscheidung an den Bezirksausschuß oder an die Steuerbehörde selbst zurückverweisen und die Wiederholung oder Ergänzung des Verfahrens anordnen, soweit es nach seinem Ermessen mit einem wesentlichen Mangel behaftet ist (§ 99). Für den Vorderrichter ist die Entscheidung des Revisionsgerichts im Falle der Zurückverweisung ebenso bindend wie für dieses selbst, falls später nochmals Revision eingelegt wird: OVG. 37, 47; 38, 166; 41, 117; 66, 449. Dies gilt auch für Feststellungen über Prozeßvoraussetzungen, z. B. die rechtzeitige Klageerhebung: OVG. 76, 508.

h) Gegen rechtskräftig gewordene Endurteile des OVG. findet die Wiederaufnahme des Verfahrens, für die wiederum das OVG. zuständig ist, statt. Die Grundlage bieten die §§ 578—591 ZPO. Es ist also gegeben die Nichtigkeitsklage nach § 579 ZPO., wenn das erkennende Gericht nicht vorschriftsmäßig besetzt war oder bei der Entscheidung ein abgelehnter bzw. kraft Gesetzes ausgeschlossener Richter mitgewirkt hat, oder die Restitutionsklage (§ 580 ZPO.) bei Verletzung der Eidespflicht, Fälschung von Urkunden, Erschleichen des Urteils durch strafbare Handlung, Auffinden neuer Urkunden usw. Vgl. OVG. 76, 496; PrVBl. 50, 189.

7. **Die Kosten des Verwaltungsstreitverfahrens.**

a) Festsetzung des Streitwerts.

Dieser ist im Endurteil festzusetzen (§ 103 Abs. 2 LVG.). Die Festsetzung erfolgt für jede Instanz gesondert durch das Gericht, bei dem die Sache anhängig gewesen ist (§ 103 Abs. 1 LVG.). Für die Höhe des Streitwertes ist nicht der in der Rechtsmittelschrift angegebene Streitgegenstand maßgebend, wie er aus den Anträgen hervorgeht, sondern der Streitgegenstand, der zu Beginn der mündlichen Verhandlung dem Streit der Parteien zugrunde liegt: OVG. 57, 513; PrVBl. 49, 975. Ist ohne vorherige mündliche Verhandlung entschieden worden (§ 80 LVG.), so ist der zuletzt gestellte Antrag entscheidend. Die Streitwertfestsetzung bildet zwar keinen Teil der Streitentscheidung, sie kann aber als Teil des Urteils nicht im Wege der Beschwerde, sondern nur durch das gegen das Urteil zulässige Rechtsmittel angefochten werden: OVG. 3, 384; PrVBl. 23, 550, 583; OVG. 72, 445 ff., bes. 448. Die Frage, ob eine solche Nachprüfung auch dann erfolgen kann, wenn das Rechtsmittel gegen das Urteil unzulässig ist, also eine Sachentscheidung nicht erfolgt, läßt des OVG. 72, 448 dahingestellt. Man wird aber gerade in einem solchen Falle die Nachprüfung unbedingt zulassen müssen, wenn man nicht den Kläger, aus reinem Formalismus, rechtlos machen will.

b) Die Höhe der Gerichtskosten ist durch RdErl. v. 24. 12. 1926 (MBl. i. V. 1927 Sonderabdr. 1) u. AusfAnw. v. 26. 7. 1927 (a. a. O. S. 782) geregelt. Kosten werden nicht erhoben, wenn der unterliegende Teil eine Behörde ist, wenn ohne vorgängige mündliche Verhandlung entschieden wurde, ferner bei den Rechtsmitteln, die von dem Vorsitzenden des Kreisausschusses, von dem Magistrat oder von dem Vorsitzenden des Bezirksausschusses eingelegt worden sind (§ 107 LVG.). Die Entscheidung über die Kostenlast wird in dem Kostenfestsetzungsbeschlusse (§ 108 LVG.) getroffen, der die Person des Kostenschuldners feststellt, die Festsetzung der Kosten zum Gegenstand hat und sich nicht als Entscheidung zwischen den Parteien, sondern als Verwaltungsakt darstellt: OVG. 68, 462; 74, 469. Gegen den Kostenfestsetzungsbeschluß ist innerhalb zwei Wochen Beschwerde an die nächsthöhere Instanz zulässig (§ 108 Abs. 3).

Die Einforderung eines Kostenvorschusses findet im Verwaltungsstreitverfahren abweichend von den Vorschriften des deutschen GKG. nicht statt, da erst nach Abschluß des Verfahrens übersehen werden kann, welche der beteiligten Parteien mit der Kostentragungspflicht zu belasten ist: OVG. PrVBl. 49, 909.

c) Die Rechtsanwaltskosten richten sich in der Berufungs- und Revisionsinstanz nach der Gebührenordnung für RA. Anders im Einspruchsverfahren, das nicht als Verwaltungsstreitverfahren angesehen, sondern noch zum Veranlagungsverfahren gerechnet wird: OVG. 48, 33; PrVBl. 39, 341. Für das Einspruchsverfahren ist daher in Ermangelung besonderer Vereinbarung, die stets zulässig erscheint, die Landesgebührenordnung für RA. zugrunde zu legen; vgl. JW. 1929, 354.

d) Die Kostenerstattungspflicht. Dem unterliegenden Teile sind die Kosten und baren Auslagen des Verfahrens sowie die erforderlichen baren Auslagen des obsiegenden Teiles zur Last zu legen (§ 103). Soweit diese durch eigenes Verschulden des obsiegenden Teiles entstanden sind, sind sie von diesem zu tragen. Bei Rücknahme der Klage ist über die Kostenlast durch Beschluß zu entscheiden; dieser ist unanfechtbar. Die Kosten sind dem Kläger aufzuerlegen, wenn nicht zwischen den Parteien eine die Kostenlast verteilende Einigung getroffen worden ist: OVG. 74, 469.

Rechtsanwaltsgebühren des obsiegenden Teils hat der Unterliegende nur insoweit zu erstatten, als diese für Wahrnehmung der mündlichen Verhandlung vor dem Bezirksausschuß oder dem OVG. zu zahlen sind. OVG. 8, 428; 18, 447—450; 40, 447; PrVBl. 49, 394; JW. 1928, 771, dazu Anm. von Friedlaender. Erstattung weiterer Kosten, insbesondere Reisekosten eines auswärtigen Anwalts, Auslagen usw. über die erstattungsfähigen Gebühren hinaus können nicht gefordert werden, gleichviel ob diese zur zweckentsprechenden Rechtsverfolgung notwendig waren (§ 91 ZPO.): OVG. 39, 458; 71, 444; PrVBl. 49, 394. Auch die auf die Gebühren entfallende Umsatzsteuer ist eine erstattungsfähige bare Auslage im Sinne des § 103 LVG.: OVG. 76, 514. Für die persönliche Wahrnehmung der mündlichen Verhandlung in der Berufungs- oder Revisionsinstanz kann die obsiegende Partei an baren Auslagen nicht mehr verlangen, als die gesetzlichen Gebühren eines sie vertretenden Rechtsanwalts betragen haben würden, wenn nicht ihr persönliches Erscheinen von dem Gericht angeordnet war.

Findet eine mündliche Verhandlung nicht statt, so kann die obsiegende Partei ihre eigenen Barauslagen oder die ihres Vertreters insoweit ersetzt verlangen, als sie als erforderlich anerkannt werden müssen: OVG. PrVBl. 49, 394.

Eine selbständige Anfechtung der Kostenentscheidung findet nicht statt, vielmehr kann diese nur gleichzeitig mit der Entscheidung in der Hauptsache durch Berufung oder Revision angefochten werden (§ 105 LVG.); OVG. 76, 498. Dies gilt auch dann, wenn sich die Hauptsache vor Einlegung des Rechtsmittels erledigt: OVG. 69, 315 f.; 72, 447.

§ 23.

Zuwiderhandlungen gegen die Bestimmungen dieser Steuerordnung werden mit einer Geldstrafe bis zu dem nach dem Kommunalabgabengesetz (bzw. Kreis- und Provinzialabgabengesetz) zulässigen Höchstmaß bestraft, sofern nicht nach den sonstigen Gesetzen eine höhere Geldstrafe oder eine Freiheitsstrafe verwirkt ist.

1. Rechtlicher Charakter der Strafvorschrift.

a) Die MStO. verweist hinsichtlich der Strafhöhe auf die Strafvorschrift des KAG. bzw. KrAG. Trotzdem ist der § 23 eine selbständige Strafandrohungsvorschrift, da die Strafandrohung in ihm enthalten ist und nur hinsichtlich des Höchstmaßes der Strafe eine Verweisung erfolgt. Die Strafe ist eine Kriminalstrafe, nicht eine Ordnungs- oder Erzwingungsstrafe; dies geht schon aus dem Hinweis auf § 459 RStPO. in § 82 Abs. 2 KAG., § 17 Abs. 2 KrAG. hervor.

b) Über das Strafmaß entscheiden die §§ 82, 90 KAG., § 17 KrProvAG. v. 23. 4. 06 in der Fassung des Gesetzes über Vermögensstrafen und Bußen v. 6. 2. 1924 (RGBl. I 44); vgl. MinVerf. vom 20. 6. 24 (MBliV. 675). Danach können in den StO. Strafen gegen Zuwiderhandlungen von mindestens 1 RM. bis zur Höhe von 150.— RM. angedroht werden. Wegen der Festsetzung dieser Strafen vgl. unten Anm. 2e; wegen der Beitreibung Anm. 3.

c) Die Strafbestimmungen der §§ 355 ff. AO. finden keine Anwendung. Vgl. wegen dieser im einzelnen Hagelberg-Krämer, GrdErwStstrafrecht S. 298 ff. Wegen der Nichtanwendung des einen Strafausschließungsgrund enthaltenden § 358 AO. vgl. unten Anm. 2 a.

2. Umfang der Strafvorschrift.

a) Zuwiderhandlungen sind strafbare Verletzungen von Pflichten, die die MStO. im Interesse der Wertzuwachsbesteuerung auferlegt; vgl. § 356 AO. Abweichend von dieser Bestimmung, die als Steuerzuwiderhandlung auch eine dem Täter oder Teilnehmer gewährte Begünstigung ansieht und diese besonders unter Strafe stellt, ist die Begünstigung nach § 23 MStO. nicht strafbar.

Nur die Verletzung zwingender Vorschriften ist strafbar. Wird gegen bloße Soll- oder Kannvorschriften verstoßen, so liegt darin keine rechtswidrige Zuwiderhandlung.

Die strafbare Verletzung steuerrechtlicher Pflichten hat zur Voraussetzung

1. eine Handlung oder Unterlassung, die mit dem eingetretenen Erfolg in ursächlichem Zusammenhang stehen muß und nicht auf einem unabwendbaren Zufall beruht;
2. die Handlung oder Unterlassung muß schuldhaft, d. h. vorsätzlich oder fahrlässig erfolgt sein.

Unverschuldeter Irrtum über das Bestehen oder die Anwendbarkeit steuerrechtlicher Vorschriften (vgl. § 358 AO.) begründet keinen Strafausschließungsgrund. Die AO. könnte nur insoweit anwendbar sein, als sie in der StO. ausdrücklich für anwendbar erklärt worden ist. Die Berliner StO. hat im § 30 hiervon für eine Reihe von Vorschriften Gebrauch gemacht, nicht allerdings für die Strafbestimmungen der §§ 355 ff. AO.

Die Steuerzuwiderhandlung kann in einem Tun oder in einem Unterlassen bestehen. Letzteres ist allerdings nur dann strafbar, wenn eine Verpflichtung zum Tun bestand. Vgl. z. B. die Verpflichtung zur Auskunftserteilung im § 19 Abs. 2 Ebenso wie der strafrechtliche Irrtum des § 358 AO. nicht zur Anwendung kommen kann, entfällt auch die Anwendbarkeit des § 374 AO. (Tätige Reue). Zwar enthält auch der § 79 KAG. eine Bestimmung, daß derjenige straffrei bleibt, der seine unrichtige oder unvollständige Angabe, bevor Anzeige erfolgt oder eine Untersuchung eingeleitet ist, berichtigt oder ergänzt. Diese Vorschrift ist jedoch deshalb nicht anwendbar, weil § 23 MStO. nicht schlechthin die Strafbestimmungen der §§ 79 ff. KAG. für anwendbar erklärt, also auf diese verweist, sondern weil ein Hinweis nur hinsichtlich des Strafmaßes erfolgt ist, also ausschließlich der § 82 KAG. bzw. § 17 KrAG. zur Anwendung kommt. Kommt die Steuerzuwiderhandlung durch Antrag auf gerichtliche Entscheidung (vgl. unten f 2) zur Entscheidung des Strafrichters, so hat dieser auf Grund der allgemeinen Strafvorschriften des StGB. zu prüfen, ob nicht ein Strafausschließungs- bzw. Schuldausschließungsgrund der Bestrafung entgegensteht.

b) Gegen die Bestimmungen der MStO. muß der Täter verstoßen haben. Die Vorschrift bezieht sich nicht nur auf den ursprünglichen Steuerschuldner, sondern auch auf den Erwerber als Zweitschuldner bzw. die Steuerbürgen. Sie ist beschränkt auf die Anzeigepflicht des § 19 Abs. 1 und die Auskunftspflicht des § 19 Abs. 2 sowie auf die Pflichten der Gesellschaften gemäß § 19 Abs. 3. Die Bestimmungen der §§ 1 bis 18 enthalten materielles Steuerrecht, nicht aber die Aufstellung von Geboten oder Verboten an die Steuerpflichtigen. Daneben kommt aber die Strafandrohung des § 79 KAG. in Betracht, wonach unrichtige oder unvollständige Angaben über die für die Steuerpflicht erheblichen Umstände unter Strafe gestellt sind. Hierbei handelt es sich um alle Tatsachen, die die Voraussetzungen für die Anwendung der §§ 1 bis 18 bilden, so z. B. unrichtige Angaben über den Erwerbs- oder Veräußerungspreis, über Aufwendungen gemäß §§ 8, 10; ebenso das Verschweigen bestehender mündlicher oder schriftlicher Nebenverträge oder Abmachungen, die für die Veranlagung erheblich sind, trotz Befragens durch die Steuerbehörde (Amtl. Mitt. 1913, 265). Wissentlich unrichtige Angaben im Einspruchsverfahren gegen eine ordnungsmäßige Veranlagung können eine Steuerzuwiderhandlung sein, wenn im übrigen die Voraussetzungen einer solchen gegeben sind (Amtl. Mitt. 1916, 67); vgl. Anm. 6 zu § 19. Keine Zuwiderhandlung dagegen ist die Angabe des Bebauungszwecks bei der Veräußerung unbebauter Grundstücke (§ 17 Abs. 1), obgleich von Anfang an feststand, daß eine Bebauung nicht vorgenommen würde, da hier nicht Verkürzung der Steuer in Frage kommt, sondern nur eine zeitweise Stundung erreicht wird.

c) Strafmaß. Entscheidend ist der § 82 KAG. bzw. § 17 KrAG. Wegen der Höhe vgl. oben Anm. 1 b.

Eine Umwandlung nicht beitreibbarer Geldstrafen in Freiheitsstrafen auf Grund der §§ 28 ff. StGB. ist nicht zulässig. Im § 81 KAG. ist eine solche Umwandlung unbeitreiblicher Geldstrafen auf die Fälle der §§ 79, 80 beschränkt, ohne daß § 82 Erwähnung gefunden hat. Im Gegensatz zu § 81 ergibt sich aus § 82 Abs. 2, daß nur die Beitreibung von Geldstrafen im Wege des Verwaltungszwangsverfahrens in Frage kommt. Die abweichende Auffassung, die von Trautmann (PrVBl. 26, 153), Delius (PrVBl. 28, 245), KG. in einer Entsch. vom 21. November 1901 (Goldammers Arch. 49, 368) sowie in einer Entsch. vom 7. 4. 1910 (1 S. 194/10 bei Nöll-Freund, a. a. O. § 82 Anm. 8) vertreten wird, kann nicht für zutreffend gehalten werden. Wie hier Nöll-Freund, a. a. O.

d) Inhalt des Strafbescheides. Der Strafbescheid muß, abgesehen von der Geldstrafe bzw. Einziehung, die strafbare Handlung, das angewendete Strafgesetz und die Beweismittel bezeichnen, auch die Eröffnung enthalten, daß der Beschuldigte, sofern er nicht Beschwerde an die höhere Verwaltungsbehörde richtet, gegen den Strafbescheid binnen einer Woche nach der Bekanntmachung bei der Verwaltungsbehörde, welche diesen erlassen, oder bei derjenigen, welche ihn bekanntgemacht hat, den Antrag auf gerichtliche Entscheidung stellen kann.

e) Festsetzung der Strafe erfolgt in Stadtkreisen durch den Gemeindevorstand (Magistrat), § 82 Abs. 2 KAG.), in Landkreisen durch den Kreisausschuß (§ 17 Abs. 2 KrAG.). In Berlin erfolgt die Festsetzung der Strafen durch das Bezirksamt. Wegen der Beitreibung der Strafen vgl. unten Anm. 3.

f) Rechtsmittel. Der Steuerpflichtige hat die Wahl zwischen der Dienstaufsichtsbeschwerde und dem Antrag auf gerichtliche Entscheidung. Die Aufsichtsbeschwerde ist bei der höheren Verwaltungsbehörde, in Berlin dem

Oberpräsidenten, in Stadt- und Landkreisen dem Regierungspräsidenten, einzulegen und wird in letzter Instanz von dem preußischen Minister des Innern entschieden.

Der Beschuldigte kann ferner auf gerichtliche Entscheidung gemäß § 420 StrPO. antragen. Die Steuerbehörde hat dann die Möglichkeit, entweder auf Grund nochmaliger Prüfung den Strafbescheid zurückzuziehen oder aber die Akten der zuständigen Staatsanwaltschaft zu übersenden, die sie dann dem Gericht zur Entscheidung vorlegt. Ist der Antrag auf gerichtliche Entscheidung gestellt, so verliert damit der Strafbescheid seine Kraft, und die alsdann ausgesprochenen Strafen fließen nicht mehr der Stadtkasse bzw. der Kreiskommunalkasse, sondern der Staatskasse zu. (Vgl. MBliV. 1905, S. 165.)

3. **Die Beitreibung der Strafe.** Die Strafen sind im Verwaltungszwangsverfahren gemäß § 82 Abs. 2 KAG. beizutreiben.

Die Beitreibung erfolgt nach Maßgabe der VO. vom 15. 11. 1899 (GS. S. 545) und vom 18. 3. 1904 (GS. S. 36) sowie der AusfAnw. vom 20. 11. 1899 und vom 4. 7. 1904. Gegen die Vornahme der Zwangsvollstreckung sind Rechtsmittel nicht zulässig. (OVG. PrVBl. 24, 181; 29, 933.) Über die Ausübung des Gnadenrechts bei Strafen auf Grund der §§ 79—82 KAG., § 17 KrAG. durch den FM. bzw. den MdJ. und die Delegation an die Kreisausschüsse (bei Landkreisen) oder Gemeindevorstände (bei Stadtkreisen und Städten mit mehr als 10000 Einwohnern) vgl. den RdErl. d. MdJ. u. d. FM. vom 19. 9. 1929 — IV St. 824 II u. II C/B 9205 — MBliV. 824 = FMBl. 311.

Es ist bereits oben Anm. 2c darauf hingewiesen, daß und aus welchen Gründen eine Umwandlung nicht beitreibbarer Geldstrafen in Freiheitsstrafen nicht in Frage kommt.

4. **Die Verwirkung höherer Strafen nach anderen Gesetzen.** Da es sich nur um reine Steuerdelikte handeln kann, ist unter „den sonstigen Gesetzen" hier nur die RAO., und zwar deren §§ 355 ff. zu verstehen.

Zuwiderhandlungen gegen die Bestimmungen der MStO. können und werden oft zusammenfallen mit vollendeten oder auch versuchten Grunderwerbsteuerhinterziehungen (§§ 359, 360, 383 AO.). In solchem Falle ist § 73 RStGB. anzuwenden; vgl. RG. JW. 1928, 2465 Nr. 28. Eine Konkurrenz zwischen der Steuerzuwiderhandlung nach § 23 MStO. und Betrug (§ 263 StGB.) kommt nur im Sinne der Gesetzeseinheit, nicht von Tateinheit in Frage, weil die Strafbestimmung des § 23 als Sondergesetz gegenüber § 263 StGB. zu gelten hat. Vgl. im einzelnen Hagelberg-Krämer, Grunderwerbsteuerstrafrecht, § 359 Anm. 6.

Auch eine Konkurrenz zwischen Steuerhinterziehung und Urkundenfälschung ist denkbar. Beispiel: Der Veräußerer fertigt fälschlich an oder verfälscht Belege im Sinne des § 8 Ziff. 2, um tatsächlich nicht oder nicht im vorgespiegelten Umfang erfolgte Aufwendungen zu belegen. Da er die Urkundenfälschung in der Absicht der Wertzuwachssteuerhinterziehung begangen hat, so ist der Steuerpflichtige wegen der Urkundenfälschung aus §§ 267 oder 269 und nicht aus § 23 MStO. zu bestrafen, da die §§ 267 ff. die schwerere Strafandrohung enthalten. Konkurriert die Steuerzuwiderhandlung mit der mittelbaren Falschbeurkundung des § 271 StGB., so kommt wiederum nur die Bestrafung aus dieser Vorschrift in Frage. Vgl. Hagelberg-Krämer, a. a. O. Anm. 7.

§ 24.

Die Steuerbehörde wird ermächtigt, aus Billigkeitsgründen eine Herabsetzung der Steuer im Einzelfall vorzunehmen. Ebenso können bereits veranlagte Steuern auf Antrag durch die Steuerbehörde aus

Billigkeitsgründen ganz oder teilweise erlassen oder niedergeschlagen werden.

1. **Allgemeines.** Die Bestimmung enthält eine allgemeine Ermächtigung der Steuerbehörde, im Einzelfall eine Herabsetzung der Steuer vorzunehmen. Ihr Vorbild findet sie in dem § 31 GrdErwStG. sowie in der allgemeinen Bestimmung des § 108 AO. Sie unterscheidet sich von diesen Vorschriften dadurch, daß im § 31 GrdErwStG. besonders auf diejenigen Fälle hingewiesen ist, in denen der Erwerb von Grundstücken durch einen dinglich Berechtigten zur Rettung seines eingetragenen Rechtes erfolgt, sei es freihändig oder durch Erstehung des Grundstücks in der Zwangsversteigerung. Ein weiterer Unterschied besteht darin, daß § 31 GrdErwStG. einen Antrag vorsieht, während § 24 MStO. auch ein Prüfungsrecht der Steuerbehörde von Amts wegen ins Auge faßt.

Satz 1 spricht nur von Herabsetzung der Steuer, während Satz 2 gestattet, veranlagte Steuern ganz oder teilweise zu erlassen. Da Satz 2 mit dem Wort „Ebenso" beginnt, wird man die Vorschrift dahin verstehen müssen, daß auch die Herabsetzung nach Satz 1 auf Null erfolgen, also zum Freistellungsbescheid führen kann. Anderenfalls müßte der Pflichtige zuerst zu einem Betrage veranlagt werden, der sodann niedergeschlagen werden könnte.

2. **Sachliche Gründe zur Herabsetzung der Steuer.** Die Einziehung der Steuer muß nach Lage der Sache unbillig sein, d. h. sie muß zu Härten führen, die das Gesetz selbst nicht gewollt hat. Wann dies im einzelnen der Fall ist, ist von den Umständen des Falles abhängig. Allgemeine Richtlinien fehlen hier schon deshalb ganz, weil die Herabsetzung der Steuer in dem Ermessen der jeweils zuständigen Veranlagungsbehörde (Magistrat, Kreisausschuß) steht. Immerhin können die von dem RFM. durch Erlaß vom 12. 8. 1925 (III Rv. 9541) aufgestellten allgemeinen Grundsätze auch hier von Bedeutung sein. So ist auch für die Wertzuwachssteuer der Gesichtspunkt zutreffend, daß bei einer Verkehrssteuer die Rücksicht auf die Person der Beteiligten zurücktreten müsse und daß der Billigkeitserlaß bei solchen Tatbeständen zu unterbleiben habe, bei welchen das Gesetz selbst nach der aus Vorgeschichte und aus der Gestaltung der einzelnen Vorschriften erkennbaren Absicht keinen Anlaß zur Steuerbefreiung gesehen habe. Ein Anlaß zur Herabsetzung der Steuer wird z. B. bei einem Grundstückserwerb für kirchliche oder gemeinnützige Zwecke nicht schon wegen dieser Zweckbestimmung vorliegen. Sachliche Ermäßigungsgründe werden insbesondere in den Fällen des § 7 gegeben sein, soweit die von dem Veräußerer nach der Rsp. der ordentlichen Gerichte zu tragenden Aufwertungslasten auf den Erwerbspreis nicht voll zur Anrechnung kommen, weil der § 7 lückenhaft ist; vgl. die Erörterungen zu § 7. Auch der steuerliche Rückgriff (§ 6 Abs. 1 Satz 2 und Anm. 13 zu § 6) kann zu großen Härten führen, deren Ausgleich im Billigkeitswege dringend erwünscht ist. Dasselbe gilt für Beiträge für Straßenbauten, die in § 8 keine Berücksichtigung gefunden haben, sowie für die eigene Arbeit bei Bauten (§ 8 Nr. 2). Schließlich führt auch die Haftung des Treuhänders und des Gemeinschuldners für die WZuwSt. oft zu sachwidrigen Härten.

3. a) Nur im Einzelfall erfolgt Herabsetzung der Steuer aus Billigkeitsgründen. Abweichend § 108 Abs. 2 AO., wonach der RFM. für Fälle bestimmter Art aus Billigkeitsgründen allgemein Befreiungen oder Ermäßigungen von Steuern sowie die Erstattung oder Anrechnung bereits entrichteter Steuern vorsehen kann. Da § 24 MStO. ausschließlich auf den Einzelfall abstellt, würden bindende Richtlinien der Steuerbehörde nicht als rechtsgültig betrachtet werden können. Zulässig ist dagegen die Bekanntmachung von allgemeinen Grundsätzen, nach denen in Fällen

des § 24 verfahren wird, obwohl auch solche Grundsätze die Steuerbehörde nicht der in jedem einzelnen Falle gebotenen eingehenden Prüfung entheben.

b) Gänzliche oder teilweise Steuerbefreiung kam für Rechtsgeschäfte, die den Rückkauf von aus Gründen persönlicher Not in den Jahren 1922—1924 veräußerten Grundstücken zum Gegenstand haben, in Frage; vgl. Anm. 15 c zu § 5. Für die GrdErwSt. vgl. die Erlasse des RFM. vom 30. 7. 1925 und 6. 1. 1928 bei Hagelberg-Krämer, GrdErwStG. § 31 Anm. 1 d. Für die Wertzuwachssteuer ist für diese Fälle durch Erlaß des Ministers des Innern und der Finanzen vom 21. 8. 1925 (MBl. i. V. 896) die ganze oder teilweise Befreiung von der Wertzuwachssteuer angeregt worden, und zwar für die Fälle, in welchen der Erwerber der frühere Eigentümer, der Ehegatte oder dessen Abkömmling ist und die Umstände des Falles die Befreiung billig erscheinen lassen. Dieser Erlaß ist zuletzt am 7. 7. 1928 (MBl. i. V. S. 667) auf die Rückkaufsgeschäfte, die bis zum 31. 12. 1928 abgeschlossen waren, ausgedehnt worden. Nach Ablauf dieser Frist kommt Erlaß oder Ermäßigung im Einzelfall gemäß § 24 in Frage.

c) Auch Gründe, die ausschließlich in der Person des Steuerpflichtigen liegen, z. B. Krankheit, Armut, Kinderreichtum, Kriegsbeschädigung usw., können den Erlaß aus Billigkeitsgründen rechtfertigen. Der Fall liegt hier anders als im § 108 AO., in welchem derartige Gründe den Erlaß aus Billigkeitsgründen nicht rechtfertigen, weil die AO. zum Ausgleich solcher Härten die Niederschlagung des § 107 kennt, eine Vorschrift, die auf die MStO. nicht anwendbar ist. Vgl. § 31 GrdErwStG. Anm. 1e.

d) Ein Anlaß, die Herabsetzung der Steuer aus Billigkeitsgründen vorzunehmen, wird besonders dann gegeben sein, wenn der Grundstückserwerb durch den Gläubiger einer Hypothek, Grundschuld, Rentenschuld oder Reallast zur Rettung seines Rechtes erfolgt. Vgl. § 14 GrdErwStG.

4. **Auch nach Veranlagung kann aus Billigkeitsgründen Erlaß** oder Niederschlagung **erfolgen**

a) auf Antrag des Steuerpflichtigen. Hier ist also anders als im Falle des § 24 Satz 1 nicht die Prüfung der Steuerbehörde von Amts wegen gegeben, sondern ein dementsprechender Antrag des Pflichtigen Voraussetzung.

b) Es kann die Steuer ganz oder teilweise erlassen oder niedergeschlagen werden. Vgl. hierzu auch § 18, bei welchem Erlaß aus Rechtsgründen in Frage kommt. Hier sind anders als im Falle des § 18 nur Billigkeitserwägungen maßgebend. Der Unterschied zwischen Erlaß und Niederschlag besteht darin, daß erlassen werden diejenigen Steuern, die bereits veranlagt, aber noch nicht eingezogen sind, und niedergeschlagen diejenigen, die entweder bereits gezahlt sind, bei denen die zwangsweise Beitreibung verfügt oder in Durchführung begriffen ist.

Erlaß und Niederschlagung müssen auch zulässig sein, wenn bereits bei der Veranlagung eine Herabsetzung gemäß Satz 1 erfolgt ist und neue Gründe hervortreten, die einen nochmaligen Billigkeitserweis rechtfertigen.

Wird von dem Steuerpflichtigen nach eingetretener Rechtskraft des Steuerbescheides Ermäßigung aus Billigkeitsgründen verlangt, so kommt es vor, daß diese mit der Begründung verweigert wird, der Pflichtige sei schon bei der Festsetzung der Steuer gut fortgekommen. Nach einer Entscheidung der Hauptsteuerverwaltung III Berlin vom 13. 3. 1928, abgedr. bei Domke, a. a. O., § 33 Anm. 2, soll die Steuerbehörde in solchen Fällen, zwecks Klärung der Rechtsfrage, wie hoch die in Wahrheit geschuldete Steuer ist, Nachveranlagung gemäß § 87 KAG. (vgl. Anm. 5 zu § 21) vornehmen. Erst nach rechtskräftiger Feststellung der Steuer darf dann über den Billigkeitsantrag entschieden werden.

5. **Ein Rechtsanspruch** des Steuerpflichtigen **auf Billigkeitserlaß besteht im**

Falle des § 24 nicht. § 24 gibt der Steuerbehörde nur die Ermächtigung, Billigkeitserwägungen entscheiden zu lassen, während § 18 den Erlaß vorschreibt, so daß der Steuerpflichtige einen Rechtsanspruch auf Erlaß hat, den er im Rechtsmittelverfahren verfolgen kann.

6. **Kein Rechtsmittel gegen Verweigerung des Billigkeitserlasses.** Da die Herabsetzung der Steuer oder der Erlaß ausschließlich in das freie Ermessen der Steuerbehörde gestellt sind, ist eine den Billigkeitserlaß verweigernde Entscheidung der Steuerbehörde — kein Beschluß im technischen Sinne — nicht etwa mit den Rechtsmitteln des § 22 anfechtbar. Fühlt sich der Steuerpflichtige durch die Weigerung der Steuerbehörde beschwert und glaubt er, daß Billigkeitsgründe zu Unrecht verneint worden sind, so bleibt nur der Weg der Beschwerde im Aufsichtsverfahren, die an den Regierungspräsidenten (in Berlin den Oberpräsidenten) zu richten ist und bis zum Minister verfolgt werden kann.

Ist ein Billigkeitsnachlaß erfolgt und kommt es unabhängig davon zu einem Verwaltungsstreitverfahren wegen anderweiter, die Höhe der Steuer betreffender Gründe, so hat das Verwaltungsgericht nur zu prüfen, ob die angeforderte — also die aus Billigkeitsgründen herabgesetzte — Steuer den gesetzmäßigen Betrag übersteigt. Wird dies verneint, so ist auch bei Berechtigung der Beanstandungen nicht etwa die Steuer so weit herabzusetzen, daß der Billigkeitsnachlaß erhalten bleibt.

§ 25.

(1) Diese Steuerordnung tritt mit dem .... in Kraft. Mit dem gleichen Tage tritt die Wertzuwachssteuerordnung vom .... außer Kraft.

(2) Rechtsvorgänge, die vor dem Inkrafttreten dieser Steuerordnung steuerpflichtig geworden sind, unterliegen der Besteuerung nach der bisherigen Steuerordnung.

1. **Inkrafttreten der StO.**

a) Die StO. tritt mit einem bestimmten Tage, der in dieser selbst angegeben wird, in Kraft. Für zulässig wird auch zu halten sein, diesen Tag nicht kalendermäßig, sondern nach einem bestimmten Ereignis zu bestimmen, also z. B. zu sagen, daß die StO. zwei Wochen nach Verkündung im Gemeindeblatt in Kraft tritt.

b) Mit rückwirkender Kraft darf die StO. nicht ausgestattet werden. Das Pr. OVG. hat für indirekte Steuern, zu denen die WZuwSt. gehört, die Frage, ob Rückwirkung zulässig ist, neuerdings in ständiger Rechtsprechung verneint: OVG. 38, 100; 68, 178; 82, 134; PrVBl. 24, 36; 48, 236, 523; 49, 447, 898. Vgl. auch Jung, Rückwirkende Kraft von Gemeindesteuer-Ordnungen in DStZ. 1929, 195; Jebens, Verwaltungsrechtl. Aufsätze, 1899, S. 277f.; Pape Jahrb. 9, 563. Auch die Gesetzgebung hat diese Auffassung gebilligt. So ergibt sich aus § 70a KAG. (Ges. vom 26. 8. 1921, GS. S. 497), daß die dort erfolgte gesetzliche Zulassung der Rückwirkung eine Ausnahme bedeutet, die jegliche Analogie ausschließt. Diese Ausnahme besteht darin, daß, wenn im VerwStreitverf. eine StO. für rechtsungültig erklärt worden ist, einer neuen StO., die gleiche oder gleichartige Abgaben regelt, rückwirkende Kraft beigelegt werden kann. Vgl. hierzu noch RG. 104, 29 sowie Markull S. 33. Eine Rückwirkung liegt dann nicht vor, wenn nicht der Tag der Verkündung für das Inkrafttreten der StO., sondern bereits der Tag, an welchem durch die zuständige Gemeindekörperschaft Beschluß gefaßt wurde, für maßgebend erklärt wird. Vgl. RdErl. vom 27. 11. 1925, MBliV. S. 1261.

c) Eine Verkündung der StO. bildet die Regel. Auf welche Weise sie erfolgt, ergibt sich aus Art. 9 Abs. 4 der AusfAnw. KAG. Dort ist bestimmt, daß die StO. in ortsüblicher Weise bekanntzumachen sind. Dazu kann gegebenenfalls auch die Bekanntmachung durch die Presse gehören; vgl. OVG. PrVBl. 48, 140; 49, 973; bestehen besondere Gemeindezeitschriften, so genügt die Veröffentlichung in diesen. In Landkreisen wird die StO. in den amtl. Kreisblättern bekanntgemacht; vgl. OVG. PrVBl. 1909, S. 159. Fehlt es an der Bekanntmachung, so wird jedoch nach herrschender Praxis die Gültigkeit und Wirksamkeit der StO. davon nicht berührt, weil die Anordnung der AusfAnw. nur die Bedeutung einer Dienstanweisung hat; vgl. OVG. 58, 7; 77, 169; 81, 23 u. 82; PrVBl. 21, 477; 48, 103 u. 140; 49, 91 u. 973. A. M. KG. PrVBl. 23, 406, welches davon ausgeht, daß Art. 9 Ziff. 4 AusfAnw. auf Grund des § 97 KAG. erlassen sei und daher Gesetzeskraft habe, vgl. auch Nöll-Freund, a. a. O. S. 572; sowie (abweichend) Pape, PrVBl. 50, 7.

Wenn die StO. ihr Inkrafttreten nicht auf den Tag der Verkündung oder einen späteren Tag festsetzt, tritt sie demnach mit dem Zustandekommen (Beschluß und Genehmigung) in Kraft.

d) Die Verkündung der StO. soll sich nicht darauf beschränken, bekanntzumachen, daß die StO. in Kraft trete, sondern sie hat den gesamten Inhalt der StO. zur Kenntnis der Pflichtigen zu bringen; das ergibt sich aus Art. 9 AusfAnw., wo es heißt, daß die StO. bekanntzumachen sind. Andernfalls würde es genügt haben zu bestimmen, daß von dem Erlaß einer StO. Kenntnis zu geben ist. Auch die Vorschrift, daß die auf die Bekanntmachung bezüglichen Nachweise aufzubewahren sind, spricht für die hier vertretene Ansicht; vgl. auch OVG. vom 17. 10. 1912 bei Wernicke S. 131.

2. Die Genehmigung der StO.

a) Nach § 18 KAG. kann die Einführung neuer und die Veränderung bestehender indirekter Gemeindesteuern, zu denen die WZuwSt. gehört, nur durch StO. erfolgen. Diese bedürfen der Genehmigung, für die nach § 77 Abs. 1 KAG. bei Stadtgemeinden der Bezirksausschuß, bei Landgemeinden der Kreisausschuß und nach § 19 Abs. 1 Nr. 2 KrProvAbgG. für Kreise der Bezirksausschuß und für Berlin der Oberpräsident zuständig ist.

Die Genehmigung von Gemeindebeschlüssen, durch welche indirekte Gemeindesteuern neu eingeführt oder in ihren Grundsätzen verändert werden, bedarf der Zustimmung der Minister des Innern und der Finanzen, die das Recht haben, die Zustimmungserteilung auf die ihnen untergeordneten Aufsichtsbehörden höherer Instanz zu übertragen (§ 77 Abs. 3). Diese sind bei Stadtgemeinden und Kreisen der Oberpräsident, bei Landgemeinden der Regierungspräsident. Weicht die StO. von dem geltenden Muster ab, so müssen die Regierungspräsidenten bzw. Oberpräsidenten vor Erteilung der Zustimmung dem Minister zwecks Einholung vorheriger Ermächtigung Bericht erstatten; ME. vom 26. 6. 07 (MBl. S. 236). Unterbleibt die Vorlegung an den Minister und wird die Zustimmung ohne diese erteilt, so ist sie trotzdem gültig: OVG. 64, 247.

b) Die Genehmigung kann auch mit einer Maßgabe erfolgen. Die Genehmigungsinstanz braucht also nicht bedingungslos der StO. zuzustimmen oder sie ohne weiteres zu verwerfen, sondern es kann die Genehmigung erfolgen unter der Bedingung, daß gewisse Änderungen vorgenommen werden. Die Wirksamkeit der StO. tritt dann nicht ohne weiteres mit der Genehmigung und in der durch die Genehmigungsinstanz vorgeschriebenen Form ein, sondern es bedarf, sofern die Maßgabe nicht nur unwesentliche Punkte betrifft, eines erneuten Gemeindebeschlusses, welcher die Abänderungen gutheißt (vgl. zu c). Ergeht dieser Beschluß nicht, so ist nicht nur die Genehmigung hinfällig, sondern auch die StO. nicht rechtswirksam zustande gekommen. Allerdings kann nach § 77 Abs. 5 KAG. in der Fassung des Art. II § 3 des Gesetzes zur Regelung verschiedener Fragen des kommunalen

Abgabenrechts vom 8. August 1923 (GS. 377) bei Erteilung der Zustimmung mit einer Maßgabe, die einen erneuten Gemeindebeschluß erforderlich macht, die die Maßgabe aussprechende Behörde bestimmen, daß der erneute Gemeindebeschluß, sofern er der Maßgabe beitritt, vom Tage des ursprünglichen Beschlusses oder von einem späteren Zeitpunkt ab Wirksamkeit haben soll. Diese Bestimmung ist von der Aufsichtsbehörde besonders zu treffen: OVG. PrVBl. 49, 91; sie muß nicht mit dem Genehmigungsbeschluß verbunden werden, sofern sie nur im Rahmen des die Zustimmung betreffenden Aufsichtsverfahrens und in einem mittelbar zeitlichen Zusammenhang mit der Zustimmung erfolgt: OVG. PrVBl. 49, 898.

Die Genehmigung mit einer Maßgabe bedeutet in erster Linie eine Versagung in Verbindung mit der Erklärung, daß die Genehmigung im voraus erteilt ist für den Fall einer Annahme des Abänderungsverlangens durch die Gemeindekörperschaft. Nöll-Freund, § 77 Anm. 3a; OVG. 82, 133; PrVBl. 49, 91. Wird die Zustimmung zur Genehmigung mit einer Maßgabe erteilt, so bedarf es nicht nur des Beitrittsbeschlusses der Gemeinde zu dieser Maßgabe, sondern auch noch eines Beitrittsbeschlusses der Genehmigungsbehörde: OVG. PrVBl. 33, 599. Beziehen sich die Maßnahmen auf unwesentliche, beispielsweise redaktionelle, Punkte oder enthalten sie nur eine Klarstellung in dem auch von den Kommunalbehörden gewollten Sinne, so ist ein nachträglicher Beitrittsbeschluß der Gemeindekörperschaft nicht erforderlich: OVG. PrVBl. 48, 236; 49, 91; OVG. 82, 134; Pape Jahrb. 9, 558. Eine andere Auffassung würde, worauf auch Nöll-Freund, a. a. O. hinweisen, zu formalistisch sein. Von diesen Gesichtspunkten ausgehend, kommt man auch zu der Auffassung, daß es nicht auf die Reihenfolge der Beschlüsse, sondern nur auf deren materielle Übereinstimmung ankommt; OVG. PrVBl. 25, 235. Eine Abänderung der Steuersätze stellt stets eine wesentliche Änderung der Steuerordnung dar: OVG. 53, 123; 82, 134; PrVBl. 26, 80; 27, 84; 48, 236; 49, 897. Bei der Prüfung der Wesentlichkeit kommt es nicht allein auf die Belange des Steuergläubigers, sondern auch auf die auf den Steuerschuldner und den wirtschaftlichen Verkehr zu nehmenden Rücksichten an: OVG. PrVBl. 49, 898.

d) Bei Erteilung der Zustimmung zur StO. mit einer Maßgabe muß nicht nur die StO. in ihrer ursprünglichen Fassung und die Zustimmung mit den verlangten Abänderungen, sondern auch der Gemeindebeschluß veröffentlicht werden, der den Maßgaben beitritt (OVG. PrVBl. 33, 47), dagegen bedarf der Genehmigungsbeschluß des Bezirksausschusses nach § 19 KrAG. nicht der Veröffentlichung: OVG. 77, 167; PrVBl. 50, 103.

e) Die Genehmigung kann auf bestimmte Zeit beschränkt werden. (§ 77 Abs. 4 KAG.). Die Gültigkeitsdauer der StO. beträgt mindestens 1 Jahr. Vgl. Art. 46 II, III AusfAnw. Ebenso wie die Genehmigung darf auch die Zustimmung befristet werden; OVG. vom 26. Juni 1914 II C 121/14 bei Nöll-Freund, a. a. O. § 77 Anm. 14. Hinsichtlich der Dauer gilt das gleiche wie für die Genehmigung.

f) Ist die Frist, für welche die StO. genehmigt ist, abgelaufen und die zeitliche Beschränkung nicht vorher von der Genehmigungsbehörde zurückgenommen, so ist damit der Gemeindebeschluß hinfällig geworden und die StO. außer Gültigkeit. Soll ihr Inhalt wiederum in Kraft gesetzt werden, so muß erneut ein Gemeindebeschluß und wiederum Genehmigung und Zustimmung erfolgen: OVG. 46, 63; PrVBl. 26, 162, 287; 49, 447, 898, 899, Nöll-Freund, a. a. O. Eine Verlängerung mit rückwirkender Kraft kann nach erfolgtem Ablauf der früheren Genehmigungsfrist nicht erfolgen: OVG. PrVBl. 48, 443. Die Steuerordnung erlangt Rechtsgültigkeit durch Veröffentlichung des Gemeindebeschlusses; die nochmalige Bekanntmachung der Steuerordnung, sofern diese unverändert bleibt, ist nicht erforderlich.

Nur etwaige „Maßgaben" der Genehmigungsbehörden sind mitzuveröffentlichen: OVG. 81, 22; 82, 131 ff. bes. 137 unten.

3. a) **Rechtsvorgänge, deren Steuerpflicht vor der Einführung der StO. eingetreten ist**, können nicht der Besteuerung nach der neuen StO. unterworfen werden, sondern unterliegen der Besteuerung nach der bisherigen StO. Bestand eine solche nicht, so sind diese Rechtsvorgänge steuerfrei, da § 25 Abs. 2 davon ausgeht, daß solche Rechtsvorgänge auch nach einer früheren StO. steuerpflichtig gewesen sind. Nicht zulässig ist es, die Fälligkeit der Steuer von dem Eintritt eines späteren Ereignisses abhängig zu machen; OVG. vom 16. 9. 1913 bei Wernick, § 25 Anm. 5. Maßgebend ist nur das die Steuerpflicht auslösende Ereignis, nicht etwa der Zeitpunkt der Veranlagung oder die Zustellung des Steuerbescheids: OVG. 44, 13; 53, 121.

b) Die neue StO. gilt nicht, wenn das obligatorische Geschäft vor dem Inkrafttreten der StO. abgeschlossen wurde, während das dingliche Erfüllungsgeschäft (Eigentumsübergang) erst unter der Herrschaft der neuen StO. vorgenommen ist. Die MStO. hat die Steuerpflicht nach § 2 grundsätzlich an den Abschluß des obligatorischen Geschäfts gebunden; nur in den Fällen des § 2 b (gesetzliche Rechtsänderung), in denen es eines Veräußerungsgeschäfts nicht bedarf, kommt es darauf an, ob der die Rechtsänderung bewirkende Rechtsvorgang vor oder nach Inkrafttreten der StO. liegt; vgl. Anm. 2 zu § 2.

c) Voraussetzung für die Besteuerung nach der alten StO. ist die Identität des durch den obligatorischen Vertrag veräußerten Grundstücks mit dem Objekt der durch spätere Auflassung und Eintragung erfolgten Eigentumsübertragung: OVG. PrVBl. 49, 974. Fehlt es an dieser Übereinstimmung, z. B. dadurch, daß nach Inkrafttreten der neuen StO. wesentliche Vertragsbestimmungen geändert worden sind, so kann der Steuerpflichtige verlangen, daß die Bestimmungen der neuen StO. zur Anwendung kommen. Er wird dies immer dann tun, wenn die neue StO. gegenüber der alten Verbesserungen oder Ermäßigungen aufweist.

4. **Die Außerkraftsetzung der alten StO.** Auch ohne besondere Bestimmung würde mit dem Inkrafttreten einer neuen StO. die Wirksamkeit der älteren erlöschen. Es bedarf daher einer besonderen Erwähnung an sich nicht nach dem Grundsatz: lex posterior derogat legi priori. Auch können zwei StO. nebeneinander gleichzeitig nicht bestehen.

Wertzuwachssteuerordnung der Stadt Berlin.

Auf Grund der §§ 13, 18, 63, 69, 70, 79, 82 und 90 des Kommunalabgabengesetzes vom 14. Juli 1893 und der Novelle vom 26. August 1921 wird mit Zustimmung der Stadtverordnetenversammlung für die Stadt Berlin folgende Steuerordnung erlassen:

§ 1.

(1) Bei Rechtsvorgängen, die den Übergang des Eigentums an Grundstücken und Anteilen an Grundstücken in der Stadt Berlin betreffen, wird eine Wertzuwachssteuer erhoben.

(2) Den Grundstücken stehen Berechtigungen gleich, auf welche die Vorschriften des bürgerlichen Rechts über Grundstücke Anwendung finden.

(3) Dem Übergange des Eigentums an Grundstücken steht gleich der Übergang von Rechten an dem Vermögen von Personenvereinigungen (einer Gesellschaft mit beschränkter Haftung, einer Kommanditgesellschaft, Aktiengesellschaft, Kommanditgesellschaft auf Aktien, Gewerkschaft, eingetragenen Genossenschaft, eines eingetragenen Vereins oder einer offenen Handelsgesellschaft usw.), soweit das Vermögen der Vereinigung aus in Berlin belegenen Grundstücken besteht, wenn entweder zum Gegenstande des Unternehmens die Verwertung von Grundstücken gehört, oder wenn die Vereinigung geschaffen ist, um die Zuwachssteuer zu ersparen.

Anm. Die Vorschrift stimmt wörtlich mit § 1 MStO. überein; auf die dortigen Erläuterungen wird verwiesen.

§ 2.

Die Steuerpflicht tritt ein:

a) bei den zur Übertragung des Eigentums verpflichtenden Veräußerungsgeschäften mit dem Abschluß des Geschäfts. Als Veräußerungsgeschäfte sind auch anzusehen:

1. die Übertragung der Rechte der Erwerber aus Veräußerungsgeschäften;
2. die Übertragung von Rechten aus Anträgen zur Schließung eines Veräußerungsgeschäfts, die den Veräußerer binden,

sowie aus Verträgen, durch die nur der Veräußerer zur Schließung eines Veräußerungsgeschäftes verpflichtet wird;

3. nachträgliche Erklärungen des aus einem Veräußerungsgeschäft berechtigten Erwerbers, die Rechte für einen Dritten erworben oder die Pflichten für einen Dritten übernommen zu haben;
4. die Abtretung der Rechte aus dem Meistgebot und die Erklärung des Meistbietenden, daß er für einen anderen geboten habe;
5. Rechtsgeschäfte, durch die jemand ermächtigt wird, ein Grundstück ganz oder teilweise auf eigene Rechnung zu veräußern;

b) in allen übrigen Fällen, in denen es eines Veräußerungsgeschäftes zum Übergang des Eigentums nicht bedarf (z. B. Zwangsversteigerung, Enteignung, Ausschluß), mit Vollendung des Rechtsvorganges, der die Rechtsänderung bewirkt.

Anm. Die Vorschrift stimmt mit § 2 MStO. überein; die dort in Bezug genommenen, in § 5 Abs. 4 GrdErwStG. aufgeführten Geschäfte sind hier mit dem Wortlaut des § 5 Abs. 4 wiedergegeben.

§ 3.

Steuerpflichtig ist auch ein Rechtsvorgang, der nicht unmittelbar den Übergang des Eigentums betrifft, aber ein Rechtsgeschäft zum Gegenstand hat, durch welches es einem anderen ermöglicht werden soll, über das Grundstück wie ein Eigentümer zu verfügen.

Anm. Die Vorschrift stimmt mit § 3 MStO. wörtlich überein.

§ 4.

Die Besteuerung wird nicht dadurch ausgeschlossen, daß ein nach der Steuerordnung steuerpflichtiger Rechtsvorgang durch einen anderen verdeckt wird.

Anm. Die Vorschrift stimmt mit § 4 MStO. wörtlich überein.

§ 5.

(1) Durch Mißbrauch von Formen und Gestaltungsmöglichkeiten des bürgerlichen Rechts kann die Steuerpflicht nicht umgangen oder gemindert werden.

(2) Ein Mißbrauch im Sinne des Absatzes 1 liegt vor, wenn

1. in Fällen, wo die Steuerordnung wirtschaftliche Vorgänge, Tatsachen und Verhältnisse in der ihnen entsprechenden rechtlichen Gestaltung einer Steuer unterwirft, zur Umgehung der Steuer ihnen nicht entsprechende, ungewöhnliche Rechtsformen gewählt oder Rechtsgeschäfte vorgenommen werden, und
2. nach Lage der Verhältnisse und nach der Art, wie verfahren

wird oder verfahren werden soll, wirtschaftlich für die Beteiligten im wesentlichen derselbe Erfolg erzielt wird, der erzielt wäre, wenn eine den wirtschaftlichen Vorgängen, Tatsachen und Verhältnissen entsprechende rechtliche Gestaltung gewählt wäre, und ferner

3. etwaige Rechtsnachteile, die der gewählte Weg mit sich bringt, tatsächlich keine oder nur geringe Bedeutung haben.

(3) Liegt ein Mißbrauch vor, so sind die getroffenen Maßnahmen für die Besteuerung ohne Bedeutung. Die Steuer ist so zu erheben, wie sie bei einer den wirtschaftlichen Vorgängen, Tatsachen und Verhältnissen angemessenen rechtlichen Gestaltung zu erheben wäre.

1. **Allgemeines.** Diese Vorschrift ist neu in die StO. eingeführt worden. Sie entspricht wörtlich dem § 5 AO. und bezweckt, die echten Umgehungsgeschäfte der WZuwSt. zu unterwerfen, wie dies für die GrdErwSt. bereits der Fall ist.

Es wird sich in erster Linie fragen, ob die Bestimmung rechtsgültig ist und durch die Vorschrift des KAG. gedeckt wird. Die StO. beruht in materieller Hinsicht auf § 13 KAG., wonach die Gemeinden zur Erhebung indirekter Steuern innerhalb der durch die Reichsgesetze gezogenen Grenzen befugt sind. Hinsichtlich der WZuwSt. ist die reichsrechtliche Ermächtigung in § 18 FinAusglG. in der Fassung vom 9. 4. 1927 enthalten. Hiernach erheben die Gemeinden nach Maßgabe des Landesrechts Steuern vom Wertzuwachs bei der Veräußerung des Grundstücks, wenn der Veräußerer das Eigentum an dem Grundstück in der Zeit vom 19. 1. 1919 bis 31. 12. 1924 erworben hat. Die Vorschrift des § 1 Abs. 5 des Ges. über Änderungen des Finanzwesens vom 3. 7. 1913 bleibt unberührt. Nach diesem § 1 Abs. 5 kann durch Landesgesetze oder in Gemäßheit des Landesrechts durch ortsstatutarische Vorschrift eine andere Regelung der Besteuerung des Wertzuwachses getroffen werden. Demnach sind die Gemeinden von Reichs wegen hinsichtlich der WZuwBesteuerung autonom; vgl. OVG. 78, 97; PrVBl. 44, 267; 49, 532; Pape Jahrb. 9, 555. § 13 KAG. gewährt ebenfalls den Gemeinden die allgemeine Befugnis zur Erhebung indirekter Steuern. Die Gemeinden sind nicht darauf beschränkt, eine WZuwSt. nur in den Fällen juristischer Übereignung von Grundstücken zu erheben; sie können eine solche Steuer auch bei anderen Rechtsgeschäften erheben, welche wirtschaftlich einer Veräußerung im wesentlichen gleichstehen.

Die Rspr. des OVG. hat die Anwendung der Grundsätze des § 5 AO. schon auf Grund von StO. zugelassen, die eine entsprechende ausdrückliche Vorschrift nicht enthielten, weil die Erfassung von Umgehungsgeschäften schon auf ungeschriebenen Grundsätzen des Steuerrechts beruhe; vgl. OVG. 78, 370 sowie OVG. bei Pape Jahrb. 7, 409; 8, 403.

2. **Rechtliche Bedeutung** der Vorschrift. Wie schon in Anm. 1 erwähnt, werden durch § 5 Umgehungsgeschäfte der Steuerpflicht unterworfen. Durch die Besteuerung wird eine unbegrenzte Zahl von neuen Steuerfällen aufgestellt, deren Tatbestand nur dadurch umschrieben ist, daß diese Fälle durch irgendwelche Gestaltung, deren wirtschaftlicher Erfolg einem steuerpflichtigen Geschäft im wesentlichen gleichkommt, einen Rechtsvorgang regeln, der bei natürlicher, dem wirtschaftlichen Inhalt entsprechender Gestaltung steuerpflichtig sein würde. § 5 setzt voraus, daß die getroffene Regelung ernst gemeint ist und nicht nur zur Verdeckung eines dahinterstehenden steuerpflichtigen Rechtsvorganges bestimmt ist. Bei Verdeckungsgeschäften gilt nicht § 5, sondern § 4. Die Absicht der Parteien bei Umgehungsgeschäften ist nicht auf Verheimlichung eines steuerpflichtigen Tatbestandes gerichtet,

sondern auf offene Umgehung der Steuer, also auf Ausnutzung von Lücken des Steuergesetzes.

Hierdurch unterscheidet sich der Fall des § 5 von dem des § 3, der Umgehungsabsicht nicht erfordert, sondern nur auf die objektive Gestaltung des Rechtsverhältnisses abstellt, auf den Umfang der dem Erwerber eingeräumten rechtlich gesicherten Machtbefugnisse. Für die WZuwBesteuerung wird der § 5 nur hinsichtlich der Hilfsvorschriften, wie Besteuerung des Übergangs von Geschäftsanteilen, Steuerfreiheit, Preisgestaltung, Steuererlaß, von Bedeutung sein, dagegen nicht hinsichtlich des Haupttatbestands des steuerpflichtigen Rechtsgeschäfts. Die Umgehung des Eigentumsübergangs wird nämlich wohl stets mit der Begründung wirtschaftlichen Eigentums i. S. des § 3 zusammenfallen. Fehlen dem Erwerber wesentliche Befugnisse zur Erfüllung des Tatbestands des § 3, dann werden auch die Voraussetzungen des § 5 Abs. 2 Nr. 2 u. 3 nicht erfüllt sein.

Gegenüber dem § 1 Abs. 3 verhält sich der § 5 wie die lex generalis zur lex specialis.

Der § 5 stellt eine Schutzbestimmung zugunsten des Steuerfiskus dar, auf die der Steuerpflichtige sich nicht zu eigenem Vorteil berufen kann; vgl. RFH. 11, 112.

3. **Mißbrauch von Formen und Gestaltungsmöglichkeiten des bürgerlichen Rechts.** Zum bürgerlichen Recht gehören alle materiellrechtlichen Vorschriften, soweit sie dem bürgerlichen Recht angehören, also nicht nur die Vorschriften des BGB., sondern auch das HGB., des Gesellschaftsrechts, der ZPO. und des ZVG.

Der Begriff des Mißbrauchs ist in Abs. 2 erschöpfend umschrieben. Ob die Handlungsweise im Einzelfalle vom Standpunkt der Moral aus mißbilligenswert erscheint, ist belanglos. Ein Verstoß gegen die guten Sitten, der die Nichtigkeit des Geschäfts begründen würde, liegt im Mißbrauch nicht: RFH. StW. VI, 623. Das Gesetz erblickt einen Mißbrauch darin, daß die Parteien bei Regelung ihrer wirtschaftlichen Beziehungen nicht die im bürgerlichen Recht aufgestellten typischen Geschäftsformen innegehalten haben, sondern den wirtschaftlichen Erfolg unter Benutzung anderer, ungewöhnlicher Formen erreichen. Hat aber das Recht *mehrere entsprechende* Rechtsformen für einen wirtschaftlichen Erfolg geschaffen, so haben die Parteien unter diesen die Wahl; es liegt nicht Mißbrauch vor, weil sie denjenigen Weg gewählt haben, der steuerlich günstiger ist: RFH. 16, 18.

Der Begriff des Mißbrauchs ist in Abs. 2 erschöpfend, nicht nur beispielsweise geregelt. Vgl. Anm. 3 c zu § 5 AO. im Komm. z. GrdErwStG. S. 97.

4. **Die entsprechende Gestaltung** eines wirtschaftlichen Vorgangs läßt sich nicht immer mit Sicherheit feststellen. Auszugehen ist hier von denjenigen typischen Rechtsgeschäften, welche nach der StO. die Steuerpflicht auslösen.

a) Die zur *Übertragung des Eigentums verpflichtenden Veräußerungsgeschäfte* bilden gemäß § 2 a eine Grundlage für die Besteuerung. In Betracht kommen hier hauptsächlich Kauf-, Tausch-, Gesellschaftsverträge, Auslobung, Vergleich, selbständige Schuldversprechen. Diese Rechtsgeschäfte können dadurch umgangen werden, daß ein juristisch wesentliches Tatbestandsmerkmal ausgeschaltet und durch Vereinbarungen ersetzt wird, die den wirtschaftlichen Erfolg des umgangenen Rechtsgeschäfts im wesentlichen gewährleisten. So kann z. B. die rechtliche Verpflichtung dadurch umgangen werden, daß nur ein Vertragsantrag beurkundet wird, daß aber der Antragsempfänger gleichzeitig eine hohe Anzahlung leistet, die als Reugeld verfällt, wenn er den Antrag nicht annimmt. Vgl. Anm. 4d zu § 5 AO. im Komm. z. GrdErwStG. S. 100. Eine Umgehung kann ferner dadurch stattfinden, daß die übernommene Verpflichtung sich nicht auf die Übertragung des Eigentums bezieht, sondern auf die Gewährung anderer Rechte, die aber dem Erwerber wirtschaftlich die gleiche Machtvollkommenheit verschaffen, wie das

Eigentum. In diesen Fällen wird es jedoch des § 5 nicht bedürfen, um eine Steuerpflicht zu erzeugen, da hier der § 3 bereits unmittelbar eine Steuerpflicht begründet.

b) Die Übertragung der Rechte aus Veräußerungsgeschäften oder Veräußerungsanträgen (§ 2a Nr. 1 und 2) kann ebenfalls auf die verschiedenste Weise umgangen werden; ein häufiger Fall besteht darin, daß das Veräußerungsgeschäft bzw. der Veräußerungsantrag aufgehoben und von dem ersten Veräußerer ein neuer unmittelbarer Veräußerungsvertrag mit dem Dritten abgeschlossen wird, der von dem Erwerber des aufgehobenen Geschäfts benannt bzw. mit dem Veräußerer in Verbindung gebracht worden ist. In solchen Fällen kommt es darauf an, ob die Aufhebung des ersten Geschäfts den Umständen des Falles entsprach, oder ob bei wirtschaftlicher Betrachtung eine Weiterveräußerung durch den ersten Erwerber, also ein neuer Umsatz gegeben ist. Ist dem ersten Erwerber das Geschäft leid geworden und er führt deshalb dem Veräußerer einen neuen Abnehmer zu, um dem Veräußerer die Aufhebung des ersten Geschäfts zu ermöglichen, so ist die Aufhebung des Geschäfts eine entsprechende Gestaltung der wirtschaftlichen Vorgänge und daher keine Umgehung; vgl. RFH. Mrozek R. 2 zu § 6 GrdErwStG. Erhält der erste Erwerber dagegen von dem Dritten eine Abfindung, so liegt in der Regel ein neues Umsatzgeschäft vor, dessen entsprechende Regelung in der Abtretung der Rechte aus dem Kaufvertrage liegen würde. Will nämlich der erste Erwerber die ihm zustehenden Rechte aus dem Kaufvertrage bzw. aus der Offerte gewinnbringend verwerten, so kann er dies bei entsprechender Gestaltung nicht durch Aufhebung des Geschäfts, sondern nur durch die Verwertung seiner Vertragsrechte tun, die Aufhebung des Geschäfts enthält daher einen Mißbrauch; vgl. RFH. 11, 104. Die Vertragsaufhebung bei Zahlung einer Abfindung an den ersten Erwerber beweist aber nicht immer das Vorliegen eines Umgehungsgeschäfts; so hat RFH. StW. I 371 trotz Gewährung einer Abfindung den § 5 für unanwendbar erklärt, weil es an der Absicht einer gewinnbringenden Weiterveräußerung fehlt. Vgl. Komm. z. GrdErw.-StG. S. 101. Ferner liegt bei Aufhebung des ersten Vertrages in der Regel keine Umgehung i. S. des § 5 vor, wenn der Ersterwerber wirtschaftlich nur Vermittler war und sich durch eine Kaufofferte das Grundstück nur für die Zwecke der Vermittlung sichern wollte; vgl. RFH. StW. VII 275. Ebenso kann von einer Umgehung in der Regel nicht die Rede sein, wenn die Aufhebung des Vertrages auf einer Anregung des Veräußerers beruht: RFH. StW. I 373; V 566.

c) Nachträgliche Erklärung des Erwerbers, die Rechte für einen Dritten erworben zu haben, sowie die Abtretung der Rechte aus dem Meistgebot können gleichfalls umgangen werden, wenngleich diese Fälle im Verkehr seltener vorkommen.

d) Ermächtigungsgeschäfte im Sinne des § 2a Nr. 5. Die Umgehung kann nicht dadurch geschehen, daß die Ermächtigung nicht in verbindlicher Form (§ 313 BGB.) erfolgt. Ohne diese verbindliche Form liegt ein Veräußerungsgeschäft nicht vor, und es fehlt an der rechtlichen Bindung des Veräußerers. Daher kann nicht die Rede davon sein, daß der Rechtsnachteil, den der gewählte Weg mit sich bringt, nur von geringer Bedeutung wäre. Eine Umgehung wäre dagegen anzunehmen, wenn dem Ermächtigten die Verpflichtung zur Rechnungslegung auferlegt wird, wenn ihm aber durch ein Gegengeschäft der gesamte Erlös, soweit er einen bestimmten Betrag übersteigt, überwiesen wird.

e) Die Veräußerung von Rechten am Vermögen einer Personenvereinigung (§ 1 Abs. 3) kann in der verschiedensten Weise den Gegenstand von Umgehungsgeschäften bilden. Die Rechtsprechung des RFH. zum GrdErwStG. betrifft allerdings in der Hauptsache Fälle der Übertragung einzelner Geschäftsanteile, die für § 5 dieser StO. nicht in Frage kommen, weil sie schon nach § 1 Abs. 3 unmittelbar steuerpflichtig sind. Umgehungsgeschäfte können hier dergestalt vorkommen, daß der Geschäftsanteil nicht abgetreten wird, sondern daß dem Erwerber Rechte anderer Art an dem Geschäftsanteil oder auf den Geschäftsanteil verschafft werden, die ihn wirtschaftlich so stellen, als wäre der Geschäftsanteil an ihn abgetreten. § 3 ist auf solche Geschäfte nicht anwendbar; wohl aber kann gegebenenfalls § 5 Anwendung finden.

Die Übertragung des wirtschaftlichen Eigentums gemäß § 3 wird kaum umgangen werden können. Erlangt der Erwerber die Möglichkeit, wie ein Eigentümer zu verfügen, so ist die Steuerpflicht bereits auf Grund des § 3 gegeben; erlangt der Erwerber diese Möglichkeit nicht, dann kann auch nicht von einer Umgehung des § 3 die Rede sein; vielmehr fehlt es dann auch im Sinne des § 5 an einer wesentlichen Voraussetzung für die Erhebung der Wertzuwachssteuer.

f) Mißbrauch von Steuerfreiheitsgründen. Auch hier ist die Anwendung des § 5 möglich, so z. B. wenn der Großvater ein Grundstück vom Enkel erwerben will und die nach § 7 Nr. 4 fehlende Steuerfreiheit sich dadurch verschafft, daß der Enkel das Grundstück steuerfrei an den Vater und dieser sodann wiederum steuerfrei an den Großvater überträgt. Ähnlich der Fall, daß der Sohn steuerfrei an den Vater, dieser wiederum steuerfrei an den anderen Sohn überträgt, so daß die Veräußerung von einem Bruder an den anderen künstlich steuerfrei gemacht wird, oder daß die steuerfreie Veräußerung von einem Ehegatten an den anderen dadurch ersetzt wird, daß die Ehegatten die allgemeine Gütergemeinschaft vereinbaren, dieselbe wieder aufheben und bei der Auseinandersetzung das Grundstück dem anderen Ehegatten zuweisen; vgl. RFH. StW. V 27. Dagegen keine Umgehung im Sinne des § 5, wenn eine Verschmelzung gemäß § 7 Nr. 9 nur aus dem wirtschaftlichen Grunde vorgenommen wird, um ein Grundstück steuerfrei übertragen zu können. Dieses Motiv genügt nicht, um den Parteien den bei Verschmelzungen allgemein vom Gesetz zugesicherten Steuervorteil zu entziehen.

g) Mißbrauch der Erlaßvorschriften des § 26 kann ebenfalls zur Anwendung des § 5 führen. Hierher gehören die Fälle der Aufhebung eines Vertrages mit gleichzeitigem Abschluß eines neuen Vertrags zur Umgehung der Steuer aus § 2a Nr. 1 und 2. Vgl. OVG. VII C 85. 26 bei Pape Jahrb. 8, 483, ferner oben unter b sowie Anm. 4h zu § 5 Komm. z. GrdErwStG. S. 102.

h) Mißbrauch von Berechnungs- und Haftungsvorschriften der §§ 8 bis 23 und 25 sowie des § 24. Da § 5 Abs. 1 sich auch gegen die mißbräuchliche Minderung der Steuer wendet, liegt es im Sinne der Vorschrift, auch solche Rechtsgeschäfte zu treffen, die nur hinsichtlich der Höhe der Steuer eine Umgehung versuchen. Es ist ferner nicht nötig, daß die Rechtsform im ganzen für das Geschäft ungewöhnlich oder dem wirtschaftlichen Vorgang nicht entsprechend ist, sondern es genügt, wenn bei Gelegenheit des Geschäftsschlusses irgendwelche Rechtsgeschäfte vorgenommen werden, die dem wirtschaftlichen Vorgang nicht entsprechen und ungewöhnlich sind. Daher kann ein Umgehungsgeschäft auch vorliegen, obgleich an sich ein ganz normaler Kaufvertrag abgeschlossen ist, wenn irgendwelche Nebenabreden dieses Kaufvertrages oder sonstige Rechtsgeschäfte, die in Verbindung mit dem Kaufvertrag stehen, dem wirtschaftlichen Vorgang nicht entsprechen und ungewöhnlich sind, mögen sie auch nur zur Minderung der Steuer oder zur Beseitigung der Haftung eines Beteiligten dienen. Einzelne solcher Umgehungsgeschäfte werden vom Gesetz unmittelbar geregelt. So durch § 10 Abs. 2 und 3. Eine ähnliche Umgehung liegt darin, daß die Parteien für den künftigen Erwerber zunächst ein Vorkaufsrecht gegen Zahlung einer erheblichen Summe eintragen lassen und ihm später das Grundstück zu einem geringen Preise verkaufen, so daß der Verkäufer erst durch die Summe der Vergütungen für Vorkaufsrecht und Verkauf zu dem erstrebten Betrage gelangt. Ähnlich bei Vereinbarung eines Bindegeldes für die Bindung an eine Offerte mit der Abrede, daß dieses Bindegeld für jeden Fall endgültig verloren sein und nicht auf den Kaufpreis angerechnet werden soll. Hier wird es sich jedoch fragen, ob ein derartiges à fonds perdu gezahltes Bindegeld ungewöhnlich ist und dem wirtschaftlichen Wesen des Geschäfts nicht entspricht. Werden bei gleichzeitiger Veräußerung steuerpflichtiger und steuerfreier Gegenstände die Preise derart verteilt, daß auf die steuerpflichtigen Gegenstände möglichst wenig entfällt, so liegt keine eigentliche Umgehung vor; vielmehr greift hier unmittelbar die Schätzungsbefugnis der Behörde gemäß § 11 ein. Eine weitere ausdrückliche Umgehungsbestimmung findet sich in § 113 Abs. 1 Nr. 2 Satz 3.

Eine im Verkehr beliebte Umgehung der Haftungsbestimmungen ist vom Gesetz dadurch unmittelbar erfaßt worden, daß § 24 Abs. 2 Satz 2 die Haftung des Erstehers vorsieht, wenn die Zwangsversteigerung zum Zwecke der Steuerumgehung an Stelle einer freihändigen Versteigerung herbeigeführt worden ist. Soweit die Voraussetzungen der gesetzlichen Bestimmungen zur Bekämpfung von Umgehungen nicht erfüllt sind, kann gegebenenfalls § 5 zur Anwendung kommen.

5. **Die Rechtswirkung** der Anwendung des § 5 besteht darin, daß die Steuer so erhoben wird, wie sie bei der angemessenen rechtlichen Gestaltung zu erheben wäre. Maßgebend für die Besteuerung ist also die umgangene Vorschrift. Wäre das Geschäft auch ohne die Umgehung steuerfrei, z. B. nach § 6 oder § 7, so ist auch keine Steuer aus § 5 zu erheben. Vgl. im übrigen S. 103 Komm. z. GrdErwStG.

Wird hinterher die dem Vorgang entsprechende rechtliche Gestaltung verwirklicht, so liegt kein neuer Steuerfall vor; vgl. RFH. 13, 132; 15, 225. War die Steuer gemäß § 5 noch nicht erhoben, so ist bei nachfolgender entsprechender Gestaltung nur für diese letztere die Steuer zu entrichten; vgl. RFH. 15, 8; 19, 292.

Strafbar ist die Umgehung nur dann, wenn eine unter Strafe gestellte besondere Bestimmung der StO. verletzt worden ist. Die Vorschrift des § 359 Abs. 3 AO. findet hier keine Anwendung. Jedenfalls liegt in der Umgehung allein noch keine Zuwiderhandlung im Sinne des § 32. Es kommt praktisch darauf an, ob eine Anzeigepflicht verletzt ist.

§ 6.

(1) Von der Steuerpflicht sind das Deutsche Reich, der Preußische Staat und die Stadtgemeinde Berlin befreit.

(2) Die Befreiung tritt nicht ein, wenn diese Körperschaften als Erwerber nach § 24 Abs. 2 haften.

1. **Allgemeines.** Die Vorschrift entspricht im wesentlichen dem § 5 Nr. 11 MStO. Sie ist aber deshalb nicht dem § 7 als neue Nummer hinzugefügt, weil es sich im Falle des § 6 um persönliche Steuerfreiheit handelt, während § 7 nur die Fälle der sachlichen Steuerfreiheit zusammenfaßt. Dies ist in der Berliner StO. auch durch die Fassung zum Ausdruck gelangt, indem § 6 besagt, daß gewisse Korporationen von der Steuerpflicht befreit sind, während in den Fällen des § 7 die ZuwSt. nicht erhoben wird. Es kann im übrigen auf die Erläuterungen zu § 5 Nr. 11 MStO. verwiesen werden.

2. Die Berliner StO. enthält jedoch noch einen **Zusatz**, wonach die Befreiung nicht eintreten soll, wenn die befreite Körperschaft als Erwerber nach § 24 Abs. 2 haftet. Nach der ursprünglichen Fassung der StO. sollte die Befreiung auch dann nicht eintreten, wenn die Körperschaft nach § 24 Abs. 3 u. 4 Steuerschuldner war, also wenn sie die Steuer vertraglich übernommen hatte oder wenn sie das wirtschaftliche Eigentum erwarb. Diese weitergehende Bestimmung ist durch die Maß-

gabe, unter der die StO. die Genehmigung der Aufsichtsbehörde enthielt, gestrichen worden. Die Ausnahme von der persönlichen Steuerfreiheit gilt daher nur noch für den Fall, daß die an sich befreite Korporation als Zweitschuldner haftet, weil die Steuer von dem Veräußerer nicht beigetrieben werden kann. Ein solcher Fall liegt aber natürlich nicht dann vor, wenn z. B. die Stadt Berlin vom Reich ein Grundstück erwirbt und die Steuer vom Veräußerer nicht verlangt werden kann, weil das Reich persönliche Steuerfreiheit genießt. Vielmehr setzt § 24 Abs. 2 voraus, daß der Veräußerer an sich steuerpflichtig ist, daß aber die Beitreibung der geschuldeten Steuer nicht möglich ist.

Dagegen besteht auch für an sich befreite Korporationen die in § 24 Abs. 2 Satz 2 angeordnete Haftung des Erstehers bei einer zum Zweck der Steuerumgehung herbeigeführten Versteigerung.

§ 7.

(1) Die Zuwachssteuer wird nicht erhoben:

1. Beim Erwerbe von Todes wegen sowie beim Erwerb auf Grund einer Schenkung unter Lebenden im Sinne des Erbschaftssteuergesetzes, sofern nicht die Form der Schenkung lediglich gewählt ist, um die Zuwachssteuer zu ersparen.
2. Bei der Begründung, Änderung, Fortsetzung und Aufhebung der ehelichen Gütergemeinschaft.
3. Beim Erwerb auf Grund von Verträgen, die zwischen Miterben oder Teilnehmern an einer ehelichen oder fortgesetzten Gütergemeinschaft zum Zwecke der Teilung der zum Nachlaß oder zum Gesamtgut gehörenden Gegenstände abgeschlossen werden sowie beim Erwerb auf Grund eines Zuschlages, der in den vorgenannten Fällen bei Teilung im Wege der Versteigerung einem Miterben oder Teilnehmer erteilt wird.
4. Beim Erwerbe der Abkömmlinge von den Eltern, Großeltern und entfernteren Voreltern sowie beim Erwerb der Eltern von den Kindern; den Eltern stehen gleich die Stief-, ebenso die Adoptiveltern, wenn kein Verdacht besteht, daß die Annahme an Kindesstatt zum Zwecke der Steuerhinterziehung vorgenommen ist.
5. Beim Einbringen in eine ausschließlich aus dem Veräußerer und dessen Abkömmlingen oder aus diesen allein bestehende Vereinigung. Die Steuerpflicht tritt ein, wenn nachträglich ein Gesellschafter aufgenommen wird, der nicht zu den Abkömmlingen des Veräußerers gehört.
6. Beim Einbringen von Nachlaßgegenständen in eine ausschließlich von Miterben gebildete Vereinigung. Die Vorschrift von Ziffer 5 Satz 2 findet entsprechende Anwendung.
7. Beim Austausch im Inland belegener Grundstücke zum Zwecke der Zusammenlegung (Flurbereinigung), der Grenzregelung oder der besseren Gestaltung von Bauflächen (Umlegung), sowie bei

Ablösung von Rechten an Forsten, wenn diese Maßnahmen auf der Anordnung einer Behörde beruhen oder von einer gesetzlich hierfür zuständigen Behörde als zweckdienlich anerkannt werden.

8. Beim Übergang des Vermögens einer öffentlichen Körperschaft als Ganzes auf eine andere öffentliche Körperschaft.

9. Bei Verschmelzungen von Kapitalgesellschaften usw. gemäß §§ 8 bis 10 des Steuermilderungsgesetzes vom 31. März 1926 (RGBl. S. 185), soweit und solange sie nach diesem Gesetz von der Zuwachssteuer befreit sind. Die auf Grund dieses Gesetzes von der Zuwachssteuer befreiten Rechtsvorgänge gelten auch nach Außerkrafttretung des Steuermilderungsgesetzes als steuerfreie Erwerbsvorgänge im Sinne dieser Ordnung.

10. Beim Eigentumsübergang eines auf den Namen einer der nachstehend genannten Personenvereinigungen (Aktiengesellschaft, Kommanditgesellschaft auf Aktien, Gesellschaft mit beschränkter Haftung, Gewerkschaft, Offene Handelsgesellschaft, Kommanditgesellschaft) eingetragenen Grundstücks auf diejenige natürliche Person, in deren Hand sich zuvor alle Gesellschaftsrechte (Aktien, Anteile, Kuxe, Beteiligungen) vereinigt hatten, soweit das Vermögen der Vereinigung aus in Berlin belegenen Grundstücken besteht, wenn entweder zum Gegenstande des Unternehmens die Verwertung von Grundstücken gehört, oder wenn die Vereinigung geschaffen ist, um die Zuwachssteuer zu ersparen.

11. Beim Erwerbe durch verdrängte Grenzlands-, Auslands- und Kolonial-Deutsche, die durch ihre Verdrängung ihre wirtschaftliche Lebensgrundlage ganz oder zum überwiegenden Teil verloren haben, sofern der Erwerb zum Zwecke der erstmaligen Wiederansetzung erfolgt und der Veräußerer nachweist, daß er den Veräußerungspreis im Hinblick auf die Nichterhebung der Wertzuwachssteuer entsprechend gesenkt hat.

12. Bei Grundstücksübertragungen, welche der Schaffung gesunder Kleinwohnungen für Minderbemittelte zu dienen bestimmt sind, wenn als Veräußerer Körperschaften des öffentlichen Rechts oder solche Personenvereinigungen, die sich mit den genannten Zwecken befassen, beteiligt sind. Die Befreiung der Personenvereinigungen tritt nur für den erstmaligen Verkauf ein, wenn der Reingewinn satzungsgemäß auf eine Verzinsung von höchstens 5 v. H. der Kapitalseinlagen beschränkt, bei Auslosungen, Ausscheiden eines Mitglieds und für den Fall der Auflösung der Vereinigung den Mitgliedern nicht mehr als der Nennwert ihrer Anteile zugesichert und bei der Auflösung der etwaige Rest des Vermögens für gemeinnützige Zwecke bestimmt ist.

(2) Zu den Miterben im Sinne der Ziffer 3 und 6 wird der überlebende Ehegatte gerechnet, der mit den Erben des verstorbenen Gatten gütergemeinschaftliches Vermögen zu teilen hat. Die Steuerbefreiungen nach Ziffer 3 und 4 kommen auch Ehegatten von Miterben oder Teilnehmern an einer fortgesetzten Gütergemeinschaft sowie Ehegatten von Abkömmlingen zu, wenn sie auf Grund des bestehenden Güterstandes ohne rechtsgeschäftliche Übertragung Eigentümer werden.

1. **Allgemeines.** Die Vorschrift entspricht im wesentlichen dem § 5 MStO. In Abs. 1 stimmen Nr. 1—4 mit den gleichen Nummern der MStO. überein. Nr. 5—7 stimmen mit Nr. 6—8 der MStO. überein, Nr. 8 der Berliner StO. mit Nr. 10 der MStO., Nr. 11 der Berliner StO. stimmt mit Nr. 5 der MStO. überein, Nr. 12 der Berliner StO. mit Nr. 9 der MStO. Hinsichtlich dieser im wesentlichen übereinstimmenden Vorschriften ergeben sich nur geringe Abweichungen; so sind in Nr. 4 der Berliner StO. nur die Stief- und Adoptiveltern gleichgestellt, in Nr. 4 der MStO. außerdem auch die Schwiegereltern; in Nr. 7 der Berliner StO. ist der Austausch zwecks Ermöglichung einer besseren landwirtschaftlichen Ausnutzung von Grundstücken in Gemengelage ausgelassen, weil ein derartiger Austausch in der Stadt Berlin praktisch nicht vorkommt. In Nr. 8 der Berliner StO. ist vom Übergang des Vermögens die Rede, während Nr. 10 der MStO. davon spricht, daß das Vermögen einer öffentlichen Körperschaft als Ganzes übertragen wird. Ein sachlicher Unterschied ist hierin aber nicht zu erblicken. Nr. 11 der MStO. ist in der Berliner StO. als § 6 besonders gefaßt.

Somit kann im wesentlichen auf die Erläuterungen zu § 5 MStO. verwiesen werden. Es verbleibt nur die besondere Erörterung der Nr. 9 u. 10 der Berliner StO., die in der MStO. nicht enthalten sind.

2. **Steuerfreiheit nach dem Steuermilderungsgesetz** (Nr. 9). Hier kann auf die eingehenden Erläuterungen im Kommentar zum GrdErwStG. S. 278—297 verwiesen werden. Nach § 8 Abs. 2 StMG. darf die WZuwSt. nicht erhoben werden, wenn bei Verschmelzung von Kapitalgesellschaften und bei Sanierungen Grundstücke eingebracht werden. Voraussetzung ist, daß das Vermögen der einen Gesellschaft als Ganzes mit oder ohne Auseinandersetzung an eine andere Gesellschaft übertragen wird und daß die übertragende Gesellschaft untergeht; vgl. OVG. PrVBl. 48, 578; Krämer, StW. VI, 983ff. Nach § 9 StMG. kann jene Vorschrift für anwendbar erklärt werden, wenn gleichartige oder wirtschaftlich zusammengehörige Betriebe mehrerer Unternehmungen zusammengefaßt werden, ohne daß die Voraussetzungen des § 8 vorliegen. § 10 StMG. bestimmt Steuerfreiheit von der WZuwSt. bei Verschmelzung von Genossenschaften und evtl. bei Übernahme des Betriebes einer Kapitalgesellschaft durch eine Genossenschaft.

Das StMG. vom 31. 3. 1926 (RGBl. I 185) ist wiederholt verlängert worden, zuletzt bis zum 30. 9. 1929; vgl. RGBl. 1928 I 399. Weitere Verlängerung des Gesetzes steht bevor. Steuerfreiheit besteht nach der Berliner StO. nur, soweit und solange sie nach dem StMG. gilt. Wenn also nach Außerkrafttreten des StMG. eine neue Verschmelzung vorgenommen und bei dieser Gelegenheit ein Grundstück eingebracht wird, so ist dieses Einbringen wieder steuerpflichtig. Zeitlich maßgebend ist dabei wiederum der gemäß § 2 steuerpflichtige Rechtsvorgang; dies ist aber der Fusionsvertrag, der die Verpflichtung zur Einbringung des Grundstücks begründet. Wird dieser Vertrag vor dem Außerkrafttreten des StMG. abgeschlossen, so darf eine Steuer nicht erhoben werden, auch wenn der Eigentumsübergang am Grundstück, das Einbringen als solches, nach dem Außerkrafttreten erfolgt.

Satz 2 von Nr. 9 besagt nichts Gegenteiliges. Die Fassung des Satz 2 ist allerdings mißverständlich. Da aber Satz 1 Steuerfreiheit nur gewährt, „soweit und solange sie“ nach dem StMG. begründet ist, kann kein Zweifel bestehen, daß in Satz 2 nicht das Gegenteil bestimmt werden sollte. Vielmehr ist Satz 2 nur dahin zu verstehen, daß diejenigen konkreten Rechtsvorgänge, die während der Herrschaft des StMG. stattgefunden haben, auch nach dem Außerkrafttreten jenes Gesetzes als steuerfreie Erwerbsvorgänge gelten. Damit sollte nur zum Ausdruck gebracht werden, daß § 14 StO. auf diese Rechtsvorgänge anwendbar ist. Wird also nach dem Außerkrafttreten des StMG. das Grundstück von der A.-G., die es bei der Fusion übernommen hat, weiterveräußert, so soll gemäß § 14 von dem Erwerbspreis, den die einbringende Gesellschaft angelegt hat, ausgegangen werden. Ob diese Bestimmung nicht gegen Reichsrecht verstößt, ist bestritten. Nach Krämer, Fusion u. WZuwSt. in StW. VI 983 ff., JW. 1927, 2980, von Kracht, Ind.-Mitt. 1928, 298 ff. ist die durch das StMG. angeordnete Freiheit von der WZuwSt. eine endgültige; a. M. Pape DStZ. 1929, 57 ff., Jahrb. 8, 486 ff., Lion BT. vom 12. 4. 1929, Domke Anm. 4 zu § 7. Dem ersteren Standpunkt dürfte beizutreten sein. Die Vertreter der gegnerischen Ansicht geben zu, daß ihre Auffassung zu einer erheblichen Unbilligkeit für den Steuerpflichtigen führt. Sie entspricht aber auch nicht dem aus dem StMG. ersichtlichen Zweck der Vorschrift, wonach eine endgültige Befreiung bzw. Ermäßigung der betreffenden Steuern vorgeschrieben worden ist, nicht nur eine Hinausschiebung. Pape (Jahrb. 9, 503) hat seine frühere Ansicht neuerdings sehr stark eingeschränkt, wenn nicht sogar aufgegeben.

3. **Eigentumsübergang bei der Einmanngesellschaft** von der Gesellschaft auf den alleinigen Gesellschafter wird für steuerfrei erklärt. Bei lediglich formaljuristischer Betrachtung liegt ein Eigentumsübergang vor, wenn ein einer A.-G. gehöriges Grundstück auf diejenige Person, der sämtliche Aktien gehören, übereignet wird. Dasselbe gilt bei jeder anderen Korporation, der die Rechte einer juristischen Person zustehen. Bei der offenen Handelsgesellschaft und Kommanditgesellschaft tritt ein Eigentumswechsel bereits dann ein, wenn alle Gesellschafter bis auf einen ausscheiden; in solchem Falle verwandelt sich das Gesamthandseigentum in Alleineigentum, wodurch die Steuerpflicht gemäß § 1 begründet wird; vgl. Anm. 8 c zu § 1 MStO. Wird sodann die Umschreibung des Eigentums, das bisher auf die Firma der offenen Handelsgesellschaft im Grundbuche eingetragen war, auf den Namen des jetzigen Alleininhabers erwirkt, so liegt hierin kein Eigentumswechsel und überhaupt kein steuerpflichtiger Rechtsvorgang. Letzterer lag vielmehr in dem Zeitpunkt vor, in dem sich „zuvor alle Gesellschaftsrechte in der Hand eines Gesellschafters vereinigt hatten“. Die offene Handelsgesellschaft und Kommanditgesellschaft sind daher in Nr. 10 zu Unrecht aufgeführt, vgl. RFH. StW. 1928, 271; DNotV. SSH. 1929 Nr. 1 zu § 3, wo dies für § 3 GrErwStG. ausdrücklich festgestellt und die Folge gezogen wird, daß diese beiden Gesellschaften in § 3 als nicht geschrieben anzusehen sind.

Die ganze Bestimmung ist aber bei richtiger rechtlicher Beurteilung für alle Regelfälle überflüssig. Nach § 1 Abs. 3 wird ja der Übergang von Rechten am Vermögen der in § 7 Nr. 10 genannten Personenvereinigungen dem Übergang des Eigentums am Grundstück gleichgestellt. Hat also eine Person, sei es auf einmal, sei es nach und nach, sämtliche Aktien bzw. Anteile einer Grundstücksgesellschaft erworben, so wird dies nach § 1 Abs. 3 steuerrechtlich so beurteilt, als ob sie das ganze Grundstück erworben hätte. In Konsequenz dieser Auffassung ist die WZuwSt. bei jedem Übergang einer Aktie bzw. eines Anteils fällig geworden; demgemäß kann im Sinne des Steuerrechts kein neuer Eigentumsübergang an dem Grundstück stattfinden, wenn der Gesellschafter, der sämtliche Anteile der Grundstücksgesellschaft und damit gemäß § 1 Abs. 3 das ganze Grundstück bereits steuerpflichtig erworben hat, sich nunmehr als Eigentümer eintragen läßt. Für die GrErwSt. hat der RFH. auch ohne eine besondere Bestimmung im Gesetz diese

Rechtskonsequenz gezogen; vgl. RFH. 7, 145; 15, 223; 17, 277; StW. VI, 618. Nur für solche Fälle ist eine besondere gesetzliche Bestimmung erforderlich, in denen die sämtlichen Aktien bzw. Anteile sich bereits vor dem Inkrafttreten der StO. in einer Person vereinigt hatten und es daher zur Erhebung der WZuwSt. nicht gekommen war. In solchem Falle ergibt sich die Steuerfreiheit der Umschreibung des Eigentums von der A.-G. auf den einzigen Aktionär nicht aus § 1 Abs. 3. Hier greift § 7 Nr. 10 ein, der für solche Fälle eine echte Steuerfreiheit begründet, allerdings nur unter der aus § 14 sich ergebenden Einschränkung. Sobald nämlich der Aktionär das Grundstück weiterveräußert, ist bei Berechnung der WZuwSt. von dem Erwerbsvorgang der A.-G. auszugehen.

Die Steuerfreiheit aus Nr. 10 ist nur begründet, wenn eine natürliche Person als Inhaber sämtlicher Aktien bzw. Anteile das Grundstück erwirbt, dagegen nicht, wenn bei Schachtelgesellschaften einer G. m. b. H. sämtliche Aktien einer Grundstücksgesellschaft gehören und das Eigentum am Grundstück nunmehr auf die G.m.b.H. übertragen wird. Auch dann trifft Nr. 10 nicht zu, wenn zwei oder mehr Personen die Aktien bzw. Anteile einer Grundstücksgesellschaft innehaben und das Grundstück auf sich übertragen lassen. Gehören sämtliche Aktien einer offenen Handelsgesellschaft, so wird diese im Sinne des § 7 Nr. 10 nicht als natürliche Person zu betrachten sein, da sie selbst eine Personenvereinigung im Sinne der Nr. 10 darstellt. Fraglich kann es sein, ob eine Erbengemeinschaft als natürliche Person im Sinne der Nr. 10 zu gelten hat. Da sie eine Gesamthand darstellt, bildet sie rechtlich eine Einheit; andererseits besteht sie aus natürlichen Personen und hat selbst nicht die Rechte einer juristischen Person. Daher dürfte analoge Anwendung der Nr. 10 angemessen sein. Eheleute sowie Eltern und Kinder, die nach § 3 GrErwStG. als eine Person gelten, sind im Sinne des § 7 Nr. 10 nicht als solche zu behandeln. War Inhaber aller Aktien ein Treuhänder und will der Treugeber das Grundstück auf seinen Namen umschreiben lassen, so muß er dies auf dem Umweg tun, daß ihm der Treuhänder zunächst die Aktien überträgt, was in der Regel wertzuwachssteuerfrei geschehen kann; vgl. Anm. 4 d zu § 6 MStO. (strittig!). Allerdings entsteht durch die Aktienübertragung die GrdErwSt., die aber bei direkter Umschreibung des Grundstücks auf den Treugeber auch fällig werden würde.

Aus welchem Rechtsgrund die Übereignung erfolgt, ist gleich. Sie kann auf Grund einer Schenkung oder eines Verkaufs oder bei der Liquidation als Vermögensverteilung (§ 300 HGB., § 72 G.m.b.H.-Ges.) erfolgen. Auch Erwerb in der Zwangsversteigerung steht gleich.

Die Steuerfreiheit tritt nach Nr. 10 in demselben Umfange ein, in dem gemäß § 1 Abs. 3 an sich Steuerpflicht begründet sein würde, nämlich „soweit das Vermögen der Vereinigung aus in Berlin belegenen Grundstücken besteht". Veräußert später der alleinige Gesellschafter das Grundstück weiter, so ist nach § 14 von dem Preise z. B. des letzten steuerpflichtigen Rechtsvorganges auszugehen. Als solcher muß aber der Erwerb der sämtlichen Aktien bzw. Geschäftsanteile erachtet werden, nicht der Erwerb des Grundstücks durch die Gesellschaft. Bei Feststellung des Erwerbspreises kann dann wiederum der für die Aktien bzw. für den Geschäftsanteil gezahlte Preis nur insoweit in Betracht kommen, als das Vermögen der Gesellschaft z. B. des Erwerbs aus in Berlin belegenen Grundstücken bestand. Hatte also z. B. des Erwerbs des Gesellschaftsanteils die Gesellschaft ein Grundstück im Werte von 100 000 Mk. und außerdem Effekten und andere Werte im Betrage von 50 000 Mk., so bestand das Vermögen der Gesellschaft zu zwei Drittel aus Grundstücken; daher bilden auch nur zwei Drittel des für die Geschäftsanteile bezahlten Preises den Erwerbspreis für den fiktiven Grundstückserwerb.

Durch die Übereignung kann Umsatzsteuer und daneben Körperschafts- und gegebenenfalls Schenkungssteuer fällig werden. Hatte die Gesellschaft noch andere Vermögenswerte (Fabrik, Warengeschäft o. dgl.) oder gehört die Verwertung des Grundstücks nicht zum Gegenstand des Unternehmens, so wird bei Veräußerung des Grundstücks an den Gesellschafter keine Umsatzsteuer erhoben, weil es an dem Erfordernis der Nachhaltigkeit der gewerblichen Betätigung fehlt. Handelt es sich dagegen um eine Grundstücksverwertungsgesellschaft, so stellt auch der Verkauf an den einzigen Gesellschafter ein umsatzsteuerpflichtiges Geschäft dar; vgl. Mrozek R. 53 zu § 1 UStG.

Im übrigen kommt es darauf an, zu welchem Preise das Grundstück dem Gesellschafter überlassen wird. Wird es teuer verkauft, so entsteht Körperschaftssteuer nach dem Buchgewinn, also dem Unterschied zwischen dem reinen Kaufpreis und dem letzten Buchwert des Grundstücks. Dieses Geschäft wäre also unzweckmäßig, zumal da beim Weiterverkauf hinsichtlich der WZuwSt. doch wieder auf den Ankaufspreis der Gesellschaft zurückgegangen wird (§ 14). Wird aber das Grundstück absichtlich unter Wert, vielleicht nur gegen Übernahme der Hypotheken, veräußert, so kann eine gemischte Schenkung in Frage kommen, die also Schenkungssteuer auslöst. Bei Veräußerung zum letzten Buchwert wäre diese aber wohl abzulehnen, was aber nicht für alle Fälle sicher ist. Ob die für den Begriff der Schenkung wesentliche Bereicherung vorliegt, könnte vielleicht zweifelhaft sein, da der Gesellschafter an dem Wert der Gesellschaftsanteile ebensoviel verliert, wie er an dem Grundstücksmehrwert gewinnt; vgl. aber RFH. 11, 112.

Läßt der Gesellschafter die Gesellschaft in Liquidation treten, so kann er das Grundstück, sofern dessen Veräußerung zur Schuldentilgung nicht erforderlich ist, bei der Verteilung des Vermögens selbst erwerben; vgl. § 300 HGB., § 72 G.m.b.H.-Ges., Brodmann Anm. 3 zu § 72 a. a. O.; RG. 62, 56; RFH. StW. VII 199. In diesem Fall ist weder Umsatz- noch Schenkungssteuer zu entrichten. Dagegen entsteht KörpSt. nach § 18 KörpStG. von dem Unterschied des gemeinen Werts des Grundstücks im Zeitpunkt der „Verteilung" und dem letzten Buchwert.

§ 8.

(1) Als steuerpflichtiger Wertzuwachs gilt der Unterschied zwischen dem Erwerbspreise und dem Veräußerungspreise.

(2) Der Preis bestimmt sich nach dem Gesamtbetrage der Gegenleistungen einschließlich der vom Erwerber übernommenen oder ihm sonst infolge der Veräußerung obliegenden Leistungen und der vorbehaltenen oder auf dem Grundstücke lastenden Nutzungen, bei Verträgen über Leistungen an Erfüllungsstatt nach dem Werte, zu dem die Gegenstände an Erfüllungsstatt angenommen werden.

(3) Die auf einem nicht privatrechtlichen Titel beruhenden Abgaben und Leistungen, die auf dem Grundstück kraft Gesetzes lasten (gemeine Lasten), werden nicht mitgerechnet. Der Wert wiederkehrender Leistungen und Nutzungen bestimmt sich nach den Vorschriften der Reichsabgabenordnung.

(4) Ist einem der Vertragschließenden ein Wahlrecht oder die Befugnis eingeräumt, innerhalb gewisser Grenzen den Umfang der Gegenleistung zu bestimmen, so ist der höchstmögliche Betrag der Gegenleistung maßgebend, soweit die Wahl oder die Bestimmung noch nicht stattgefunden haben.

Die Vorschrift entspricht wörtlich dem § 6 Abs. 1 Satz 1, Abs. 2—4 MStO. Es kann daher auf die Erläuterungen hierzu verwiesen werden. Nur Abs. 4 enthält gegenüber der Fassung der MStO. den Zusatz „soweit die Wahl oder die Bestimmung noch nicht stattgefunden haben". Diese Hinzufügung ist im Interesse der Klarheit zu begrüßen. Es ist aber bereits in Anm. 8 zu § 6 betont worden, daß auch bei der Fassung der MStO. die gewählte Leistung maßgebend ist, sofern die Wahl vor der rechtskräftigen Veranlagung ausgeübt war. Die MStO. ist gegenüber der Berliner StO. insofern günstiger, als jene im § 18 Nr. 5 eine Erstattung der Steuer vorsieht, soweit bei Wahl eines geringeren als des höchstmöglichen Betrages der Gegenleistung die bereits rechtskräftig festgesetzte Steuer sich als zu hoch ergibt.

§ 9.

Beim Übergang im Wege der Zwangsversteigerung gilt als Preis der Betrag des Meistgebots, zu dem der Zuschlag erteilt ist, unter Hinzurechnung der vom Ersteher übernommenen, gerichtlich festgelegten Leistungen. Im Falle der Abtretung der Rechte aus dem Meistgebot oder der Erklärung des Meistbietenden, daß er für einen anderen geboten habe, tritt an die Stelle des Meistgebots der Wert der Gegenleistung, wenn sie höher ist als das Meistgebot.

Anm. Die Vorschrift stimmt mit § 6 Abs. 5 MStO. völlig überein. Es wird auf Anm. 11 zu § 6 MStO. verwiesen.

§ 10.

(1) Ist ein Preis nicht vereinbart oder nicht zu ermitteln, so tritt an dessen Stelle der gemeine Wert des Grundstücks.

(2) Das gleiche gilt, wenn auf dem Grundstück eine der im § 1 bezeichneten Berechtigungen oder ein Nießbrauchsrecht lastet, zu deren Beseitigung der Veräußerer nicht verpflichtet ist, und der gemeine Wert des Grundstücks unter Berücksichtigung seiner Belastung den Wert der Gegenleistung übersteigt.

(3) Wenn die Beteiligten einen Teil des Entgelts in die Form einer Vermittlungsgebühr, einer den üblichen Zinssatz erheblich übersteigenden Verzinsung des gestundeten Preises oder einer sonstigen Nebenleistung kleiden, so ist der als Teil des Entgelts anzusetzende Betrag durch Schätzung zu ermitteln.

Anm. Die Vorschrift stimmt mit § 6 Abs. 6—8 MStO. wörtlich überein. Es wird auf Anm. 12 (oben zu Abs. 1) und Anm. 10 zu § 6 MStO. (oben zu Abs. 2, 3) verwiesen.

§ 11.

Betrifft der steuerpflichtige Rechtsvorgang steuerpflichtige und steuerfreie Gegenstände, ohne daß Einzelpreise und -werte angegeben werden, so bestimmt die Steuerbehörde den auf die steuerpflichtigen Gegenstände entfallenden Teil der Gesamtsumme, wenn nicht der Steuerpflichtige auf Erfordern innerhalb der ihm bestimmten Frist die Trennung der Preise oder Werte nachholt. Sind zum Zwecke der Steuerersparung dem wahren Wert nicht entsprechende Angaben gemacht worden, so ist der Betrag durch Schätzung zu ermitteln. Das gleiche gilt für die Verteilung des Gesamtbetrages auf mehrere steuerpflichtige Gegenstände.

1. **Allgemeines.** Diese Vorschrift war in der bisherigen Berliner StO. nicht enthalten und fehlt auch in der MStO. Die Bestimmung gilt sowohl für den Veräußerungs- als den Erwerbspreis; vgl. OVG. 67, 4.

2. **Steuerpflichtige und steuerfreie Gegenstände** bilden den Gegenstand eines einheitlichen Rechtsvorganges. Welche Gegenstände steuerfrei sind, ist in der StO. nirgends ausdrücklich bestimmt; insbesondere fehlt eine Vorschrift hinsichtlich des beweglichen Zubehörs von Grundstücken sowie hinsichtlich solcher Maschinen, die als wesentlicher Bestandteil eines Grundstücks zu erachten sind. Trotzdem sind Zubehör und Maschinen als steuerfreie Gegenstände zu betrachten; vgl. Anm. 4 zu § 1 MStO.; OVG. 77, 1. Auch sonst können steuerfreie Gegenstände zugleich mit einem Grundstück durch denselben Vertrag veräußert werden, z. B. eine Villa zugleich mit einem Automobil oder einem Motorboot, ein Fabrikgrundstück zugleich mit dem Unternehmen, mit sämtlichen Außenständen, Patentrechten, ein Haus mit dem darin betriebenen Geschäft (OVG. 77, 1) u. dgl. Der steuerpflichtige Rechtsvorgang kann auch aus einer Mehrzahl von Verträgen bestehen, sofern diese eine rechtliche Einheit bilden, z. B. aus einem Hauptvertrag und mehreren Ergänzungsverträgen oder Nachträgen.

3. **Einzelpreise und -werte** sind nicht angegeben. Der Unterschied von Einzelpreisen und Einzelwerten liegt darin, daß der Einzelpreis die vertraglich vereinbarte Gegenleistung für den einzelnen Gegenstand darstellt, während Einzelwerte durch eine vertraglich nicht verbindliche Zerlegung des einheitlichen Kaufpreises in die Gegenwerte für die einzelnen Gegenstände entstehen. Ein Einzelpreis gilt nur dann als vereinbart, wenn die Parteien darüber einig sind, daß für jeden einzelnen Vertragsgegenstand ein besonderer Preis gilt, so daß im Falle einer Wandelung oder Minderung hinsichtlich des einzelnen Gegenstandes nur der Preis dieses Gegenstandes betroffen wird. Sind Einzelpreise vereinbart, so ist dies für die Steuerbehörde ohne weiteres verbindlich; an die bloße Angabe von Einzelwerten hingegen, so z. B. wenn es im Vertrage heißt, daß von dem Gesamtpreis ein bestimmter Betrag „auf das Inventar gerechnet", oder daß im steuerlichen Interesse der Wert des Inventars auf eine bestimmte Summe angegeben werde, ist die Steuerbehörde nicht gebunden; vgl. OVG. 67, 4; 75, 5 u. 119; 77, 1; PrVBl. 49, 446; 50, 71; Amtl. Mitt. 1915, 158. In § 11 Satz 2 ist dies besonders zum Ausdruck gebracht. Dagegen kann die Steuerbehörde rechtsverbindlich vereinbarte Einzelpreise nicht beanstanden. Es kann aber natürlich im Einzelfalle untersucht werden, ob die im Vertrage festgelegten Einzelpreise nicht bloße Scheinpreise sind; vgl. § 4. Zu beachten ist der Unterschied zwischen § 11 und § 28. Letzterer betrifft nur Angaben der Steuerpflichtigen; an diese ist die Steuerbehörde nicht gebunden. Sie braucht daher auch die Angabe, daß bestimmte Einzelpreise vereinbart seien, nicht ohne weiteres hinzunehmen. Wird aber die Vereinbarung von Einzelpreisen erwiesen, so ist die Steuerbehörde an diese Vereinbarung gebunden.

4. **Bestimmung der Steuerbehörde.** Diese ist in zwei Fällen zulässig:

a) Einzelpreise und -werte sind nicht angegeben und auch innerhalb einer von der Steuerbehörde bestimmten Frist nicht nachgeholt worden.

b) Es sind Einzelpreise oder -werte angegeben worden, jedoch zum Zweck der Steuerersparung in einer den wahren Verhältnissen nicht entsprechenden Weise.

In beiden Fällen hat die Steuerbehörde die Verteilung des vereinbarten Gesamtpreises auf steuerpflichtige und steuerfreie Gegenstände durch Schätzung vorzunehmen. Auch wenn dem Steuerpflichtigen eine Frist zur Trennung der Preise oder Werte bestimmt worden ist und er die Trennung innerhalb der Frist vorgenommen hat, kann die Steuerbehörde den Betrag, der auf steuerpflichtige Gegenstände entfällt, durch Schätzung ermitteln, sofern die vom Steuerpflichtigen nachgeholte Trennung dem wahren Wert nicht entspricht. Zu beachten ist aber, daß in Satz 1 von Einzelpreisen und -werten die Rede ist, in Satz 2 nur von Angaben, die dem wahren Wert nicht entsprechen. Bei ernster Vereinbarung von Einzelpreisen ist also eine Schätzung durch die Behörde ausgeschlossen.

Der Steuerpflichtige kann auf Erfordern nur die Angabe über die Trennung der Preise oder Werte nachholen; eine Trennung der Preise kann er einseitig nicht vornehmen. Hierzu ist vielmehr stets eine Vereinbarung der Vertragsparteien erforderlich; sei es, daß diese schon ursprünglich im Vertrage erfolgt war und jetzt nachträglich mitgeteilt wird oder daß sie durch Nachtragsvereinbarung erfolgt. Dagegen kann der Steuerpflichtige einseitig eine Trennung der Einzelwerte vornehmen, an die allerdings die Steuerbehörde nach § 11 Satz 2, § 28 nicht gebunden ist; vgl. OVG. JW. 1924, 581 Nr. 2.

Will die Steuerbehörde die Angabe des Steuerpflichtigen gemäß § 11 Satz 2 nicht gelten lassen, so muß sie nach § 28 vor der Veranlagung die Gründe der Beanstandung zur Äußerung mitteilen. Diese Anhörung ist nach Reichsrecht zwingend; vgl. OVG. PrVBl. 50, 72.

5. Bei einer **Mehrheit von steuerpflichtigen Gegenständen** ist eine Verteilung des vereinbarten Gesamtpreises gleichfalls erforderlich, um den auf jeden einzelnen steuerpflichtigen Gegenstand entfallenden Veräußerungspreis festzustellen, der dann mit dem Erwerbspreis desselben Gegenstandes zwecks Errechnung des WZuw. zu vergleichen ist. Ähnlich liegt der Fall, daß ein im ganzen veräußertes Grundstück von dem Veräußerer in getrennten Teilen zu verschiedenen Zeiten und verschiedenen Preisen erworben worden ist. In allen diesen Fällen hat in erster Linie der Steuerpflichtige vereinbarte Teilpreise oder in Ermangelung solcher Einzelwerte anzugeben. Läßt er eine hierzu bestimmte Nachfrist unbeachtet oder will die Steuerbehörde seiner Angabe nicht folgen, weil sie dem wahren Werte nicht entspricht, so muß die Steuerbehörde die Einzelwerte durch Schätzung ermitteln.

6. **Die Schätzung** durch die Steuerbehörde ist nicht an bestimmte Vorschriften gebunden. Die Bestimmungen der §§ 137—161 AO. über die Wertermittlung sind nicht für anwendbar erklärt; vgl. § 30. Die Steuerbehörde ist daher in der Bewertung frei, wird sich aber an die erwähnten Vorschriften in der Regel doch wohl halten. Zu schätzen ist der Wert der einzelnen Gegenstände im Zeitpunkt des Vertragsschlusses bzw. in den Fällen des § 2b des Eigentumswechsels; nach dem Verhältnis dieser Einzelwerte ist dann der vereinbarte Gesamtpreis zu zerlegen; vgl. OVG. 75, 5; PrVBl. 50, 72.

Wegen Verkaufs von Geschäftsgrundstücken und Anrechnung des Preises für Gewerbe- und Apothekenkonzessionen sowie für den sog. good will (Kundschaft, Beziehungen, Firmenruf usw.) auf den Grundstückspreis vgl. Anm. 4 zu § 1 MStO. u. Anm. 4h zu § 6 MStO.

§ 12.

(1) Soweit der Erwerbspreis nicht in Gold-, Renten- oder Reichsmark berechnet ist, wird er gemäß den Bestimmungen des § 2 des Auf-

wertungsgesetzes vom 16. Juli 1925*) nach seinem Goldmarkwert berechnet. Maßgebend für die Berechnung ist, falls ein Veräußerungsgeschäft abgeschlossen war, das zur Übertragung des Eigentums verpflichtete, der Tag der Abschlusses des Rechtsgeschäftes, in allen übrigen Fällen der Tag der Vollendung des Rechtsvorganges, der die Rechtsänderung bewirkt hat.

(2) Hat der Veräußerer beim Erwerb des Grundstücks in Anrechnung auf den Erwerbspreis Schuldverpflichtungen, Hypotheken usw. übernommen, so gilt abweichend von der Bestimmung des vorhergehenden Absatzes für die Berechnung des Goldmarkwertes der übernommenen Schuldverpflichtungen folgendes:

1. Soweit die Schuldverpflichtungen bei der neuen Veräußerung des Grundstücks noch bestehen und von dem neuen Erwerber übernommen werden, ist für die Berechnung ihres Goldmarkwertes der Umrechnungstag des übrigen Erwerbspreises (Absatz 1) maßgebend; jedoch ist ihr Wert für die Berechnung des Erwerbspreises mindestens mit dem gleichen Betrage einzustellen, wie er bei der Berechnung des neuen Veräußerungspreises in Ansatz gebracht worden ist.
2. Soweit die Schuldverpflichtungen bis zur neuen Veräußerung des Grundstücks getilgt sind, ist ihr Goldmarkwert nach dem Werte der Leistungen zu berechnen, die der Veräußerer für die Tilgung am Tilgungstage aufgewandt hat, soweit nicht ihr Goldmarkwert am Tage des Erwerbs des Grundstücks höher ist.

(3) In gleicher Weise wie der Erwerbspreis nach Absatz 1 sind alle nach dieser Ordnung in Anrechnung kommenden Beträge, die nicht in Gold-, Renten- oder Reichsmark berechnet sind, umzurechnen.

Anm. Die Vorschrift stimmt in Abs. 1, 2 mit § 7 MStO. überein, nur daß Abs. 1 u. 2 mit dem Wort „Soweit" eingeleitet werden, während § 7 MStO. die Bedingungsform aufweist.

Abs. 3 enthält eine allgemeine Umrechnungsnorm für die übrigen Bestimmungen.

---

*) § 2 des Aufwertungsgesetzes: „Als Goldmarkbetrag gilt bei Ansprüchen, die vor dem 1. Januar 1918 erworben sind, der Nennbetrag. Ist der Anspruch später erworben, so wird der Goldmarkbetrag dadurch festgestellt, daß der Nennbetrag, im Falle des entgeltlichen Erwerbes der Erwerbspreis, nach Maßgabe des Wertverhältnisses umgerechnet wird, das in der Anlage zu diesem Gesetz für den Tag des Erwerbes bestimmt ist; ist ein Umrechnungsverhältnis für diesen Tag nicht bestimmt, so ist das letzte vorhergehende Umrechnungsverhältnis maßgebend. An Stelle des Erwerbspreises ist der Nennbetrag der Berechnung zugrunde zu legen, wenn er, nach dem Zeitpunkt der Begründung des Anspruchs in Goldmark umgerechnet, niedriger ist. Ein Erwerb, der nach dem 13. Februar 1924 stattgefunden hat, bleibt für die Berechnung des Goldmarkbetrages außer Betracht."

§ 13.

(1) Dem Erwerbspreis sind hinzuzurechnen:

1. 6 v. H. des Erwerbspreises als Ersatz der Erwerbskosten. In den Fällen des § 12 sind die 6 v. H. von dem sich nach Abs. 1 des § 12 ergebenden Erwerbspreise zu berechnen. Auf Antrag sind die nachweislich aufgewendeten Erwerbskosten einschließlich der gezahlten Vermittlungsgebühr hinzuzurechnen. Tritt an die Stelle des Erwerbspreises der gemeine Wert des Grundstücks, so fällt die Anrechnung der Erwerbskosten fort.
2. Falls der Erwerb im Wege der Zwangsversteigerung erfolgt ist und der Veräußerer zur Zeit der Einleitung der Zwangsversteigerung Hypotheken- oder Grundstücksgläubiger war, der nachweisliche Betrag seiner ausgefallenen Forderungen in Höhe ihres Wertes zur Zeit des Zuschlages bis zu dem Werte, den das Grundstück zur Zeit der Zwangsversteigerung oder, wenn der Wert zur Zeit der Eintragung der Forderungen höher war, zu diesem Zeitpunkt hatte. Die Forderungen kommen, wenn sie durch entgeltliches Rechtsgeschäft erworben sind, nur in Höhe des geleisteten Entgelts in Anrechnung. Beruht ihr Erwerb auf einer Schenkung oder ist ihr Erwerb innerhalb einer kürzeren Zeit als zwei Jahre vor der Einleitung der Zwangsversteigerung erfolgt, so werden die Forderungen nur berücksichtigt, wenn nach den Umständen Schenkung oder Erwerb keine Wertzuwachssteuerersparung bezwecken. Hat der Veräußerer an dinglich Berechtigte, ohne deren Forderungen erworben zu haben, Abfindungen zur Erzielung eines geringeren Meistgebots gezahlt, so sind diese in entsprechender Weise dem Erwerbspreis hinzuzurechnen.
3. Die Aufwendungen für Bauten, Umbauten und sonstige dauernde Verbesserungen (einschließlich der ortsüblichen Bauzinsen), auch solche land- und forstwirtschaftlicher Art, die innerhalb des für die Steuerberechnung maßgebenden Zeitraumes gemacht sind und nicht der laufenden Unterhaltung von Baulichkeiten oder der laufenden Bewirtschaftung von Grundstücken dienen, soweit die Bauten und Verbesserungen noch vorhanden sind. Als für die Steuerberechnung maßgebender Zeitraum gilt die Zeit von dem der Steuerberechnung zugrunde zu legenden Erwerbsvorgang bis zu dem die Steuerpflicht auslösenden Rechtsvorgang (§ 2). § 14 Abs. 1 Satz 2 findet sinngemäß Anwendung. Zuschüsse von dritter Seite, auf deren Rückgabe der Hergeber verzichtet hat, sind von den Kosten des Neubaues oder der Verbesserung abzuziehen; ebenso bleiben die durch Versicherungen gedeckten Kosten außer Ansatz; hierbei ist der Wert eigener Arbeit, soweit durch sie bei der

Durchführung von Bauten, Umbauten und sonstigen dauernden Verbesserungen eine sonst notwendige fremde Arbeitskraft ersetzt wird, in Höhe des ortsüblichen Lohns als Aufwendung anzurechnen.

4. Die Aufwendungen, Leistungen und Beiträge für Straßenbauten, andere Verkehrsanlagen einschließlich der Kanalisierung, sowie ohne entsprechende Gegenleistung und Verzinsung geleistete Beträge für sonstige öffentliche Einrichtungen, soweit die Aufwendungen, Leistungen und Beträge innerhalb des für die Steuerberechnung maßgebenden Zeitraumes gemacht oder die zugrunde liegenden Verpflichtungen entstanden sind.

(2) Nicht anrechnungsfähig sind Aufwendungen auf steuerfreie Gegenstände (§ 11).

(3) Für die Berechnung des Goldmarkwertes (§ 12 Abs. 3) der Hinzurechnungen ist im Falle der Ziff. 1 der im § 12 Abs. 1 bestimmte Stichtag, im Falle der Ziffer 2 der in dieser Ziffer angegebene Zeitpunkt, im Falle der Ziffern 3 und 4 der Tag der Leistung maßgebend.

1. **Allgemeines.** Die Vorschrift entspricht dem § 14 RZuwStG. und dem § 8 MStO. Sie lehnt sich insofern an das RZuwStG. an, als die dort geregelten vier Fälle der Hinzurechnung, wenn auch mit einigen Abweichungen, übernommen sind, also auch die Aufwendungen, Leistungen und Beiträge für Straßenbauten usw., die in der MStO. fehlen. In der Regelung der drei übrigen Hinzurechnungen weicht die Berliner StO. in mehreren Punkten von der MStO. ab. Im allgemeinen kann hier jedoch auf die Erläuterungen zu § 8 MStO. verwiesen werden; die Abweichungen werden im folgenden besonders behandelt.

2. **Erwerbskosten.** Während nach § 8 Nr. 1 MStO. grundsätzlich die nachweislich aufgewandten Erwerbskosten und nur auf Antrag des Veräußerers statt dessen ein fester Betrag von 6 v. H. des Erwerbspreises hinzuzurechnen ist, ist nach der Berliner StO. diese Alternative umgekehrt. Zu den Erwerbskosten gehört nach der Berliner StO. die gezahlte Vermittlungsgebühr ohne Rücksicht darauf, ob sie die ortsübliche Höhe erreicht oder übersteigt. Wird die Vereinbarung einer Vermittlungsgebühr dazu benutzt, um den Kaufpreis zu verschleiern, so ist der von der Steuerbehörde zu schätzende Überschuß gemäß § 10 Abs. 3 dem Kaufpreise hinzuzurechnen. Für die Feststellung des Erwerbspreises bei der Steuerberechnung macht es jedoch keinen Unterschied aus, ob § 10 Abs. 3 oder § 13 Nr. 1 Anwendung findet. Daher kann auch die Frage auf sich beruhen, ob die Hinzurechnung nach § 10 Abs. 3 zum Erwerbspreis auch dann angängig ist, wenn z. B. bei Berechnung der WZuwSt. für den Erwerbsfall die Hinzurechnung unterblieben ist.

Tritt an die Stelle des Erwerbspreises der gemeine Wert des Grundstücks gemäß § 10 Abs. 1, 2 oder § 14 Abs. 2, so fällt die Anrechnung der Erwerbskosten fort, weil das Gesetz davon ausgeht, daß die Erwerbskosten im gemeinen Wert bereits enthalten sind. Mit Recht bekämpfen Domke Anm. 6 und Asch-Oppenheimer Anm. 2 zu § 13 diese Annahme, die den Grundsätzen bei Feststellung des gemeinen Werts nicht entspricht. Auch nach der Definition des gemeinen Wertes in § 138 AO. wird dieser durch den Preis bestimmt, der bei gemeingewöhnlichen Geschäften zu erzielen ist. In dem üblichen Preis sind aber niemals die durch die Veräußerung erst entstehende GrdErwSt. sowie die Notariats- und Gerichtskosten enthalten.

3. **Ausfallen in der Zwangsversteigerung.** Diese Vorschrift war in der bisher geltenden Fassung der Berliner StO. nicht enthalten und mußte im Einzelfalle durch Nachlaß im Billigkeitswege ersetzt werden, wobei allerdings die Einschränkung galt, daß die Steuer in keinem Falle unter 3 v. H. des Veräußerungspreises oder der etwa höheren 2 v. H. des gemeinen Wertes herabgesetzt werden durfte.

Die jetzige Fassung der Nr. 2 stimmt in den Grundzügen mit § 8 Nr. 3 MStO. überein. Eine Abweichung liegt darin, daß nach der Berliner StO. der Hypotheken- oder Grundstücksgläubiger das Recht hat, den Ausfall hinzuzurechnen, während nach der Fassung der MStO. nur Hypotheken- oder Grundschuldgläubiger dieses Recht besitzen. Unter Grundstücksgläubigern müssen an sich alle Berechtigte, die ein dingliches Recht am Grundstück oder an einem das Grundstück belastenden Recht haben, verstanden werden, insbesondere also Rentenschuldgläubiger, Reallastberechtigte, Nießbraucher. Es muß sich jedoch immer um ein dingliches Recht handeln, vermöge dessen eine Geldleistung oder eine geldwerte Leistung aus dem Grundstück zu bewirken ist; das geht daraus hervor, daß nur der nachweisliche Betrag der ausgefallenen Forderungen hinzugerechnet werden darf. Bei einem Wohnungsberechtigten oder Wegeberechtigten wird von einer ausgefallenen Forderung nicht gesprochen werden können. Auch der Inhaber einer Vormerkung zur Erhaltung des Rechts auf Auflassung oder auf Eintragung eines Wohnungsrechts oder eines Nießbrauchs oder einer sonstigen Dienstbarkeit kommt hier nicht in Betracht, weil der Betrag einer ausgefallenen Forderung bei ihm nicht in Frage steht. Handwerker, die gemäß § 648 BGB. ein Recht auf Eintragung einer Sicherungshypothek haben, kommen nur dann in Betracht, wenn für sie mindestens eine Vormerkung zur Erhaltung dieses Rechts eingetragen war. Mieter und Pächter sind keine Grundstücksgläubiger.

Die ausgefallene Forderung darf nach der Berliner StO. nur in Höhe ihres Wertes z. Z. des Zuschlags dem Erwerbspreis hinzugerechnet werden. Dies entspricht dem Wesen der „nachweislich ausgefallenen Forderung". Hatte z. B. der Hypothekengläubiger z. Z. des Zuschlags nicht den vollen Betrag der Hypothek zu fordern, so stand ihm auch das Hypothekenrecht nur in Höhe seiner wirklich bestehenden Forderung zu. Bei der Grundschuld allerdings hängt die Höhe des dinglichen Rechts nicht von der Höhe der zugrunde liegenden persönlichen Forderung ab; aber auch hier kann von einer ausgefallenen Forderung nur insoweit die Rede sein, als der Grundschuldgläubiger gegenüber dem Eigentümer ein Recht auf Geltendmachung der Grundschuld hatte. Das wird durch die Beschränkung auf den Wert z. Z. des Zuschlags klargestellt.

Nach der MStO. muß die Hypothek oder Grundschuld mindestens sechs Monate vor der Einleitung der Zwangsversteigerung erworben sein; anderenfalls wird der Ausfall nur berücksichtigt, wenn keine Steuerersparung bezweckt war. Nach der Berliner StO. ist diese Frist auf zwei Jahre bemessen. Andererseits kommt es nach der MStO. darauf an, ob die Eintragung der Hypothek oder Grundschuld keine Steuerersparung bezweckte, während es nach der Berliner StO. auf den mit dem Erwerb der Grundschuld erzielten Zweck ankommt, gleichviel ob der Gläubiger das Recht bei seiner Begründung oder durch Abtretung des früher Berechtigten erworben hat.

Nach der Berliner StO. kommt noch ein weiterer Fall hinzu, nämlich die Abfindung zur Erzielung eines geringeren Meistgebots. Hatte der Ersteher die Hypothek oder Grundschuld von einem Dritten erworben, so kann sie im Falle ihres Ausfalls unter den Voraussetzungen des § 13 Nr. 2 hinzugerechnet werden; häufig kommt es aber nicht zu einem Erwerb der fraglichen Rechte, sondern nur zur Zahlung einer Abfindung an den Berechtigten zu dem Zweck, ihn als konkurrierenden Gläubiger auszuschalten. Durch Zahlung einer solchen Abfindung wird die Hypothek gemäß § 1163 BGB. zur Eigentümerschuld, sofern der Zahler nicht gemäß §§ 1150, 1164 BGB. das Recht selbst erwirbt. Ein auf die Hypothek entfallender Teil des Meistgebots würde also dem Eigentümer zufallen. In der Regel aber wird die Abfindung nur gezahlt werden, wenn damit zu rechnen ist, daß das Meistgebot die abgefundene Hypothek weder ganz noch teilweise deckt. Es wird sich also meist darum handeln, den abgefundenen Hypothekengläubiger vom Mitbieten abzuhalten. Wirtschaftlich steht dieser Fall dem Erwerb des Rechts durch den künftigen Ersteher gleich. Die Hinzurechnung der Abfindung ist aber nur in entsprechender Weise gestattet, also auch nur dann, wenn die Abfindung zwei Jahre vor der Einleitung der Zwangsversteigerung erfolgt ist oder bei späterer Abfindung, wenn diese keine WZuwSt.-Ersparung bezweckte.

4. Aufwendungen für Bauten und Verbesserungen. Satz 1 entspricht wörtlich dem § 8 Nr. 2 MStO., so daß auf die Erläuterungen dazu verwiesen werden kann. Nur der Klammersatz „einschließlich der ortsüblichen Bauzinsen" ist in der Berliner StO. hinzugefügt. Bauzinsen vom Eigenkapital dürfen nicht angerechnet werden; vgl. OVG. 74, 21. Bei Fremdkapital sind die wirklich gezahlten Zinsen, aber nur in den Grenzen der Ortsüblichkeit, hinzuzurechnen. Ferner sind die Sätze 2—4 hinzugefügt. Satz 2 versteht sich von selbst und muß in gleicher Weise auch für die MStO. gelten, wie dort in Anm. 3 b ausgeführt ist. Auch die Anwendung des § 14 Abs. 1 Satz 2 entspricht nur dem Wesen der Sache, stellt allerdings eine Abweichung von der Regelung der MStO. dar, die in den Fällen der Nichtigkeit und Rückgängigmachung des Geschäfts den steuerlichen Rückgriff nicht anordnet.

Zuschüsse von dritter Seite sind von den Kosten des Neubaues oder der Verbesserung abzuziehen; vgl. hierzu Anm. 3 k zu § 8 MStO., ebenso hinsichtlich der durch Versicherung gedeckten Kosten. Bei den Zuschüssen handelt es sich vor allem um die Baukostenzuschüsse, die von Mietern häufig gezahlt werden. Der Ausschluß der Zuschüsse von den anzurechnenden Neubaukosten kann zu Härten führen, wenn z. B. mit Rücksicht auf den Baukostenzuschuß der laufende Mietzins geringer festgesetzt worden ist. In solchen Fällen sind die Bauten und Verbesserungen letzten Endes doch auf Kosten des Eigentümers hergestellt worden. Noch unbilliger wirkt die Vorschrift, wenn der Zuschuß von dritter Seite etwa eine Schenkung, z. B. seitens des Vaters des Eigentümers, darstellt, die der Eigentümer sich später bei der Erbauseinandersetzung anrechnen lassen muß.

Dagegen ist es sachgemäß, daß die durch Versicherung gedeckten Kosten außer Ansatz zu bleiben haben. In derartigen Fällen liegt in der Regel keine Verbesserung des Grundstücks vor, sondern nur die Wiederherstellung des früheren Zustandes; Schadensersatzbeträge müßten an sich ebenso behandelt werden wie Versicherungsbeträge. Ist z. B. ein Gebäude durch Feuer zerstört worden und leistet der Verursacher des Brandes Schadensersatz, so daß die Versicherung nicht in Anspruch genommen wird, so liegt an sich gleichfalls kein Grund für die Hinzurechnung der Aufwendungen für den Bau oder Umbau vor. Von Zuschüssen, auf deren Rückgabe der Hergeber verzichtet hat, wird man hier an sich nicht sprechen können, da ein Verzicht des Schadensersatzpflichtigen nicht in Frage steht. Es wird aber angemessen sein, die Vorschrift auf solche Fälle entsprechend anzuwenden. § 19 kommt hierbei nicht in Frage, wenn der Betrag der Entschädigung zur Beseitigung des Schadens verwendet worden ist. Die Vorschrift ergibt aber durch Umkehrschluß, daß in diesem letzteren Falle die Baukosten nicht zum Erwerbspreis hinzugerechnet werden dürfen.

Der Wert eigener Arbeit kann nach der Berliner StO. in Höhe des ortsüblichen Lohnes angerechnet werden. Nach der Fassung und der Stellung des fraglichen Satzes im Zusammenhang mit den anderen Vorschriften könnte angenommen werden, daß die Bestimmung nur für den Fall gilt, daß Zuschüsse von dritter Seite oder Versicherungsbeträge gezahlt worden sind. Darauf deutet das einleitende Wort „hierbei" sowie die Stellung des Schlußsatzes nach einem Semikolon. Diese Fassung muß aber als Redaktionsfehler betrachtet werden. Es wäre ganz unverständlich, die eigene Arbeit des Veräußerers nur dann zu berücksichtigen, wenn ein Baukostenzuschuß von dritter Seite geleistet ist oder wenn es sich um die Ausführung einer durch Versicherung gedeckten Wiederherstellungsarbeit handelt. Der Schlußsatz „hierbei ist . . . . anzurechnen" muß vielmehr als selbständiger Satz behandelt und auf alle Aufwendungen, Bauten, Umbauten und sonstige dauernde Verbesserungen angewendet werden. Die Bestimmung ersetzt die Vorschrift in § 14 Nr. 3 Satz 2 RZuwStG., wonach der Eigentümer 5 v. H. der Aufwendungen oder, wenn er Baugewerbetreibender oder Bauhandwerker und selbst der Bauunternehmer ist, 15 v. H. des anrechnungsfähigen Wertes der Aufwendungen hinzurechnen durfte. Nach der Fassung der Berliner StO. kann eine Hinzurechnung nur erfolgen, wenn der Veräußerer eigene Arbeit geleistet hat; in diesem Falle kommt es aber nicht darauf an, ob er Baugewerbetreibender oder Bauhandwerker ist. Allerdings werden es praktisch auch nach der Berliner StO. meist nur Baugewerbetreibende oder Bauhandwerker sein, die den Wert der eigenen Arbeit anrechnen dürfen, da es eine Voraussetzung der Anrechnung ist, daß eine sonst notwendige Arbeitskraft ersetzt wurde. Die durch die Bestellung der Bauarbeiten und durch die Abnahme und Abrechnung bedingte Mühe kann daher nicht angerechnet werden, da diese Bemühungen stets dem Bauherrn obliegen, eine fremde Arbeitskraft also begrifflich nicht ersetzen. Dagegen kann der Veräußerer den Wert eines von ihm gefertigten Entwurfs, den Wert von Bauzeichnungen und sonstigen technischen Leistungen sowie der Überwachung der Arbeiten anrechnen; vgl. Amtl. Mitt. 1913, 251; 1914, 90. Ebenso kann natürlich eigene handwerkliche Betätigung des Veräußerers berechnet werden, wenn und insoweit dadurch eine notwendige fremde Arbeitskraft ersetzt wird. Wegen etwaiger Leistungen von Familienangehörigen des Veräußerers vgl. Anm. 3 h zu § 8 MStO.

5. **Aufwendungen für Straßenbauten** u. dgl. sind nach Nr. 4 anzurechnen. Die Vorschrift entspricht dem § 14 Nr. 4 RZuwStG.; eine gleichartige Vorschrift ist in der MStO. nicht enthalten. Es muß sich um öffentliche Einrichtungen handeln; Privatbahnen kommen hier nicht in Betracht; vgl. OVG. 77, 57; 70, 27; wohl aber nach Ziff. 3; vgl. OVG. 76, 1. Die Straßenunterhaltungskosten können nicht ganz allgemein angerechnet werden; vgl. Amtl. Mitt. 1912, 17; 1913, 193; nach OVG. 68, 28 sind sie aber, da eine dauernde Verbesserung in Ziff. 4 nicht erfordert wird, von der Anrechnung nicht grundsätzlich ausgeschlossen; es kommt darauf an, ob die Übernahme der Unterhaltungskosten durch Vertrag bzw. nach § 15 FluchtlinG. deshalb geschieht, um die Herstellung der Straße oder die bauliche Ausnutzung des Grundstücks herbeizuführen. Die Neupflasterung einer Straße wird ohne weiteres unter Straßenbauten fallen. Bei Straßenbauten und anderen Verkehrsanlagen einschl. der Kanalisierung kommt es nicht darauf an, ob die Beiträge mit oder ohne Gegenleistung und Verzinsung geleistet sind, wohl aber bei sonstigen öffentlichen Einrichtungen. Unter den Beiträgen für Straßenbauten stehen an erster Stelle die auf Grund des § 15 Pr.BaufluchtLinG. zu leistenden Anliegerbeiträge; dagegen nicht Steuern, die der Veräußerer als Folge gewisser Bauanlagen hat zahlen müssen: OVG. VII C. 704. 14 bei Strutz JW. 1915, 1175. Zeitlich kommt es darauf an, ob die Beitragspflicht innerhalb des maßgebenden Zeitraums (vgl. Anm. 3 b zu § 8 MStO.) entstanden ist; Zahlung braucht innerhalb dieses Zeitraums nicht erfolgt zu sein: OVG. 76, 9. Die Beitragspflicht entsteht, wenn die Straße ausgebaut ist, die zu erstattenden

Ausbaukosten festgestellt werden können und wenn ferner ein Gebäude an der Straße errichtet wird; vgl. OVG. 62, 40; PrVBl. 37, 778; Amtl. Mitt. 1916, 130. Ist bei Entstehung der Steuerpflicht die Beitragspflicht noch nicht entstanden, hat aber der Veräußerer gegenüber dem Erwerber sich vertraglich verpflichtet, für die demnächstigen Beiträge aufzukommen, so liegt darin nach OVG. 68, 10 eine vom Veräußerer übernommene Last im Sinne des § 10 RZuwStG. Eine diesem § 10 entsprechende Bestimmung fehlt jedoch in der Berliner StO.; vgl. aber Anm. 4 h zu § 6 MStO. Zinsen für die Stundung der Anliegerbeiträge können nicht hinzugerechnet werden: OVG. 76, 9. Zu den Leistungen für Straßenbauten gehört auch die unentgeltliche Abtretung von Straßenland. In diesem Falle ist der Wert des Straßenlandes z. Z. der Abtretung dem Erwerbspreis hinzuzurechnen, nicht aber der Betrag, der gegebenenfalls durch die Abtretung abgelösten Anliegerbeiträge; vgl. OVG. 70, 16; Amtl. Mitt. 1915, 183. Bei Veräußerung von Teilgrundstücken vgl. § 16 Abs. 2. Die Berücksichtigung der Abtretung gemäß § 16 Abs. 2 schließt die nochmalige Hinzurechnung gemäß § 13 Nr. 4 aus: OVG. 67, 20; 74, 31; Amtl. Mitt. 1918, 47. Eine anrechnungsfähige Aufwendung kann auch dann vorliegen, wenn Gelände zu Straßenland zwar entgeltlich, aber zu einem offensichtlich unter dem gemeinen Wert liegenden Preise abgetreten wird; vgl. OVG. 71, 27; Amtl. Mitt. 1915, 185.

6. Nicht anrechnungsfähig sind Aufwendungen auf **steuerfreie Gegenstände**, also insbesondere auf Zubehör, auf Maschinen und Betriebsvorrichtungen sowie auf sonstige bewegliche Sachen, die gleichzeitig mit dem Grundstück veräußert werden. Daher muß der Wert dieser Gegenstände von dem Erwerbspreis gekürzt werden, bevor der Zuschlag von 6 % gemäß Nr. 1 berechnet wird. Dagegen wird es nicht möglich sein, den Ausfall in der Zwangsversteigerung mit Rücksicht auf das Zubehör des Grundstücks um einen Teilbetrag zu kürzen. Hierbei handelt es sich auch nicht um Aufwendungen im Sinne des § 13 Abs. 2. Auch die Aufwendungen gemäß § 13 Nr. 4 kommen für Abs. 2 nicht in Betracht; dagegen können Aufwendungen für Bauten und Verbesserungen nicht berücksichtigt werden, wenn sie sich auf steuerfreie Gegenstände beziehen. Daher kann der Bau einer Baracke, die nicht Bestandteil des Grund und Bodens geworden ist, sondern als bewegliche Sache besonders veräußert wird, nicht berücksichtigt werden; sie bildet aber natürlich keinen steuerfreien Gegenstand, wenn sie im Einzelfall als Bestandteil des Grund und Bodens behandelt wird, so daß der vereinbarte Grundstückspreis auch zur Abgeltung für die Baracke bestimmt ist. Daher muß auch die Aufwendung für Treppenläufer, die während der maßgebenden Zeit neu angeschafft worden sind, gemäß § 13 Abs. 3 angerechnet werden, falls bei der Veräußerung des Grundstücks für die Treppenläufer kein besonderer Preisteil ausgeschieden wird. Bei der Anwendung des Abs. 2 ist immer zu berücksichtigen, daß nur solche Aufwendungen von der Anrechnung ausgeschlossen sind, die auf Gegenstände gemacht werden, deren Wert von dem steuerpflichtigen Veräußerungspreis gemäß § 11 gekürzt wird.

7. **Die Umrechnung in Goldmark** erfolgt entsprechend § 8 Abs. 2 MStO. Unter dem in Ziff. 2 angegebenen Zeitpunkt ist die Zeit des Zuschlags zu verstehen, weil der Wert des ausgefallenen Rechts zu dieser Zeit maßgebend ist. Andererseits bildet auch der Goldmarkwert des Grundstücks z. Z. des Zuschlags die Grenze des Werts des ausgefallenen Rechts. Ist die Hypothek oder Grundschuld durch entgeltliches Rechtsgeschäft erworben worden, so muß das geleistete Entgelt gegebenenfalls auch nach dem Goldwert am Tage der Leistung umgerechnet werden. Alles dies entspricht dem § 8 Abs. 2 MStO.

§ 14.

(1) Beruht der Erwerb des Grundstücks auf einem steuerfreien Rechtsvorgang der im § 7 bezeichneten Art, so ist für die Bemessung des Wertzuwachses von dem Preise zur Zeit des letzten steuerpflichtigen Rechtsvorganges auszugehen. Entsprechendes gilt in den Fällen des § 26 Abs. 1 Ziff. 1—3, 5 und 6 dieser Ordnung, wenn die Steuer erlassen oder erstattet wird. Ob im Sinne dieser Vorschrift Rechtsvorgänge steuerfrei oder steuerpflichtig sind, ist auch für die Zeit vor dem Inkrafttreten dieser Ordnung nach ihr zu bestimmen.

(2) Liegt der für die Bemessung des Wertzuwachses maßgebende Erwerbsvorgang vor dem 1. Januar 1900, so tritt an die Stelle des Preises der gemeine Wert an diesem Tage, wenn der Steuerpflichtige nicht nachweist, daß er oder sein Rechtsvorgänger vor jener Zeit bei einem steuerfreien oder steuerpflichtigen Erwerb einen höheren Erwerbspreis gezahlt hat.

1. **Allgemeines.** Die Vorschrift entspricht im Abs. 1 dem § 6 Abs. 1, Satz 2 und 3 MStO., so daß auf die Erläuterungen in Anm. 13 zu § 6 verwiesen werden kann. Eine Erweiterung haben die Vorschriften der MStO. dadurch erfahren, daß § 14 auch für die Fälle des Erlasses oder der Erstattung der Steuer gemäß § 26 Abs. 1 Nr. 1—3, 5 und 6 die entsprechende Anwendung vorschreibt. Obgleich die MStO. eine solche Bestimmung nicht enthält, wird auch für sie das gleiche gelten. Es entspricht dem Wesen der WZuwSt., daß nichtige oder rückgängig gemachte Geschäfte nicht als Erwerbsvorgang berücksichtigt werden können.

2. **Erwerbsvorgänge vor dem 1. Januar 1900** werden nach Abs. 2 nur dann berücksichtigt, wenn der Steuerpflichtige den wirklichen Erwerbspreis nachweist; sonst tritt an die Stelle des Erwerbspreises der gemeine Wert des Grundstücks für den 1. 1. 1900. Eine gleichartige Bestimmung fehlt in der MStO., sie ist auch für Berlin neu.

Voraussetzung ist, daß der maßgebende Erwerbsvorgang vor dem 1. 1. 1900 liegt; dies ist auch dann der Fall, wenn der Kaufvertrag vor, der Eigentumsübergang nach dem 1. 1. 1900 erfolgt ist. Wegen des maßgebenden Erwerbsvorganges vgl. § 2 sowie die Erläuterungen zu § 2 MStO.

Bei älteren Erwerbsgeschäften ist der gemeine Wert vom 1. 1. 1900 an Stelle des Erwerbspreises zugrunde zu legen. Wegen des Begriffs des gemeinen Werts vgl. Anm. 12 zu § 6 MStO. sowie die Erläuterungen zu § 11 GrErwStG. Durch die Bestimmung soll für weit zurückliegende Geschäfte der Nachweis des Erwerbspreises erleichtert werden. Die Bestimmung enthält auch eine Begünstigung des Altbesitzes, insofern als die in den meisten Städten erfolgte Wertsteigerung in den letzten Jahrzehnten des vorigen Jahrhunderts dem Altbesitzer ohne weiteres zugute gebracht wird. Kann er aber im Einzelfall nachweisen, daß der wirkliche Erwerbspreis höher ist als der gemeine Wert vom 1. 1. 1900, so ist der wirkliche Erwerbspreis maßgebend. Eine Besonderheit stellt es dar, daß der Steuerpflichtige sich in dieser Hinsicht auch auf einen steuerfreien Erwerb berufen kann, obgleich dieser an sich für die Feststellung des Erwerbspreises nach § 14 Abs. 1 ausscheidet. Hat also z. B. der gemeine Wert des Grundstücks am 1. 1. 1900 100 000 Mk. betragen, hat aber der jetzige Veräußerer das Grundstück im Jahre 1895 von seinem Vater für 110 000 Mk. gekauft, während der Vater es im Jahre 1875 für 60 000 Mk. von einem Fremden gekauft hatte, so kann der jetzige Veräußerer den an den Vater bei dem steuerfreien Erwerb gezahlten Preis von 110 000 Mk. als Erwerbspreis zugrunde legen. Unter dem gezahlten Erwerbspreis wird auch hier der Erwerbspreis einschließlich der Hinzurechnungen gemäß § 13 zu verstehen sein, andererseits aber nur der Erwerbspreis, soweit er sich auf steuerpflichtige Gegenstände bezieht.

§ 15.

(1) Bei einem aus Anlaß einer Flurbereinigung, Grenzregulierung oder Umlegung empfangenen Grundstück ist als Erwerbspreis das Entgelt anzusehen, das bei dem letzten steuerpflichtigen Rechtsvorgang für das in die Flurbereinigung usw. gegebene Grundstück bezahlt worden ist. § 14 Abs. 1 Satz 2 findet sinngemäß Anwendung, Ausgleichszahlungen sind dem Erwerbspreis hinzu- oder von ihm abzurechnen.

(2) Hat der Eigentümer oder sein Rechtsvorgänger bei der Flurbereinigung, Grenzregelung oder Umlegung mehrere Grundstücke empfangen, so werden deren Erwerbspreise aus dem in Absatz 1 bezeichneten Entgelt nach dem Verhältnis berechnet, in welchem die Werte der empfangenen Grundstücke im Zeitpunkt der Flurbereinigung, Grenzregelung oder Umlegung zueinander gestanden haben.

1. Die Vorschrift entspricht dem § 19 RZuwStG. und dem § 12 MStO. Der sachliche Inhalt der Vorschrift stimmt mit dem § 19 RZuwStG. überein. Sie unterscheidet sich vom § 12 MStO. dadurch, daß die letztere Bestimmung den Fall des Abs. 2 nicht geregelt hat; statt dessen schreibt § 12 Abs. 2 Satz 2 MStO. die Bemessung des Erwerbspreises nach der Größe des aus der Vereinigung empfangenen Grundstücks vor. § 15 Abs. 2 läßt bei einer Mehrzahl von Grundstücken das Wertverhältnis entscheiden, wie dies auch in § 19 Abs. 2 RZuwStG. vorgeschrieben war. Im wesentlichen gelten alle Erläuterungen, die zu § 12 MStO. gegeben sind, so daß auf diese verwiesen werden kann. Die sinngemäße Anwendung des § 14 Abs. 1 Satz 2 entspricht der Vorschrift des § 12 Abs. 2 Satz 2 MStO., wonach als Besitzdauer die Zeit vom Erwerb des in die Flurbereinigung gegebenen Grundstücks an gilt.

§ 16.

(1) Beschränkt sich der steuerpflichtige Rechtsvorgang auf einen Teil des Grundstücks, so wird der Erwerbspreis dieses Teiles nach dem Verhältnis seines Wertes zum Wert des Gesamtgrundstücks berechnet.

(2) Unentgeltliche dauernde Überlassung von Grundstücken für Verkehrszwecke, für öffentliche oder gemeinnützige Zwecke, wird in der Weise berücksichtigt, daß der Gesamterwerbspreis nicht auf die ursprüngliche, sondern auf die nach Abtretung verbleibende Fläche verteilt wird. Hierzu ist nicht erforderlich, daß eine Eigentumsübertragung erfolgt ist.

(3) Werden Teile eines örtlich und wirtschaftlich zusammenhängenden Grundbesitzes durch verschiedene Rechtsvorgänge von dem-

selben Veräußerer oder dessen Erben innerhalb dreier Jahre übertragen, so ist der Steuerpflichtige berechtigt, von dem Wertzuwachs des einen Teils des Grundstücks einen bei der Veräußerung anderer Teile eingetretenen Verlust abzuziehen. Die Zuwachssteuer wird bei den einzelnen Rechtsvorgängen fällig; etwa zuviel gezahlte Steuer wird nach dem letzten Rechtsvorgang auf Antrag erstattet.

1. **Allgemeines.** Diese Bestimmung entspricht dem § 20 RZuwStG. und dem § 13 MStO. Auch hier lehnt die Berliner StO. sich wieder wörtlich an das RZuwStG. an. Von der Fassung des § 13 MStO. unterscheidet sich die des § 16 in Abs. 1 dadurch, daß an die Stelle des Größenverhältnisses das Wertverhältnis gesetzt ist. Die Feststellung des Wertverhältnisses ist im Einzelfalle schwieriger als die des Größenverhältnisses. Bei der Preiszerlegung ist auf das schuldrechtliche Veräußerungsgeschäft zurückzugehen, und für die Bewertung ist in der Regel der Zustand des Grundstücks z. Z. des Vertragsabschlusses maßgebend; vgl. OVG. 64, 118. Später eingetretene Umstände bleiben außer Betracht; vgl. Amtl. Mitt. 1913, 100. Die Feststellung hat sich darauf zu beziehen, welcher Teil des für das Gesamtgrundstück gezahlten Erwerbspreises auf das Teilgrundstück entfällt nach dem Verhältnis des Wertes dieses Teilgrundstücks als eines selbständigen Grundstücks zum damaligen Wert des Gesamtgrundstücks; vgl. OVG. 68, 43. Die Bewertung des Teilgrundstücks als künftiges Bauland ist gerechtfertigt, wenn die Bebauung z. Z. des Erwerbes nach den Anschauungen des Grundstücksverkehrs in absehbarer Zeit zu erwarten war; Amtl. Mitt. 1913, 100 und 242; 1915, 119. Bei einem Teilgrundstück, auf dem eine Quelle entspringt, ist die Nutzungsfähigkeit dieser Quelle bei der Bewertung des Teilgrundstücks zu berücksichtigen; vgl. Amtl. Mitt. 1914, 228.

2. Ist an Stelle des Erwerbspreises der **gemeine Wert** maßgebend, wie nach § 10 Abs. 1, 2, § 14, Abs. 2, so ist § 16 Abs. 1 nicht anwendbar; vielmehr ist dann lediglich der gemeine Wert des Teilgrundstücks maßgebend; vgl. OVG. 68, 42; Amtl. Mitt. 1915, 11. Der Fall, daß in dem Erwerbspreis für das Gesamtgrundstück Bauten oder sonstige Leistungen eingeschlossen sind (§ 13 Abs. 1 Satz 3 MStO.) ist in der Berliner StO. nicht geregelt. Diese Regelung erübrigt sich dadurch, daß der Erwerbspreis nach dem Wertverhältnis auf das Teil- und Restgrundstück verteilt wird. Die Bauten und sonstigen Anlagen erhöhen den Wert des Grundstücksteils, auf dem sie sich befinden.

3. **Unentgeltliche dauernde Überlassung von Grundstücken für Verkehrszwecke** usw. wird nach Abs. 2 derart berücksichtigt, daß der für das ganze Grundstück gezahlte Erwerbspreis nur auf die zu Verkehrszwecken usw. nicht benutzte Restfläche verteilt wird. Diese Regelung entspricht dem § 13 Abs. 1 Satz 2 MStO., so daß auf die Erläuterungen daselbst verwiesen werden kann. Die dem RZuwStG. nachgebildete Fassung des § 16 Abs. 2 ist klarer als die der MStO., im Ergebnis aber nicht abweichend.

Ist an Stelle des Preises der gemeine Wert maßgebend (§§ 10 Abs. 1, 2; 14 Abs. 2), so ist an Stelle des Erwerbspreises des nach der Abtretung verbliebenen Grundstücks der gemeine Wert des vor der Abtretung vorhandenen größeren Grundstücks maßgebend: OVG. 66, 13.

4. **Der Verlustausgleich** gemäß Abs. 3 ist gleichfalls wörtlich dem § 20 Abs. 3 RZuwStG. nachgebildet. Die Fassung ist wesentlich klarer als die des entsprechenden § 13 Abs. 2 MStO. Auch hier ist das sachliche Ergebnis das gleiche, abgesehen davon, daß es sich nach § 16 Abs. 3 um Teile eines örtlich und wirtschaftlich zusammenhängenden Grundbesitzes handeln muß.

Wegen dieses Begriffs vgl. OVG. PrVBl. 36, 811. Hiernach besagt örtlich soviel wie räumlich; der Begriff des örtlichen Zusammenhanges darf aber nicht überspannt werden. Er wird insbesondere nicht schon durch jeden Weg oder Landstreifen aufgehoben, der eine Fläche durchschneidet, während andererseits die bloße Erreichbarkeit des einen Grundstücks von dem anderen durch denselben Weg den örtlichen Zusammenhang noch nicht herstellt. Es kommt auf die Lage des Einzelfalles an Hand der tatsächlichen, vornehmlich auch der Größenverhältnisse an. Der wirtschaftliche Zusammenhang des Grundbesitzes ist dann gegeben, wenn eine wirtschaftliche Einheit vorliegt. Die mehreren Grundstücke müssen einem wirtschaftlichen Zweck dienstbar gemacht worden sein; vgl. OVG. 62, 44. Die bloße Möglichkeit einer selbständigen Benutzung der einzelnen Teile des Grundbesitzes schließt den wirtschaftlichen Zusammenhang nicht aus; vgl. Amtl. Mitt. 1915, 160. Auch durch vorübergehende Zwischennutzung, z. B. durch Verpachtung einzelner Teile, wird der wirtschaftliche Zusammenhang nicht aufgehoben; vgl. OVG. 71, 31.

Im übrigen kann auf Anm. 7 zu § 13 MStO. verwiesen werden. Die Wahrung einer Antragsfrist für die Erstattung der zuviel gezahlten Steuer ist in der Berliner StO. nicht vorgeschrieben. Daher bedurfte es auch keiner Regelung hinsichtlich der Erwerbsvorgänge, die vor dem Inkrafttreten der StO. stattgefunden haben; die dreijährige Frist ist vielmehr einfach von der letzten Teilveräußerung zurückzurechnen. Zur Anwendung des § 16 Abs. 3 genügt es, daß diese letzte Teilveräußerung unter der Herrschaft der StO. stattfindet.

§ 17.

Bei Teilveräußerungen sind nur diejenigen Aufwendungen anzurechnen, welche diesen Teil ausschließlich oder gemeinschaftlich mit anderen Teilen betreffen. Im letzteren Falle erfolgt die Anrechnung nach dem Verhältnis des Wertes, den die Grundstücksteile zur Zeit der Veräußerung haben.

1. Diese Vorschrift entspricht wörtlich dem § 21 RZuwStG., nur mit der Abweichung, daß § 21 hinter „Aufwendungen" auf § 14 Ziff. 3, 4 Bezug nimmt, also nur die Aufwendungen für Bauten und Verbesserungen sowie für Straßenbauten und Verkehrsanlagen berücksichtigt. In Anm. 5 zu § 13 MStO. ist ausgeführt worden, daß diese Beschränkung für § 13 keine Geltung hat; dasselbe wird auch für § 17 der Berliner StO. anzunehmen sein. Im übrigen ist auch hier, wie in § 16, bei einer Mehrzahl von Grundstücken das Wertverhältnis maßgebend, während nach § 13 Abs. 3 MStO. das Flächenverhältnis entscheidet; vgl. hierzu Anm. 1 zu § 16. Maßgebend ist der Zeitpunkt der Veräußerung des Teilgrundstücks: OVG. 72, 58.

§ 18.

Von dem Veräußerungspreise sind in Abzug zu bringen die dem Veräußerer nachweislich zur Last fallenden Kosten der Veräußerung und Übertragung einschließlich der von ihm für die Vermittlung tatsächlich gezahlten Gebühr, sofern nicht an Stelle des Preises der gemeine Wert maßgebend ist (§ 10).

Diese Vorschrift entspricht dem § 22 Nr. 1 RZuwStG. und dem § 10 MStO., nur daß nach diesen beiden Gesetzen lediglich die ortsübliche Vermittlungsgebühr in Abzug gebracht werden kann, während nach der Berliner StO. die tatsächlich gezahlte Gebühr ohne obere Grenze zu kürzen ist. Schutz gegen Mißbrauch bietet die Bestimmung des § 10 Abs. 3. Im übrigen kann auf die Erläuterungen zu § 10 MStO. verwiesen werden. Vgl. auch § 24 Abs. 5.

§ 19.

Dem Veräußerungspreis sind Entschädigungen für eine Wertminderung des Grundstücks hinzuzurechnen, soweit der Anspruch während des für die Steuerberechnung maßgebenden Zeitraumes entstanden und der Betrag nicht nachweislich zur Beseitigung des Schadens verwendet worden ist.

Die Bestimmung entspricht dem § 23 RZuwStG. In der MStO. fehlt eine entsprechende Vorschrift. Gedacht ist an Fälle, wie Teilenteignung (Nutzungsenteignung), Brandentschädigung, Schadensersatz für unzulässige Immissionen (vgl. § 906 BGB.) u. dgl. Soweit die Entschädigung zur Beseitigung des Schadens verwendet worden ist, kommt eine Hinzurechnung zum Veräußerungspreis nicht in Frage, da ja der Gegenwert für die Schadensbeseitigung im Veräußerungspreis selbst zum Ausdruck kommt. Soweit hingegen die Entschädigung nicht zur Beseitigung des Schadens verwendet worden ist und die durch den Schaden verursachte Minderwertigkeit des Grundstücks bestehen geblieben ist, ist der Veräußerer um den Betrag der Entschädigung bereichert. Veräußert er das Grundstück für einen seiner Minderwertigkeit entsprechenden geringeren Betrag, so würde der in Wirklichkeit erzielte WZuw. künstlich verschleiert werden. Die Bestimmung des § 19 bildet das Gegenstück zu § 13 Abs. 1 Nr. 3. Es kommt darauf an, wann der Entschädigungsanspruch entstanden ist. Dies ist der Fall, sobald die zum Schadensersatz verpflichtende Wertverminderung des Grundstücks eingetreten, nicht erst dann, wenn die Entschädigung durch Urteil oder Vertrag auf einen bestimmten Betrag festgestellt worden ist; vgl. OVG. 64, 128; Amtl. Mitt. 1913, 252. Die für einen Brandschaden gezahlte Entschädigung ist nicht zur Beseitigung des Schadens verwendet, wenn mit ihrer Hilfe ein Neubau auf einem a n d e r e n, nicht mitveräußerten Teil des Gesamtgrundstücks aufgeführt worden ist, weil die Neubaukosten als Aufwendungen gemäß § 13 Nr. 3 bei Veräußerung dieses anderen Teilgrundstücks hinzugerechnet werden; vgl. OVG. 69, 41; Amtl. Mitt. 1915, 161. Wegen Entschädigung für Ausbeute an K i e s, T o r f u. dgl. vgl. Amtl. Mitt. 1913, 25. Im übrigen kommen Wertminderungen des Grundstücks für die Bemessung der ZuwSt. nicht in Betracht; sie wirken sich schon dadurch aus, daß der Veräußerungspreis entsprechend geringer sein wird und der WZuw. sich hierdurch entsprechend ermäßigt; vgl. OVG. 77, 6.

§ 20.

(1) Hat der Erwerber des Grundstücks die Zahlung der Wertzuwachssteuer übernommen, so gehört diese zum Veräußerungspreis im Sinne des § 8 der Ordnung.

(2) Die Berechnung der Steuer erfolgt in der Weise, daß dem Kaufpreis ein nach den sonstigen Bestimmungen der Ordnung berechneter Steuerbetrag hinzugerechnet und hiernach die Steuer festgesetzt wird.

Diese Bestimmung entspricht sachlich dem § 24 RZuwStG. und dem § 9 MStO. Es kann daher auf die Erläuterungen zu § 9 MStO. verwiesen werden.

§ 21.

(1) Im Falle der steuerpflichtigen Überlassung eines Grundstücks, das mehreren zur gesamten Hand gehört, an einen oder mehrere Mitberechtigte, bleibt für die Bemessung des Wertzuwachses der Anteil des Erwerbers außer Betracht. Beim Eintritt des nächsten Steuerfalls ist der Wertzuwachs, der für den Anteil des Erwerbers seit dem letzten vor der Auseinandersetzung gelegenen steuerpflichtigen Rechtsvorgang entstanden ist, und der für die Anteile der früheren Mitberechtigten seit der Auseinandersetzung eingetretene Wertzuwachs gesondert zu versteuern.

(2) Die Berechnung erfolgt so, als ob die Beteiligten nach Bruchteilen berechtigt wären. Die Höhe der Bruchteile ist nach den Anteilen zu bestimmen, zu denen die Beteiligten an dem Vermögen zur gesamten Hand berechtigt sind, oder nach Verhältnis dessen, was ihnen bei Auflösung der Gemeinschaft zufallen würde.

(3) Die vorstehenden Bestimmungen gelten sinngemäß, wenn eine Gemeinschaft zur gesamten Hand ein Grundstück von einem Mitberechtigten erwirbt.

Die Bestimmung entspricht in der Fassung fast vollkommen dem § 15 Grd.-ErwStG. und geht auf § 25 RZuwStG. zurück. Im Ergebnis entspricht die Regelung auch dem § 14 MStO., auf dessen Erläuterungen verwiesen werden kann. Ein wesentlicher Unterschied gegenüber dem § 14 besteht aber darin, daß nach § 21 Abs. 3 der Berliner StO. die Bestimmungen des Abs. 1, 2 sinngemäß gelten, wenn eine Gemeinschaft zur gesamten Hand ein Grundstück von einem Mitberechtigten erwirbt. Demnach ist das Einbringen eines Grundstücks in eine Gesellschaft steuerlich begünstigt, indem nur derjenige Teil des Veräußerungspreises (Einbringungsentgelts), der dem Anteil der übrigen Gesellschafter am Gesellschaftsvermögen entspricht der WZuwSt. unterliegt. Bringt z. B. der Gesellschafter A, der am Vermögen der Gesellschaft mit $^{9}/_{10}$ beteiligt ist, ein Grundstück ein, so hat er die WZuwSt. nur von $^{1}/_{10}$ des Veräußerungspreises zu entrichten. Erwirbt später ein anderer Gesellschafter das Grundstück von der Gesellschaft, so bleibt wiederum ein dem Anteil des Gesellschafters am Gesellschaftsvermögen entsprechender Teil des Veräußerungspreises unversteuert. Die Vorschrift des § 21 Abs. 3 kann die Handhabe zu Steuerersparungen bieten. Soweit sie jedoch in Ersetzung eines an sich beabsichtigten Verkaufs zur Umgehung der Steuer angewendet wird, würde § 5 eingreifen.

§ 22.

Beim Tausch von Grundstücken ist die Steuer für jedes Grundstück gesondert zu berechnen.

Die Vorschrift entspricht wörtlich dem § 11 MStO. Es kann deshalb auf die dortigen Erläuterungen verwiesen werden.

§ 23.

(1) Die Steuer beträgt:

1. wenn der für die Ermittelung des Wertzuwachses maßgebende Erwerb des Grundstücks in der Zeit vom 1. Januar 1919 bis zum 31. Dezember 1924 stattgefunden hat, 30 v. H. des Wertzuwachses;

2. in allen übrigen Fällen 10 v. H. des Wertzuwachses bei einer Wertsteigerung bis ausschließlich 20 v. H. des Erwerbspreises zuzüglich der Anrechnungen,

12	v. H.	bei	einer	Wertsteigerung	von	20	bis ausschl.	30 v. H.,
14	"	"	"	"	"	30	" "	40 "
16	"	"	"	"	"	40	" "	50 "
18	"	"	"	"	"	50	" "	60 "
20	"	"	"	"	"	60	" "	70 "
22	"	"	"	"	"	70	" "	80 "
24	"	"	"	"	"	80	" "	90 "
26	"	"	"	"	"	90	" "	100 "
28	"	"	"	"	"	100	" "	110 "
30	"	"	"	"	"	110 v. H. und mehr.		

(2) Die nach Absatz 1 Nr. 2 sich ergebende Steuer erhöht sich bei einem für die Steuerberechnung maßgebenden Zeitraum:

bis zu 1 Jahr	um 100	v. H.
" " 2 Jahren	" 80	"
" " 3 "	" 60	"
" " 4 "	" 40	"
" " 5 "	" 20	"

mit der Maßgabe, daß die Steuer 30 v. H. des Wertzuwachses nicht übersteigen darf.

(3) Der Steuersatz (Abs. 1) ermäßigt sich für das siebente und jedes vollendete weitere Jahr um je $^1/_2$ v. H. § 14 Abs. 1 findet auf den für die Steuerberechnung maßgebenden Zeitraum entsprechende Anwendung. Die Ermäßigung tritt nicht ein, wenn der für die Ermäßigung des Wertzuwachses maßgebende Erwerb des Grundstücks in der Zeit vom 1. Januar 1919 bis 31. Dezember 1924 stattgefunden hat.

(4) Handelt es sich um den Verkauf eines Wohnhauses oder einer Ansiedlungsstätte an Kriegsbeschädigte oder an Hinterbliebene von Kriegsteilnehmern, die auf Grund des Kapitalabfindungsgesetzes Grundstücke erwerben, so kann auf Antrag eine außerordentliche Ermäßigung der Steuer bis zu 50 v. H. gewährt werden, wenn der Veräußerungspreis mit Rücksicht auf die Person des Erwerbers wesentlich niedrige als sonst üblich festgesetzt ist. Die Entscheidung trifft die Steuerbehörde.

(5) Die sich nach Absatz 1—4 ergebende Steuer wird auf volle Reichsmark abgerundet. Steuerbeträge, die im ganzen unter 10 RM. bleiben, werden nicht erhoben.

1. **Allgemeines.** Diese Vorschrift regelt den Tarif. Sie entspricht in ihrem Aufbau dem § 15 der MStO., auf dessen Erläuterungen hier verwiesen werden kann. In dem Entwurf der Berliner StO. war der Tarif insofern anders gestaltet, als er zwar bei Inflationskäufen gleichfalls eine feste Steuer von 30% vorsah, dagegen in allen übrigen Fällen eine feste Steuer von 20%, die sich nach dem für

die Steuerberechnung maßgebenden Zeitraum erhöhte oder ermäßigte, während das Maß der Wertsteigerung unberücksichtigt blieb. In letzterer Hinsicht ist durch die „Maßgabe", unter welcher der Entwurf die Genehmigung der Aufsichtsbehörden gefunden hat, die aus Abs. 1 Nr. 2 ersichtliche Fassung eingetreten, die sich der Regelung in § 15 MStO. dem System nach anschließt. Auch hinsichtlich der Erhöhung und Ermäßigung der Steuer entspricht die Regelung im § 23 Abs. 2 u. 3 derjenigen in § 15 Abs. 2 u. 3 MStO., nur daß die in Abs. 3 vorgesehene Ermäßigung nach der Berliner StO. nur $^1/_2$ v. H. für das 7. und jedes weitere Jahr beträgt, während § 15 Abs. 3 MStO. eine Ermäßigung um je 1 v. H. vorsieht. Auch bezüglich des steuerfreien Mindestbetrages bleibt die Berliner StO. hinter der MStO. zurück, indem nur Steuerbeträge unter 10 Reichsmark unerhoben bleiben.

2. Die Inflationssteuer ist nach § 23 Abs. 1 Nr. 1 auf einen festen Satz von 30 v. H. bestimmt, der sich bei kurzer Besitzdauer nicht erhöht, aber auch bei längerer Besitzdauer nicht ermäßigt; vgl. Abs. 3 Satz 2. In der MStO. ist für Inflationskäufe ein fester Steuersatz nicht vorgesehen und nur die Ermäßigung für längere Besitzdauer ausgeschlossen. Bei der praktischen Handhabung wird sich aber ein Unterschied kaum ergeben, da in der Regel die Wertsteigerung bei Inflationskäufen 300% des Erwerbspreises wesentlich übersteigt, so daß nach der MStO. in der Regel der Steuersatz bei Inflationsgeschäften 30% betragen wird.

In § 23 Abs. 3 Satz 2 ist von dem für die Ermäßigung des WZuw. maßgebenden Erwerb die Rede. Hierin dürfte ein Redaktionsfehler liegen. Es soll offenbar wie in Abs. 1 Nr. 1 von dem für die Ermittelung des WZuw. maßgebenden Erwerb gesprochen werden. Ein sachlicher Unterschied kommt jedenfalls nicht in Frage.

§ 24.

(1) Steuerschuldner ist der Veräußerer und, falls ein solcher nicht vorhanden ist, der bisherige Eigentümer. Mehrere Steuerpflichtige haften als Gesamtschuldner.

(2) Kann die Steuer von dem Veräußerer nicht beigetrieben werden, so haftet der Erwerber bis zum Höchstbetrage von 25 v. H. des Veräußerungspreises. Diese Haftung besteht auch beim Erwerbe im Wege der Zwangsversteigerung, wenn die Zwangsversteigerung von den Beteiligten zum Zwecke der Steuerumgehung an Stelle einer freihändigen Veräußerung des Grundstücks herbeigeführt worden ist.

(3) Hat der Erwerber die Zahlung der Wertzuwachssteuer vertraglich gegenüber dem Veräußerer übernommen, so ist die Steuerbehörde berechtigt, ihn neben dem Veräußerer (§ 421 BGB.) als Steuerschuldner für die volle Steuer in Anspruch zu nehmen.

(4) Ebenso ist die Steuerbehörde berechtigt, den Erwerber neben dem Veräußerer als Steuerschuldner für die volle Steuer in Anspruch zu nehmen, wenn der Tatbestand der §§ 3—5 der Ordnung erfüllt ist.

(5) Ist die Vornahme des steuerpflichtigen Rechtsvorganges unter Mitwirkung eines Bevollmächtigten oder durch die Tätigkeit eines Vermittlers mit der Maßgabe erfolgt, daß diesem der einen gewissen Betrag übersteigende Teil des Kaufpreises verbleibt, so haftet für den auf den Mehrerlös entfallenden Teil der Steuer neben dem Veräußerer als Gesamtschuldner derjenige, dem der Mehrerlös zukommt.

1. Der Steuerschuldner.

a) Begriff des Steuerschuldners. Im Gegensatz zu § 16 MStO., der zwar ebenfalls den Veräußerer primär für die Steuer haften läßt, ohne jedoch die rechtliche Stellung des Veräußerers steuertechnisch zu bezeichnen, hat § 24 MStO. in präziser Form den Veräußerer als Steuerschuldner gekennzeichnet. Hier hat aber der Begriff „Veräußerer" einen anderen Inhalt als in § 16 MStO. Er bezeichnet nur diejenige Person, welche durch Rechtsgeschäft das Grundstück veräußert; Begriff und Bezeichnung decken sich also; vgl. dagegen Anm. 2 zu § 16 MStO.

b) Ist ein Veräußerer nicht vorhanden, so tritt der bisherige Eigentümer in die rechtliche Stellung des Steuerschuldners ein. An einem Veräußerer im engeren Sinn, wie er hier in Frage kommt, fehlt es in den Fällen der gesetzlichen Rechtsänderung des § 2b, in welchen es eines Veräußerungsgeschäfts zum Eigentumsübergang nicht bedarf, sondern das Eigentum kraft Gesetzes oder behördlicher Verfügung übergeht. Hierher gehören die Fälle der Enteignung, der Ersitzung, der Zwangsversteigerung, der Konsolidation von Bergwerken sowie des Erbfalls. (Vgl. aber § 7 Ziff. 1, 3.)

Von besonderer Bedeutung ist die Haftung des bisherigen Eigentümers im Falle der Zwangsversteigerung. Hier fehlt es an einem Veräußerer, so daß der Eigentümer, gegen den die Zwangsversteigerung betrieben wird, für die Steuer in Anspruch zu nehmen ist, sofern das Meistgebot unter Berücksichtigung aller Anrechnungen einen steuerpflichtigen Wertzuwachs ergibt. Der Erwerber haftet auf höchstens 25% des Veräußerungspreises (Meistgebots), allerdings nur unter der weiteren Voraussetzung des § 24 Abs. 2 Satz 2; vgl. darüber unten Anm. 4.

c) Haftung des bisherigen Eigentümers bei Eigentumsverzicht. Der Begriff des bisherigen Eigentümers führt zu Zweifeln in den Fällen, in welchen der eingetragene Eigentümer auf das Eigentum verzichtet hat. Diese Frage ist von besonderer Bedeutung für den Fall der Aneignung und den der Zwangsversteigerung des Grundstücks.

Der Verzicht auf das Eigentum bildet keinen Steuerfall; vgl. Anm. 12d zu § 2 MStO. Auch bei folgender Aneignung fehlt es, wie dort dargelegt ist, an einem Eigentumsübergang. Dasselbe muß aber auch für den Fall der nachfolgenden Zwangsversteigerung gelten; so auch Domke Anm. 2 zu § 24; Asch-Oppenheimer Anm. 1 zu § 24. Unter dem „bisherigen Eigentümer" ist schon nach dem Sprachgebrauch nur derjenige zu verstehen, der „bis hierher" Eigentümer war, nämlich bis zum Steuerfall, also dem Zuschlag. Der bisherige Eigentümer ist nicht gleichbedeutend mit dem früheren oder letzten Eigentümer. Aber auch nach dem Aufbau und Wesen der WZuwStO. kann dem Veräußerer nur ein solcher Eigentümer gleichgestellt werden, der bis zum Eigentumserwerb des Nachfolgers Eigentümer war. Zwischen dem Verzicht auf das Eigentum und der Zwangsversteigerung können Jahre liegen. Es wäre gekünstelt, ja gewaltsam, in solchem Fall den längst verschollenen früheren Eigentümer als Veräußerer zu behandeln und von einem Eigentumsübergang zu sprechen. (Dann müßte evtl. auch der Fiskus, wenn er das Aneignungsrecht ausübt, für die WZuwSt. des früheren Eigentümers haften.) Der Subhastat steht insofern dem Veräußerer gleich, als ein etwaiger Überschuß des Meistgebots über die Belastungen ihm zufällt (vgl. auch § 142 ZVG.). Das gilt für den früheren Eigentümer, der verzichtet hat, nicht. Das Meistgebot gilt aber nach § 9 als Veräußerungspreis. Steuerschuldner kann nur eine solche Person sein, die bei Eintritt der Steuerpflicht noch in rechtlichen Beziehungen zum Grundstück gestanden hat. Daher ist es auch unerheblich, ob der Verzicht auf das Eigentum vor oder nach der Anordnung der Zwangsversteigerung erfolgt ist. Die Beschlagnahme hat auf die WZuw.-Steuerpflicht keinen Einfluß. Auch auf Grund des § 5 wird sich die Behandlung des Verzichtenden als Veräußerers in der Regel nicht rechtfertigen lassen, denn sowohl die Voraussetzungen der Nr. 1 als auch der Nr. 3 des § 5 Abs. 2 treffen nicht zu. Nur wenn Verzicht und Zwangsversteigerung zwischen Verzichtenden und Ersteher an Stelle eines beabsichtigten Kaufs verabredet werden sind, wird § 5 anzuwenden sein.

2. **Gesamtschuldnerische Haftung mehrerer Steuerpflichtiger.** Vgl. die Ausführungen zu § 16 MStO. Anm. 3.

3. **Die Haftung des Erwerbers.** Die Erwerberhaftung ist nicht Steuerschuld. Das ergibt sich aus §§ 6 Abs. 2, 27, 29 Abs. 1, wo ausdrücklich zwischen den Steuerschuldnern und den zur Mithaft verpflichteten Personen unterschieden wird.

Voraussetzung für die Haftung des Erwerbers ist, daß die Steuer von dem Veräußerer nicht beigetrieben werden kann. Diese Vorschrift stimmt mit § 16 MStO. überein, so daß auf die Ausführungen dort Anm. 5e verwiesen werden kann. Der Unterschied zwischen der MStO. und der Berl. StO. besteht nur darin, daß die Haftung nach der MStO. eine geringere ist (15%), während nach der Berl. StO. der Erwerber bis zu 25% des Veräußerungspreises haftet. Auch in der zeitlichen Beschränkung ist die Berl. StO. ungünstiger als die MStO. insofern, als nach der MStO. die Erwerberhaftung ein Jahr nach Eintragung der Eigentumsänderung im Grundbuch erlischt, hier aber eine zeitliche Begrenzung nicht vorgesehen ist.

4. **Die Haftung des Erstehers in der Zwangsversteigerung.**

a) Die Erwerberhaftung im Falle der Zwangsversteigerung ist in der MStO. wie auch in der bisherigen Berl. StO. ausgeschlossen. Den Anlaß zur Aufnahme einer bedingten Haftung in die neue StO. bildete eine viel verbreitete Form der Steuerumgehung, die sich folgendermaßen abspielte: Der Eigentümer, vermögenslos oder Ausländer oder G. m. b. H., also vor dem Zugriff der Steuerbehörde sicher, läßt für den Erwerber, statt ihm das Grundstück zu verkaufen, eine dessen Wert übersteigende Grundschuld eintragen, wofür er eine Gegenleistung in Höhe des durch andere Belastungen nicht absorbierten Handelswertes des Grundstücks erhält. Darauf bringt der Grundschulderwerber das Grundstück zur Versteigerung und ersteht es selbst, da niemand seine Grundschuld aus- oder gar überbietet. So kommt der Steuergläubiger praktisch um die WZuwSt. Hier soll die neue Vorschrift einen Riegel vorschieben.

b) Der 1. Entwurf des Berliner Magistrats wollte bei Zwangsversteigerungen von der Vermutung ausgehen, daß die Versteigerung von den Beteiligten an Stelle einer freihändigen Veräußerung des Grundstücks zum Zwecke der Steuerumgehung gewählt worden sei, und dem Steuerpflichtigen die Beweislast dafür aufbürden, daß die Absicht der Steuerumgehung nicht bestanden habe. Diese probatio diabolica hat man verständigerweise fallen lassen. Sie hätte dazu geführt, daß bei allen Zwangsversteigerungen der Erwerber zunächst zur Steuer herangezogen worden wäre und daß er dann erst den schwer zu erbringenden Gegenbeweis im Steuerprozeß hätte führen müssen. Da nach § 75 KAG. die Einlegung des Einspruchs der sofortigen Beitreibung der Steuer nicht entgegensteht, hätte der Erwerber zunächst die Steuer bezahlen müssen. Durch die Nichtannahme dieser Vorschrift ist offenkundig, daß die Beweislast für die Steuerumgehungsabsicht der Steuerbehörde obliegt.

c) Auch beim Erwerbe im Wege der Zwangsversteigerung haftet in erster Linie der bisherige Eigentümer. Der Erwerber kann, wenn die Steuer von jenem nicht beigetrieben werden kann, beim Erwerbe im Wege der Zwangsversteigerung bis zur Höhe von 25% des Meistgebots in Anspruch genommen werden. Abs. 2 Satz 2 des § 24 ist von Satz 1 abhängig, wie sich aus den einleitenden Worten „Diese Haftung besteht auch" ergibt. Auch bei planmäßiger Herbeiführung der Zwangsversteigerung haftet daher der Erwerber nicht, wenn entweder ein Veräußerer nicht vorhanden (vgl. Anm. 1c) oder wenn die Steuer beitreibbar ist.

d) Die Zwangsversteigerung muß von den Beteiligten an Stelle einer freihändigen Veräußerung herbeigeführt sein. Es muß also ein planmäßiges Handeln vorliegen; die Herbeiführung muß auf einer — ausdrücklichen oder stillschweigenden — Verabredung beruhen. Betreibt ein unbeteiligter Hypothekengläubiger wegen rückständiger Hypothekenzinsen oder ein persönlicher Gläubiger des Eigentümers die Versteigerung, so fehlt es an der Voraussetzung des § 24 Abs. 2 Satz 2. Die Versteigerung wird im Sinne dieser Vorschrift nicht „herbeigeführt", wenn der Eigentümer in Ermangelung von Mitteln die Hypothekenzinsen nicht zu bezahlen vermag und dadurch die Zwangsversteigerung verursacht. Ist der spätere Erwerber selbst Hypothekengläubiger und betreibt er die Zwangsversteigerung, so wird die Prüfung eine strengere sein, ohne daß sich dadurch allerdings die Beweislast umkehrt.

Beweist die Steuerbehörde, daß der Eigentümer die Zinsen absichtlich nicht bezahlt hat, obwohl er dazu in der Lage gewesen wäre, so ist damit ein Indiz für die geplante Herbeiführung erbracht; es muß aber außerdem das Zusammenwirken mit dem Ersteher nachgewiesen werden. Gelingt dies, so kann eine Herbeiführung auch dann vorliegen, wenn der Subhastat an sich zahlungsunfähig war und im Einvernehmen mit dem Ersteher seine Zahlungsunfähigkeit als Weg zur Herbeiführung der Zwangsversteigerung ausgenutzt hat. Maßgebend bleibt immer das planmäßige Zusammenwirken beider zur Herbeiführung der Zwangsversteigerung.

e) Die Herbeiführung muß zum Zwecke der Steuerumgehung erfolgen. Der Begriff „Steuerumgehung" ist hier im Sinne von Haftungsumgehung zu verstehen, da ja die Steuerpflicht selbst nicht umgangen wird. Hinterziehungsabsicht ist also nicht erforderlich. Steuerumgehung ist auch nicht identisch mit „Mißbrauch von Formen und Gestaltungsmöglichkeiten des bürgerlichen Rechts" im Sinne des § 5; dessen Voraussetzungen brauchen also nicht vorzuliegen. Vielmehr bildet § 24 Abs. 2 Satz 2 eine Sonderbestimmung, die neben dem § 5 selbständig einen anderen Fall der Steuerumgehung, nämlich die Haftungsumgehung, erfaßt. Die Steuerumgehungsabsicht muß von der Steuerbehörde bewiesen werden.

Bei der Zwangsversteigerung zwecks Aufhebung der Gemeinschaft (§ 180 ZVG.) und dem darauffolgenden Erwerb des Grundstücks durch einen Dritten kommt § 24 Abs. 2 Satz 2 nicht zur Anwendung, da hier der Zweck, den die Beteiligten verfolgten, die Lösung des Gemeinschaftsverhältnisses, und nicht die Herbeiführung der Versteigerung zum Zwecke der Steuerumgehung ist.

f) Von den Beteiligten muß die Versteigerung herbeigeführt werden. Dies sind der Subhastat und der Ersteher, wie sich daraus ergibt, daß die Beteiligten im Grunde eine freihändige Veräußerung beabsichtigt und die Zwangsversteigerung nur als äußere Form herbeigeführt haben müssen. Ein Dritter ist nur Beteiligter, wenn er entweder als Vertreter eines dieser beiden oder in deren Auftrag handelt, wenn z. B. ein Treuhänder bzw. Strohmann das Grundstück im Interesse eines Hypothekengläubigers, der die Versteigerung im Einvernehmen mit dem Eigentümer betreibt, erwirbt. Andere Hypothekengläubiger, Berechtigte aus Abt. II (Nießbraucher) oder persönliche Vollstreckungsgläubiger des Eigentümers sind nicht „Beteiligte", wenn nicht ein rechtlicher oder wirtschaftlicher Zusammenhang zwischen diesen und dem Veräußerer bzw. Erwerber besteht. Auch für diese Voraussetzung zur Begründung der Haftung des Erwerbers ist die Steuerbehörde beweispflichtig.

g) Die Versteigerung muß an Stelle einer freihändigen Veräußerung des Grundstücks herbeigeführt worden sein. Auch diese Voraussetzung muß kumulativ mit den vorerörterten zusammenfallen, um die Haftung des Erwerbers zu begründen. Sie deckt sich im wesentlichen mit dem Zweck der Steuerumgehung. Wirtschaftlich ist eine freihändige Veräußerung gewollt; zwecks Steuerumgehung wird als Rechtsform die Versteigerung herbeigeführt. Daher entfällt die Haftung des Erstehers, wenn eine freihändige Veräußerung aus wirtschaftlichen Gründen nicht in Frage gekommen wäre, z. B. infolge zu hoher Preisforderung, oder weil die Parteien sich über die Zahlungsbedingungen nicht einigen konnten.

5. **Der Erwerber als Steuerschuldner bei Übernahme der Wertzuwachssteuer.** Die Rechtsgültigkeit einer solchen Vorschrift hat OVG. PrVBl. 49, 585 anerkannt.

a) Der Erwerber muß die Steuer vertraglich übernommen haben; es genügt nicht, daß die Haftung kraft Gesetzes (§ 24 Abs. 2 Satz 1) auf ihn übergegangen ist. Die Übernahme der Steuer muß vertraglich erfolgt sein, d. h. ein gültiger Vertrag ist vorausgesetzt. Im übrigen vgl. Anm. 2 zu § 9 MStO.

Hat der Erwerber die Steuer nicht ganz, sondern nur zu einem Teil übernommen, so haftet der Erwerber nur, insoweit er sich zur Zahlung der Steuer verpflichtet hat. Von praktischer Bedeutung ist diese Frage insofern, als die Haftung des Erwerbers nach § 24 Abs. 2 nur eine subsidiäre ist, bei der Übernahme der Steuer durch Vertrag aber der Erwerber in die Rechtsstellung des Steuerschuldners einrückt. Die weitere Bedeutung dieses Unterschiedes ergibt sich aus den §§ 27, 29.

b) Die Steuerbehörde ist nicht verpflichtet, bei Übernahme der Wertzuwachssteuer durch den Erwerber diesen in Anspruch zu nehmen. Sie hat nur das Recht dazu. Der Erwerber haftet nach § 421 BGB. neben dem Veräußerer als Gesamtschuldner, so daß die Steuerbehörde sich aussuchen kann, welchen von beiden sie zuerst in Anspruch nehmen will. Für die Haftung der Gesamtschuldner untereinander gilt § 426 BGB., d. h. es entscheidet der Vertrag, nach dem der Erwerber die Steuer zu tragen hat.

c) Der Erwerber haftet für die volle Steuer, die der Veräußerer schuldet. Sachliche Steuerbefreiungsgründe des Veräußerers kommen auch dem Erwerber zugute; dagegen nicht persönliche Steuerfreiheit des Veräußerers gemäß § 6, denn der Erwerber ist hier Hauptschuldner neben dem Veräußerer, nicht Steuerbürge. Andererseits ist er steuerfrei, wenn er zu den in § 6 aufgeführten Privilegierten gehört. Ist Billigkeitserlaß oder Herabsetzung nach § 33 von dem Veräußerer beantragt und von der Steuerbehörde bewilligt, so kommt die Ermäßigung auch dem Erwerber zugute.

d) Der Erwerber hat in allen Punkten die Rechtsstellung des Steuerschuldners, wenn er die Steuerzahlung übernommen hat. Er kann daher nicht nur selbständig nach § 31 Rechtsmittel einlegen, sondern er kann auch Anträge nach § 26 stellen oder Billigkeitserlaß nach § 33 beantragen. Seine Stellung als Steuerschuldner bedingt, daß ihm über die Veranlagung ein Steuerbescheid ebenso wie dem Veräußerer zuzustellen ist. Auch Stundungsanträge kann er selbständig stellen. Zur Einlegung von Rechtsmitteln im Namen des Veräußerers ist er nicht befugt. Er bedarf hierzu einer besonderen Vollmacht, die zweckmäßigerweise in dem Kaufvertrag, in welchem er die Steuerzahlung übernimmt, erteilt wird. (Vgl. oben § 22 MStO. Anm. 2c.)

6. **Abs. 4. Inanspruchnahme des Erwerbers in den Fällen der §§ 3—5.**

a) Die Haftung des Erwerbers neben dem Veräußerer als Steuerschuldner für die volle Steuer besteht auch in den Fällen der §§ 3—5 der StO.

Zur Inanspruchnahme des Erwerbers genügt es, wenn der Tatbestand eines der §§ 3, 4 oder 5 erfüllt ist. Die Vorschrift ist eine besondere Vorsichtsmaßnahme gegenüber den an einem Umgehungsgeschäft Beteiligten, denen auch zuzutrauen ist, daß sie der Beitreibung Schwierigkeiten machen werden, so daß schnelles Zugreifen geboten erscheint.

b) Es fragt sich, ob nur der Tatbestand eines der §§ 3—5 vorliegen oder ob auch die Veranlagung auf Grund einer dieser Vorschriften erfolgt sein muß. Es gibt Fälle, in denen z. B. ein Fall des § 2a zugleich den Tatbestand des § 3 oder des § 5 erfüllt. Die Veranlagung findet dann aus § 2 statt. Meist wird die Übertragung der Gesamtheit der Anteile einer Grundstücksgesellschaft auch den § 3 erfüllen. Dies genügt aber für die Anwendung des Abs. 4, denn in den Fällen der §§ 4 und 5 erfolgt die Veranlagung stets auf Grund des verdeckten bzw. umgangenen Rechtsvorganges, also aus § 1 oder § 2.

c) Im übrigen gelten die Erörterungen zu 5 b—d.

7. **Haftung des Vermittlers oder Bevollmächtigten.** Die Bestimmung entspricht fast wörtlich dem § 16 Abs. 2 MStO. Es kann daher auf die Ausführungen zu § 16 Anm. 10—13 verwiesen werden. Der einzige Unterschied zwischen § 24 Abs. 5 Berl. StO. und § 16 Abs. 2 MStO. besteht darin, daß in ersterer in präziserer Form von dem „einen gewissen Betrag übersteigenden Teil des Kaufpreises", in letzterer nur von dem „Preise" gesprochen wird. Ein steuerlicher Unterschied besteht hier jedoch nicht.

§ 25.

(1) Bei Veräußerungen von unbebauten Grundstücken zum Zwecke der Bebauung im Sinne des Abs. 3 oder von bebauten Grundstücken zum Zwecke des Abrisses und der Wiederbebauung im Sinne des Abs. 3 wird die Steuer bezüglich desjenigen Teiles des Grundstücks, der nach Abs. 4 als zur Bebauung gehörig gilt, dem ersten Veräußerer bis auf den Betrag von 2 v. H. des Kaufpreises zunächst gestundet und dann bis auf diesen Betrag ermäßigt, wenn der erste oder ein späterer Erwerber innerhalb von zwei Jahren nach Eintritt der Steuerpflicht beim ersten Steuerfall die Gebäude errichtet hat und ihre Gebrauchsabnahme erfolgt ist. Die Stundung wird nur gewährt, wenn und soweit der über 2 v. H. des Kaufpreises hinausgehende Wertzuwachssteuerbetrag nach Bestimmung der Steuerbehörde sichergestellt wird.

(2) Die gleiche Ermäßigung tritt ein bei der erstmaligen Veräußerung von Grundstücken, die zum Zwecke der Bebauung im Sinne des Abs. 3 erworben sind und innerhalb von zwei Jahren vom Zeitpunkt der Ingebrauchnahme der Baulichkeiten an weiter veräußert werden hinsichtlich desjenigen Teiles der Grundstücke, der nach Abs. 4 als zur Bebauung gehörig gilt.

(3) Als Bebauung gilt nur die Errichtung von massiven Wohn- und gewerblichen Zwecken dienenden Häusern.

Als Häuser gelten nicht Baulichkeiten von geringem Umfange oder vorübergehender Natur, die sich nicht als normale Ausnutzung der baulichen Ausnutzbarkeit des Grundstücks darstellen, insbesondere nicht Wohnlauben, Wochenendhäuser, Wohn- und Bürobaracken, Fabrikschuppen, Garagen u. a.

(4) Als zur Bebauung gehöriger Teil des Grundstücks gilt außer dem mit der Baulichkeit im Sinne des Abs. 3 besetzten Teil noch das Vierfache der bebauten Fläche, mindestens aber eine als Hof oder Hausgarten genutzte Fläche bis zu 2000 qm.

1. **Entstehungsgeschichte und Zweck des Bebauungsprivilegs.** Die Vorschrift, die einen Anreiz zur Veräußerung baureifen Geländes zwecks Förderung der Bautätigkeit und Bekämpfung der Wohnungsnot bieten will, war, wenn auch in erheblich einfacherer Form, schon in der vorigen StO. (§ 13) enthalten. Das Zuwachssteuergesetz von 1911 kannte eine solche Bestimmung noch nicht. Die MStO. weist dagegen im § 17 eine in den Grundlagen dem § 25 Berl. StO. entsprechende Vorschrift auf, so daß auch die Erläuterungen zu § 17 MStO. herangezogen werden können.

2. **Die Veräußerung unbebauter Grundstücke zum Zwecke der Bebauung.** Was unbebaute Grundstücke sind und welcher Art die Veräußerung zum Zwecke der Bebauung sein muß, ist bereits in den Erläuterungen zu § 17 MStO. Anm. 1—3 dargelegt, auf die hier wegen der Übereinstimmung verwiesen werden kann. Hier kommt nur hinzu, daß die Veräußerung zum Zweck der Bebauung mit massiven, Wohn- und gewerblichen Zwecken dienenden Häusern erfolgen muß.

3. **Die Art der Bebauung.**

a) Über § 17 MStO. hinausgehend, bestimmt § 25 Abs. 3, daß als Bebauung nur die Errichtung von massiven Wohn- und gewerblichen Zwecken dienenden Häusern gilt. Wegen des Begriffs „Wohnhaus" vgl. § 17 MStO. Anm. 4. Ob ein Haus, das Wohnzwecken dient, mit einem „Wohnhaus" begrifflich identisch ist, kann zweifelhaft sein. Bei der weiteren Auslegung dürften unter Wohnhäuser zu rechnen sein: Kliniken, Waisenhäuser, Altersheime, Hospize, Nachtasyle, weil bei all diesen Gebäuden die Aufnahme von Menschen zu Wohnzwecken von wesentlicher Bedeutung für den Charakter des Hauses ist. Nicht dagegen gehören hierher: Vereinshäuser, Klubgebäude, Schulen, auch nicht Laboratorien, die jedoch aus der zweiten Alternative des § 25 Abs. 3 heraus steuerfrei sind.

b) Über die bisherige StO. und § 17 MStO. hinausgehend, hat § 25 Berl. StO. das Bebauungsprivileg auch auf Gebäude, die gewerblichen Zwecken dienen, ausgedehnt, um einerseits der derzeitigen wirtschaftlichen Lage, die die Errichtung reiner Wohngebäude unrentabel erscheinen läßt, Rechnung zu tragen und andererseits das Baugewerbe als solches zu fördern. Zu den gewerblichen Gebäuden gehören alle Arten von Fabriken, Geschäfts- und Verwaltungsgebäuden kaufmännischer und industrieller Unternehmungen, Warenhäusern, Bürohäusern; auch Großgaragen fallen darunter trotz der Erwähnung der Garagen in Abs. 3 a. E. Letztere sind nur als Beispiel für Baulichkeiten von geringem Umfang oder vorübergehender Natur aufgezählt. Großgaragen gehören nicht zu solchen Behelfs- oder provisorischen Bauwerken.

Gewerblichen Zwecken i. S. des Abs. 3 dienen auch Gebäude für freie Berufe, z. B. ein Bürohaus für Anwälte, ein Operationssaal für Ärzte, ein Ateliergebäude für Maler, Bildhauer, Architekten.

c) Sowohl bei Gebäuden zu Wohn- als auch zu gewerblichen Zwecken ist Voraussetzung, daß es sich um massive, für die Dauer bestimmte Baulichkeiten handelt. Es kommt dabei nicht allein auf die Fundamentierung der Gebäude oder etwa darauf an, ob sie ganz oder z. T. unterkellert sind, sondern maßgebend ist, daß das zur Verwendung gelangende Baumaterial geeignet ist, eine dauernde, nicht baldigem Verschleiß unterliegende Wohn- oder Betriebsstätte zu schaffen. So wird man als massive Häuser auch Fachwerkgebäude anzusehen haben, ebenso Stahl- und Holzhäuser, sofern diese im übrigen Wohnhauscharakter tragen und nicht nur zu vorübergehendem Bestand, sondern auf fester Grundlage, für die Dauer bestimmt, errichtet sind. Vgl. Entschdg. d. Bezirksausschusses Berlin vom 1. 11. 28 II Z 337/27 bei Domke § 25 Anm. 8. Auch gegossene Häuser sind ebenso als massiv anzusehen wie die Häuser, welche aus gegossenen Platten zusammengesetzt werden, die nach einem bestimmten Verfahren vorher fertiggestellt und dann ineinandergefügt werden. Allerdings ist die Lebensdauer mancher Arten von Gebäuden der erwähnten Bauweisen nicht so lang wie die der Häuser aus gebrannten Ziegelsteinen; immerhin kann man aber bei ihnen auch nicht von Baulichkeiten von vorübergehender Natur sprechen. Nicht als massiv anzusehen sind z. B. Wellblechbaracken, selbst wenn die Errichtung nicht nur zu vorübergehenden Zwecken erfolgt ist.

d) Baulichkeiten vorübergehender Natur oder geringeren Umfangs, die die nach der Bauordnung zulässige Bebauungsfläche nicht ausnutzen, gelten nicht als Häuser. Abgesehen von der im § 25 Abs. 3 beispielsweise erfolgten Aufzählung, die nicht erschöpfend sein soll, haben auch nicht als Häuser zu gelten Ausstellungshallen, Gartenhäuser, Badeanstalten usw.

Die Fassung der Vorschrift ist jedoch nicht schlüssig; es bleibt die Frage offen, ob jede Bebauung, die unter der normalen Ausnutzung des Grundstücks bleibt, als solche von geringem Umfang zu betrachten ist. Das ist zu verneinen; anderenfalls würde eine weiträumige und niedrige Bauweise, die gerade im sozialen und hygienischen Interesse liegt, steuerlich bestraft und dadurch verhindert werden. Was geringer Umfang ist, ergeben die Beispiele in Abs. 2 der Nr. 3.

e) Werden derartige Baulichkeiten umgebaut, und zwar so, daß sie entweder zu Wohnhäusern oder zu gewerblichen Gebäuden in massiver Form gestaltet werden, so gilt dieser Umbau als Bebauung. Voraussetzung ist allerdings, daß das Grundstück bisher „unbebaut" war; hierüber vgl. Anm. 1 zu § 17 MStO.

4. **Die Veräußerung zum Zwecke des Abrisses und der Wiederbebauung.** Werden abbruchreife Grundstücke verkauft, damit auf diesen dann massive Wohnhäuser oder gewerbliche Häuser errichtet werden, so wird die Veräußerung dieser Grundstücke derjenigen unbebauter Grundstücke gleichgestellt. Durch diese Erweiterung des Steuerprivilegs wird das Baugewerbe gefördert und die Ersetzung veralteter, vielfach unhygienischer Häuser durch solche in zeitgemäßer Ausgestaltung begünstigt. Der Wert des Abbruchmaterials wird im allgemeinen durch die Kosten des Abbruchs ausgeglichen, wenn diese nicht sogar überwiegen, sodaß das Grundstück — unter zuwachssteuerrechtlichen Gesichtspunkten betrachtet — gegenüber unbebauten Grundstücken einen Mehrwert nicht aufweist. Wird nur ein Teil der Gebäude abgerissen und durch einen Neubau ersetzt, so reicht dies nicht aus, sofern nicht das stehenbleibende Bauwerk nur ein geringfügiges ist, das dem Grundstück den Charakter eines unbebauten nicht nehmen würde. Andererseits braucht die Wiederbebauung nicht den Umfang des abgerissenen Gebäudes zu erreichen, was nach den Bauordnungen oft gar nicht zulässig sein wird. Es wird bei Veräußerung von Abbruchsgebäuden zweckmäßig sein, schon im Kaufvertrag den Zweck des Abrisses und der Wiederbebauung zum Ausdruck zu bringen, um den Beweis zu sichern. Im übrigen müssen sämtliche Voraussetzungen des § 25, besonders auch die Einhaltung der zweijährigen Frist, gewahrt sein.

5. **Abs. 4. Der zur Bebauung gehörige Teil des Grundstücks.** Werden unbebaute Grundstücke zu Bebauungszwecken veräußert, so wird die Steuerermäßigung nicht nur für den mit dem Gebäude besetzten Teil des Grundstücks gewährt. Um bei der Errichtung von Eigenheimen, aber auch von Siedlungen und Wohnhausblocks aus hygienischen Gründen die Schaffung großer Höfe und die Anlage ausreichender Hausgärten zu begünstigen, gilt als zur Bebauung gehöriger, also steuerbegünstigter Teil des Grundstücks, noch das Vierfache der bebauten Fläche, jedenfalls aber 2000 qm. Der über 2000 qm hinausgehende Teil ist steuerpflichtig, soweit er das Vierfache der bebauten Fläche überschreitet. Beispiel: Ein unbebautes Grundstück von 7500 qm Größe wird veräußert und

von diesem 1500 qm Fläche bebaut. Die Steuerermäßigung erstreckt sich dann auf das ganze Grundstück, da neben dem wirklich bebauten Flächenraum noch das Vierfache der bebauten Fläche = 6000 qm der Ermäßigung unterliegt. Werden 200 qm mit einer Villa bebaut, so dürfen bis zu 2000 qm als Hof und Hausgarten genutzt werden; ist das Gesamtgrundstück 3000 qm groß, so ist für 800 qm die volle Steuer zu zahlen.

Nutzung als Hof oder Hausgarten ist nach dem Wortlaut des Abs. 4 nur für die 2000 qm, nicht für das Vierfache der bebauten Fläche verlangt. Der Wortlaut entspricht dem vernünftigen Sinn. Auf dem Vierfachen dürfen Nebengebäude der in Abs. 3 a, f erwähnten Art, z. B. Wohnlauben, Garagen, stehen. Beträgt die mit dem Wohnhaus bebaute Fläche 300 qm, das Gesamtgrundstück 2300 qm, so sind ohne weiteres steuerbegünstigt 300 + 1200 qm, auch wenn auf diesen 1200 qm Nebengebäude stehen. Soll die volle Steuerbegünstigung für 300 + 2000 qm ausgemacht werden, so müssen 2000 qm lediglich als Hof oder Hausgarten genutzt werden. Nehmen Garagen und andere gleichartige Bauwerke 50 qm ein, so sind nur diese 50 qm von der Steuerbegünstigung ausgeschlossen.

6. **Errichtung der Gebäude innerhalb von zwei Jahren nach Eintritt der Steuerpflicht.** Wegen der „Errichtung der Gebäude" vgl. MStO. § 17 Anm. 6. Die endgültige Ermäßigung der Steuer kommt erst dann in Betracht, wenn innerhalb von zwei Jahren nach Eintritt der Steuerpflicht beim ersten Steuerfall (vgl. § 2) die Gebäude errichtet sind. Während nach § 13 Abs. 2 der früheren StO. die Ermäßigung eintrat, wenn die Grundstücke erstmalig innerhalb von zwei Jahren „nach erfolgter Bebauung" weiterveräußert wurden, und hierunter nach den Grundsätzen des Magistrats die tatsächliche Bezugsfertigkeit des Gebäudes, nicht die Gebrauchsabnahme verstanden wurde, hat das OVG. (PrVBl. 49, 446) diese Auffassung nicht geteilt und erst auf den Zeitpunkt der Gebrauchsabnahme für den Fristenlauf abgestellt. Die jetzige StO. hat in Übereinstimmung mit § 17 MStO. die Gebrauchsabnahme, die sich einwandfrei aus der erteilten Urkunde feststellen läßt, für entscheidend erklärt. Ein weiterer Unterschied gegenüber der früheren StO. und der MStO. besteht darin, daß nicht mehr der erste Erwerber den Bau fertigstellen muß, sondern daß dies auch durch einen späteren Erwerber geschehen kann, wenn nur die Frist von zwei Jahren gewahrt ist. Der erste Erwerber hat aber für seinen eigenen WZuw. keine Steuerbegünstigung bei der Weiterveräußerung.

Wegen des Begriffs „G e b r a u c h s a b n a h m e" vgl. MStO. § 17 Anm. 7. Diese ist identisch mit der baupolizeilichen Abnahme, OVG. PrVBl. 48, 270; 49, 446.

W e g e n d e r F r i s t v o n z w e i J a h r e n vgl. MStO. § 17 Anm. 6. Die zweijährigen Fristen sind A u s s c h l u ß f r i s t e n. Ist die Frist abgelaufen, so kommt nur noch Ermäßigung im Billigkeitswege gemäß § 33 in Frage.

7. **Stundung und Ermäßigung der Steuer.** Vgl. hierüber im einzelnen MStO. § 17 Anm. 5.

a) Unabhängig von der späteren Ermäßigung, die erst dann eintreten kann, wenn die Gebrauchsabnahme der errichteten Gebäude fristgemäß erfolgt ist, wird bei der Veräußerung von unbebauten Grundstücken zunächst die Festsetzung der gesamten Steuer vorgenommen und dann die Steuer bis auf 2 Prozent des Veräußerungspreises gestundet. Für dessen Berechnung ist nur der aus dem Kaufvertrag sich ergebende Kaufpreis maßgebend, ohne daß die sonstigen Hinzurechnungen erfolgen: OVG. PrVBl. 49, 577. Vgl. § 17 Anm. 5 MStO.

b) Der 2 Prozent übersteigende Betrag der Steuer wird nur d a n n g e s t u n d e t, wenn für ihn S i c h e r h e i t g e l e i s t e t w i r d. In welcher Form das zu geschehen hat, ist nicht zum Ausdruck gebracht. Es kommt also jede Art der Sicherheitsleistung nach § 232 BGB. in Frage, z. B. durch Hinterlegung von Wertpapieren, Bestellung von Sicherungshypotheken, Verpfändung von Grundschulden, Bürgschaftsleistung tauglicher Bürgen, insbesondere von Großbanken. Wie im einzelnen Sicherheit geleistet werden kann, ergibt sich aus § 109 AO., der nach § 30 StO. anwendbar ist. Vgl. unten § 30. Entscheidend ist, daß sich die Steuerbehörde mit der vorgeschlagenen Sicherheitsleistung einverstanden erklärt. Der Steuerpflichtige hat keinen Anspruch darauf, in bestimmter Art Sicherheit zu leisten; entscheidend ist einzig und allein das Ermessen der Steuerbehörde.

c) Die endgültige Ermäßigung der Steuer tritt erst nach Ablauf von zwei Jahren ein, sofern die Voraussetzungen des § 25 Abs. 1 erfüllt sind. Bis zum endgültigen Erlaß ist die gestundete Steuer nach Maßgabe des für Verzugszinsen geltenden Zinssatzes zu verzinsen.

8. **Abs. 2. Ermäßigung bei Weiterveräußerung.**

a) Der Vorschrift des § 17 Abs. 2 MStO. entsprechend, wird nach § 25 Abs. 2 die erstmalige Veräußerung von Grundstücken, die zu Bebauungszwecken erworben, mit massiven Gebäuden gemäß § 25 Abs. 3 bebaut und innerhalb von zwei Jahren von der Ingebrauchnahme an weiterveräußert werden, in gleicher Weise wie die Veräußerung von unbebauten Grundstücken begünstigt. Dies gilt nicht für eine weitere Veräußerung, selbst wenn sie innerhalb der Frist von zwei Jahren erfolgt. Da die Veräußerung mit dem obligatorischen Kaufvertrag erfolgt, genügt es auch, wenn der Vertrag über die Weiterveräußerung innerhalb der Frist von zwei Jahren geschlossen wurde, ohne daß es auf die Auflassung und Eintragung im Grundbuch ankommt.

b) Abweichend von § 17 Abs. 2 MStO. ist nach § 25 Abs. 2 die „Ingebrauchnahme" erforderlich, nicht die „Gebrauchsabnahme" für den Fristbeginn maßgebend. Diese wird oft geraume Zeit nach der Gebrauchsabnahme liegen. So kann z. B. ein Bauunternehmer den Neubau erst auf zwei Jahre vermieten und die ZuwSt. noch dann sparen, wenn er gegen Schluß der Mietzeit das Grundstück veräußert, selbst wenn die Vermietung — wie oft — erst mehrere Monate nach der Gebrauchsabnahme gelungen war.

c) Die Ermäßigung nach § 25 Abs. 2 bezieht sich nicht nur auf den wirklich bebauten Teil des Grundstücks, sondern auch auf den als zur Bebauung gehörigen Teil, d. h. auf die als Hof oder Garten genutzte Fläche.

9. **Das Verfahren nach § 25.**

a) Unabhängig von der Inanspruchnahme des Bebauungsprivilegs erfolgt zunächst die Berechnung der Steuer in voller Höhe und die Zustellung des Steuerbescheids. Gegen diesen ist der Einspruch und das Verwaltungsstreitverfahren gegeben. Die Stundung nach § 25 muß der Steuerpflichtige beantragen, indem er darzulegen hat, inwieweit Bebauung in Aussicht genommen ist.

b) Er wird zweckmäßigerweise auch sofort Sicherheitsleistung anbieten und die Art, in welcher Sicherheit geleistet werden kann, mitteilen. Daß schon ein Bauprojekt vorliegen muß, bereits Pläne bestehen oder gar Genehmigung der Baupolizei erfolgt ist, ist u. E. nicht erforderlich. A. M. Asch-Oppenheimer, § 25 Anm. 1 S. 117.

c) Auch die endgültige Ermäßigung der Steuer wird nicht von Amts wegen vorgenommen, sondern der Steuerpflichtige muß nachweisen, daß die Voraussetzungen zur Ermäßigung vorliegen, d. h. daß die Gebrauchsabnahme der Gebäude innerhalb von zwei Jahren erfolgt ist. A. M. Wernick a. a. O., § 17 II 2. Trotz des Wortlautes des § 25 „... wird die Steuer .... ermäßigt" ist anzunehmen, daß der Steuerpflichtige der Steuerbehörde den Nachweis für die Voraussetzung der Ermäßigung, am besten durch Vorlegung des Gebrauchsabnahmescheins, zu führen hat.

d) Auf die Einhaltung der Vorschrift des § 25, die nicht etwa eine Billigkeitsbestimmung, sondern zwingendes Recht ist, hat der Steuerpflichtige einen Rechtsanspruch, der im Verwaltungsstreitverfahren verfolgbar ist.

Die Rechtsprechung des OVG. zu § 30 AB. ZuwStG., zu § 34 Abs. 2 ZuwStG., die Asch-Oppenheimer, a. a. O. Anm. 9, zur Begründung dieser Auffassung heranziehen (OVG. 68, 17), dürfte hier nicht eingreifen, da § 34 ZuwStG. nicht dem § 25, sondern dem § 26 entspricht, also einen ganz anderen Tatbestand behandelt. Vgl. auch OVG. PrVBl. 49, 486.

§ 26.

(1) Die Steuer wird auf Antrag erlassen, erstattet oder ermäßigt:

1. bei Nichtigkeit des Rechtsgeschäfts oder des den Eigentumserwerb begründenden Rechtsvorganges,
2. bei Aufhebung des Rechtsgeschäfts durch Parteivereinbarung oder infolge Ausübung eines vorbehaltenen Rücktrittsrechts,
3. bei Rückgängigmachung infolge Nichterfüllung der Vertragsbedingungen,
4. bei Preisminderung nach §§ 459 und 460 des Bürgerlichen Gesetzbuches, soweit sie eine Ermäßigung der Steuer zur Folge hat,
5. bei Rückkauf innerhalb zweier Jahre. Für die Berechnung der Frist gilt die Bestimmung des § 13 Abs. 1 Ziff. 3, Satz 2 und 3,
6. bei Vorliegen einer Steuerumgehung im Sinne des § 5 der Ordnung, soweit die Steuer auf Grund der für unwirksam zu erachtenden Maßnahmen entrichtet ist, wenn die Entscheidung, die diese Maßnahmen als unwirksam behandelt, rechtskräftig geworden ist.

(2) Der Antrag muß innerhalb eines Jahres nach Eintritt des Ereignisses gestellt werden, auf welches der Erstattungsanspruch sich gründet.

1. Die Ziffern 1—4 stimmen wörtlich mit § 18 Ziff. 1—4 MStO. überein. Es kann daher auf die Erläuterungen zu § 18 MStO. Anm. 1—8 verwiesen werden.

2. Ziff. 5: **Rückkauf innerhalb zweier Jahre.**

a) Die Bestimmung schließt sich an § 23a Ziff. 3 GrdErwStG. an, wonach die Steuer auf Antrag zu erlassen oder zu erstatten ist bei Rückerwerb des Eigentums innerhalb zweier Jahre seit der Veräußerung. Abweichend hiervon genügt es im Falle des § 26 Ziff. 5, daß das für die Steuerpflicht nach § 2 maßgebende Verpflichtungsgeschäft innerhalb der zwei Jahre abgeschlossen ist.

b) Auf den Grund des Rückkaufs kommt es nicht an; insbesondere sind die Erwägungen, die zum Rückkauf geführt haben, gleichgültig. Es kommt nicht darauf an, ob dem Erwerber das Geschäft leid geworden ist oder ob er das Grundstück nicht mehr braucht oder ob er es mit Nutzen verwerten will; es kann ein selbständiger neuer Kauf sogar zu einem höheren Preise vorliegen. Vgl. RFH. StW. VI, 648. Die Rechtsform des neuen Geschäftes ist belanglos. Allerdings muß im Gegensatz zu § 23a Abs. 3 GrdErwStG. ein entgeltlicher Vertrag, nicht etwa eine Schenkung vorliegen.

Der Unterschied zwischen § 26 Ziff. 5 und Ziff. 2 liegt darin, daß in dem Falle Ziff. 5 das frühere Geschäft aufrechterhalten, im Falle Ziff. 2 aufgehoben wird; der Unterschied ist also ein rechtlicher. Auch die Aufhebung kann gegen Entgelt erfolgen, so daß ein wirtschaftlicher Unterschied nicht zu bestehen braucht; vgl. Anm. 7a § 18 MStO. sowie im einzelnen GrdErwStG. § 23 Anm. 7a. Die Veränderung des wirtschaftlichen Wertes des Grundstücks, insbesondere eine etwaige Verschlechterung, ist belanglos; auch wenn sich die Parteien von der Steuerlast befreien wollen, tritt der Erlaß ein. Auch ein mehrfacher Rückerwerb unter denselben Parteien begründet immer wieder Steuerfreiheit nach § 26 Ziff. 5, sofern nur jedesmal zwischen Kauf und Rückkauf nicht mehr als zwei Jahre liegen.

Ob Rückgewähr vom Treuhänder an den Treugeber als „Rückkauf" zu betrachten ist, erscheint bei dem Wortlaut zweifelhaft. Ausdehnende Auslegung ist zu empfehlen.

c) Erfolgt der Rückerwerb im Wege des Zuschlages in der Zwangsversteigerung, so ist für die GrdErwSt. Steuererlaß anerkannt: RFH. StW. VI, 239, 252. Für die WZuwSt. liegt dem Wortlaut nach der Fall insofern anders, als hier nicht von Rückerwerb, sondern von „Rückkauf" die Rede ist. Da es aber auf den Rechtsgrund des Rückerwerbs weniger ankommt als auf die Tatsache der Wiedererlangung des Grundstücks durch den bisherigen Eigentümer (OVG. vom 8. Januar 1915, VII C. 664/13), wird bei fristgemäßem Erwerb durch Zuschlag in der Zwangsversteigerung ebenfalls Steuererlaß zu gewähren sein. Für § 34 Abs. 2 ZuwStG. 1911 hat das OVG. jedenfalls angenommen, daß dieser sich nicht nur auf rechtsgeschäftliche Rückübertragungen, sondern auch auf die Fälle des Rückerwerbs im Zwangsversteigerungsverfahren bezieht: OVG. 69, 46. Vgl. oben § 18 Anm. 7e und Strutz JW. 1914, 1411 f.

d) Ist das Grundstück innerhalb der zwei Jahre in eine dritte Hand gegangen, so ist das gleichgültig, falls es an den ursprünglichen Erwerber zurückgelangt war und von diesem noch innerhalb der zwei Jahre an seinen Veräußerer zurückverkauft wurde. Dies ergibt sich schon aus dem für anwendbar erklärten § 14 Abs. 1 Satz 2. Kein Rückkauf liegt dagegen vor, wenn der Veräußerer das Grundstück unmittelbar von einem Dritten, der es vom Erwerber gekauft hat, zurückkauft. Selbst wenn die Weiterveräußerung an den Dritten gemäß § 7 StO. steuerfrei erfolgt war, z. B. durch Veräußerung an Abkömmlinge, Schenkung usw., fällt der Rückverkauf von dem dritten an den ersten Veräußerer nicht unter § 26 Ziff. 5. Da Erben nach dem Prinzip der Universalsukzession nur die Fortsetzung der Person des Erblassers darstellen, fällt Rückverkauf an die Erben des Veräußerers oder seitens der Erben des Erwerbers unter § 26. Bei einer Mehrheit von Erben muß der Rückkauf von sämtlichen Miterben des Erwerbers bzw. der Rückverkauf an sämtliche Miterben des Veräußerers erfolgen.

e) Erfolgt der Rückkauf nicht an den Veräußerer, sondern an einen Dritten, dem ein Wiederkaufsrecht eingeräumt war, so kommt § 26 Ziff. 5 nicht zur Anwendung. Anders dagegen, wenn der Rückverkauf nicht an den Veräußerer selbst, sondern in seinem Auftrag an einen Dritten erfolgt. Allerdings wird hier Steuerpflicht für die Übertragung der Rechte des Veräußerers auf den Dritten nach § 2 begründet.

f) Erfolgt der Rückkauf nur bezüglich eines Teils des Grundstücks, so wird die Steuer nur im entsprechenden Verhältnis erlassen bzw. erstattet.

g) Bei Kettengeschäften kommt § 26 Ziff. 5 hinsichtlich jedes Zwischengeschäfts selbständig zur Anwendung. Die Rechtslage ist hier anders als im Falle des § 23 a 3 GrdErwStG., weil es nach der StO. auf das Verpflichtungsgeschäft, nicht auf den Rückerwerb des Eigentums ankommt.

h) Ist das zurückgekaufte Grundstück in der Zwischenzeit bebaut worden, so wird die Steuer trotzdem erlassen. Vgl. OVG. Amtl. Mitt. V, 93.

i) Ob auch ein Rückerwerb in der Form des § 1 Abs. 3 unter § 26 Ziff. 5 fällt, ist zweifelhaft. Hat z. B. der Veräußerer das Grundstück in eine G.m.b.H. eingebracht und erwirbt er dann sämtliche Anteile der G.m.b.H., was nach § 1 Abs. 3 dem Übergang des Eigentums am Grundstück gleichsteht, so könnte hierin ein steuerfreier Rückkauf nach § 26 Ziff. 5 gesehen werden. Für die GrdErwSt. hat RFH. 8, 89 in diesem Falle Steuererlaß abgelehnt mit der zutreffenden Begründung, daß der Veräußerer das juristische Eigentum wiedererlangen müsse, da es sonst möglich sei, das Eigentum an einem Grundstück steuerfrei in eine Grundstücksgesellschaft zu überführen. Entsprechendes gilt auch für die Wertzuwachssteuer. Der Kauf der G.m.b.H.-Anteile ist nicht Rückkauf des Grundstücks. Anders dagegen, wenn der Veräußerer die Gesamtheit der Geschäftsanteile übertragen hat und sie innerhalb zweier Jahre zurückkauft.

k) Der Rückkauf muß innerhalb zweier Jahre erfolgen. Die Frist beginnt mit dem die Steuerpflicht gemäß § 2 StO. auslösenden Rechtsvorgang und endigt mit dem Abschluß des den Rückkauf zum Gegenstand habenden Veräußerungsvertrages. Hat in der Zwischenzeit eine nichtige oder aufgehobene Weiterveräußerung oder Verkauf mit Rückkauf stattgefunden, so schadet dies nicht. Das besagt die Anwendung des § 13 Abs. 1 Ziff. 3 Satz 3 in Verbindung mit § 14 Abs. 1 Satz 2. Für diejenigen Rechtsgeschäfte, welche den Rückkauf solcher Grundstücke betreffen, die in den Jahren 1922/24 aus Gründen persönlicher Not veräußert worden sind, soll nach einem Erlaß des PrFM. ganz oder teilweise Befreiung von der WZuwSt. gewährt werden, sofern der Erwerber der frühere Eigentümer, der Ehegatte oder dessen Abkömmling ist (MBliV. 1927, 732); vgl. Anm. 3b zu § 24 MStO. Vgl. OVG. — VII C 7/28 — bei Pape Jahrb. 9, 494.

3. Erlaß bei Steuerumgehung (Ziff. 6). Über § 23 GrdErwStG. hinaus, der eine entsprechende Vorschrift nicht enthält, kann auch für ein Umgehungsgeschäft im Sinne des § 5 der StO. Erlaß oder Erstattung verlangt werden, wenn das Geschäft zur Besteuerung herangezogen und nach Aufdeckung des Umgehungscharakters das umgangene Geschäft besteuert worden ist. Voraussetzung ist allerdings, daß das Umgehungsgeschäft rechtskräftig als solches gekennzeichnet worden ist. Der Zweck der Vorschrift besteht darin, daß eine Doppelbesteuerung vermieden werden soll. Wegen der Umgehungsgeschäfte vgl. § 5 AO. sowie Zus. zu § 7 GrdErwStG., S. 94—103.

Nicht vorausgesetzt wird, daß das Geschäft auch wirtschaftlich rückgängig gemacht ist. Es wird im Gegenteil die Steuer aus § 5 erhoben, dagegen diejenige für die formellen Umgehungsmaßnahmen erstattet.

Abs. 2: Stellung des Antrags; vgl. die übereinstimmende Vorschrift des § 18 Abs. 2 MStO. sowie Erläuterungen Anm. 2.

§ 27.

(1) Die Steuerschuldner und die zur Mithaft Verpflichteten sowie deren Bevollmächtigte und gesetzliche Vertreter haben innerhalb zweier Wochen nach dem Eintritt des die Steuerpflicht begründenden Ereignisses der Steuerbehörde hiervon sowie von allen sonstigen für die Festsetzung der Steuer in Betracht kommenden Verhältnissen schriftliche Mitteilung zu machen, auch die die Steuerpflicht betreffenden Urkunden vorzulegen.

(2) Auf Verlangen der Steuerbehörde sind die Steuerschuldner sowie deren Bevollmächtigte und gesetzliche Vertreter verpflichtet, über bestimmte, für die Veranlagung der Steuer erhebliche Tatsachen innerhalb einer ihnen zu bestimmenden Frist schriftlich oder zu Protokoll Auskunft zu erteilen, anderenfalls die Ermittlung und Veranlagung durch die Steuerbehörde selbständig vorgenommen werden.

(3) In den Fällen des § 1 Abs. 3 sind auch gesetzliche Vertreter und Bevollmächtigte der Personenvereinigungen zur Anzeige und zur Auskunftserteilung verpflichtet.

Die Vorschrift entspricht, abgesehen von geringen redaktionellen Abweichungen, dem § 19 MStO. Genauer als im § 19 MStO. sind nicht nur die zur Entrichtung der Steuer Verpflichteten (Steuerschuldner) und die zur Mithaft Verpflichteten (Steuerbürgen) als anzeigepflichtig bezeichnet, sondern diese Verpflichtung erstreckt sich auch auf Bevollmächtigte und gesetzliche Vertreter beider Kategorien.

Auch die Fassung des Abs. 3, die materiell dem § 19 Abs. 3 MStO. entspricht, ist in der Berl. StO. juristisch schärfer, weil nicht die Gesellschaft oder der Verein, sondern nur deren Organe oder Bevollmächtigte die Auskunft erteilen können. Vgl. hierzu § 19 MStO. Anm. 7.

§ 28.

Die Steuerbehörde ist bei der Veranlagung der Steuer an die Angaben der Steuerpflichtigen nicht gebunden. Wird die erteilte Auskunft beanstandet, so sind den Steuerpflichtigen vor der Veranlagung die Gründe der Beanstandung mit dem Anheimstellen mitzuteilen, hierüber binnen einer angemessenen Frist eine weitere Erklärung abzugeben. Findet eine Einigung mit dem Steuerpflichtigen nicht statt, so kann die Steuerbehörde die zu entrichtende Steuer nötigenfalls nach dem Gutachten Sachverständiger festsetzen.

Diese Vorschrift stimmt wörtlich mit § 20 MStO. überein. Vgl. die Erläuterungen hierzu.

§ 29.

(1) Dem Steuerpflichtigen ist über die Veranlagung der Steuer ein schriftlicher Bescheid zuzustellen. Im Falle der Heranziehung der nach § 24 Abs. 2 und 5 Haftenden ist diesen eine besondere Veranlagung zuzustellen.

(2) Die Steuer ist innerhalb von 8 Tagen nach Bekanntgabe an die in dem Bescheide bezeichnete Kasse zu entrichten.

Entspricht § 21 MStO.

§ 30.

Die Vorschriften der §§ 83—94, 95 Abs. 1 und 3, 97 Abs. 1 und 3, 98—100, 109—118, 168, 169, 173, 177, 178 bis 185, 188, 192, 204, 205

Abs. 1, 2 und 4, 207 Abs. 1 und 210 Abs. 1 und 2 der Reichsabgabenordnung sind sinngemäß anzuwenden mit der Maßgabe, daß an die Stelle des Reichs die Stadtgemeinde, an die Stelle des Finanzamts die Steuerbehörde und an die Stelle des Landesfinanzamts der Oberpräsident treten.

Die für anwendbar erklärten Vorschriften der RAO., die nachstehend abgedruckt sind, sind wörtlich übernommen mit der Maßgabe, daß im Text dieser Vorschriften an die Stelle des Reichs die Stadtgemeinde, an die Stelle des Finanzamts die Steuerbehörde und an die Stelle des Landesfinanzamts der Oberpräsident treten müssen.

§ 83. Für die Geschäftsfähigkeit von Privatpersonen gelten in Steuersachen die Vorschriften des bürgerlichen Rechtes.

Das gleiche gilt von der Vertretung und Vollmacht, soweit in den §§ 84 bis 92 nichts anderes vorgeschrieben ist.

§ 84. Die gesetzlichen Vertreter juristischer Personen und solcher Personen, die geschäftsunfähig oder in der Geschäftsfähigkeit beschränkt sind, haben alle Pflichten zu erfüllen, die den Personen, die sie vertreten, obliegen; insbesondere haben sie dafür zu sorgen, daß die Steuern aus den Mitteln, die sie verwalten, entrichtet werden. Für Zwangsgeldstrafen und Sicherungsgelder, die gegen sie erkannt, und für Kosten von Zwangsmitteln, die gegen sie festgesetzt werden, haften neben ihnen die von ihnen vertretenen Personen.

§ 85. Steht eine Vermögensverwaltung nach Gesetz, Anordnung der Behörde oder letztwilliger Verfügung anderen Personen zu als den Eigentümern oder deren gesetzlichen Vertretern, so haben sie, soweit ihre Verwaltung reicht, die gleiche Pflicht (§ 84).

§ 86. (1) Bei Personenvereinigungen, die als solche steuerpflichtig sind, aber keine eigene Rechtspersönlichkeit besitzen, haben die Vorstände oder Geschäftsführer und, soweit solche nicht vorhanden sind, die Mitglieder die Pflichten zu erfüllen, die den Personenvereinigungen wegen der Besteuerung auferlegt sind. Die §§ 84, 85 gelten entsprechend.

(2) Das Gleiche gilt für Zweckvermögen und sonstige einer juristischen Person ähnliche Gebilde, die als solche der Besteuerung unterliegen.

(3) Entstehen dadurch Schwierigkeiten, daß es in den Fällen der ersten beiden Absätze an Vorständen oder Geschäftsführern fehlt und Beteiligte in größerer Zahl vorhanden sind, so haben die Beteiligten einen oder mehrere Bevollmächtigte im Inland zu stellen. Unterlassen sie dies, so kann das Finanzamt einen oder einzelne Beteiligte als Bevollmächtigte mit Wirkung für die Gesamtheit behandeln.

§ 87. (1) Bei Wegfall eines Steuerpflichtigen (Tod, Auflösung einer juristischen Person, einer Personenvereinigung oder eines Zweckvermögens) haben die Rechtsnachfolger, Testamentsvollstrecker, Erbschaftsbesitzer (§ 2018 des Bürgerlichen Gesetzbuchs), Pfleger, Liquidatoren,

Verwalter und die Bevollmächtigten dieser Personen dafür zu sorgen, daß Mittel zur Bezahlung der vorher entstandenen Steuerschulden (§ 81 Abs. 1) zurückgehalten und diese Steuerschulden bezahlt werden. Auf Verlangen ist aus dem Nachlaß oder der Masse Sicherheit zu leisten.

(2) Die gleichen Pflichten haben wegen der Steuern, die aus einem Nachlasse zu entrichten sind, die Erben, Testamentsvollstrecker, Erbschaftsbesitzer, Pfleger, Verwalter und die Bevollmächtigten dieser Personen.

(3) Ist zweifelhaft, wer zur Vertretung eines Nachlasses oder eines sonst verbleibenden Vermögens befugt ist, so hat das Nachlaßgericht und beim Wegfall einer juristischen Person oder eines dieser ähnlichen Gebildes das Amtsgericht des nach § 52 zuständigen Ortes auf Antrag des Finanzamts einen Pfleger für den Nachlaß oder die sonstige Masse zu bestellen; der Pfleger hat die Stellung eines Nachlaßpflegers im Sinne des § 1961 der Bürgerlichen Gesetzbuchs. Die Steueransprüche können gegen ihn geltend gemacht werden, und er ist befugt, Rechtsmittel gegen die Heranziehung einzulegen.

§ 88. (1) Wer durch Abwesenheit oder sonst verhindert ist, Pflichten zu erfüllen, die ihm im Interesse der Besteuerung obliegen, oder Rechte wahrzunehmen, die ihm nach den Steuergesetzen zustehen, kann dies durch Bevollmächtigte tun. Bevollmächtigte, die aus der Erteilung von Rat und Hilfe in Steuersachen ein Geschäft machen oder denen die Fähigkeit zum geeigneten schriftlichen oder mündlichen Vortrag mangelt, können zurückgewiesen werden. Dies gilt nicht für Rechtsanwälte oder Notare sowie auch nicht für Vertreter beruflicher und gewerkschaftlicher Vereinigungen hinsichtlich des von ihnen in dieser Eigenschaft vertretenen Personenkreises; es gilt ferner nicht für Personen, die von einem Landesfinanzamte zugelassen worden sind; das Landesfinanzamt kann die Zulassung jederzeit zurücknehmen.

(2) Die Finanzämter können auch sonst Bevollmächtigte zulassen; es bleibt ihnen aber unbenommen, sich neben dem Bevollmächtigten an den Steuerpflichtigen selbst zu wenden.

(3) Der Steuerpflichtige kann sich in jeder Lage des Verfahrens eines Beistandes bedienen. Auf den Beistand finden die Vorschriften des Abs. 1 Satz 2, 3 Anwendung.

(4) Eine Vereinbarung, durch die als Entgelt für die Tätigkeit eines Vertreters oder Beistandes ein Teil an der von ihm zu erzielenden Steuerermäßigung oder Steuerersparung ausbedungen wird, ist nichtig.

§ 89. Wer als Bevollmächtigter oder als Verfügungsberechtigter auftritt, hat die Pflichten eines gesetzlichen Vertreters (§ 84). Für Zwangsgeldstrafen und Sicherungsgelder, die gegen ihn erkannt, und für Kosten von Zwangsmitteln, die gegen ihn festgelegt werden, haftet neben ihm der Vertretene.

§ 90. (1) Die Vertreter und die übrigen in den §§ 84 bis 89 bezeichneten Personen haften insoweit persönlich neben dem Steuerpflichtigen, als durch schuldhafte Verletzung der ihnen in den §§ 84 bis 89 auferlegten Pflichten Steueransprüche verkürzt oder Erstattungen oder Vergütungen zu Unrecht gewährt worden sind. Zur Geltendmachung dieser Ersatzansprüche bedarf es der Zustimmung des Landesfinanzamts.

(2) Rechtsanwälte sind wegen Handlungen, die sie in Ausübung ihres Berufs bei der Beratung in Steuersachen vorgenommen haben, dem Reiche gegenüber nur dann schadenersatzpflichtig, wenn diese Handlungen eine Verletzung ihrer Berufspflicht enthalten; ob eine solche Verletzung der Berufspflicht vorliegt, wird auf Antrag des Landesfinanzamts im ehrengerichtlichen Verfahren entschieden.

§ 91. Das Erlöschen der Vertretungsmacht oder der Vollmacht läßt die Pflichten der Vertreter und Bevollmächtigten unberührt, soweit es sich um die vorangegangene Zeit handelt.

§ 92. (1) Wenn Vertreter, Verwalter oder Bevollmächtigte im Sinne der §§ 84 bis 89 bei Ausübung ihrer Obliegenheiten Steuerhinterziehungen oder Steuergefährdungen begehen (§§ 359, 367), so haften die Vertretenen für die verkürzten Steuereinnahmen und die zu Unrecht gewährten oder belassenen Steuervorteile.

(2) Das Gleiche gilt für den Geschäftsherrn oder den Haushaltungsvorstand, wenn Angestellte oder sonst im Dienst oder Lohn stehende Personen, sowie Familien- und Haushaltungsangehörige bei Ausübung von Obliegenheiten, die sie im Interesse dieser Personen wahrnehmen, Steuerhinterziehungen oder Steuergefährdungen begehen; diese Haftung tritt jedoch, sofern sie nicht aus anderen Gründen besteht, nicht ein, wenn festgestellt wird, daß die Steuerhinterziehung oder Steuergefährdung ohne Wissen des Geschäftsherrn oder des Haushaltungsvorstandes oder einer zu seiner Vertretung nach außen befugten Person begangen worden ist und die genannten Personen bei der Auswahl oder Beaufsichtigung der Angestellten oder der Beaufsichtigung der Familien- und Haushaltungsmitglieder die erforderliche Sorgfalt aufgewandt haben.

§ 93. Wo Gesellschaften, Vereine oder Genossenschaften als solche der Besteuerung unterliegen, gelten für die persönliche Haftung der einzelnen Gesellschafter und Mitglieder sinngemäß die Vorschriften des bürgerlichen Rechtes.

§ 94. Sind meherere nebeneinander verpflichtet, so kommt die Erfüllung der Pflicht durch einen Verpflichteten den anderen Verpflichteten zustatten, soweit ihrer eigenen Pflicht dadurch genügt wird und es für das

Finanzamt nicht von Wert ist, daß die Pflicht auch von den anderen Beteiligten erfüllt wird.

§ 95. (1) Personen, die nebeneinander für eine Steuerschuld oder eine andere aus den Steuergesetzen entspringende Geldschuld haften, haften als Gesamtschuldner.

(3) Erben haften für die aus dem Nachlaß zu entrichtenden Steuern wie für Nachlaßverbindlichkeiten nach bürgerlichem Rechte. Die §§ 86, 87, 90, 97 bleiben unberührt.

§ 97. (1) Wenn nach dem Tode oder Wegfall eines Steuerpflichtigen die Testamentsvollstrecker, Pfleger, Liquidatoren, Verwalter und Erbschaftsbesitzer, welche nicht zugleich Rechtsnachfolger des Steuerpflichtigen sind, erkennen, daß Erklärungen, die der Steuerpflichtige zur Festsetzung oder Veranlagung von Steuern abgegeben hat, unrichtig oder unvollständig sind, oder daß er pflichtwidrig unterlassen hat, solche Erklärungen abzugeben, so haben sie dies binnen Monatsfrist dem Finanzamt anzuzeigen; andernfalls haften sie persönlich für die vorenthaltenen Steuerbeträge.

(3) Dasselbe gilt sinngemäß bei einem Wechsel in der Person des gesetzlichen Vertreters, Betriebsleiters oder Bevollmächtigten sowie dann, wenn eine gesetzliche Vertretung angeordnet wird.

§ 98. Das Finanzamt, das die Steuerschuld des Steuerpflichtigen festzusetzen hat, ist befugt, die Vertreter und Bevollmächtigten und die übrigen in den §§ 84 bis 89 bezeichneten Personen zur Erfüllung der ihnen obliegenden Verpflichtung anzuhalten und diejenigen, die neben dem Steuerpflichtigen oder an dessen Stelle persönlich für die Steuer haften (§ 79 Abs. 2), in Anspruch zu nehmen.

§ 99. (1) Wer neben dem Steuerpflichtigen oder an dessen Stelle persönlich auf Zahlung einer Steuer in Anspruch genommen wird (§ 79 Abs. 2), kann gegen seine Heranziehung die Rechtsmittel geltend machen, die dem Steuerpflichtigen zustehen. Die Frist zur Einlegung des Rechtsmittels beginnt mit Ablauf des Tages, an dem ihm der Beschluß über seine Heranziehung zugestellt oder, wenn keine Zustellung vorgeschrieben ist, bekanntgemacht worden ist.

(2) Ist die Steuerschuld dem Steuerpflichtigen gegenüber unanfechtbar festgestellt, so hat dies gegen sich gelten zu lassen, wer als Rechtsnachfolger des Steuerpflichtigen haftet oder wer in der Lage gewesen wäre, den gegen den Steuerpflichtigen erlassenen Bescheid als dessen Vertreter, Bevollmächtigter oder kraft eigenen Rechtes anzufechten.

§ 100. (1) Wenn jemand außer in den Fällen der §§ 84 bis 96 nach den Vorschriften des bürgerlichen Rechtes kraft Gesetzes verpflichtet ist, die Verbindlichkeiten eines anderen zu erfüllen oder wegen solcher Verbindlichkeiten die Zwangsvollstreckung in ein Vermögen zu dulden, das seiner Verwaltung unterliegt, so gilt diese Verpflichtung auch für die Steuerschulden des anderen. Soweit § 303 nichts anderes vorschreibt, gelten die Vorschriften des bürgerlichen Rechtes.

(2) Hat sich jemand durch Vertrag verpflichtet, eine Steuerschuld eines andern zu bezahlen oder dafür einzustehen, so ist der Anspruch des Reichs nach den Vorschriften des bürgerlichen Rechtes zu verfolgen.

§ 109. (1) Eine Sicherheit kann der Steuerpflichtige nach seiner Wahl leisten durch

1. Hinterlegung von Geld,
2. Hinterlegung von Schuldverschreibungen des Reichs oder eines Landes,
3. Hinterlegung von Schuldverschreibungen der deutschen Schutzgebietsanleihen,
4. Hinterlegung von Schuldverschreibungen, deren Verzinsung das Reich oder ein Land gewährleistet hat,
5. Hinterlegung von inländischen Pfandbriefen und sonstigen von einer inländischen kommunalen Körperschaft oder der Kreditanstalt einer solchen Körperschaft ausgestellten Schuldverschreibungen, wenn die Wertpapiere vom Reichsrat oder durch landesgesetzliche Vorschriften für geeignet zur Anlegung von Mündelgeld erklärt worden sind,
6. Hinterlegung von sonstigen Wertpapieren, wenn sie bei der Reichsbank beleihbar sind,
7. Verpfändung des Anspruchs aus der Hinterlegung solcher Wertpapiere bei der Reichsbank oder einer anderen vom Reichsminister der Finanzen bezeichneten Stelle,
8. Verpfändung eines Guthabens bei einer inländischen öffentlichen oder unter öffentlicher Aufsicht stehenden Sparkasse, wenn sie von der zuständigen Behörde des Landes, in dem sie ihren Sitz hat, zur Anlegung von Mündelgeld für geeignet erklärt ist, unter Übergabe des Sparkassenbuchs und einer Bescheinigung der Sparkasse, daß ihr die Verpfändung vom Verpfändenden mitgeteilt worden ist,
9. Verpfändung von Forderungen, die in das Reichsschuldbuch oder in das Staatsschuldbuch eines Landes eingetragen sind,
10. Verpfändung von sonstigen Schuldbuchforderungen, die bei der Reichsbank beleihbar sind,
11. Verpfändung von Forderungen, für die eine Hypothek an einem inländischen Grundstück besteht, oder Verpfändung von Grund- oder Rentenschulden an inländischen Grundstücken,
12. Bestellung von Hypotheken-, Grund- oder Rentenschulden an inländischen Grundstücken.

(2) Mit den Wertpapieren sind die Zins-, Renten-, Gewinnanteil- und Erneuerungsscheine zu hinterlegen.

(3) Statt der Verpfändung genügt Abtretung zur Sicherheit.

(4) Ein unter Steuerverschluß befindliches Lager steuerpflichtiger Erzeugnisse gilt als genügende Sicherheit für die darauf lastende Steuer.

§ 110. (1) Im Falle des § 109 Abs. 1 Nr. 7 muß der Steuerpflichtige die Wertpapiere für eigene Rechnung hinterlegt haben. Außer der Niederlegungsbescheinigung ist eine Erklärung der Reichsbank zu überreichen, daß ihr die Verpfändung von dem Verpfändenden mitgeteilt worden ist; beizufügen ist eine Bescheinigung der Reichsbank, daß die in der Niederlegungsbescheinigung bezeichneten Papiere umlauffähig sind. Durch die Bescheinigung der Umlauffähigkeit übernimmt die Reichsbank die Haftung dafür,

1. daß das Rückforderungsrecht des Niederlegers durch gerichtliche Sperre und Beschlagnahme nicht beschränkt ist,
2. daß die niedergelegten Wertpapiere in den Sammellisten aufgerufener Wertpapiere nicht als gestohlen oder verloren gemeldet und weder mit Zahlungssperre belegt noch zur Kraftloserklärung aufgeboten oder für kraftlos erklärt worden sind,
3. daß sie auf den Inhaber lauten oder, falls sie auf den Namen ausgestellt sein sollten, mit Blankogiro versehen und auch sonst nicht gesperrt sind, daß der Stempelpflicht genügt ist und die Gewinnanteil- und Erneuerungsscheine bei den Stücken sind.

(2) Wird die Umlaufsbescheinigung der Reichsbank nicht gleich nach ihrer Ausstellung hinterlegt, so ist eine Bescheinigung der Reichsbank beizubringen, daß ihre Gültigkeit noch fortdauert.

(3) Diese Vorschriften gelten entsprechend bei der Verpfändung aus einer Hinterlegung bei den sonst nach § 109 Abs. 1 Nr. 7 zugelassenen Stellen.

§ 111. Hypothekenforderungen, Grund- oder Rentenschulden sind zur Sicherheitsleistung nur geeignet, wenn sie den Voraussetzungen entsprechen, unter denen in dem Lande, wo das belastete Grundstück liegt, Mündelgeld in Hypothekenforderungen, Grund- oder Rentenschulden angelegt werden darf.

§ 112. Soweit nichts anderes vorgeschrieben ist, bestimmt der Reichsminister der Finanzen, zu welchen Werten die im § 109 Abs. 1 Nr. 2 bis 12 aufgeführten Gegenstände als Sicherheit anzunehmen sind.

§ 113. Inwieweit der Pflichtige in anderer Weise nach seiner Wahl Sicherheit leisten kann, insbesondere durch Wechsel und Zahlungsversprechen, die von zahlungsfähigen Personen ausgestellt worden sind, oder durch taugliche Bürgen, bestimmt der Reichsminister der Finanzen.

§ 114. Andere als die in den §§ 109 bis 113 bezeichneten Werte kann das Finanzamt nach seinem Ermessen als Sicherheit annehmen. Vorzu ziehen sind Vermögensgegenstände, die größere Sicherheit bieten oder bei Eintritt auch außerordentlicher Verhältnisse ohne erhebliche Schwierigkeit und innerhalb angemessener Frist verwertet werden können.

§ 115. Ist die Leistung von Sicherheiten der in den §§ 109 bis 114 bezeichneten Art in der dort geforderten Form für den Steuerpflichtigen mit Härten verbunden, so darf sich das Finanzamt mit anderen Sicherungen begnügen, z. B. mit der Annahme von gesperrten Sparkassenbüchern, Versicherungsscheinen oder Hypothekenbriefen.

§ 116. Mit der Hinterlegung erwirbt das Reich ein Pfandrecht am hinterlegten Gelde oder den hinterlegten Wertpapieren oder, wenn das Geld oder die Wertpapiere nach den gemäß § 119 Abs. 1 erlassenen Bestimmungen oder nach landesgesetzlicher Vorschrift in das Eigentum des Fiskus oder der als Hinterlegungsstelle bestimmten Anstalt übergehen, ein Pfandrecht an der Forderung auf Rückerstattung.

§ 117. Wer nach den §§ 109, 113, 114 Sicherheit geleistet hat, ist berechtigt, die Sicherheit oder einen Teil davon durch eine andere nach §§ 109, 113 geeignete Sicherheit zu ersetzen.

§ 118. Wird eine Sicherheit unzureichend, so ist sie zu ergänzen oder es ist anderweitige Sicherheit zu leisten.

§ 168. (1) Bei Steuererklärungen (Erklärungen, die nach Vorschrift der Gesetze oder Ausführungsbestimmungen als Unterlage für die Festsetzung einer Steuer dienen) hat der Steuerpflichtige zu versichern, daß er die Angaben nach bestem Wissen und Gewissen gemacht hat. Die Erklärungen sind nach Form und Inhalt so abzugeben, wie es das Finanzamt nach den Gesetzen und Ausführungsbestimmungen vorschreibt. Die Versicherung kann nach Anordnung des Finanzamts allgemein abgegeben werden. Bei Zöllen und Verbrauchsabgaben kann von ihrer Abgabe abgesehen werden.

(2) Bei der Ausfüllung von Vordrucken sind alle Fragen zu beantworten. Die Fragen und Antworten sind so zu fassen, daß die Prüfung, was steuerpflichtig ist und was nicht, dem Finanzamt ermöglicht wird. In den Vordrucken ist zu betonen, daß diese Prüfung dem Finanzamt, nicht dem Steuerpflichtigen zusteht. Den Steuererklärungen sind die Unterlagen beizufügen, die nach den Gesetzen und Ausführungsbestimmungen gefordert werden. Wenn diese Unterlagen in Bescheinigungen bestehen, die von anderer Seite zu erteilen sind, sind die beteiligten Stellen verpflichtet, sie auszustellen.

(3) Auf Verlangen haben die Steuerpflichtigen auch bei anderen Erklärungen, Anmeldungen, Anzeigen und Auskünften zu versichern, daß sie die Angaben nach bestem Wissen und Gewissen gemacht haben.

§ 169. Dem Steuerpflichtigen im Sinne der §§ 168, 170 bis 176 steht gleich, wer verpflichtet ist, eine Steuererklärung abzugeben. Soweit nichts anderes bestimmt ist, ist zur Abgabe einer Steuererklärung jeder verpflichtet, bei dem nach Ermessen des Finanzamts die Möglichkeit einer Steuerpflicht gegeben ist.

§ 173. (1) Auf Verlangen (§ 205 Abs. 1, 2) hat der Steuerpflichtige die Richtigkeit seiner Steuererklärung nachzuweisen. Wo seine Angaben zu Zweifeln Anlaß geben, hat er sie zu ergänzen, den Sachverhalt aufzuklären und seine Behauptungen, soweit ihm dies nach den Umständen zugemutet werden kann, zu beweisen, zum Beispiel den Verbleib von Vermögen, das er früher besessen hat.

(2) Er hat Aufzeichnungen, Bücher und Geschäftspapiere sowie Urkunden, die für die Festsetzung der Steuer von Bedeutung sind, auf Verlangen (§ 207) zur Einsicht und Prüfung vorzulegen.

§ 177. (1) Auch wer nicht als Steuerpflichtiger beteiligt ist, hat mit Ausnahme der im § 178 als nahe Angehörige bezeichneten Personen dem Finanzamt über Tatsachen Auskunft zu erteilen, die für die Ausübung der Steueraufsicht oder in einem Steuerermittlungsverfahren für die Feststellung von Steueransprüchen von Bedeutung sind. Die Auskunft ist wahrheitsgemäß nach bestem Wissen und Gewissen zu erteilen. Wer nicht aus dem Gedächtnis Auskunft geben kann, hat Schriftstücke und Geschäftsbücher, die ihm zur Verfügung stehen, einzusehen und, soweit nötig, Aufzeichnungen daraus zu entnehmen. Die Auskunft ist nach Form und Inhalt so zu erteilen, wie es das Finanzamt nach den Gesetzen und Ausführungsbestimmungen vorschreibt.

(2) Die Auskunft soll, soweit dies durchführbar ist und nicht aus besonderen Gründen Abweichungen geboten sind, schriftlich erbeten und erteilt werden; das Finanzamt kann jedoch das Erscheinen des Auskunftspflichtigen anordnen.

(3) Wenn von Behörden, von Verbänden und Vertretungen von Betriebs- oder Berufszweigen, von geschäftlichen oder gewerblichen Unternehmungen, Gesellschaften oder Anstalten Auskunft begehrt wird, ist das Ersuchen, falls nicht bestimmte Personen als Auskunftspersonen in Frage kommen, an den Vorstand oder die Geschäfts- und Betriebsleitung zu richten.

§ 178. (1) In den Fällen des § 177 kann der Befragte die Auskunft auf Fragen verweigern, deren Bejahung oder Verneinung ihm selbst oder einem nahen Angehörigen die Gefahr einer Strafverfolgung zuziehen würde.

(2) Als naher Angehöriger gilt:

1. der Verlobte,
2. der Ehegatte, auch wenn die Ehe nicht mehr besteht,
3. wer mit dem Befragten in gerader Linie verwandt oder verschwägert

oder in der Seitenlinie im zweiten oder dritten Grade verwandt oder im zweiten Grade verschwägert ist.

§ 179. (1) Die Auskunft können ferner verweigern:

1. Verteidiger und Rechtsanwälte, soweit sie in Strafsachen tätig gewesen sind,
2. Ärzte über das, was ihnen bei Ausübung ihres Berufs anvertraut ist,
3. Rechtsanwälte über das, was ihnen bei Ausübung ihres Berufs anvertraut ist,
4. die Gehilfen der zu 1 bis 3 bezeichneten Personen hinsichtlich der Tatsachen, die sie in dieser ihrer Eigenschaft erfahren haben.

(2) Diese Bestimmung findet auf die zu 3 und 4 bezeichneten Personen insoweit keine Anwendung, als es sich um Tatsachen handelt, die bei Beratung oder Vertretung in Steuerangelegenheiten zu ihrer Kenntnis gekommen sind, es sei denn, daß es sich um Fragen handelt, deren Bejahung oder Verneinung ihre Auftraggeber der Gefahr einer Strafverfolgung aussetzen würde.

§ 180. Ein Geistlicher darf nicht über solche Tatsachen befragt werden, über die er nach Annahme des Finanzamts oder nach seiner Versicherung nicht aussagen kann, ohne die Pflicht der Verschwiegenheit, die ihm als Seelsorger obliegt, zu verletzen.

§ 181. (1) Die Verpflichtung öffentlicher Behörden und Beamten, einschließlich der Beamten der Reichsbank, der Staatsbanken und der Schuldbuchverwaltungen, zur Verschwiegenheit gilt nicht für ihre Auskunftspflicht gegenüber den Finanzämtern. Sie dürfen jedoch über Umstände, auf die sich ihre Pflicht zur Verschwiegenheit bezieht, nicht befragt werden, wenn ihnen die Behörde, die ihnen vorgesetzt ist, oder bei Beamten, die nicht mehr im Dienste sind, zuletzt vorgesetzt war, die Erteilung der Auskunft im Einzelfall untersagt hat. Dies darf nur geschehen, wenn die Auskunft dem Wohle des Reichs oder eines Landes nachteilig sein würde.

(2) Für die Post- und Telegraphenbehörden und deren Beamte bleibt es bei der Unverletzlichkeit des Post-, Telegraphen- und Fernsprechgeheimnisses.

§ 182. Auch abgesehen von den Fällen des § 181 kann eine Auskunft nicht gefordert werden, wenn eine oberste Reichs- oder Landesbehörde erklärt, daß die Auskunft dem Wohle des Reichs oder eines Landes nachteilig sein würde.

§ 183. Auskunftspersonen kann auf Verlangen eine angemessene Enschädigung für Aufwand und Zeitverlust gewährt werden.

§ 184. (1) Mit Genehmigung des Landesfinanzamts, die für den einzelnen Fall einzuholen und zu erteilen ist, kann das Finanzamt verlangen, daß eine Auskunftsperson die Wahrheit ihrer Aussage durch Eid bekräftige

(§ 209). Die Vorschriften des § 393 Abs. 1 Nr. 1, 2 der Zivilprozeßordnung gelten entsprechend. Wer die Auskunft verweigern darf, kann auch den Eid verweigern.

(2) Für Abnahme des Eides gelten sinngemäß die Vorschriften der Zivilprozeßordnung. Der Eid wird vom Vorsteher des Finanzamts unter Zuziehung eines Schriftführers oder auf Ersuchen des Finanzamts vom Amtsgericht abgenommen.

(3) Die Auskunftsperson gilt als Zeuge im Sinne des Strafgesetzbuchs.

§ 185. Wer Auskunft zu erteilen hat (§§ 177 ff.), hat, wenn es das Finanzamt mit Genehmigung des Landesfinanzamts verlangt (§ 209), diejenigen Urkunden und Schriftstücke einschließlich der einschlagenden Stellen seiner Geschäftsbücher zur Einsicht vorzulegen, die sich auf bestimmt zu bezeichnende Rechtsvorgänge beziehen. Unter den gleichen Voraussetzungen hat er Wertsachen (§ 165 Abs. 1) vorzulegen, die er für den Steuerpflichtigen verwahrt, und Einsicht in verschlossene Behältnisse zu gewähren, die er dem Steuerpflichtigen überlassen hat. Er kann die Vorlegung oder die Gewährung der Einsicht verweigern, soweit er die Auskunft über die Vorgänge verweigern könnte.

§ 188. (1) Als Sachverständiger hat auf Verlangen des Finanzamts ein Gutachten abzugeben, wer zur Erstattung von Gutachten der geforderten Art öffentlich bestellt ist oder die Wissenschaft, die Kunst oder das Gewerbe, deren Kenntnis Voraussetzung zur Begutachtung ist, öffentlich zum Erwerb ausübt oder zu ihrer Ausübung öffentlich bestellt oder ermächtigt ist.

(2) Die Gründe, aus denen eine Auskunft verweigert werden darf, berechtigen einen Sachverständigen zur Verweigerung des Gutachtens.

(3) Die §§ 183 und 184 gelten entsprechend.

(4) Öffentliche Beamte sind nicht als Sachverständige zuzuziehen, wenn ihre vorgesetzte Behörde erklärt, daß dies dem Dienste nachteilig sein würde.

§ 192. Sämtliche Behörden und Beamten haben Steuerzuwiderhandlungen, die sie dienstlich erfahren, den Finanzämtern mitzuteilen. Die Unverletzbarkeit des Post-, Telegraphen- und Fernsprechgeheimnisses bleibt unberührt.

§ 204. Das Finanzamt hat die steuerpflichtigen Fälle zu erforschen und von Amts wegen die tatsächlichen und rechtlichen Verhältnisse zu ermitteln, die für die Steuerpflicht und die Bemessung der Steuer wesentlich sind. Es hat Angaben der Steuerpflichtigen auch zugunsten der Steuerpflichtigen zu prüfen.

§ 205. (1) Das Finanzamt hat die Steuererklärungen (§ 168) zu prüfen.

Soweit nötig, hat es tunlichst durch schriftliche Aufforderung zu veranlassen, daß Lücken ergänzt und Zweifel beseitigt werden.

(2) Trägt das Finanzamt Bedenken gegen die Richtigkeit der Erklärung, so hat es, wenn nötig, Ermittlungen vorzunehmen; es kann den Steuerpflichtigen, falls eine Aufforderung zu schriftlicher Erklärung nicht angezeigt ist oder keinen Erfolg hat, vorladen und ihn nach §§ 172 ff. zu Auskunft und weiteren Nachweisungen anhalten.

(4) Wenn von der Steuererklärung abgewichen werden soll, sind dem Steuerpflichtigen die Punkte, in denen eine wesentliche Abweichung zu seinen Ungunsten in Frage kommt, zur vorherigen Äußerung mitzuteilen.

§ 207. (1) Das Finanzamt soll die Vorlegung von Büchern und Geschäftspapieren in der Regel erst verlangen, wenn die Auskunft des Steuerpflichtigen nicht genügt oder Bedenken gegen ihre Richtigkeit vorliegen.

§ 210. (1) Nach Abschluß seiner Ermittlungen stellt das Finanzamt die Steuer fest. Soweit es die Besteuerungsgrundlagen nach seinen Ermittlungen nicht feststellen oder berechnen kann, hat es sie zu schätzen; dabei sind alle Umstände zu berücksichtigen, die für die Schätzung von Bedeutung sind.

(2) Zu schätzen ist insbesondere dann, wenn der Steuerpflichtige über seine Angaben keine ausreichenden Aufklärungen zu geben vermag oder weitere Auskunft oder eine Versicherung an Eides Statt verweigert. Das Gleiche gilt, wenn der Steuerpflichtige Bücher oder Aufzeichnungen, die er nach den Steuergesetzen zu führen hat, nicht vorlegen kann.

§ 31.

Dem Steuerpflichtigen stehen gegen die Veranlagung die Rechtsmittel gemäß § 69 des Kommunalabgabengesetzes offen.

Entspricht § 22 MStO.

§ 32.

Zuwiderhandlungen gegen die Bestimmungen dieser Steuerordnung werden mit einer Geldstrafe bis zu dem nach dem Kommunalabgabengesetz zulässigen Höchstmaß bestraft, sofern nicht nach den sonstigen Gesetzen eine höhere Geldstrafe oder eine Freiheitsstrafe verwirkt ist.

Stimmt mit § 23 MStO. überein.

§ 33.

Die Steuerbehörde wird ermächtigt, aus Billigkeitsgründen eine Herabsetzung der Steuer im Einzelfall vorzunehmen. Ebenso können bereits veranlagte Steuern auf Antrag durch die Steuerbehörde aus Billigkeitsgründen ganz oder teilweise erlassen oder niedergeschlagen werden.

Entspricht wörtlich dem § 24 MStO.

§ 34.

Diese Steuerordnung tritt mit dem 1. April 1929 in Kraft.

Die StO. ist in dem Amtsblatt der Stadt Berlin, Sonderausgabe vom 20. April 1929, veröffentlicht worden. Genehmigung und Zustimmung sind gesetzentsprechend erteilt. Gegen die Beilegung der rückwirkenden Kraft dieser StO. auf den 1. April 1929 sind, besonders von Meyerstein (Mitt. d. Industrie- und Handelskammer Berlin 1929 S. 410 ff.), Bedenken erhoben worden. Meyerstein vertritt die Auffassung, daß die zwischen dem 1. und 20. April 1929 abgeschlossenen Geschäfte wertzuwachssteuerfrei sein müssen, da die StO. sich rückwirkende Kraft nicht beilegen kann; die Genehmigung sei mit Maßgaben erfolgt, die über den Rahmen von Maßgaben hinausgingen und in Wirklichkeit eine in sachlicher Hinsicht andere StO. geschaffen habe, als die zur Genehmigung vorgelegte es gewesen sei. Diese Auffassung stützt Meyerstein besonders auf die Änderungen im Tarif; vgl. Anm. 1 zu § 23. Da eine gültige „Maßgabe" nicht vorliege, sei auch die gemäß § 77 Abs. 5 KAG. angeordnete Rückwirkung ohne gesetzliche Grundlage. — Im Ergebnis ist dieser Auffassung Scholz in einem Prozeßgutachten beigetreten. Er führt aus, daß die „Maßgabe" nur Nebenpunkte, wenn auch solche von sachlicher Bedeutung, betreffen dürfe, keinesfalls aber die Neueinführung von Steuern oder die Veränderung in ihren Grundsätzen oder ihre Erhöhung. Er gründet seine Ansicht auf den Grundsatz der Nichtrückwirkung, die Entstehungsgeschichte der §§ 70a, 77 Abs. 5 KAG. sowie auf §§ 77 Abs. 2; 78 Abs. 3 KAG., wonach der Neueinführung von Steuern die Veränderung in ihren Grundsätzen oder ihre Erhöhung gleichgeachtet werden; § 77 Abs. 5 erwähne in dem hier maßgebenden Satz 2 nur die Genehmigung, nicht auch die Zustimmung der Minister. Letztere aber sei gerade bei Veränderung von Steuern in ihren Grundsätzen erforderlich. Das Gesetz stehe also offenbar auf dem Standpunkt, daß dieser letztere Fall in § 77 Abs. 5 Satz 2, der die Genehmigung mit Maßgaben behandelt, nicht in Frage kommt. Dies ergebe sich auch aus dem Schutzgedanken, der dem Grundsatz der Nichtrückwirkung innewohne. Der Verkehr müsse dagegen geschützt sein, daß nach dem Abschluß von Geschäften eine StO. neu erlassen werde, die rückwirkend die älteren Geschäfte erfasse und stärker besteuere, als die Parteien dies beim Abschluß voraussehen konnten; dies sei aber bei den Änderungen des Tarifs des § 23 durch die „Maßgabe" der Fall. Scholz folgert, daß die Berl. StO. mit Beginn des 18. April 1929, dem Tage des den Maßgaben beitretenden Gemeindebeschlusses, in Kraft getreten ist. Die Veröffentlichung vom 20. April 1929 hält er für das Inkrafttreten für unmaßgeblich. Für die Rechtswirksamkeit der StO. mit Wirkung vom 1. April 1929 ab hat sich Pape (Jahrb. 9, 482) ausgesprochen, und die dagegen geäußerten Bedenken als „jeder Begründung entbehrend" bezeichnet, weil sie der Bedeutung des § 77 Abs. 5 KAG. nicht gerecht würden. — Diese Fragen werden demnächst von dem OVG. entschieden werden.

Da in § 34 eine dem § 25 MStO. entsprechende Vorschrift fehlt, ist seit dem 1. April 1929 die Neuveranlagung wegen einer vor diesem Tage entstandenen Steuerforderung nicht mehr zulässig. Die neue StO. bildet nämlich keine Rechtsgrundlage für Steuerfälle, die schon vor dem 1. April 1929 entstanden sind. Andererseits ist eine Veranlagung auf Grund der alten StO. nicht mehr zulässig, weil die alte StO. seit dem 1. April 1929 restlos abgelaufen ist und auch für alte Fälle nicht mehr als geltende Rechtsnorm besteht. Es fehlt daher für eine Neuveranlagung älterer Fälle an einer Rechtsgrundlage. So OVG. PrVerwBl. 1929, 699.

Anhang

I. Maßgaben des Oberpräsidenten

mit denen er die Genehmigung erteilt hat, sowie Bekanntmachung der Zustimmungen der Minister des Innern und der Finanzen und des Beitritts der städtischen Körperschaften.

Die Wertzuwachssteuerordnung der Stadt Berlin vom 28. März 1928 wird mit folgenden Maßgaben genehmigt:

1. Im § 6 Abs. 2 werden die Worte „oder nach § 24 Abs. 3 und 4 Steuerschuldner sind“ und im § 30 die Zahl „191“ gestrichen.

2. Dem § 7 Abs. 1 Nr. 10 ist nachfolgender Zusatz einzufügen:

„Soweit das Vermögen der Vereinigung aus in Berlin belegenen Grundstücken besteht, wenn entweder zum Gegenstande des Unternehmens die Verwertung von Grundstücken gehört, oder wenn die Vereinigung geschaffen ist, um die Zuwachssteuer zu ersparen.“

Ferner sind dem § 7 Abs. 1 die nachstehenden Nummern 11 und 12 hinzuzufügen:

„11. Beim Erwerbe durch verdrängte Grenzlands-, Auslands- und Kolonial-Deutsche, die durch ihre Verdrängung ihre wirtschaftliche Lebensgrundlage ganz oder zum überwiegenden Teil verloren haben, sofern der Erwerb zum Zwecke der erstmaligen Wiederansetzung erfolgt und der Veräußerer nachweist, daß er den Veräußerungspreis im Hinblick auf die Nichterhebung der Wertzuwachssteuer entsprechend gesenkt hat.

12. Bei Grundstücksübertragungen, welche der Schaffung gesunder Kleinwohnungen für Minderbemittelte zu dienen bestimmt sind, wenn als Veräußerer Körperschaften des öffentlichen Rechts oder solche Personenvereinigungen, die sich mit den genannten Zwecken befassen, beteiligt sind. Die Befreiung der Personenvereinigungen tritt nur für den erstmaligen Verkauf ein, wenn der Reingewinn satzungsgemäß auf eine Verzinsung von höchstens 5 v. H. der Kapitaleinlagen beschränkt, bei Auslosungen, Ausscheiden eines Mitglieds und für den Fall der Auflösung der Vereinigung den Mitgliedern nicht mehr als der Nennwert ihrer Anteile zugesichert und bei der Auflösung der etwaige Rest des Vermögens für gemeinnützige Zwecke bestimmt ist.“

3. Im § 10 Abs. 2 sind hinter die Worte „der gemeine Wert des Grundstücks“ die Worte „unter Berücksichtigung seiner Belastung“ einzufügen.

4. § 23 hat wie folgt zu lauten:

„§ 23

(1) Die Steuer beträgt:

1. wenn der für die Ermittelung des Wertzuwachses maßgebende Erwerb des Grundstücks in der Zeit vom 1. Januar 1919 bis zum 31. Dezember 1924 stattgefunden hat, 30 v. H. des Wertzuwachses;

2. in allen übrigen Fällen 10 v. H. des Wertzuwachses bei einer Wertsteigerung bis ausschließlich 20 v. H. des Erwerbspreises zuzüglich der Anrechnungen,

12	v. H.	bei	einer	Wertsteigerung	von	20	bis	ausschl.	30 v. H.
14	„	„	„	„	„	30	„	„	40 „
16	„	„	„	„	„	40	„	„	50 „
18	„	„	„	„	„	50	„	„	60 „
20	„	„	„	„	„	60	„	„	70 „
22	„	„	„	„	„	70	„	„	80 „
24	„	„	„	„	„	80	„	„	90 „
26	„	„	„	„	„	90	„	„	100 „
28	„	„	„	„	„	100	„	„	110 „
30	„	„	„	„	„	110 v. H. und mehr.			

(2) Die nach Absatz 1 Nr. 2 sich ergebende Steuer erhöht sich bei einem für die Steuerberechnung maßgebenden Zeitraum:

bis	zu	1 Jahr	um	100	v. H.
„	„	2 Jahren	„	80	„
„	„	3 „	„	60	„
„	„	4 „	„	40	„
„	„	5 „	„	20	„

mit der Maßgabe, daß die Steuer 30 v. H. des Wertzuwachses nicht übersteigen darf.

(3) Der Steuersatz (Abs. 1) ermäßigt sich für das siebente und jedes vollendete weitere Jahr um je ½ v. H. § 14 Abs. 1 findet auf den für die Steuerberechnung maßgebenden Zeitraum entsprechende Anwendung. Die Ermäßigung tritt nicht ein, wenn der für die Ermäßigung des Wertzuwachses maßgebende Erwerb des Grundstücks in der Zeit vom 1. Januar 1919 bis 31. Dezember 1924 stattgefunden hat.

(4) Handelt es sich um den Verkauf eines Wohnhauses oder einer Ansiedlungsstätte an Kriegsbeschädigte oder an Hinterbliebene von Kriegsteilnehmern, die auf Grund des Kapitalabfindungsgesetzes Grundstücke erwerben, so kann auf Antrag eine außerordentliche Ermäßigung der Steuer bis zu 50 v. H. gewährt werden, wenn der Veräußerungspreis mit Rücksicht auf die Person des Erwerbers wesentlich niedriger als sonst üblich festgesetzt ist. Die Entscheidung trifft die Steuerbehörde.

(5) Die sich nach Abs. 1—4 ergebende Steuer wird auf volle Reichsmark abgerundet. Steuerbeträge, die im ganzen unter 10 RM. bleiben, werden nicht erhoben."

5. Im § 34 werden die Worte „1. März 1928" durch „1. April 1929" ersetzt.

Wird der Maßgabe durch erneuten Gemeindebeschluß beigetreten, so tritt die Wirksamkeit der Zustimmung mit dem 1. April 1929 ein.

Charlottenburg, den 30. März 1929.

Der Oberpräsident
der Provinz Brandenburg und von Berlin.
gez. Dr. Maier.

(L. S.)
O. P. C. 331/29.

Mit den gleichen Maßgaben haben der Minister des Innern und der Finanzminister unterm 28. März 1929 — IV St. Berlin I XV —/Fin. Min. II A 3348 ihre Zustimmung erteilt und dabei noch folgendes ausgesprochen:

„Die Zustimmung wird zunächst bis zum 31. März 1930 befristet. Ihre Verlängerung ist rechtzeitig vorher zu beantragen.

Ferner ordnen wir auf Grund des § 77 Abs. 5 des KAG. an, daß die den vorstehenden Maßgaben beitretenden Gemeindebeschlüsse vom 1. April 1929 ab Wirksamkeit haben sollen."

Den Maßgaben, mit denen der Oberpräsident die Genehmigung und der Minister des Innern und der Finanzminister ihre Zustimmung erteilt haben, sind die städt. Körperschaften in ihren Sitzungen am 3. und 18. April 1929 beigetreten.

Berlin, den 18. April 1929. H. Sr. V. III.

Magistrat.

II. Grundsätze des Berliner Magistrats vom 4. 8. 1926 für die Durchführung der Wertzuwachssteuerordnung in der alten Fassung.

I. **Zu § 1:**

Unter „erworben" im § 1 Abs. 1 Satz 1 am Ende ist gemeint „zum Eigentum erworben". Ist beispielsweise der Kauf am 1. Dezember 1918 abgeschlossen, die Umschreibung im Grundbuch jedoch erst am 1. Februar 1919 erfolgt, so fällt dieses Grundstück bei einem Weiterverkauf unter die Wertzuwachssteuerordnung.

II. **Zu § 2:**

Da nach § 2 in den Fällen, in denen dem Übergang des Eigentums ein Veräußerungsgeschäft vorausgeht, die Steuerpflicht mit dem Abschluß des Geschäfts eintritt, so fallen alle vor dem 16. Mai 1926 (dem Tage des Inkrafttretens des 3. Nachtrages zur Steuerordnung) abgeschlossenen Geschäfte nicht unter die Steuerordnung in der neuen, durch den 3. Nachtrag bedingten Fassung, sondern in der bis zum 16. Mai 1926 geltenden alten Fassung. Dies gilt aber nur von endgültig abgeschlossenen Veräußerungsgeschäften. Sobald eine Ergänzung oder Berichtigung des Geschäfts vorgenommen wird, die nach dem 16. Mai 1926 fällt, so wird das ganze Geschäft von der Wertzuwachssteuerordnung in der neuen Fassung des 3. Nachtrages ergriffen.

III. **Zu § 3:**

Bei der Prüfung des Preises gemäß § 3 Abs. 2 ist darauf zu achten, daß nicht Gelder aus dem Preise ausgelassen werden, welche der Erwerber für Rechte und Leistungen zu zahlen hat, die mit dem Grundstück und dem Grundstückskauf derart in Zusammenhang stehen, daß ohne sie der Kauf nicht getätigt worden wäre (Wohnrecht in dem Grundstück, Betrieb einer Gastwirtschaft, elterliche oder ehemännliche Zustimmung zur Veräußerung).

IV. **Zu § 4 Abs. 2 Ziffer 1:**

Mit welchem Wert Papiermarkhypotheken bei der Berechnung des neuen Veräußerungspreises in Ansatz zu bringen sind, hängt in erster Linie von der Parteivereinbarung ab. Besagt diese hierfür nichts, so ist die Hypothek nach dem Urteil des Reichsfinanzhofes vom 2. Juli 1926 nur mit dem ihr nach dem Aufwertungsgesetz zur Zeit des Vertragsabschlusses zuzuerkennenden Goldmarkbetrage anzusetzen (s. die Durchführungsverordnung zum Aufwertungsgesetz, RGBl. Teil I, 1925 S. 411 und 1926 S. 184).

Zu § 4 Abs. 2 Ziffer 2:

Sind die Schuldverpflichtungen in der Besitzzeit des jetzigen Veräußerers neu aufgenommen worden, und werden sie vor der Übertragung des Grundstücks auf den jetzigen Erwerber wieder gelöscht, so sind sie bei der Kaufpreisermittelung überhaupt nicht zu berücksichtigen. Als vor der Übertragung des Grundstücks auf den jetzigen Erwerber gelöscht gelten die Schuldverpflichtungen auch dann, wenn der Veräußerer sich erst im Veräußerungsvertrage zu ihrer Löschung verpflichtet, die Löschung aber vor der grundbuchlichen Umschreibung bewirkt.

V. **Zu § 5:**

Sind die Hinzurechnungen des § 5 in Papiermark geleistet worden, so erfolgt ihre Umrechnung auf Goldmark ebenfalls nach dem Umrechnungsmaßstabe des Aufwertungsgesetzes. Dies ergibt sich, ohne daß es in der Ordnung nochmals zum Ausdruck gebracht ist, aus dem inneren Zusammenhang zwischen dem § 4 und § 5 der Ordnung.

Bei der Ermittelung des Zahlungstages als Stichtag für die Umrechnung ist, wenn dem Steuerpflichtigen ein genauer Nachweis nicht mehr möglich ist, Entgegenkommen zu zeigen.

VI. **Zu § 12:**

a) Absatz 1 Ziffer 8:

Die Befreiung der Personenvereinigungen von der Zuwachssteuer im Falle der Schaffung gesunder Kleinwohnungen für Minderbemittelte soll nur für den erstmaligen Verkauf eintreten. Unter „erstmalig" ist in diesem Zusammenhange der für die Personenvereinigung, nicht für das Grundstück erstmalige Verkauf zu verstehen. Dies gilt jedoch nicht für die Körperschaften des öffentlichen Rechtes.

Geht ein Grundstück von einer Siedlungsgesellschaft an eine andere über und von dieser wieder an eine dritte, ohne daß eine Erschließung des Landes zum Anbau durch die Siedler oder eine Bebauung durch die Gesellschaft erfolgt, so tritt keine Steuerfreiheit ein, da die Eigentumsübertragungen nicht der Schaffung gesunder Kleinwohnungen gedient haben. Da es sich nicht immer voraussehen läßt, ob durch die Eigentumsübertragung dieser Zweck erreicht wird, ist in Zweifelsfällen vorerst die Steuer zu veranlagen und gegen Sicherstellung zu stunden. Erweist sich die Übertragung später als eine solche im Sinne des § 12 Abs. 1 Ziffer 8, so erfolgt die Aufhebung der Veranlagung und die Freistellung der veranlagten Gesellschaft. Im übrigen sind sinngemäß die zu § 8 Abs. 1 Ziffer 9 Grunderwerbssteuergesetzes ergangenen Bestimmungen und höchstgerichtlichen Entscheidungen hinsichtlich des Begriffs der Schaffung gesunder Kleinwohnungen für Minderbemittelte anzuwenden (s. insbesondere den Erlaß des Reichsfinanzministers vom 26. Februar 1921 über den Begriff der Kleinwohnungen, Verordnung über Befreiung der Grunderwerbsteuer beim Erwerb von Eigenheimen durch Minderbemittelte vom 2. Juli 1923 und die Reichsfinanzhofsentscheidungen Bd. 13 S. 144 und Bd. 16 S. 182).

b) Absatz 1 Ziffer 10:

Die bisherigen Bestimmungen in der alten Ziffer 10 des § 12, daß die Steuer nicht zu erheben ist, wenn das Vermögen einer Erwerbsgesellschaft als Ganzes mit oder ohne Auseinandersetzung auf eine andere inländische Erwerbsgesellschaft übertragen wird, ist entsprechend dem Stande der Reichsgesetzgebung zur Zeit der Aufstellung des 3. Nachtrages gestrichen worden. Inzwischen ist durch die §§ 8 bis 10 des am 1. April 1926 in Kraft getretenen Steuermilderungsgesetzes vom 31. März 1926 (RGBl. Teil I S. 185) bei Verschmelzungen von Kapitalgesellschaften, bei Sanierungen von Gesellschaften und bei Verschmelzungen von Genossenschaften erneut die Wertzuwachssteuerfreiheit ausgesprochen worden. Diese Befreiung erstreckt sich auf alle Rechtsvorgänge, für die die Steuerschuld in der Zeit vom 1. September 1925 bis zum 30. September 1927 entstanden ist bzw. noch entstehen wird. Diese reichsgesetzliche Regelung gilt auch für die vorliegende Steuerordnung, ohne daß es in dieser eines besonderen Hinweises bedarf. Die hiernach befreiten Rechtsvorgänge treten zu den Eigentumserwerbsvorgängen hinzu, die nach dem letzten Satz des § 1 Abs. 1 der städtischen Ordnung bei der Feststellung des Erwerbsvorganges unberücksichtigt bleiben.

VII. Zu § 13:

a) Begriff des Hauses:

Als Wohnhaus gilt an sich nur ein Haus, wenn es ausschließlich zu Wohnzwecken bestimmt wird. Im Interesse der Förderung des Wohnungsbaues soll die Vergünstigung des § 13 im Billigkeitswege aber auch auf solche Häuser zur Anwendung kommen, die nur teilweise zu Wohnzwecken bestimmt und zum anderen, vielleicht sogar größeren Teile, anderen Zwecken (Büro- und gewerblichen Zwecken) dienen. In solchen Fällen soll sich die Ermäßigung nur auf den mit Wohnräumen versehenen Teil des Gebäudes erstrecken. Das Verhältnis des Wohnteils zu dem anderen Zwecken dienenden Teil richtet sich nach dem Verhältnis der Nutzungsfläche der Räumlichkeiten, Keller- und Bodenräume werden, soweit sie nur Nebengelaß sind, hierbei nicht mitgerechnet. Nach dem Verhältnis der beiden Gruppen zueinander werden sodann die Preise zerlegt und danach die Berechnungen durchgeführt.

b) Entsprechend der Absicht, die Wertzuwachssteuer nicht unter den Betrag zu ermäßigen, den die Stadt bei Nichtbestehen der Wertzuwachssteuerordnung erheben könnte (2 Prozent erhöhter Grunderwerbsteuerzuschlag), gilt als Veräußerungspreis der Preis, der gemäß § 12 Abs. 2 des Grunderwerbsteuergesetzes für die Grunderwerbsteuer maßgebend ist, d. h. im Falle der Übernahme der Wertzuwachssteuer und Grunderwerbsteuer, der um die abgewälzte Wertzuwachs- und Grunderwerbssteuer erhöhte Veräußerungspreis.

Im Falle des Abs. 2 des § 13 gilt als Veräußerungspreis der — die Baulichkeiten mit einschließende — Gesamtpreis, nicht lediglich der auf den Grund und Boden entfallende Teil des Gesamtpreises.

c) Auch beim Vorliegen der Voraussetzungen des § 13 ist in jedem Falle eine Berechnung des Wertzuwachses und eine förmliche Steuerveranlagung nach den Bestimmungen der Ordnung vorzunehmen und nicht lediglich die Steuer in Höhe von 2 Prozent des Veräußerungspreises festzusetzen. Die sich im förmlichen Verfahren ergebende Steuer ist auf 2 Prozent des Veräußerungspreises zu ermäßigen. Ergibt sich bei der Ermittlung des Wertzuwachses, daß ein Wertzuwachs überhaupt nicht vorliegt, oder er so niedrig ist, daß die nach ihm zu berechnende Steuer niedriger ist als 2 Prozent des Veräußerungspreises, so entfällt die Anwendung des § 13, und es bleibt bei der Normalsteuer.

d) Die zweijährigen Fristen in Absatz 1 und 2 sind Ausschlußfristen. Werden sie nicht innegehalten, ganz gleich aus welchen Gründen, so wird die Vergünstigung des § 13 verwirkt.

e) Die Stundung des über 2 Prozent des Veräußerungspreises hinausgehenden Wertzuwachssteuerbetrages nach Abs. 1 des § 13 wird nur gewährt, wenn der Erwerber die selbstschuldnerische Bürgschaft für diesen Betrag übernimmt, und wenn für die bei Fortfall der Vergünstigung eintretende Verpflichtung zur sofortigen Zahlung des vorerwähnten Wertzuwachssteuerbetrages nebst Zinsen Sicherheit geleistet wird, und auch nur so lange gewährt, als der Erwerber willens und in der Lage ist, die von ihm übernommene Verpflichtung zur Bebauung zu erfüllen. Zu diesem Zweck ist vor der Bewilligung der Stundung mit dem Veräußerer und dem Erwerber eine Verhandlung nach Vordruck III, 29 aufzunehmen.

Wenn auch nach dem Wortlaut des Abs. 1 des § 13 nicht ausdrücklich verlangt wird, daß die Errichtung des Wohnhauses durch den *ersten* Erwerber erfolgt und die Möglichkeit der Errichtung des Wohnhauses durch einen zweiten oder weiteren Erwerber nicht ausgeschlossen ist, so muß doch aus dem Zweck der Vorschrift, dem Erwerber dafür, daß er baut, einen niedrigeren Kaufpreis zu ermöglichen und seinen Entschluß zum Bauen zu erleichtern, gefolgert werden, daß die Vergünstigung nur *dem* Veräußerungsgeschäft gewährt werden soll, dessen Erwerber baut und das Wohnhaus herstellt. Wenn also der erste Erwerber das Grundstück so, wie er es bekommen hat, an den zweiten Erwerber weiterveräußert, so entfällt für das erste Veräußerungsgeschäft die Vergünstigung, und zwar auch dann, wenn etwa der zweite oder weitere Erwerber das Wohnhaus innerhalb von zwei Jahren seit dem Tage des ersten Verkaufs herstellen sollte.

Ob in diesem Falle dem zweiten Veräußerungsgeschäft die Vergünstigung zu gewähren ist, hängt davon ab, ob der zweite Erwerber die Bedingungen erfüllt, insbesondere innerhalb von zwei Jahren seit seinem Erwerb das Wohnhaus herstellt.

Hat der erste Erwerber mit dem Bau begonnen und veräußert er das Grundstück, bevor das Wohnhaus fertiggestellt worden ist, so müßte an sich das gleiche gelten, und es müßte auch für das erste Veräußerungsgeschäft die Vergünstigung versagt werden. Darin könnte unter Umständen eine Härte liegen. In dem ersten Fall (Weiterveräußerung des Grundstücks in seinem alten Zustande) besteht noch immer die Möglichkeit, daß dem zweiten Geschäft die Vergünstigung zuteil wird, falls der zweite Erwerber die Bedingungen erfüllt. Diese Möglichkeit ist aber in dem Falle, in dem das Grundstück als teilweise bebaut verkauft wird, nicht mehr gegeben. Denn dann kann bei dem zweiten Veräußerungsgeschäft nicht mehr von der Veräußerung eines „unbebauten" Grundstücks, wie es § 13 verlangt, gesprochen werden. Um in solchen Fällen etwaige Härten zu mildern, sind die Bezirksämter ermächtigt, im Billigkeitswege dann dem ersten Veräußerungsgeschäft die Vergünstigung des Abs. 1 des § 13 zu gewähren, wenn das Wohnhaus bei der Weiterveräußerung mindestens zur Hälfte fertiggestellt war.

f) Unter erfolgter „Bebauung" im Abs. 2 des § 13 ist die tatsächliche Bezugsfertigkeit des Gebäudes und nicht erst die Gebrauchsabnahme zu verstehen.

VIII. **Zu § 20:**

Nachdem durch den 3. Nachtrag der Umrechnungsmaßstab des Dollarkurses durch den des Aufwertungsgesetzes ersetzt und damit der inneren Kaufkraft der Mark ausreichend Rechnung getragen worden ist, bleibt für die zum Ausgleich der inneren Kaufkraft im Billigkeitswege bisher zugelassenen Erhöhungen des Erwerbspreises um 50 bzw. 100 Prozent kein Raum mehr. Diese Billigkeitsmaßnahme fällt fort. Soweit eine Ermäßigung aus Billigkeitsgründen gewährt wird, darf sie in keinem Falle unter 3 Prozent des für die Grunderwerbsteuer maßgebenden Veräußerungspreises oder der etwa höheren 2 Prozent des für die gleiche Steuer maßgebenden gemeinen Wertes herabgesetzt werden.

Anlage zu § 2 AwG.

Zeit	Wert von … Papiermark	Wert in GM
1918		
Jan.—Juni	10	8,00
Juli	10	7,14
August	10	6,90
Sept.—Okt.	10	6,45
November	10	5,71
Dezember	10	5,00
1919		
Januar	10	5,13
Februar	10	4,65
März	10	4,00
April	10	3,41
Mai	10	3,32
Juni	10	3,11
Juli	10	2,86
August	10	2,29
September	10	1,88
Oktober	10	1,66
November	10	1,26
Dezember	10	1,04
1920		
Jan. 1.—10.	100	9,67
11.—20.	100	7,75
21.—31.	100	5,76
Febr. 1.—10.	100	4,90
11.—20.	100	5,06
21.—29.	100	4,86
März 1.—10.	100	4,87
11.—20.	100	6,12
21.—31.	100	5,79
April 1.—10.	100	7,00
11.—20.	100	6,99
21.—30.	100	7,10
Mai 1.—10.	100	7,86
11.—20.	100	8,79
21.—31.	100	11,01
Juni 1.—10.	100	10,32
11.—20.	100	10,64
21.—30.	100	11,10
Juli 1.—10.	100	11,19
11.—20.	100	10,91
21.—31.	100	10,05
Aug. 1.—10.	100	9,23
11.—20.	100	8,83
21.—31.	100	8,40
Sept. 1.—10.	100	8,24
11.—20.	100	6,80
21.—30.	100	6,80
Okt. 1.—10.	100	6,87
11.—20.	100	6,39
21.—31.	100	6,22
Nov. 1.—10.	100	5,57
11.—20.	100	5,83
21.—30.	100	6,65
Dez. 1.—10.	100	6,38
11.—20.	100	6,27
21.—31.	100	6,20
1921		
Jan. 1.—10.	100	6,05
11.—20.	100	6,62
21.—31.	100	7,41
Febr. 1.—10.	100	6,90
11.—20.	100	7,26
21.—28.	100	7,01
März 1.—10.	100	7,01
11.—20.	100	7,09
21.—31.	100	7,12
April 1.—10.	100	7,24
11.—20.	100	7,15
21.—30.	100	6,77
Mai 1.—10.	100	6,77
11.—20.	100	7,42
21.—30.	100	7,32
Juni 1.—10.	100	6,88
11.—20.	100	6,61
21.—30.	100	6,39
Juli 1.—10.	100	6,34
11.—20.	100	6,25
21.—31.	100	5,88
Aug. 1.—10.	100	5,32
11.—20.	100	4,96
21.—31.	100	5,01
Sept. 1.—10.	100	4,82
11.—20.	100	4,31
21.—30.	100	4,07
Okt. 1.—10.	100	3,88
11.—20.	100	3,23
21.—31.	100	2,98
Nov. 1.—10.	100	2,24
11.—20.	100	2,06
21.—30.	100	1,92
Dez. 1.—10.	100	2,37
11.—20.	100	2,56
21.—31.	100	2,55
1922		
Jan. 1.—10.	100	2,52
11.—20.	100	2,50
21.—31.	100	2,28
Febr. 1.—10.	100	2,30
11.—20.	100	2,24
21.—28.	100	2,08

Zeit		Wert von ... Papiermark	Wert in GM
März	1.–10.	100	1,86
	11.–20.	100	1,70
	21.–31.	100	1,43
April	1.–10.	100	1,43
	11.–20.	100	1,50
	21.–30.	100	1,59
Mai	1.–10.	100	1,50
	11.–20.	100	1,49
	21.–31.	100	1,51
Juni	1.–10.	100	1,52
	11.–20.	100	1,37
	21.–30.	100	1,26
Juli	1.–10.	1 000	9,50
	11.–20.	1 000	9,70
	21.–31.	1 000	8,46
Aug.	1.–10.	1 000	6,06
	11.–20.	1 000	4,88
	21.–31.	1 000	3,16
Sept.	1.–10.	1 000	3,33
	11.–20.	1 000	3,09
	21.–30.	1 000	3,05
Okt.	1.–10.	1 000	2,13
	11.–20.	1 000	1,65
	21.–31.	1 000	1,11
Nov.	1.–10.	10 000	7,60
	11.–20.	10 000	6,79
	21.–30.	10 000	6,62
Dez.	1.–10.	10 000	5,80
	11.–20.	10 000	6,18
	21.–31.	10 000	6,34
1923			
Jan.	1.–10.	10 000	4,94
	11.–20.	10 000	3,22
	21.–31.	10 000	1,87
Febr.	1.–10.	10 000	1,35
	11.–20.	10 000	1,87
	21.–28.	10 000	1,86
März	1.–10.	10 000	1,95
	11.–20.	10 000	2,06
	21.–31.	10 000	2,04
April	1.–10.	10 000	2,02
	11.–20.	10 000	1,92
	21.–30.	10 000	1,57
Mai	1.–10.	10 000	1,29
	11.–20.	10 000	1,09
	21.–31.	100 000	8,40
Juni	1.	100 000	6,47
	2.	100 000	6,82
	4.	100 000	6,83
	5.	100 000	6,71
	6.	100 000	6,30
Juni	7.	100 000	6,17
	8.	100 000	6,18
	9.	100 000	6,09
	11.	100 000	5,79
	12.	100 000	5,29
	13.	100 000	4,94
	14.	100 000	4,73
	15.	100 000	4,26
	16.	100 000	3,86
	18.	100 000	3,66
	19.	100 000	3,80
	20.	100 000	3,79
	21.	100 000	3,82
	22.	100 000	3,89
	23.	100 000	3,94
	25.	100 000	3,58
	26.	100 000	3,26
	27.	100 000	3,03
	28.	100 000	3,00
	29.	100 000	2,92
	30.	100 000	2,87
Juli	.....	100 000	2,73
	3.	100 000	2,68
	4.	100 000	2,54
	5.	100 000	2,43
	6.	100 000	2,37
	7.	100 000	2,32
	9.	100 000	2,28
	10.	100 000	2,25
	11.	100 000	2,25
	12.	100 000	2,21
	13.	100 000	2,10
	16.	100 000	1,99
	17.	100 000	1,75
	19.	100 000	1,52
	20.	100 000	1,33
	23.	1 Million	9,83
	24.	"	8,39
	26.	1 "	6,01
	27.	1 "	5,16
	30.	1 "	4,49
	31.	1 "	4,37
Aug.	1.	1 "	3,98
	3.	1 "	2,63
	6.	1 "	1,68
	7.	1 "	1,32
	8.	1 "	1,18
	9.	1 "	1,20
	10.	1 "	1,33
	13.	1 "	1,42
	14.	1 "	1,50

Zeit	Wert von ... Papiermark	Wert in GM
Aug. 15.	1 Million	1,47
16.	1 "	1,25
17.	10 Millionen	9,81
20.	10 "	8,44
21.	10 "	7,98
22.	10 "	8,51
23.	10 "	8,46
24.	10 "	7,90
27.	10 "	6,86
28.	10 "	5,45
29.	10 "	4,86
30.	10 "	4,67
31.	10 "	4,53
Sept. 3.	10 "	3,62
4.	10 "	1,51
5.	10 "	1,51
6.	10 "	1,17
7.	100 "	9,43
10.	100 "	7,52
11.	100 "	6,29
12.	100 "	5,52
13.	100 "	4,70
14.	100 "	3,84
17.	100 "	2,97
18.	100 "	2,59
19.	100 "	2,73
20.	100 "	2,87
21.	100 "	3,33
24.	100 "	3,20
25.	100 "	3,23
26.	100 "	2,94
27.	100 "	2,31
28.	100 "	1,78
Okt. 1.	100 "	1,35
2.	100 "	1,07
3.	1 Milliarde	9,21
4.	1 "	7,71
5.	1 "	6,10
8.	1 "	3,38
9.	1 "	1,93
10.	1 "	1,41
11.	1 "	1,27
Okt. 12.	1 Milliarde	1,31
15.	1 "	1,12
16.	10 "	8,06
17.	10 "	5,44
18.	10 "	2,26
19.	10 "	1,23
22.	100 "	8,18
23.	100 "	7,02
24.	100 "	6,65
25.	100 "	6,65
26.	100 "	6,72
27.	100 "	6,79
29.	100 "	6,60
30.	100 "	5,05
31.	100 "	2,57
Nov. 1.	100 "	1,53
2.	100 "	1,14
3.	100 "	1,04
5.	1 Billion	8,85
6.	1 "	7,69
7.	1 "	6,97
8.	1 "	7,12
9.	1 "	7,28
10.	1 "	6,70
12.	1 "	5,27
13.	1 "	3,19
14.	1 "	2,19
15.	1 "	1,72
16.	1 "	1,67
17.	1 "	1,36
19.	1 "	1,15
20.	1 "	1,00
21.	1 "	1,00
22.	1 "	1,00
23.	1 "	1,00
24.	1 "	1,00
26.	1 "	1,00
27.	1 "	1,00
28.	1 "	1,00
29.	1 "	1,00
30. u. folgende Tg.	1 "	1,00

Der Reichsminister der Finanzen
S 5001—1318 III Berlin, den 11. September 1929.

Sofort!

Betrifft: Gesellschaftssteuer und Grunderwerbsteuer bei wirtschaftlich gebotenen Betriebszusammenschlüssen.

Die Steuervergünstigungen der §§ 8 bis 12 des Steuermilderungsgesetzes finden nach § 13 Satz 1 dieses Gesetzes in der durch Gesetz vom 28. November 1928 (Reichsgesetzbl. I S. 399) gegebenen Fassung nur auf Rechtsvorgänge Anwendung, für die die Steuerschuld in der Zeit vom 1. September 1925 bis zum 30. September 1929 entsteht. Die genannten Vorschriften würden daher mit dem 30. September 1929 außer Geltung treten.

Den gesetzgebenden Körperschaften liegt zurzeit der Entwurf eines dritten Gesetzes zur Verlängerung der Geltungsdauer des Steuermilderungsgesetzes zur Beschlußfassung vor, durch das die Geltungsdauer der in Rede stehenden Vorschriften bis zum 30. September 1930 verlängert werden soll. Die Beschlußfassung der gesetzgebenden Körperschaften steht noch aus[1]). Immerhin wird mit der Annahme des Gesetzentwurfs zu rechnen sein. Seine Verabschiedung wird jedoch voraussichtlich erst nach dem 30. September 1929 stattfinden. Für die Zwischenzeit vom Ablauf der gegenwärtigen Geltungsdauer des Steuermilderungsgesetzes bis zur Verabschiedung des neuen Verlängerungsgesetzes bedarf es daher einer meinem Runderlaß vom 17. August 1928 — III Rv 13 400 — entsprechenden Übergangsregelung. Zu diesem Zwecke bestimme ich:

Bei den nach dem 30. September 1929 bis zum Zeitpunkt der Verabschiedung des neuen Verlängerungsgesetzes etwa eintretenden Steuerfällen der in Betracht kommenden Art ist die Steuer zunächst nur in Höhe der im Steuermilderungsgesetz vorgesehenen Steuersätze zu erheben. Die Mehrsteuerbeträge sind bis auf weiteres zu stunden. Bei der Stundung ist der jederzeitige Widerruf vorzubehalten.

Das in Abschnitt F (Seite 8) meines Runderlasses vom 11. Mai 1926 — III Rv 13402 — für die Fälle des § 9 StMG. vorgesehene Auskunftsverfahren ersuche ich auch für die Zeit nach dem 30. September 1929 beizubehalten. Die Auskunft muß jedoch während der Übergangszeit einen Hinweis darauf enthalten, daß sie nur für den Fall verbindlich ist, daß die Geltungsdauer der genannten Vorschriften mit Wirkung vom 30. September 1929 ab verlängert wird.

Die im § 12 StMGs. vorgesehene Überweisung der Hälfte der nach §§ 8, 9 StMG. erhobenen Gesellschaftsteuer findet bis auf weiteres nur in den Fällen statt, in denen die Steuerschuld bis zum 30. September 1929 entstanden ist. In den Fällen, in denen die Steuerschuld nach dem 30. September 1929 entsteht, findet eine Überweisung von Gesellschaftsteuer an die Länder vorläufig solange nicht statt, als die Geltungsdauer des Steuermilderungsgesetzes noch nicht über den 30. Sep-

[1]) Das Gesetz ist durch RGes. vom 11. Dezember 1929 (RGBl. I, 218) bis zum 30. September 1930 verlängert worden.

tember 1929 hinaus verlängert ist. Um die nach Annahme des Gesetzentwurfs nachträglich notwendig werdende Überweisung der Gesellschaftsteuer an die Länder vorzubereiten, ersuche ich, die in Betracht kommenden Fälle der Zwischenzeit in ein besonderes, handschriftlich anzulegendes und dem Fusionssteuer-Anschreibebuch als Anlage beizufügendes Beiheft mit fortlaufender Nummer einzutragen. Die Eintragungen sind die gleichen wie im Fusionssteuer-Anschreibebuch. Die Nummer des Beiheftes ist in Spalte 16 des Kapitalverkehrsteuer-Anmeldungsbuchs anzugeben.

Auf die Steuerfälle der Übergangszeit kann die Verordnung über die Beteiligung der Länder an der Gesellschaftsteuer bei wirtschaftlich gebotenen Betriebszusammenschlüssen vom 28. Juli 1927 — Reichsgesetzbl. I S. 242 — erst nach Inkrafttreten des Gesetzentwurfs über die Verlängerung der Geltungsdauer des Steuermilderungsgesetzes angewendet werden. Die Bekanntgabe der festgesetzten Steuer an die Länder hat daher bis zum Inkrafttreten der neuen Verlängerung zu unterbleiben, so daß die im § 5 Satz 2 der Verordnung vom 28. Juli 1927 genannte Frist von 2 Monaten in der Zwischenzeit nicht in Lauf gesetzt wird. Die in meinem Runderlaß vom 30. November 1927 — III Rv 2377 — vorgeschriebenen Ermittlungen (vgl. Muster I nebst Anlage des Erlasses) sind jedoch schon in der Zwischenzeit vorzunehmen.

Die Wertzuwachssteuer darf nach §§ 8, 9, 10 StMG. während der Geltungsdauer dieser Vorschriften nicht erhoben werden. Um für die Zeit nach dem 30. September 1929 das Verfahren bezüglich der Wertzuwachssteuer mit dem Verfahren bei Erhebung der Gesellschaftsteuer und Grunderwerbsteuer in Einklang zu bringen, habe ich die Landesregierungen gebeten, auf die zuständigen Steuerstellen dahin einzuwirken, daß bis zur Verabschiedung des neuen Gesetzes die Wertzuwachssteuer in den Fällen der §§ 8, 9 StMG. gestundet wird.

Im Auftrage

Zarden.

An
die Herren Präsidenten der Landesfinanzämter.

Sachregister.

(Die Zahlenangaben bedeuten die Seiten.)

T.

U.

W.

Z.

BIBLIOGRAPHIE

Steuerrecht

Reichssteuergesetze 1925. (Einkommensteuergesetz, Körperschaftsteuergesetz, Reichsbewertungsgesetz, Vermögensteuergesetz, Erbschaftsteuergesetz, Steuerüberleitungsgesetz mit Durchführungsbestimmungen.) Textausgabe mit ausführlichem Sachregister. Oktav. 329 Seiten. 1925. Geb. 4.— (Guttentagsche Sammlung von Textausgaben ohne Anmerkungen mit Sachregister.)

Die Ausgabe enthält den genauen Abdruck der neuen Steuergesetze mit einem sorgfältig bearbeiteten, sehr ausführlichen Sachregister, durch welches das rasche Zurechtfinden in den neuen Bestimmungen sehr erleichtert wird. Zur Orientierung über den Inhalt der neuen Gesetze wird die Ausgabe vorzügliche Dienste leisten.

Reichsabgabenordnung vom 13. Dezember 1919 nebst Einführungsverordnung vom 18. Dezember 1919 und Übergangsverordnung vom 11. Oktober 1921. Von Dr. *A. Nieberl*, Regierungsrat beim Landesfinanzamt Stettin. Textausgabe mit Anmerkungen und ausführlichem Sachregister. Zweite, neubearbeitete Auflage. Taschenformat. 1927. Geb. 12.— (Guttentagsche Sammlung Deutscher Reichsgesetze Bd. 143.)

Die Darstellung ist leichtverständlich und klar. Das Sachregister ist gründlich bearbeitet. Jedenfalls wird das Buch, das einen mit der praktischen Handhabung der RAbgO. vertrauten Verfasser erkennen läßt, nicht nur den Steuerbeamten, sondern auch dem rechtsuchenden Publikum und seinen Beratern ein willkommener guter Führer auf diesem Gebiet sein."
Juristische Wochenschrift.

Grunderwerbsteuergesetz vom 12. September 1919 (RGBl. S. 1617) in der Fassung des Gesetzes vom 11. März 1927 (RGBl. I S. 72) nebst Einleitung, Sachregister und Ausführungsbestimmungen und der einschlägigen Vorschriften des Finanzausgleichs-Steuermilderungsgesetzes und Steuerstrafrechts. Für die Praxis erläutert. Von Dr. *Ernst Hagelberg* und *Ludwig Krämer*, Rechtsanwälte in Berlin. Zweite völlig umgearbeitete und erweiterte Auflage. 1928. Groß-Oktav. 355 Seiten. Geb. 15.—

„Die verhältnismäßige Kürze ihrer Erläuterungen bei großer Vollständigkeit ist zu rühmen. Das Buch ist nicht nur für den Juristen, sondern auch für den gebildeten Laien, namentlich Grundstücksmakler und Hausbesitzer, von großem, praktischen Wert."
Zeitschrift d. Deutsch. Notarvereins.

Grunderwerbsteuergesetz (neueste Fassung) mit den Ausführungsbestimmungen. Erläutert von Geheimem Oberjustizrat *Otto Lindemann*, Ministerialdirektor im Preußischen Justizministerium. Zweite, völlig umgearbeitete Auflage. Taschenformat. 186 Seiten. 1926. Mit Nachtrag 1927. Geb. 4.— (Guttentagsche Sammlung Deutscher Reichsgesetze Bd. 139.)

„Das Buch wird manchem in den mannigfachen Streitfragen des in der Praxis sehr einschneidenden Gesetzes ein willkommener Ratgeber sein. Die Erläuterungen zeichnen sich durch Klarheit und Gemeinverständlichkeit im besten Sinne aus." Württembergische Industrie.

Einkommensteuergesetz und Körperschaftsteuergesetz nebst den zugehörigen Aus- und Durchführungsbestimmungen, Verordnungen und Erlassen. Erläutert von Dr. *Adolf Hollaender*, Rechtsanwalt in Berlin. Taschenformat. XXXIX, 697 Seiten. 1926. Mit Nachtrag 1928. Geb. 24.— (Guttentagsche Sammlung Deutscher Reichsgesetze Bd. 151.)

„Das auf die Bedürfnisse der Praxis abgestellte und ihnen gerecht werdende Buch wird jedem gute Dienste leisten, der sich handelnd oder leidend auf dem äußerst unsicheren, ohne Hilfsmittel überhaupt nicht begehbaren Boden der heutigen Einkommensteuer zurechtfinden muß."
Juristische Rundschau.

Umsatzsteuergesetz (neueste Fassung) mit den Ausführungsbestimmungen. Erläutert von Geheimem Oberjustizrat *Otto Lindemann*, Ministerialdirektor. 4. vermehrte u. verb. Aufl. Taschenformat. 518 Seiten. 1926. Geb. 10.— (Guttentagsche Sammlung Deutscher Reichsgesetze Bd. 132.)

„Es handelt sich um einen ausführlichen, gediegenen und klar abgefaßten Kommentar, der den weiteren Vorzug besitzt, auf dem laufenden zu sein. Das Werk kann allen Interessenten nur warm empfohlen werden." Industrie- und Handelszeitung.

Erbschaftsteuergesetz, Fassung vom 22. August 1925, mit Anmerkungen. Von Dr. *Herbert Schachian*, Rechtsanwalt und Notar in Berlin. Vierte Auflage. Oktav. 65 Seiten. 1926. 2.50

„Eine vollständige Darstellung des Erbschaftssteuerrechts und der zugrunde liegenden bürgerlich-rechtlichen Vorschriften des Erbrechts. Als wissenschaftliche und praktische Leistung steht der klar und scharf geschriebene Kommentar in vorderster Reihe unter seinen Rivalen; er ist als Wegweiser ganz besonders zu empfehlen." Juristische Wochenschrift.

Die Industriebelastungsgesetze vom 30. August 1924 nebst den Durchführungsbestimmungen zum Gesetz über die Industriebelastung. Erläutert von Dr. jur. Dr. rer. pol. *Heinrich Hoepker*, Oberregierungsrat. Taschenformat. XV, 200 Seiten. 1925. Mit Nachträgen. Geb. 4.—
(Guttentagsche Sammlung Deutscher Reichsgesetze Bd. 159.)

„Die Anmerkungen sind erschöpfend und führen den Leser mit Geschick in die schwierige und neue Materie ein. Rechtsanwälte sowie Kaufleute, für welche die Industriebelastung in Frage kommt, werden das mit einem guten Sachregister ausgestattete Werk mit gleichem Nutzen gebrauchen!" Industrie- und Handels-Zeitung.

Das Tabaksteuergesetz vom 12. September 1919 nebst den Ausführungsbestimmungen vom 26. Februar 1920. Von Dr. *Friedrich Wündisch*. Taschenformat. 286 Seiten. 1920. Mit Nachtrag 1925. Geb. 4.—
(Guttentagsche Sammlung Deutscher Reichsgesetze Bd. 146.)

„Die Ausgabe kommt den Wünschen der Praxis nach einer erschöpfenden Darstellung des Gesetzes in umfassender Weise entgegen. Außer den Behörden und Beamten, in deren Hand die Durchführung des Gesetzes gelegt ist, bildet das Buch auch für die Steuerzahler eine ausgezeichnete Informationsquelle für alle Fragen, die in der Praxis vorkommen." Deutsche Tabak-Zeitung.

Getränkegesetze und Getränkesteuergesetze (Wein, Bier, Branntwein, Mineralwasser). Unter Mitarbeit von Rechtsanwalt Dr. *Kniebe*. Taschenformat. XII, 400 Seiten. 1926. (Nahrungsmittelgesetze von *G. Lebbin*. II. Bd.) (Guttentagsche Sammlung Deutscher Reichsges. Bd. 54 b.) Geb. 10.—

„Die wichtigsten Gesetze sind eingehend kommentiert und so vollständig ergänzt, daß die Sammlung als unentbehrliches Hilfsmittel, wie es in dieser Art bislang noch fehlte, für den Sachbearbeiter bei Behörden und Verbänden sowohl als auch für den Kaufmann der Branche zu begrüßen ist." Württembergische Wirtschafts-Zeitschrift.

Preußisches Stempelsteuergesetz mit den gesamten Ausführungsbestimmungen. Unter besonderer Berücksichtigung der Entscheidungen der Verwaltungsbehörden und der Gerichte, herausgegeben von Geh. Reg.-Rat *P. Loeck*. Zehnte, neubearbeitete Auflage von Dr. *Kurt Eiffler*, Ministerialrat. Taschenformat. 476 Seiten. 1928. Geb. 13.—
(Guttentagsche Sammlung Preußischer Gesetze Bd. 18.)

„Die zahlreichen Auflagen zeugen für die Güte und praktische Brauchbarkeit des Buches, das durch den von Eiffler hinzugefügten Anhang auf den gegenwärtigen Rechtsstand gebracht ist." Finanz-Ministerialblatt.

Staatliche Verwaltungsgebühren. Gesetz über staatliche Verwaltungsgebühren vom 29. September 1923 nebst Gebührenordnungen und Ausführungsbestimmungen. Von Dr. *Kurt Eiffler*, Oberregierungsrat. Taschenformat. 192 Seiten. Mit Nachtrag. 1925. Geb. 6.—
(Guttentagsche Sammlung Preußischer Gesetze Bd. 61.)

„Das Buch, gut gegliedert und reichlich mit Erläuterungen und Anmerkungen versehen, ist ein ausgezeichnetes Hilfsmittel für alle, die mit Verwaltungsgebühren zu tun haben." Kommunales Echo.

Kommunalabgabengesetz vom 14. Juli 1893 und Kreis- und Provinzialabgabengesetz vom 23. August 1906 (beide in der Fassung des Gesetzes vom 26. August 1921) nebst Auszug aus der Ausführungsanweisung zum Kommunalabgabengesetz und Ausführungsanweisungen zum Gesetze vom 26. August 1921. Von Dr. *F. Adickes* †, Oberbürgermeister in Frankfurt a. M., Mitglied des Herrenhauses. Sechste Auflage, nach Maßgabe der gegenwärtigen Gesetzgebung neubearbeitet von Dr. *Joh. Falk*, Bürgermeister in Bochum. Taschenformat. 301 Seiten. 1922. Geb. 3.50
(Guttentagsche Sammlung Preußischer Gesetze Bd. 14.)

Die Zusammenhänge zwischen Steuerrecht und Handelsrecht und ihre Entwicklung, untersucht an dem Gewinn und an der Bewertung. Eine bilanzrechtliche und bilanzkritische Darstellung mit praktischen Beispielen. Von Dr. jur. *Johannes Hein*, Syndikus und Steuersachverständiger in Berlin. Groß-Oktav. X, 280 Seiten. 1928. 10.—, geb. 12.—

„Das Buch führt in klarer Gestaltung in die Probleme des Bilanzrechts ein. Eine übersichtliche Gliederung ermöglicht dem Kaufmann wie dem Juristen eine schnelle und doch gründliche Einführung in das ihn interessierende Gebiet. Ein eingehendes Sachregister leistet dabei gute Hilfe. Darüber hinaus stellt das Buch eine wesentliche Förderung für die dringend notwendige wissenschaftliche Behandlung des Steuerbilanzrechts und seiner Zusammenhänge mit den verwandten Rechtsmaterien dar." Zeitschrift für Handelsrecht.

Handelsrecht

Handelsrecht und Schiffahrtsrecht. Von Dr. *Julius von Gierke*, o. Prof. in Göttingen. Dritte, umgearbeitete Auflage. Oktav. XIV, 744 Seiten. 1929. (Lehrbücher u. Grundrisse d. Rechtswissenschaft Bd. VI.) 21.—, geb. 22.50

„Als Lehrbuch wird es seinen Zweck wie bisher in ausgezeichnetem Maße erfüllen. Es ist aber auch zum praktischen Gebrauch weiterer Kreise durchaus geeignet. Das ausgezeichnete, auch äußerlich aufs beste ausgestaltete Werk kann ohne Einschränkung empfohlen werden." Württembergische Industrie.

Lehrbuch des Handelsrechts. Von Dr. *Karl Lehmann*. Dritte Auflage, bearbeitet von Dr. *Heinrich Hoeniger*, Professor in Freiburg i. B. Erster Halbband, enthaltend die Lehre vom Handelsstand und von den Handelsgesellschaften. Groß-Oktav. 432 Seiten. 1921. 10.—

Das großangelegte Lehrbuch des Handels- und Schiffahrtsrechts.

Deutsches Handelsrecht. Von Dr. *Karl Lehmann*, weiland Professor an der Universität Göttingen. Neubearbeitet von Dr. *Heinrich Hoeniger*, Professor an der Universität Freiburg i. Br.
I. Einleitung. Der Kaufmann und seine Hilfspersonen. Offene Handelsgesellschaft, Kommandit- und stille Gesellschaft. 117 Seiten. 1921.
II. Aktiengesellschaften, Gesellschaften mit beschr. Haftung, Eingetragene Genossenschaften. Handelsgeschäfte. 126 Seiten. 1924. (Sammlung Göschen Bd. 457/58.) Geb. je 1.80

Eine gemeinverständliche Darstellung in gedrängter Form.

Veröffentlichungen der Vereinigung der Handelsrechtslehrer deutscher Hochschulen. Bericht über die erste Tagung der Vereinigung in Berlin am 7. und 8. März 1927 (Senatssaal der Universität). Mit Beiträgen von *Ernst Heymann, Hans Wüstendörfer, Otto Schreiber* und *Arthur Nußbaum*. Oktav. 65 Seiten. 1928. 5.—

Das Handelsrecht zeigt heute unter den privatrechtlichen Materien die meisten wissenschaftlichen und gesetzgeberischen Probleme und entwickelt am meisten Initiative. Unter diesen Verhältnissen werden sich die Veröffentlichungen der Vereinigung der Handelsrechtslehrer deutscher Hochschulen als besonders fruchtbar und förderlich erweisen.

Staubs Kommentar zum Handelsgesetzbuch. Zwölfte und dreizehnte Auflage. Bearbeitet von *Heinrich Koenige, Albert Pinner, Felix Bondi*. Vier Bände und ein Registerband. Groß-Oktav. 4000 Seiten. 1927.
Zusammen geh. 157.—, in Halbleder 183.60

„Der Staubsche Kommentar ist das klassische Hilfswerk zum Deutschen Handelsgesetzbuch und für die Beurteilung der zahlreichen schwierigen Fragen dieses Gesetzes maßgebend geworden; es stellt ein unentbehrliches Mittel zur Erfassung und zur Anwendung des Gesetzes dar." Frankfurter Zeitung.

Handelsgesetzbuch (ohne Seerecht). Mit den ergänzenden Vorschriften des Bürgerlichen Gesetzbuchs und einem Anhang, enthaltend das Einführungsgesetz, das Depotgesetz, die Bestimmungen über Börsentermin- und Differenzgeschäfte u. a. Nebst Erläuterungen. Im Anschluß an die Textausgabe von *F. Litthauer*. Von Dr. *Albert Mosse*, weil. Geh. Justizrat, Oberlandesgerichtsrat a. D. und ord. Honorarprofessor. Neubearbeitet von Dr. *Ernst Heymann*, Geh. Justizrat, ord. Professor an der Universität

Berlin. Siebzehnte Auflage. Unter Mitwirkung von Dr. *Karl August Crisolli* in Berlin. Oktav. VIII, 693 Seiten. 1926. Geb. 14.—
(Guttentagsche Sammlung Deutscher Reichsgesetze Bd. 4.)

„Ein zuverlässiger Führer durch das immer schwieriger werdende Gebiet des Handelsrechts."
Vossische Zeitung.

Handelsgesetzbuch nebst Einführungsgesetz und Seerecht. Elfte Auflage. 381 Seiten. 1924. Geb. 2.60
(Guttentagsche Sammlung von Textausgaben ohne Anmerkungen.)

Die handliche Ausgabe enthält den genauen Gesetzestext mit einem das Zurechtfinden sehr erleichternden Sachregister.

Handelsrechtliche Nebengesetze. Zusammengestellt von Geh. Regierungsrat Prof. Dr. *Otto Schreiber*. Taschenformat. VIII, 1002 S. 1926. (Guttentagsche Sammlung Deutscher Reichsgesetze Bd. 162.) Geb. 14.—

„Die Sammlung ist ein unentbehrliches Hilfsmittel für den Praktiker."
Zentralblatt für Handelsrecht.

Aktienrecht. Kommentar von Dr. jur. *Erich Brodmann*, Reichsgerichtsrat i. R. Groß-Oktav. XII, 580 Seiten. 1928. 28.—, geb. 30.—
(Gewerbe- und Industrie-Kommentar, IV. Bd.)

„Mit unvergleichlichem Geschick hat der Verfasser Großartiges geleistet — Brodmann ist Trumpf!" *Zeitschrift für Aktiengesellschaften.*

Probleme des Aktienrechts unter besonderer Berücksichtigung ihrer Entwicklung in den Vereinigten Staaten von Amerika. Von Dr. *Georg Solmssen*, Geschäftsinhaber der Disconto-Gesellschaft. Zweite Auflage. Oktav. I, 127 Seiten. 1928. 2.50

„Sämtliche Momente, die bei der Prüfung der Frage, ob und inwieweit das geltende deutsche Aktienrecht änderungsbedürftig ist, haben eine eingehende und umfassende Erörterung gefunden. Allen, die sich mit dieser recht heiklen Frage befassen, kann die Anschaffung des Werkes wärmstens empfohlen werden." *Badische Wirtschafts-Zeitung.*

Kommentar zum Gesetz, betreffend die Gesellschaften mit beschränkter Haftung. (Früher *Staub-Hachenburg*.) Fünfte Auflage unter Mitarbeit von Dr. *Fritz Bing*, Rechtsanwalt in Mannheim, und Dr. *Walter Schmidt II*, Rechtsanwalt in Berlin, von Dr. *Max Hachenburg*, Rechtsanwalt in Mannheim.
I. Band: §§ 1—34. Gr.-Oktav. VI, 527 Seiten. 1926. 23.—, geb. 25.—
II. Band: §§ 35—84. Gr.-Oktav. II, 452 Seiten. 1927. 20.—, geb. 22.—

„Eine Schöpfung, die zu den glänzendsten deutschen Rechtsforschungen gehört. Ein wirkliches Meisterwerk." *Zentralblatt für Handelsrecht.*

Gesetz, betreffend die Gesellschaften mit beschränkter Haftung. Kommentar von Dr. jur. *Erich Brodmann*, Reichsgerichtsrat i. R. Groß-Oktav. Zweite Auflage. (Gewerbe- und Industrie-Kommentar, I. Bd.) Im Druck.

Das Reichsgesetz, betreffend die Gesellschaften mit beschränkter Haftung. Textausgabe mit Anmerkungen und Sachregister. Von *Ludolf Parisius* und Dr. *Hans Crüger*. Achtzehnte Auflage, bearbeitet von Dr. *Adolf Crecelius* und Kammergerichtsrat *Fritz Citron*. Taschenformat. 244 S. 1929. (Guttentagsche Samml. Deutscher Reichsgesetze Bd. 32.) Geb. 3.50

„Die äußerst sachkundig erläuterte Ausgabe des Gesetzes, betreffend die Gesellschaften mit beschränkter Haftung, wird von den interessierten Kreisen freudig begrüßt werden. Wir können das Bändchen der bekannten Guttentagschen Sammlung bestens empfehlen."
Badische Wirtschafts-Zeitung.

Beiträge zur Rechtsstellung der Geschäftsführer einer G. m. b. H. nach deutschem und französischem Recht. Von Dr. *Hermann Klumpp*. Oktav. XVI, 180 Seiten. 1928. 6.—

Im G. m. b. H.-Recht hat die Stellung des Geschäftsführers besondere Bedeutung. Die vorliegende Arbeit, die unter Auswertung der umfangreichen Literatur eine eingehende Untersuchung dieser so wichtigen Frage nach deutschem und französischem Recht darstellt, wird in juristischen und geschäftlichen Kreisen Interesse finden.

Offene Handelsgesellschaften, Kommanditgesellschaften und stille Gesellschaften von der Errichtung bis zur Auflösung nebst Vertrags- und Anmeldeformularen und mit besonderer Berücksichtigung des Steuerrechts. Von Dr. *Arthur Starke,* Rechtsanwalt und Notar in Berlin. Oktav. XIV, 167 Seiten. 1928. 5.—

Das Werk bietet ein wertvolles Orientierungsmittel über alle einschlägigen Rechtsfragen und wird in der geschäftlichen Praxis wie in der Hand des Juristen gute Dienste leisten.

Reichsgesetz, betreffend die Erwerbs- und Wirtschaftsgenossenschaften. Kommentar zum praktischen Gebrauch für Juristen und Genossenschaften. Herausgegeben von *Ludolf Parisius* und Dr. *Hans Crüger.* Elfte, neubearbeitete Auflage von Dr. *Hans Crüger,* Dr. *Adolf Crecelius* und *Fritz Citron.* Groß-Oktav. XII, 786 Seiten. 1928. 28.—, geb. 30.—

„Crüger beherrscht wie kein anderer Theorie und Praxis des Genossenschaftswesens, auch nach der wissenschaftlichen Seite hin." Juristische Wochenschrift.

Das Reichsgesetz, betreffend die Erwerbs- und Wirtschaftsgenossenschaften. Textausgabe mit Anmerkungen und Sachregister. Von *Ludolf Parisius* und Dr. *Hans Crüger.* Neunzehnte, neubearbeitete Auflage (81. bis 86. Tausend) von Dr. *Hans Crüger,* Dr. *Adolf Crecelius* und Kammergerichtsrat *Fritz Citron.* Taschenformat. 299 Seiten. 1928. Geb. 4.— (Guttentagsche Sammlung Deutscher Reichsgesetze Bd. 29.)

„Das Werk ist für den praktischen Juristen, welcher im Genossenschaftswesen tätig ist, und für die Genossenschaft unentbehrlich." Blätter für Genossenschaften.

Staubs Kommentar zur Wechselordnung. Fortgesetzt von *J. Stranz* und *M. Stranz.* Zwölfte Auflage, bearbeitet von *M. Stranz* und *Martin Stranz.* Groß-Oktav. 432 Seiten. 1929. 16.—, geb. 18.—

„Staub-Stranz ist der Kommentar zur Wechselordnung. Auch die jüngste Auflage des Kommentars gibt einen echten Staub-Stranz. Weiterer Kommentar dazu ist überflüssig." Juristische Wochenschrift.

Wechselordnung vom 3. Juni 1908. Kommentar von Justizrat Dr. *J. Stranz* und Dr. *M. Stranz,* Rechtsanwalt. Zwölfte Auflage von *M.* und *M. Stranz.* Taschenformat. VIII, 396 Seiten. 1923. Mit Nachtrag 1926. Geb. 3.50 (Guttentagsche Sammlung Deutscher Reichsgesetze Bd. 5.)

„Die Verfasser haben die Vorschriften der Wechselordnung in einer stets klaren Sprache systematisch so erläutert, daß für den täglichen Gebrauch des Juristen oder Kaufmanns keine irgend erhebliche Frage ohne Beantwortung geblieben ist. Juristische Wochenschrift.

Wechselordnung in der Fassung der Bekanntmachung vom 3. Juni 1908 (RGBl. S. 326ff.). Mit einem Anhang, enthaltend den Wechselprozeß und Nebengesetze. Textausgabe mit Einleitung und Sachregister. Taschenformat. 102 Seiten. 1928. Geb. 1.50 (Guttentagsche Sammlung von Textausgaben ohne Anmerkungen.)

Vorteilhafte Anordnung, ein zuverlässiges Sachregister, das das Gesetz erschließt, Handlichkeit und sauberer Druck zeichnen auch die neue Auflage der Wechselordnung aus, deren Einleitung den letzten Stand dieser Materie erfaßt und deren Anhang „Nebengesetze" bis auf die letzte Zeit ergänzt ist.

Scheckgesetz, mit allen einschlägigen Nebengesetzen, den ausländischen Gesetzen und dem Deutschen Postscheckgesetz mit Postscheckordnung. Kommentar von *R. Michaelis,* Reichsgerichtsrat. Groß-Oktav. VII, 339 S. 1927. (Gewerbe- u. Industrie-Kommentar Bd. II.) 16.—, geb. 18.—

„Was der Staub für das Handelsgesetzbuch ist, dürfte der Kommentar von Michaelis für das Scheckgesetz bedeuten, nämlich eine großangelegte, dem Bedürfnis der Wissenschaft wie dem der Praxis in gleicher Weise Rechnung tragende Durcharbeitung des Gesetzestextes, der dazugehörigen Materialien, der einschlägigen Literatur sowie der höchstrichterlichen Rechtsprechung." Deutsche Wirtschaftszeitung.

Das deutsche Seerecht. Kommentar zum vierten Buche des Handelsgesetzbuches (als Ergänzung zu Staubs Kommentar) nebst Erläuterungen zu den seerechtlichen Nebengesetzen. Von Reichsgerichtsrat Dr. *Georg Schaps* †. 2. vollständig umgearb. Aufl., herausgegeben von *Mittelstein* † und *Sebba.* Zweiter Band: Nebengesetze. Von Rechtsanwalt Dr. *Julius Sebba,* Groß-Oktav. XII, 1108 Seiten. 1929. 52.—, geb. 55.—

„Die alte, auf der Staubschen Kommentierungsmethode beruhende Auflage erfreute sich mit Recht schon großen Ansehens. In diesen bewährten Bahnen leistet die zweite Auflage an Vollständigkeit, Übersichtlichkeit und Genauigkeit das Höchste, was Wissenschaft und Praxis nur wünschen können." Juristische Wochenschrift.

Das deutsche Seerecht (mit Ausschluß des Seeversicherungsrechts). Von Dr. *Otto Brandis*, Oberlandesgerichtsrat. I. Allgem. Lehren: Personen und Sachen des Seerechts. 130 Seiten. 1908. II. Die einzelnen seerechtlichen Schuldverhältnisse: Verträge des Seerechts und außervertragliche Haftung. 156 Seiten. 1908. (Sammlung Göschen Bd. 386/87.) Geb. 1.80

Das deutsche Seeversicherungsrecht. Von Dr. *Gustav Sieveking*, Rechtsanwalt. Kommentar zum zehnten Abschnitt des vierten Buches des Handelsgesetzbuches. Lexikon-Oktav. 218 Seiten. 1912. 5.—, geb. 6.80

„Der Kommentar ruht auf einer vortrefflichen Grundlage und zeigt sich auch in seinem Inhalte dieser Grundlage durchaus würdig. Er ersetzt ein Lehrbuch und kann daher auch zur Einführung in das Seeversicherungsrecht empfohlen werden."
Leipziger Zeitschrift für deutsches Recht.

Das Recht der Seeversicherung. Ein Kommentar zu den Allgemeinen Deutschen Seeversicherungsbedingungen. Von *Carl Ritter*. Groß-Oktav. 2 Bände. 1494 Seiten. 1924. Geb. 100.—
(Friederichsen, de Gruyter & Co., m. b. H., Hamburg.)

Allgemeine Deutsche Seeversicherungs-Bedingungen. Im Jahre 1919 herausgegeben von den deutschen Seeversicherern nach Beratung mit deutschen Handelskammern und Fachverbänden unter Vorsitz der Handelskammer Hamburg. 16.—20. Tausend. 50 Seiten. 1925. 2.—
(Friederichsen, de Gruyter & Co., m. b. H., Hamburg.)

General Rules of Marine. Insurance 1919 adopted by the German Underwriters. Authorind Translation by Dr. *Alfred Sieveking*, larger in Hamburg. 64 Seiten. 1920. 3.—
(Friederichsen, de Gruyter & Co., m. b. H., Hamburg.)

Materialien zu den Allgemeinen Deutschen Seeversicherungs-Bedingungen. Im Auftrag der vereinigten Handelskammern herausgegeben von Prof. Dr. *E. Bruck*. Groß-Oktav. 2 Bände. 678 Seiten. 1920. 10.—
(Friederichsen, de Gruyter & Co., m. b. H., Hamburg.)

Seewasserstraßenordnung. (Polizeiverordnung zur Regelung des Verkehrs auf den deutschen Seewasserstraßen vom 31. März 1927.) Erläutert von Dr. *Julius Sebba*, Rechtsanwalt. Taschenformat. 493 Seiten. 1928. (Guttentagsche Sammlung Deutscher Reichsgesetze Nr. 171.) Geb. 8.50

Die vorliegende Ausgabe ist für die an dem neuen Gesetz interessierten beiden Fachgruppen, die der Nautiker und der Juristen, von gleich großer Bedeutung. Diese Verbindung zweier Kenntnisgebiete gibt dem vorliegenden Kommentar seine besondere Note und seinen großen Wert für sämtliche interessierten Kreise.

Der Begriff des Versicherungsfalles in der Seeversicherung. Von *F. Bene*. (Hamburger Rechtsstudien, herausgegeben von Mitgliedern der Rechts- und Staatswissenschaftlichen Fakultät der Hamburgischen Universität, Heft 1.) Groß-Oktav. 75 Seiten. 1928. 4.50
(Friederichsen, de Gruyter & Co., m. b. H., Hamburg.)

Gesetze, betreffend die privatrechtlichen Verhältnisse der Binnenschiffahrt und der Flößerei. Nach den Materialien erläutert von *H. Makower*, Justizrat. Sechste, vermehrte Auflage, bearbeitet von *E. Loewe*. Taschenformat. 458 Seiten. 1923. Geb. 4.—
(Guttentagsche Sammlung Deutscher Reichsgesetze Bd. 36.)

„Ein nie versagender Ratgeber." *Schiffbau.*

Die Bedeutung des Interesses für die Veräußerung der versicherten Sache. Von Dr. *H. H. Elkan*. (Hamburger Rechtsstudien, herausgegeben von Mitgliedern der Rechts- und Staatswissenschaftlichen Fakultät der Hamburgischen Universität, Heft 2.) Oktav. 58 Seiten. 1928. 4.—
(Friederichsen, de Gruyter & Co., m. b. H., Hamburg.)

„Das Buch löst seine Aufgabe, den Studierenden eine Einführung in die Materie des Wertpapierrechts zu geben, ausgezeichnet, vor allem deshalb, weil es eine gute theoretische Fundierung mit einer dem Lehrzweck entsprechenden Darstellung des praktischen Rechts und der Rechtstatsachen verbindet." Deutsche Juristenzeitung.

Konkursordnung und Anfechtungsgesetz. Mit Anmerkungen unter besonderer Berücksichtigung der Entscheidungen des Reichsgerichts. Begonnen von Dr. *R. Sydow*. Fortgeführt von *L. Busch*, Reichsgerichtsrat i. R., jetzt zugleich mit *O. Krieg*, Landgerichtsrat. Vierzehnte, vermehrte Auflage. Taschenformat. XXXI, 622 Seiten. 1926. Mit Nachtrag 1927, enthaltend Vergleichsordnung. Geb. 10.—
(Guttentagsche Sammlung Deutscher Reichsgesetze Bd. 13.)

„Diese mustergültige Bearbeitung des Konkursrechtes kann einen großen Kommentar zur Konkursordnung voll ersetzen. Der Reichtum an praktisch-wissenschaftlichen Erläuterungen, an angezogenen Gerichtsentscheidungen setzt in Erstaunen. Die angefügte Darstellung des Anfechtungsgesetzes erfüllt ebenfalls alle Erwartungen." Leipziger Zeitschrift für deutsches Recht.

Kommentar zur Konkursordnung und den Einführungsgesetzen. Mit einem Anhang, enthaltend das Anfechtungsgesetz, die Vergleichsordnung, Auszüge aus den Kostengesetzen, die Ausführungsgesetze und Geschäftsordnungen. Von Prof. Dr. *Ernst Jaeger*. 6. u. 7. Aufl. Lexikon-Oktav. Die Ausgabe erfolgt in Lieferungen. Gesamtumfang etwa 100 Bogen. Etwa 80.— Bisher erschienen Lieferung 1 16.— und 2 10.—.

„Vom Erscheinen der ersten Auflage an galt das Werk ohne Widerspruch als der beste Kommentar zur Konkursordnung. Juristische Wochenschrift.

Zivilprozeßordnung und Gerichtsverfassungsgesetz nebst Anhang, enthaltend Entlastungsgesetze. Mit Anmerkungen unter besonderer Berücksichtigung der Entscheidungen des Reichsgerichts. Begonnen von Dr. *R. Sydow*. Fortgeführt von *L. Busch*, Reichsgerichtsrat i. R., jetzt zugleich mit Dr. *W. Krantz*, Landgerichtsdirektor. Neunzehnte, vermehrte Auflage. Groß-Oktav. VIII, 1335 Seiten. 1926. Geb. 25.—
(de Gruytersche Sammlung Deutscher Gesetze, Handkommentare.)

„Der Wert des Werkes ist längst anerkannt. Es gibt wohl keinen Praktiker, der sich seiner nicht mit besonderer Vorliebe bedient. Vollständigkeit, Übersichtlichkeit, Zuverlässigkeit und Ausführlichkeit der Erläuterungen sind auch diesmal dem allgemein beliebten Buche als seine hervorstechendsten Vorzüge treugeblieben. Für die Praxis ist es unentbehrlich." Zeitschrift des Bundes Deutscher Justizamtmänner.

Deutsches Gerichtskostengesetz nebst Gebührenordnungen für Gerichtsvollzieher und für Zeugen und Sachverständige in den neuesten Fassungen. Auf der Grundlage der *Sydow-Busch*schen Textausgabe mit Anmerkungen neubearbeitet in elfter Auflage von Dr. *L. Busch*, Reichsgerichtsrat i. R., und *O. Krieg*, Landgerichtsdirektor. Taschenformat. XI, 433 Seiten. 1928. (Guttentagsche Sammlung Deutscher Reichsgesetze Bd. 15.) Geb. 7.50

„Für den täglichen Gebrauch in der Praxis erscheint diese Textausgabe mit Anmerkungen als unentbehrlich." Dr. Natter in der „Württembergischen Zeitschrift für Rechtspflege".

Das Bürgerliche Gesetzbuch mit besonderer Berücksichtigung der Rechtsprechung des Reichsgerichts erläutert von Dr. *Busch*, *Erler*, Dr. *Lobe*, *Michaelis*, *Oegg*, *Sayn*, *Schliewen* und *Seyffarth*, Reichsgerichtsräten und Senatspräsidenten am Reichsgericht. 6. neubearbeitete Aufl. 5 Bände. §§ 1—2385. Groß-Oktav. 3182 Seiten. 1928. 125.—, in Halbleder geb. 150.—

„So darf mit Freuden festgestellt werden, daß vor allem der Praxis, aber nicht nur ihr allein, sondern der ganzen Juristenwelt eines ihrer besten Hilfsmittel wiedergeschenkt ist." Juristische Wochenschrift.

Urheber- und Erfinderrecht, Warenzeichen- und Wettbewerbsrecht (Gewerblicher Rechtsschutz). Von Dr. jur. *Alexander Elster* in Berlin. Oktav. Zweite, neubearb. und stark erweiterte Auflage. 1928. 18.—, geb. 19.50
(Lehrbücher und Grundrisse der Rechtswissenschaft Bd. VIII.)

„Man merkt aus jedem Satz, welch reicher Schatz eigener praktischer Erfahrungen dem Verfasser zu Gebote steht." Markenschutz und Wettbewerb.

Das deutsche Erfinderrecht. (Patent- und Musterschutzrecht.) Von Dr. jur. *Alexander Elster*. 118 Seiten. 1924. (Sammlung Göschen Bd. 891.) Geb. 1.80.

„Die Aufgabe, einen Überblick über das deutsche Erfinderrecht zu geben, ist im Rahmen der kurzen Erörterungen mit viel Geschick gelöst. Deshalb wird das Büchlein auch bei allen Gruppen der am Patentrecht Interessierten seine Freunde finden." Gewerblicher Rechtsschutz und Urheberrecht.

Gesetz, betreffend das Urheberrecht an Mustern und Modellen, und Gesetz, betreffend den Schutz von Gebrauchsmustern nebst den zu beiden Gesetzen ergangenen Ausführungsverordnungen und abgeschlossenen internationalen Verträgen. Textausgabe mit Einleitung, Anmerkungen und Sachregister von Regierungsrat *Johannes Neuberg*, Mitglied des Patentamts. Taschenformat. 192 Seiten. 1911. Geb. 2.40 (Guttentagsche Sammlung Deutscher Reichsgesetze Bd. 102.)

„Eine auch für die geschäftliche Praxis sehr brauchbare Bearbeitung mit kurzen, aber inhaltsreichen Bemerkungen." Mitteilungen der Handelskammer Breslau.

Patentgesetz, nebst Ausführungsbestimmungen, völkerrechtlichen Verträgen und Patentanwaltsgesetz, unter eingehender Berücksichtigung der Rechtsprechung des Reichsgerichts und der Praxis des Reichspatentamts. Von *R. Lutter*, Geh. Regierungsrat im Reichspatentamt. Neunte Auflage. Taschenformat. XV, 467 Seiten. 1928. Geb. 10.— (Guttentagsche Sammlung Deutscher Reichsgesetze Bd. 22.)

„Der jetzige Verfasser hat einen völlig neuen Kommentar geschaffen, der an wissenschaftlicher Durcharbeitung und Gründlichkeit die vorangegangenen Auflagen weit überragt. Die jetzt vorliegende Auflage zeichnet sich durch Reichhaltigkeit, Genauigkeit und Klarheit aus." Industrieblatt.

Das Patentgesetz. Kommentar unter Berücksichtigung der vorgeschlagenen und weiter beantragten Abänderungen des Gesetzes. Von *Eduard Pietzcker*, Reichsgerichtsrat i. R. Erster Halbband: §§ 1—12. Groß-Oktav. 432 Seiten. 1929. (Gewerbe- u. Industrie-Kommentar Bd. V.) 26.—, geb. 28.—

Das vorliegende Werk sucht den Inhalt der Rechtsbestände scharf herauszuarbeiten, gegen Nachbargebiete abzugrenzen und vor allem die Tatbestände, die von den Rechtsregeln erfaßt werden sollen, klarzustellen. Gerade für das Patentrecht ist dies letztere von besonderer Wichtigkeit, da Recht und Technik überall ineinandergreifen. Dazu ist die gesamte Rechtsprechung des Reichsgerichts aus den letzten 25 Jahren vollständig verarbeitet worden.

Warenzeichenrecht. Kommentar von Dr. *Alfred Hagens*, Senatspräsident am Reichsgericht. Groß-Oktav. VIII, 408 Seiten. 1927. (Gewerbe- und Industrie-Kommentar [GIK.], Bd. III.) 22.— geb. 24.—

„Der Kommentar hat alle Aussicht, ein führender, wo nicht der führende Kommentar für das Warenzeichenrecht zu werden." Senatspräsident Dr. Degen im Archiv für Rechtspflege.

Gesetz zum Schutz der Warenbezeichnungen. Erläutert von Dr. *Arnold Seligsohn*, Justizrat, Rechtsanwalt und Notar in Berlin. Dritte Auflage, bearbeitet in Gemeinschaft mit Justizrat *Martin Seligsohn* in Berlin. Groß-Oktav. IV, 416 Seiten. 1925. 15.—, geb. 16.50

„Der Kommentar zeigt volle theoretische und praktische Beherrschung des Stoffes, klare Darstellungsgabe, sorgsame Behandlung und treffsicheres Urteil." Badische Rechtspraxis.

Das deutsche Warenzeichenrecht. Von *Freund* und *Magnus*. Sechste, neubearbeitete Auflage, erläutert von Dr. *Friedrich Jüngel*, Geh. Regierungsrat, und Dr. *Julius Magnus*, Justizrat. Taschenformat. Teil I: Die internationalen Verträge. Mit 4 Tafeln. VI, 247 Seiten. 1924. Geb. 9.— Teil II: In Bearbeitung. (Guttentagsche Sammlung Deutscher Reichsgesetze Bd. 87a/b.)

„Das ganze Werk mit seiner Fülle von Gesetzen, Verordnungen, Verträgen, Bekanntmachungen bildet eine Quellensammlung für das internationale deutsche Zeichenrecht, ohne die man fortan nicht mehr auskommen kann." Gewerblicher Rechtsschutz und Urheberrecht.

Gesetz gegen den unlauteren Wettbewerb. Von Justizrat Dr. h. c. *A. Pinner* und Dr. *A. Elster*. Achte, sehr vermehrte und umgestaltete Auflage von Dr. *Alexander Elster*. Taschenformat. 254 Seiten. 1927. Geb. 5.— (Guttentagsche Sammlung Deutscher Reichsgesetze Bd. 37.)

„Das Buch ist mehr als eine bloße „Textausgabe mit Anmerkungen", nämlich ein richtiger Kommentar und wird in der Praxis ausgezeichnete Dienste tun." Senatspräsident am Reichsgericht Dr. Lobe, Leipzig, i. d. Juristischen Wochenschrift.

Maß-, Münz- und Gewichtswesen. Zweite vollständig umgearbeitete Auflage. 144 Seiten. 1923. (Sammlung Göschen Bd. 283.) Geb. 1.80

Eine Darstellung des Maß-, Münz- und Gewichtswesens aller Kulturländer unter Berücksichtigung der geschichtlichen Entwicklung, besonders für Deutschland.

Die Reichsgesetzgebung über das Münz- und Notenbankwesen. Textausgabe mit Anmerkungen und Sachregister, früher herausgegeben vom Reichsbankpräsidenten Dr. *R. Koch*. Siebente, völlig neubearbeitete Auflage von Dr. *Hjalmar Schacht*, Präsident des Reichsbankdirektoriums. Taschenformat. XVIII, 617 Seiten. 1925. Geb. 14.—
(Guttentagsche Sammlung Deutscher Reichsgesetze Bd. 26.)

„Die neue Auflage, von dem jetzigen Präsidenten des Reichsbankdirektoriums unter Mitwirkung von leitenden Beamten der Reichsbank herausgegeben, bietet eine vollständige Darstellung und sachkundige Erläuterungen der jetzt geltenden Bestimmungen."
Mitteilungen der Handelskammer Berlin.

Handwörterbuch der Rechtswissenschaft. Unter Mitberatung von zahlreichen Fachgelehrten herausgegeben von Dr. jur. *Fritz Stier-Somlo*, o. Professor an der Universität Köln, und Dr. jur. *Alexander Elster*, Berlin. Sechs Bände. Lexikon-Oktav. In Halbleder geb. 304.—

„Das Beste, was zusammenfassend über unser Rechtsleben erschienen ist, enthält das Handwörterbuch der Rechtswissenschaft. Und doch ist das Werk in den Kreisen der Wirtschaft noch nicht zur Genüge verbreitet. An dieser Stelle ist deshalb ein erneuter Hinweis gerechtfertigt; jeder Band ist ein willkommenes Lesebuch für sich." *Die Deutsche Arbeitgeber-Zeitung.*

Arbeitsrecht

Reichsgewerbeordnung nebst Ausführungsbestimmungen. Von Dr. *Fr. Hiller* und Dr. *H. Luppe*. Einundzwanzigste Auflage. Taschenformat. 931 Seiten. 1928. Mit der letzten Novelle zum Handwerksgesetz 1929. (Guttentagsche Sammlung Deutscher Reichsgesetze Bd. 6.) Geb. 11.—

Arbeiterschutz und Arbeitsrecht. (Erste Aufl. v. Dr. *Adolf Günther*.) Zweite Aufl.

I. **Arbeitszeitschutz.** Das Arbeitszeitnotgesetz und die übrige arbeitsrechtliche Gesetzgebung des Reichs seit 9. November 1918. Erläutert von Dr. *R. Schneider* und Prof. Dr. *A. Günther*. Taschenformat. 386 Seiten. 1927. (Guttentagsche Sammlung Deutscher Reichsgesetze Bd. 138 a.) Geb. 7.50

„. . . ein ausgezeichnetes Hilfsmittel . . . Der Kommentar kann bestens empfohlen werden."
Reichsarbeitsblatt.

II. **Gesetz über die Beschäftigung Schwerbeschädigter** nebst den einschlägigen gesetzlichen Bestimmungen. Erläutert von Dr. *R. Schneider* und Professor Dr. *A. Günther*. Taschenformat. 404 Seiten. 1928. Geb. 8.— (Guttentagsche Sammlung Deutscher Reichsgesetze Bd. 138 c.)

„Es ist ausgezeichnet durch Klarheit der Darstellung und eine große Übersichtlichkeit in der Anordnung des Stoffes. Es berücksichtigt in weitem Umfange die Rechtsprechung der Gerichte, die Entscheidungen des Schwerbeschädigtenausschusses bei der Hauptstelle der Reichsanstalt für Arbeitsvermittlung und Arbeitslosenversicherung sowie die Bescheide der Verwaltungsbehörden."
Reichsarbeitsblatt.

III. **Betriebsstillegungsverordnung.** Verordnung, betreffend Maßnahmen gegenüber Betriebsabbrüchen und -stillegungen, vom 8. November 1920 mit den Ergänzungen der Verordnung über Betriebsstillegungen und Arbeitsstreckung vom 15. Oktober 1923. Erläutert von Dr. *R. Schneider* und Professor Dr. *A. Günther*. Taschenformat. 240 Seiten. 1929. Geb. 6.50 (Guttentagsche Sammlung Deutscher Reichsgesetze Bd. 138 d.)

Eine zuverlässige, sich auf die gesamte einschlägige Rechtsprechung und Literatur gründende Erläuterung des gesamten Betriebsstillegungsrechtes einschl. der Ausführungs- usw. Bestimmungen.

Das Arbeitsgerichtsgesetz. Textausgabe mit Einleitung und Sachregister. Von Dr. *Hans Depène*, Magistratsrat, Vorsitzender des Kaufmannsgerichts in Berlin. Taschenformat. 180 Seiten. 1927. Geb. 3.60
(Guttentagsche Sammlung Deutscher Reichsgesetze Bd. 168.)

„Von großem Wert für die Praxis ist die von einem hervorragenden Sachkenner verfaßte Einleitung, die einen rasch orientierenden Überblick über Inhalt und Bedeutung des neuen Gesetzes gewährt." *Oberschlesische Wirtschaft.*

Entscheidungen des Reichsarbeitsgerichts. Herausgegeben von den Mitgliedern des Gerichtshofes. Pro Band 6.50, geb. 8.—

Die neue Sammlung gibt in der Art der beiden bekannten bisherigen Reihen der Entscheidungen des Reichsgerichts, herausgegeben von den Mitgliedern des Reichsgerichts, die amtliche Auswahl der zur Veröffentlichung bestimmten Entscheidungen des Reichsarbeitsgerichts.

Kaufmanns- und Gewerbegerichtsgesetz nebst Schlichtungsordnung nach dem Stande vom 1. August 1924. Enthaltend: Ergänzungen und Abänderungen

des Kaufmanns- und Gewerbegerichtsgesetzes sowie der einschlägigen Bestimmungen der ZPO. und Schlichtungsordnung über das Verfahren vor den Arbeitsgerichten. Bearbeitet von Dr. *Hans Depène*, Obermagistratsrat, Vorsitzender des Kaufmannsgerichts Berlin. Taschenformat. 168 Seiten. 1924. Geb. 3.50
(Guttentagsche Sammlung Deutscher Reichsgesetze Bd. 112a.)

„Dem Verfasser gebührt aufrichtiger Dank aller am Verfahren vor Kaufmanns- und Gewerbegerichten interessierten Praktiker, der Richter wie der Parteiberater, für seine sorgfältige und übersichtliche Zusammenstellung des jetzt geltenden Verfahrensrechts. Sein Buch ist für sie alle ein unentbehrliches Hilfsmittel." Juristische Wochenschrift.

Internationales Arbeitsrecht. Unter besonderer Berücksichtigung der internationalen Arbeitsorganisation. Von Dr. *Helmuth Tczerclas von Tilly*. 120 Seiten. 1924. (Sammlung Göschen Bd. 882.) Geb. 1.80

Handelswissenschaft

Das Handelswesen. Von Professor Dr. *Wilhelm Lexis* und Professor *Karl Muhs*.
I. Das Handelspersonal und der Warenhandel. Dritte, vermehrte Auflage. 118 Seiten. 1923. (Sammlung Göschen Bd. 296.) Geb. 1.80
II. Die Effektenbörse und die innere Handelspolitik. Dritte, vermehrte Auflage. 110 Seiten. 1923. (Sammlung Göschen Bd. 297.) Geb. 1.80

Allgemeine Betriebswirtschaftslehre der Unternehmung. Von Professor Dr. *Konrad Mellerowicz*. 179 S. 1929. (Sammlung Göschen Bd. 1008.) Geb. 1.80

1. Begriff und Gliederung der Betriebswirtschaftslehre. 2. Betriebliche Wirtschafts- und Konzentrationsformen. 3. Die betrieblichen Produktionsfaktoren. 4. Die betriebliche Wertung. 5. Absatz. 6. Ertrag.

Neue Wege wirtschaftlicher Betriebsführung. Von Dr. *Alexander Hellwig*, Diplom-Kaufmann, und *Frank Mäckbach*, Diplom-Ingenieur. Oktav. 150 Seiten. 1928. Geb. 6.—

Die Verfasser haben gemeinsam in 70 Groß- und Mittelbetrieben der verschiedensten Wirtschaftszweige eingehende Studien und Betriebsuntersuchungen angestellt und kommen auf Grund des hierbei gewonnenen Materials zu einer umfassenden Darstellung der organischen Betriebs- und Wirtschaftsführung.

Finanzierung der Unternehmungen. Von Professor Dr. *Friedrich Leitner*. 108 Seiten. 1927. (Sammlung Göschen Bd. 963.) Geb. 1.80

„Die Darstellung beschränkt sich auf das Grundsätzliche der Finanzierungsmöglichkeiten unter Berücksichtigung der neuzeitlichen Verhältnisse. In dem Abschnitt über die Geldmittelbeschaffung bei den Unternehmungsformen werden englische und nordamerikanische Methoden vergleichsweise herangezogen." Badische Wirtschaftszeitung.

Wirtschaftslehre der Unternehmung. Von Professor Dr. *Friedrich Leitner*. Fünfte Auflage der „Privatwirtschaftslehre der Unternehmung". Groß-Oktav. VIII, 375 Seiten. 1926. 12.—, geb. 13.50

„Der Verfasser gibt in überaus klarer und übersichtlicher Weise eine gute Einführung in die Privatwirtschaftslehre der kaufmännischen Unternehmungen. Wir können die Anschaffung durchaus empfehlen." Badische Wirtschaftszeituug.

Bilanztechnik und Bilanzkritik. Von Dr. h. c. *Friedrich Leitner*, Professor an der Handels-Hochschule und der Technischen Hochschule Berlin. Achte und neunte neubearbeitete Auflage. Groß-Oktav. X, 481 Seiten. 1929. 15.—, geb. 16.50

In der achten und neunten Auflage sind die Mannigfaltigkeiten und das Chaos der Bilanzen durch verständliche und grundsätzliche Darstellungen zu einer Einheit geformt und die Grundlagen gebaut worden, auf denen der Leser in der Vielgestaltigkeit der Erscheinungen sich zurechtfinden kann. Eingestreute typologische Bilanzbeispiele dienen der Veranschaulichung.

Grundriß der Buchhaltung und Bilanzkunde. Von *Friedrich Leitner*, Professor an der Handelshochschule Berlin. 6. u. 7. erweiterte Auflage. Oktav. I. Band: Die doppelte kaufmännische Buchhaltung. VIII, 323 Seiten. 1923. 5.—, geb. 6.50

„Dem Verfasser ist es in bester Weise gelungen, durch reiches, anschauliches Material aus der Praxis die Probleme der Bilanztechnik und Bilanzkritik darzustellen." Blätter für Genossenschaftswesen.

Buchführung in einfachen und doppelten Posten. Von *Robert Stern*. Fünfte Auflage. 123 Seiten. 1922. (Sammlung Göschen Bd. 115.) Geb. 1.80

Deutsche Handelskorrespondenz. Von Professor *Th. de Beaux*. Dritte Auflage, neubearbeitet von Dipl.-Hdl. Dr. *Paul Prater*. 120 Seiten. 1929. Geb. 1.80 (Sammlung Göschen Bd. 182.)

Französische Handelskorrespondenz. Von Professor *Th. de Beaux*. Dritte Auflage. Neubearbeitet von Prof. *A. Snyckers*. 130 Seiten. 1930. (Sammlung Göschen Bd. 183.) Geb. 1.80

Englische Handelskorrespondenz. Von Oberlehrer *E. E. Whitfield*. 107 Seiten. 1922. (Sammlung Göschen Bd. 237.) Geb. 1.80

Italienische Handelskorrespondenz. Von Professor *A. de Beaux*. Zweite Auflage. 113 Seiten. 1924. (Sammlung Göschen Bd. 219.) Geb. 1.80

Spanische Handelskorrespondenz. Von Dr. *A. Nadal de Mariezcurrena*. VIII, 134 Seiten. 1915. (Sammlung Göschen Bd. 295.) Geb. 1.80.

Russische Handelskorrespondenz. Von Dr. *Th. von. Kawraysky*. Zweite Auflage VIII, 112 Seiten. 1922. (Sammlung Göschen Bd. 315.) Geb. 1.80

Kaufmännisches Rechnen. Von Professor *R. Just*. 3 Teile. Geb. je 1.80 (Sammlung Göschen Bd. 139, 140, 187.)

Das Kredit- und Bankwesen. Von Dr. *Wilhelm Lexis*. Zweite Auflage, besorgt von Prof. Dr. *Karl Muhs*. Neue Ausgabe mit Nachtrag. 161 Seiten. 1929. (Sammlung Göschen Bd. 733.) Geb. 1.80

„Das Werk verdient infolge seiner leichtverständlichen Ausdrucksweise weitgehendste Beachtung. Jedem, der sich ein Bild von dem gegenwärtigen Stand des Kredits und des Bankwesens machen will, wird das Werk unentbehrlich sein." Hansa-Bund, Steuer-Zeitung.

Technik des Bankbetriebes. Von Professor Dr. *Karl Eichenseer*. 146 Seiten. 1925. (Sammlung Göschen Bd. 484.) Geb. 1.80

„Ein hervorragender Kenner auf dem Gebiete des Bankwesens hat es mit großem Geschick und mit übersichtlicher Klarheit verstanden, einen sicheren Führer durch die schwierigen und verwickelten Probleme der Technik des Bankbetriebes zu schaffen. Eine weitere nicht zu unterschätzende Stärke des Buches ist die kurze, aber trotzdem stets erschöpfende Darstellung des vielgestaltigen Stoffes." Hamburger Industrie- und Gewerbe-Zeitung.

Vorschuß- und Kreditvereine als Volksbanken. Praktische Anweisung zu deren Einrichtung und Gründung. Von *Schulze-Delitzsch*. Neunte, neubearb. Aufl. von Dr. *Hans Crüger* u. *Reinhold Letschert*. Groß-Oktav. XXIII, 455 Seiten. 1926. (Handbibl. f. d. dtsch. Genossenschaftswesen I. Bd.) 15.—, geb. 17.—

„Das Werk enthält in gedrängter und doch klarer Form alles Wissenswerte über das Kreditgenossenschaftswesen und stellt ein unentbehrliches Handbuch für den Praktiker dar." Zahlungsverkehr und Bankbetrieb.

Hypothekenbeschaffung für Wohn- und Geschäftshäuser. Handbuch für die Praxis der Grundstückswirtschaft. Von Dr. *Martin Friedlaender*, Rechtsanwalt in Berlin. Groß-Oktav. VIII, 151 Seiten. 1929. 6.—, geb. 7.50

„Das Buch gibt einen außerordentlich praktischen Überblick über alle Fragen der Hypothekenbeschaffung. Die anschauliche Art der Zergliederung und die gründliche Darlegung des Statuts sichern dem Buch eine weite Verbreitung." Dtsch. Sparkassen-Zeitg.

Verhandlungen des VII. allgemeinen Deutschen Bankiertages. Köln 9. bis 11. September 1928 auf Grund stenographischer Berichte. Groß-Oktav. 436 Seiten. 10.—

Bank-Archiv. Zeitschrift für Bank- und Börsenwesen. Unter Mitwirkung von hervorragenden Fachmännern herausgegeben von Geh. Justizrat Prof. Dr. *Rießer*, Berlin. Schriftleitung: Rechtsanwalt *Otto Bernstein*, geschäftsführendes Mitglied des Centralverbands des Deutschen Bank- und Bankiergewerbes. Quart. Jährlich 24 Nummern. XXVIII. Jahrgang. 1929/30. Pro Halbjahr 12.—

„Ein von sachverständigen Mitarbeitern unterstütztes Organ, das in der glücklichen Vermischung von wissenschaftlichen Aufsätzen mit Mitteilungen aus der bankmännischen und gerichtlichen Praxis einen Berater von exzeptionellem Werte bildet." Frankfurter Zeitung.

Warenkunde. Von Regierungsrat Dr. *Karl Hassack*. Neubearbeitet von Professor Dr.-Ing. *E. Beutel*. Fünfte Auflage. 2 Bände. Geb. je 1.80 (Sammlung Göschen Bd. 222 und 223.)

Im ersten Teil werden u. a. Metalle, Schmuck- und Bildhauersteine, Baustoffe, Schleif- und Glättmittel, Ton- und Glaswaren, Brenn- und Leuchtstoffe behandelt, im zweiten Teil Nahrungs- und Genußmittel, Öle, Fette, Wachse, Harze, Gummi, Kautschuk, Drogen, organische Farb- und Gerbstoffe, Holz, Faserstoffe usw.

Weltwirtschaftliche Studien. Vorträge und Aufsätze. Von *Hermann Schumacher*, o. Prof. a. d. Univ. Berlin. Groß-Oktav. X, 574 Seiten. 1911. 12.—

Inhalt: Die Ursachen der Geldkrisis von 1907 — Die deutsche Geldverfassung und ihre Reform — Die Ursachen und Wirkungen der Konzentration im deutschen Bankwesen — Die Organisation des Getreidehandels in den Vereinigten Staaten — Die Wanderungen der Großindustrie in Deutschland und in den Vereinigten Staaten — Die Organisation des Fremdhandels in China — Deutsche Schiffahrtsinteressen im Stillen Ozean — Die finanzielle Behandlung der Binnenwasserstraßen — Anhang.

Volkswirtschaftspolitik. Von Dr. *R. van der Borght*. Vierte, umgearbeitete Auflage, durchgesehen von Dr. *Adolf Günther*, Professor an der Universität Innsbruck. 152 Seiten. 1927. (Sammlung Göschen Bd. 177.) Geb. 1.80

„Es ist erstaunlich, in wie vielseitiger Weise der Begriff ‚Wirtschaftspolitik' in dem kleinen Werk mit Einzelgebieten des praktischen Lebens verbunden ist, so mit Fachausbildung, Arbeiterschutz, Bodenvermehrung und -verbesserung, Eigentum, Unternehmungsformen, Wettbewerb, Gewerbe, Handel, Umsatz und Verbrauch, mit Preisgestellung, Geld- und Kreditwesen und — zuletzt, nicht zumindest — mit dem Verkehrswesen."
Verkehrs- und Betriebswissenschaft in Post und Telegraphie.

Deutschland unter dem Dawes-Plan. Entstehung, Rechtsgrundlagen, wirtschaftliche Wirkungen der Reparationslasten. Von Professor *Max Sering*, Universität Berlin. Oktav. VIII, 237 Seiten. 1928. 10.—

Der weithin bekannte Volks- und Weltwirtschaftler nahm im Auftrage der Reichsregierung als Sachverständiger an der Weltwirtschaftskonferenz zu Genf teil und ist ganz besonders berufen, die volks- und weltwirtschaftlichen Auswirkungen des Dawes-Abkommens nach jeder Richtung hin zu untersuchen und darzustellen. Nachdem sich die Reparationen auch in der Form der Daweszahlungen als schwerstes Hindernis der normalen Entwicklung der deutschen Volkswirtschaft wie der Weltwirtschaft überhaupt herausgestellt haben und eine Revision des Dawes-Abkommens immer dringlicher wird, ist eine Untersuchung dieses Problems nach seinem nunmehrigen Stande von ganz besonderer Wichtigkeit.

Inhalt und Tragweite der von den Sachverständigen der Reparationskommission erstatteten Gutachten. Referat, erstattet dem Vorstand und Ausschuß des Centralverbandes des Deutschen Bank- und Bankiergewerbes am 10. Mai 1924. Von Dr. *Georg Solmssen*, Geschäftsinhaber der Disconto-Gesellschaft und Direktor des A. Schaaffhausen'schen Bankvereins A.-G. Groß-Oktav. 66 Seiten. 1924. 2.50

„Die Schrift ist als erste allgemein unterrichtende Einführung sehr brauchbar und aufrichtig zu empfehlen." *Zeitschrift für Volkswirtschaft und Sozialpolitik.*

Die Genfer Protokolle. Ihre Geschichte und Bedeutung für das Staatsleben Deutsch-Österreichs. Von Dr. *Rudolf Freund*. Groß-Oktav. 108 Seiten. 1924. (Sozialwissenschaftliche Forschungen V, 2.) 3.—

„Diese kleine monographische Studie liefert dem, der sich mit dem Zusammenbruch der österreichisch-ungarischen Monarchie und der Kolonisierung Deutsch-Österreichs beschäftigt, unentbehrliches, interessantes Material." *Industrie- und Handelszeitung.*

Die Stellung der drei großen Dominien im Britischen Reich nach dem Kriege unter besonderer Berücksichtigung der Wirtschaftspolitik ihrer Ministerpräsidenten. Von Dr. *Willy Neuling*. Groß-Oktav. X, 108 Seiten. 1927. (Sozialwissenschaftliche Forschungen IV, 4.) 4.—

„Die Entwicklung der Nachkriegspolitik in den großen britischen Dominien im Widerstreit zwischen kulturellem Zusammengehörigkeitsgefühl, militärischem Anlehnungsbedürfnis und wirtschaftlichen Interessen ist in der Schrift gut herausgearbeitet. Angesichts der Bedeutung, die die britische Reichspolitik für Europa und insbesondere die kontinental-europäischen Zusammenschlußbestrebungen hat, dürften die Ausführungen besonders interessieren."
Deutsche Wirtschaftszeitung.

Der britische Mandatstaat Palästina im Rahmen der Weltwirtschaft. Von Dr. *Hans-Joachim Seidel*. Oktav. 136 Seiten. 1925. 6.—

„Das Buch stellt eine sehr fleißige Arbeit dar, die sehr viel, zum Teil neues Material zusammenstellt, für das jeder, der sonst dieses Gebiet bearbeitet, nur dankbar sein wird."
Jüdische Zeitung für Ostdeutschland.

Sibirien in Kultur und Wirtschaft. Von *Kurt Wiedenfeld*. 1926. 2.75 (Moderne Wirtschaftsgestaltungen Heft 3.)

Der Verfasser gibt eine kurze Schilderung des weiten Landes, zu der er den größten Teil des Materials auf einer Studienreise gewonnen hat, die er vor einigen Jahren durch die wirtschafts- und siedlungsfähigen Teile des eigentlichen Sibiriens an und abseits der sibirischen Bahn geführt hat.

Wie schaffen wir dem deutschen Volke Arbeit und Brot? Drei Vorträge, gehalten in Köln am 1. März 1926 anläßlich der Generalversammlung der

Vereinigung von Banken und Bankiers in Rheinland und Westfalen e. V. von Dr. *Georg Solmssen*, Geschäftsinhaber der Disconto-Gesellschaft, Berlin, Dr. *Paul Silverberg*, Generaldirektor der Rheinischen Aktien-Gesellschaft für Braunkohlenbergbau und Brikettfabrikation, Köln, Professor Dr. *Christian Eckert*, Geh. Regierungsrat, geschäftsführender Vorsitzender des Kuratoriums der Universität Köln. Oktav. 83 Seiten. 1926. 2.50

„Wenn drei so anerkannte Wirtschaftsführere das Wort ergreifen, so erwartet man mit Recht einen Gewinn. Einen solchen Gewinn wird auch jeder, der die Zusammenstellungen der drei Vorträge gelesen hat, davontragen. Wir können deshalb die Broschüre nur bestens empfehlen."
Der Deutsche Ökonomist.

Handbuch der Wirtschafts- und Sozialwissenschaften in Einzelbänden. Herausgegeben von *Adolf Günther* und *Gerhard Kessler*.

Band VII: **Nationalökonomie und Statistik.** Eine Einführung in die empirische Nationalökonomie. Von Dr. *Rudolf Meerwarth*, Mitglied des Preußischen Statistischen Landesamts, a. o. Professor der Staatswissenschaften an der Universität Berlin. Groß-Oktav. XII, 506 Seiten. 1925. 17.—, geb. 18.50

Band VIII: **Sozialbiologie** (Bevölkerungswissenschaft und Gesellschaftshygiene). Von Dr. jur. *Alexander Elster*. Groß-Oktav. VII, 483 Seiten. 1923. 9.—, geb. 10.50

Band IX: **Sozialpolitik.** Erster Teil: Theorie der Sozialpolitik. Von Dr. *Adolf Günther*, o. Professor an der Universität Innsbruck. Groß-Oktav. 476 Seiten. 1922. 9.—, geb. 10.50

Band XVII: **Agrarpolitik.** Von Dr. *August Skalweit*, o. Professor der Volkswirtschaftslehre an der Universität Kiel. Zweite, veränderte und erweiterte Ausgabe. Groß-Oktav. XII, 507 Seiten. 1924. 13.—, geb. 14.50

Verkehr

Allgemeine Verkehrsgeographie. Von Professor Dr. *K. Dove*, 95 Seiten. 1921. (Sammlung Göschen Bd. 834.) Geb. 1.80

Die Güterschiffahrt auf der Saale und Unstrut. Von *J. Remme*. 1918. 2.50 (Moderne Wirtschaftsgestaltungen Heft 5.)

Die Ruhrhäfen, ihre Industrie und ihr Handel. Von *Joh. Kempkens*. 1914. (Moderne Wirtschaftsgestaltungen Heft 2.) 6.75

„Dem Verfasser des Heftes ist es gelungen, unter geschickter Benutzung der für seine Arbeit zur Verfügung stehenden Quellen eine von gutem Verständnis für den einschlägigen Stoff zeugende Darstellung über die Entwicklung der Ruhrhäfen und ihre Beziehungen zu Handel und Industrie zu geben." *Zeitung des Vereins deutscher Eisenbahnverwaltungen.*

Einfluß des Weltkrieges auf Schiffahrt und Handel in der Ostsee. Von Dr. *Rudolph Firle*. Groß-Oktav. II, 110 Seiten. 1922. 2.— (Sozialwissenschaftliche Forschungen IV, 2.)

„Nach einer kurzen Betrachtung über die Schiffahrts- und Handelsverhältnisse in der Ostsee, in der die Bedeutung Rußlands nachdrücklich hervorgehoben wird, wird die Lage der Ostseeschiffahrt während des Krieges mit Angabe vieler sonst kaum erreichbarer Einzelheiten behandelt. Im weiteren sind die verheerenden Folgen des Versailler Vertrages aufs eindringlichste dargestellt. Die Lage des Ostseehandels und -verkehrs unter den gegenwärtigen Umständen — vorläufige Sperrung des Landverkehrsweges zwischen Rußland und Deutschland — mit all den sich daraus ergebenden Problemen findet ihre ausdrückliche Würdigung im letzten Hauptteil des empfehlenswerten Werkes."
Wirtschaftsdienst des Hamburger Weltwirtschafts-Archivs.

Der Wiedereintritt Deutschlands in die Weltschiffahrt. Von Dr. *Hermann Pantlen*, Reichsarchivrat. Groß-Oktav. 84 Seiten. 1927. 4.— (Sozialwissenschaftliche Forschungen IV, 5.)

Die durch die Friedensverträge bedingte Auslieferung der deutschen Handelsflotte war ein besonders in die Augen fallendes Beispiel dafür, daß viele Bestimmungen der Verträge den Siegern wenig genutzt und die Zahlungsfähigkeit der Besiegten stark beeinträchtigt haben. Der in harter Arbeit erkämpfte Wiedereintritt Deutschlands in die Weltschiffahrt ist ein Lichtpunkt in unserer trüben Zeit und gibt uns die Hoffnung, daß auch andere Gebiete überseeischer Betätigung, wie Überseehandel und Kolonialwirtschaft, sich wiederherstellen lassen.

Das amerikanische Schiffahrtsproblem unter besonderer Berücksichtigung der Entwicklung von Schiffahrt und Schiffbau durch den Weltkrieg und die

Kolibri 360 GmbH
Ferdinand-Jühlke-Straße 7
99095 Erfurt, Deutschland
produktsicherheit@kolibri360.de